百年版图

财富传承的国际经验与中国实践

宜信财富 编著

中信出版集团 | 北京

图书在版编目（CIP）数据

百年版图 / 宜信财富编著 . -- 北京 : 中信出版社，
2019.4（2019.8 重印）
ISBN 978-7-5217-0208-8

I. ① 百… II. ① 宜… Ⅲ . ①投资管理—研究 Ⅳ .
① F830.593

中国版本图书馆 CIP 数据核字（2019）第 041333 号

百年版图

编　　著：宜信财富
出版发行：中信出版集团股份有限公司
（北京市朝阳区惠新东街甲 4 号富盛大厦 2 座　邮编　100029）
承 印 者：北京诚信伟业印刷有限公司

开　　本：787mm × 1092mm　1/16　　印　　张：15.25　　字　　数：171 千字
版　　次：2019 年 4 月第 1 版　　印　　次：2019 年 8 月第 2 次印刷
广告经营许可证：京朝工商广字第 8087 号
书　　号：ISBN 978-7-5217-0208-8
定　　价：68.00 元

服务热线：400-600-8099
投稿邮箱：author@citicpub.com

序
关于传承的一点思考

近期关于“传承”的议论多起来了，这是中国发展的时代产物。

中国在改革开放前，除极少数人外，人们基本上没有私人财富。这极少数人拥有的财富大体上是私人房屋和文物、艺术品等收藏品。许多收藏家还把收藏品捐献给国家。所谓“传承”，一般都是指“技艺”的传承，比如让子女学好某种技艺——脑力劳动者传承的各种文艺专长，体力劳动者传承的各种工艺专长。

改革开放以后，从农村家庭联产承包责任制中产生的“万元户”开始，中国社会的私人财富迅速膨胀，部分先富起来的“富裕阶层”数量和他们拥有的财富总量也有相当规模。

现在改革开放已跨过40年，一大批创业者经过市场冲刷，大浪淘沙，已经拥有个人和家庭消费不了的财富，而这批成功的创业者中，有相当一部分已经步入中老年行列。他们在传承私人财富时，面临艰难的选择。

首先是正在经营中的财富，主要是运行中的公司，创业者最希望自己的后代能够继续经营好公司并有更大的发展。有一部分创业者的后代已经在创业者的安排下逐步踏入公司的经营管理。

同时，许多创业者限于当时的历史条件，难以获得学位教育的机会，现在具有的财富部分是以使后代接受学位教育为目标的。特别是中国对外开放度大大增加，国内的市场经济也比二三十年以前更丰富且复杂，只有让后代接受足够的教育，特别是打开与世界交流的界限，才能使后代满足接班必须具备的条件。此类学习固然有读书的部分，但更重要的是实践。许多资本市场的运作是创业者们经验不多的领域，而在今后的公司经营中，资本市场的运作是不可缺少的部分。

在财富向后代转移的过程中，创业者也在安排自己的老年生活。现代社会的发展，对于财富所有者来说，早已不存在“养儿防老”一类农耕社会的家庭文化了，创业者需要把财富的一部分用来安排自己退休后的生活。

40 年改革开放，中国这一批创业者在为国家、为社会做出巨大贡献的同时，也积累了巨额的私人财富。当前到了改革开放以来的第一个“传承”期。这个“传承”期不仅是财富的传承，还是创业者后代品格上升的时期。新一代创业者不仅要继承和创造出更多的财富，不仅要提高商业素质，其文化素质和道德素质也将令他们的前辈刮目相看。

习近平同志讲的中国进入“新时代”，老一辈创业者传承的后代必将成为新一代创业者，崭新的一代。

许善达

联办财经研究院院长、国税总局原副局长

前言

家族传承是个时代命题。代代相传，本是再自然不过的事，但在呼啸前行的年复一年中，两辈人想要维系彼此而不渐行渐远，并非易事。财富已然形成积累，这样的规模、这样的速度，这是中国社会面临的第一次；而让财富成为久远的福祉，对于众多还在价值观维度上塑造自己的家庭而言，是个挑战。我们常说，做事情要“有道有术”，传承之事尤其如此。财富本身如何长远留存、增长，貌似是个金融问题——投资不就是解决保值增值的问题吗？但实际上，对于财富以何种前提、何种形式交付到何人手中，这是一个非常综合的资源配置问题，而所有资源配置的背后，都是价值认知与权衡，做好这件事不容易。

一代人的命题，转化到商业活动中，就是战略设计的立足点。最近几年，我们明显观察到“家族信托”及“家族办公室”作为高端财富管理中的一条业务线，在持续升温。这些名词的背后，实际上是“中国式家族传承服务”正在形成。围绕“传承”话题的服务并不能一蹴而就，其演进会经历不同阶段。

第一阶段：“自然发生”。没有特别的工具和设计，各个家庭以自己的方式完成传承。

第二阶段："简单工具"。遗嘱、保单等法律与金融工具得到越来越广泛的应用。

第三阶段："综合工具"。时下正在成为热点的"家族信托"就是在这一阶段得到应用的核心工具，即利用信托架构完成财富的代际传承，可以是相对简单标准化的结构，也可以高度定制化。

第四阶段："综合服务"。传承超越了财富的打理和分配，公益、创业、家族治理等主题进入视野，而传承服务也开始机构化——或者独立运作，或者是财富管理机构中的一条业务线，传承服务覆盖生活、投资、企业等不同领域。"传承"成为个人梳理人生的一个视角，也成为机构服务个人客户的一个核心主题，提纲挈领地将散落的金融与非金融产品和服务编织成综合方案。

对个人而言，及时理解先进的理念和工具，并用它来解决问题，是在成功创造财富之后更高层次的价值发现，也是通过科学掌控人生来实现更大程度的心灵自由的良好途径。

对机构而言，抓住时代主题无疑是寻找可持续增长点的最好思路。传承服务要求一家机构具备深厚的专业功底和高度的责任感。这背后，既是获取更大商业价值的机遇，也是完成自身迭代提升的抓手。

做好"传承"的重要基础，是能将人类社会积累的经验与智慧有效地运用起来，融汇中西、贯穿古今。这本书走出了第一步，它从真实故事着手，兼具客观数据、专业理论研究和实践总结，以"智慧""演进""前沿""实践"4大部分，佐以最新全球税收环境一览，力图呈现中西方在传承理念与实际操作方面的异同，探索背后原因，最后落脚于适合中国人的传承之路，期望能给到大家些微参考与指引。

这本书，是很多行业先行者、引领者的心血结晶，在整体框架设计方面得到吕海燕、侯琳和孔繁顺的诸多宝贵意见，在采编方面得到狄龙·黑尔（Dillon B. Hale）、郝红娟、汪弘彬、李叙憧、周燕的精心安排，在内容撰写方面得到埃利奥特·威尔逊（Elliot Wilson）、马修·托马斯（Matthew Thomas）、王冠、胡乐民、周湲、孔繁顺，以及汉坤律师事务所陈汉团队的专业知识支持。

这本书，是一个开始，是一家专业机构对于时代命题的及时回应，也是对于完成自身商业发展同时承担社会责任的一份思考草稿。我们把它分享给您，抛砖引玉，期待大家一起，不断向前，让有财富的人生在传承中枝繁叶茂，从容且美好。

张越

宜信公司高级副总裁、波士顿咨询金融服务前全球合伙人

目录

引言

家族传承是人类永恒的愿望。普通人希望传续自己的姓氏、基因；有成就的人还要将此生创造的财富、权势、声望代代相传。然而纵观古今，我们却发现这常是奢望。那些史书留名的成功人士，不论中外，能够荫及后人且延续多代的并不多。

魏晋南北朝是中国历史上最看重家族传承的时期。与其他任何时代相比，那时的士族最重视子弟的教育、门风的延续、血统的纯正。当时的政权对门阀制度也呵护备至。王导、谢安所代表的士族大家曾烜赫一时，后人中也出过几位才俊。但世家的能力退化很快，没几代就泯然众人，结局甚至比普通人更悲惨。王谢堂前的燕子，早早就飞进了寻常人家。

从事特殊工作的皇室，靠了严密制度的维护，往往是传承最久的家族。但真的传承也很难。就算今天的英国王室，表面上是延续了千年的国王之家，其实当中血脉早已换过几轮。英国人的君主并不是当年英王的后代，中间从诺曼人换成荷兰人，又换成了德国人。今天的女王伊丽莎白，就是德国人的后代。所以，传承这个事，还真不能太较真。

本质上，自然法则推动历史演进，人类社会从不在一种结构中凝固，变化与流动才是常态。财富和权势这样的稀缺资源，更不会在一家一姓中长久驻留。常言所说的“富不过三代”，从历史的角度看，不是什么魔咒，而是社会前进的内在要求。

然而传承又是本能，出自人对世界的热爱，对生命的留恋。特别是有所成就的人，更希望能将自己所创的美好事物，传给子孙，甚至传给永不谋面的遥远后代。为此，他们苦心经营，居安思危，未雨绸缪。尽管大部分家族逃不出“富不过三代”的自然规律，人类传承的努力仍有极大价值。那些为子孙计长远的人，更关注未来大势，更有责任感，对潜在的风险也更警觉。他们的努力，即使不能惠及子孙，也常能让自己的事业和家人受益于当下。其中，也不乏一些成功的家族，通过智慧创新，把财富传续数代，比如英国的地产家族格罗夫纳（Grosvenor）、犹太金融世家罗斯柴尔德（Rothschild）、美国的石油家族洛克菲勒（Rockefeller）、法国的贵族德维尔潘（De Villepin）等。

与西方不同，对中国而言，刚刚过去的将近200年里，大部分是动荡而痛苦的时间，财富的保存与传承几不可能。今日中国人从前辈处所继承的，更多还是姓氏与先人事迹的传说。和西方人相比，中国人对富贵无常、精神持久有更切身的感受。孔门传承2 500余年，至今仍人丁兴旺、组织有序。维系这个古老家族庞大后代群体的，早已不是有形的物质财富，而是共同的精神遗产。

改革开放40年，社会安定，百业兴旺，民间财富大量增加，先富起来的一批成功人士，陆续到了传承的时刻。对于这代中国人，财富是个新东西，传承也是个新课题。有 200 余年经验的欧美能提供许多可资借鉴的理念和工具，更久远的中国历史也让国人深谙“创富不易，守富更难”的道理。两种因素相互交织，也许能让中国的创富一代走出一条独具特色的路。

带着这一命题，本书力求从为数不多的成功案例中寻找深藏其间的智慧，辨识有效的传承工具，并将其置于全球一体化的今天，特别是中国当下的法律环境中，考察对中国高净值人群的适用性。本书通过“智慧”“演进”“前沿”“实践”4 个章节，为读者呈现了中外近代以来几个家族传承的典型案例。通过对比中西方高净值人士在创富与传承上的异同，深入分析“家族办公室”和“家族信托”这两大工具的效用，特别是针对中国高净值人群的现状，提供了若干翔实的案例，以供付诸实践。

“人生不满百，常怀千岁忧。”拿什么传承给你，我亲爱的后代子孙？一代代人与自然规律的抗衡，充满了艰辛。但也正因如此，其中的故事才更曲折动人，经验和教训也才更宝贵。希望本书能为在这条路上摸索的人们带来一点启发和实实在在的帮助。

第一章

智慧：家族传承的成与败

导言

本章是一个故事会，透过 10 个精彩的故事，看家族传续的成与败。

不论传承什么，成败的关键还在人。意大利百年汽车家族菲亚特（FIAT）的故事，生动诠释了家族掌门人对儿女甚至孙辈的选拔、培养有多么重要。美国报业巨头威廉·赫斯特（William Randolph Hearst）、铁路大王杰伊·古尔德（Jay Gould）的故事，从正反两面说明了人对于家业传承的重要性。

创建了世界上第一个传媒帝国的赫斯特，深具识人之明。在意识到子女没有经营才干后，他在遗嘱中把公司交到职业经理人的手中。这一看似无情的安排，却保存、壮大了百年家业，而丰厚的股息也通过家族信托，源源不断地流入子孙后代的口袋。与之相反，铁路大王古尔德去世时把家业和巨额财富都留给了儿子，然而，不到 40 年，这些财富就因其子的挥霍和投资失误而丧失殆尽。

风水轮流转。如今，美国的财富已从百年家族所代表的传统行业，流转到西海岸的科技新贵。今昔对照，我们会发现其中有

“变”，也有“不变”。对“多元化投资”“专业化管理”“信托隔离”这些传世经验的遵循，使盖茨（Bill Gates）、乔布斯（Steve Jobs）、扎克伯格（Mark Elliot Zuckerberg）的家族财富不仅得以保护，而且增值巨大。在如何利于他们巨大的财富回馈社会方面，这群创新和颠覆者，贡献了新的思路。与传统的慈善捐赠相比，他们所倡导的慈善 2.0 方式，更强调商业思维和解决思路，模糊了慈善与投资的界限，令其扶助的教育、健康、扶贫等事业，能依靠自身的商业逻辑获得更多投资，发展得更久远。美国西海岸所创造的财富，也许将惠及更广义的人类后代。

最后回到中国，倾听我们身边的故事。沿袭 2 500 多年的孔氏家族，堪称传承的奇迹。无形的精神资产如何穿越千年，不随时代变迁而消亡，将家族维系至今？其中奥秘何在？听孔氏后人娓娓道来。本章也撷取了两个当代中国家庭的故事。他们都是改革开放 40 年来，通过自身努力和专业精进，白手起家的创富一代。他们的尝试，也折射出更多创富一代所做的思考和努力。

开卷有益。让我们翻开第一章，在一个个精彩的故事中，品味“家族传承”这个常议常新的古老话题吧。

创富不易，守富更难。曾经显赫一时的家族，很多已经淹没在历史尘埃中。部分佼佼者走到了今天，远有欧洲的格罗夫纳家族和罗斯柴尔德家族、美国的洛克菲勒家族，历经战乱持续焕发生机，而中国的孔氏更是突破千年，早已超越了家族的范畴，达到更高层次。近代，法拉利（Ferrari）家族、赫斯特报业顺利完成又一轮传承交接，盖茨、戴尔（Michael Dell）、扎克伯格等科技新贵正闪耀在当今舞台。每个年代的创富一族都各有特点，每个家族也各不相同，除了一点运气，很重要的是严谨的家族治理、及时融入社会发展大势，以及外部辅助工具的运用。

亚洲作为现代全球财富增长最快的地区，在财富传承上，“超人”李嘉诚已经有很好的实践，而成千上万的中国改革开放受益者仍在摸索。以史为鉴，寻根溯源，关于家族传承大业我们能学到哪些优秀做法，能规避哪些陷阱？本章带您启程跨越千年的环球之旅。

美国报业大亨威廉·赫斯特白手起家，打造了世界第一大媒体帝国。他的家族财富传承故事告诉我们：没有什么比寻求可靠的专业建议更加重要。

他意识到自己的子女中无人可以经营赫斯特国际集团（Hearst Corporation），于是将集团交给职业经理人管理，并成立家族信托。得益于家族信托的稳健运营，即便在他去世65年后，他的后人依然能够借助家族信托的财富分配，享有富足、体面的生活。只要公司经营顺利，赫斯特家族也将延续繁荣。截至2017年，赫斯特国际集团连续7年交出傲人的业绩答卷。

古尔德家族的经历与赫斯特的财富延续故事恰恰相反。与赫斯特一样，古尔德家族也是在美国镀金时代[1]积累的财富。铁路开发商杰伊·古尔德是那个年代最富有的人之一。但是，他把巨额财富传给了儿子乔治（George）。在乔治手上，这笔财富很快被挥霍一空。

在创造财富之后，如何守护并管理财富，可能是高净值人群

---

1 指美国南北战争后的28年时间，约1870—1898年。

面临的棘手问题。成立家族信托是不少有识之士的选择，因为这一机制保障了财富在“创富”一代的身前身后都能够持续保值增值。家族信托的受托人（trustee）既可以是家族成员、密友，也可以是拥有良好信誉及卓越管理能力的金融机构。家族信托的创立者，即委托人（settlor），不会失去对资产的控制，他有权根据自己的意愿随时更换受托人和受益人（beneficiary）。

“家族信托创立之初就要定好规则，规定好委托人百年之后如何办。”约翰·尼古拉（John Nicola）认为。他是总部位于温哥华的尼古拉财富管理公司（Nicola Wealth Management）董事长兼首席执行官。在他看来，家族信托整个存续过程中最重要的阶段是它的初始设计阶段。

他还指出，初始设计阶段耗时漫长，过程也非常痛苦。但是，这对家族信托的长远发展至关重要，因此必须在委托人在世时就完成这一工作。

“家族信托的设立地点一定要慎之又慎。”克里斯汀·谭（Christine Tan）这样认为。她是全球专业服务公司瑞致达（Vistra）负责亚洲企业与私人客户信托服务的董事总经理。她还指出，不同法域对信托的管辖各有不同。大多数普通法系法域下的信托都具有自由裁量权，但是有些地区，如英属维尔京群岛（British Virgin Islands，简称 BVI）、开曼群岛（Cayman Islands）和萨摩亚（Samoa）等地都通过了特殊信托制度，比如 VISTA（The Virgin Islands Special Trusts Act，《英属维尔京群岛特别信托法案》）、STAR（Special Trust-Alternative Regime，特殊信托替代制度信托）及 SISTA（The Samoa International Special Trust Arrangement，萨摩亚国际特殊信托安排）。这些特殊的信托制度旨在将股份保留在家族贸易公司中，除非有特殊情形，受托人对公司管理的干预被降到了最低水平。

各地对于信托的存续时间也有着不同的规定，开曼群岛规定是 150 年；英属维尔京群岛规定 360 年；泽西岛和中国香港则不限制存续时间。

信托在 12 世纪萌芽。那时，英国的骑士在投入战场厮杀之前都把自己的资产“信托”给信赖的人。目前，信托的概念已经深入人心，在亚洲的普及率也日益提升。

新加坡麦肯锡全球财富管理业务合伙人阿努·萨海一（Anu Sahai）认为，在亚洲的中国香港和新加坡，信托业至少在 2025 年之前将一直保持 10% 的年均增长率，因为这里具有诱人的地理位置、基础设施和监管环境。这代表着新的发展趋势：不久前，对很多亚洲家族来说，向专业财富管理机构寻求咨询和建议还是只有在遇到困扰和问题时才会想到的选择。

“在这个（真正面临家族财富管理和传承问题的）时候，通常很难在家族成员中找到一个合适的可信赖的人选来管理家族财产，尤其是涉及家族企业运营的情况下。”瑞致达公司的谭女士说道。

信托亦有风险。信息泄露是其中之一，不时有黑客盯上离岸信托，并披露那些引人注目的名字。此外，受托人是否勤勉尽责，是否具备持续稳健运营信托的能力，也日益受到关注。因此，客户“希望看到受托人的风控措施、责任保险和背景核查”，瑞银集团超高净值（Ultra High Net Wealth）人群财富规划部门执行主任迈克尔·艾迪生（Michael Addison）指出。他还认为，信托架构“相比过去更加牢固”，更加重视法律与税务问题。

信托“对财富与资产保护意义重大，保证了财富在高度可控的情况下传给后代”，狄龙·黑尔（Dillon B. Hale）认为。他是半岛资本（Peninsula Capital）创始人，这是一家以亚洲业务为核心的家族办公室咨询机构。狄龙还曾经在硅谷一个知名的家族办公室担任负责人。“设立家族信托越早越好。”卡罗琳·巴特勒（Carolyn Butler）强调。作为香港信托人公会前主席，她对于行业有数十年观察和实践。她认为，尽早设立家族信托，随着信托关系人熟悉信托的运行，一些资产的处理可以在信托架构内进行，所花费的时间成本和金钱成本都比较小。如果等到家族财富积累很多的时候再设置家族信托，可能就会涉及财产所有权转移等各种事宜，所付出的金钱和时间代价相对较大。

不过，对于高净值人群而言，家族信托并非“守富”的唯一选择。

“超高净值家族面临的一个巨大挑战是，很多情况下，家族的第二代继承人不愿按照父辈的意愿接班家族企业。”阿努拉·马赫什（Anurag Mahesh）说，他在瑞银集团位于新加坡的办公室负责亚太区域的家族办公室，“这时候他们该怎么办？有些家族会成立家族办公室，这样可以让下一代在管理家族财富时更容易上手。”

家族办公室从公元6世纪开始出现，但是，家族办公室的复兴出现在1882年。那一年，洛克菲勒家族成立家族办公室，迄今为止已传到第七代。家族办公室分为两种：单一家族办公室，主要满足一个家族的需求；多家族办公室，同时满足多个家族的需求。但是，正如世上没有完全一样的两个人或两片雪花，家族办公室有着各自不同的愿望或背景。

曼资本（Man Capital）是位于伦敦的单一家族办公室，由埃及亿万富豪穆罕默德·曼苏尔（Mohamed Mansour）经营，曼苏尔是金融实业综合集团曼苏尔集团（Mansour Group）的老板。

多年来，他们家族的财富都存在花旗私人银行。但是 2010 年，为了提高收益、增强对个人财富的控制，曼苏尔特意飞到了纽约。他和凯雷投资集团（The Carlyle Group）联合创始人大卫·鲁宾斯坦（David M. Rubenstein）、高盛集团（Golden Sachs）首席执行官罗伊德·布莱克芬（Lloyd Blankfein）等人会面。他发现这些人都有一个共同之处：他们在创造财富的同时，都会成立自己的家族办公室为后代管理财富。

“我开始想：为什么不成立一个团队来决定自己的投资方向呢？”曼苏尔说。

说干就干。曼苏尔创立了私募股权基金性质的投资银行——曼资本公司，下设 3 个部门。其中，第一个部门专门针对初创企业的投资——曼资本公司是脸书（Facebook）和声田（Spotify）上市前的机构投资者；第二个部门负责对公司做出的重大决策进行压力测试；第三个部门负责制定长期投资决策，使家族财富分布到多个行业和资产类别之中。

家族办公室在规模上差异很大，有的可能一个人即可运营，只是安排一些后勤工作，有的则接近私营的大型投资银行。总部位于帕洛阿尔托（Palo Alto）的艾康尼克资本（Iconiq Capital）即是后者，它管理着硅谷一些巨富家族高达 167 亿美元的财富，其中包括脸书联合创始人马克·扎克伯格的财产。

作为美国最大的多家族办公室之一，艾康尼克资本的投资策略是通过投资于高科技独角兽公司，包括汽车共享企业优步

（Uber）和印度电子商务公司弗利普卡特（Flipkart），以提高投资收益，因此得以在目前这一低资产收益率时代获得高投资回报。

关于设立家族办公室的门槛，业内专家一致认为，成立单一家族办公室的客户需要至少拥有2亿美元流动资产，如果要成立多家族办公室，这一门槛一般为2 000万美元，最低也要高于1 000万美元。不过这也取决于客户对家族办公室的具体需求和定位。

类似曼资本这样旨在成立独立自营的投资银行的家族办公室，那门槛会比上述这些都高得多。

这一定程度上是因为运营费用：曼资本有一个12人以上的投资团队，包括花旗银行全球信托部门前任首席信息官、曼苏尔家族的密友曼努埃尔·佩雷斯（Manuel Perez）。团队都是高薪待遇，并且可以获得基于绩效的长期激励性收入。曼资本是自负盈亏，而这又会增加额外的管理成本。每年家族办公室会有一两笔规模在1亿美元以上的大型交易，高成本不可避免，理想的解决之道是通过大额回报来抵销高成本。

当然，世上没有高枕无忧的事情。2017年，财富咨询公司威廉姆斯集团（Williams Group）在调查了3 200个高净值家族后发表了一份报告，指出90%的继承财富在第三代继承人成年时已经损失殆尽。《福布斯》（*Forbes*）杂志2016年发表的一份报告则显示，单一家族办公室中只有20%达到或超过其自己评价体系中的成功标准，还有20%表现差劲。自营家族办公室无法保证一定成功，把资产托付给一个经验丰富、资质过硬、长期为高净值及超高净值客户服务的财富管理机构也是一个明智之选。

成立家族办公室有两项明显的优势。第一项优势是家族财富的保值和增值有所保障。

私人银行也可以在规避风险的同时，通过稳健运营实现财富的保值和温和增值。但是，这对高净值家族来说还远远不够，因为家族规模会随着时间的推移日益壮大（后代人数越来越多，家族需要照拂的人也随之增加）。成功的家族办公室需要在低利率市场中获得高投资回报。

也有些单一家族办公室采取抱团策略，将资金集合起来，寻求高收益交易的机会。

另有些单一家族办公室与私募股权公司联手收购高收益资产。这样既可以分摊风险，也使投资理念相近的家族办公室得以把握新兴资产类别的投资机会，包括高收益债券、房地产以及对冲基金等。一些家族办公室甚至直接向基金、家族和个人提供贷款。

第二项优势是能够将家族财富管理与家族成员培养相结合。我们仍以曼资本为例，目前该公司董事长是曼苏尔，日常运营则由他的儿子、公司首席执行官卢特菲（Loutfy）负责。卢特菲接任公司董事长一职指日可待。他此前曾在高盛集团任职，已磨砺和积累起过硬的管理能力。如今，每个交易决策都关系到家族成员的切身利益，这更使他的心智和能力得到快速磨炼和成长。

“运营良好的家族办公室恪守严格的合规标准，拥有可靠可信的董事会，确保个人财富留给子孙后代。”航道集团（Fairway Group）联合创始人路易斯·布拉肯－史密斯（Louise Bracken-Smith）表示。航道集团位于泽西岛，是一家提供信托、基金和养老基金运营服务的独立集团。

目前，亚洲的财富正在不断增加，家族办公室也会随之更加普及。“随着更多财富被创造出来，家族办公室也会成比例增加。”全球家族和私人投资集团总裁、芝加哥北方信托公司（The Northern Trust Company）运营成员戴夫·福克斯（Dave Fox）说，“财富增加必然引致家族办公室增多。”

家族办公室深可玩味，足够以此为题写出大量专著。如前所述，每个家族办公室都各有不同，不过，它们也有共同需要遵循的规则，并且，能否遵守这些规则决定着它们的成败。

首先，及早进行规划至关重要。在成立之前即要考虑和确保家族信托或家族办公室的架构设计坚实可靠。赫斯特与古尔德的例子给我们上了生动的一课，此后，及早进行规划的重要性被那些决定将财富传递给子孙后代的人一再证实。

其次，分散投资也不可忽视。在成立半岛资本之前，狄龙·黑尔负责经营迈克尔·戴尔（Michael Dell）资产规模高达170亿美元的家族办公室在亚洲的业务。迈克尔·戴尔创立家族办公室的目的是通过分散投资实现财富保值和增值，而不是集中于戴尔技术公司的业务。

最后，保持灵活开放，并善于从错误中吸取教训，这也是金科玉律。1997年，菲亚特集团创始人乔瓦尼的外孙詹尼·阿涅利（Gianni Agnelli）选择约翰·埃尔康（John Elkann）经营总值230亿美元的家族财富，让所有人大跌眼镜。除了年龄实在过于年轻（当时只有21岁），埃尔康的确是一个明智的选择，证明除了非家族成员的专业人士，能力超群又对家族发展一心一意的家族内部成员一样可以胜任家族办公室的管理。

在埃尔康的治理下，原先用于管理这一成立于1927年、总规模达到 230 亿美元的家族办公室的复杂结构被简化。他新成立了一家单一投资公司 EXOR，大部分股份由 80 名家族成员共同持有，并将财务与法务总部从意大利搬到荷兰以降低税负。他还将家族所持有的股份公司进行了多样化，除了汽车产业以外，还进入高科技、食品分销、能源与保险业。这一举措立竿见影。2017 年，EXOR 公布税前利润达到 77.6 亿欧元，同比增长 82%，净收入达到 1 430 亿欧元，在《财富》全球 500 强排名第 20 位。

家族办公室或家族信托的运营没有一定之规，但是有些错误却是需要警惕和规避的。关键在于创立之初的选择：听取好的建议，选择值得信任和尊敬的人，一旦意识到决策失误，立刻进行纠正。下面的案例证明了这些经验的正确性。

以史为鉴，本章将展示说明这些关键的经验教训。

赫斯特家族：专业分工的重要性

谨慎地管理家族企业有多么重要？历史清楚地表明合理的管理手段可以对您的子孙后代产生多大的影响，同时财富转移处理不当又将使事情变得多么糟糕。

金融财富实实在在，代代相传。而财富有时又虚无缥缈，如流水易逝。一条意大利谚语戏称，爷爷创富，爸爸守财，孙子挥霍。有些财富不能代代相承。经一项福布斯调查发现，仅有 1/3 的家族企业可延续至下一代，而当第三代经营时，仅 10% 的家族企业尚存。简而言之，如果你的祖父母非常富有，到你这一代的时候恐怕就不是了。

当然，凡事总有例外：人们将财富代代相传，传给那些有意愿、有能力的人或者走大运的人。美国所谓的镀金时代从 19 世纪 70 年代持续至 19 世纪末。它见证了诸如约翰·戴维森·洛克菲勒（John D. Rockefeller）和托马斯·梅隆（Thomas Mellon）等实业家的发家。这些实业家终其一生积累了巨额的个人财富，并将其财富和智慧传递至他们的下一代。洛克菲勒家族和梅隆家族现在仍然在美国最富有且最具影响力的家族之列。

然后威廉·赫斯特出现了，他可能是那个特别年代里最为非凡的人物。1887 年，年仅 24 岁的矿工之子赫斯特成为《旧金山纪事报》（*San Francisco Chronicle*）的经营者，而后他在全美收购多个出版集团，掀起一阵收购狂潮。赫斯特曾两次入选美国国会，他因奥森·威尔斯（Orson Welles）的电影《公民凯恩》（*Citizen Kane*）成为不朽。在赫斯特离世时，他留下 15 家利润丰厚的日报，以及好几家无线电台和电视台。

然而，赫斯特为后世所留的财富并非主要表现在他所创建的世界上第一个传媒帝国，更多的在于他有能力确保他的财富在其离世后能长久保存。赫斯特的洞察力在于，他能在 1951 年去世前的年月里意识到他的孩子都没有能力经营他所创建的公司。他在遗嘱中将赫斯特集团交到职业经理人的手中，董事会始终存在，而赫斯特家族成员在其 13 个投票权中拥有 5 票。这意味着他们永远无法具备足够的席位来完全控制集团。

遗嘱由赫斯特及其律师认真起草，遗嘱的表达方式和意义均清晰明确、永久适用。在赫斯特集团运营良好时，股息将流入赫斯特家族信托，然后从那里流入他的子孙后代的口袋里。任何挑战遗嘱的后代将立即被剥夺继承权。在赫斯特去世时，遗嘱指明当所有仍在世的家族成员均离世时，信托在理论上将解散，这一事件预计将发生于约 2035 年。

要对赫斯特的清醒头脑和高瞻远瞩做出定论并非易事。作为个人，他较为无情，但他思维清晰，他对子孙们的担心也是很有根据的（和他们的父亲一样，赫斯特的 5 个儿子连大学都没毕业）。但赫斯特集团不仅能够幸存，还得以蓬勃发展。据董事长兼首席执行官史蒂文·斯沃茨（Steven R. Swartz）称，集团已于 2017 年连续 7 年获得创纪录的利润，实现收入 108 亿美元。

过去数年间，赫斯特集团随着时代而变化，就像任何一个积极优秀的投资者一样，明断而又审慎地获取并剥离资产。它仍然投巨资于印刷新闻行业，尊崇了集团创始人赫斯特的最初喜好。据斯沃茨称，2017 年集团商业媒体部门所创利润占集团总利润的 28%，并在百资得（BuzzFeed）和异视异色（Vice）电子杂志市场拥有股份。但是集团也多样化投资于交通、健康服务和航空安全行业。2018 年 4 月，集团以 19.65 亿美元的价格购买了惠誉评级公司（Fitch Ratings）额外 20% 的股份，将其在评级公司中所占的股份提升至 100%。

此外，赫斯特家族依然大量参与集团业务和信托，幸好也能获得相应酬劳。集团由威廉·赫斯特三世出任主席。作为一位慈善家，他也通过投资留下了财富，并于 20 世纪 90 年代中期创建了包括 @Home Network（一家早期的互联网服务供应商）在内的多家公司。集团颇富经验的董事会由家族成员和非家族成员共同组成：家族成员包括创建者的另一个曾孙乔治·赫斯特（George Randolph Hearst）三世；非家族成员包括首席财务官朱切尔·舍茨（Mitchell Scherze），他之前是名投资银行家，在高盛投资公司拥有 20 年的投资经验。

2017 年年末，根据福布斯数据，赫斯特家族以第九名入榜，与沃尔顿（Walton）家族、玛氏（Mars）家族和科氏（Koch）家族一起跻身美国富豪家族行列。赫斯特家族剩余的 67 名后裔资产总计达 280 亿美元。与古尔德家族苦闷的经历相比，赫斯特家族堪称镀金时代的另一个明星家族。

当铁路大亨杰伊·古尔德于 1892 年去世时，他遗留下的财富之丰，在历史上数一数二。他的儿子乔治继承了遗产，但当乔治于 1933 年离世的时候，家族的财富已由杰伊·古尔德时期的最高 7 700 万美元（未考虑通胀因素）缩减至仅仅 500 万美元。毋庸置疑，古尔德家族未出现在现代富豪榜中。如果您想从历史中得到警示，那非它莫属了。

曼资本：家族办公室的多重裨益

> ［我们］成立投资银行和家族办公室是为了在家族内部营造一种团结共进的氛围。［我们］希望家族姓氏曼苏尔能够代代相传。成立家族办公室是有效管控家族财富的一种方式，曼苏尔先生本人即是决策者，把家族财富交给家族外的人来管理，会降低对家族财富的管控能力。曼苏尔先生决定成立家族办公室，是因为在了解了一些家族办公室的运营情况后，他认为依靠自己的团队也可以做到。他成立家族办公室的初衷是为了形成家族凝聚力。
>
> ——穆罕默德·曼苏尔办公室

家族办公室如何帮助下一代？埃及亿万富豪成立的曼资本给出了一个令人信服的答案：顶层设计合理、运营稳健的家族办公室可以让“创富”一代所积累的家族财富助力家族的子孙后代持续地取得成功。

要理解曼资本的成功之道，我们需要先将时钟拨回到2010年。那一年，穆罕默德·曼苏尔先生67岁，这位在开罗出生、在伦敦拥有公司和财富的亿万富豪刚刚从埃及交通部长的岗位上退休。

穆罕默德·曼苏尔的父亲卢特菲于1952年创立了从事棉花贸易的企业卢特菲·曼苏尔父子公司（Loutfy Mansour and Sons），公司产品出口到美国、苏联、中国、日本和欧洲。1975年公司业务拓展到汽车分销行业。1976年卢特菲去世，企业便传给自己的子女。穆罕默德·曼苏尔使家族企业更上一层楼，与美国顶尖企业建立了广泛的合作伙伴关系，业务范围也拓展到世界各地。

曼苏尔从埃及政府退休时，曼苏尔集团每年收入超过60亿美元，盈利能力惊人。

但是，曼苏尔希望挑战更高的目标。他此前把家族财富交给花旗私人银行打理，后者管理着众多世界巨富的财产，包括沙特投资商、慈善家瓦利德·本·塔拉勒（Al-Waleed bin Talal）王子。曼苏尔对花旗私人银行的服务比较满意，不管财富有多大规模，来自经验丰富的专业人士的建议都十分重要。但是他还是在想：自己管理财富是不是效果会更好？

为了解开心中疑问，曼苏尔特意飞往纽约，征询世界上最具经济头脑的人士的意见。他分别约见了高盛集团首席执行官罗伊德·布莱克芬、摩根大通公司董事长兼首席执行官杰米·戴蒙（Jamie Dimon）、凯雷投资集团联合创始人大卫·鲁宾斯坦和大西洋慈善基金会（The Atlantic Philanthropies）创始人查克·费尼（Chuck Feeney）。

这次访问让曼苏尔茅塞顿开，他认识到这些成功人士有一个共同之处：在创造财富的同时，他们都会成立自己的家族办公室或私人信托。家族办公室帮助他们更好地理解成功投资与失败投资的差异，通过明智决策，从家族后代的长远利益出发，建立起能够代代相传的家族财富。

“我开始想：为什么不成立团队，自己决策投资方向呢？”曼苏尔说。

说干就干。一回到伦敦，曼苏尔就成立了曼资本，现在公司位于骑士桥（Knightsbridge）。曼苏尔自任公司董事长，他的儿子卢特菲（曾任职于高盛集团）担任首席执行官。曼努埃尔·佩雷斯是首个来自家族之外的高管，此前他曾担任花旗私人银行全球信托部门首席投资官。

3个人立刻进入工作状态，拜访伦敦和纽约的家族办公室，学习它们的成功经验，吸取失败的教训。曼苏尔志在打造一个高度活跃的“私募股权基金性质的投资银行”，在发展中国家进行长线资产投资。这种投资风格与曼苏尔集团经营历史高度契合，曼苏尔集团正是因为在发展中国家的一些被视为最具风险的市场获得成功，而赚得盆盈钵满。

曼资本下辖3个部门。其中一个部门专门负责针对初创企业的投资。曼资本是优步和音乐流媒体服务公司声田的早期投资者。有时这些初创公司的高层管理人员会主动寻找投资机会，有时投资机构和投资者会找到他们。2012年，曼资本购买了脸书的股份，第二年脸书在纽约上市时，曼资本将股份出售，大赚一笔。

第二个部门在公司内部称为“公开市场部门”，这是整个公司运营的核心。曼资本依靠这个部门对曼苏尔集团做出的决策进行压力测试，提出的问题总是十分刁钻。例如，曼苏尔集团的重型机械业务在某个国家业绩突出，但是在另一个国家却表现平平，家族办公室就会出面追问原因。如果一个部门打算出资收购竞争对手、进入新市场、通过出售或上市对某项资产变现，曼资本也会提供意见和建议。

家族办公室的第三个部门负责制定长线投资决策，帮助家族财富实现分散配置，避免投资过于集中导致的风险。传奇投资家沃伦·巴菲特（Warren Buffett）曾说过，资产分散配置可以“避免无知”，曼资本将其奉为圭臬。

这些长线投资才是真正的价值所在。曼资本的12人投资银行家和分析师团队认真研究潜在收购对象，决定收购哪些资产。这样，曼资本可以实现其私募股权公司的目的，将大笔自有资本盘活，而且从不打算短线投资。

曼苏尔表示，家族办公室每年完成一两笔大额交易，每笔交易额在1亿～1.25亿美元。对此，家族办公室没有一定之规，也就是说，可能第一年有一单笔2亿美元的交易，而第二年却有几笔2 000万～3 000万美元的交易。

“我们先确定一个熟悉并感兴趣的业务领域，然后提出预算，”曼资本一位高管说，“如果该资产满足各项条件，团队就会开会、投票、出手。”

2012年，刚刚成立几个月的曼资本花费3亿美元收购总部设在美国的奥思物流（OTS Logistics），后者在全球100余个国家雇用了 3 000 多名员工。家族办公室希望重点关注新兴国家的投资机会。近年来，公司在非洲次撒哈拉地区大手笔投资教育行业，因为曼苏尔对该地区非常了解。

曼资本的投资银行家们花费大量时间研究非洲、东南亚等相对落后的市场，寻找那些符合公司需求的被低估的资产。曼资本的长期薪酬与奖金结构吸引了经验丰富的银行业和金融业精英，公司规定：在公司工作时间越长，薪酬待遇越高。而且，公司致力于打造集体感和主人翁意识。

设立自己的家族办公室：由自己掌控命运

为什么选择家族办公室而不是私人银行呢？航道集团联合创始人路易斯·布拉肯－史密斯认为，其中一个主要原因是家族办公室可以更好地掌控财富。

“有了家族办公室，富裕客户能够自己掌控局面，”路易斯说，“他们可以在合适的地方，比如说泽西岛，成立家族办公室，满足所有监管与合规标准，成立自己的董事会并指定受托人，确保财富传给下一代。”

那么，其他高净值人士应该学习曼苏尔，成立自己的家族办公室吗？首先，要评估成本、风险和收益。不管您的资产规模多大，把自己的财富交给世界上最大的一家银行一定会降低您个人对投资的责任，不管是好是坏。当曼资本的投资不成功时，曼苏尔和他的团队也只能自负其责。

高净值人士还要认识到成立家族办公室所面临的其他风险。家族办公室成本高昂，学习曲线异常陡峭。很难吸引并聘请到合适的管理人才。（曼资本的高管们认为，答案在于寻找到那些能力突出的人才，他们不仅要聪明异常、积极向上，而且还要能与小而精干的团队和谐共处。）

尽管需要考虑这些问题，但是有一点是清楚的：如果经营得当、满足最小资本金要求，成立家族办公室的收益要大于成本。

一方面，家族办公室可以使您自行做出符合自身文化和信仰的投资决策，不仅可以培养自己团队的能力，还可以保持低成本，因为没有必要从各个银行聘请价格昂贵的外部顾问。成功的家族办公室还可以保证家族成员深度参与财富创造、保值和继承的全过程。同时，家族子孙后代还可以了解自己的权利，以及财富是如何进行管理的。

曼苏尔还提到了“使命感”，曼资本和曼苏尔集团在处理业务时都强调使命感。运营家族办公室其实风险众多，需要经验，需要深入了解全球经济与金融知识，认真、翔实地了解投资项目，能获悉优质投资机会，具备常识、勇气与技巧。具备了这一切，才有可能获得巨额、持久的回报。

穆罕默德·曼苏尔和他的团队打造的家族办公室已经具备了将家族财富传到10~20代以后的能力。这为那些打算成立家族办公室的高净值人群树立了正面典型。

阿涅利家族：祖父与孙子的纽带

家族办公室的规模有限制吗？旗下管理数十亿美元资产的大型家族办公室和灵活的小型家族办公室相比，有什么显著的不同吗？对于这些问题，阿涅利家族的情况可以给我们一些启发。阿涅利家族办公室是世界上规模首屈一指的大企业，它的运营清晰地向我们展示了以家族为先的经营理念。

1997 年，21 岁的约翰 · 埃尔康被其外祖父詹尼 · 阿涅利钦点为家族财产和商业帝国的继承人，这一决定，彻底改变了这个当时乳臭未干的年轻人的一生。

有人认为，这一任务对于这个生于钟鸣鼎食之家，先后在伦敦、里约、巴黎求学成长的年轻人而言太过困难。然而，埃尔康对家族生意如数家珍，并且因其勤勉、负责、能力强而被广泛认可。2003 年，詹尼逝世，埃尔康就此被推到了聚光灯下。

年仅 27 岁的他就已经管理着意大利最有名的 3 个品牌了：汽车品牌菲亚特和法拉利（Ferrari），以及尤文图斯足球俱乐部（Juventus Football Club）。但他应对得游刃有余，并重振濒临破产的菲亚特。

还会有比管理这些家族标杆企业更重要的工作吗？那就是管理 EXOR 集团。2011 年，埃尔康开始负责这一投资公司的运作，EXOR 于 1927 年成立，旨在管理阿涅利家族的财产；2017 年，它的净资产值已经达到 230 亿美元。1927 年，菲亚特创始人乔瓦尼 · 阿涅利（Giovanni Agnelli）创立了金融公司 Istituto Finanziario Italiano（IFI），该公司用投资基金的方式买入、管理、控制他在菲亚特及其下属公司、有关公司的持股，还管理着他名下的第一产业利润和实业财产。

自创立伊始，IFI 就通过投资、引资不断扩张。1957 年，它开始向金融公司 Istituto Finanziario Italiano Laniero（IFIL）投资，该公司也在阿涅利和纳西（Nasi）家族旗下，日后将和 IFI 承担同样重要的角色。但阿涅利家族又在 1964 年成立了 IFI International（IFINT），用来管理其国外持股。1968 年，IFI 在意大利首次公开募股。5 年后，IFINT 在卢森堡出售股份。使情况变得更复杂的是，1987 年，IFI 旗下的 Giovanni Agnelli & Company 成立，该公司由詹尼兄弟控制（他们拥有公司 30% 的股份），参与管理的其他人有安伯托・阿涅利（Umberto Agnelli）、詹尼兄弟的外甥乔瓦尼・纳西（Giovanni Nasi）、菲亚特前主席官切萨雷・罗米蒂（Cesare Romiti）。Giovanni Agnelli & Company 的基础价值来自 70% 的 IFI 原始控股，这一新成立的投资公司现在控制着整个家族的财产。

阿涅利家族的财产分散在数个基金和公司中，这个无比复杂的体系在 2009 年得到了简化。这一年，IFIL 和 IFI 合并成立 EXOR，这个名字来自 IFINT 公司于 1991 年购买的一个法国公司，该公司拥有瓶装水产品品牌 Perrier（又称"巴黎水"）的多数股权，也拥有波尔多玛歌酒庄（Château Margaux）。

当埃尔康被任命为这一杰出家族和 EXOR 的掌门人时，EXOR 正迫切需要新鲜血液和创新思维。EXOR 的投资仍集中于都灵汽车巨头菲亚特，而当菲亚特遭遇困境时（如 20 世纪 90 年代末 21 世纪初的情况），家族财富就会受到牵连。《纽约时报》在 2002 年进行的一项调查发现，阿涅利 / 纳西家族包括大家长乔瓦尼的约 150 名后裔（包括子女和堂兄弟、侄子侄女，以及孙子、曾孙和曾侄），其中 80 人拥有执掌生杀大权的家族办公室 Giovanni Agnelli & Company 的股票。

埃尔康做出了两项关键决策，这些决定永远改变了 EXOR 的性质和着眼点。（过去，EXOR 的资产主要用于向数百名家属支付分红。）

首先，他将其财务和法律总部从意大利迁至荷兰，降低了该公司的税收风险，同时仍在米兰的意大利证交所（Borsa Italiana）挂牌。

该决定得到了85%的EXOR股东的赞同，其中包括家族成员和一些经挑选的外部持股者，美国投资公司哈里斯联合公司（Harris Associates）和东南资产管理公司（Southeastern Asset Management）也在其列，它们同样也在财富保值和积累问题上有长线思维。埃尔康称这次搬迁是“自然发展”的结果，可以使EXOR变得更加国际化和多元化，并补充说他的目标是创建一个反映其国际形象的“更精简的公司结构”。

其次，埃尔康开始使EXOR的投资多元化，打破其在意大利和工业领域的历史投资局限。过去，EXOR是一个被动获取盈利并派发股息的防御性投资者，现在采取了更加积极的立场和观点，通过将投资与更加严谨的投资基准相结合，引入更大的金融活力，确保每项投资和资产必须有其回报。

EXOR购买了德国电力生产商莱因集团（RWE）和英国技术公司奥凯多（Ocado，专门从事食品电子商务）的股份。2015年，EXOR做出了埃尔康在任期间最大的投资决定，以69亿美元收购了纽约上市的再保险商帕特纳瑞保险（PartnerRe）。

对于EXOR而言，全现金收购帕特纳瑞保险是一次投资模式的大转弯，这一进取型收购，使得EXOR背负巨额负债，其贷款价值比增至20%以上。帕特纳瑞保险至今仍然是该公司拥有100%股权的唯一大型投资。截至2017年年底，帕特纳瑞保险占EXOR公司总资产价值的34%，超过了占25%的菲亚特克莱斯勒（Fiat Chrysler Automobiles，简称FCA）。2017年4月，EXOR

再次加大力度，以 2.86 亿美元收购了加拿大人寿保险公司全金（Aurigen）。

2017 年，EXOR 的每股资产净值（公司投资总值除以其流通股份的总值）为 56.9 美元，而明晟（MSCI）世界指数为 20.1 美元。2017 年，EXOR 跻身世界 500 强名单（按营业额计算），排名第 20 位，排名介于电信公司美国电话电报公司（AT & T）和汽车制造商福特（Ford）之间。而这一成绩，对于只是大型家族办公室的 EXOR 而言，确实让人惊叹。

这些数字很重要，部分原因是任何负责管理大量家族财富的投资公司必须加快而非放缓其增长速度，同时也因为该公司的结构不同寻常。

归根结底，EXOR 是由拥有 53% 股权的控股公司 Gianni Agnelli e Cie 控制的。EXOR 董事会由非独立董事和独立董事共同组成，非独立董事包括来自阿涅利和纳西家族的成员，他们是该投资公司最初的共同创始人。根据 EXOR 的 2017 年报告，独立董事名单包括劳埃德银行集团（Lloyds Banking Group）首席执行官奥尔塔·奥斯力（António Horta-Osório）、前马莎百货（M & S）首席执行官马克·博兰（Marc Bolland）。

强大的董事会是福也是祸。一方面，董事会将埃尔康玩弄于股掌之间。如果有意，董事会有权找人取代他家族主席和 EXOR 主席官的位置。另一方面，董事会使家族办公室变得十分复杂。非核心家庭成员（持有直接股份的成员的确切人数不得而知）大量参与幕后决策，可确保重大投资决策只有经过广泛审议后才能做出。

如何经营一家大型家族投资公司，而这家公司似乎拥有诸多下辖机构？关于这一问题，您可能已经有了答案。

成功继任

埃尔康如何成长为意大利金融和文化生活的标杆，也是他在继承财产过程中，颇令人好奇的一点。家族经历了困境和不幸，而埃尔康并没有因为成为受益人而沾沾自喜。这一点在詹尼的独生子爱德华（Edoardo）在2000年离奇去世时表现尤为明显。然而，埃尔康的成功绝非偶然。从年少时开始，埃尔康就对工作很挑剔认真，并且热衷学习。他曾在世界各地的菲亚特工厂工作，学习汽车制造和金钱运作。

詹尼选择了他的外孙子作为家族的权力中介和巨头，这显示了他对所谓的“孙辈培养和继承”理论的信心。这种理论认为，第三代能够比第二代更好地管理财富。为了证明这一点，狄龙·黑尔举了澳大利亚最富有家族之一斯摩根家族（Smorgons）的例子。其时，狄龙·黑尔负责迈克尔·戴尔家族办公室的亚洲业务，并担任宜信财富管理战略顾问。

维克托·斯摩根（Victor Smorgon）是位从钢铁行业转战印刷业的巨头，当他寻找理想接班人时，他越过了他的孩子，把眼光投在了彼得·爱德华（Peter Edwards）身上。彼得是他的孙子，刚刚高中毕业，在家族钢铁厂的车间工作，吸收了重要的实战经验，并比任何人都更了解家族业务。在彼得的指挥下，这个名为斯摩根集团的家族办公室发展壮大，并趋向多样化，金枪鱼渔业业务做到了南太平洋第二大，在塑料、服装、食品和燃料等行业也做得风生水起。

同样，现年42岁的埃尔康已经将EXOR从一个与菲亚特集团的财务表现紧密联系在一起的臃肿机构，转变为了一个日益全球化的投资公司，其股息资产分散在世界各地。EXOR 在零售和金融等行业做出了重大投资，这些行业与意大利或公司的传统工业业务几乎没有任何关系，这一事实受到了一些意大利媒体的批评。在 2015 年，EXOR 收购了伦敦经济学人（The Economist Group）43% 的股份。

无疑，EXOR 的财务状况从菲亚特的辉煌复兴中受益匪浅，菲亚特于 2014 年与克莱斯勒（Chrysler）合并成了 FCA。FCA 和由 EXOR 控制的资本商品公司凯斯纽荷兰工业（CNH Industrial）都在荷兰合法注册成立，而其财务活动在英国。法拉利也在荷兰合法注册，这表明了管辖权在税收、财富保值和企业长期可持续经营等方面的重要性。

EXOR 并不完美。它过度依赖北美的收入来源，其多元化过程仍处于早期阶段。投资专家认为，董事长的最终目标是将投资完全从汽车和交通工具生产行业中发散出去，这是一个消耗资本的过程，很可能还会淡化家族的股权。

然而迄今为止，埃尔康做出的重大投注，特别是全现金收购帕特纳瑞保险的决策，还是取得了巨大成功。也许，更让人惊奇的是，埃尔康已成功让不断壮大的阿涅利家族满意，这的确成绩斐然。帕特纳瑞保险的成功及埃尔康在 EXOR 全盛时的公司地位，均取决于他能使家族财富不断增值。显然，几乎没人会否定他为家族财富增值所做出的努力。

狄龙·黑尔：投资专家的财富保值之道

在过去 22 年间，狄龙·黑尔运营着一些世界上最大的家族办公室，并充当顾问，这些家族办公室来自美国、中国、澳大利亚。他说，每一个成功的家族办公室都“以财富保值为初衷”。

任何人想要更成功地管理其财富，想要学习识别设立家族信托或家族办公室的风险和回报，都应该咨询狄龙·黑尔。

狄龙出生在南非，来自一个传承超过5代，有着上百年历史的大家族。在入职约翰内斯堡的一家商业银行之前，他攻读了法律和经济专业。在搬至澳大利亚之后，他最终成为澳大利亚第四大私营银行的本国董事，那时他还没有创建第一资本（First Capital）。第一资本是一家投资咨询公司，主要为家族办公室提供建议。

在纽约的一次会面促使他加入了摩羯投资集团（Capricorn），这是一家由易贝（eBay）前联合创始人兼第一任总裁杰弗里·斯克尔（Jeffrey Skoll）创建的投资公司。杰弗里·斯克尔的家族办公室代表斯克尔基金会（Skoll Foundation）和杰弗里个人管理着55亿美元的资产。狄龙在那里工作了5年，最终晋升至负责人。现在，他是公司的战略顾问。摩羯在这个时期所做的知名投资包括投资于特斯拉（Tesla）、维生素水（Vitaminwater）、太空探索技术公司（SpaceX）和星球实验室（Planet Labs）。

然后，技术型亿万富翁迈克尔·戴尔的家族办公室向他发出敦聘函。这家家族办公室，坐拥170亿美元的资金，资产涉及9个投资策略。“这个家族办公室在我们行业中是万众瞩目的，”狄龙说，“他们很少在亚洲露面，他们想让我帮助创建一家家族办公室，将其业务扩充至整个亚洲。”

在作为亚洲负责人加入，并在墨尔本和中国香港创建了办事处之后，狄龙投入到工作中。他的计划是与“具有相似豁达世界观”的大的区域家族办公室建立合作关系，旨在分享信息和观点，了解当地投资环境，并且在成为合作伙伴后，潜在地分享投资机会。

这并非易事。一些亚洲精英家族采取一种与生俱来的保守方法进行投资，这意味着需要花时间创建公司自制生态体系，并且，用狄龙的话说，“需要计算出谁真正有意愿而谁没有意愿”。

他说：“在创建家族办公室时还掺杂强烈的教育成分，资产分配的多样化也是非常关键的。”

一些企业所有人想在公司多样化经营各种业务。在戴尔的公司遭遇动荡之前，狄龙就是这么做的。然后，他让戴尔的家族办公室尽可能做到业务多样化，尽可能经营不同于戴尔科技集团的业务。在规则瞬息万变的市场里，这是至关重要的。正如沃伦·巴菲特经常说的，不要把所有的鸡蛋都放在一个篮子里。

2016年，狄龙开始了另一个冒险行动，创建一家新的以亚洲为重心的咨询公司，主要客户包括中国、英国、南非，以及美国硅谷和纽约的家族办公室。20年后，在这个行业处于巅峰状态时，他对于任何创建家族办公室的人都能给出令人信服的建议。

狄龙经常被问及的一个问题是富人是否需要创建一个家族办公室。“我的答案是创建家族办公室代价高昂，并非适合每一个人，当家族财富达到一定的规模才可以。”但是，对于想要锐意进取的人来说，可以遵循简单的规则。“在取得了巨大财富之后，您想要保护财富。依据我的经验，所有成功的家族办公室均起始于财富保值的初衷。”

“之后，您需要多样化投资。”定制的资产配置模型允许家族办公室管理者管理风险并保护资产基础。它鼓励沿着一连串的资产类别从保守型（现金、国债、投资级别的债券）至风险型（创业投资基金、新兴公司）进行投资。这一范围内分配的额度取决于家族的资产状况及其对于宏观环境的判断。共同点在于分散风险。

家族办公室选址的重要性如何？这要视情况而定。“如果您所有的资本都在中国境内，我建议您考虑将办公室设在北京或者上海，这样您可以雇用当地有经验的投资人才。这些人才在其他城市是难觅的。如果您的财富在境外，比如伦敦或者纽约，虽然在那里设置办公室较为昂贵（因为税率、人工成本和管理成本较高），但是这些城市里存在经验丰富的投资天才。”

中国香港和新加坡是另外两个显而易见的选择。这两个城市与北京处于同一个时区，可以方便快速地抵达北京，且拥有透明而可信赖的法律和金融体系。

狄龙鼓励那些尚未步入巨富行列的人考虑设立一个信托而非家族办公室，将投资管理外包给一流的财富管理者。信托功能多样（例如保护和管理财富、容纳私人家族基金会或者继承财富）。狄龙说，在过去几个世纪里，信托确实经历了时间的考验，证明了自己对于资产具有高度的操控力，这对于财富和资产保护而言是无价的，对于将财富传递给下一代而言也是无价的。“我认为美国每个家族办公室都同时运营自己家族的一个或多个信托。”

对于设立信托而言，中国香港无疑是一个很好的选择，它交通便捷，地理位置四通八达。其他可行的地区包括泽西岛、英属维尔京群岛和百慕大群岛，而开曼群岛的STAR信托主要专注于结构性融资和商业交易。

狄龙强调说，选择一个适合自己需求的地区至关重要。

对于将财富成功地传递至下一代的主要目标而言，信托也意义非凡。狄龙表示："第一代财富创造者可以采取一些措施。从结构化角度来看，尤其是在设立信托的情况下，附加条件可确保财富能够成功传递。"认真履行信托契约中的长期运作规则是非常重要的，因为在一个家族成员离世、出生或者从事规定职业或达成生活目标后，它能规约财富如何投资和支出。

回顾其漫长的职业生涯，狄龙总结道："没有两个家族或者两组需求是完全一样的。这些需求不仅要考虑国家的文化背景，还要考虑每个家族自己独特的核心文化。"

有些家族还处于创建财富的早期阶段，而有些已开始专注于守护和传承财富，有些则处于这两个阶段之间的过渡状态。

随着成功的家族办公室和信托的壮大，它们可能去开拓新的市场和资产类别，变得如跨国投资公司一样业务繁杂。摩羯投资集团和迈克尔·戴尔的家族办公室不失为学习的榜样。"在欧洲，多代家族倾向于创建更成熟的结构。"狄龙补充道。

"如果您偶然碰上第四代或者第五代，许多家族成员正在追逐他们自己的兴趣，而对家族最初的商业领域兴致不高。"他说，"但是请谨记一个重要教训：后人只能从您现在所做的正确决策中受益。"

毕思高：承担社会责任，投资于可持续发展

毕思高（Bscope）创始人维克托·孟（Viktor Meng）与奥地利保时捷－皮耶希（Porsche-Piëch）家族共同致力于创

建单一家族办公室。他们承担起社会责任，考虑周全，投资于那些意欲保护和改善自然环境的资产和公司。

放空片刻，想象自己是欧洲一家极为富有且强大的工业家族掌门人。您说着德语，是所在行业内（恰巧是汽车领域）的掌门人，您处于行业的中心位置，这个行业虽然最近几经沉浮，但仍然较为稳固。您名下的投资银行管理着约 450 亿美元的财富，关系到您及 100 多位直系亲属的利益，那么您将把这家投资公司安置于何处？

要理解这其中的来龙去脉，我们需要让时光倒流。那是在 2005 年，维克托·孟刚刚于维也纳经济和商业大学（Vienna University of Economics and Business）攻读完商业学硕士学位。移居上海之后，孟创立了毕思高，这家合伙公司管理着保时捷 – 皮耶希家族的部分财富。这一家族因拥有汽车业界的两大传奇人物而享誉世界：费迪南德·保时捷（Ferdinand Porsche），同名豪车制造商创立者；其外孙费迪南德·皮耶希（Ferdinand Piëch），于 20 世纪 90 年代将大众汽车（Volkswagen）于濒临破产的境地中挽救。

2012 年，这一大家族遭遇了孟口中的清偿事件，毕思高被重组为单一家族办公室，先是搬迁至伦敦，然后又移至新加坡，孟也成为常务董事。在一个无论从地理位置还是文化上都远离维也纳的城市，毕思高现在管理着保时捷 – 皮耶希家族的所有财富。

毕思高和这个奥地利超级家族的财富投资方式均是不同寻常的。首先，毕思高不仅不投资汽车生产行业，甚至完全撤出并避开这个行业。根据孟所述，保时捷 – 皮耶希家族相信这个行业正面临压力，因为年轻人摒弃了上几代人购买汽车的习惯。

其次，毕思高是一家十分活跃的投资公司。对于西方家族办公室而言这非常普遍，但是在亚洲则较为罕见。在亚洲，采取极端保守的措施来进行财富保值和风险规避，是惯常做法。近年来，毕思高购买了食品制造商和经销商以及能源供应商的直接股权，帮助家族“学习和做出明智的”投资决策。孟说，如果他们无法找到合适的目标，他们愿意白手起家创建一家公司。

这一做法是否自带风险，甚至危如累卵？孟给出的回答是：风险并不高。

“这个家族认为用传统方法管理财富存在很大风险。常规的多样化投资仅能带来大市回报，如果整个市场崩盘，您也无法幸免于难。我们认为应将更多资产转移至私募股权投资中，那样的话不管形势如何，都能在更大程度上提供正向现金流。”

毕思高的创立者坚持认为这不是传统的风险资本投资法，原因当然不局限于他的做法，他旨在进行多达5项的投资，每个项目最多可分配到1 000万美元。“我们着眼于长期收益，”他说，“这是一张关乎几代人的时间表，我们需要用与其他投资者不同的眼光看待风险。”

这种单一家族办公室的另外一个吸引人的地方，在于家族自身的参与度。保时捷－皮耶希家族异乎寻常地亲自参与管理和监督。大部分家族办公室“倾向于关注短期策略绩效，这是他们的主要焦点，而不太青睐于冒着各种风险发展业务”，孟谈道。

保时捷－皮耶希家族的财富在数目上可与塞尔维亚或阿塞拜疆相媲美，其所拥有的单一家族办公室规模庞大，因此，对于负责经营的人——孟或者任何人来说，如何应对“黑天鹅”事件呢？他如何确保投资组合能得到良好保护，还能以足够快的速度增长?

毕思高的创立者称，答案在于长期的价值投资。“没有任何方法能确保投资不受市场波动或崩盘的影响，但是如果一个投资组合中包括运营良好的公司的股份，且能持续拥有该股份，那么临时价格波动的影响将变得微乎其微。”他还指出了毕思高在投资“目标明确、发展零碳”的公司和行业时所采取的方法——同时关注家族财富保有，以及环保需求。

这与许多硅谷家族办公室采用的慈善 2.0 方法相似。

“我们投资于创收业务，这种业务在经济和环境方面都能可持续发展，因为这个家族具有前瞻思维，他们想要从事那种对环境危害最小的活动。”孟如是说。

这种为未来的自然环境而投资的愿望并非昙花一现般的想法。这种想法由年轻一代家族成员推动，他们对于影响力投资的兴趣显而易见，真真切切。“我们所有的直接投资活动都集中在可持续发展方面，我们正在将大部分（即使不是全部）资产转移至全面可持续发展方面。我们已经创建并管理着自己的公平价值基金，该基金只投资具有正面社会和环境影响力的股票。”

在这个家族办公室里，新旧世界情感得以奇迹般地融合。鉴于财富来之不易，保时捷－皮耶希家族的年轻一代决定以超长期的眼光考虑他们积聚的财富，他们积极地将财富直接投资于既能盈利又对地球有益的股票和公司。孟说，这个政策有助于家族成员更紧密地团结在一起。

财富保值至关重要，孟说：“一个家族不能对团结、知识和影响力的保护与发展视而不见。”这对于每个人而言都是一个教训。

进阶版慈善基金：高科技巨富的财富管理之道

每个技术型亿万富翁都有自己管理个人财富的方法，但是他们有一个共同点：在保持财富持久性及创造非凡业绩的同时，越来越多地积极投身于公益，投资于未来，而且，不仅是通过自己的信托设立慈善基金或者委托专门的基金进行管理，甚至亲自投入精力参与。

当下，若您想寻找高端财富管理方面最好且最积极的例子，您无须去老牌金融中心伦敦或纽约，而是要去美国西海岸。

在美国西海岸，您可以找到依据市场总值而论，全球 10 大跨国公司中 5 家的总部，包括排行榜前 4 名：苹果（Apple）、谷歌（Google）、微软（Microsoft）和亚马逊（Amazon）。每个这种高科技公司都为其创始人创造了巨额财富。福布斯将亚马逊创始人杰夫·贝佐斯（Jeff Bezos）认定为 2018 年世界上最富有的人，其财富为 1 120 亿美元，随后是微软创始人比尔·盖茨，其净资产为 900 亿美元。紧随他们之后的是脸书创始人马克·扎克伯格和甲骨文公司（Oracle）创始人拉里·埃里森（Larry Ellison）等。

没有两个传说是完全相同的。

以年过花甲的盖茨为例。近些年他的故事主要集中在比尔及梅琳达·盖茨基金会（Bill & Melinda Gates Foundation）方面，并且理当如此：自从 2000 年创建基金会以来，管理资产规模 380 亿美元的私人基金会致力于改善全球健康服务以及解决贫困问题。然而，这个家族的财富却是在别处由一个名为卡斯凯德（Cascade）投资公司的私营企业管理。

卡斯凯德投资公司位于西雅图，临近微软全球总部，由迈克尔·拉森（Michael Larson）于1995年创建。迈克尔·拉森曾是波士顿普特南（Putnam）投资公司的短期资本经营者。从卡斯凯德最近归档至美国证券监管机构的文件可以看出，拉森能广泛了解资本市场、经济周期、资本投资和分配，能使长期投资者的利益增值。那份来自2018年5月的文件补充道，卡斯凯德投资于“上市公司股票、固定收益类资产和另类资产”，同时也涉猎风险投资。

在拉森看来，投资公司已经多样化经营其所持股份。公司初创时，盖茨的资本净值为50亿美元，且依赖于微软股票的业绩。此后，它广泛投资各类上市公司和私营公司，包括加拿大铁路公司、共和废品处理公司、可口可乐、四季酒店。

自成立以来，拉森达成的年复合回报率略高于10%。卡斯凯德的数据显示，无论经济局势是好是坏，它均比指数基金做得更好，2017年收益达到最大化，而2008年能将损失降至最低。

而在其他方面，投资公司不忘初心。当盖茨基金会继续解决我们这个年代所面临的巨大挑战时，比如找到治愈疟疾的方法以及加固经久失修的学校，卡斯凯德投资公司仍然坚守自己所了解的：明智谨慎地进行投资，并且服务家族的个人财务需求。这一点很重要。无论以哪种标准衡量，它已经大获成功。截至2017年年末，在累计使用逾500亿美元投身于公益之外，盖茨的个人资产仍超过900亿美元。

劳伦娜·鲍威尔·乔布斯（Laurene Powell Jobs）是爱默生基金会主席。爱默生基金会是一家来自帕洛阿尔托的非营利机构，由苹果公司联合创始人史蒂夫·乔布斯的遗孀创建。创建爱默生基金会意味着她接过了丈夫的衣钵。史蒂夫·乔布斯是一位伟大的社会活动家和创新家，他利用家族的200亿美元进行经营，以解决社会问题，资助政治活动，投资新兴公司。

在过去 10 年间，爱默生基金会将其资金投入 10 多家初创公司。2017 年 7 月，在 B 轮融资中，爱默生基金会向位于洛杉矶的虚拟现实开发商 Within 投资了 4 000 万美元，Within 的投资人还包括新加坡主权投资基金淡马锡（Temasek）。1 个月之后，爱默生基金会成为《大西洋月刊》的主要所有人。《大西洋月刊》是美国最古老的周刊之一，记录了最富有的美国家族对过时印刷媒体的最新冲击。爱默生基金会将其视为社会影响力企业，也支持了非营利的新闻机构，包括 ProPublica 和马歇尔项目，并在芝加哥运营着反枪械暴力项目。

瓦肯资本（Vulcan Capital）是一家由微软联合创始人保罗·艾伦（Paul Allen）于 2003 年创建的投资公司，专注于通过投资新兴公司或初创公司。这家位于西雅图的机构通常向每个投资目标投资 1 000 万至 1 亿美元；在过去数年间，它曾投资于阿里巴巴集团（Alibaba Group）、梦工厂影业公司（DreamWorks Studios）、房地产经纪公司 Redfin、音乐流媒体服务公司声田。瓦肯资本体现着艾伦的价值观，声称它的目标在于形成高回报，同时采取长期的企业友好型投资方式方法，并且支持那些对生活和社区有积极影响力的创投企业。

美国西海岸最有影响力的高端财富管理机构可能是位于帕洛阿尔托的艾康尼克资本。这是一家私营投资银行，它的客户有时是海外投资者。而在将投资提供给客户之前，这家银行发起、组织并打包投资。它不仅提供传统的财富管理服务，还具有对富豪家庭的财务和个人需求的敏锐嗅觉。

艾康尼克为众人所知，在于其创始人在脸书创业早期即提供及时帮助，并在后来帮助其创始人马克·扎克伯格管理财富。其服务的硅谷巨富还包括领英（LinkedIn）联合创始人雷德·霍夫曼（Reid Hoffman）等。

2015年年底，扎克伯格夫妇宣布将持有的脸书股份的99%（当时估值约450亿美元）捐出用于慈善，启动“陈－扎克伯格项目”（Chan Zuckerberg Initiative），推动人类潜力的发挥，并促进公平性。最初关注的领域包括个性化学习、疾病治疗、连接全球人口，以及打造更强健的生活社区，为女儿一代人创造更美好的世界。

> 你给我们带来了理由去改变世界，这将是我们期待你未来生活的世界。和所有父母一样，我们希望你成长的世界比我们现在更美好。
>
> 我们必须为未来25年、50年，甚至100年，进行长期投资。
>
> 当我们理解到，我们可以为你们一代人创造什么样的世界时，我们就有责任专注于未来展开投资，并使这些目标成为现实。
>
> ——摘自《扎克伯格致女儿的一封信》

现实社会中的“钢铁侠”埃隆·马斯克（Elon Musk），在创立贝宝（PayPal）、赚取上亿美元后，并未止步于此，而是转身投资于3个看似不可能赚钱的领域，甚至为此多次处于破产边缘。10多年后，他掌控两家估值数百亿美元的公司；背后支撑他的，是年轻时就开始的思索，“什么样的问题会影响人类和世界的未来？那就是可持续的交通和源源不断的能源生产”，“人类唯一的出路，就是让人类文明成为遍布宇宙的文明（space-faring civilization），让人类成为多行星种族（multi-planet species）”。

这些硅谷巨富，是创业者、创新者和颠覆者，是可持续公益的先驱：他们利用商业思维和解决思路带来了改变。这包括前文所述的“影响力投资”（impact investment）[1]——将资本投资于既能提供回报又能解决特定社会问题的项目中——并且确保他们投资的公益事业和慈善机构是透明的，并能解释他们的商业决策。

半岛资本创始人狄龙·黑尔称，这种进步的投资方式因多种原因而受到美国技术精英的青睐。这种方式使他们的财富可以代代相传，使他们在决策时可以考虑到子孙后代的利益，使他们以对社会、文化和环境有利的方式利用他们的巨额财富。这种方式通常可以节税，也为他们在同龄人中赢得了极大的赞誉。

总体而言，这些展现了所有投资者均应铭记的一个关键点：利润和公益慈善无须相互排斥。

黄经国：让财富成为爱的祝福

黄经国身上的标签众多：保险界翘楚、心理学博士、古董艺术鉴赏家……

他从事保险业 40 余年，现为友邦香港区域执行总监，管理 18 大区域，带领超过 2 000 名专业财务策划顾问。他拥有心理学博士学位，早在 1997 年便创立“喂我”实现工程（Hi-Me），从事人才资本发展培训项目，致力推动青年发挥潜能。他闲暇时会从苏富比及佳士得拍卖并收藏价值连城的艺术品，艺术品和古董

1　“影响力投资”，也被称为“公益创投”或“社会投资”，是以创造可测量的社会影响为主要目的且具备财务增值潜力的投资。

藏品数量之多，使其经常成为传媒的访问对象。

然而，回到家，他依然是体贴的丈夫、严格的父亲和慈爱的祖父。他与太太相伴 40 余年，始终伉俪情深；他的儿子正以他为榜样，在保险界勤奋耕耘；他的两个孙子也在他的教育和引导下茁壮成长。他的治家理念和传家之道，为他保障了家庭的温馨友爱和财富的平稳传承。通过他的故事，我们可以看到，对家人的爱、责任和祝福不仅需要放在心里，更可以通过资产配置和金融工具的运用来表达。

在逆境中白手起家

黄经国的童年充满苦涩，父母再婚，父亲因赌博导致全家生活拮据，而他也因为自卑而患上口吃。这还不是全部，20 世纪 60 年代香港发生暴动，而那时他刚中学毕业。眼看努力多年的大学梦受阻，为了宣泄心中的不满，他甚至曾上街示威。没想到这近乎绝望的宣泄却让他的口吃病慢慢不药而愈。这让他感到，经过逆境的磨砺，人生会有新的机遇，不应轻易放弃努力。

其后，他报读了大专的夜间课程，选修经济，由此进入一个新的思想领域。本专业之外，希望找到人生方向和意义的他，还努力研习了各种哲学和宗教思想。同时，为了走出原生家庭带给自己的影响，塑造更健康自信的自我，他还系统学习心理学，最终甚至取得了心理学博士学位。正是这样坚持不懈的学习与思考，为他后来的事业发展打下了坚实的基础，不仅专业知识过硬，更有卓越的洞察力和过硬的心理素质。

30 岁那一年，他以兼职的形式，加入了保险行业。当时，随着经济的蓬勃发展、股市的崛起及大批跨国金融机构的涌入，香港迅速成为亚太区的国际金融中心。外资保险公司纷纷在香港设立分公司，香港保险业进入快速发展期。行业的发展机遇与个人勤奋、坚韧的品格叠加，使他在加入保险业的第一年，就成为全公司的“Agent of the Year”（年度保险从业员）。这成为其事业成功的转折点。他说道：“最初其实只是抱着试一试的心态去做，怎料从那天开始，便一直没有离开过保险界。”此后，他深耕保险业 40 年，拥有 2 000 余人的团队，在取得骄人业绩的同时，也积累了可观的个人财富。

在从业过程中，黄经国结合自己的工作阅历和多年来的哲学、心理学学习，发展出一套独特的培训理论，创立“喂我”实现工程，从事人才资本发展培训项目，致力推动青年发挥潜能，也为企业提供再造和培训服务。“我将哲学思考应用在培训理论上，重视个人的反思以及体验式的实践，期望借此为年轻人的生命带来一点启示。”

治家理念：系之以爱，绳之以礼

童年的经历使黄经国明白，对于一个家庭来说，最重要、最核心的要素是爱，包括夫妻之爱、亲子之爱。“只有爱才能把房子变成家。”对他来说，爱不是默默放在心里的情愫，而是需要通过家族事务和财务的安排让家人清晰感受到的。

根据黄经国的介绍，目前每年都会安排两到三次为期超过 10 天的全家旅游，其间全家人“坐在一起吃饭，住在一个地方”。正是这样的亲密共处，增进了家人间的互动与了解，形成了大家庭的凝聚力。此外，全家还会不定期地召开家庭会议，彼此间讨论近期的生活和感想，也会为遇到的困难和问题一起出谋划策。

在财务上，他给予家人充分的照顾和自由度。据他介绍，黄太太为了照顾家庭并没有工作，因此，他每个月会给太太一笔钱，并且对太太如何使用完全不干涉。对待儿子和孙子，他则通过保险金信托的方式给予他们充足的经济保障。他并不认同林则徐所说的："子强于我，何须留钱？子弱于我，留钱作甚？"在他看来，"事实上，子强于我，更加要留下财富待他潜能发挥，再创高峰；子弱于我，更加要给他保障，以备不时之需"。所以，他早早为子孙做好充分的财务保障。

然而，一个家庭的维系仅仅依靠爱也是不够的，要保证每个家庭成员的良好发展，就需要约束和管教。正因如此，黄经国非常看重家庭的"礼"：一方面他强调子孙都要树立正确的价值观，即正值、勤奋、友爱；另一方面他强调长幼有序，每个家庭成员要明白自己的位置和责任，不能"越轨"，犯了错误也要受到教训。他坦言，孙儿做错事他仍会用体罚。

传家之道：分散投资，巧用工具

早年经济学的专业功底，加上40余年保险业的从业经验，使黄经国深谙财富管理与传承之道，并做好了周全的安排。他的传家之道可以用8个字概括：分散投资，巧用工具。

黄博士将资产分散投资于古董、物业、股票、基金等领域，并且通过不同的金融工具进行管理。他喜欢将这种财产的安排称为心理账户（mental account）管理，每个心理账户服务于特定的目标，在各个不同的心理账户中放入不同类型的资产，并运用不同工具进行管理和传承安排，如表1-1所示。

表 1–1　黄经国的家族财富心理账户管理

心理账户	资产	传承方式
家族根基	独栋别墅	单一信托，不出售
长期投资	其他物业	部分交给专业机构，部分直接交给孩子，未来计划直接交给孩子
金融投资	股票、基金	多家私人银行管理，遗嘱继承
事业	深厚人脉和业务资源	目前开始逐步交由儿子继承
传家之宝	古董艺术品	部分送给子孙
健康	人寿 / 医疗保险	
慈善公益	现金等	捐赠

其中，最重要的账户是整个家族的根基，这个账户中放入的是全家人居住的位于浅水湾的独栋别墅。“这是家族的象征，要一直保存下去，不可以卖掉。”因此，他设立了单一信托来保管这栋别墅。其他物业则属于“长期投资”这一心理账户，部分交给专业机构管理，部分则直接交给孩子，未来也计划逐渐直接交给孩子。在“健康”这一心理账户中，他配置了人寿 / 医疗保险，用于自己未来的医养。在“慈善公益”这一心理账户中，他会有计划地进行捐赠，捐赠领域主要是教育相关。在“金融投资”这一心理账户中，他配置了股票、基金等多种金融资产，交由多家私人银行打理，他会定期检视投资运行情况，未来将会通过遗嘱（will）的方式交给孩子继承。他从业 40 余年积累的深厚人脉和业务资源则属于“事业”这个心理账户，目前已逐步交由儿子继承。

还有一个比较特殊的心理账户是“传家之宝”，也就是黄博士多年来收藏的古董艺术品，在他看来，这是家族财富的最后一道防线，是“终极财产”（last and ultimate asset）。

古董艺术品的收藏不仅是一种财富管理的方式，更寄托了黄经国对于历史、文化、人生的思考和研究。在他看来，鉴赏每一件古董都像细听一个故事、一段历史，能够从中感受到艺术家的心血和思想火花。他直言，比起收藏，更爱欣赏及研究，“我曾在公开大学、苏富比及佳士得跟不同的师傅系统学习观赏古董，又曾到英国大英博物馆、法国卢浮宫博物馆及德国麦森陶瓷博物馆等实地学习。我希望可以更加了解藏品的历史和意义”。

他会将部分古董送给子孙，但是更希望穷下半生之力进行古董的研究。目前，他正修读清华－苏富比艺术管理硕士课程，期望在专业艺术鉴赏领域更进一步。

泓涓：以核心价值观为导向的家族传承

> 中国改革开放40年来，不仅造就了一批企业家，也成就了一批以专业核心能力实现财富自由的“金领”。泓涓便是其中之一。

她从小就是“学霸”，工作后则是始终被委以重任的业务骨干。她在国有银行深耕20余年，历任银行分支机构行长、事业部总经理、子公司执行董事等职务，在消费信贷、财富管理、数字化保险、风险与流程管理等专业领域都有丰富的实践和深入的研究。

在她看来，时代的机遇馈赠给她财富，她希望善用这些资本，通过金融工具和制度安排，引导后代做正确的事，行正确的路。

专业精进实现人生自由

泓涓出生在一个文化气息浓厚的家庭，家庭成员从爷爷起便是读书人。父亲是一位工艺美术师，喜欢书法、玉雕等中国传统艺术。姑姑、叔叔等不少长辈都是教师。“整个大家族非常重视教育，”泓涓觉得家庭氛围的熏陶奠定了她的人生观和价值观，“通过不断的学习去认识世界、探索真理，这样才能获得精神上的自由。”

她从小热爱学习，无论是理科还是文科都给她带来认识世界的多一重视角，因此，她既喜欢文学，也在数学、物理方面表现出色。考大学时，她选择了素有“中国金融领域黄埔军校”之称的中央财经大学的金融专业。“金融既有文科的属性，也有理科的逻辑，比较平衡。”从此，她的人生便与金融结下了深深的不解之缘，并且她在中国市场经济发展的早期就取得金融硕士学位。

在银行工作期间，她同样发挥了自己勤学习、爱思考的特质，因此在专业和业务上快速精进，总是被委以重任。行里的每一次创新攻坚，都印刻着泓涓忙碌的身影，这也为她带来事业的稳步上升。同时，泓涓不仅自己专业精进，她的小家庭也颇有专业专注特质。其先生也是在高新技术领域颇有建树的行业专家，在新经济转型过程中获得市场的认可和价值实现。夫妇二人也把自身的研究能力运用于家庭管理，依靠开阔的视野和稳健的配置能力使家庭资产、后代培养及专业贡献均衡发展，为家族代际传承打下了坚实的基础。

精神资本是家族核心价值

作为金融从业者，泓涓对家族财富的管理和传承很早就有所思考：“看到身边很多朋友有这样的需求，想着自己家庭的走向，也可以借鉴给大家，于是就开始琢磨起来。”

她以一贯的“引领”习惯，希望对家族传承有深刻的多维度的理解和研究。

在她看来，广义的家族财富是4方面的动态平衡：

> 一是家族精神，这是家族的核心价值，包括家族的使命、家族存在的意义、家族奋进的核心动力。
>
> 二是家族经历，包括家族成员从事的专业、学历背景、工作经历，乃至情感经历都是家族财富。
>
> 三是家族贡献，主要是家族对社会所做的贡献，公益事业以及对周围产生的正面影响。
>
> 四是家族积累的资产，包括金融资产及其他物质资产，是家族为后代留下的必要物质财富。

良性的家族财富管理和传承需要这4个部分相互协调，而不是顾此失彼。而这其中，家族精神是最重要的部分，也是根本，它决定了另外3个部分的走向。泓涓说：“我不希望将来留给后代的只是以金钱来量化的财产，财产身后留作公用，通常财富不会得到最佳运用。有能力生前打理却宁愿逝去后世界才变得更美好，这不值得赞美和怀念。”她认为，仅仅以金融财富作为衡量家族财富的标准是欠缺的，在家族传承中，精神资本、经历资本及社会贡献与金融资本相比同样重要，甚至更重于金融资本；在有能力的时间里，运用创造财富的专业知识，把家族剩余的物质财富通过合理配置和规划，用于支持家族精神的延续和发扬，用于做出对社会更有用的事情，更能发挥财富的价值。于是，在泓涓开始进行家族财富传承规划时，第一件事便是梳理和归纳自己的家族精神。

通过数十年的专业学习和实践，她认识到，任何企业的发展一定要对社会有价值，大的方面要有利于国家和社会的发展，小的方面要能满足人们对品质生活的追求和向往，这样才有生存的意义。企业如是，家族和个人亦如是。她希望自己的后代都能够对家庭、对他人以及对社会有所贡献，而这个基础是需要他们能够通过自强不息的努力，在自己选择的专业领域中不断深耕，并有所建树，才得以不断加固的。

经过家庭成员及专业传承团队的反复思考和多次讨论，泓涓将自己的家族精神凝聚成 8 个字：自强、厚德、精进、贡献。而整个家族传承的规划都围绕着鼓励和发扬这一核心价值而展开。

家族传承要兼顾时代使命

作为专业人士和行业引领者，泓涓和她的先生都有着强烈的时代使命感：“我们这代人赶上了时代赋予的机遇，无论精神和物质都有一定的积累，成了创一代。我们应该利用好这些时代馈赠的资本，积极做一些惠及子孙后代及他人的事情。”他们认为，通过金融手段和一些制度安排引导子女及后代专注做好对人对己都有益的事，为社会做出力所能及的贡献，是这一代家族传承的首要目标，也是他们的使命。因此，整个家族传承的设计都以贯彻这一目标和使命为宗旨。

宪章保驾，“基石”护航

如果说家族精神是家族财富的核心价值，那么家族宪章和适合的治理体系则是家族核心价值得以永续的保证。因此，在完成家族核心价值的梳理和归纳后，泓涓便着手制定家族宪章，将其以书面形式确认留存下来，并通过有形的家族治理组织结构来保障其贯彻。通过反复研究，最终一份完整的家族宪章诞生了。它包含家族核心价值的阐述、家族委员会的组织结构、家族委员会成员职责界定，以及家族事务的议事程序。其中，家族委员会是家族的“权力机关”，其成员包括家族成员和必要的外部保护人（protector），并通过家族委员会选举一位主任委员，作为委员会的代表。

在宪章精神指导下，泓涓成立了一个名为“基石”的家族基金，资产配置以长期稳健为投资风格，通过家族委员会决定具体的投资指向。这只基金的本金不进行分配，作为家族财富的“基石”。

“自强”不息，“乐善”不止

“基石”基金本金不进行分配，但是通过专业运作而获得的投资收益则分别投入两只名为“自强”和“乐善”的基金中去。

“自强”基金旨在鼓励子女和家族后代在自己擅长的领域里积极创新、创业，对符合家族核心价值观的项目以股权投资的形式给予资金支持，或者以债权的形式为家族成员的一些有积极意义的计划提供资金支持。“自强”基金的运营收益则会反哺“基石”基金，也就是充实到“基石”基金的资本金中去。

“乐善”基金则是家族参与公益事业的渠道，旨在鼓励家族成员发挥财富的价值为社会做贡献。这只基金不是盲目地捐赠，而是支持家族成员亲自参与到公益事业项目中去，亲身体会项目的真实需求和运作规律，避免浮泛的施舍救济。

千年孔氏：在社会变迁中坚守和延续家族的精神风骨

孔氏家族是由同一始祖孔子逐渐繁衍下来而形成的庞大家族。孔氏家族沿袭 2 500 多年，不随朝代更迭而沉浮，不为政治变迁所动摇，世代相传，苗裔四布。

孔氏族谱 60 年一大修，30 年一小修，1999 年开始了新中国成立以来的第一次孔氏家族修谱。全世界范围内孔子后人已达 300 万人，是全球有史以来组织最为严密的家族。

孔子之家为何能够度过几千年的风雨传承至今，并且人才辈出？孔氏家族有何传家之道值得我们借鉴？我们细查了众多孔氏家族的资料并走访了孔氏家族传人，发现答案在于对家族精神风骨的坚守和延续。

家规：长期积累和沉淀的精神财富

家规是家族精神风骨的奠基石。孔氏家族历来重视家规家训的制定与实施，而且家规家训中包含的内容十分丰富。孔氏家规散见于历代传记、谱牒、杂记史料中，它经过长时间积累、修订而成，并非一蹴而就。

孔氏家规的代表为明代的《孔氏祖训箴规》。它是孔氏家族 64 代衍圣公孔尚贤总结先人教诲、对自身经历反思的结果，其主要目的是告诫族人要“崇儒重道，好礼尚德，务要读书明理”，核心理念是“勿要嗜利忘义，勿要有辱圣门”。

对于分布在全球各地的孔氏家族后人而言，家规内容可分为3部分：第一，原颁条例，即衍圣公府所颁布的《孔氏祖训箴规》；第二，流寓外地的孔氏族人根据训规精神，结合各所流寓地及本支族人的具体情况，自订的家规；第三，孔氏家族修谱时所订立的条规及行辈，它们是前两部分的补充性规定。

通过这一方式制定的家规，既体现了家族不变的精神风骨和价值取向，也给后人根据自身时代、地域的具体情况进行变通和补充的空间，使后人能够在坚持“不变”的同时，适应新的社会发展要求，展现出家族的韧性和生命力。

家风：礼乐传家久，诗书继世长

家风是一个家族经过世代凝聚并沿袭下来，对其家族成员有直接影响和心理暗示作用的家族文化传统。同时，也是家族成员道德素养、精神风貌和整体素质的集中体现。孔子曾对儿子孔鲤说“不学《诗》，无以言”，“不学《礼》，无以立”，这也是“诗礼庭训”典故的由来，也由此，孔氏家族的家风可以概括为“诗礼传家”。

孔子说的“学《诗》”包含两层含义：一是学习知识；二是通过学习修身养性。一个人如果能够比较系统地学习文化知识，进而实现修身养性的目标，具备了深厚的知识储备和比较健全的人格，当他走向社会之后，从他身上辐射出来的可能就是有益于社会的正能量。与“学《诗》”相似，“学《礼》”也包含两层含义，即内在遵守行事规则，外在懂得行为礼仪。从小就要学会自我约束，不能随性而为、我行我素。行为礼仪则更多关乎个人修养。

一个人如果本质很好，却没有修养，不够礼貌，那么他也很难被他人接受，正如孔子所言："质胜文则野，文胜质则史。文质彬彬，然后君子。"一个人如果能够懂礼节、讲礼仪，待人接物时就能做到张弛有度，拿捏恰当，则更能够被他人接受，也会有更多机会为社会做贡献。

无论是学习知识，以文化人，还是知礼守礼，都是需要从小就开始培养的。我们走访的孔氏家族第 74 代后人告诉我们，这种培养更多的是耳濡目染、言传身教。他记得爷爷有个很大的书柜，而自己在识字之后便受到鼓励多读书，可以在爷爷的书柜中凭自己的兴趣尽情翻阅想看的书。同时，父母本身也都非常注重礼仪修养，以身作则，还常会听到长辈们谈到祖先的故事，自己便会受到潜移默化的影响，感受到来自上一代和祖先的鞭策。

家谱：联结家族的纽带

家谱的修订，起到了联系同一支脉、亲近同源所出的人的作用。作为中国规模最大、历史最悠久的家族，孔氏家族对于家谱的修订是非常重视的。"一群族人自发地在做这件事。"我们走访的孔氏家族第 74 代后人说道。在他看来，家谱也像是一个精神纽带，让后代知道自己来自哪里，了解自己祖先的成就和功绩，有一种榜样的力量。

正因为孔氏后人的不懈努力，《孔子世家谱》成为涵盖孔子家族整个传承史，世界上连续传承时间最悠久、记录最完整、资料最详谨、内容最广泛的家谱，2005 年被吉尼斯世界纪录列为"世界最长家谱"，每位后裔都能上溯至孔子。2009 年版《孔子世家谱》更是耗资 1 300 多万元，历时 10 年，收录孔子后裔总人数约计 200 万，约计 2 500 余万字。全谱分卷首和五集，共 80 册，重达 125 千克，被誉为“中国第一家谱”。

行辈：使后代更有认同感和归属感

孔氏家族的特别之处还在于其取名的行辈。目前孔氏后人取名，是根据明朝订出的行辈。明初朱元璋赐孔氏 8 个辈字：公、彦、承、弘、闻、贞、尚、胤，供起名用。后因洪武元年 56 代孔希学及洪武十七年 57 代孔讷（字言伯）先后袭封衍圣公，这样就把“希”和“言”加上去为 10 个字。明天启年间，这 10 个字已不够用，由 65 代衍圣公孔胤植（孔荫植）奏准，后续 20 个字，即“兴毓传继广，昭宪庆繁祥，令德维垂佑，钦绍念显扬”。“民国”八年由 76 代衍圣公孔令贻又立 20 个字咨请当时的北洋政府核准公布，亦即第 86 代至 105 代，即“建道敦安定，懋修肇彝常，裕文焕景瑞，永锡世绪昌”。因此，不少孔氏后人从名字上就能看出辈分大小。

取名行辈的确定大大简化了家谱修订的工作量，也使得后人能够通过名字知道自己的辈分大小，进一步增强了后代对于家族的认同感和归属感。通过孔氏的实践，这个方法也开始渐渐被中国其他大家族采用。

祭祀：建立家族凝聚力

在中国五千年的漫长历史中，祭祖的重要性仅次于祭天。《史记·礼书》中说：“天地者，生之本也；先祖者，类之本也。”意思是祭祀天地，是报答天地覆载之德；祭祀祖先，则是在尽孝道，感谢赐予生命之恩。祭祀这个社会习俗，具有深刻的文化意义。因此，《孔氏祖训箴规》的第一条即是对祭祀的要求：春秋祭祀，各随土宜。必丰必洁，必诚必敬。此报本追远之道，子孙所当知者。可见，在孔氏家族看来，祭祀是家族的大事，也是建立家族凝聚力的契机。

这一宗旨在我们走访的孔氏家族第 74 代后人所在的一支族人中也得到了贯彻。根据他的介绍，家族每年都举行两次祭祀，一次在清明，会去祖先所在的墓园；一次在春节，在长辈的家中进行。祭祀有一套固定的仪式规则，非常庄严，每个后代都需要认真遵守。每年两次的祭祀也成为家族成员定期聚会的契机，尤其是春节，家族成员会聚到一起分享过去一年的所行、所思、所感。"大家会在一起，说一说自己做了哪些事儿，在往哪些方面发展，是不是对社会有贡献。"家族的凝聚力也就在仪式和交流中得到提升。

小贴士

《孔氏祖训箴规》十条：

一、春秋祭祀，各随土宜。必丰必洁，必诚必敬。此报本追远之道，子孙所当知者。

二、谱牒之设，正所以联同支而亲本。各宜父慈、子孝、兄友、弟恭，雍睦一堂，方不愧为圣裔。

三、崇儒重道，好礼尚德，孔氏素为佩服。为子孙者，勿嗜利忘义、出入衙门，有亏先德。

四、孔氏子孙徙寓各州县，朝廷追念圣裔，优免差役，其正供国课，只凭族长催征，皇恩深为浩大。宜各踊跃输将，照限完纳，勿误有司奏销之期。

五、谱牒家规，正所以别外孔而亲一体。子孙勿得互相誉换，以混来历宗枝。

六、婚姻嫁娶，理伦守重。子孙间有不幸再婚再嫁，必慎必戒。

七、子孙出仕者，凡遇民间词讼，所犯自有虚实，务从理断而哀矜勿喜，庶不愧为良吏。

八、圣裔设立族长，给与衣项，原以总理圣谱，约束族人，务要克己奉公，庶足以为族望。

九、孔氏嗣孙，男不得为奴，女不得为婢，凡有职官员不可擅辱。如遇大事，中奉朝廷，小事仍请本家族长责究。

十、祖训家规，朝夕教训子孙，务要读书明理，显亲扬名，勿得入于流俗，甘为下人。

第二章

演进：财富背后的趋同与存异

导言

通过一个个家族故事，对财富如何传承获得一些感性认识后，更需要对我们今天所处的世界有一个全景式的了解。在居住着 72 亿人口的这个星球上，财富是如何分布的？哪些国家的存量财富最多？哪些国家的创富能力最强？新的财富从哪里来？传统的制造业、金融业是否还举足轻重？美国是否已完全走出了金融危机的阴影，其创新和造富能力是否依然强劲？数十年迅速发展的经济，为中国的财富创造和传续提供了什么样的土壤，又对中国的家族财富管理提出了哪些挑战？

在中国，财富的成因、分布与欧美国家有哪些异同？更重要的，中、西方高净值人群在财富传承的理念、需求和制度环境上是大相径庭，还是逐步趋同？中国的高净值人士和财富管理行业，是可以照搬西方的现成经验，还是需要摸着石头过河，创造适合东方文化和本土国情的传承方式？

本章借助世界知名研究机构的统计数据，试图描绘一幅全球财富分布的地图，在此基础上，分析财富的来源与走势，比较中西方在制度渊源、文化心理上的异同，探讨最适合中国当下与未来的财富管理和家族传承路径。

全球私人财富规模概览

全球高净值人群数量及其财富总值都在增长，亚太、北美和欧洲地区尤为显著

世界各地高净值人群的数量及其财富规模都在快速增长，并且这一趋势将在未来几年内继续保持，而亚太、北美、欧洲是高净值人群数量最多、增长最快的地区。

凯捷咨询（Capgemini）发布的《2018 年世界财富报告》显示，2017 年，全球高净值人群数量增加 9.5%，显著高于 2015 年的 7.5%；财富总值增长 10.6%，也显著高于 2016 年的 8.2%。[1]

其中，如图 2–1 和图 2–2 所示，在高净值人群数量及其财富总值这两项总体性的关键指标上，亚太地区都处于绝对值最大的领先位置，这也印证了为何近两年亚太地区财富管理行业方兴未艾、进入快速发展繁荣的阶段。

而从占比来看，从有统计数据的 2010 年起，亚太、北美、欧洲这 3 个地区始终大幅超过中东、拉丁美洲和非洲地区。在高净值人群数量上，亚太、北美、欧洲三大地区之和占总体的九成以上；在财富总值上，亚太、北美、欧洲三大地区之和也占总体的八

1 凯捷咨询，《2018 年世界财富报告》。

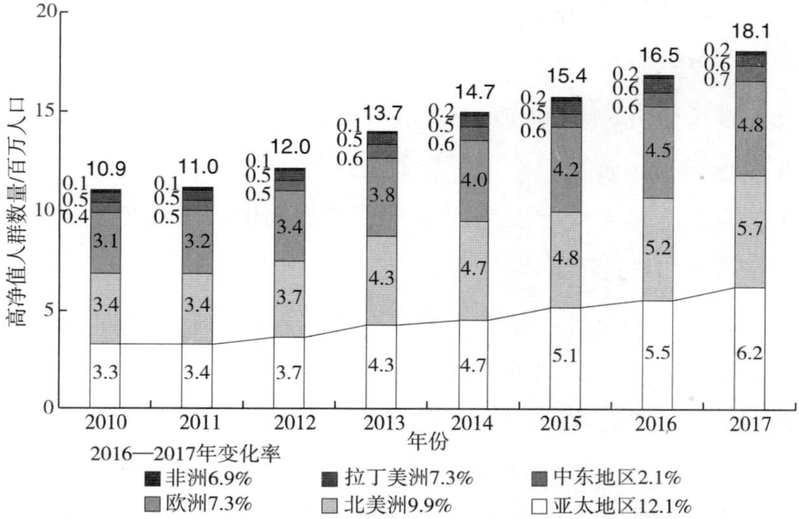

图 2-1　2010—2017 年全球各地区高净值人群数量对比图

注：图中数据及所引用百分比未采用四舍五入法。

资料来源：凯捷咨询，《2018 年世界财富报告》。

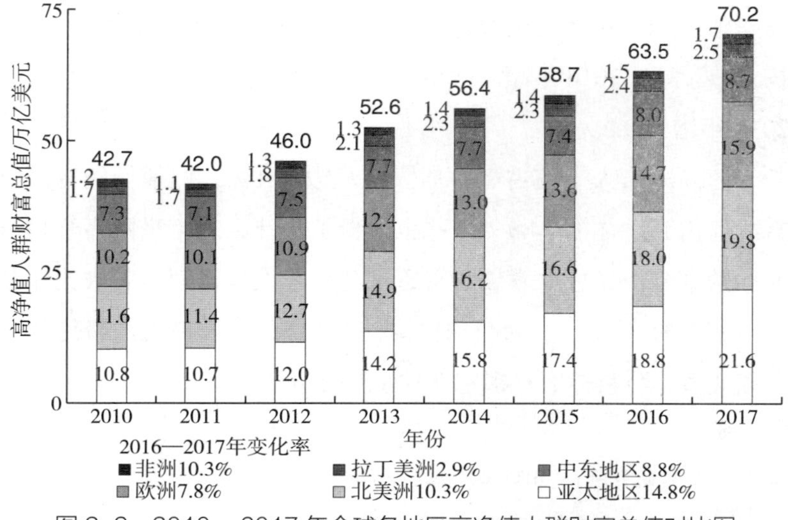

图 2-2　2010—2017 年全球各地区高净值人群财富总值对比图

注：图中数据及所引用百分比未采用四舍五入法。

资料来源：凯捷咨询，《2018 年世界财富报告》。

成以上。正是基于这不断发展的、人群数量庞大且财富值巨大的“底子”，这三大地区的财富管理行业才如鱼得水，不断发展繁荣。

瑞士信贷研究所（Credit Suisse Research Institute）发布的《2017年全球财富报告》也给出了类似的结论：从2016年到2017年，全球百万富翁人数增幅为7%，主要来自美国、西欧及亚洲主要财富市场和发达经济体。[1]

在对未来发展趋势的预测上，各家机构都显示出总体乐观的预期。瑞士信贷研究所预计可投资资产在100万美元以上的高净值人群数量将从现在的3 600万人上涨到2022年的4 400万人；[2] 凯捷咨询则在《2018年世界财富报告》中预测全球财富总值将继续攀升，到2025年有望突破100万亿美元。[3]

值得一提的是，超高净值人士财富增长最快。在全球范围内，拥有超过3 000万美元资产的个人被称为超高净值个人或超高净值人士。在所有的高净值人群中，这一群体财富增长最快。按人数计算，2016年超高净值人士增长8.3%；按财富总值计算，2016年增长9.2%。[4]

超高净值人士仅占高净值人群总数的1%，但他们拥有的财富总值占到总体的34.5%。这也解释了为什么近年来财富管理行业中的细分市场之一家族财富管理与传承发展迅速，它被比作私人财富管理“皇冠上的明珠”，有实力的财富管理机构纷纷拓展家族业务，将目标客户锁定在这1%的超高净值人士上。

1 瑞士信贷研究所，《2017年全球财富报告》。

2 同1。

3 凯捷咨询，《2018年世界财富报告》。

4 同3。

中国高净值人士数量和其财富总量增速居于全球前列

瑞士信贷研究所《2017 年全球财富报告》显示，中国的高净值人士（可投资资产在 100 万美元以上）数量已达到 200 万，约相当于全球总数的 5%。[1] 从高净值人群数量增长幅度来看，中国在全球排名第五位（前四位分别为美国、德国、澳大利亚及法国），预计到 2022 年将增长 41% 至 270 万人，仅次于美国及日本，位列第三。

就财富总值而言，中国在 2008 年全球金融危机中损失了 20% 之后，迅速超过了危机前的财富水平。2016 年，中国财富创造的步伐赶上了欧洲，其对全球财富贡献了 1.7 万亿美元，这一规模仅次于美国。而从财富总值增速来看，中国市场的财富总值预计将以每年约 6% 的增长率上升，将成为未来 5 年全球财富增长的主要来源。

除瑞士信贷研究所的《2017 年全球财富报告》外，还有包括麦肯锡（McKinsey & Company）、凯捷咨询等多家其他机构发布了类似乐观的预期，预测在接下来的 5 年里，中国高净值人士数量及其财富总值的绝对值与增速都将在全球范围内处于领先位置。

关于中国的超高净值人士，目前其数量为 18 100 名，位居全球第二，仅次于美国。其增速亦颇为惊人，2016 至 2017 年增加约 3 000 人（17.7%），较 2000 年增加 17 700 人，增长 40 余倍。瑞士信贷研究所的报告预计，中国超高净值人士未来 5 年将增加 40% 以上，逾 25 500 人。预计未来 5 年全球亿万富翁将新增 719 名，达到近 3 000 人，中国在新增人数中所占的比例将近 30%（205 人）。[2]

1　瑞士信贷研究所，《2017 年全球财富报告》。

2　同 1。

综上，全球高净值人士数量和财富总值都在持续增长，亚太、北美、欧洲三大地区尤为显著，这为这三大地区财富管理行业的发展提供了充分的空间，尤其是中国地区，前景更为乐观。

与此同时，这些客观数据的快速增长，不仅预示着私人财富巨大的发展空间，也将家族财富管理与传承这一命题更紧迫地摆到高净值人群与专业财富管理机构的面前。

中西方高净值人群分布、构成及特征

地域分布：呈现向特定大城市集中的特性

通过比较分析，我们发现，不管是在中国，还是美国、欧洲，高净值人群的地域分布都呈现出向特定大城市集中的特征。

截至 2016 年年末，中国高净值人士（指个人可投资资产 1 000 万元人民币以上）数量超过 10 万人的省 / 直辖市共 5 个，分别为广东、上海、北京、江苏、浙江，占全国高净值人士数量的比重为 47%。除此之外，山东、四川、湖北和福建 4 省的高净值人士数量超过 5 万人。[1] 也就是说，中国高净值人士数量超过 5 万人以上的地区集中于上述 9 个省 / 直辖市。

分析美国高净值人群地域分布，可以发现类似的集中性特征。

如表 2–1 所示，大部分美国高净值人士的财富集中在 12 大都市区域，包括纽约、华盛顿、芝加哥、波士顿、旧金山、休斯敦、洛杉矶、底特律等。这些区域拥有全美 2/3 数量的高净值人士，占了全美高净值人群财富额的 3/4。2014 年，这 12 座城市高

1 招商银行及贝恩公司，《2017 中国私人财富报告》。

表 2-1　2009—2014 年美国高净值人群地域分布

年份	纽约 / 百万美元	洛杉矶 / 百万美元	芝加哥 / 百万美元	哥伦比亚特区华盛顿 / 百万美元	旧金山 / 百万美元	波士顿 / 百万美元	费城 / 百万美元	休斯敦 / 百万美元	达拉斯 / 百万美元	圣何塞 / 百万美元	底特律 / 百万美元	西雅图 / 百万美元	全美 / 万亿美元	都市统计区前 12 位 / 万亿美元
2009	2 316	834	761	573	482	378	399	315	297	308	349	225	9.9	7.2
2010	2 540	926	834	625	523	404	435	356	341	317	360	246	10.8	7.9
2011	2 549	916	836	639	513	403	430	368	323	321	350	233	10.5	7.9
2012	2 800	1 015	929	742	601	459	465	408	369	381	375	260	11.8	8.8
2013	3 241	1 198	1 079	886	707	558	550	496	457	449	431	307	13.9	10.4
2014	3 528	1 335	1 163	957	794	618	600	572	513	505	468	348	15.2	11.4

注：2013—2014 年，美国全国高净值人士增长 9.4%，其中都市统计区前 12 位的增长率为 10.1%。

资料来源：凯捷咨询，《2015 年美国财富报告》。

净值人群的可投资资产增长了 10.1%，该数值高于全美平均增长率。自 2008 年以来，这 12 座城市中的 9 座年年都有财富增长，增长率持平或高于全美 8.6% 的平均值，这也助推了全美及全球高净值人群的财富增长。自 2008 年以来，全美最富有的 12 座城市占了全球高净值人群新财富增量的 22.5%。[1]

众所周知，美国走的是城市圈发展模式，纽约、华盛顿、旧金山等城市并非通常意义上的一座城市，而是围绕核心城市的核心资源与产业特色等不断衍生、联动周边共同发展繁荣。目前，中国的北京、上海、深圳等一线城市均借鉴城市圈模式发展。类似于美国纽约等大都市，其本身的经济体量可以与中国的省一级行政区划相比较。

同样，为了便于比较，我们把欧洲作为一个整体的经济体或国家来看，则英国、德国、法国等欧洲主权国家大致相当于我国的省份。

2017 年，欧洲国家中，拥有百万富翁（可投资资产超过 100 万美元）数量前几位的国家依次是英国（约 220 万人）、德国（约 200 万人）、法国（约 200 万人）以及意大利（约 130 万人）。[2]

可以看出，政治、经济等核心资源的集中，以及特色产业群的集聚等因素，造成了不同的城市 / 省份 / 国家在创造财富上的差别，使得高净值人群的地域分布呈现出明显向特定大城市集中的特性。可以预见的是，这种集中的地域分布，使得拥有更多高净值人群的城市 / 省份 / 国家的财富管理和传承需求也更加迫切和明显，为这些地域的财富管理行业发展提供了肥沃的土壤。

换一个角度来说，大城市拥有更完善的金融体系、更丰富的

1 凯捷咨询，《2015 年美国财富报告》。
2 凯捷咨询，《2018 年世界财富报告》。

交易市场和交易手段、更多专业的金融机构，能够为高净值人群提供更丰富的财富管理工具。一些创新的金融产品和服务模式，也往往从这些大城市率先开始探索和实践。这些因素都吸引着高净值人群将财富向大城市集中以更好地进行管理。

行业构成：制造业仍举足轻重，新兴行业正在兴起

尽管在人们的印象中，制造业面临衰退以及转型的挑战，但是，在创造财富上，它却仍然起着重要的作用。

如图 2–3 所示，创富一代企业家中，有高达 80% 的比例仍然从事传统行业，家族企业二代继承人所从事的行业前三位分别为制造业、金融及建筑业，职业金领所从事的行业前三位分别为制造业、信息及金融业。[1]

图 2-3　创富一代企业家、家族企业二代继承人及职业金领人群侧写对比
资料来源：招商银行及贝恩公司，《2017 中国私人财富报告》。

胡润研究院发布的《2017 中国千万富豪品牌倾向报告》也给出了类似的结论——传统行业仍是财富最集中的地方。不过，该报告同时也指出，财富正逐渐向新兴行业转移——目前高净值

1　招商银行及贝恩公司，《2017 中国私人财富报告》。

人群中从事新兴行业的人数占总人数的比重达到 35.4%，主要集中在文化教育传媒、医疗健康、TMT（科技、媒体和通信）等行业。[1]

财富的成因：商业经营是主流

拥有属于自己的企业，是高净值人群财富的主要来源。不管是在中国，还是美国、欧洲，高净值人群大约有 50% 甚至更高的比例是企业家或商业经营者（entrepreneur/business owner）。用通俗的语言表达即“有钱人”大多数都自己做“老板”。

首先来看中国。如图 2–4 所示，中国高净值人群中，企业经营者高达 51%。

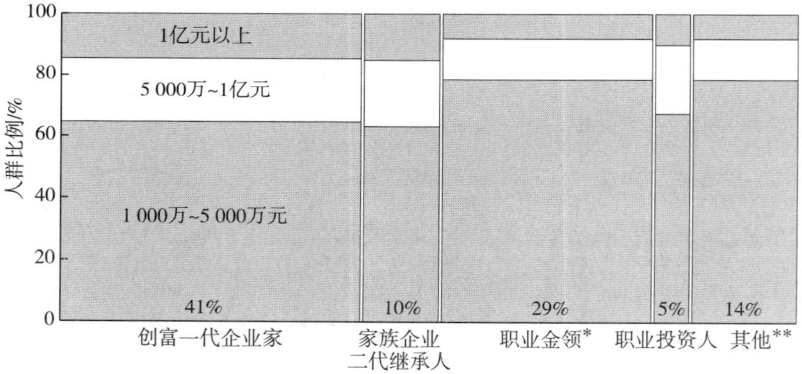

图 2–4　2017 年中国高净值人群规模（按职业及资产规模划分）

注：* 职业金领包括高管 / 职业经理人 / 专业人士。

** 其他高净值人群包括全职太太、社会名流（运动员、演员、画家等）。

资料来源：招商银行及贝恩公司，《2017 中国私人财富报告》。

再来看美国。美国信托（U.S. Trust）的《2017 财富与价值研究报告》显示，“千禧一代”（1982 年至 2000 年出生）有 49% 是企

1　胡润研究院，《2017 中国千万富豪品牌倾向报告》。

业主；“X 一代”（20 世纪 60 年代至 80 年代初出生），有 44% 为企业主；即使在“沉默的一代”（20 世纪 20 年代中期至 40 年代中期出生）“年长者”——这在中国人的观念里已经属于退休养老的年龄段——中，也仍然有 10% 作为企业主继续活跃着，如图 2-5 所示。

千禧一代（1982年至2000年出生）	
成长家庭背景：	
富有的/中上阶层	68%
中产阶级	29%
穷人	3%
母亲工作	86%
目前家庭状况：	
已婚	85%
离异	2%
有子女	78%
重组家庭（继子女）	4%
与父母或（外）祖父母共同生活	33%
工作与收入情况：	
创业/企业主	49%
双收入家庭	90%
继承家族遗产	78%
家庭收入超过100万美元	30%

X 一代（20世纪60年代至80年代初出生）	
成长家庭背景：	
富有的/中上阶层	42%
中产阶级	48%
穷人	10%
母亲工作	74%
目前家庭状况：	
已婚	84%
离异	11%
有子女	69%
重组家庭（继子女）	9%
与父母或（外）祖父母共同生活	14%
工作与收入情况：	
创业/企业主	44%
双收入家庭	90%
继承家族遗产	54%
家庭收入超过100万美元	19%

婴儿潮一代（1946年年初至1964年年底出生）	
成长家庭背景：	
富有的/中上阶层	32%
中产阶级	52%
穷人	16%
母亲工作	56%
目前家庭状况：	
已婚	87%
离异	22%
有子女	66%
重组家庭（继子女）	8%
与父母或（外）祖父母共同生活	8%
工作与收入情况：	
创业/企业主	21%
双收入家庭	90%
继承家族遗产	50%
家庭收入超过100万美元	10%

沉默的一代（20世纪20年代中期至40 年代中期出生）	
成长家庭背景：	
富有的/中上阶层	25%
中产阶级	50%
穷人	25%
母亲工作	48%
目前家庭状况：	
已婚	84%
离异	21%
有子女	86%
重组家庭（继子女）	10%
与父母或（外）祖父母共同生活	8%
工作与收入情况：	
退休	76%
前企业主	25%
创业/企业主	10%
继承家族遗产	56%
家庭收入超过100万美元	6%

图 2-5　美国高净值人群规模

资料来源：美国信托，《2017 财富与价值研究报告》。

而在欧洲，家族企业更是在财富的创造和传承上起着举足轻重的作用。

欧洲家族企业囊括范围甚广，不仅包括人们通常概念中的街坊小夫妻店、中小型企业，还包括跨国巨头如斯沃琪（Swatch）、欧莱雅和宝马等。虽然在20世纪后半叶，许多世界知名家族企业的所有权被稀释，但是今时今日，其中大多数企业的核心业务仍被创始人家族控制，至少仍受其影响。这些家族企业仍然是欧洲家庭净财富增长的强劲驱动力。

从地域来看，欧洲家族企业势力庞大，占据了500强中的46%；北美次之，占30%；亚洲、南美、非洲分别占19%、4%和1%。[1]

综上可以看出，小到一家街边小店，大到全球布局的跨国公司，商业经营成为创造财富的主要来源，企业家/商业经营者成为高净值人群中的主力军。“士农工商”，在中国传统观念中排在末位、最不受待见的“商”，随着时代的发展变迁，创造和积累着巨大的财富，成为推动社会发展的重要力量。

财富的发展阶段：创富—守富—传富

中国始于1978年的改革开放，至今40余年，眼下中国正进入创一代企业家渐渐老去、向二代传承交接财富的时间段，因此，财富传承这一主题虽愈来愈显迫切和重要，却无现成经验可用，需要摸着石头过河，逐步探索和积累适应东方文化和中国本土国情的财富传承方式。从这一角度来说，由于中国财富创造和积累过程较短，尚未经过完整的代际更迭，也就难以进行这方面

1 安永会计师事务所及瑞士圣加伦大学，《2019全球家族企业指数（500强）》。

的研究。故此，我们特别摘取、分析美国信托对美国高净值、超高净值人群和家庭长达20多年的跟踪研究结果，以期窥见财富积累和传承过程中不同发展阶段的特点，供中国家族财富管理与传承的实践者借鉴，获得启发。

从高净值人群的家庭成长环境来看，出身贫穷家庭的占比，随着年龄层的降低而降低；而出身富裕家庭的占比，随着年龄层的降低而不断增加。

中国作为典型的新兴市场国家代表，正经历着美国市场曾经的发展过程。处于中低收入阶层的人们，仍然有较多的机会完成阶层跃迁，跻身高净值人群。

这对于年轻而充满朝气的财富管理行业来说，既是机遇，也是挑战。中国有句老话“富不过三代”，表达了“传富”的难度往往超过“创富”的艰辛。如何基于中国国情，借鉴成熟市场“传富”的经验，避免“橘生淮北则为枳”，大胆创新适合中国高净值人群的财富传承模式和方法，成为中国财富管理行业的重要使命之一。

中西方高净值人群财富传承理念与需求的异同

随着经济的发展和创富一代的年龄增长，财富传承正成为中国高净值人群无法回避的人生必答题。从市场整体状况来看，中国高净值人群对于家族财富传承的关注度日益提升，“家庭文化与价值观传承”、“财富传承”超越“财富创造”，已成为国内高净值人士排名前两位的主要目标。

相对于中国，以北美和欧洲为代表的西方发达国家在家族财富的管理与传承领域拥有悠久的历史，积累了丰富的实践经验并做了系统的理论总结，可以为中国的家族财富传承提供指引与借鉴。然而，由于中国特殊的国情及独具特色的文化，并不能通过简单移植西方国家成熟的家族财富管理与传承经验来满足国内高净值人群的需求。因此，我们走访了众多国内高净值人士，深入了解他们在财富传承方面的理念与需求，并引入中西方比较研究的方法，探讨中西方高净值人群在财富传承理念与需求上的异同。

中西方高净值人群财富传承需求比较

无论是中国还是西方的高净值人士，近年来都表现出对于家族财富传承的强烈需求。全球 53% 的高净值人士不仅开始考虑家族财富传承的问题，并且已经制定了非常切实有效的传承规划。其中，北美占比最高，达到 62%；欧洲次之，达到 59%；亚洲则也接近半数，达到 49%。[1] 同样强烈的需求下，中国和西方的高净值人士在传承理念、考虑传承问题的时机、传承方式的选择和传承规划的内容上各有不同。

传承理念：西方更注重社会资本，中国更注重家族资本

确定“传什么”，是传承的前提，在这个问题上，中西方高净值人士既有明显的差异，也有重要的相似性。根据我们的调研，中国高净值人群更注重家族资本和金融资本的传承。代表家族资本的精神传承为中国高净值人群最重视的传承需求，包括创新、勇气、抗压、价值观等深层次的思维观念和处事原则，被认为是基业长青和永续的关键性因素；其次才是金融资本的传承，保障

1　莱坊国际（Knight Frank），《财富报告》。

后代的生活，家族财富持续增长。

西方高净值人群同样非常注重金融资本的传承，同时，他们对于社会资本的重视程度远远超过中国高净值人群。根据美国信托发布的《2017 财富与价值研究报告》，64% 的受访者认为将金融资产传递给下一代是非常重要的传承目标，而在财富传承的分配中，受访者留给家族内部的金融资产占总金融资产的比例平均为 79%，此外，分配给慈善事业的比例则达到 16%。该报告进一步指出，“（美国）高净值人群都希望对世界做出积极的改变，这一点代代相传”，他们非常重视影响力投资，不仅投入资金设立公益创投基金，还会让下一代在其中任职，有的甚至担任具有决策权的重要职务。[1]

考虑传承问题的时机：西方习惯提早规划，中国倾向于到代际自然更替出现

考虑传承问题的时机，往往蕴含着“为什么”开始考虑传承，而这对于后续确定传承的内容、传承的具体安排和传承工具的选择具有决定性的作用。在这一点上，中西方高净值人群有显著的差异。

如前所述，中国的高净值人群大多数为创业企业家及职业金领，以创富一代为主。在他们的主要人生经历中，“创造财富”是主旋律，而财富的传承没有过往经验可借鉴，同时也不具有客观上的急迫性，因此触发他们开始考虑传承问题的主要原因通常是代际更替的客观需求已经非常明显。我们的调查显示，六成以上的家庭在子女成年后才开始做传承安排，仅有三成家庭是在子女尚未成年就开始计划传承。

1　美国信托，《2017 财富与价值研究报告》。

除此之外，目前中国的高净值群体中，因企业经营、行业变迁、政策演变（监管、遗产税、政治局势等）、移民计划等因素触发而开始考虑传承问题的人数占比也在逐渐增加。

与此同时，西方高净值人士通常已有家族财富继承的经验，即便是美国“年长者”（73 岁及以上），也有超过半数继承过来自家族的财富，而到“千禧一代”（23~34 岁），继承过家族财富的比例高达 78%。[1] 这使得西方高净值人士能够在人生的较早阶段就意识到家族财富传承的重要性，并且拥有规划家族财富传承的经验，也因此，他们会更有计划地根据家族发展需要提早进行传承安排，而非等到代际更替的客观需求出现时才开始考虑。数据显示，82% 的“千禧一代”受访者已经开始考虑家族财富的传承。[2]

传承方式的选择：西方倾向于借助专业机构，中国倾向于建立专属团队

目前，主流的财富传承方式包括法定继承、遗嘱继承、赠与、大额保单、家族信托、家族基金会等。

其中，法定继承容易产生风险和纠纷，不确定性很高，通常不为高净值人士所采用。遗嘱继承和赠与对于资产类别相对多样化的高净值人士是简便有效的选择，股权、房产、古董字画等都可以通过遗嘱和赠与来传承；但是遗嘱继承和赠与手续烦琐、流程复杂且只能实现一次性传承，因此对于财产规模庞大、家族成员众多的高净值家族未必适用。大额保单具备税务筹划和财产隔

1 美国信托，《2017 财富与价值研究报告》。

2 同 1。

离的功能，并且可以指定受益人，为许多高净值人士所采用，但是仍然是一次性传承，缺乏流动性，并且具有难以将所有财产都放进大额保单的局限性。家族信托具有更高的灵活性、更全的功能和更好的私密性，可以通过信托架构指定受益人和收益分配规则，统筹规划税务和债务问题，并且可以在委托人生前和身后连续执行，因此受到越来越多的高净值人士青睐。家族基金会则是众多超高净值人士采用的模式，更偏重于家族财富的投资和运用，适合资金规模大的家族。

得益于金融业的不断发展和国际化，国内高净值人群对于家族财富传承方式的认知也逐渐与国际接轨，对于信托公司、家族办公室、银行、律师事务所等机构能够提供的传承工具都有所了解。但是，出于对私密性、灵活性的要求，以及希望能够保持自主性的需求，他们更倾向于选择自己信任的人员，建立自己的团队，而非委托给机构。同时，由于文化传统上对于“死亡”的禁忌，中国高净值人群对遗嘱、大额保单等传承方式较少采用，更多的是通过生前赠与实现财富传承。近年来，家族信托逐渐为高净值人群所熟悉，以其灵活、私密、隔离风险、有效传承的特点而受到青睐。越来越多的高净值人士开始采用这一方式。

对于西方高净值人士而言，由于财富传承通常已经历几代，各类财富传承方式和工具都已深入人心，许多机构已经与家族建立了几代的合作关系，与家族共同成长和发展。因此，西方高净值人士通常更愿意选择专业机构来规划和实现家族财富的传承。而家族信托、家族基金会作为已经运作成熟的财富传承方式，在西方已经得到普遍使用，成为高净值人群财富传承的“标配”。

新加坡麦肯锡全球财富管理业务合伙人阿努·萨海一的观察与

此一致，她指出，美国和欧洲的私人财富管理是高度发达的，“几十年来，在欧洲和美国，家庭一直将财富交由私人银行和家族办公室打理；而在亚洲地区，大部分财富管理仍然在这些渠道之外”。

传承规划的内容：西方全盘考虑，中国更关注下一代培养和企业交接班

我们在调研和访谈中发现，现阶段中西方高净值人群在传承内容的规划上既呈现明显的差异，也有共同重视的领域，同时，未来将会有趋同的可能性。

西方高净值人群在考虑传承规划时，通常会从财富保全（包括债务隔离和婚姻风险预防）、继承安排、税务筹划等多个方面入手，进行全盘考虑。有的已经历过财富传承的家族甚至已经形成一些传承规划方面的家族格式文件，比如婚前协议模板、信托受益计划模板等，为下一代在进行传承规划时提供了参考。

中国高净值人群在进行传承规划时更关注下一代的培养以及企业的交接班，整个规划通常也围绕这两个主题展开，而这两个主题又紧密相关，通常最后着眼于培养下一代的企业接班人。对于财富保全、税务筹划等更为技术性的问题，中国高净值人群通常考虑较少。

值得注意的是，中西方高净值人群对于家族精神、家族宪章、家族管理制度的传承都表现出高度重视，并且都会将其纳入传承规划中。瑞士私人银行业在设计私人银行客户传承方案时，常常建议私人银行客户在家中或子女常在的地方展示与家族精神相吻合的字画或其他收藏品——“赋精神于实物”。此外，无论在家族财富规划还是投资策略方面，瑞士私人银行都会尽可能地

面向家族全体相关成员，即把客户家庭而非客户个人作为服务对象。家族企业在西方，尤其是欧洲地区长盛不衰，部分可归因于西方家族通过家族企业，把整个家族的思想精髓、发展理念等代代传承，并通过家族宪章、家族管理制度等文件形式予以明确和固定，从而使得家族形成长久的核心凝聚力。在中国，由于高净值人群普遍重视下一代的培养，因而在教育下一代的过程中对家风与家族精神的形成和沉淀会着力思考和推动，并逐渐形成家族宪章、家族管理制度等文件。

随着社会的发展，越来越多的中国高净值人士也开始意识到全面系统地进行传承规划的重要性和必要性。我们在调研中也发现，他们对于财富保全、税务筹划等方面的意识和需求都在加强。可以预见，未来中西方高净值人群在传承内容的规划上都将向更系统、更全面的方向发展。

探究中西方高净值人群财富传承需求差异形成的原因

需求差异的背后是中西方拥有迥异的文化环境、法律和税务体系（具体将在第三章、第四章及附录中阐述），也处在非常不同的发展阶段，这些都导致中西方高净值人群在财富传承理念上的不同，而这些不同是双方家族财富传承需求差异的由来。

文化环境：中国以德育为中心，西方以扩大家族财富和影响力为中心

在传统儒家文化中，经济活动的最高价值不是发展社会生产力、推进社会财富的增长，而是实现社会道德的完善与和谐。受此传统影响，中国的家族财富传承形成了以德育为中心的特色，对作为道德载体的诗书经学等精神财富极为重视，所以有“道德

传家，十代以上，耕读传家次之，诗书传家又次之，富贵传家，不过三代”的古训。中国高净值人群在考虑家族财富传承时通常将“家风”放在首位，非常重视家族文化等精神财富的沉淀；同时，也会通过对物质财富的分配来激励“家风”的发扬光大和家族精神财富的延续。

在西方，对财富的研究古已有之，在漫长的岁月中积累了丰富的理论，体现了财富形式的多样化（如物品、货币、虚拟财富等）、财富源泉的多样化（如对外贸易、农业生产、劳动分工等）和财富的主观价值与客观价值相结合的特点，也进一步强化了一种观念：人类只有实现财富增长，才能推进社会经济的发展，才能推动文明的进步。在此基础上，西方的家族财富管理和传承理念也是以进一步扩大家族财富和影响力为中心的。所以，西方财富家族非常重视通过各种金融工具使家族资产实现更好地增长。与此同时，他们也积极通过各种慈善公益投资，在帮助和改善社会的同时，扩大家族的社会影响力。

制度环境：双方未来的选择将呈现趋同态势

中西方包括法律和税务在内的制度环境的差异，也造成了双方家族财富传承理念的差异，使双方在传承方式上做出了不同的选择；不过，随着国内金融业的发展和制度建设的完善，双方未来的选择将呈现趋同的态势。

中国的法制自古以来就有重刑罚的特点，法律并非为处理和调解民事问题而设立。《说文解字》中记载：“法，刑也。”到现代社会，虽然民商事领域的立法取得重大进展，但是发展水平与发达国家还有差距，配套服务也相对有限，实际案例也并不丰富，很难满足高净值人群对家族财富传承安排的安全性、保障性要求。

法制环境和税收制度的建设与改革也相辅相成。目前，中国是以宪法为依据，逐步形成各种税收法律的框架，以中央、地方数量众多的单行税收法律、法规、规章组成多层次税收法律制度模式。税收法律较少，目前仅有《企业所得税法》《个人所得税法》《车船税法》《税收征收管理法》，以及2016年12月25日通过并于2018年1月1日起实施的《环境保护税法》，《烟叶税法》和《船舶吨税法》于2017年12月27日通过并于2018年7月1日起实施。其中，仅《个人所得税法》与个人财产的传承安排直接相关。此外，中国目前仍是以间接税为主体的国家，税收主要来自企业，个税在全国税收中占比仅一成左右。因此，对于高净值人群而言，税务筹划的重点往往落在企业而非个人财产的传承安排上。同时，根据我国财政部之前的回应，中国目前并无遗产税，近期内也不会开征遗产税；这也削弱了高净值人群通过法律架构去安排传承的动力。在这样的情况下，选择自己信任的、能够提供随时服务的专职团队，保证充分按照自己的意愿去分配和传承财富，成为中国高净值人群更偏好的方式。

相比较而言，经过大量实践经验和理论总结的沉淀，西方发达国家形成了较完备的法律体系和丰富的实践案例，同时，在完善的法律体系支持下，税收法规也得到全面的发展，形成了较完备的税收制度。尤其值得注意的是，大多数西方国家都以直接税为主体，税收主要来自个人。

以美国为例，国家税收的法律制度建设尽量采取国际上的通行规则，体现税收的公平和效率原则，依法治税，主要是以宪法为基础，以立法机关颁布的国内收入法典等为主干，以税收法规为补充，形成了联邦、州、地方三级平行的法律制度，高度的法制化、规范化。目前，美国的第一大税种即为个人所得税，而第二大税种为社会保险税。

正因为有着完备的法律制度，依靠法律和理性来维护家族利益、保障家族财富的延续成为西方家族治理的理念。同时，西方国家的税收制度强调对于个人所得税的管理，尤其是其中包含严格的遗产税制度。很多国家的遗产税率接近 50% 甚至更高，如果不进行安排而后代家族成员又没有其他收入来源，家族财富传到第三四代就有可能因为征税而消失。所以，依托专业人员的服务建立家族信托、家族办公室等创新的家族财富管理和传承方式，便在这一基础上发展起来，并逐步获得市场认可和接受，成为高净值人群管理家族财富的主要方式。

但是，随着国内法律和税务制度的逐渐完善，中国高净值人群在传承方式的选择上也会逐渐与国际接轨。目前，正在逐步推进税制改革，构建以高收入者为重点的自然人税收管理体系，个人收入和财产信息系统建设总体方案已经出台，将实现个人税收征管系统与个人收入和财产信息系统互联互通。同时，共同申报准则（Common Repoting Standard，简称 CRS）的落地进一步推动了个人境外资产和收入信息的透明化，个税征管已经进入以跨境信息交换和大数据为依托的新时代。此外，法律界人士也在积极呼吁完善信托法，鼓励民事信托的发展。在这一背景下，通过专业机构统筹规划，选择充分考虑税务、法务、财富管理等各方面需求的财富传承服务，将成为家族财富传承的主要方式。

社会环境：中国关注增强家族凝聚力，西方重视追求个人价值的实现

不同的社会环境，以及因此而形成的思维模式，造成中西方高净值人群对家族财富传承的不同态度，这一影响也体现在高净值人群的家族财富传承理念中，进一步影响了他们家族治理的侧重点和对财富传承安排时间点的选择。

中国社会注重人际关系的和睦，尤其在家庭中，更强调家庭成员之间的情感联结，而在年长一代健在的情况下谈论物质财富的传承，通常被认为是不合适的。我们在调研中也证实，国内高净值人士普遍非常重视家族亲情纽带的联结和维系，认为这是家族财富的重要组成部分。也因此，他们普遍认为通过家族事务的统筹规划增强家族凝聚力是更迫切的需求，而规划物质财富传承并非现阶段的当务之急，他们更愿意在代际更替实际产生时再去考虑。

与此相对，西方的社会更崇尚个人主义，并不强调人与人之间的情感联结，而更重视个人责任的界定和个人价值的实现。也因此，提前明确和规划自己需要履行的对于家族的责任和义务成为西方高净值人群的习惯，而做好规划也有助于他们解除后顾之忧，更自由地追求个人价值的实现。所以，他们会在很年轻时便为自己的下一代做好财富传承的安排。

不过，值得注意的是，国内年轻一代高净值人士普遍接受过更国际化的教育，对西方的理念和价值观更熟悉，接受度也更高。他们更愿意融合中西方在家族财富传承方面的各自所长，在保留中国特色的文化社会传统的同时，引入西方的财富传承工具和家族治理方式。

第三章

前沿：中西方的传家之道

导言

当今，谈到家族传承，家族办公室与家族信托是绕不开的两个重要话题。

家族办公室起源于欧洲的中古时期，兴盛于 19 世纪的美国。在今天的西方，富庶家族一般会通过家族办公室管理他们庞大的资产。后代即使不再参与企业经营，基业与财富仍能持续传承，这是因为家族办公室在其中发挥着不可替代的作用。

家族信托是家族办公室最常用到的工具。它的核心功能不是投资，而是持有资产。源于法律结构的设计，家族信托通过转移所有权的方式实现风险隔离、有效传承的目的。在传承方面，家族信托与保险是两大主要工具，是走向财富传承专业规划的重要一步。

不论是家族办公室还是家族信托，对于中国来说，都是舶来品。那么，它们是否能够适用于中国今日的市场环境，满足高净值人群管理、传承家族财富的需求？本章围绕这两个重要话题，详细梳理了家族办公室在西方的起源、发展和运行特点，结合中国的实际情况，分析家族办公室为中国富裕家庭所应用的前景。

家族办公室在中国尚处于萌芽阶段。与欧美国家相比，中国的高净值人士对家族办公室的诉求集中于投资收益，对于传承规划、资产的全球配置、家族成员的身份规划、税务筹划等功能相对忽视。对于家族事务管理、健康与教育等，更是尚未提上日程。在日常运营方面，中国的高净值人士更倾向于自己创办家族办公室，并鼓励家庭成员积极参与。这与欧美国家主要聘用外部专业人士，通过多年合作，与第三方专业机构建立代际信任的情况又有所不同。

本章也详细检视了中国当前的法律基础，可以得出结论，家族信托在当下中国已经具备法律的适用性，能够实现风险隔离、投资管理和代际传承的基本功能。通过对中外家族信托的比较，可以发现家族信托在中国的运用目前还只局限于超高净值人群，而不像西方已经为中产阶层广泛运用。随着中国开放程度的提升，越来越多的家庭成员与资产分布都呈现出国际化的现象，高净值人群需要根据（未来）资产在哪里，（未来）后代在哪里生活，考虑在多个法域设立一个或多个信托。而随着国籍管理、外汇管理、全球税收环境变化等因素的叠加，中国高净值人群的家族财富也面临着“新常态”。如何通过境内外家族信托工具，实现家族财富的积累和传承，成为一个日益复杂与专业化的问题。为帮助读者更全面了解家族信托的种类与分布，本章不仅介绍了国内目前家族信托的主要提供机构，也详细介绍了全球主要离岸信托地的特点与优势。

家族办公室：顶级富豪的选择

家族办公室的起源[1]与全球发展现状

家族办公室（Family Office）是一个常用的术语，但并没有统一的定义。根据美国家族办公室协会（Family Office Association）的定义，家族办公室是“专为超级富有的家庭提供全方位财富管理和家族服务，以使其资产长期发展，符合家族的预期和期望，并使其资产能够顺利地进行跨代传承和保值增值的机构”。家族办公室汇集来自银行、信托等领域经验丰富的专业人才，以及律师、注册会计师、投资经理、证券经纪、保险经纪、财务顾问等；主要聚焦于超高净值家族，本质上是对超高净值家族完整资产负债表进行全面管理和治理的机构，服务的项目涉及一个家族的日常财务、企业管理，也会涵盖遗产规划和资产管理等长期事务。换言之，超高净值家族需要的是一个家族账户的财务总管，统筹家族可能面对的投资、保险、法律、税务和慈善事务。

区别于一般的私人银行业务，家族办公室所服务的家族往往财富量级更大，涉及的领域包括金融事务及非金融事务，服务更为全面，对专业人才的要求也更高。可以说，家族办公室是家族财富管理的最高形态。

1　EY. The EY Family Office Guide：Pathway to Successful Family and Wealth Management，2016.

家族办公室起源：发端于古罗马和中世纪，兴盛于19世纪的美国

家族办公室最早起源于古罗马时期的“Domus”（家族主管）以及中世纪时期的“Domo”（总管家）。现代意义上的家族办公室兴盛于19世纪的美国。19世纪中叶，第二次工业革命完成，积累了巨额财富的美国实业家，面对庞大的家族财富和广泛的商业及家族利益，迫切希望寻找一种切实可行的手段系统地对家族财富和利益进行保护与管理。因此，现代意义上的家族办公室应运而生。

1838年，摩根（John P. Morgan）创造了摩根办公室为家族管理资产。这样就出现了严格意义上的、第一个只为一个家族服务的单一家族办公室。1882年，约翰·洛克菲勒建立了洛克菲勒办公室，为自己也为其他一些家族进行财富管理。所以，其实“家族办公室”已经不仅仅是为自己家族管理财富了，而是一种以财富管理中心为基准、帮助诸多家族管理财富的组织及服务，我们将其统称为“家族办公室”。

人们有时候可能会觉得华尔街似乎由来已久并且屹立不倒，但实际上，其作为全球金融中心的称号和盛誉始于19世纪70年代。这个时代见证了摩根大通（J. P. Morgan）和道琼斯工业平均指数的问世，以及《华尔街日报》（*The Well Street Journal*）的创刊。随着经济的增长，全美各地富有家族都慕名来到纽约，全美最优秀的律师、银行家、投资顾问和理财经理也都聚集于此。

美国最富庶的家族孕育了家族信托和家族办公室，虽然由纽

约的精英团队管理，但注册地为特拉华州和南达科他州[1]等低赋税的州。纽约各家大银行相继设立了信托部门，帮助富人管理和经营资本，投资的地域范围近可在美国境内，远可达新加坡、瑞士等海外国家或地区。

面向富裕家族的财富管理服务越来越多，该行业开始分化。一些富人决定自立门户，设立投资公司专门管理家族财富。这样一来，他们就可以获得外部服务商无法提供的控制权和灵活性，可以根据家族文化和理念来聘用人才。

发源于欧洲的罗斯柴尔德家族，依靠家族办公室的全面规划，并将资产配置在世界各地的金融工具中，有效收获了经济多样化的果实，同时规避了各种风险。如今，罗斯柴尔德家族在全球金融领域仍拥有巨大的影响力。

可以说，西方世界包括洛克菲勒家族、罗斯柴尔德家族在内的诸多大家族，虽然家族后代可能不在家族企业中直接参与经营了，却始终能享受前人福泽庇佑。家族基业与财富能够传承百年，家族办公室在其中发挥了不可取代的作用。

美国新生代的知名人士中，创业家戴尔、篮球名将乔丹（Michael Jordan）等也聘用家族办公室管理财富。从1998年的4亿美元起步发展到如今管理资产超过170亿美元的戴尔家族办公室，成为投资性家族办公室的典范。2013年，正是戴尔家族办公室帮助戴尔寻找资金和交易伙伴，收购公司的流通股份，完成了戴尔公司的私有化。[2]虽然戴尔公司已经风光不再，但戴尔家族办

1　南达科他州免征个人所得税和企业所得税，对“家族信托”没有限制，也没有严苛的资产保护法律，因此一跃成为美国的“信托之都”。

2　引自对狄龙·黑尔的访谈。

公室的经营十分成功。

全球家族办公室发展现状

分布多元，管理资产规模庞大，风险资产持有率高，盈利能力增强。

分布：欧洲与北美占优，亚太与新兴市场不可小觑

2017 年瑞银（UBS）与坎普登研究（Campden Research）调查全球的 262 所家族办公室，43.3% 位于欧洲，31% 位于北美，16.3% 位于亚太地区，9.4% 位于新兴市场。新兴市场包括南美、中东及非洲等地区。单一家族办公室在全球有 4 000 余家。[1]

管理资产规模：平均规模超过 9 亿美元

根据《2017 全球家族办公室报告》，家族办公室平均管理资产规模为 9.21 亿美元。设立家族办公室的家族平均净资产为 14.57 亿美元（如图 3–1 所示）。

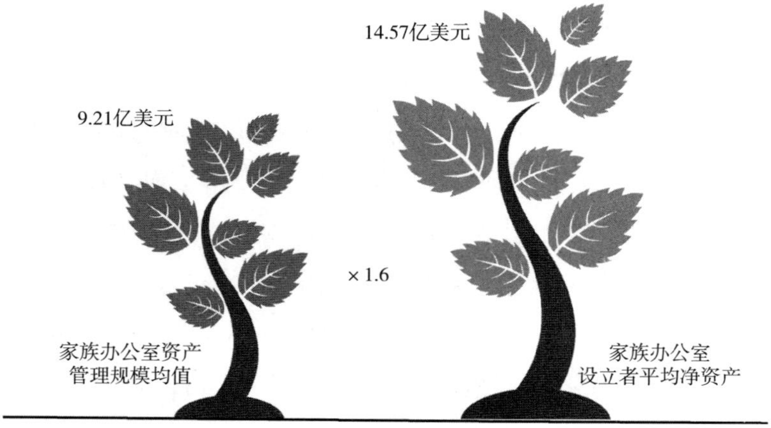

图 3–1　家族资产管理规模均值

1　瑞银与坎普登研究，《2017 全球家族办公室报告》。

投资组合：私募股权与股票受青睐

家族办公室主要使用不同的投资组合来实现家族财富保值增值的目标。不同地域家族办公室的投资组合具有较为明显的差异（如图 3–2 所示）。但是，私募股权（PE）是自 2014 年以来一直最受青睐的投资资产类别之一。2017 年度股票（发达市场）在所有家族办公室投资组合中的份额占 20.4%，私募股权的份额为 20.3%，分别排在前两位，几乎不相上下。事实上，瑞银研究认为，2017 年家族办公室投资回报率大幅提升的原因之一就是选择更多风险较高的投资方式，特别是股票与股权类投资。

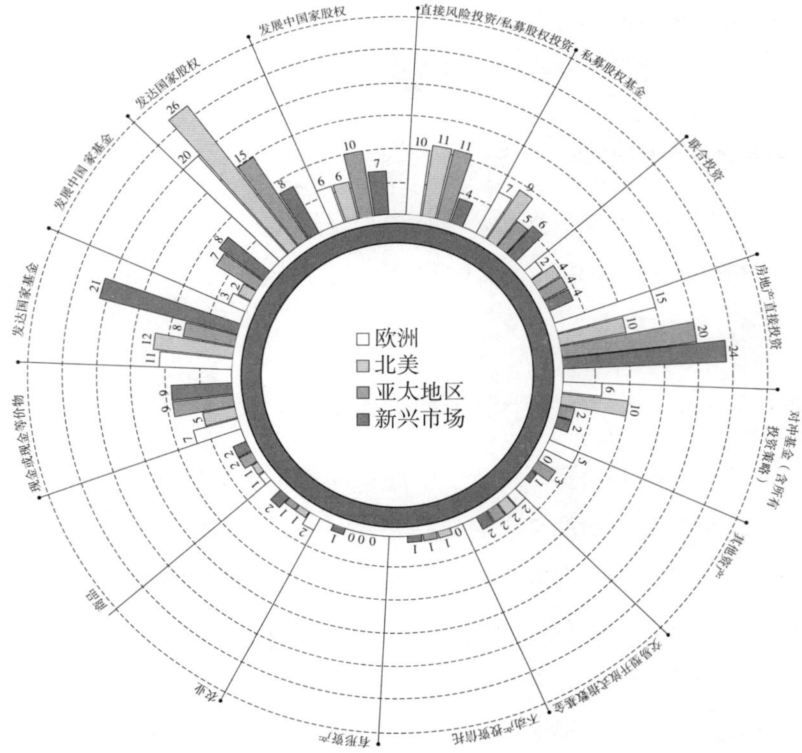

图 3–2　家族办公室投资组合（按地域划分）

利润回报：较往年大幅提升，各大洲平均年回报皆超过 6.5%

瑞银研究报告认为，2016 年度家族办公室的总平均投资组合收益由 2015 年度的 0.3% 增长到了 7%，北美地区家族办公室平均年回报率为 7.7%，欧洲家族办公室平均年回报率为 6.6%，亚太地区则为 6.7%，新兴市场的回报率为 6.2%。

总而言之，目前家族办公室的服务客户数量、分支机构或规模、管理资产规模呈现较为明显的增长或繁荣状态。在瑞银与坎普登研究调查的全球 262 所家族办公室中，近一半（48%）的家族办公室宣布其管理的资产在 2017 年度有所增加，超过 1/4（26.9%）的家族办公室指出其服务的客户数量在增加，1/5 的家族办公室宣称其分支机构数量或规模已有所扩张。

家族办公室的类型

根据服务家族的数量，家族办公室通常可分为单一家族办公室（Single Family Office，简称 SFO）与多家族办公室（Multi-Family Office，简称 MFO）。

单一家族办公室：服务于一个超高净值家族

单一家族办公室专注于一个超高净值家族的投资、财富传承及私人事务等方面的需求。单一家族办公室可以由拥有巨大财富的家族自己创设，并有家族成员在其中担任重要的职位，其可享有的主要利益是定制化的单一家族办公室服务。除了专注于与资产有关的事务之外，单一家族办公室的服务还涵盖家族内部关系的处理、家族慈善事业规划等方面的事务，因此单一家族办公室是一个服务内容相对全面的服务平台。相较于多家族办公室，单一家族办公室的服务对象为超高净值家族，即财产净值在 1 亿美元以上的家族。[1]

超高净值家族选择单一家族办公室的最主要原因是为了保证自主控制权和私密性。

家族财富通常由创富一代胼手胝足奋斗积累而来，因此他们希望在财富管理上保持自主控制并不让人意外。很多单一家族办公室的资金来源于（家族）企业股份的出售、企业经营产生的流动资金，或者一些其他的大额资金流入。不过，在所有这些情况中，基本上创富一代总是在其中起着核心作用，因此他们也很习惯于主导家族财富的管理。而且，他们通常是精明强干的商业领袖，因此会很自然地意识到管理他们的财富同样也是一项颇有前途的新兴业务，并被此吸引。

能够满足他们多样化、个性化需求的定制服务是他们非常看重的。与此同时，他们的资产也较普通高净值家庭更庞大复杂，通常需要多种法律架构和多层次治理结构来统筹管理。因此，设立单一家族办公室，从而主导家族财富的统筹管理，充分满足家族本身的个性化需求，是很有吸引力的选择。

设立单一家族办公室的另一重好处，即保持私密性，也被很多家族所看重。很多家族希望保持低调，并不希望外界了解他们。设立单一家族办公室则有效保证了这一点。某些家族会刻意给家族办公室取一个与家族本身及家族企业都毫无关联的名字，以避免不必要的曝光。它们更像是家族的"看门人"，隔离和审查来

---

1 CAPGEMINI. The Global State of Family Offices: 2017[EB/OL][2018-06-05]. https: //www.capgemini.com/wp-content/uploads/2017/07/The_Global_State_of_Family_Offices.pdf.

自家族外部的各类服务商。

典型的单一家族办公室包括洛克菲勒家族办公室（Rockefeller Family & Associates）、戴尔家族办公室（MSD Capital）及比尔·盖茨家族办公室（Bill and Melinda Gates Investments，简称BMGI）。

洛克菲勒家族办公室的雏形是一个松散的小型团队，主要帮助洛克菲勒家族的创始人老洛克菲勒打理庞大的资产和管理慈善活动。20世纪60—80年代，洛克菲勒家族办公室在迪尔沃斯[Richardson Dilworth，曾是库恩-洛布银行（Kuhn，Loeb & Co.）的合伙人]的带领下，逐渐走向专业化和正规化。在迪尔沃斯管理期间，洛克菲勒家族办公室共设置了3个投资部门，分别涵盖传统投资（股票和债券）、不动产、另类投资和风险投资。洛克菲勒家族至今已经创立或支持了至少72所重要院校，对美国的教育事业产生了深远影响。当然，洛克菲勒家族办公室正规化后，除主要服务洛克菲勒家族成员外，开始为其他超高净值家族提供资产管理服务，洛克菲勒家族办公室最终转变成为多家族办公室，甚至资产管理公司。[1]

戴尔家族办公室由迈克尔·戴尔在1998年以私人投资公司的形式设立，设立时聘请出身高盛的格伦·福尔曼（Glenn R. Fuhrman）和约翰·费伦（John C. Phelan）担任管理合伙人。戴尔家族办公室帮助迈克尔将家族资产投资于IT（信息技术）行业之外，包括能源、汽车、餐饮、金融保险、数码通信等。戴尔家族办公室秉持长期资产增值的理念，更加关注投资的预期价值

1 魏锴. 洛克菲勒家族"六代帝国"的财富秘密：上. 新财富，2012（9）：98-105.

分析和风险调整后的回报。戴尔家族办公室不仅增加了戴尔家族的财富，还减少了其受戴尔公司业绩影响的波动。2009 年，虽然戴尔公司年净利润增长率为 –41.7%，但是戴尔的个人财富净值增长了 9.7%。目前，戴尔家族办公室管理的资产规模超过了 170 亿美元。[1]

比尔·盖茨家族办公室，管理包括卡斯凯德投资公司（Cascade Investment）、比尔及梅琳达·盖茨信托基金及其他实体的投资组合，承担比尔·盖茨家族的财富管理功能。比尔·盖茨家族办公室通过卡斯凯德投资公司管理盖茨的个人财富，并管理比尔及梅琳达·盖茨信托基金的受捐资产，从事慈善工作。卡斯凯德投资公司主要由迈克尔·拉森（Michael Larson）领导，投资方向注重多元化与多样化。根据 2018 年福布斯全球富豪榜，比尔·盖茨的净资产达到 900 亿美元[2]，其 2017 年、2016 年、2015 年、2014 年、2013 年的净资产分别为 860 亿美元、750 亿美元、792 亿美元、760 亿美元、670 亿美元，基本实现家族财富的稳定增长[3]。另外，比尔及梅琳达·盖茨基金会是世界上最大的慈善基金会，截至 2016 年年底已捐款 413 亿美元[4]，为世界医疗、卫生、教育、环境等事业做出巨大贡献，其于 2010 年 3 月获得联合国人口基金会颁发的联合国人口奖。

1　资料来源：戴尔年报。

2　参见 https://www.forbes.com/profile/bill-gates/?list=billionaires，最后访问日期 2018 年 5 月 3 日。

3　除历年福布斯全球富豪榜外，维基百科根据福布斯全球富豪榜较为直观呈现比尔·盖茨历年净资产变化，参见 https://en.wikipedia.org/wiki/The_World%27s_Billionaires，最后访问日期 2018 年 5 月 3 日。

4　参见盖茨基金会官网，https://www.gatesfoundation.org。

值得一提的是，在单一家族办公室中有一个特殊的类别——单一家族投资办公室。这一类别的家族办公室传统上只处理一个家族的投资事务，集中管理家族财富并代表家族执行投资决策。

单一家族投资办公室的目标是为家族提供策略高明、管理完善和执行到位的投资服务，这需要高超的资产配置战略眼光以及对投资过程的精准把握来实现。这类家族办公室通常定期向家族披露详细的投资报告，细述投资组合的绩效。

这类家族办公室注重在管理流动性需求的同时实现兼顾家族的短期和长期财富目标。它们有时会寻找合作伙伴共同投资于一些特定类别的资产，有时也会直接投资。正因如此，在这类机构中，持有大量不动产和私募股权并不鲜见。

一个有意思的现象是，越来越多投资大鳄也开始把他们领衔的对冲基金改组为家族投资办公室，如乔治·索罗斯（George Soros）、卡尔·伊坎（Carl Icahn）和斯坦利·德鲁肯米勒（Stanley Druckenmiller）。这是由于对冲基金面临的监管环境日益严苛，而作为一个家族投资办公室，受到的约束则要少得多，尤其在信息披露和投资者保护方面的条款要宽松不少。

多家族办公室：多个家族共享资源，平摊成本

多家族办公室又称联合家族办公室，通常由多个家族共同设立，且只为这些家族服务。多家族办公室通常由单一家族办公室接纳其他家族客户转变而来。由于可以共享人力资源和投资机会，平摊运营成本和服务成本，多家族办公室对家族可供管理金融资产的金额要求比单一家族办公室低。为了便于管理运营和避免利益冲突，多家族办公室内部家族的价值理念和投资理念通常十分接近。

多家族办公室有着多重优势。

首先，由于运营成本和服务成本由多家族共担，多家族办公室在人力资源的配置上更为充裕。比如，多家族办公室可以雇全职员工，专门为家族客户提供家族会务管理、家族治理及家族成员教育等家族事务管理服务；这对于单一家族办公室来说就显得奢侈了。同时，相较于单一家族办公室，多家族办公室能够配备规模更大、专业水平更高的投资团队，包含投资分析师、研究员、经济学家、投资经理等，从而能够从事范围更为广泛的投资业务。多家族办公室投资团队的薪酬包也会比他们在单一家族办公室的同行更丰厚。总之，多家族办公室愿意在人力资源上大手笔投入，只要这样能使它们获得更多客户。

其次，由于服务于多个客户，多家族办公室具有丰富的家族客户服务经验，从而使它们能够建立标准化、流程化的服务体系。这提高了它们本身的服务能力和效率，相对而言也就降低了单个客户获得单位服务的费率。这也是通常多家族办公室都可以提供包罗甚广的增值服务的原因。从家族报告制度的建设到家族档案簿记的管理，甚至家族网站的运营，这些能够有效提升客户体验和促进客户黏性的服务，在单一家族办公室很难觅得。

此外，多家族办公室能够依据过往的服务经验总结出家族客户在家族财富管理及家族治理过程中可能遇到的共性问题，并提炼出应对这些问题的成熟方法论。这对于在财富管理和投资领域经验有限的家族来说大有裨益。

还有一点值得一提的是多家族办公室的“一站式”服务体验，对于许多家族来说也是颇有吸引力的。这使他们可以在一个供应商（也就是多家族办公室）这里获得整合有序的全套财富管理和投资服务，而不必费力到市场上逐一寻觅。

正因为具备众多优势，多家族办公室发展迅速。彭博（Bloomberg）2015 年整理的全球家族办公室前 50 强（私人银行及多家族办公室）中，前 10 强管理资产规模合计 8 470 亿美元。其中，贝西默信托（Bessemer Trust）是排名第一的非私人银行多家族办公室。贝西默信托管理超过 1 050 亿美元的资产，为 2 300 多个家族提供服务。根据彭博 2015 年整理的数据，贝西默信托的最低资产管理规模要求为 1 000 万美元。[1]

依托金融机构的家族办公室：由金融机构为家族提供家族财富管理和投资建议

目前，部分家族办公室依靠规模较大的金融机构设立，由金融机构为家族财富管理和投资等事项提供建议，以满足超高净值家族的长期需要。依靠金融公司设立的家族办公室包含单一家族办公室及多家族办公室。

例如，瑞士信贷（Credit Suisse）于 2001 年收购总部位于芝加哥的家族办公室弗莱－路易斯资本管理公司（Frye-Louis Capital Management）[2] 并提供家族办公室服务，且家族办公室服务较早已渗透至亚太地区。确切地讲，瑞士信贷于 2012 年即已在印度开

1　参考 The Richest Family Offices. Bloomberg Brief：Family Office，2015.

2　该项收购由瑞士信贷私人银行完成，收购时弗莱－路易斯资本管理公司拥有近 15 亿美元超高净值家族资产，参见 SARA HAMILTON. The Multi-Family Office Mania [J/OL]，2002（12）[2018-05-03]. http：//www.wealthmanagement.com/news/multi-family-office-mania-0.

展家族办公室服务。[1]

除瑞士信贷外，根据彭博2015年整理的资料，汇丰银行（HSBC）“理财方案业务中心”为334个家族管理着1 600亿美元的资产；瑞士百达（Pictet）为多个家族管理570亿美元的资产。[2]

依托金融机构设立的多家族办公室虽然并不是一个传统模式，但却是一个值得关注的模式，毕竟金融机构在信息与研究方面具有强大的规模优势。

家族办公室在不同区域的发展和特点

亚洲：服务于家族企业，注重安全与保密

在亚洲，过去30年创造的大量财富主要形成了第一代人的财富。大部分家族办公室仍是家族企业的一部分，很少有真正脱离家族企业独立的家族办公室。在亚洲，家族和企业利益通常混合在一起。

亚洲第一代财富创造者目前大部分到了退休年纪，他们非常关注如何把财富传给下一代的问题。于是信托成为了解决上述问题的重要工具。

亚洲家族的成员构成较其他地区更为复杂，家族男性屡次婚变带来多任妻子生下多个子女，或者非婚生子女众多，这种情况在亚洲比其他地区更为常见。但是大部分亚洲家族的最终决策权基本上掌握在一家之主（男性）手中，而且此类决策通常是自上而下的，很少咨询他人意见。

1　参见瑞士信贷网站，https：//www.credit-suisse.com/corporate/en/articles/media-releases/42080-201211.html，最后访问日期2018年5月3日。

2　参考 The Richest Family Offices. Bloomberg Brief：Family Office，2015.

相比于其他地区，亚洲家族财富的透明度较低，隐私和“面子”被看得至关重要，因此非常重视财富的安全性和保密性。家族头领把资产分散到不同机构和金融集团的例子并不少见，这样一来，任何机构或成员都很难知道家族财富的真正规模和范围。

亚洲家族办公室的决策机制通常会以家族成员为主导，很少有非家族成员参与。

在亚洲，经验丰富、合格的家族办公室工作人员非常稀缺，大部分情况下招聘的是前私人银行工作人员。

在该地区，资产配置和全球投资分散化是较新的做法。家族内部仍会争论是应把家族业务产生的收益分散投入家族业务以外的领域，还是重新投入家族业务本身。不过，越来越多的家族开始意识到资产配置和全球投资分散化的重要性和裨益。

很多亚洲家族更习惯于用短期投资策略来获取高额回报，但他们不一定了解其中的风险，也并不一定懂得他们承担了多少风险。很多人士还是更愿意选择交易型策略。

西方式的多家族办公室在亚洲还比较少见，这主要是因为该地区对付费咨询及单独收取服务费的模式很排斥，也缺乏先例。在亚洲，大部分冠名多家族办公室的机构仍采用佣金模式，因为这种模式更容易在商业上取得成功。

北美：与家族业务分离，现代化的综合、全面的家族办公室

全球很多财富专家认为，美国单一家族办公室代表着现代化标准的综合、全面的家族办公室。

美国家族办公室基本上是与家族业务分离的实体，其成员主要是非家族人员，但作关键决策时仍需要家族的参与。

美国劳动人口中有一部分具备家族办公室所需的经验和技

能，这部分劳动人口的数量多于其他国家和地区，主要是由于美国存在大量单一家族办公室。

在美国，采用信托来管理、保护和传承财富的做法十分普遍。财富往往掌握在后几代人手中，第三代至第五代掌握财富的例子并不少见。但大量新财富还在不断被创造出来，这通常发生在科技行业。

这里的家族办公室通常采用分散的方式跨资产类别进行资产配置和投资。典型的家族办公室采用先进的尽职调查及风险管理方式。美国家族办公室通常在全球进行投资，大部分办公室首要关注的是对家族财富的专业化投资管理。

美国家族通常进行长期投资，愿意在流动性较弱的投资中锁定其资产，从而获得溢价。他们很少采用短期交易型策略。

美国单一家族办公室通常是私人投资领域的全球思想引领者和先锋。

欧洲：首要关注的是结构安排、合规及税务

欧洲是最古老的财富争夺要塞，可追溯到十字军东征时期，地主阶层拥有大量财产。欧洲是一些最古老的家族办公室的发源地。

基于欧元区的金融、经济及政治状况，欧洲家族办公室的情况比较复杂。每个国家都有自己的税务、法律和监管体系，各有不同，因此欧洲家族办公室雇佣的律师数量高于美国和亚洲的家族办公室。

家族办公室专家认为欧洲家族办公室财富管理方法在投资方面比世界其他地区更为保守和谨慎。欧洲富裕家族不急于采取行动，更加细致，更有条不紊。

欧洲的财富涉及多代人，掌握在后几代人手中。例如，阿尔巴（Alba）家族现在是第 14 代。

在欧洲，采用信托是很普遍的做法，已经运用于很多代人。

尤其对于欧洲历史较长的多代财富，管理人职责是家族企业的一个重要方面。家族业务保留在家族内部，家族通常会推举一个家族成员承担领导人职责，从而作为活跃的股东参与其中。

欧洲家族办公室市场与美国市场有很多不同。美国大部分家族办公室主要关注投资组合管理及寻找投资机会，而欧洲家族办公室首要关注的是结构安排、合规及税务。

与其他地区相比，仅从事投资或会计事务类型的家族办公室在欧洲更为常见。

家族办公室的管理成本

家族办公室的成本由 3 个主要因素决定：组织结构规模、任职人员数量、服务类型多寡。

内部组织结构越复杂，则任职人员越多，人力成本越高。家族办公室的内部组织结构取决于家族办公室承担的职能或服务类型，可以采取正规的形式（例如设立一家独立的公司），也可以采取非正规的形式（例如委托家族企业现有员工或聘用外部顾问代为管理）。就我们所观察到的情况而言，在单一家族办公室之中，一般至少需要配置一位首席执行官（CEO），整体负责家族办公室的运营；一位首席投资官，负责投资项目的推荐与选定；一位首席财务官，负责家族办公室及对家庭成员的财务安排；最后还需要一位首席法务官，不仅仅负责项目的法务安排，更需要综合管理家庭成员及家族事业中的法律风险。如果考虑到家族办公室的管理规模及相关家庭成员的事务管理等事项，往往还需要配备多位投资分析师、会计师、审计人员和相关行政辅助人员。多家族办公室因其服务的家族数量较多，整体管理规模相对较大，其组织结构较单一家族办公室更为复杂，对人力资源的需求更多。任职人员数量的增加将导致家族办公室人力成本的大幅提升。据统计，亚太地区家族办公室 CEO 的平均年薪总额为 36.2 万美元，北美地区家族办公室 CEO 的平均年薪更是高达 63.1 万美元。每管理 100 万美元资产，家族便需向该家族办公室 CEO 支付 300~600 美元。除 CEO 外，如前所述，家族办公室的其他任职人员因多为银行、信托、保险、法律、税务等领域经验丰富的专业人才，其人力成本不容忽视。

家族办公室服务类型越复杂、服务内容越多，则家族办公室运营成本越高。家族办公室的成本可区分为运营成本、外部管理费用及外部管理绩效等，其中运营成本即家族办公室提供主要服务的成本，包括一般咨询成本、投资相关活动成本、家庭事务服务成本、办公室行政管理成本等。家族办公室提供的服务类型及内容的规模直接影响到家族办公室的运营成本。瑞银研究报告整理 2016 年、2017 年家族办公室主要服务所需的运营成本数据如表 3–1 所示。

根据瑞银研究报告[1]，2017 年功能完善的家族办公室（含单一家族办公室及多家族办公室）年平均总支出为 1 060 万美元，其中运营成本相对平稳，为 650 万美元，外部管理绩效及管理费用为 410 万美元。单一家族办公室 2017 年平均主要支出（包含主要服务成本、管理成本、绩效成本，以上支出成本无法涵

1　参见瑞银与坎普登研究联合发布的《2017 全球家族办公室报告》第 4 章。

表 3-1　家族办公室主要服务运营成本　　单位：%

项目	单一家族办公室兼多家族办公室		单一家族办公室		多家族办公室	
	2016 年	2017 年	2016 年	2017 年	2016 年	2017 年
一般顾问费	14.2	14.7	14.2	15.0	14.1	13.6
投资相关活动	34.9	30.0	33.6	27.8	37.9	37.2
家族专业服务	9.8	11.6	9.8	12.9	9.8	6.9
行政管理类活动	15.1	17.0	15.9	18.2	13.5	13.0
合计	74.0	73.3	73.5	74.0	75.3	70.6

注：单一家族办公室、多家族办公室和单一家族办公室兼多家族办公室主要运营成本（不含管理费），按百分比计算（多年参与者）。

盖家族办公室的全部支出）为 865 万美元；多家族办公室 2017 年平均主要支出（包含主要服务成本、管理成本、绩效成本，以上支出成本无法涵盖家族办公室的全部支出）为 1 516 万美元，但多家族办公室的主要支出由其服务的多个家族共同承担。

如前所述，家族办公室面向的客户群体为超高净值家族，一般高净值家族因难以承受家族办公室的成本而不适合设立家族办公室。因家族办公室类型不同，其客户群体的要求将有所区别：

单一家族办公室的门槛较高，家族财产净值基本要求为 1 亿美元以上：2014 年瑞士信贷发布的《家族办公室白皮书》认为，为单个家族定制的家族办公室服务成本较高，因此要求管理的最低资产为 1 亿美元[1]。若考虑到功能完善的家族办公室的总支出

1　参见瑞士信贷、安永及圣加仑大学家族产业中心联合发布的《家族办公室白皮书》，访问地址：https://www.credit-suisse.com/corporate/en/articles/media-releases/42334-201407.html，最后访问日期为 2018 年 5 月 3 日。

成本占到管理资产规模的 1%，家族资产规模应当在 10 亿美元左右。

多家族办公室的资产准入门槛相对较低，并且不同地区也有不同的准入门槛。在亚洲的中国香港与新加坡，1 000 万美元的现金资产足以进入一个多家族办公室的视野；而在美国，多家族办公室的资金门槛并无固定数额，但是通常很少接待 3 000 万美元以下的客户。

海外家族办公室的典型服务范围

海外家族办公室的主要服务内容涵盖两大方面，详见图 3–3，从业机构会根据自身资源和优势有所侧重。

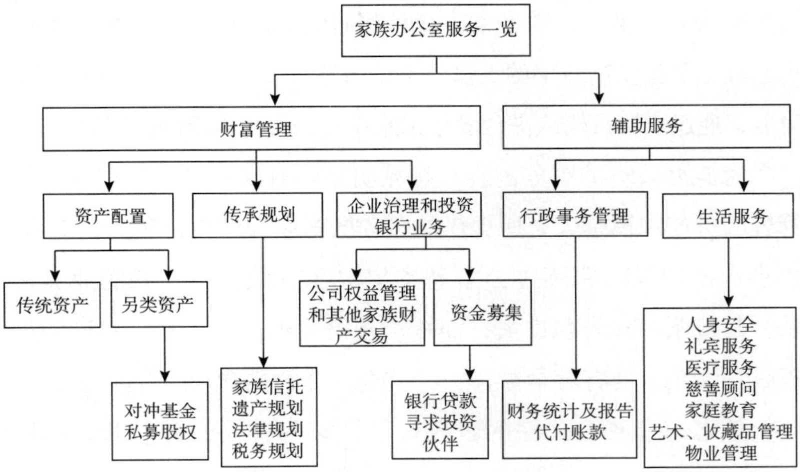

图 3-3　家族办公室服务一览

就家族办公室的服务领域而言，完整的家族办公室服务涵盖家族服务、家族成员服务、家族企业服务及慈善服务。实践中因家族办公室是根据各家族需求定制，其提供的服务项目存在个性化内容，服务领域可能无法涵盖全部领域。以下介绍部分家族办公室的服务内容。

瑞士信贷提供的家族办公室服务内容包括以下 3 项[1]：第一，家族资产传承计划，为家族财富和产业的传承及维持家族和谐制定家族财富传承方案，并协助重组家族财富结构；第二，设立家族办公室，协助超高净值家族设计、建立家族办公室，并为家族办公室提供合适的投资平台以优化家族产业财富的动态平衡；第三，财富管理，根据超高净值家族的需求管理投资，为家族投资的政策、战略、流程制定和委员会设立提供指导。

富达投资（Fidelity Investments）提供的家族办公室服务内容包括[2]：第一，交易过程及资产安全的托管服务；第二，家族办公室运营报告服务；第三，满足家族交易和居间需求的居间服务；第四，为家族成员提供高效率的工具或资源服务，以促进家族成员的发展；第五，通过投资机构或平台满足家族投资和交易需求的投资服务。

家族办公室的服务内容与领域明显具有规模经济的特征，即管理的资产规模越大，所提供的服务的深度和广度也越大。比如，较小资产规模的家族办公室基本集中在少数自己专长的业务领域，其他服务多外包出去；而资产规模大的，甚至拥有自己的投资研发团队，具有对全球各资产类别基金的挑选和组合能力。

总之，家族办公室的服务是“管家”模式的升级版，本质

1　参见瑞士信贷网站的家族办公室业务说明，访问地址：https://www.credit-suisse.com/hk/en/private-banking/take-care-of-your-family.html，最后访问日期 2018 年 5 月 3 日。

2　参见富达投资官网，https://familyoffice.fidelity.com。

上是用专业化的方式去替代原本应该由家长去管理的事项，无论是子女教育规划，或是私人飞机的管理，还是家族资产的整体管理。这种模式不仅仅是解放了家庭成员的精力，更主要的是：在经济日益复杂的今天，一切交给专业人士，长期来看，是正确的也是必然的选择。

中国家族办公室相关服务的兴起

中国家族办公室业务发展现状：仍处于萌芽阶段或发展初期

自中国改革开放起，40 年来，我们看到中国创造了巨额财富，数额可观的第一代财富由此聚集。

时至今日，中国的第一代创富者们大多已步入退休年龄，对以下问题尤为关心：

- 保全其在过去 30 年中创造的财富。
- 管理已经创造的财富。
- 将财富传承给下一（几）代。

尽管如此，当前阶段，大多数中国富裕家族的家族办公室仍然是其家族企业的一部分，鲜有家族办公室与家族企业分而治之的情况。在中国，家族的利益往往与企业的利益混为一谈。

对于从家族企业获得的分红是应该以一种多元分散的方式投资到家族企业之外，还是应该再投资到家族企业中，许多家族内部仍有争议。尽管如此，近年来，许多家族的一家之主开始意识到，将财富投资到家族企业之外可以更好地分散财富，避免财富过于集中，也就是“不要把所有鸡蛋放在同一个篮子里”。

信托的使用迅速普及，人们已经认识到信托是实现财富保全、财富管理和代际财富传承的理想工具。中国人对“富不过三代”的俗语心存敬畏，富裕家族的一家之长开始意识到，信托架构可以帮助他们打破这一魔咒。

有时，中国家族中也确实存在着多任妻子育有多位子女的复杂情况，但同时，在大多数情况下，中国家族中的最终决策权都掌握在男性一家之长手中，因此，也就没有多少商议的空间，决策也更加有力；相较之下，许多其他国家的家族中，多方商议可能造成大范围的争论和分歧。尽管家族成员可能对一家之主所做的决定感到不满，但几乎总是尊重并遵守此类决定。

一般来说，中国家族财富具有高度不透明性——保护隐私非常重要；对安全的顾虑也合情合理，毕竟富裕家族面临着绑架、欺诈和针对他们的其他犯罪风险。很多情况下，一家之长会把家族资产分散配置于不同的机构和投资集团，使单一机构或任何家庭成员难以了解家族财富的真实规模和范围。

与美国或欧洲的情况不同，中国家族办公室的管理由家族成员主导。

在中国内地（亚洲的部分其他地区也是如此），很难招聘到有合适经验、技能和资质的家族办公室工作人员，这使家族常常选择在中国香港或新加坡等地设立家族办公室，以便于招聘，即便当地的人员成本更加昂贵。

资产配置和全球分散投资在这一地区尚属比较新兴的做法，但正在迎头赶上。此外，中国家族办公室对于公司治理和最佳实践的意识也有所提高，与过去不可同日而语。

有些中国家族仍然采用短期投资方法来寻求高额回报，并不一定真正明白其中的风险模式，不一定了解他们为获得如此之高的回报到底承担了多大风险。

然而，随着人们认识到经济发展已然步入“新常态”，意识到在当前环境下期待高回报是不现实的，上述情况正在发生明显改变。

此外，人们还认识到，一旦已经创造出可观的财富，就到了该保全既有财富的时候了，正如西方俗语所说：“一鸟在手，好过二鸟在林。”

中国家族办公室前景：良好客观条件保障长远发展空间

中国目前高净值人群基数庞大、增长快速，且年龄集中于41~60岁，家族企业持续经营需求迫切，资产布局或投资倾向于专业化，这些都为家族办公室业务的发展提供了良好的条件。

首先，目前中国高净值人群具有基数庞大、增长率高的特点，为中国家族办公室的发展积累稳定的客户来源。据研究报告显示，2016年中国高净值人士有158万人，而在2006年这一数据仅为18万人，11年间中国高净值人群规模翻了三番还多。其中，可投资资产超过一亿元的超高净值人群规模约12万人。2017年中国高净值人群约达到187万人，同比增长18%。按照国家统计局最新公布的中国（不含港、澳、台地区）总人口数（138 271万）测算，2018年年底，平均100万人中有135名高净值人士，比例超过万分之一[1]。

其次，目前高净值人群年龄主要集中于41~60岁，具有较为

1　招商银行及贝恩公司，《2017中国私人财富报告》。

明显的家族财富保障、传承的需求。改革开放40年，第一代创富的人群，年纪大多已经到了退休年龄，这一群体最为关注的问题为财富保障与财富传承，然后为创造更多财富、个人事业/家族企业进一步发展和子女教育。

再次，目前高净值人群多拥有公司实际控制人或股东的身份，对于家族企业的传承具有较为迫切的需求。研究报告显示，高净值人群多数拥有多重身份，其中身份为企业主的高净值人士占比超过一半，达到55%。然后是拥有大型企业、跨国公司股份的高管，占比20%。而在亿万资产超高净值人群中，有高达75%是企业主。[1] 调研显示，86.2%的企业家已开始考虑或着手准备家族传承事宜，在家族传承的过程中，文化传承（占比75.7%）和财富传承（占比75.1%）是中国企业家目前最为需要传承的两大内容。我们认为，高净值人群偏好的家族企业持续经营服务系中国家族办公室发展的重要前景。

最后，目前高净值人群对于财产布局越来越倾向于需要专业知识的投资领域。国际金融理财标准委员会（中国）的调查结果显示，目前高净值人群主要倾向于选择银行理财产品、信托产品、境内房产、存款和现金、私募股权、股票。而信托产品、银行理财产品、股票、私募股权等投资领域需要更专业的投资知识，该需求将促使高净值人群接受家族办公室的服务，通过专业人士实现财产的保值增值。

当然，目前中国财富传承在身份、外汇、税务、个人资产与收入的监管环境方面发生了较为明显的变化。这些变化将对高净值

1 胡润研究院，《2017胡润财富报告》。

人群的财富规划和传承产生更为严格的合规要求，将促使中国家族办公室迎来快速发展期。当然，本土化的家族办公室业务成熟并非一蹴而就，我们认为其未来仍将经历一定的业务探索期，逐步结合中国高净值人群的新需求拓展资产保值增值以外的其他服务，并最终形成功能完备的综合性业务家族办公室。

家族办公室的核心工具：家族信托

家族办公室为管理家族资产，通常会使用家族信托作为家族资产的核心持有工具，并采用多样的家族资产投资工具，特别是金融工具，以实现家族财富的投资组合多样性。

除由家庭成员直接持有、由第三人代持等家族资产持有方式外，由于各种税务和非税务原因，高净值家族通常将其部分财产（包括不动产、股权等）通过信托结构化，即以家族信托持有家族财富。家族信托的受托人或共同受托人经常为家庭成员及其顾问，家族信托的受益者通常包括不同代际的家庭成员。家族办公室在管理家族信托方面起着至关重要的作用，包括采取措施保护受托人和受益人：家族办公室通过与家庭成员、法律、税务、财务顾问的协调合作来协助家庭成员履行受托人义务；家族办公室通过促进受托人与受益人的沟通减少家族信托中存在的问题，并维护家庭成员的和谐。据统计，香港的 200 多家上市家族公司中，约有 1/3 的企业通过家族信托的方式控股，包括李嘉诚、李兆基、郭德胜、刘銮雄、杨受成、邵逸夫等家族。例如，李嘉诚就设立了至少 4 个信托基金，分散持有旗下公司的股份，并对每个信托基金指定了受益人。

除家族资产持有工具外，家族办公室通常使用多样的投资工具，特别是金融工具，将家族财产进行投资组合，以实现家族财产的稳定及较快速度增长。瑞银研究报告显示，家族办公室的投资组合包括投资债券、股票、私募投资基金、对冲基金、交易所交易基金（ETF）、风险投资、联合投资或不动产直接投资、不动产投资信托、动产投资、期货、现金等。

值得注意的是，作为家族资产持有工具的家族信托结构，与家族办公室投资的各类基金或不动产投资信托，虽然形式上均表现为信托结构，但其功能具有十分明显的区别，即虽然信托可作为金融工具丰富家族资产投资，但家族信托一般是作为家族资产的核心持有工具而非投资工具被家族办公室使用。

家族信托——服务从中产到富豪

家族信托的理念与功能

当财富进入“新常态”，家族财富传承的工具也有了新的发展。从传统的赠与、继承，进入了借助金融化工具的时代，即人寿保险与家族信托这两个新的传承工具逐渐融入了家庭/家族财富传承。相比传统模式，人寿保险与家族信托最大的特点是：需要专业人士与专业的金融机构（例如保险公司、信托公司、财务顾问）的介入。

家族信托并非一个根据中国现行立法下的法律术语，而是一个金融与咨询服务业务用词。家族信托除了“信托”要素之外，还有“家族”这个要素，即指此类信托的设立目的主要是为了某一或部分家族成员的利益，即家族信托的受益人是家族成员，并且通常是多个甚至多代的家族成员。

家族信托的常见功能包括有效传承（防止子女、配偶不当使用或挥霍家族财富）、财富管理（通过信托公司的专业投资管理家族财富）、遗嘱或协议替代、财产隔离、股权传承、资产代持、家族基金（为家族子弟提供奖学金、助学金等）、抚养费信托、保单信托、慈善公益等。[1]

在国际上，家族信托是家族办公室管理家族财富的核心工具。例如，比尔·盖茨家族办公室——比尔及梅琳达·盖茨投资使用的主要财富管理工具之一为比尔及梅琳达·盖茨信托基金；邵逸夫家族办公室使用邵逸夫慈善信托基金作为财富管理工具，Shaw Trustee（Private）Limited 作为受托人管理邵逸夫委托的信托财产，持有邵氏家族各实体的全部股权，并将信托财产收益分配给邵氏家族成员。[2]

因此，我们可以从两个角度来看家族信托：对于超高净值人群来说，家族信托是组成家族办公室功能之一的财富管理工具；而对于暂时无计划设立家族办公室的人士来说，家族信托是更容易实现的财富传承工具，是走向财富传承专业规划的重要一步。

当然，值得注意的是，保险（一般而言指人寿保险）作为同样很重要的财富传承工具，虽然具有明显的杠杆作用且很有可能不需要缴纳遗产税，但仍存在较为明显的限制：第一，适用人群限制，即高龄人士不适于购买人寿保险、重疾人士购买人寿保险受限制；第二，人寿保险功能限制，即保险赔偿金一

1　关于家族信托的核心功能与对应的客户群体，本书后文将有专门的论述。

2　秦伟．邵逸夫家族信托化繁为简 家庭慈善二合一．21 世纪经济报道，2014-01-13.

次性给付，不利于受益人管理且无法起到避免受益人挥霍财产的目的；第三，保险传承财富的兑付时间限制，即需要等到被保险人去世才能兑付，可能等待时间特别长。我们认为，家族信托是较保险功能更适合跨代的长期传承工具，适合高净值人群进行长期的规划。当然，将保险与信托相结合，可以取长补短，达到更好的传承效果。

家族信托核心功能与适用的客户群体分析

客户设立家族信托，而不是购买普通的理财产品，通常不只是尝试新事物，而是追求特定的目标。而实现这些目标，则是家族信托的核心功能。家族信托核心功能的实现，主要取决于两个因素：第一，信托法的基础性规定；第二，信托结构的设计，特别是受益人的选择与收益分配的条件的确定。

我们从中国法律的框架内能够实现的家族信托的核心功能出发，简单地分析其所适用的客户群体。

有效传承：保障家族财富顺利实现代际转移

高净值人群或者家族在创造了财富之后，创富一代通常消费不了所积累的财富，财富的绝大部分会归属于第二代、第三代；部分客户除了传承给后代，可能还有慈善捐赠的想法。

但是富裕家庭子女、配偶不当使用或者挥霍家族财富，或者被身边的人诈骗、投资失败等，已经不罕见了。因此，将家庭/家族财富有效且安全地传承给第三代、第四代甚至更多代，避免财产落入家人之外的人手中，是一个客观的需求。

希望有效传承的客户群体，通常财富积累到一定的程度，年龄接近花甲或者更为年长，已经有了第三代，或者第二代已经到了结婚生育的年龄。如果创富一代对子女的性格、经济管理能力、配偶等缺乏认可，就会考虑通过家族信托来保障将财富有效地传承给子孙后代。

财富规划：助力家族财富稳健增值

现代社会，对于企业家来说，子女不接班是一个“常态”。子女不接班，既可能是客观上子女没有这种管理能力，也可能是子女主观上不愿意接班，也不乏企业家认为所在行业太累而不愿意子女接班。

确定子女不接班之后，企业家面临的第二个问题是：资产以什么形式来传承？在子女不接班的情况下，将企业交给子女的配偶或者职业经理人等可能都不是一个让人放心的方案。此时，部分企业家不得不在退休之前选择将企业出售，将家庭资产从企业持股转化成现金金融资产。

从客户群体角度来看，追求这个功能的客户，是希望通过设立家族信托，委托信托公司的专业投资人对家族的金融资产进行管理，力争家族财富稳健增值。核心目标是解决家族成员的大额资产管理能力不足与管理意愿不强问题。

遗嘱替代：妥善安排家族财产分配

近些年，因为遗产而引发的诉讼纠纷越来越多，并且涉及的资产越多，继承人发生诉讼的可能性就越大。这些年诉诸法律的案件很多，例如在文化界，齐白石弟子、一代国画大师许麟庐遗产继承，诉讼官司旷日持久，不但曝光了家庭隐私，诉讼双方投入的时间、精力与金钱都不菲；著名国画大师娄师白身后也发生了家人的遗产争议，不得不诉诸法律。而企业家走了之后，发生遗产争议的更多，比较著名的例如山西前富豪阎吉英身故之后，因为家人的纷争，企业也一蹶不振。

然而在中国文化背景下，大部分群体是忌讳谈遗嘱事项的。因此，事先请专业人士书写一个专业的遗嘱的人群比例是很小的。况且，即使订立了遗嘱，家人中有任何一人不认可遗嘱的内容，就需要向法院提起诉讼。

而家族信托是替代遗嘱来进行传承的重要方式。人寿保险通常只适用于中青年客户，家族信托并不受年龄的限制。因此，当客户考虑自己的身后财产安排，家族信托是一个体面、妥善的替代选择。

设立家族信托可避免因家族财富所有者意外离世或者正常故去而导致的家庭成员财产争夺，确保按照财富所有者生前的意愿分配家族财产。相对于遗嘱，家族信托无须遗嘱执行人、遗嘱认证程序的介入，可避免遗产分割僵局，避免因诉讼而曝光家庭隐私。

从客户群体来看，选择遗嘱替代功能信托的往往是年过古稀但是还持有较大资产的人士。如果客户家庭成员众多，那么更有这样的需要。

协议替代：避免婚姻失败导致财富意外外流

近些年，中国的离婚率逐步攀升。因离婚争夺孩子直接抚养权、争夺财产而曝光家庭隐私的事情时有发生，由于互联网快速、低成本传播的特点，往往会形成公共事件。

在离婚率居高不下的另一面，婚前财产协议还未得到客观的认同和广泛的宣传。雪上加霜的一点是，容易分手离婚的年轻人，财产往往不是自己挣得的，而是来自父母一代的馈赠或者扶持。

虽然中国婚姻方面的立法，特别是最高人民法院的司法解释，对婚前、婚后的财产赠与都有了比较明确的规定，但是这种规定在实践中往往并不能解决父母“肥水不流外人田”的诉求。

因此，存在着这样的客户群体：一方面，希望自己积累的财富能在子女结婚之后给子女的新家庭带来轻松的生活环境与较高的起点；另一方面，对子女的婚姻存在着不安全感，但又无法“逼迫”孩子去签署“婚前协议”。

对于这样的客户群体，以子女作为受益人，通过设立家族信托，替代婚前财产协议，避免子女因婚姻失败导致家族财富的意外外流，成为一种新的需求；而家族信托的财产隔离于受益人财产、灵活的分配方式、委托人有一定程度的控制权等特点，则满足了这种需求，同时还能避免推行婚前协议影响感情，也避免财产细节清单披露的消极影响。

财产隔离：防范企业经营风险毁损家族财富

中国历史上，经历财富过山车的富豪并不罕见，胡雪岩、沈万三等都未能抗住风险。而改革开放到今天，“短期富豪现象”可能是一个阶段性的现象，但这个阶段似乎并未过去。2018 年年初，55 岁的绍兴上虞企业家周某纵身一跳，留在他身后的则是传说近百亿元的负债。可以想象，他的家人可能并不能保有其当年上市而获得的巨额财富。再远一点的，小马奔腾创始人去世之后，因对赌而留给家人巨额负债。

市场有风险，除了管理不善的主观原因，更有“黑天鹅”、“灰犀牛”等事件影响着商业活动的结局。

因此，剥离部分已经取得的财富，避免因家族企业经营失败导致家人承担连带责任陷入贫困，确保家族成员生活质量能够维持较高水平，成为民营企业家群体的客观需求。而家族信托则能满足这种实现财产隔离于企业债务的功能。需要明确的是，只有满足特定条件的信托才有财产隔离功能。所谓特定条件，是指：第一，根据《信托法》第十五条规定，必须是一个纯粹他益信托；第二，根据《信托法》第十二条规定，信托的设立不损害债权人的利益。

其他功能：借助信托制度安排实现个性化的家族发展目标

上述5个核心功能都有比较明确的客户群体，这些客户群体因为年龄、家庭情况、职业等因素，形成了特定的需求，而这些需求通过个人定制化的家族信托基本能获得满足。信托是来源于普通法体系的一种财产与利益分离安排的制度，这种制度的最大特征是具有灵活性。这种灵活性能满足不同客户在不同阶段的不同需求。

除了5个核心功能之外，也有客户希望通过个性化的家族信托满足其他方面的需求，例如：

家族慈善，即通过设立家族信托明确两类受益人，第一类是家族成员，他们将获得主要的信托财产的分配；第二类是公益慈善，他们通常获得固定的收益分配。典型的安排如每年将投资收益的20%（或者固定为30万元人民币）由信托公司直接以受托支付的形式捐献给委托人指定的慈善组织或者公益活动。

家族基金，以家族信托的形式为子女或其他大家族的成员子弟提供奖学金、助学金、生活补助及创业资金。家族基金往往也用于传承中部分家族成员获得股权，部分家族成员通过家族基金的受益权获得“补偿”。

家族信托的一个特点是具有灵活性。中产阶层之上的客户群体本质上都有设立家族信托的需求，只是客户对家族信托的认识还有待进一步“去伪存真”。让客户更全方位地了解信托，是家族信托服务行业的历史使命，也是工作前景。

中西方家族信托现状比较

无论是《信托法》，还是家族信托这一法律与金融工具，严格来说都是舶来品。因此，从本质上看，中国的家族信托与境外的家族信托都是一致的，是一种复杂的、可以个性化的财产所有权、控制权与受益权的结构化设计。同时，像绝大部分舶来品一样，因为中国特有的国情与发展状况，家族信托在中国生根发芽过程中，吸收了新的营养，形成了新的发展样态。

我们可以对中西方家族信托的现状做个简单的比较。

委托人：中国现阶段家族信托的委托人往往是高净值或者超高净值人群，因为现在的金融机构，特别是信托公司，对此都有动辄上千万元人民币的准入门槛。而在境外，也不乏中产阶级设立信托的。因为设立信托税收筹划功能的显著性，在国外信托的普遍适用性要高于现阶段的中国；此外在遗产清算过程中，国外也有设立信托来替代遗嘱或者替代遗嘱执行人的方式。当然，这意味着中国家族信托业务的未来还有更多的客户群体可以获取。

受托人：中国现行《信托法》明确了受托人只能是自然人与法人，虽然这是一个宽泛的规定，但实践中并不宽泛。首先，《中华人民共和国商业银行法》否定了商业银行成为信托受托人的可能性；其次，自然人受托人因为无财产申报制度、登记制度，一旦担任了受托人就不容易区分其自己的资产与受托资产。因此，本质上，中国的信托受托人通常为信托公司。而在国外，自然人担任信托受托人的较为常见，特别是以清算遗产为目的的信托。例如迈克尔·杰克逊、戴安娜王妃，都在遗嘱中任命了自然人担任受托人。当然，这并不妨碍国外发展出一些专业的信托机构受托人。在很多法域，还可以设立定制化的私人信托公司（private trust company）。

信托目的：就信托目的而言，无论是中国，还是西方发达国家，设立信托的目的不外乎资产保全、传承、税务筹划等。从细化的角度看，境外已经梳理出非常完整的类型化信托，例如从撤销性的角度，信托可分为可撤销信托（revocable trust）和不可撤销信托（irrevocable trust）；从受托人酌情权力大小的角度，信托可分为酌情信托（discretionary trust）、保留权力酌情信托（reserved powers discretionary trust）、固定权益信托（fixed interest trust）、英属维尔京群岛特殊信托（VISTA Trust）、私人信托公司、目的信托（purpose trust）、萨摩亚有限合伙信托（Samoan limited partnership trust）等。这些类型化的信托，体现了客户在确定信托目的之时的典型性。而我国现阶段，实务中就信托目的而言与境外的实践存在两个巨大差距：第一，信托目的的类型化尚未形成常态，虽然在宣传中已经有所见到；第二，中国的客户不习惯设立多个信托满足不同的信托目的，而是希望一个信托包罗万象。

信托财产：就信托财产而言，这是现在境内外差距最大的一个方面。境外由于设立特殊目的实体（special purpose vehicle，简称 SPV）非常方便，因此通过这个 SPV 去持有不动产、股权、飞机、游艇、古董、艺术品、上市公司股票、私人公司股份、开立银行账户、开立银行保险柜等都非常方便。而在境内，将股权、不动产放入信托，不但有税务方面的沉重负担，更有可能因为监管机构、登记机构的原因而在部分地区得不到落实。这个本质上并不是法律的问题，而是各个行政机构对于家族信托这一新事物的认识偏差造成的。

受益人的税务负担：受益人的税务负担问题相对比较复杂，这是因为各个法域的个人所得税制度并不一样。在部分法域，特别是低赋税的地区，所得税本身就很低，并且执行的是税收本地化的规则，对于本法域之外的所得税是不征收的。当然，也有类似美国这样的极高税负并且征收规则复杂、惩罚措施严厉的法域。中国现阶段对信托受益人的收益分配暂时未有明确的所得税征收立法，并且也未实施代扣代缴。

家族信托并不是唯一的财富传承与规划工具，但是从西方经验来看，是一个被普遍重视的工具。值得提醒的是，并不是说只能设立一个信托，或者只能在一个法域内设立信托。事实上，要根据（未来）资产在哪里、（未来）后代在哪里生活，来考虑选择在不同的区域设立一个或者多个信托。

境外家族信托：管理全球资产的有效工具

这里，我们将中国人常选择的国家与地区的信托立法、特点与相对优势，做一个初步的介绍与分析，以供参考。

中国香港：与内地紧密联系的出海目的地

香港是中国的一个行政区域，由于发达的经济、与内地紧密的联系而深受高净值与超高净值人群欢迎，是其走出内地之后配置资产与设立信托的重要目的地。

香港家族信托相关法律主要包括判例法及香港立法局颁布的系列法律:《受托人条例》《信托基金管理规则》《信托承认条例》等。根据毕马威及香港信托人公会《香港信托行业报告》公布的调查结果，57%的受访者认为自2013年《受托人条例》修订后，受香港法律管辖的信托持有资产所占比例有所增加。香港地区家族信托相关优势如下:

第一，法律优势。香港法律规定的家族信托具有以下特征:2013年《受托人条例》修正案允许信托设立人保留投资者资产管理权力;信托存续期限并无法定限制，而是取决于私人自治;信托收益积累期限为信托期限，慈善信托除外。

第二，税务优势。香港不存在资本利得税，且于2006年暂停了遗产税的征收;信托所得适用领土税收原则，即在香港地区之外的所得不需要征收所得税。因此，香港是一个低税负的法域。

第三，保密优势。香港一般无信托公开备案要求，家族信托具有良好的保密性。香港并未设置监管私人信托公司的规例，即并未引入受托人授权和严格规管制度。

香港信托法律最新动态为2013年《受托人条例》及《财产恒继及收益累积条例》修订[1]，修订重点包括以下3个方面:

---

1 修订情况参见香港法例第257章《财产恒继及收益累积条例》、香港法例第29章《受托人条例》，访问地址分别为: https://www.elegislation.gov.hk/hk/cap257!en-sc，https://www.elegislation.gov.hk/hk/cap29!sc?INDEX_CS=N&xpid=ID_1438402940160_001，最后访问日期2018年5月10日。修订特征总结参考中融信托《从香港信托修法看财富管理行业前景》，访问地址: http://xyzichan.com/information_show.asp?1154，最后访问日期2018年5月10日。

第一，明确受托人的责任和权力。对受托人施加谨慎行事的法定责任；完善和厘清有关单一受托人短期转委信托的法律；赋予受托人可委任代理人、代名人和保管人的一般权力；扩展受托人权力，可针对任何事件所导致的损失，为任何信托财产投保；专业受托人为慈善和非慈善信托提供服务可收取酬金；但不允许设立非公益目的信托。

第二，加强对受益人利益的保障。规管收取酬金的专业受托人的免责条款；允许受益人在符合若干条件的情况下无须法院批准可免任受托人。

第三，信托法现代化的若干规定。厘清信托不会仅因委托人有限度保留权力而无效；新成立的信托不受反财产恒继规则限制，即在香港设立信托的委托人不再受 80 年固定财产恒继期限制而可称为永续信托；新成立的非慈善信托不受反收益过度积累规则限制，取消对于信托收益积累的时间限制；引入反强制继承权规则，若信托已列明受香港法例管制，则海外的强制继承权规则不会影响委托人生前将流动资产转移至该信托的有效性。

此外，香港的信托从业者大部分能讲流利的汉语，这也是一个沟通方面的优势。近些年，香港也是信托设立的热门区域之一。

新加坡：汇聚语言、地域便利的海外资产配置重要目的地

新加坡是一个政治稳定、经济发达的国家。因为语言、地域等优势，是一部分超高净值人群的重要选择。这一点，从全世界各个重要的私人银行、家族办公室都在新加坡设立分支机构就可以看出来。

新加坡家族信托相关法律沿袭英国信托法原则，信托主

要受到《受托人法》(Trustee Act)规制,《受托人法》持续被根据市场要求修改;信托经营管理受到《信托公司法》(Trust Companies Act)规制与调整,《信托公司法》允许信托公司为新加坡境内或境外信托提供信托管理服务;信托公司的经营许可和信托管理受到新加坡金融管理局管理。[1]新加坡地区家族信托相关优势如下:

第一,法律优势。新加坡法律允许信托设立人保留投资者资产管理权力;信托最长存续期限为100年;信托收益积累期限为信托期限;新加坡法律规定有反强制继承规则,外国人在新加坡设信托将免受强制继承限制;但不允许设立非公益目的信托。

第二,税务优势。新加坡不存在资本利得税,且于2008年废除遗产税。新加坡适用领土税收原则(属地原则),针对来源于新加坡的收入征税。对于有权获得信托财产的非新加坡居民受益人而言,信托财产收入将作为信托受托人的法定收入而征税,向受益人分配该等收入时不需再次征税。合格境外信托(Qualified Foreign Trusts,即信托设立人及受益人均非新加坡公民或居民)及其相关控股公司可针对特定收入享有免税地位。对于有权获得信托财产的新加坡居民受益人而言,不将信托财产收入作为受托人的法定收入课税,但受益人须就信托分配所得缴纳所得税,但在满足特定条件时可获得免税地位。

第三,信托监管优势。新加坡并无信托公开备案要求,家族

1 目前新加坡系设立信托较为常见的地区,多有文章论及新加坡信托的优势,例如Hawksford,Singapore Trust Advantages,访问地址:https://www.guidemesingapore.com/business-guides/taxation-and-accounting/tax-and-wealth-planning/singapore-trust-advantages,最后访问日期2018年5月10日。

信托具有良好的保密性。对于外国信托而言，新加坡税法不要求披露信托设立人、受益人，也并未要求外国信托登记或向政府部门提交信托文件。

值得注意的是，目前中国香港、新加坡使用私人信托公司以允许家族成员拥有更大的资产控制权，但鉴于受托公司的所有权可能因私人信托公司的股东离世导致的遗产纠纷而受到影响，中国香港、新加坡等管辖权可能考虑引进特别信托制度或特殊信托替代制度。[1]英属维尔京群岛的特别信托制度取消受托人对董事的监督和干预以及运营英属维尔京群岛公司职责，而设立人可径直管理公司；开曼群岛的特殊信托替代制度因其可不设置受益人，而可单独作为持有私人公司股票的工具，从而允许家族成员保留对相关信托管理的一定程度的控制权。特别信托制度或特殊信托替代制度详细内容请见后文关于英属维尔京群岛与开曼群岛信托情况的介绍。

开曼：具有税务筹划需求的客户的优选

开曼是深受资本市场偏爱的群岛。诸多 VIE 结构（Variable Interest Entities，可变利益实体）的互联网公司都将公司设立在开曼。开曼由于其灵活的信托、公司相关立法，深受具有税务筹划需求的客户欢迎。

开曼群岛信托法包括判例法和制定法，其中制定法主要包括《信托法》(Trust Law)(2011 年修订)，含《特殊信托替代制度法》[The Special Trusts (Alternative Regime) Law]、《永续法》

1　参见毕马威及香港信托人公会于 2017 年 10 月发表的《香港信托行业报告》，第 48–49 页。

（Perpetuities Law）（1999 修订）、《私人信托公司条例》（Private Trust Companies Regulations）（2008 年版）。开曼群岛法律设立的信托类型包括：酌情信托、免税信托（exempted trust）、特殊信托替代制度信托（STAR trust）、私人信托公司。[1] 开曼群岛家族信托相关优势如下：

第一，法律优势。开曼群岛法律允许信托设立人保留的权力较为广泛，例如变更信托、撤销信托及指导投资的权力；信托最长存续期限为 150 年，特殊信托替代制度信托除外；信托收益积累期限为信托期限；允许非公益目的信托。

第二，税务优势。开曼群岛并无任何有关信托的直接或间接税项。

第三，信托监管优势。开曼群岛并无信托公开备案要求，家族信托具有良好的保密性。

第四，特殊信托替代制度信托。该类信托的信托受益人可不确定且人数无限制，或为慈善、非慈善目的设立（只要目的合法且不违反公共政策），且信托不会因该等不确定而无效。该类信托要求至少有一个受托人为在开曼群岛注册成立的信托公司或私人信托公司。该类信托必须有一个执行人强制执行信托条款，且执行权与收益权分离，即受益人不得担任执行人，且受益人无权要求披露信托及其持续管理的信息。该类信托无最长存续期限限

---

1 国外对于开曼群岛信托的简介并不少见，例如 Loeb Smith，Guide to DTAR Trusts in the Cayman Islands，以及 WWL，Trusts in the Cayman Islands，访问地址分别为：http://www.loebsmith.com/story/2017/02/27/guide-to-star-trusts-in-the-cayman-islands/61/，http://whoswholegal.com/news/features/article/30855/trusts-cayman-islands，最后访问日期 2018 年 5 月 10 日。

制。该类信托不得在开曼群岛持有土地，但可持有公司股权、合伙或其他实体的财产份额。

英属维尔京群岛：与开曼齐名的法域

英属维尔京群岛是与开曼齐名的一个法域，两者的竞争关系使得两个地区近些年都更新了自己的相关立法，以便于吸引更多的岛外公司与个人来设立信托。

英属维尔京群岛信托法的一般原则来源于英国信托法。英格兰普通法和衡平法的原则作为英属维尔京群岛适用法的补充。英属维尔京群岛信托相关制定法包括《受托人法》及 1993 年《受托人修订法》（Trustee Amendment Act）、《英属维尔京群岛注册和记录法》（含修正案）、《英属维尔京群岛特别信托法》。[1]

综合来看，英属维尔京群岛家族信托的优势如下：

第一，法律优势。英属维尔京群岛法律允许信托设立人保留的权力较为广泛，例如变更信托、撤销信托及指导投资的权力；英属维尔京群岛信托最长存续期限为 360 年，但慈善信托或其他目的信托可无限期持续；信托收益积累期限为信托期限；允许非慈善目的信托。

第二，税务优势。英属维尔京群岛所得税为零税率，没有资

1　国外关于英属维尔京群岛信托概况的简介较为多样，例如 Lexology，BVI Trusts ：an Overview，以及 Conyers Dill & Pearman，Comparison of Trust Laws in Bermuda，the British Virgin Islands and the Cayman Islands 均对英属维尔京群岛的信托概况有简单介绍；访问地址分别为：https://www.lexology.com/library/detail.aspx?g=57df524a-8a46-4e16-9c82-e9489eaecd43，https://www.conyersdill.com/publication-files/Pub_Multi_Comp_Trust_Laws.pdf，最后访问日期 2018 年 5 月 10 日。

本利得税或遗产税。

第三，信托监管优势。英属维尔京群岛并无信托公开备案要求，无须向政府部门提交信托文件、根据信托文件的任命文件等，家族信托具有良好的保密性。

第四，特别信托。一般而言，受托人有义务为受益人的最佳利益行事，并保护和提高信托资产的价值。特别信托仅适用于拥有英属维尔京群岛公司股份的英属维尔京群岛信托，其主要作用是取消受托人的监督和干预董事的行为以及运营英属维尔京群岛公司职责。在实践中，除非决定从信托中释放股份，否则由英属维尔京群岛公司的董事决定如何管理标的资产。

泽西岛：近年崛起的信托设立地

与老牌的开曼与英属维尔京群岛不同，泽西岛算是近些年崛起的信托设立地。

泽西岛采用英国传统信托法律原则。泽西岛信托相关制定法主要包括 1984 年《泽西岛信托法》[Trusts（Jersey）Law 1984][1]及其后续修正案。此外，就泽西岛信托而言，信托法未有规定的事项或未有泽西岛司法机构管辖的事项，泽西岛法庭将适用英格兰及英联邦判例法作为补充。综合来看，泽西岛家族信托的优势如下：

第一，法律优势。泽西岛法律允许信托设立人保留的权力较为广泛，例如变更信托、撤销信托及指导投资的权力；泽西岛法

---

1 《泽西岛信托法》于 1984 年颁行，并于 1989 年、1911 年、1996 年、2006 年、2012 年、2013 年 6 次以修正案方式修订，参见泽西岛法律信息委员会 Trusts（Jersey）Law 1984，访问地址：https://www.jerseylaw.je/laws/revised/Pages/13.875.aspx#_Toc374021806，最后访问日期 2018 年 5 月 22 日。

律并未设立信托最长存续期限（不论是目的信托还是全权信托）；信托收益积累期限为信托期限；允许非慈善目的的信托。

第二，税务优势。泽西岛无资本利得税或遗产税；泽西岛个人所得税仅面向泽西岛居民或经常居所地为泽西岛的人征收。

第三，信托监管优势。泽西岛并无信托公开备案要求，无须向政府部门提交信托文件、根据信托文件的任命文件等，家族信托具有良好的保密性。

耿西岛：与英国关系紧密的新兴信托设立地

耿西岛也是一个近些年崛起的信托设立地，因为其与英国特别是英国判例法的紧密关系，也获得了一定的家族信托市场份额。

耿西岛信托相关的制定法主要为2007年颁行的《耿西岛信托法》[Trusts（Guernsey）Law 2007]。《耿西岛信托法》系统规定了信托的设立、财产、信托受益人、受托人义务等。除制定法外，耿西岛适用英国普通法及衡平法作为补充。耿西岛家族信托的优势如下：

第一，法律优势。耿西岛法律允许信托设立人保留的权力较为广泛，例如变更信托、撤销信托及指导投资的权力；耿西岛法律并未设立信托最长存续期限（不论是目的信托还是全权信托）；信托收益积累期限为信托期限；允许非慈善目的的信托。

第二，税务优势。耿西岛无资本利得税或遗产税；耿西岛个人所得税仅面向耿西岛居民或经常居所地为耿西岛的人征收。

第三，信托监管优势。耿西岛并无信托公开备案要求，无须向政府部门提交信托文件、根据信托文件的任命文件等，家族信托具有良好的保密性。

美国：需要综合规划和详细了解的独特法域

将美国作为一个法域单独阐述，是有重要原因的。首先，由于子女教育等原因，美国是移民的一个常见的重要目的地选项。其次，与其他法域不一样，移民美国之时移民者在美国通常还会购买土地、不动产等资产，开设账户、设立公司的家庭更不在少数。最后，美国一向以税务体系复杂、征收规则苛刻著名，而其他法域，特别是诸多岛国，则是以免税与税务优惠为特点。基于此，我们对美国家族信托进行单独介绍。

鉴于美国各州有独立的法律和税务体系，本部分选取美国设立信托较为集中的加利福尼亚州（以下简称“加州”）、特拉华州及南达科他州作为标本讨论美国家族信托的独特之处。

复杂的法律体系

美国系普通法系，各州家族信托适用的法律包括制定法与普通法（判例法）；制定法与普通法均分为州法律及联邦法律。

联邦层面，就制定法而言，除税务相关法律外，美国统一州法委员会制定联邦《统一信托法》（Uniform Trust Code）（2010 年修订）供各州采用（截至 2013 年，已有 25 个州采用或部分采用《统一信托法》）[1]。《统一信托法》制定前，联邦信托相关法律较为混乱。《统一信托法》对于信托诉讼程序、代理、信托设立、生效、修改和终止、债权人请求权、可撤销信托、受托人权利义务等做出规

1 NELSON B A. Summary of States That Adopted the Uniform Trust Code and Those States' Treatment of Exception Creditors [EB/OL][2018-06-05]. https://www.actec.org/assets/1/6/Nelson_UTC_State_Laws. pdf.

定。就普通法而言，信托的普通法规则被总结在信托法重述中。

各州层面，具体情况有所差别，以下就加州、特拉华州及南达科他州法律体系进行简要介绍。

加州法律体系：就制定法而言，加州并未采用《统一信托法》，而在此前已制定加州《信托法》。加州《信托法》系统规定信托设立、生效、修改、终止，信托受托人及受益人，信托管理，受托人权力及其对受益人应承担的责任，信托财产本金与收益，信托相关司法程序，第三人权利等。

根据加州《信托法》第 15002 条之规定，除非信托适用的普通法被制定法修改，信托适用的普通法应当为本州法律。[1] 因此，加州家族信托应当适用加州普通法。

特拉华州法律体系：就制定法而言，特拉华州并未采用《统一信托法》，而是在《特拉华州法典》(Delaware Code) 第五部分信义关系（Fiduciary Relations）规定信托相关制度，包括一般条款、法院指定受托人、信托基金的账簿记录与分配、受托人赔偿、信托的合格处分、受托人责任与信托相对人权利等；《2013 年信托法案》(2013 Trust Act) 对《特拉华州法典》的相关条文做出部分修订。除制定法外，特拉华州信托仍适用特拉华州的普通法，受特拉华州判例的规制。值得注意的是，特拉华州信托法具有以下优势：第一，允许永续信托，特拉华州于 1995 年立法允许永续信托；第二，为信托设立人保留广泛的法律权利：允许信托设立人控制信托的投资、管理及分配决策，允许信托设立人为受益人创设特定

1　参见加利福尼亚州《信托法》第 15002 条，访问地址：http://leginfo.legislature.ca.gov/faces/codes_displayText.xhtml?lawCode=PROB&division=9.&title=&part=1.&chapter=&article=，最后访问日期 2018 年 5 月 11 日。

权利及义务、设置受托人权力；第三，信托具有良好的保密性，除非信托文件、遗嘱或法院命令明确要求进行清算，否则信托文件无须提交给法院或登记，且允许在受益人不符合特定条件（如年龄等）时不向受益人披露信托相关信息；第四，允许设立非公益的目的信托，且该等目的信托无最长存续期限限制；第五，允许设立定向信托（directed trust），允许信托文件设立顾问，要求受托人按照顾问的指示处分、分配信托财产，限制受托人按照该等指示处分、分配信托财产的责任；第六，法院不对信托的日常管理实施监督。[1]

南达科他州法律体系：就制定法而言，南达科他州也并未采用《统一信托法》，而是在《南达科他州法典》（Codified Laws）标题 55 受信人与信托（Fiduciaries and Trusts）规定信托相关制度，包括信托的类型与设立、受托人权利义务与责任、受托人的投资管理权、信托财产的合格处分等。[2] 就普通法而言，南达科他州的信托仍受到本州判例法的规制。值得注意的是，南达科他州信托法具有以下优势：第一，允许设立永续信托；第二，信托具有良好的保密性，信托文件无须且权力机关无权要求提交或登记，且允许不向信托受益人披露信托信息；第三，对信托财产的数额并无上限要求；第四，允许设立非公益的目的信托，且该等目的信托无最长存续期限限制。

复杂的税务体系

加州家族信托税务受到美国国税局（Internal Revenue Service）及加州特许经营税务委员会（California Franchise Tax Board）管理。

1 特拉华州信托相关制度参见《特拉华州法典》标题 12。

2 南达科他州信托相关制度参见《南达科他州法典》标题 55。

根据《美国国内税收法》(Internal Revenue Code）相关条款，美国公民、居民（含美国国内信托，下同）所得税适用全球征税原则，就美国公民、居民全球财产的赠与、继承及隔代传承均征税；[1]对于非美国公民、居民(含国外信托)，仅对其来源于美国境内的所得征收所得税，其位于美国的财产的赠与、继承、隔代传承均征税。[2]除美国联邦税务外，加州特许经营税务委员会对于加州的家族信托征税，例如所得税等。当然，美国联邦及加州税法均规定有信托税收减免政策。

鉴于美国较为完善的信托法律体系，以及较为严格的赠与税、遗产税，为税务筹划及实现家族财富传承等目的，目前在美国，特别是加州、特拉华州及南达科他州，高净值人士设立家族信托较为常见。

非美国人以信托方式持有美国地区财产

目前，非美国人持有美国地区财产的情况较为常见。[3]根据《美

1　参见《美国国内税收法》第一部分第 61 条及第一部分第 2001 条、第 2031–2046 条，访问地址分别为：https://www.gpo.gov/fdsys/pkg/USCODE-2011-title26/html/USCODE-2011-title26-subtitleA-chap1-subchapB.htm，https://www.gpo.gov/fdsys/pkg/USCODE-2009-title26/pdf/USCODE-2009-title26-subtitleB-chap11.pdf，最后访问日期 2018 年 5 月 11 日。

2　参见《美国国内税收法》第 871 条、第 2106 条、第 2501 条等，访问地址：https://www.gpo.gov/fdsys/pkg/USCODE-2009-title26/pdf/USCODE-2009-title26.pdf，最后访问日期 2018 年 5 月 11 日。

3　参考 G. Warren Whitaker，US：Tax Planning for Non-US Persons and Trusts：An Introductory Outline（2016），访问地址：https://www.daypitney.com/~/media/files/misc/ustaxplanningbooklet2016.pdf，最后访问日期 2018 年 5 月 11 日。

国国内税收法》第 7701 条之规定，美国人指美国公民（美国可为双重国籍之一）或美国居民。反向解释可知，非美国人指不具有美国国籍且非美国居民的人。持有美国地区财产的非美国人面临着较为严格的税务负担：

第一，所得税。根据《美国国内税收法》，非美国人应就来源于美国的所得缴纳所得税，所得包括：美国公司股利（不含出售美国证券所得）、不动产租赁所得、出售不动产所得、美国人负债孳息、因向美国或非美国机构提供在美国接受的服务而获得的工资所得、版税等。所得税税率与美国人适用的税率相同，若美国与非美国人国籍国缔结的条约对此有所调整的，以条约规定的税率为准。

第二，遗产税。根据《美国国内税收法》，以下财产属于美国地区财产，须征收遗产税：位于美国的不动产、位于美国的动产（如珠宝、艺术品、汽车等）、美国公司的股份[1]、美国经纪人保管的现金存款、美国共同基金的货币市场账户，以及美国保管箱中的现金、对美国债务人的债权、合伙财产份额、人寿保险赔偿金等。

第三，赠与税与美国人受赠报告。非美国人仅针对赠与位于美国的动产和不动产纳税，赠与税有一定年度免税额度（2016 年为 14 000 美元）。赠与美国公司的股票无须缴纳赠与税。美国人在一个自然年内接受非美国人大额赠与的，应当提交受赠财产报告。

---

1 含美国合营公司，以公司形式组织的共同基金，包括货币市场基金，若在美国注册成立，则为美国地区财产；如果基金的结构是合伙或授予人信托（grantor trust），基金的地点取决于基金相关资产的所在地。

就非美国人而言，除前文已论及的保密、资产隔离、避免继承或财产分割诉讼等美国信托目的外，以信托方式持有美国地区财产具有较为明显、特殊的税务优势：

外国信托仅就美国所得预扣所得税，但美国人应就其收到的外国信托的分配纳税，该等分配所得累计入其收入所得，除非外国信托被认定为授予人信托。以信托方式持有美国地区财产可筹划所得税、遗产税、赠与税。

根据《美国国内税收法》，除非美国法庭可对信托管理进行主要监督且一个以上的美国人有权控制信托的所有重大决定，该等信托即为外国信托。“重大决定”包括是否及何时分配本金及收入，分配数额，选定受益人，投资决定权，是否终止信托、是否就信托相关权利主张实施承认、放弃或提起仲裁，是否代表信托起诉或应诉，是否向受托人通知增加、减少或确定继承人，是否将某项收入作为信托财产本金或收益等。

发展中的中国家族信托

中国财富家族“新常态”

中国改革开放40年来，国家经济获得了极大的发展，同时民间积累了巨大的财富，出现了一批高净值与超高净值家庭。随着中国开放程度的提升与对外贸易、对外投资等的深入发展，这些家庭的家庭成员与资产状况都呈现出了“国际化”的现象，例如留学、移民、海外购房、海外投资等。

从改革开放初期直到今天，中国的税务政策整体而言是“鼓励投资”，其直接表现是投资所得税率远远低于劳动所得的最高税率。这在过去可能是正确的，但是到了改革开放40年后的今天，可能并不符合经济现状，也可能导致贫富差距扩大，形成新的社会压力。

中国共产党第十九次全国代表大会明确了这一点。中国特色社会主义进入新时代，我国社会主要矛盾已经转化为人民日益增长的美好生活需要和不平衡不充分的发展之间的矛盾。我国稳定解决了十几亿人的温饱问题，总体上实现小康，不久将全面建成小康社会，人民的美好生活需要日益广泛，不仅对物质文化生活提出了更高要求，而且在民主、法治、公平、正义、安全、环境等方面的要求日益增长。同时，我国社会生产力水平总体上显著提高，社会生产能力在很多方面进入世界前列，更加突出的问题是发展不平衡不充分，这已经成为满足人民日益增长的美好生活需要的主要制约因素。

在这样的大背景下，国家的政策也在发生重大的变化。反映到对高净值家庭的影响方面，我们观察到最新的立法与规范对身份、外汇、税务、个人资产与收入的监管环境发生了较为明显的变化，我们称之为“家族财富的新常态”，这对财富传承筹划提出新的要求。

双重国籍不受承认：政策口径明确，监管技术充分

根据《中华人民共和国国籍法》，我国不承认中国公民具有双重国籍，对于定居外国的中国公民，自愿加入或取得外国国籍的，将“自动丧失”中国国籍。这意味着在中国公民取得外国国籍的那一刻，并不需要进行放弃中国国籍的程序与手续，理论上已自然失去中国国籍，其在中国的户籍 / 身份登记不再具有合法

性基础，应当注销。

但事实上，在过去相当长的时间内，监管机构没有发布过对户籍身份信息更新登记方面高效核查、执行、惩罚的具体制度。如果取得外国国籍的人士未主动向公安部门申请注销户口，则其得以继续持有中国身份证件、不注销中国户籍，形成了事实上的“双重国籍”身份。而从2017年开始，各地清理已入外籍人士注销户口的操作已经不罕见了。

公安部于2017年1月29日颁布了《关于决定在入境检查时留存外国人指纹等人体生物识别信息有关事项的公告》，规定自2017年开始中国边检机关将分期、分批在全国对外开放口岸对入境我国的外国人留存指纹，外交人员、集中入境的外国官员及其代表团、10枚指纹均无法留存的人员以及根据双边协议或互惠安排可以免留指纹的人员除外。虽然此项规定并未直接将矛头指向“双重国籍”人士，但实际上，户籍登记信息绑定居民身份证登记，而居民身份证登记项目包含了指纹信息（指纹信息系2011年修订《中华人民共和国居民身份证法》之时新增加的内容），使得公安部门可以用通过技术手段对指纹进行比对的方式，核查入境的持有外国护照的人士是否保有中国户籍登记信息。因此，结合目前重新办理或新办身份证需要采集指纹信息的现实情况，事实上“双重国籍”人士通过技术核对被发现的可能性已经大幅提高。

对于在获得外国国籍之后未主动注销国内户籍身份登记的人士，虽然我国法律法规并未明确规定处罚措施，但2014年公安部发布公安部和省级公安机关户口问题（线索）举报投诉方式，对于“因死亡、入外籍等原因户口该注销未注销”等“查实的违法违纪行为”，公安机关可以“坚决依法依纪严肃查处”。从该项规定来看，一旦发现未主动注销户籍的，公安部门强制或者间接强制要求注销中国户口与身份信息是不存在障碍的。

《非居民金融账户涉税信息尽职调查管理办法》之附件《个人税收居民身份声明文件（样表）》中明确规定：中国税收居民是指在中国境内有住所，或者无住所而在境内居住满一年的个人。在中国境内有住所是指因户籍、家庭、经济利益关系而在中国境内习惯性居住。在被注销户籍之后，那么“有住所”这一要素的佐证将相对困难，部分人士事实上的双重税收居民身份将可能变成单一税收居民。曾经被市场上热议的事实上的“双重国籍”，未来是否还能够成为 CRS 核查的盲点，对中国税收居民而言，将可能不再那么乐观。

2018 年“两会”后，国家移民管理局成立，承接公安部的出入境管理、边防检查职责，建立健全签证管理协调机制。其主要职责是协调拟定移民政策并组织实施，负责出入境管理、口岸证件查验和边民往来管理，负责外国人停留居留和永久居留管理、难民管理、国籍管理，牵头协调“三非”外国人治理和非法移民遣返，负责中国公民因私出入国（境）服务管理，承担移民领域国际合作等。[1] 国家移民管理局统筹国籍身份管理事项，这意味着我国对国籍身份管理的趋严，并且成为“常规动作”。

随着监管机构职责的集中，以及监管机构对户籍及国籍身份核查技术手段的逐步提高，对于已经取得他国国籍的中国居民个人而言，其个人身份（包括税收居民身份）的透明度也将不断提高。

1 《关于国务院机构改革方案的说明——2018 年 3 月 13 日在第十三届全国人民代表大会第一次会议上》，访问地址：http：//www.xinhuanet.com/politics/2018lh/2018-03/14/c_1122533011.htm，最后访问日期 2018 年 5 月 4 日。

收入与财产监测趋严：登记实名制与财产透明化

2016年，国务院印发《关于激发重点群体活力带动城乡居民增收的实施意见》（国发〔2016〕56号），其中提到“建立个人收入和财产信息系统。在确保信息安全和规范利用的前提下，多渠道、多层级归集居民和非居民个人的收入、财产等相关信息，运用大数据、云计算等技术，创新收入监测方式方法，提升居民收入信息监测水平”。

可以预见，监管部门将采取居民个人收入、财产实名登记制收集居民个人收入、财产信息。随着大数据、云计算等技术的应用，对监管部门而言，居民个人收入、财产的信息化与透明度将不断提升。

税务监管力度升级：个人所得税改革与金税三期推行

个人所得税改革使税务筹划需更具长期性和前瞻性

2016年，国务院印发《关于激发重点群体活力带动城乡居民增收的实施意见》（国发〔2016〕56号），其中提到“进一步发挥税收调节收入分配的作用。健全包括个人所得税在内的税收体系，逐步建立综合和分类相结合的个人所得税制度，进一步减轻中等以下收入者税收负担，发挥收入调节功能，适当加大对高收入者的税收调节力度。完善鼓励回馈社会、扶贫济困的税收政策”。

财政部部长刘昆在2018年3月的中国发展高层论坛上表示，中国将建立综合和分类相结合的个人所得税制度。优化税率结构，完善税前扣除，规范和强化税基，加强税收征管，充分发挥个人所得税的调节作用。所谓的个人所得税的调节作用，用通俗的话去表述，就是对高收入者可能适用更高的税率。

2018 年 6 月 19 日，《中华人民共和国个人所得税法修正案（草案）》提请十三届全国人大常委会会议审议。2018 年 6 月 29 日，全国人大常委会正式公布了《中华人民共和国个人所得税法修正案（草案）》全文，并向社会公开征集意见。2018 年 8 月 31 日，《中华人民共和国个人所得税法》第七次修正案（以下简称“新个税法”）顺利表决通过。本次个税改革旨在建立综合与分类相结合的更加公平合理的个人所得税制，促进收入分配更加合理有序，发挥个税调节收入分配的功能，进一步减轻低收入者的税收负担。

从正式公布的新个税法来看，对中等以下收入群体来说，无论是个税起征点拟由每月 3 500 元提升至全年 60 000 元，扩大低档税率和级距，还是首次增加子女教育支出、继续教育支出、大病医疗支出、住房贷款利息和住房租金等专项附加扣除等，都是可能有效降低税负的利好消息。

但是对于收入来源相对更多元化的高收入人群来说，将工资薪金、劳务报酬、稿酬和特许权使用费等 4 项劳动所得纳入综合征税范围，部分收入的最高税率从 20% 增加到了 45%，征税力度反而加大了。更为重要的是，为了堵塞税收漏洞，新个税法参照企业所得税法有关反避税规定，首次增加了个人所得税反避税条款，针对个人不按独立交易原则转让财产、在境外避税地避税、实施不合理商业安排获取不当税收利益等避税行为，赋予税务机关按合理方法进行纳税调整的权力，需要补征税款的，应当补征税款并依法加收利息。毫无疑问，反避税规定主要是为了针对高收入、多重收入来源人群的避税问题，为未来加强高收入人群个人所得税的征管提供了立法基础。

同时，新个税法中也新增了对其他政府部门，包括公安、人民银行、金融监督管理、教育、卫生、医疗保障、民政、人力资源社会保障、住房城乡建设等相关部门履行信息提供协助义务的规定，以确保税务机关获取必要的涉税信息，从而构建个人收入和财产信息系统。

除此之外，还有一些目前在媒体上讨论较少但实际对高收入人群影响较大的改革。其一是引入居民个人和非居民个人概念。根据新个税法，在中国境内有住所，或者无住所而一个纳税年度内在中国境内居住满 183 天的个人，为居民个人，将就全球收入在中国缴纳个人所得税。而在现行的税务实践中，在华外籍个人往往被视为境内无住所个人，从而适用无住所个人在华未连续住满 5 个纳税年度可对符合条件的来源于境外所得豁免在中国缴纳个人所得税的“五年规则”。相比之下，新个税法降低了在华外籍人员构成中国税收居民的标准，增加了他们被认定为中国税收居民的可能性。其二是首次规定纳税人如果因移居境外注销中国户籍的，应当依法办理纳税申报。对于非中国国籍但主要在华工作或居住或者正在考虑移民的高收入人群来说，以上条款的影响也不容小觑。

从财富传承与规划的角度及个人所得税的合规角度出发，高净值人群对于财产中潜在的税务筹划需求、对境内外不同来源的收入之税收申报，都需要予以充分考虑。个人所得税的改革，使得税收筹划更具有长期性及提前规划的必要性，且技术性增加，不仅仅需要考虑当前的税务负担，更需要考虑二代传承中的税务负担与规划。

金税三期使企业家规范个人与企业财务往来

2016年12月2日，国家税务总局印发《“十三五”时期税务系统全面推进依法治税工作规划》(税总发〔2016〕169号)，要求“全面完成金税三期工程建设任务，实现‘互联网+税务’行动计划，建设电子税务局，2017年基本实现网上办税”。金税三期全国上线后可实现国地税和其他部门的联网；目前“金税三期个人所得税扣缴系统”在全国各地已陆续上线，金税三期对个人所得税的影响包括：

第一，金税三期统一采集个人所得税信息。《国家税务总局关于进一步深化税务系统“放管服”改革优化税收环境的若干意见》(税总发〔2017〕101号)规定“全面推行实名办税”。根据《金税三期个人所得税扣缴系统操作手册》，[1]金税三期个人所得税扣缴系统将自然人作为办税主体，用身份证作为每个人独特的身份识别号码，为纳税个人建立唯一档案，统一管理自然人应征、征收和欠税信息。

第二，金税三期统一个人所得税申报形式。国家税务总局分别于2013年和2015年发布了《关于发布个人所得税申报表的公告》(国家税务总局公告2013年第21号)和《关于发布生产经营所得及减免税事项有关个人所得税申报表的公告》(国家税务总局公告2015年第28号)，明确了新的个税申报表样式，但是实践中，各地并未实现申报表形式的统一。根据《金税三期个人

1 参见山东省《关于启用国家税务总局“金税三期个人所得税扣缴系统”的通知》附件《金税三期个人所得税扣缴系统操作手册》，访问地址：http://www.sdds.gov.cn/art/2016/12/1/art_13619_2013663.html，最后访问日期2018年5月8日。

所得税扣缴系统操作手册》，纳税个人需填写《扣缴个人所得税报告表》，根据个人收入的不同情形，金税三期个人所得税扣缴系统设置了 21 种表格，在全国范围内通用。

第三，金税三期规范申报规则。金税三期要求的申报内容包括申报数据采集点向前延伸、一户一人一月一次性申报、基础信息表内人员全员申报等，进一步明晰收入类别，大大提高对扣缴义务人、纳税人个税申报的合规性要求。

第四，金税三期要求申报人申报信息统一。税务机关将依托该系统，利用工商、公安、社保、住房公积金等多渠道获得的营业收入、发票开具、股权登记、户籍登记、社保缴费、公积金缴费等信息，重点开展针对纳税疑点的核实检查。

第五，个人所得税稽查风险增加。个人所得税稽查系各年税务稽查的重点内容。《国家税务总局关于开展 2015 年税收专项检查工作的通知》（税总发〔2015〕25 号），将高收入者个人所得税纳入 2015 年指导性检查项目；《2016 年税务总局重点稽查对象检查通用提纲》列举个人所得税被税务部门稽查若干重点领域。可预见的是，金税三期上线后，个人所得税稽查仍将成为稽查重点，且由于金税三期信息采集能力的大幅提升，税务机关开展纳税评估、税务稽查的能力将大大提升。

金税三期从个人所得税信息采集、信息申报规则与内容、个人所得税稽查等方面对高净值客户财产中潜在的税务筹划提出更高的合规要求，特别是对民营企业家来说，规范企业与个人之间的财务往来，避免“企业与企业家不分家”的现象带来合规的风险，具有更迫切的现实意义。同时，利用金融工具将个人的部分收入与其他收入隔离开，作为安全资产和传承资产，单独进行税务递延等，在西方成熟市场普遍应用的税务筹划模式也必将为中国的高净值人群所广泛采用。[1]

外汇管制强化：法规密集出台，管控不断升级

2015 年 12 月 31 日，国家外汇管理局发布了《关于进一步完善个人外汇管理有关问题的通知》(汇发〔2015〕49 号)，其中明确规定“个人在办理外汇业务时，应当遵守个人外汇管理有关规定，不得以分拆等方式规避额度及真实性管理。国家外汇管理局及其分支局对规避额度及真实性管理的个人实施‘关注名单’管理”。此项规定主要是针对实践中以“蚂蚁搬家”模式规避个人换汇与付汇限额的灰色做法。

2016 年，银联国际发布《境外保险类商户受理境内银联卡合规指引》(以下简称《指引》)，重申相关监管要求及业务规则，保证境内银联卡在境外的合规使用。《指引》目前在香港地区试行，适用于境外保险类商户在 POS（point of sale，销售点）终端、互联网、移动支付等所有渠道受理境内银联卡的情况。

《指引》的主要内容包括：

第一，境内居民在境外购买与意外、疾病等旅游消费相关的经常项目保险，可以使用银联卡支付；其他保险项目严禁使用银联卡支付。

第二，严格落实外汇政策规定的境外保险类商户单笔交易不超过 5 000 美元或其他等值外币的消费金额限制。

1 本部分主要参考华税律师事务所《金三个人所得税扣缴系统带来的 5 大影响》，访问地址：http://www.cctax.net/news/show.php?itemid=558，最后访问日期 2018 年 5 月 8 日。

第三，强化境外收单机构对保险类商户管理要求，包括：准确设置商户类别码，加强商户培训及异常交易监控，强化商户检查等。

2017 年 3 月 30 日，国家外汇管理局发布了《关于部分企业、个人外汇违规典型案件的通报》，其中“个人外汇违规典型案件”一共 5 件，占该次公布的全部典型案件的 50%，如此高的个人外汇违规案件通报占比相当罕见；2017 年 7 月 28 日、2017 年 12 月 1 日及 2018 年 5 月 4 日，国家外汇管理局分别发布各期《关于外汇违规案例的通报》，其中各期“个人外汇违规典型案件”分别为 9 件、7 件、4 件，分别占各期公布的典型案件的 36%、35%、17%。持续的高比例“个人外汇违规典型案件”通报也体现了自然人个人作为外汇管理的对象，受到了外汇合规管理的重点关注。

2017 年 5 月 26 日，国家外汇管理局发布《关于金融机构报送银行卡境外交易信息的通知》（汇发〔2017〕15 号），规定自 2017 年 9 月 1 日起，境内发卡金融机构向外汇管理局报送境内银行卡在境外发生的全部提现和单笔等值 1 000 元人民币以上的消费交易信息。

2017 年 7 月 18 日，国家外汇管理局综合司发布《关于完善个人外汇信息申报的通知》（汇综发〔2017〕65 号），规定银行为个人办理购汇业务时，应对《个人购汇申请书》（以下简称《申请书》）信息尽职履行审查职责，确保内容完整、逻辑合理，应持续加强购付汇用途一致性审核，对于发现的付汇用途与购汇用途不一致的，应当提示个人重新填写《申请书》。

2018 年 3 月 6 日，国家外汇管理局综合司发布《银行执行外汇管理规定情况考核内容及评分标准（2018 年）》的通知（汇综发〔2018〕39 号），其中“银行办理个人外汇业务的合规性”是重要的评分项目，促进银行对个人外汇业务的合规管理。

综合比较分析前述文件，基本可以勾勒出外汇管理机关的如下管理倾向：对境内个人外汇业务额度的实时量化监测、对境外投资型保险购买的支付渠道管控、对典型个人外汇违规事项的警示以及境外银行卡消费信息采集手段的强化管理。从外汇合规的角度而言，国家对旅游、留学等正常的换汇与付汇需求采取允许态度，同时明确银行审查职责并加大了购付汇的真实性审查。因此，在个人和家族财富规划以及跨境资产布局中，应当对外汇合规问题予以充分考虑。

跨境资产布局的外汇合规问题中，较为典型的问题包括：境内个人的境外收入结汇入境与境外个人的境内收入购汇出境。根据《个人外汇管理办法实施细则》（以下简称《实施细则》）等法律法规，境内个人的境外收入可结汇入境，境外个人的境内收入可购汇出境，但均须按照法律法规受到严格的监管，且须完成特定手续且 / 或提交特定材料，详细政策如下。

第一，境内个人就境外收入的结汇政策。目前，《实施细则》规定，国家外汇管理局对个人结汇实行年度总额管理，年度总额为每人每年等值 5 万美元。境内个人在境外获得的收入的结汇（该等收入包括但不限于捐赠、赡家款、遗产继承收入、保险外汇收入、专有权利使用和特许收入、职工报酬、境外投资收益，以及法律、会计咨询和公共关系服务收入），均属于境内个人经常项下非经营性结汇[1]，

1 根据《个人外汇管理办法实施细则》，个人外汇管理区分为经常项目个人外汇管理与资本项目个人外汇管理；经常项目个人外汇管理又区分为经常项目项下经营性外汇管理与经常项目项下非经营性外汇管理。其中经常项目项下经营性外汇管理对象为个人对外贸易经营者与个体工商户等，不属于本书论述的合规问题的典型范畴，暂不予讨论。

结汇超过年度总额（等值 5 万美元）的，须凭借本人身份证及下列证明材料在银行办理。

（1）捐赠：经公证的捐赠协议或合同。捐赠须符合国家规定。

（2）赡家款：直系亲属关系证明或经公证的赡养关系证明。境外给付人相关收入证明，如银行存款证明、个人收入纳税凭证等。

（3）遗产继承收入：遗产继承法律文书或公证书。

（4）保险外汇收入：保险合同及保险经营机构的付款证明。投保外汇保险须符合国家规定。

（5）专有权利使用和特许收入：付款证明、协议或合同。

（6）法律、会计咨询和公共关系服务收入：付款证明、协议或合同。

（7）职工报酬：雇佣合同及收入证明。

（8）境外投资收益：境外投资外汇登记证明文件、利润分配决议或红利支付书或其他收益证明。

（9）其他：相关证明及支付凭证。

第二，境外个人就境内获得收入的购汇及汇出政策。

就境外个人的购汇政策而言，《实施细则》仅针对境内个人购汇实行年度总额管理，但未限制境外个人的购汇总额。针对境外个人在境内取得的经常项目合法人民币收入，凭本人有效身份证件和有交易额的相关证明材料（含税务凭证）办理购汇即可。

就境外个人购汇汇出政策而言，根据经常项目外汇与资本项目外汇的区分，其购汇汇出政策有所不同。

经常项目外汇汇出政策。经常项目外汇汇出的按以下规定在银行办理：（1）外汇储蓄账户内外汇汇出，凭本人有效身份证件办理；（2）手持外币现钞汇出，当日累计等值 1 万美元以下（含）

的，凭本人有效身份证件办理；超过上述金额的，还应提供经海关签章的《中华人民共和国海关进境旅客行李物品申报单》或本人原存款银行外币现钞提取单据办理。

资本项目外汇汇出政策。值得注意的是，境外个人转让境内商品房取得的人民币资金购汇汇出属于资本项目个人外汇管理项目，根据《国家外汇管理局　建设部关于规范房地产市场外汇管理有关问题的通知》，该等人民币资金经商品房所在地国家外汇管理局分支局、外汇管理部审核确认证明文件（包括购汇申请书、商品房转让合同、房屋权属转让的完税证明文件）后，方可购汇汇出。

综上，外汇、税务、身份监管的趋严化，资产、收入的透明化，将是一个高净值家庭需要面对并积极应对的“新常态”。在这个“新常态”下，如何在合理、合法、合规的前提下，实现短期的税务筹划（存量资产与收入的税务筹划）与长期的税务筹划（二代传承中的税务筹划），更需要专业力量的介入。对于资产或者家庭成员“国际化”的家庭，则需要用“国际化”的视角来进行考虑。

中国家族信托的法律基础

鉴于中国家族信托在法律形式上表现为一个信托合同，家族信托除受《信托法》的规制外，还应适用《中华人民共和国合同法》关于合同效力、缔约能力、违约责任等一般条款。很多人都“抱怨”甚至“批评”中国对家族信托没有专门的立法，其实这是一种误解。这是因为：首先，迄今为止未有法域对家族信托（family trust）进行专门立法，都是对信托制度或者受托人进行规范；其次，中国现行的《信托法》对家族信托的设立与信托的存续有明确的规定。基于本书的篇幅及没有必要做纯粹法学专业的分析，这里特筛选相关重要的、大家共同关心的若干问题进行简单分析。

信托所有权是否转移

很多批评者认为中国的《信托法》并未规定信托的所有权转移给了受托人，因此中国的家族信托是一种“不可靠的信托”。其实这是一种常见的误解，是对《信托法》未完整理解的误解。

《信托法》第二条规定：“本法所称信托，是指委托人基于对受托人的信任，将其财产权委托给受托人，由受托人按委托人的意愿以自己的名义，为受益人的利益或者特定目的，进行管理或者处分的行为。”同时《信托法》第十四条规定：“受托人因承诺信托而取得的财产是信托财产。”

虽然没有明文使用“所有权转移给受托人”这样国外信托法常见的表述，但是无论从信托法律关系的本质还是第十四条中所使用的术语“取得”来看，或是《信托法》第十五条规定的“不属于遗产”的表述，都说明了信托财产所有权的转移：如果还属于委托人的财产，必然是遗产的一部分（对此后文有专述）。信托受托人因委托人的信托法律行为而取得了受托财产的所有权，这一点是确定的。

《信托法》本身对财产转移的方式没有做明确的规定，但这并不属于立法的遗漏或者不足。因为现行法律体系中，对财产所有权的变动都有了单行法的规定。例如《中华人民共和国物权法》第九条、第二十三条分别规定了动产以交付、不动产以登记为所有权转移的方式；《中华人民共和国公司法》（以下简称《公司法》）

第三十三条、第一百四十条规定了有限责任公司股权与股份有限公司的股份的转移方式。

因此，受托人应当根据信托财产的形式，逐一确认其所有权是否已经转移。而对于常见的资金信托，则以到账并获得银行出具的到账单或者类似文件为准。非资金信托，以法律规定的方式交付为准，例如艺术品以交付占有为准，股权以在工商登记或者中国证券登记结算有限公司的登记为准。

信托财产是否属于遗产

很多客户都关心甚至担心设立了信托之后，信托财产是否还属于委托人的遗产问题。事实上，现在已经有中国的司法判决确认了这个问题。我们直接引用判决的内容：

> 本院审查认为，本案的焦点问题是被继承人张德奎的53 049元应否作为遗产予以分割，解决该问题的关键是该53 049元的性质如何认定。2004年10月26日张德奎作为委托人与作为受托人的滕爱荣签订了《资金信托合同》，2008年6月30日又签订了《资金信托合同》补充协议。从上述两份合同约定的内容看，是依据《中华人民共和国信托法》和《中华人民共和国合同法》签订的，委托人张德奎的委托资金53 049元作为信托资金属于《中华人民共和国信托法》的调整范围，该53 049元应认定为信托财产。《资金信托合同》第三条3.2约定，委托人指定委托人本身为该信托合同的唯一受益人。又根据该合同第三条3.4的约定，在本合同项下的信托有效期间，委托人在征得受益人同意后可以变更

受益人。《中华人民共和国信托法》第十五条规定：“信托财产与委托人未设立信托的其他财产相区别。设立信托后，委托人死亡或者依法解散、被依法撤销、被宣告破产时，委托人是唯一受益人的，信托终止，信托财产作为其遗产或者清算财产；委托人不是唯一受益人的，信托存续，信托财产不作为其遗产或者清算财产；但作为共同受益人的委托人死亡或者依法解散、被依法撤销、被宣告破产时，其信托受益权作为其遗产或者清算财产。”因本合同的委托人和受益人同为张德奎，其于2010年3月28日以遗嘱的形式将本合同项下的受益人变更为张某丙，2010年12月9日，受托人滕爱荣出具了“受益人变更确认书”，将受益人变更为张某丙。因此，张德奎已不再是上述信托合同的唯一受益人，信托存续，该53 049元的信托财产不应作为张德奎的遗产进行分割。张某甲、沈某要求分割的请求不应支持。

在（2013）烟民申字第235号判决中，法院明确了信托财产不属于遗产。这个案例中，虽然受托人不是信托公司，而是个自然人受托人，但还是非常值得关注：首先，中国的立法并不区分受托人是法人还是自然人，因此这个案例具有普遍适用性；其次，这个案例中，委托人进行了受益人的变更，获得了法律的确认，这在家族信托中属于常态；最后，法院判决确认了《信托法》第十五条的适用——信托财产不属于遗产。

资产隔离及债权人撤销权

通过设立家族信托，是否能够将受托财产隔离在委托人的债务之外？这个问题，对于部分委托人很重要，而对于债权人也相当重要。

所谓资产隔离，本质上是信托财产的独立性的问题，即设立信托之后信托财产是否独立于委托人的其他财产即未设立信托的财产。

信托财产的独立性，本质上源于《信托法》第十五条的规定，即“信托财产与委托人未设立信托的其他财产相区别。设立信托后，委托人死亡或者依法解散、被依法撤销、被宣告破产时，委托人是唯一受益人的，信托终止，信托财产作为其遗产或者清算财产；委托人不是唯一受益人的，信托存续，信托财产不作为其遗产或者清算财产；但作为共同受益人的委托人死亡或者依法解散、被依法撤销、被宣告破产时，其信托受益权作为其遗产或者清算财产”。

该条的规定，本质上有两个含义：第一，信托财产不再是委托人的财产了；第二，只要是纯他益信托（委托人不是受益人之一），至少在信托正常运营期间就切断了该财产回归至委托人的可能性。

换言之，根据《信托法》的规定，只要是纯他益信托，并且也只能是纯他益信托，就有资产隔离的效果。所谓纯他益信托，是指受益人不包括委托人的信托。这里需要补充的是，真正的纯他益信托为了确保切断财产回归至委托人，在合同架构的设计上也需要明确约定在提前中止等情形下，财产也将提前分配至受益人，而不是将信托财产“恢复原状”到委托人账户下。

为了防止当事人恶意通过设立信托侵犯债权人的利益，《信托法》也规定了债权人的撤销权，并且为了平衡债权人利益与委托设立信托的自由，对撤销权的行使设定了特定的条件。具体体现在《信托法》第十二条。该条规定："委托人设立信托损害其债权人利益的，债权人有权申请人民法院撤销该信托。人民法院依照前款规定撤销信托的，不影响善意受益人已经取得的信托利益。"

如上所述，为了保障信托的稳定性，债权人撤销权的行使并不是绝对的，只有满足一定的条件才可行使。根据现行立法的规定，债权人撤销信托需要具备如下几个必要条件：

第一，委托人设立信托之前，债权人对委托人已经享有合法的债权。只有合法的债权才具有法律上的强制执行力。因此，委托人的债权人可以主张撤销信托的前提是其对委托人享有合法的债权，并且该债权必须产生于委托人设立信托之前。如果设立信托之后，由于经营等问题出现财务危机而新增其他债权人，则不会影响家族信托的存续及最初设立的目标的实现。

第二，委托人以其财产设立信托损害了债权人的利益。具体来说，即委托人将自己的财产分离出来设立一个信托，导致其无法清偿自己的全部债务。因此，判断撤销权的一个核心标准是：在设立信托后，委托人的资产是否不足以清偿其当时的债务。如果用于家庭信托的资金只是委托人个人总资产的一部分，那么其债权人无权主张撤销信托。

第三，债权人依法向法院提出撤销信托的申请。这也意味着债权人的撤销权必须通过诉讼的方式进行。根据民商事诉讼中"谁主张、谁举证"的规则，认为是信托的受害人的债权人必须对委托人设立信托损害其债权的事实进行举证。事实上，这种证明是非常困难的。台湾地区规定：信托成立后 6 个月内，委托人或其遗产受破产之宣告者，推定其行为有害及债权。台湾地区的这种推定，事实上也说明了直接证明损害债权的证明非常困难，只能做短期内的推定。

通俗地说，只要用于设立信托的资产小于其净资产，那么信托的债务隔离效果是确定的。中国作为大陆法系国家，不需要通过司法判决的确认，有《信托法》第十二条、第十五条的规定，足以得出这个结论。

需要指出的是，由于通常自然人并不进行会计记账，也无法对其资产状况进行事后的审计，因此作为受托人在判断“用于设立信托的资产小于其净资产”需要相当谨慎，以免成为部分别有用心的人利用信托逃避债务的方式。

国内家族信托受托服务及咨询服务现状

现阶段，国内家族信托的受托服务（信托公司）及咨询服务（私人银行、第三方财富管理公司等机构）有了近5年的发展，各个机构形成了自己的优势与特点，成为这个蓝海市场的弄潮儿。

国内金融机构家族信托业务开展情况一览[1]

中国银行：2013年9月，中国银行私人银行在广州宣布启动“家族理财室”服务，为金融资产2亿元人民币以上的家族提供家族资产管理、传承方案、家族信托、税务规划以及法律顾问等服务。其中家族信托是该“家族理财室”服务的核心，可根据客户的个性化需求设计全方位服务方案，实现财富传承、风险隔离、

1　以下整理自公开信息。

税务筹划等目标。

工商银行：2016年，工商银行将私人银行旗下的家族办公室筹备组独立出来。由于工商银行旗下没有信托公司，考虑到交易对手风险，工商银行避开了家族信托的概念，通过家族基金为高净值客户提供投融资一体化的综合性金融服务方案。工商银行私人银行部设立专户投资团队开展全权委托业务，运用MOM（Manager of Managers，管理人的管理人）管理模式，通过对投资组合和投资管理人的双重配置，由工行私人银行部作为机构委托人，根据私人银行客户设定的专户全权委托产品的投资范围、投资约束等要素，建立起对底层投资管理人的管理机制，实现投资目标。

招商银行：2013年5月招商银行正式签约第一单家族信托，并通过与外贸信托、山东信托的合作，在全国铺开了此项业务。签约客户以私营企业主为主，管理范围以金融资产为主，包括部分股权，但并不包括房地产，年期达到30~50年，门槛定位于5 000万元，客户定位为金融财产1亿元以上、总财富5亿元以上的高净值人群。招行对家族信托业务的收费机制为“年费+超额管理费”，年费按托管资产的一定比例收取，超额管理费则按照行规，对超出委托人预期收益的部分，按20%的比例收取费用。2018年7月，推出100万元门槛的家族信托服务。

中信银行：中信银行是国内首批启动家族信托研发与实践的金融机构，其家族信托业务有4大特点——集团保障、协同合作、专业团队和先发优势。中信银行为满足高净值客户财富管理和传承的需求，整合了中信集团内外部优势，采用“1+1+N”的团队服务模式，为私人银行高净值客户提供专业、综合的家族信托方案和服务，实现客户资产的隔离保护、资产的专业管理等功能。

兴业银行：兴业银行于2015年3月与子公司兴业信托合作，落地首单家族信托业务。同年5月中旬，兴业银行“兴家兴业财富传承”系列在沈阳落地，将起步门槛设为2 000万元，存续期限可根据客户需求灵活制定。该家族信托主要以中长期的财产保障和财富传承为主。2017年6月，兴业银行与华润信托签约合作。

北京银行：2013年，北京银行与北京国际信托合作推出了首单私人银行的家族信托业务，信托财产的起步门槛为3 000万元。2014年，双方为高净值客户设立了以国内房产管理为主题的家族信托。

民生银行：民生银行从2009年开始为家族客户开展家族财富管理综合服务，除了为客户进行家族治理顶层设计，还采取家族基金、慈善基金会、家族信托、全权委托等类家族服务的投行操作手法实现家族财富的保护、管理及传承，不仅关注家庭财产的传承，还关注家族企业战略管理。由于民生银行的超高净值客户主要是民营企业家，家族企业的股权结构设计往往需要搭建海外信托架构，与境外独立信托机构合作也是民生银行开展家族信托业务的重要模式。

平安银行：2014年平安银行私人银行推出家族信托业务，建议客户放入信托的现金资产在1 000万元以上。平安银行主要依托平安银行私人银行所建立的综合家族服务体系“平安 · 家族通”，多维度考量高净值客户家族在投融资、全球配置、综合金融及咨询规划方面的需求，并利用全球投资管理平台专业管理受托资产，为客户的信托资产进行慈善配置与优化。平安银行还成立了投资决策委员会，为资产保值增值提供更加多样化的产品选择。

中信信托：中信信托主要有两种业务类型：一是对于600万元以上的无固定信托期限的，适用标准化家族信托；二是针对3 000万元以上，信托期限达到10年以上的，可以应客户需求，量身定做家族信托。标准化家族信托的方案采用标准化设计，适用于具有特定类型需求的客户；采用标准的信托合同模版，客户选填内容仅限于委托人信息、受益人、分配方式，其他内容均为格式条款。目前中信信托有传承系列、子女教育信托、养老家族信托等家族信托子品牌。

长安信托：长安信托于2015年11月成立了信托行业中首家家族信托事业部，将家族信托业务上升到战略高度。家族信托事业部下设开发部、投资配置部、财务管理部3个部门，分别负责家族信托架构设计、信托财产的投资配置以及期间事务性管理，保障量身定制的方案设计、信托财产的保值增值和家族信托存续期间的事务性管理。

华宝信托：家族信托业务是华宝信托的战略支持业务。华宝家族信托主要围绕客户个性化、深层次的需求，在家族企业治理、家族关系协调、家族精神传承等多层次领域为客户提供服务。针对不同类型的客户，华宝信托分别推出了"世家华传"和"基业宝承"两大系列，为家族客户设立并管理专属家族信托。华宝家族信托主要有8大子系列，包括：经营风险隔离型、家族成员保障型、婚前财产保护型、家族企业传承型、婚内风险防范型、海外移民规划型、子女婚姻保护型、社会公益慈善型。

山东信托：2014 年，山东信托积极开展家族信托业务，成立了专门的家族信托团队。客户覆盖山东、广东、上海、江苏、浙江、江西、辽宁、福建等省。山东信托通过与国内私人银行、保险机构合作，增加客户数量和资产规模，促进了家族信托业务管理的规范化和高效化。

外贸信托：外贸信托是业内最早建立团队系统研究、开发和管理家族信托业务的信托公司之一，并在 2013 年向高净值客户提供国内首单家族信托服务，2014 年推出自主研发的保险金信托服务和自主管理的"五行汇泽 · 家族财富传承"一站式服务平台，为客户全方位设计家族信托，并为客户个性化定制产品。2015 年，外贸信托在业内首先推出了兼具养老、传承功能的养老信托服务，并推出了上市公司股权的家族信托传承服务和全权委托投资服务。

中融信托：中融信托于 2014 年成立了家族信托办公室。2015 年 3 月 18 日，首单家族信托项目正式签约。2015 年 4 月 23 日，中融信托家族办公室发布了国内首款标准化信托产品——"承裔泽业标准化家族信托产品"。该产品起点为 1 000 万元，可以满足客户资产保护、子女教育、婚姻保障、退休赡养、财富传承、全权委托方面的需求，其收益分配、权利义务、资产管理模式、操作流程、服务流程等也具有类型化的特点。

北京国际信托：2013 年，北京国际信托与北京银行合作推出了家族信托服务并落地首单私人银行家族信托服务，信托财产的起步门槛为 3 000 万元。2014 年双方又为高净值客户设立了以国内房产管理为主题的家族信托。

建信信托：建信信托是国内首批推出家族信托业务的信托公

司，并且借助建设银行控股子公司的优势，衔接了建设银行私人银行丰富的客户资源与产品资源，依托四大国有银行中唯一持牌信托公司的优势，迅速开展此项业务。据公开信息，建信信托是现在国内家族信托受托规模最大的信托公司。

陕国投信托：2015 年陕国投信托基于其多样化的信托产品类型（包括股权、证券、房地产等）开展家族信托业务，同时，积极与其他金融机构及财富管理公司合作拓展家族信托业务，业务量增长很快，成为家族信托市场的主要参与者。

中航信托：中航信托目前发布的家族信托产品主要为“中航信托・系列家族单一信托”，该类信托产品以现金资产为主要受托财产。中航信托根据客户的不同需求，主要是客户对于信托财产交易的管理决策权的不同需求，设计不同的家族信托产品，包括“顾问型家族信托”与“全权委托型家族信托”；通过专属的家庭信托账户，持续服务高净值家庭的多元化和个性化的财富管理需求。

宜信财富：公司于 2015 年正式设立家族办公室，推出“宜传家”家族信托系列，已服务诸多高净值家庭。在宜信多年国际化探索实践基础上，宜信财富家族办公室可以一站式为客户提供全球主要地域（中国境内、离岸和美国）家族信托的专属定制化服务，并附加投资、公益、子女工作、税 / 法咨询等增值服务。

诺亚财富：诺亚于 2014 年 9 月成立方舟信托（香港）公司，于 2016 年 4 月成立方舟信托（泽西）公司，能够提供基于香港及泽西岛信托法下的离岸信托服务。在 2017 年年底，诺亚开始启动国内家族信托业务，为高净值客户提供传承安排及全委资产管理服务。

国内家族信托服务进入发展新阶段：探索多样化成长空间和路径

应该说，家族信托在国内相关的信托咨询、设计、设立、管理等服务已走过了初步的理论学习和概念推广阶段，进入了规模发展的阶段。虽然因为统计口径及信息不对称的原因，出现了“多家”第一、领先的宣传，但是可以肯定的是家族信托服务随着高净值人群需求的增长，进入了多头推进、蓬勃发展的阶段。当然，现阶段也远未到家族信托的成熟阶段，依然有着广阔的成长空间。

首先，根据自身特点挖掘服务特色是未来竞争力的关键。目前，各家机构开展的家族信托服务虽然各有亮点，但是依然存在同质化的问题。未来，挖掘服务特色、满足高净值人群高度个性化的需求，才能形成核心竞争力，而专业的、有经验的、同时具有法律、税务、财富管理知识的复合型人才，将是未来各家机构取得竞争优势的关键。

其次，加强税务、法务等中介服务能力是大势所趋。主观上，客户为高质量的服务进行付费还未形成习惯。客观上，基于现行税法对（家族）信托并未做特别规定，因此目前阶段税务专业人士并无用武之地。但是，随着新个税法的推出，呼之欲出的房产税，以及 CRS 的全面实施，家族信托的税务规划功能将成为财富传承规划的重点，需要专业的税务专家更多地参与进来。同时，针对家庭成员复杂的情况，以及复杂的企业股权传承安排，律师的介入已经逐渐形成惯例。

再次，进行专业性、系统性研究逐渐成为刚需。以往家族信托多处于纸上谈兵的层面，而随着家族信托业务的发展，结合实践、总结实务经验的研究成果和著述开始出现，但体系化地结合中国现行立法研究家族信托，综合研究《信托法》《公司法》《证券法》等相关内容的著述仍凤毛麟角，未来这一领域需要更多深入的研究。

最后，提供客观中立的服务是提升客户黏性的重要手段。部分服务机构出于自身服务能力的限制或短期利益的需求，只会推介自己能做的区域的信托，而不会根据客户家庭的客观情况为其规划适合区域的信托；部分服务机构只会推介与其有紧密合作的信托受托人，而不会选择市场上最符合客户需求的信托受托人，在中立性与客观性方面还存在着一定的不足。因此，同时具有境内、境外的综合财富传承规划能力，站在客户利益的角度，为客户提供中立、客观的服务，则是未来财富管理机构的发展方向。

中国家族信托的未来

目前我国家族信托业务正逐步发展，但家族信托毕竟还是一个新的业务，仍然属于在探索中前进的业务，家族信托在中国的未来发展还取决于若干因素。

税制改革形成潜在利好

从2018年的“两会”所释放出的信息看，个人所得税改革将拉开一个新的序幕。对比发达国家，中国现在对个人层面的税务立法及征管工作都不算严格与苛刻，并且中国现行的个人所得税制度有两个有意思的地方：第一，个人所得税的抵扣制度与小额免税制度还未完整建立；第二，无遗产税与赠与税。在这样的环境下，个人向子女、第三代传承资产的时候，没有任何税务负担，因此也无须进行规划。

一旦中国开征遗产税与赠与税，那么对家族信托将是一个重大利好，因为届时需要从税务角度充分筹划。在将财富传给后代方面，家族信托在域外已经被证实是一个灵活并且有效的个人所得税筹划工具。

受托机构与行业逐渐沉淀经验

2013 年，私人银行业首先推动了家族信托服务业务的启动，此后诸多机构介入了此行业，例如作为受托人的信托公司，作为服务的私人银行、第三方财富公司、保险公司、律师事务所、会计师事务所。这些机构的投入，使得中国的家族信托获得了充分的实践，获得了第一手的经验，行业获得了充分的知识沉淀。

2018 年 8 月 17 日，银保监会信托部向各地银监局下发《关于加强规范资产管理业务过渡期内信托监管工作的通知》，明确指出公益（慈善）信托、家族信托不适用人民银行发布的《关于进一步明确规范金融机构资产管理业务指导意见有关事项的通知》相关规定，给信托公司开展家族信托业务松绑，并给家族信托下了明确的定义，“家族信托是指信托公司接受单一个人或者家庭的委托，以家庭财富的保护、传承和管理为主要信托目的，提供财产规划、风险隔离、资产配置、子女教育、家族治理、公益（慈善）事业等定制化事务管理和金融服务的信托业务”，鼓励信托业回归本源业务。

在此背景下，各个信托公司，特别是行业头部的诸多信托公司都投入了大量的人力、物力。虽然在受托财产方面仍有一定的限制，但现金、金融资产与财产权的实践已获得了普遍的认可。

我们深信，中国家族信托的未来发展并不依靠外来的力量，而是靠实践经验的沉淀。而信托业逐渐脱离影子银行的角色，更多地担任真正的受托人，必将有利于家族信托业务的长足发展。

立法进一步完善可期

当然，我们也不能说现在所有的一切都是完善的，对于家族信托的未来，我们对立法、监管层还是有所期待的。

首先，与家族信托相关的信托登记制度还有完善的空间，主要体现在以下两个方面：第一，允许以信托法律文件即信托合同作为变更登记的依据，并做特殊的税务处理；第二，在登记簿上对登记的信托性质进行标注，方式之一就是借鉴质权登记模式在登记簿上标注信托受益人。

其次，税法对因设立信托或者信托分配的税务负担有更清晰的规定，引入类似国外的管道原则（进入信托或者分配的时候纳税，并且只在一端纳税）。更清晰的立法能消除不确定性，消除不合理的期待，能让高净值人群消除等待利好的不正确期待。

最后，对于家族信托持有拟上市公司或者上市公司股权，有特别的规定，类似于此前中国证券登记结算有限公司出台规定规范信托计划开设证券账户的情况。

近些年中国的立法与监管都在一定程度上落后于实务，总是实务发展到一定阶段之后，立法才进行跟进，典型的如网约车。这样的模式是符合中国现阶段的发展规律的。家族信托已经积聚了近千亿的规模，但是与整个信托业几十万亿的受托规模相比还是个极小的数字。我们深信短期内针对家族信托的立法会进一步完善，监管及相关登记机构也会越来越了解家族信托。

信托理念持续普及

由于信托的独特属性，设立家族信托意味着委托人信托资产的直接所有权和控制权将转移给受托人，由受托人代为处理。受中国传统文化的影响，中国人喜欢把东西握在手里，从内心深层次不愿意接受资产的所有权转移。尽管随着市场发展，很多投资者已经了解到信托是什么，也知道需要将直接管理权力移交给信托机构，但还会踟蹰于此，由此错过设立家族信托的黄金时段。服务提供商的及时妥善沟通很关键。

第四章

实践：中国高净值人群的家族信托应用

导言

在对家族信托有了原理上的深入认识后，本章从现状和诉求出发，进一步做实践方面的示例。家族信托的有效性，取决于起步时的规划设计，而这个阶段需要当事人的密切参与。本章介绍了如何梳理家族成员与家族资产的关键要素。在此基础上，提供了针对不同诉求而设计的国内家族信托与跨境信托的多个案例。这些案例分布针对包括子女保障、婚姻风险防范、财产隔离、传承与公益混合、不同税收居民的收益权分配等诉求，基本囊括了当下中国高净值人群所面临的主要问题，从实操性的角度进一步阐释了家族信托的多种功用。

在全球高度一体化的今天，对于中国高净值人群，甚至是越来越多的中产阶层而言，他们的生活与财富已经布局全球。家庭成员的教育全球化，居住、生活全球化。无论是不动产还是金融资产，他们的财富也在主动寻求全球化的配置。与这一局面同时到来的，是对跨区域财富管理与传承规划的挑战。就长期规划而言，高净值客户需要一站式、综合性的全球传承规划服务。

国际化财富传承的趋势与挑战

中国高净值人群的生活和财富已经布局全球

改革开放40多年所积累的财富，很大一部分沉淀在高净值人士的家庭之中。这些高净值人士，存在着多个全球化的需求。

第一，家庭成员教育的全球化。事实上，这种需求是从中国的教育体系将英语作为中小学的必修、必考课程开始的。家庭成员有着短期去境外先进国家交换学习的需求，也有去攻读学位的长期留学的需求。

第二，居住、生活的全球化。与海南的三亚“吸纳”了诸多来自北方寒冷地区的国人类似，现在高净值人群也存在着去海外安置第二个、第三个家的需求。随着航空业的发展及签证便利性的提升，海外置业成了一个生活性质的需求。同时，由于专业机构的存在，利用各个国家、地区发展不平衡的现状，海外置业也有着投资的功能：寻找价值洼地，投资。

第三，主动寻求资产的全球配置。当家庭有足够高的资产之时，应当寻求全球化的经济增长机会。中国改革开放40年，是经济腾飞的40年。现阶段，经济进入了所谓的“新常态”，依然有很多发展的机会，但是我们也看到了部分行业不景气的现象。而当摄入了家庭资产的全球化配置之时，则可以通过专业顾问寻找不同地区的发展机会，享有经济发展带来的投资收益。

当一个家庭拥有了在不同地区的资产，无论这些资产是不动产形式存在，还是以金融资产的形式存在，当一个家庭的不同家庭成员因为长期居住、移民等原因，获得了不同国家或者地区的税收居民身份，那么这个家庭就有着强烈的税务筹划与传承规划的需求，需要避免因为对当地法律知识及税务知识的欠缺而遭受不利后果。

近些年，我们看到了诸多的“不幸案例”。典型的如某导演的遭遇。《南方都市报》报道，根据检方的指控书，现居住在美国康涅狄格州的某中国导演，2011 年 4 月到 2012 年 3 月的 11 个月之内，先后把 46.4 万美元存入他和妻子在当地的联名账户。为了绕过监控，他每次存钱额度都低于 1 万美元，前后分 50 次存入。为避人耳目，他和妻子在 4 家银行开了 6 个银行账户。作为本案和解协议的一部分，该导演同意冻结他在康涅狄格州拆分存入的 17.6 万美元现金（是 46.4 万美元存入金额的 38%），以及补交美国国税局 11.3 万美元的未付联邦税，此外还有 2009 年、2010 年及 2011 年三年间的罚金和利息。冻结部分资金和补交的税款合计 29 万美元（约 200 万元人民币）。

康涅狄格州联邦检察官达利（Deirdre Daly）认为，该导演的结构性拆分行为（structuring）是有意避开交易报告的要求。因为根据联邦法律，美国的金融机构在接收 1 万美元以上的现金交易时，会要求客户填写“现金交易报告”（Currency Transaction Report）。

事实上，这些年，无论是加拿大还是美国，出现税务等不合规而被处罚的案件并不罕见。我们也听到过因为不懂得筹划在美国直接买下诸多房产，子女继承的时候不得不缴纳巨额遗产税的案例。

上述案例都告诉我们：当家庭的资产、身份越来越复杂的时候，布局与传承的规划应充分考虑，提前考虑。这些布局与规划，需要专业人士的辅助，要避免凭直觉与盲从。

跨区域财富管理与传承规划之挑战

跨区域的财富管理与财富传承，对于普通高净值人士而言，都存在着相当大的困难与挑战。

跨区域的财富管理与传承规划，主要存在着如下的问题与挑战：

首先，专业知识方面的不足。各个法律区域的法律，即使同为大陆法系或者英美法系，即使大致一样，在细致规定方面也存在着很大的差异。财富管理与传承并不能在“大框架下差不多即可”，而是需要极多细节性的安排。而各个国家在税收方面的规定差距则更为显著。我们可以说，一个定制化的财富管理与传承规划，当涉及多个法域之时，就需要充分、完整的专业知识。这一点对绝大部分客户来说是很难通过“自给自足”来实现的。

其次，信息更新方面的不足。当代社会，信息瞬息万变。从看多到看空，可能是瞬间的事情。而全球经济的一体化，则更形成了连带效应与波动效应。在这样的环境下，仅仅依靠自己收集信息，是无法满足资产跨区域管理的需求的。当新的立法、政策或者其他影响投资的因素（例如地缘政治因素）出现之时，投资策略需要及时进行调整。而无论是个人还是家庭，信息更新半径是非常有限的，渠道也非常有限，在信息更新方面，长期及整体而言，都不如在科技与人力方面具有巨大优势的金融机构。从这个意义上讲，他们在做跨区域财富管理与传承规划时依托于一个专业机构是必然的选择。

随着经济合作与发展组织（OECD）推行的 CRS 体系逐渐进入实质性落实阶段，过去利用信息不对称而进行的规划已经不再有效。在信息交换形成身份透明与资产透明的今天，从家庭的身份全球化与资产的全球化配置来看，更需要一个中立的、统筹性质的机构来协调各方面的安排，避免出现在一个国家或者地区有效的方案，从整体来看却并不合适的现象。

一站式全球传承服务成为趋势

近些年，中国的服务业已然进入了一个高速发展的阶段。因此，只要在互联网上点击搜索，就能搜到很多关于“子女留学”“境外投资”“境外购置不动产”“移民服务”等的服务信息，而香港保险、境外信托的咨询服务在大城市也普遍存在。

但是，要综合性地为客户家庭进行规划，尤其是进行中长期的规划，并不是一件容易的事。例如，在过去境外刷卡相对宽松的时代，在香港购买美元计价的寿险保单、年金保单是一个不错的选择。大量的内地客户购买过香港保险，因其也属于间接配置了美元计价的资产，在一定程度上可以对冲外汇汇率风险。此外，保险免税的说法已经“深入人心”。但是如果客户子女未来成了美国的税收居民，那么这些子女在获得保险赔款的时候，通常是无法获得免税待遇的。严格来说，美国税法承认的保单是有严格的条件限制的，并不是所有在香港购买的以美元计价的保单都属于免税的保单。这属于在特定区域规划成功，但是长期来看全球规划失败的典型例子，并且可悲的是这样的情况并不是少数。所以，在境外购买保单和做投资，要提前做好未来税务身份的综合规划。

销售机构往往带有产品导向性，即手上有什么产品，为了达成交易，往往会宣称其产品最适合客户的需求，至少不会主动说市场的竞争性产品中哪一款更适合客户。这在保险与家族信托服务中也普遍存在。这种产品导向性的营销，并不意味着他们销售的是劣质产品，只是营销是从产品出发，而不是从客户的需求出发；就短期产品而言，其副作用是较小的；但是从长期产品来看，则可能存在严重的隐患。

在过去的理财中，高净值家庭习惯对接多家金融机构，甚至刻意在国有金融机构、民营金融机构等金融机构之间做些分散式的布局，这应该说是一种具有风险意识的安排。这种“分散式”安排，就短期理财而言，是一种优秀的习惯，因为短期理财只需要综合考虑“流动性”、“安全性”、“收益率”三项要素，并且很快到期，马上能够进行调整。但是，就长期规划而言，例如EB5[1]这样的身份规划，并不是马上能后悔的，或者说后悔的成本极高。

除了综合性之外，还需要客观性。客观性并不是要求绝不向客户推介产品，而是：第一，开放式的，在给客户提供产品与服务之时，会给客户多项选择，而不是只提供自己直接管理的产品与服务；第二，做深度的客户信息了解，做中长期的规划，根据客户的需求去建议产品与服务，特别是咨询顾问服务。

就长期规划而言，高净值客户所需要的，是一站式、综合性全球传承规划服务。从国外的经验来看，高净值家庭也往往会专注于一家机构，充分信任这家机构的全方位的服务。

纵观全球，今日之财富管理机构，无论是顶级形式的家族办公室，还是私人银行或者其他专业化机构，都通过采购相关方（律师事务所、会计师事务所、移民专家、留学顾问等）的服务，力图提供一站式的服务。一站式服务的优势主要在于两点：第一，

1 EB5是指美国移民的第五种优先签证类别。

避免信息不对称、不完整形成的方案盲区；第二，比客户更容易找到专业的、靠谱的其他服务供应商，避免客户的试错过程。

家族信托的规划原则

梳理家族成员

一个家族会有很多成员，掌握家族绝大部分资产的家族掌门人，对家族各个成员的传承安排通常都会有相应的考虑。对于资产全球化的家族而言，可能需要在全球不同区域设立多个家族信托。从事资产规划的专业机构为这样的家族设计家族信托结构前，通常需要对家族成员进行系统梳理，包括各家族成员的以下 8 个因素：

家族各主要成员之间的关系

家族目前的重要成员族谱是家族梳理的首要任务，通常需要梳理清楚两个“关系”：一个“关系”是各家族成员之间的亲属关系及其亲疏远近程度，也就是目前在世成员的家族族谱；另一个“关系”是家族中的资产拥有人和资产继承人。

国籍

一个人的护照决定了其国籍。从财产规划的角度看，国籍对一个人的影响主要有 3 方面：一是在某种程度上决定了其名下财产未来传承时所适用的法律；二是有可能会影响其税收居民身份；三是，持有某些国家护照的人士会被境外信托公司或其他金融机构的合规部门列为“高风险地区人士”，可能会影响其设立离岸家族信托或从离岸家族信托中受益。

税收居民身份

家族成员的税收居民身份在资产规划中是至关重要的因素，一个人的税收居民身份基本决定其纳税义务。每个国家对税收居民的定义不同，有的国家将其公民（护照持有者和永居人士）一视同仁定义为全球税收居民，即持有该国护照，或永居资质，或满足其居住测试而被定义为其税收居民的，其全球收入所得均须向该国税务局申报并承担相应的纳税义务；有的国家将其公民（护照持有者和永居人士）划分为税收居民（无限税收居民）和非税收居民（有限税收居民），若是全球征税国家，其税收居民需要申报全球收入所得并承担相应的纳税义务，而非税收居民则只需对其境内收入所得申报并承担纳税义务，海外收入则可以豁免。每个人至少会有一个税收居民身份，甚至有可能拥有双重税收居民身份。不同税收居民身份的人士在家族信托中担任不同的角色，按照其税收居民所在地的相关规定，有可能对家族信托的税务责任产生影响。

年龄

人在不同年龄段，对资产的安排和需求是不同的。所以，家族信托中的受益人在不同年龄段对信托资产的分配需求是不同的。一个合理的资产传承安排，必须要考虑受益人的年龄及其接受信托资产分配的时间点。从财富传承的角度，一个继承人按照年龄可划分为 4 个阶段。

第一阶段：0~23 岁，该阶段的继承人属于学龄时期，家族信托分配资产通常会考虑其监护人的意见。一种方式是信托直接为该继承人承担其可能产生的基本医疗费用、学费、基本生活所需等；另一种方式是信托核实资金用途后，将资金分配给监护人，由监护人代为领取并使用。

第二阶段：24~40岁，该阶段的继承人属于结婚、生子、立业时期，是最需要用钱的阶段，也是容易挥霍财产的阶段。若委托人担心受益人钱不够用，而受益人挥霍财产的可能性较低，通常信托委托人会在信托条款或《意愿书》（离岸信托）中写明，受益人可向信托直接申领分配；若委托人担心受益人挥霍财产，通常会在信托文件中限制受益人每年领取资产的次数、额度、比例，或规定某些申领信托财产的特定条件等。

第三阶段：41~60岁，该年龄段的继承人有可能会有需求或想法将信托资产全数申领，因为他们通常已经拥有一定程度掌控财富的能力，并且很大概率家庭已经十分稳定，其子女多半也处于接受高等教育甚至参加工作的阶段，所以有可能会考虑集中属于自己的资产，设立自己的家族信托，为自己的子女制定继承安排。设立人可对这个年龄段的继承人制定特别的条件，向受托人表明该信托是否会同意将属于某些受益人的资产份额一次性分配。

第四阶段：61岁之后，该阶段为退休养老阶段，委托人可在信托的约定中放宽对该阶段受益人申领信托资产分配的条件，尽可能考虑他们的想法。

上述年龄段的划分只是一个示例，每个家族的情况不同，信托委托人应按照实际情况，为各继承人制定个性化的、合理的安排。

婚姻状况及婚姻关系所在地

家族成员的婚姻状况，一方面决定了其财产是否有可能属于夫妻共同财产，另一方面会影响到家族信托的受益人类别安排。在离岸家族信托中，委托人可以指定任意自然人、公司、组织、基金会、另一个信托成为其信托的具体受益人，也可以指定一个类别作为受益人，例如“我子女未来的子嗣”。按照在信托契约中对“子嗣”的定义，其通常包括婚生子嗣、非婚生子嗣及领养子嗣，具体如何定义“子嗣”，可以按照委托人的需求对信托契约中的这一定义作定制化修订。除此之外，委托人还可以在信托契约中定义“排除类人士”，即未来排除在信托受益人之外的人士，例如将子女的配偶列为“排除类人士”，则未来无论何种情况，该信托都不会将委托人子女的配偶列入信托受益人名单中。

家族成员的婚姻关系所在地决定了他们的财产是否有夫妻共同财产的问题。例如，婚姻关系在中国，那么夫妻在婚姻关系存续期间所得的工资、奖金、生产或经营的收益、知识产权的收益、未书面明确仅归属夫妻一方的赠与或遗产继承所得，以及其他应共同所有的财产，均为夫妻共同财产[1]。

常年居住地及语言

家族各成员的常年居住地及语言也是设计家族信托结构的重要因素。家族信托是为家族服务的，那么挑选信托设立地和受托人的时候，就要考虑到该家族参与到信托架构中的成员常年居住在哪里、属于哪个时区、使用什么语言。这些因素关系到在信托设立之后，家族成员与受托人沟通成本是否可以降到最低，以确保家族客户对受托服务的满意度及其主要利益诉求。

1　参考《中华人民共和国婚姻法》第十七条、第十八条和第十九条。

未来资产继承需求

每位家庭成员的未来个人规划不同，因而对家族资产的继承需求不同。例如，儿子定居海外，未来更需要继承的是海外资产，而女儿生活在国内，则更需要继承国内的资产；再比如，儿子善于企业经营治理，未来要继承股权和运营权，而女儿对企业股权不感兴趣，需要继承房产和金融资产。所以，资产传承计划的制定要符合继承人的需求。

是否参与家族企业运营管理

关于对家族企业的继承，家族成员通常可分为 4 类，其分别享有的权益如表 4–1 所示。

表 4–1　家族企业继承安排分类

家族成员分类	企业股权	股权受益权	营运管理权
家族成员 A	√	√	√
家族成员 B	√	√	
家族成员 C			√
家族成员 D			

家族企业的传承规划，不但要符合现任实际控制人的想法，更要符合家族成员的诉求。

利用家族信托可将企业的股权、受益权和营运管理权分离为不同角色享有。通常使用信托解决家族企业传承问题时，受托人持有企业股权，企业的营运管理权则交给企业现有高级管理人员及有能力且有需求参与企业营运管理的家族成员，企业股权的受益权则指定给信托受益人，也就是需要从家族企业中获利的家族成员。如此，家族企业的股权集中被受托人以信托的方式持有，可最大程度防止家族后代出售企业股权套现挥霍，防止家族成员手中的股权被摊薄，防止自然人股东过世时企业股权被法庭冻结导致家族争产。

梳理家族资产

资产梳理须根据以下 6 个因素进行。

资产类别

从资产规划的角度，资产可划分为 4 大类，即金融资产、不动产、企业资产、另类资产，每类资产又有细分类别，详见表 4–2。

表 4–2　资产类别细分

金融资产	不动产	企业资产	另类资产
现金、保险单	住宅	控股公司股权	珠宝、古董、艺术品、收藏品
一级市场投资组合	商业地产	非上市实体运营公司股权	飞机、游艇等高价值交通工具
二级市场投资组合	农业用地、工业用地	上市公司股权	奢侈品
其他投资组合（手表基金、艺术品基金等）	岛屿		知识产权

资产类别的梳理对于资产规划有非常重要的指导作用，不同类别资产的传承模式不同，引发的税务责任不同，对于继承人的

意义也不同。

产权归属

明确各项家族资产的产权归属，是确定信托资产注入者（asset contributor）的决定性因素。主要需要明确的是，法律意义上，资产在谁的名义下。较为复杂的情况是他人名义代持、信托持有或基金会持有。资产的产权归属明确后，才能按照资产拥有人的意愿调整其家族的资产结构，为进一步信托结构规划做准备。

所在地区

资产所在地区通常需要具体到某个城市，每个地区对当地资产的合规要求不同，同类别的资产在不同地区所承担的税务责任也不同。例如，按照 2018 年上海市的最新规定，公司是不可以购买本市住宅的，但杭州市并没有此类规定。再比如，香港公司的股权发生转让之前，股权转让与受让双方须按照转让价（转让价、公司最新净资产总值和公司注册资本金，取最高值）缴纳合计 0.2% 的印花税，但英属维尔京群岛公司在香港就没有此类税务责任。

持有方式

资产的持有方式通常包括个人名义持有、他人以个人名义代持（签署代持协议，或不签署代持协议）、以公司名义持有、以信托名义持有、以基金会名义持有等。持有方式不同会导致资产注入信托的方式和程序不同，也可能会导致注入信托的成本不同。

资产价值

一方面，资产价值，是受托人收取信托管理费的一个重要参考因素，故关系到信托的运作成本；另一方面，资产在未来出售变现后，资产价值将影响到信托为受益人的现金流规划。金融资产的价值比较直观，通过银行对账单或资产管理机构发出的报告即可一目了然；不动产和另类资产的价值需要按照其具体类别，以资产评估公司出具的资产评估报告为准；公司股权的价值，通常以该公司最新的审计报告或财务报表中的净资产总值为准，轻资产的预上市公司也可以参考其估值，同时也应关注公司每年的净利润，预判未来可能产生的分红，以便做好现金流规划。

资产用途

资产的未来用途是资产拥有人的主观意愿，是资产规划的主要方向。按照前文所述的4大类资产，其主要用途可总结如表4–3。

表4–3　资产类别及用途

资产类别	用途A	用途B	用途C	用途D
金融资产	消费	投资增值	未来传承给家族其他成员	捐赠作公益或慈善用途
不动产	居住，未来传承给家族其他成员	租赁，持续赚取收益	出售套现	捐赠作公益或慈善用途
企业资产	股权及运营权未来传承给家族其他成员	股权保留，未来传承给家族其他成员，运营权外包给职业经理人	出售套现	捐赠作公益或慈善用途
另类资产	未来传承给家族其他成员	租赁或授权，持续赚取收益	出售套现	捐赠作公益或慈善用途

境内家族信托的应用案例

家族信托可根据客户的特定情况，例如家庭成员情况、事业发展状况及对未来的规划与诉求，设计针对性的方案满足其诉求。虽然每个家庭各有特色，但是总有些诉求在大方向上是雷同的，即使在细节上存在着显著的差别。因此，我们归纳了几种典型的方案，包括：子女保障、婚姻风险防范、财产隔离、传承－公益混合等。我们根据前述方案整理部分境内家族信托的典型案例如下。

子女保障类型

客户（委托人，下同）的基本情况与诉求

客户的基本情况：李先生与太太前些年通过人工生殖技术再生育了一个儿子，儿子现 5 岁，因年龄差无接班的可能性。而大女儿则已经在国外就学，明确表示不会回来接班。

李先生夫妻创业近 20 年，主要从事电子产品的制造与出口，已经形成了有较为完整的上下游供应链，也有相对稳定的海外客户。李先生夫妇已经没精力赴世界各地去参加各种展会拿订单，逐步将核心业务交付给公司管理层，夫妻两人考虑退休。

客户的诉求：第一，稳定的财务来源，即使不需要太多；第二，不管未来自己的身体或者事业发生任何情况，其尚未成年的儿子在经济独立之前能够有稳定、足够的生活费与教育费用来源。

信托方案及其拓展适用

整体规划方案：在公司层面，建立激励机制，将部分公司股权平价出售给公司管理层，希望通过管理层持股来提升职业经理人对公司的忠诚度；出售部分非核心业务的资产，回笼资金，设立家族信托。

信托方案：受益人为其未成年的孩子及李先生夫妇。该信托设立监察人，监察人为李先生的太太。

拓展适用：此类信托的核心功能包括避免自己事业、身体健康的偶发因素对未成年子女的未来产生影响，提前安排好长期的抚养费支付、额外支出的支付，以及未来成家、置业、创业的费用。

婚姻风险防范类型

客户的基本情况与诉求

客户的基本情况：周先生的父母在地方经营企业，颇有成就，因此在财务上支持了在北京生活的周先生。现在周先生和朋友一起再次创业，还处于初创阶段。但是周先生用来自父母的钱，足以实现财务上的自由。周先生在工作中认识了张小姐，两人恋爱 2 年后有结婚的计划。

周先生的母亲觉得自己的儿子与准儿媳家在经济上差距太大，不放心儿子的财产的安全性，建议儿子与准儿媳签署婚前财产协议，实现分别财产制。但是这个建议让张小姐非常抵触，同时也让周先生为难。

客户的诉求：周先生母亲的主要诉求是万一儿子的婚姻发生危机，需要避免财务方面的损失。在婚前将周先生的主要财产（现金、股权）转至母亲名下，也无法终局性地解决问题，因为作为独子，未来母亲百年之后，还是会回到周先生自己名下的，问题依然存在。

信托方案及其拓展适用

信托方案：设立一个婚前信托，将现金部分纳入信托。首先周先生将现金返还给母亲，由母亲担任信托委托人，信托的第一顺位受益人为周先生，第二顺位受益人为委托人自己；如果将来孩子出生，则孩子也将被列为第一顺位受益人。

拓展适用：此类信托的委托人，主要是防范子女的婚姻风险造成财产损失的人士。在子女婚前设立一个婚前信托，是一种比婚前协议更理想的解决方案。因为与婚前协议相比，婚前信托具有两个明显的优势：（1）不需要未来的配偶签字，甚至都不需要告知他/她，因此不会伤感情，不影响婚姻；（2）不需要像婚前协议那样列明财产，保护了当事人的财产隐私。

财产隔离类型

客户的基本情况与诉求

客户的基本情况：王先生夫妇在 10 多年前离开国企后创办了一个化工企业，经过多年打拼，现在终于形成了一定的规模。王先生夫妻双方的父母都健在，平时由王先生不定期地支付父母的赡养费及医疗费。王先生夫妻育有一个女儿，现年 16 岁，在美国上高中。王太太经常美国—中国两头跑，大部分时间在美国照顾孩子，在美国一年的开支在 12 万美元左右。王太太基本已经离开企业，不再直接参与企业的经营与管理。

王先生的目标是将公司进一步做大，并且谋求 3~5 年内上市。来自资本市场的顾问给他的建议是：引入风险投资者并完善公司组织架构；通过银行贷款的融资从境外进口一条新的生产线。总投资大约7亿元人民币，其中拟贷款4亿元人民币。提供融资的银行要求控股股东即王先生及小股东王太太对该项融资承担个人无限连带责任担保。

客户的诉求：王先生希望激进一搏，冒风险争取上市，而王太太则更希望保障现有的安稳的生活，让家中的4位老人安度晚年。特别是考虑到已经在美国上学的女儿，不太可能再回来参加国内的高考，因此必须保障女儿今后大约10年的开支。如果上市失败导致与风险投资者的对赌失败，王先生夫妇很可能会失去现在已经积累的财富，全家人的生活质量将会急剧下降，女儿的状况将特别被动。

因此，王先生夫妇希望能将部分财产隔离，保障全家人的生活无忧，特别是保障在美国的孩子能顺利完成学业，不受影响。如果事业出现低潮但没有负债累累，则可以以隔离的财产再次东山再起。

信托方案及其拓展适用

信托方案：进行资产状况的尽职调查，将部分已经合法分配至家庭成员的现金资产（包括变卖部分暂时不用的住宅所取得的现金）设立一个家族信托，受益人为王先生的女儿（主要受益人）及双方的父母（次要受益人）。在完成信托之后，王太太也配合王先生签署所有相关的文件，协力争取公司能在风投的帮助下进一步发展壮大并谋求上市。信托财产的分配，主要用于满足女儿的就学与生活需求，以及委托人夫妻两人父母的基本需求。

拓展适用：此类信托的主要目标是隔离部分已经为家庭或者个人所拥有的财产，保障家人生活无忧；并且在万一事业受挫之时，还可以东山再起。此类隔离型信托往往得到考虑下列问题的人士欢迎：（1）预测到经济下行中的风险，拟将部分资产进行隔离，防范事业风险；（2）防范企业经营风险衍射到家庭，将部分财富隔离于夫妻财产之外；（3）拟为企业或者其他人提供担保，担心被牵连，故将部分财产进行隔离。需要注意的是，为应对法律风险，该类隔离应在对外负债或担保之前设计安排。此类信托的结构特点：委托人夫妇不能成为信托的受益人，避免影响信托的隔离效果。

传承－公益混合信托

客户的基本情况与诉求

客户基本情况：梁女士，单身，曾经是个成功的企业家。现在年过花甲，前几年已经将企业出售给管理层，成功收回了大笔资金并退休。目前主要以资金理财的收益作为其主要开支的经济来源。梁女士的儿子与女儿都在国外生活，梁女士不乐意长期与孩子们住在一起，而长住广州，只是经常去看望儿女与孙辈们。梁女士信仰佛教，退休后的重要社会活动就是参加各种佛事活动，并且不是单纯地参与，而是参与到组织活动并资助部分活动经费。

客户的诉求：梁女士考虑，两个孩子在留学、成家之初都取得了梁女士的大额资助，现居国外也都自食其力，生活安逸，不再需要梁女士的资助。梁女士的想法是：随着年龄变大，逐步退出一线的组织工作，但保持持续、稳定地提供资金支持，使得其现在参与的一些佛教性质的活动能够继续。关于家庭，待自己百年之后，将一部分资产留给第三代。

总结而言，梁女士既有传承的诉求，又有公益捐赠的诉求，并且其公益捐赠诉求的特殊性在于：用于指定事项的资金数额，具有一定的灵活性；是长期捐赠，而不是一次性捐赠。

信托方案及其拓展适用

信托方案：该信托属于公益（包括慈善、非营利事项）捐赠与私益（传承）相结合的混合型信托，并且从客户的角度来看，并不特别关注公益捐赠是否能够获得个人所得税方面的豁免。因为要获得税收上的抵扣，不得不通过特定的公益基金进行捐赠。这与个人直接捐赠相比，缺乏一定的灵活性。

梁女士的信托架构，与普通的家族信托在其他方面并无本质性的区别，主要的区别在于信托利益的分配。该信托中的信托受益人，分为两大类：（1）第三代5个孩子；（2）委托人梁女士确定的公益事业。

拓展适用：2016年9月1日生效的《慈善法》，正式宣告了慈善信托这一规范类型的诞生。但是慈善信托需要接受民政部门与银保监会的双重监管，因此具有更多重的要求。并不是每个有公益、慈善捐赠需求的人或者家庭都会选择《慈善法》所确定的慈善信托模式。

传承 + 公益的混合信托模式可能是高净值客户（家庭）更为便利的选择。此项选择虽然不能直接带来税务上的抵扣，但是具有相当的灵活性，并且可以个性化。常见的混合信托的分配模式有3种。

模式一，本金传承，收益公益模式，即前述案例的模式。此类模式公益捐赠通常限于委托人生前。

模式二，定额传承，余额捐赠。典型的约定如，信托受益人在35周岁之前都可以从信托中获得固定数额的收益分配作为来自委托人的资助。当所有的自然人受益人都年满35周岁并且不存在残疾等需要特别照顾的情况，则届时可以将未分配的信托财产一次性捐赠给公益事业。

模式三，并行模式。每年固定比例的金额用于公益支出，其他部分分配或者存储用于分配给其他家族受益人。

境外信托的应用案例

情形一：两个离岸家族信托分别持有实体运营企业股权和其他家族资产

王先生、王太太和女儿王一均为中国国籍，中国税收居民，长居中国上海；儿子王二与王二太太是中国国籍，中国香港税收居民，目前在中国香港生活、工作。王先生是家族资产的主要拥有人。

王先生8年前创办A公司，从事软件开发，个人占股60%，担任公司首席执行官，公司计划一年内在美国纳斯达克上市。王先生在香港拥有一个私人银行账户，持有金融资产投资，并计划在香港购置一张万能人寿保单和一套供王二与王二太太居住的住宅。

王先生与王太太深知企业运营的风险，有意设立离岸家族信托保护家族资产，以保障子女及后代的生活水准，如果有可能，希望家族财富能够传承多代。王先生在金融投资方面有独到见解，习惯通过自己的分析做出投资决策。

上述情形的信托结构设计，通常需要设立两个信托：

- 信托A持有王先生在A公司的60%的股权。
- 信托B持有王先生在香港私人银行账户的金融资产投资组合、即将在香港购置的万能人寿保单受益权以及住宅。

- 由于王先生是资产拥有人，即信托的资产注入者，所以信托 A 与信托 B 的委托人均为王先生本人。
- 信托 A 的受益人为信托 B，信托 B 的受益人为王先生及其指定的其他家庭成员。
- 由于王先生一家均为中国人，主要居住在亚洲，所以应首选在亚洲具备华语服务能力的信托公司作为受托人。通常受托人与信托设立地（信托所适用的法域）须尽量保持一致以避免适用多重法律的复杂情形，再考虑到王先生希望家族财富世代相传，所以信托选择设立在信托可永续存在的中国香港。
- 两个信托均可设置为香港保留权力酌情信托，如此，王先生作为信托委托人可保留对两个信托中信托资产的投资管理权力，担任两个信托的投资经理（investment manager）。
- 两个信托可设置为可撤销信托或不可撤销信托。可撤销信托灵活，可将信托资产撤销回信托委托人个人名下，但资产隔离属性较弱；不可撤销信托，则无法将信托资产撤销回委托人个人名下，但资产隔离属性较强。可撤销信托可随时变更成为不可撤销信托，一个可撤销信托的委托人过世后，该信托将自动变为不可撤销信托；不可撤销信托无法变更为可撤销信托。无论信托的撤销性如何设置，信托关系都是可以终止的。比较常见的情况是，当信托资产全数分配给受益人且信托中没有新的资产时，则受托人不再拥有受托责任，信托关系可以被解除，信托终止。
- 王先生作为信托委托人，在世期间可同时兼任信托保护人一职，同时，在王太太同意的情况下，可委任王太太作为信托继任保护人（successor protector），在保护人无法履行其职责的情形下，继任保护人的权力生效并担任正式保护人；王先生也可直接指定王太太作为现任保护人，但需要考虑是否有其他合适人选担任继任保护人，在王太太无法履行保护人职责时将其替换。保护人是一个离岸家族信托的重要角色，但也并非一个必须存在的角色，如果没有合适人选，亦可不委任保护人，则信托契约中所有关于保护人的条款将不适用。

选择保护人的原则：

- 设立人足够信任的人士。
- 了解设立人信托需求。
- 知晓保护人这一角色的义务及责任。
- 尽可能与信托受益人没有利益冲突。

信托保护人，通过牵制受托人的权力，达到保护受益人在信托中的权益。保护人拥有如下权力（遵循信托契约相关条款规定）：

- 有权撤换受托人。
- 有权撤换投资经理。

受托人在执行如下受限权力时（以香港保留权力酌情信托为例），须获得信托保护人书面同意，或者须提前通知信托保护人，否则受托人不能行使如下权力：

- 在信托存续期间，执行分配信托资产或信托收入。

- 申请使用信托资产或信托收入支付其指定的款项。
- 在信托到期时，分配信托资产及信托收入。
- 宣布信托提前到期的具体日期。
- 将该信托资产转移至另一信托。
- 增加 / 移除受益人。
- 扩大排除类别。
- 更改信托条款。

关于一个离岸家族信托中委托人、受托人、受益人、保护人、投资经理等主要角色的权力，在设立信托前，委托人可聘请专业的离岸信托财产规划律师按其需求对信托契约进行定制化修订，赋予不同的角色不同的权力，使信托各方相互制衡，使信托架构达到一个相对稳定的状态。

由于企业运营风险较多，企业股东被诉讼的可能性较高，所以上述情形通常需要设立两个离岸家族信托，将家族企业资产和家族其他资产相隔离，持有企业股权的信托 A 收到的企业分红可分配给受益人信托 B。如此，持有企业股权的信托受到官司或债务牵连时，该企业曾经为王先生赚到的钱已通过信托 A 分配至持有家族其他资产的信托 B，而信托 B 独立于信托 A，则信托 B 的资产不会受其影响，家族资产得到了有效保护。

值得一提的是，如果王先生希望将自己的一部分股份做成期权奖励多年跟随自己的核心员工，以鼓励他们在企业上市后继续留任效力，那么王先生可选择再设立第三个信托，即员工期权激励计划信托（employees stock option plan trust），该信托的资产是员工的期权，受益人是王先生希望激励的员工。该信托需要独立于王先生的另外两个家族信托。

情形二：为税收居民身份不同的受益人设立不同的信托

李先生、李太太和儿子李一，均为中国国籍，中国香港税收居民。李太太和儿子李一计划移民并长居美国。李先生和李太太的女儿张二，未婚，已定居加拿大，是加拿大籍且为加拿大税收居民。

李先生没有移民计划，是家族资产的主要拥有人，主要资产为在香港的自住房产和金融资产，李先生希望设立家族信托保护其家族金融资产，为子女制订合理的财富继承计划。同时，李先生希望保留对信托资产的投资管理权力。

李先生作为信托委托人，须将其金融资产分为两部分，分别设立信托：

- 信托 A，设置为非美委托人信托（foreign grantor trust），受益人为未来会成为美国税收居民的李太太和儿子李一。
- 由于美国方面的税务合规要求，信托 A 通常设置为可撤销信托。
- 信托 B，受益人为女儿张二（加拿大税收居民）。
- 信托 B 可按照委托人李先生的需求，设置为可撤销或不可撤销信托。
- 李先生本人亦可作为信托 A 及信托 B 的受益人之一。
- 由于李先生希望保留对信托资产的投资管理权力，信托 A 和信托 B 须挑选支持保留权力酌情信托的法域设立。

美国和加拿大均属于税务责任较为复杂的国家，通常为了避免一个信托架构中的税务责任过于复杂，需要为不同税收居民身份的受益人设立不同的信托。在设立这类税务责任较为复杂的信托之前，通常需要委托人聘请专业的税务律师对信托契约和意愿书进行必要的合规修订，并为信托出具正式的税务意见，明确信托的税务责任。

情形三：为有可能不和睦或有利益冲突的受益人设立不同的信托

李先生和前妻刘女士有一个儿子李一，李一与李一太太育有一女李小一；李先生与现任妻子李太太育有儿子李二和女儿李三，李二已婚，李三未婚；上述人士均为中国国籍，中国香港税收居民。

李先生是家族资产的主要拥有人，主要资产为李先生全资控股的一家香港贸易公司、在香港的自住房产和金融资产。李先生希望将香港的贸易公司出售给其管理层，自己套现退休，同时设立家族信托保护其家族金融资产，为儿子李一及其女李小一、儿子李二和女儿李三制订合理的财富继承计划。李先生希望保留对信托资产的投资管理权力。

鉴于李先生的家庭成员关系较为复杂，李先生作为信托委托人，须将其金融资产（包括香港贸易公司即将套现的部分）分为两部分，分别为两个家庭设立信托：

- 信托 A，受益人为儿子李一、李一太太及李小一，保护人或继任保护人可委任前妻刘女士。
- 信托 B，受益人为李太太、儿子李二和女儿李三，保护人或继任保护人可为李先生或李太太。

当受益人有可能出现不和睦的情形，或相互存在利益冲突的情形，须将这些受益人分散在不同的家族信托架构中，尽可能避免未来同一个信托架构中受益人之间产生纠纷，甚至官司。

前述是较为常见的须设立多个信托的3种情形，实际还有很多其他情形。例如，由于不同信托司法管辖区所支持的信托类型不同，有时委托人根据自己的家庭情况、资产情况及需求，既想拥有对信托资产的直接控制权，又希望信托资产得到充分的保护，那么委托人可选择将其资产分为两部分，希望直接控制的信托资产注入英属维尔京群岛特殊信托，希望充分保护的资产则注入一个全权酌情信托或保留权力酌情信托。

随着信托委托人或受益人的税收居民身份变化及其对信托的诉求变化、信托资产的变化以及信托法规的变化，信托的一些条款可能需要不时变更，信托架构可能会调整，信托类型可能会转换重组，甚至信托所适用的法域也可以变更迁册。经过数百年的洗礼，离岸家族信托有较为完善的法律支持，信托结构的设计是灵活多变的，也是较为复杂且专业性较强的。一个合理的信托结构设计，需要受托人、法律顾问、税务顾问、投资顾问等各方专业人士的合作，充分与家族客户沟通，才可以完成。所以，成功设立好信托架构，才是家族财富管理的关键。

贯穿境内外的家族信托

现实中，因应中国企业国际化的需求，跨境的企业股权家族信托也有很多成功案例，例如英飞拓－刘氏家族信托、辽宁忠旺－刘氏家族信托以及宝信汽车－杨氏家族信托等。我们就这3个项目的公开信息进行了梳理，以供大家了解。

英飞拓－刘氏家族信托

英飞拓的案例，目前已被多篇研究报告归纳分析，以下系根据监管机构公开信息及引用部分研究报告的整理。

深交所上市公司深圳英飞拓科技股份有限公司（以下简称“英飞拓”）的实际控制人刘肇怀先生，通过结构化的家族信托设计，成功将其持有的英飞拓权益置入海外家族信托。具体而言，刘肇怀先生通过 4 个家族信托所组成的家族信托群（以下简称“刘氏家族信托”）间接持有英飞拓约 30% 的股份收益权权益。

截至 2017 年 1 月 19 日，刘氏家族设立 4 个家族信托通过“JZ LIU 家族信托”合计 100% 持有在美国特拉华州设立的有限责任公司 JHL 公司的股权收益权（根据当地法律，JHL 公司的股权收益权与股权投票权可分离）。JHL 公司直接持有英飞拓约 30% 的股份，系英飞拓的第一大股东。其具体结构如图 4-1 所示。[1]

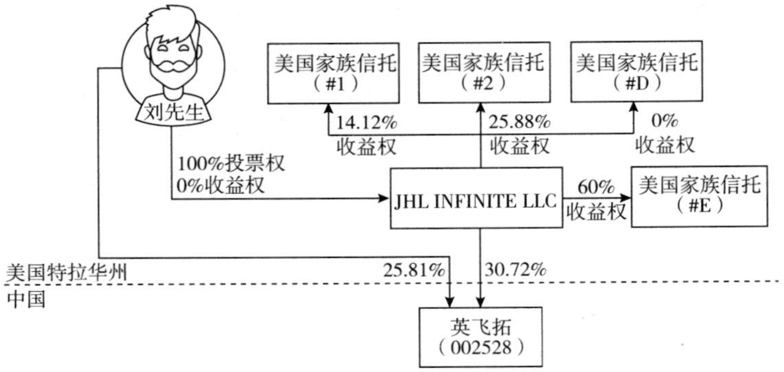

图 4-1　英飞拓－刘氏家族信托结构

1　参见和丰家族办公室《英飞拓刘氏家族信托——中国上市公司与海外信托的勇敢尝试》，访问地址：https://mp.weixin.qq.com/s/hTnhrFpCcW-6_2yIRyLzFA，最后访问日期：2018 年 5 月 22 日。

辽宁忠旺 - 刘氏家族信托

辽宁忠旺集团有限公司（以下简称“辽宁忠旺”）的控股股东为辽宁忠旺精制投资有限公司，辽宁忠旺精制投资有限公司系忠旺中国投资（香港）有限公司的全资子公司，忠旺中国投资（香港）有限公司系 Zhongwang China Investment Limited 的全资子公司，Zhongwang China Investment Limited 系港交所上市公司中国忠旺控股有限公司（以下简称“中国忠旺”）的全资子公司，中国忠旺的控股股东为 Zhongwang International Group Limited。辽宁忠旺的实际控制人为刘忠田先生（以下简称“刘先生”）。

刘先生通过其所控制的刘氏家族信托持有中国忠旺普通股的 74.16% 和优先股的 99.99%，从而间接持有辽宁忠旺 100% 的股权。其结构性设计如下。[1]

刘先生作为唯一委托人于2013年9月26日设立刘氏家族信托，TMF（Cayman）Ltd. 作为受托人。刘氏家族信托持有 Prime Famous Management Limited 100% 的股权，Prime Famous Management Limited 持有 Radiant Day Holdings Limited（耀日控股有限公司）100% 的股权。2013 年 9 月 27 日刘先生将其直接持有的 Zhongwang International Group Limited 100% 的股权转让给 Prime Famous Management Limited；2014 年 7 月 18 日，Prime Famous Management Limited 将其持有的 Zhongwang International Group Limited 100% 的股权转让给耀日控股

1　辽宁忠旺相关股权结构信息来源于《财达证券股份有限公司关于中房置业股份有限公司重大资产置换及发行股份购买资产并募集配套资金暨关联交易之独立财务顾问报告》，2016 年 8 月，第 50–51 页。

有限公司。故，自 2014 年 7 月 18 日起，刘先生通过刘氏家族信托间接持有辽宁忠旺 100% 股权的结构性设计如图 4-2 所示。

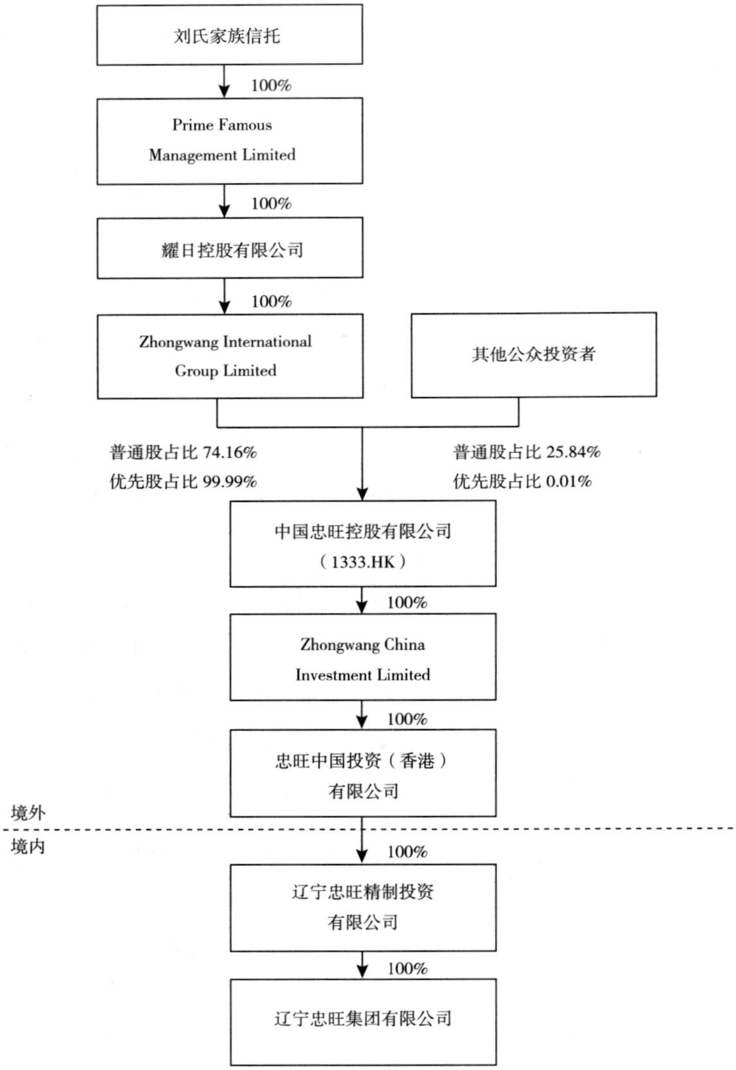

图 4-2　辽宁忠旺 - 刘氏家族信托结构

宝信汽车 - 杨氏家族信托

设立于英属开曼群岛的香港联交所上市公司宝信汽车集团有限公司（Baoxin Auto Group Limited）（以下简称“宝信汽车”）于 2016 年 6 月 27 日被广汇汽车服务股份公司（以下简称“广汇汽车”）收购，收购前，宝信汽车相关股权及实际控制人信息如下。[1]

宝信汽车持股 5% 以上的主要股东为 Baoxin Investment Management Ltd.（以下简称“宝信投资”）、Auspicious Splendid Global Investments Limited（瑞华环球投资有限公司）（以下简称“瑞华环球”）等，其中宝信投资持有宝信汽车约 48.6% 的股权，瑞华环球持有宝信汽车约 5% 的股权；宝信投资的实际控制人为杨爱华先生。杨爱华先生于广汇汽车收购宝信汽车前，通过杨氏家族信托（包括 Sunny Sky Trust 与杨氏信托）持有宝信汽车超过 50% 的股权。具体而言，其结构性设计包含两部分：

第一，通过 Sunny Sky Trust 持有宝信汽车 48.6% 的股权。Sunny Sky Trust 系以杨爱华先生及其子女及后人为受益人的酌情信托，杨爱华担任信托保护人，Credit Suisse Trust Limited 担任信托受托人全资持有宝信投资。根据信托文件，只要保护人杨爱华先生在职，受托人将不获得任何投资或管理资产的权力。故，杨爱华先生仍实际控制宝信投资。其具体结构设计如图 4-3 所示。

1　资料来源：《广汇汽车服务股份公司重大资产购买报告书（草案）》，2015 年 12 月，第 49-50 页。

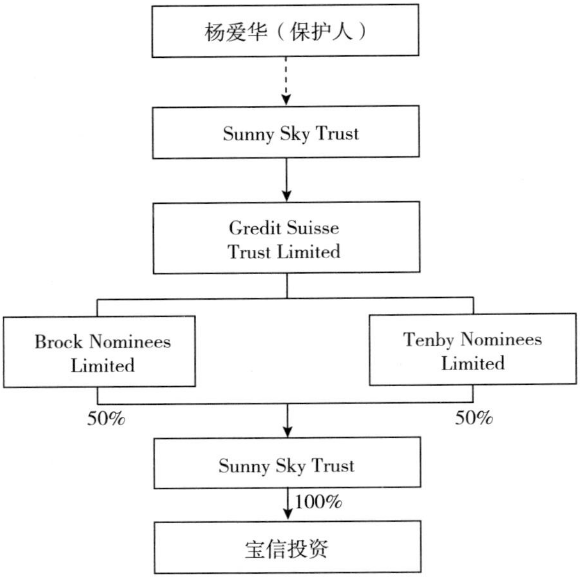

图 4-3　Sunny Sky Trust 结构

第二，通过杨氏信托持有宝信汽车约 5% 的股权。杨氏信托系以杨爱华先生、杨泽华先生（杨爱华先生的兄弟）以及彼等各自的子女及后人为受益人，杨爱华先生担任信托保护人，杨爱华先生的女儿杨楚钰女士担任酌情信托的受托人全资持有瑞华环球。根据信托文件，只要保护人杨爱华先生在职，受托人将不获得任何投资或管理资产的权力。故，杨爱华先生仍实际控制瑞华环球。其具体结构设计如图 4–4 所示。

上述 3 个案例都是因资本市场的信息披露要求而公开的案例。事实上，只要持股不超过 5%，并且不是实际控制人，通过信托持股是不需要披露的，能保障信托的高度隐私性。并且，即使披露了信托持股的存在，事实上对于信托的细节特别是受益人的细节，也是不需要披露的。因此，信托特有的隐私是有保障的。

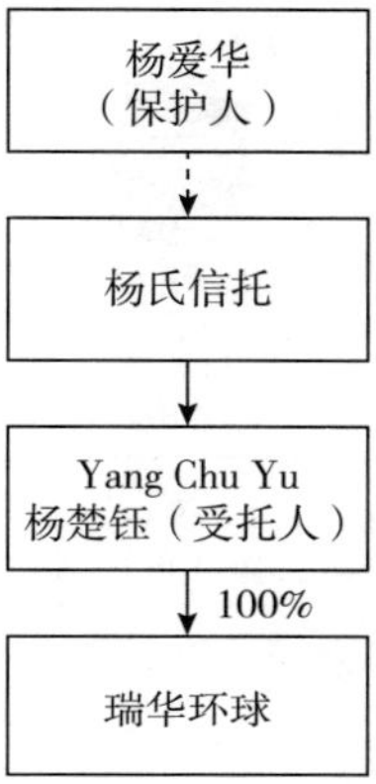

图 4-4　杨氏信托结构

虽然中国有着外汇管理制度，但是持有跨境资产仍然可通过合理的途径实现。特别是在股权投资方面，中国存在着数额巨大的外商投资企业，由境外实体通过层层架构持有境内的资产是普遍现象。因此，通过境外信托持有境内公司实体，已经有诸多先例，我们所查询到的 A 股资本市场相关的，也远远不止上述 3 例。当然，一旦涉及资产的跨境安排，就需要在国家发展改革委、商务部、外汇管理局等主管机构进行申请、备案与获得批准。

家族信托的管理模式与资产配置趋势

家族信托的资产管理模式

家族信托的资产管理可以分为多种模式。投资顾问模式是比较符合现阶段中国式家族信托的资产管理模式。

图 4-5 是一个典型家族信托的运营模式。

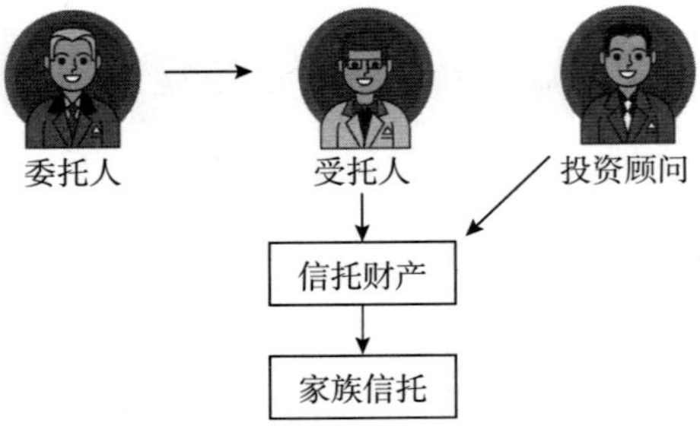

图 4-5　典型家族信托的运营模式

在这个模式中，信托财产的运用，事实上由 3 种主要的模式构成：

模式一，委托人仍然保有投资决策权。根据《信托法》第二条的规定，委托人在信托存续期间仍然是可以指示受托人来管理信托财产的。但是在实务中，委托人进行全程决定或者参与投资决策，并不是一个好的“习惯”。具体原因，我们将在后文阐述。

模式二，信托财产的运用完全由受托人来管理，即受托人同时担任了信托关系中的受托人角色，也担任了委托管理关系中的财产管理人角色。这两个角色的重合，本身并不发生利益冲突。但如果受托人在资产管理中，购买（配重）了其自己发行的其他金融产品，此时即发生了一定的利益冲突与关联交易。当然，这种利益冲突与关联交易，在中国法框架下并非完全禁止的，只要做了充分的披露并经过委托人确认即可。这种模式的优势是：受托人熟悉自己发行的产品，因此能够更好地履行受托人的审慎义务。

模式三，独立的投资顾问模式，即聘用独立的第三方来担任投资顾问，由投资顾问来负责信托财产的管理。这种模式的最大优势是独立性。独立性意味着可能最能从受益人的角度去管理信托财产。当然仅仅拥有独立性是不够的，还需要具有相当的投资管理能力。甚至可以说，在一定程度上，投资管理能力是优先于独立性的。长期的投资管理能力，确保信托财产的保值增值，是信托长期存续并且长期向受益人进行分配的基石。

从管理的角度看，模式一是极度不推荐的。如果是短期信托，模式一可以考虑，但是从长期来看，这种模式是应该回避的。主要理由如下：

首先，其背离了信托的基本诉求。如《信托法》所规定的那样，信托财产原本应当独立于委托人的其他财产。设立信托就应当接受“将这笔钱”脱离自己直接管理的样态。从长期来看，委托人的寿命、精力总是有限的，因此将财产交给其他人管理是一个必然的选择。

其次，在这种模式下，如果未来债权人主张追索这笔信托财产，就多了个理由：看，债务人继续在实际控制着信托财产。因此，委托人直接管理信托财产，在一定程度上是不利于信托实现“债务隔离”的目的的。当然，债务隔离并不是每一个信托所追求的目标。

最后，家族信托的设立是一种长期的资产管理模式。因此，将这种资产交付给专业机构，从长期来看肯定优于交给自己或者交给个人，关于这一点我们已经在前文论证过了。

家族信托资产配置的特点与趋势

家族信托资产配置的逻辑

家族信托资产的管理与配置风格，一定程度上取决于委托人的个人风格。之所以说是“一定程度上”，是因为委托人的个人风格这一主观因素落实到家族信托这一特定的资产管理之上，其实所占比例并不多。其更多的是由"家族信托的特定"确定的客观因素决定的。这是因为，信托的设立并非为了委托人的利益，而主要是为了受益人的利益，并且是受益人的长期利益。这决定了：第一，家族信托的资产配置，在风格上追求稳健性；第二，家族信托的资产配置，在期限选择上，追求长期的规划性，在一定意义上是在为未来的几代人在管理家族/家庭资产，因此并不追求短期效应。

国内现行的家族信托资产配置，据不完整的公开数据统计，绝大部分是配置了短期固定收益类理财产品。但是，随着资管新规的落地，打破刚兑，固定收益类产品逐渐告别预期收益率的风格，将逐步进入"净值化"管理的时代。并且，从周期性来看，中短期的固定收益类产品是很难解决"跨经济周期"的需求的。家族信托的长期性决定了其不得不直面"跨经济周期"的问题，要在长周期里实现"风险可控，回报可期"。就此，全球多家机构均有探索与实践，如耶鲁大学捐赠基金会在过去30年里，通过分散类别配置并且较大比例（约30%~40%）配置于私募股权，获得了年均超15%的回报。哈佛商学院学者兰迪·科恩（Randy Cohen）则联合宜信财富提出资产配置黄金三原则：

- 跨地域国别配置。
- 跨资产类别配置。
- 通过母基金的方式做长期投资。

谨慎选择资产配置专业机构

家族所托付的专业机构选取资产的水平，决定了家族信托下的资产回报率是否能超过市场平均回报。哈佛商学院的兰迪·科恩博士研究指出，能获得超越平均回报的基金管理者往往具备以下特质：

- 能构筑专注集中的投资组合，把精力聚焦于核心的、能带来超额回报的策略或事情，而非纯粹广撒网。
- 在某些领域是专才，而非涉猎广博却无一精通。从历史上看，专才型管理人历来大幅超越全才型管理人。
- 具备差异化思维的管理人，往往能找到一般人忽视的机会，避免陷入诸多同质化竞争甚至亏损。
- 那些在其他公司资历丰富的专家型管理人，去创设新的基金时，往往更渴望成功，他们会以200%的精力去工作，努力避免之前犯过的错误，并且践行未被其他人效仿的策略。这都是获得优秀业绩的优势。
- 规模较小的基金，也有多方面优势，例如管理可以更为敏捷，有利于及时捕捉新机会，以及避免损失。

不过硬币往往有两面性，以上特质也都会导致新的风险：

- “集中”意味着组合中单只标的的占比往往不低，若其中一两只出现问题，则会严重影响组合的整体表现。
- “专才”意味着如果基金管理人擅长的国家、行业或资产类别价值缩水，整个组合都会受到影响。这些都属于集中度风险。
- 差异化思维下，独特的投资策略自然也会伴随独特的、未知的风险。
- 从本质上来说，新的基金、新的策略就意味着更大的不确定性。

- 小基金在很多情况下往往抵抗风险能力相对弱。

欧洲投资基金（European Investment Fund）的研究显示，对于投资私募股权行业的投资者，如果投单只基金，损失率约22%左右；如果只是投资单一项目，平均损失将达到40%。

母基金逐步成为高净值家庭的主流选择

同样根据欧洲投资基金的研究，对于投资私募股权行业的投资者，如果投资母基金，亏损概率低于1%。

以私募股权基金为例，将资产分散投资于该类别下不同行业、不同类型、不同策略风格的管理人，形成一个多元化的投资组合，由这些基金构成的多元化的投资组合的风险要比任何单只基金低得多。

“母基金”或许对于国人来说还不那么熟悉，事实上它在全球范围内是一种存在了数十年的组合型投资方式，是基于某一种资产配置思路下的产品化安排。它的价值获取方式，是将资金科学配置、分散投资于多只基金中，进行专业化管理，而每个子基金又会涵盖不同的投资标的。

科思博士认为，优秀的母基金和单一基金相比有3个显著优势：

第一，母基金用分散化投资与科学配置理论重新打造了一个比单只基金更加长效稳健的风险收益组合。

第二，母基金在专业尽调之后，将资金投到众多一流的标的基金中；并且进行专业化的投后管理，积极跟每一位子基金管理人密切沟通，确保投资策略如期开展，否则就会及时替换/优化。

第三，在规避单一项目、单一基金风险的同时，母基金基于帮助投资人尽可能多地、高效地覆盖到高成长机会。

以上优势可总结为“科学配置、分散风险、专业管理”，是母基金能帮助投资者长周期做到“风险可控，回报可期”的关键要素。

从成熟市场经验看，家族传承是长期规划，家族信托下的财富宜以稳健风格进行管理，坚持以母基金的方式来进行长期投资。对于部分进取型投资者，如果在母基金配置已经达到一个较高的水平，并且具备一定的行业专业能力基础，可考虑尝试投资于部分单一基金，甚至小额参与天使投资或单一项目跟投。

附录

全球税收环境速览

经济全球化进程使越来越多的企业或者个人可以通过境外金融机构持有和管理资产，这在一定程度上为收益隐匿在境外金融账户以避开某些经济责任或义务提供了方便。然而，随着全球反避税合作的深化，通过离岸避税地进行避税逐渐失去了可能。最新的变化是，2018 年 8 月 31 日，第十三届全国人民代表大会常务委员会第五次会议通过了《关于修改〈中华人民共和国个人所得税法〉的决定》。本次修订明确引入了反避税条款，于 2019 年 1 月 1 日起正式实施。在此之前，美国早在 2010 年就颁布了海外账户税收合规法案（Foreign Account Tax Compliance Act，简称 FATCA），其规定在美国本土有投资利得的非美国金融机构须与美国签署申报协议，每年向美国财政部或国税局申报本机构的美国客户信息。如果未履行上述申报义务，则美国将对外国金融机构实施惩罚性（30%）的预提税。2014 年 7 月，OECD 发布了"金融账户信息自动交换标准"（Standard for Automatic Exchange of Financial Account Information，简称 AEOI 标准），为各国加强国际税收合作、打击利用跨境金融账户逃税提供了强有力的工具。CRS 作为 AEOI 标准中一个关键的构成部分，是 OECD 订立的一套金融机构尽职调查和申报的标准，用于指导相关参与司法管辖区定期对税收居民金融账户的信息进行交换。

在二十国集团（G20）的推动下，至 2017 年 12 月 31 日，已有 105 个国家（地区）承诺实施 AEOI 标准及 CRS；至 2018 年 7 月 5 日，有超过 3 200 个双边交换关系已经就位。据此，中国自 2018 年 9 月开始根据多边主管当局间协议以及确定的起始税务年度陆续向包括英国、新加坡在内的 58 个国家（地区）提供其税收居民在中国金融机构所持有账户的信息，而毛里求斯、英属维尔京群岛和开曼等83个国家（地区）则向中国提交中国税收居民在该国（地区）金融机构所持有账户的信息。

以中国和新加坡为例，两国于2018年9月开始就2017纳税年度的信息进行互换。假设某中国税收居民在某新加坡金融机构拥有账户，首先由该机构通过尽职调查程序识别该居民在该机构开立的账户，按年向新加坡主管部门报送账户持有人名称、地址、账号、余额以及出售金融资产的收入等信息，再由新加坡税务主管当局与中国税务主管当局开展信息交换，最终为跨境税源监管提供信息支持。

在上述交换流程中，非常关键的一点是判断账户持有人的税收居民身份。只有在账户持有人是中国税收居民的前提下，该账户信息才会被交换给中国税务主管当局。

在国际税收实践中，税收居民身份是一国行使居民税收管辖权的前提。而税收居民身份的判定是按照各国国内法，根据住所、居所、成立地、实际管理机构所在地或者其他类似的标准而进行的税法层面的税收身份界定，与本人的国籍或机构成立的地点并不一定一致。

随着全球税收逐步透明化，税收居民身份的判定也变得更加重要。以遗产税来举例说明，如果X先生为英国税收居民，则X先生需要就全球资产在英国缴纳遗产税；如果X先生不是英国税收居民，则X先生仅需要就英国资产在英国缴纳遗产税。在CRS实施之前，X先生在中国金融账户里的信息有可能并不被英国税务主管当局所知悉，而CRS实施之后，理论上来讲，英国税务主管当局将掌握X先生的海外资产状况。对高净值人群来说，由此带来的巨大挑战是不言而喻的。

主要国家 / 地区的税收居民认定标准[1]

Ⅰ. 美国个人税收居民认定标准

- 美国实行全球征税政策。
- 美国所得税中涉及的税收居民通常由其国内税收法规定义。
- 美国个人税收居民定义为：

  - 美国公民。
  - 持有绿卡标准（Green Card Test）——具有美国合法永久居民身份（持有“绿卡”），享有在美国永久居住或工作的权利。
  - 实际居留标准（Substantial Presence Test）——于一个纳税年度在美国居留达 183 天；或者本年度在美国居留至少 31 天，且在本年及上溯两年的时间里在美国累计居留达 183 天。

Ⅱ. 加拿大个人税收居民认定标准

- 加拿大实行全球征税政策。
- 判定加拿大个人税收居民主要考虑的居住联系（Residential Tie）包括：

  - 在加拿大是否有住房、个人资产。
  - 在加拿大逗留时间的长短和疏密。

1　以下内容均为来源于 OECD 官方网站的信息。

➢逗留／离开加拿大的原因。

➢日常居住地。

➢配偶、子女、财产、经济利益和社会关系。

➢是否拥有加拿大驾驶执照。

➢是否拥有加拿大银行账户或信用卡。

➢是否拥有加拿大境内省份或其管辖区域的医疗保险。

- 一个公历年度内，在加拿大居住满 183 天则被认定为加拿大个人税收居民。

Ⅲ. 澳大利亚个人税收居民认定标准

- 澳大利亚实行全球征税政策。
- 通常，澳大利亚个人税收居民是指在澳大利亚居住，并且至少符合下列条件之一的个人：

➢在澳大利亚有固定住所。

➢一个纳税年度在澳大利亚居留超过 183 天。

- 另外，澳大利亚税法中还有“临时居民”的概念。“临时居民”获得的来源于境外的收入（包括境外投资收益但不包括作为澳大利亚临时居民在境外的任职受雇所得），以及来源于非应税澳大利亚资产的资本利得可以免于缴纳澳大利亚所得税。满足以下所有条件的个人被认定为临时居民：

➢必须持有临时居民签证在澳大利亚工作。

- ➢从社会保障的角度不是澳大利亚居民。
- ➢其配偶（法律或实际意义上的）从社会保障的角度不是澳大利亚居民。

- 不满足以上居民或临时居民条件的个人，则被定义为非澳大利亚税收居民。

Ⅳ. 英国个人税收居民认定标准

- 对英国税收居民来说，如果同时拥有英国居籍（Domicile），则实行全球征税政策；如果英国税收居民属于非居籍（Non-Domicile），则可以选择实行全球征税政策或者汇入制纳税政策[1]。
- 从2013年4月6日起，英国实行了全面的法定居民测试来判定个人是否为英国税收居民。
- 满足以下任一条件的个人，被认定为英国税收居民：

  - ➢在365天内，他（或她）有75%或以上的工作日是在英国全职工作（每周平均工作时间不少于35小时）；
  - ➢在至少91天的期间内（其中至少有30天属于有关的英国纳税年度），他（或她）仅有的或全部的住所位于英国；
  - ➢在一个英国纳税年度内，他（或她）在英国停留183天或以上；

1 如果英国税收居民属于非居籍的境外收入及财产转让所得不汇回英国，可能免于英国纳税。

➢ 他（或她）满足了足够的关系测试（如，英国雇佣、住房、家庭、之前年度在英国天数以及税收居民情况）。

Ⅴ．新加坡个人税收居民认定标准

- 新加坡以属地原则征税。
- 满足以下任一条件的个人，被认定为新加坡税收居民：

➢ 在新加坡定居并成为新加坡永久公民。

➢ 上一年度在新加坡居留或工作183天或以上的外籍人士（公司董事除外）。

➢ 如果外国雇员在新加坡停留或工作连续183天（跨年度）及以上，将同时被认定为两个纳税年度的居民，即使每一年度在新加坡的时间都少于183天。

Ⅵ．中国个人税收居民认定标准

- 中国实行全球征税政策。
- 满足以下任一条件的个人，被认定为中国税收居民：

➢ 中国境内有住所的个人。

➢ 中国境内无住所而一个纳税年度内在中国境内居住满183天的个人。

Ⅶ．中国香港地区个人税收居民认定标准

- 中国香港税收遵循属地原则。
- 满足以下任一条件的个人，被认定为中国香港税收居民：

➢通常居于香港。
➢在有关纳税年度内在香港逗留超过 180 天，或在连续两个纳税年度（其中一个是有关的纳税年度）内，在香港逗留超过 300 天。

（备注：税收居民身份判定是按照各国国内法，由于住所、居所、成立地、实际管理机构所在地或者其他类似的标准而进行的税法层面的税收身份界定。以上提到的认定标准仅供参考，具体以各国 / 地区实际认定为准。）

中国税收环境变化及发展趋势

系统建设：金税三期大数据和云计算

金税工程是经国务院批准的国家电子政务工程，是税收管理信息系统工程的总称。

自 2016 年金税三期全面上线之后，国家推出了各种配套新政来打造税务管理大数据平台，其中包括：

- 国、地税数据整合，所有涉税申报都在金税三期系统里进行。
- 五证合一，统一企业编码，政府各部门间的数据共享变得简单。
- 发票开具更加规范，实施商品编码和普通发票增加税号等要求之后，主管税务机关对企业的采购和销售情况及匹配信息了如指掌。
- 个人财产数据申报整合，为构建以高收入者为重点的自然人税收管理体系打下基础。

- 境外收入情报交换，打击国际逃避税。

金税三期融合了越来越多的涉税信息，主管税务机关对纳税人的行为有了更全面和深入的把控，纳税人的真实财务和财产数据也越来越容易被主管税务机关所掌握。税务机关还制定了网上办税系统与企业财务软件对接的接口规范，以便于缓解纳税人纳税申报的行政负担。然而，纳税人也应留意开放其财务系统可能带来的潜在风险。例如，自动计算的应报税税额可能导致申报错误或不一致的信息，从而可能引发税务机关的询问甚至税务稽查。

金税三期系统日趋成熟，配套接口不断推出，这些都为税收征管工作提供了强大的数据支持。

税制改革：国、地税合并

2018 年 3 月，中央发布了《深化党和国家机构改革方案》，其中一项重大变化在于改革国税、地税征管体制，将省级和省级以下国税、地税机构合并。省级和省级以下国税、地税机构合并后，具体承担所辖区域内各项税收、非税收入征管等职责，包括基本养老保险费、基本医疗保险费、失业保险费等。国、地税合并之后，以前的国、地税信息不对称与口径不统一的情况不复存在，税务监管将更加严格，也更加信息化和透明化。

税制改革：构建以高收入者为重点的自然人税收管理体系

根据《深化国税、地税征管体制改革方案》的内容，我国将顺应直接税收比重逐步提高、自然人纳税人数量多、管理难的趋势，从法律框架、制度设计、征管方式、技术支撑、资源配置等方面构建以高收入者为重点的自然人税收管理体系。税务总局、省级税务局集中开展对高收入纳税人的税收风险分析，将分析结果推送至相关税务机关做好应对，不断提高自然人税收征管水平。

围绕着自然人税收管理体系的建设，有如下几个需要关注的重点：

- 法律框架——正在修订中的《税收征管法》已经明确建立自然人纳税识别号。
- 制度设计——加快完善个人所得税征管配套措施，由目前的分类征管模式转向综合与分类相结合的计税模式。
- 征管方式——实行代扣代缴和自行申报相结合的双向申报方式。
- 资源配置——将有限的征管资源配置于税收风险或税收集中度高的纳税人。
- 技术支撑——建立健全的个人收入和财产信息系统，同时，CRS 的实施可以有效解决自然人国际税收管理信息不对称的问题。

另外，个人收入和财产信息系统建设总体方案已经中央全面深化改革领导小组会议审议通过。2018 年起，中国逐步实现征管数据向税务总局集中，建成个人税收征管系统，并实现该征管系统与个人收入和财产信息系统互联互通，从多方面构建以高收入者为重点的自然人税收管理体系。个人收入和财产信息系统有利于政府部门掌握个人收入和财产信息，而这为当前复杂的个税改革和房地产税开征奠定了信息基础，将持续推动个税和房地产税改革。

2017 年 12 月，广东省地税局发布了《广东省地方税务局自然人税收管理办法》，在构建自然人税收管理体系上迈出了重要的一步。根据该办法，自然人纳税人按照收入和资产被划分为高收入、高净值自然人纳税人，以及一般自然人纳税人两大类。针对现实中高收入、高净值自然人收入来源多，收入隐蔽，税收征管难度大等特点，税务机关将采取措施强化高收入、高净值自然人的日常税源管理和监控，特别是在股息红利、财产转让、非货币资产投资等非日常收入方面，有针对性地采取措施加强个人所得税管理。

2018 年 8 月 31 日，《中华人民共和国个人所得税法》第七次修正案顺利表决通过。有关新个税法的意义和影响，前已述及，此处不再赘述。

税制改革：简政放权，加强事中事后管理

在最近几年的税务发展中，主管税务机关越来越多地取消和下放税务行政审批项目，推行纳税人自主申报，完善包括备案管理、发票管理、申报管理等在内的事中事后管理体系。从纳税申报、对外付汇的备案、一般纳税人登记、资产损失的报备以及税收优惠适用等各个方面，纳税人均可享受到简政放权带来的便利。但与此同时，纳税人需要承担的税收遵从风险也在加大，纳税人需要更准确把握不断更新的税收政策，以避免可能出现的风险。

发展趋势：加强国际税收合作，严厉打击国际逃避税

CRS 在中国落地，国家税务总局于 2018 年首次与其他国家 / 地区的税务局交换非居民金融账户信息，进一步推动了个人境外

资产和收入信息的透明化。个税征管已经进入以跨境信息交换和大数据为依托的新时代，企业和个人也将在合规风险和成本管控方面迎接更多更新的挑战。同时，我国将全面深入参与应对税基侵蚀和利润转移（Base Erosion and Profit Shifting，简称 BEPS）行动计划，构建反避税国际协作体系，建立健全跨境交易信息共享机制和跨境税源风险监管机制，完善全国联动联查机制，加大反避税调查力度，防范国际逃避税。

各国 / 地区财富传承涉及的主要税种

中国

1. 企业所得税：在中华人民共和国境内，企业和其他取得收入的组织为企业所得税的纳税人，依照《中华人民共和国企业所得税法》的规定缴纳企业所得税，一般税率为 25%。

2. 个人所得税：根据新个税法的规定，在中国境内有住所，或者无住所而一个纳税年度内在中国境内居住累计满 183 天的个人，从中国境内和境外取得的所得，或者在中国境内无住所又不居住或者无住所而在境内居住不满 183 天的个人，从中国境内取得的所得，依照《中华人民共和国个人所得税法》规定缴纳个人所得税。征税内容包括工资、薪金所得；个体工商户的生产、经营所得；对企事业单位的承包经营所得；劳务报酬所得；稿酬所得；特许权使用费所得；利息、股息、红利所得；财产租赁所得；财产转让所得；偶然所得和其他所得。根据不同征税项目，个人所得税分别适用 7 级超额累进税率、5 级超额累进税率和 20% 的比例所得。

3. 房地产税：中国目前并未开征房地产税，但自从 2018 年 3

月以来，官方频频在各种渠道提及房地产税的立法和实施，全国人大常委会预算工作委员会、财政部及其他有关方面正在抓紧起草和完善房地产税法律草案。

4. 遗产税：根据财税函〔2017〕197号，财政部确认我国目前并未开征遗产税，也从未发布遗产税相关条例或条例草案。财政部称，从近年来遗产和赠与税的国际发展趋势看，征收遗产和赠与税在调节贫富差距的同时，可能会对一国的经济特别是国外资本流入和国内资本流出产生一定的影响，是否征收遗产和赠与税已逐步成为国家、地区间税收竞争和吸引投资的一项重要内容。部分开征遗产和赠与税的国家和地区近年来出现了取消或弱化该税种的趋势。财政部同时表示，下一步将继续跟踪国际上遗产税的发展趋势，进一步研究遗产税有关问题。

美国

美国的现行税制，是以所得税为主体税种，辅以其他税种构成的。2017年年底，特朗普政府的《减税与就业法案》在美国国会参众两院得到通过，自此美国开始了30多年来最为重大的一次税法改革。

1. 所得税：个人所得税方面，税改以后，美国公民以及居民外国人需要就全球收入按照10%到37%的累进税率在美国缴纳联邦个人所得税。基本征税范围包括了工薪所得、经营所得、投资收入（利息、特许权使用费、房产租赁等）、短期资本利得（买卖资产所得或净收益）、长期资本利得等。企业税大幅下降，只设21%单一税率，并实施“属地原则”，让跨国企业不再担心海外收入被多次征税。

2. 财产税（Property Tax）：美国大部分州和市对于在每年 1 月 1 日位于本地区内的动产和不动产征收财产税。财产税的应纳财产税额等于应税财产的市场价值乘以核定折耗率乘以适用税率。

3. 遗产税（Estate Tax）：2017—2018 年的最低税率为 18%，最高税率为 40%，包括个人在世界各地的所有资产。税改以后，针对美国税收居民的遗产税豁免额提高至 1 120 万美元。非居民只需就美国本土内的资产支付遗产税，最高税率同样为 40%，但遗产税豁免额仅有 6 万美元。

4. 赠与税（Gift Tax）：赠与税适用于美国公民及美国居民，纳税义务人为赠与人。非居民纳税人只需就赠与美国境内的财产缴纳赠与税。赠与税的计税基础是赠与时该资产的市场价值，赠与特定的联邦政府实体或合规的慈善机构的财产，可以从赠与税应纳税额所得额中扣除。非居民纳税人只需就位于美国的不动产及有形动产缴纳赠与税。赠与税最高税率为 40%。

5. 隔代转移税（Generation-skipping Transfer Tax，简称 GSTT）：隔代转移税是遗产税的一种变形，用以避免将遗产隔代转移以逃避应交遗产税的行为。隔代财产转让不适用累进税率，税率为遗产和赠与税的最高税率。

中国香港

税收是中国香港特区政府重要的财政收入来源。除特定行业和登记费用外，现行香港税制，主要是就个人或企业取得来源自香港的营业利润、薪金和租金 3 类所得征税。香港特区政府基本不就商品生产和流通环节的增值收入征税，也就是没有我们通常所说的流转税，同时也未就资本增值方面征税。另外，香港特区政府一般也不会就股息和其他资本性所得收入课征税收。

香港特区税制与中国内地税制比较，具有低税率、简单易操作、征税范围窄（征税范围只限于从香港赚取或获得的收入）、税率随着年度财政预算案而变化等特点。香港现行税制体系属于分类税制，以所得税为主，辅之征收行为税和财产税等，涉及财富传承的主要税种包括：

1. 利得税：是香港税务局对在香港经营任何行业、专业或业务的个人和企业（包括法团、合伙业务、受托人或团体），获得于香港产生或取得来源于香港的所得（售卖资产的资本所得的利润除外）所征收的一种税。与国际其他主要经济体的征收方式不同，香港采用的所得税征税模式并非以“税收居民”（Tax Residency）为征税基础，而是以“地域来源地”（Territorial Source Concept）为征税原则，即只有源自香港的利润所得才会视为“应税所得”，而源自香港境外的利润所得，则不须在香港缴纳利得税。公司的适用税率为 16.5%。

2. 物业税：是香港税务局向在香港拥有土地和建筑物（包括但不仅限于）的拥有人征收的税款。现行《税务条例》的相关条款亦适用于物业税。这里特别指出，香港的物业税是按照拥有人所拥有物业，就其实际取得的租金收入（包括应收及已收收入）作为评税基础的，如果没有租金收入，则不需要缴纳物业税。任何坐落于香港的土地或建筑物的拥有人，就该等土地或建筑物的应评税净值，以 15% 的标准税率缴纳物业税。

3. 差饷：是根据《差饷条例》（香港法例第 116 章）的规定，对物业单位的拥有人及占用人征收的税项。主要是按征税地的房产价值或租值抽取一定比例的款项作为地税，是香港特区政府向香港境内房地产业主征收的一种财产税，其性质与内地房产税相类似。对于出租或是自住用途的物业，其差饷计算方法一致。差饷的征收及估值由差饷物业估价署负责。差饷的计算，是先由差饷物业估价署为每项物业计算应课差饷租值，即估计物业在指定估价依据日期作出租用途时可取得的合理年租金。以 2017—2018 财政年度而言，差饷征收率为 5%。

4. 遗产税：香港于 2006 年取消已经开征了近百年的遗产税。

新加坡

新加坡以属地原则征税。任何人（包括公司和个人）在新加坡发生或来源于新加坡的收入，或在新加坡取得或视为在新加坡取得的收入，都属于新加坡的应税收入，需要在新加坡纳税。也就是说，即使是发生于或来源于新加坡之外的收入，只要是在新加坡取得，就需要在新加坡纳税。另外，在新加坡收到的境外赚取的收入也须缴纳所得税，有税务豁免的除外（如：股息、分公司利润、服务收入等）。

新加坡涉及财富传承的主要税种包括：

1. 企业所得税：企业获得的一切新加坡境内来源的所得，以及在新加坡境内获得的境外来源的所得，均需缴纳企业所得税。企业所得税的税率标准为 17%。

2. 资本利得税：新加坡不对资本利得征税。然而，在特定情形下，新加坡税务局可能将涉及获得或处置房地产、股票或股份的交易认定为贸易活动，因而要对相应交易的收益课税。某项收益是否应被课税的具体判断要考虑每笔交易的具体情形和有关事实。

3. 财产税：财产税以在新加坡的所有不动产年价值的 10% 为

计税基础，包括房屋、建筑、酒店、土地和经济公寓。根据累进财产税制度，税率从 0% 到 20% 不等。

4. 遗产税：新加坡在 2008 年 2 月 15 日之后取消了已开征近 80 年的遗产税。

英国

英国执行中央税收制度，由财政部和英国税务海关总署（HMRC）负责征管税项。英国税收体系属于多税种税收体系，财政部会在前一年制定下一会计期间的税率，并于每年 4 月 1 日开始使用该税率。

1. 所得税：企业所得税是按税收调整后的利润，向永久性公司或子公司征收的税项。英国的企业所得税每年会略有调整，税率自 2017 年 4 月 1 日起下调至 19%，2020 年 4 月 1 日起将下调至 17%。在英国是否负有个人所得税纳税义务取决于个人的居民身份和居住地。居民纳税人应就其全球收入缴纳英国个人所得税，非居民纳税人需就其来源于英国的收入纳税。个人所得税累进税率分别为 20%、40% 和 45%。

2. 资本利得税：资本利得税是对资本商品，如股票、债券、房产、土地或土地使用权等投资资产，在出售或交易时取得的收益部分征收的税金。一般来说房产买卖的资本利得税按照 28% 征收。

3. 遗产税：英国公民和居民的所有资产都要被纳入遗产税的统计范畴，而非居民只有处于英国的资产需要征税。英国遗产税起征点为 32.5 万英镑，夫妻二人的起征点为 65 万英镑，超过部分的税率为 40%。

澳大利亚

澳大利亚财政管理体制实行分税制，即联邦、州和地方三级政府按照相关宪法和法律规定的职权，各自享有征收专属税费的权利。税收以直接税为主，即企业所得税、个人所得税，由联邦税务局组织征收。

1. 所得税：澳大利亚的纳税年度通常为每年的 7 月 1 日至次年的 6 月 30 日，但企业可向澳大利亚税务局申请使用其他会计期间作为纳税年，企业所得税税率统一为 30%。个税起征点为 18 200 澳元，税率最低为 19%，最高为 45%。澳大利亚税收居民需要就全球收入交所得税。

2. 房产税：无房产税，但有土地税、市政税等。各州政府自行制定房地产税条例，规定其征收范围、适用税率、豁免项目等。可豁免房地产税的项目一般为产权人的主要居住用地或者初级生产用地。

3. 遗产税：澳大利亚无遗产税。

加拿大

加拿大实行联邦、省（或属地）和地方三级征税制度，联邦和省各有相对独立的税收立法权，地方的税收立法权由省赋予。省级税收立法权不能有悖于联邦税收立法权。加拿大属于联邦、地方税收分权型国家，类似于美国。

从税种划分方面来看，联邦层面征收的税种主要有联邦所得税、联邦货物服务税、消费税、关税、联邦资本税等；省级层面征收的税种主要有省所得税、省销售税、省资本税、资源税等。

1. 所得税：联邦所得税适用于加拿大全境，加拿大国家税务局负责监管和征收联邦税。省或属地所得税仅针对所辖省或属地内的各类行为征收。企业应纳税所得额为企业从投资、经营、财产转让和其他活动中取得的净收入总额，加上企业从加拿大境内及境外转让资本取得的资本利得的 50%。针对企业，联邦所得税的基本税率为 38%，若符合相关规定，可享受税收优惠。省或属地所得税设有两档税率，即较低税率和较高税率，各地税率不同。而个人所得税部分，联邦税共 5 档税率，最低税率 15%，最高税率 33%。加拿大税收居民需要就全球收入交所得税。

2. 财产转让税：加拿大非居民纳税人转让加拿大应税财产，需要就转让所得缴纳 25% 的加拿大企业所得税。

3. 遗产税：目前加拿大并未开征遗产税和赠与税。但是死亡或某些赠与发生时，可能会被视同取得资本利得。

日本

日本是以直接税为主的国家，现行的主要税种有：法人税、个人所得税、消费税、酒税、关税、继承和赠与税、固定资产税、印花税等。其中，对个人与公司的所得征税，是日本的主要税收来源，是日本税制体制的核心和主要税种。

1. 法人税：在日本国内有总部或主要事务所的法人为国内法人，除此之外的法人为国外法人。对于国内法人，无论其所得来自国内或国外，全部所得属于征税对象，国外法人仅对其在日本国内的所得承担纳税义务。法人税的税率原则上为 23.4%，但是对于中小企业设置了二级税率 15%。

2. 个人所得税：日本个人所得税对综合征税所得实行累进税

率，个人所得税税率从 5% 到 45% 不等。

3. 继承税：继承税的征税对象包括现金、储蓄和存款、股票等金融资产，以及动产和不动产等各种形式的资产。继承税的纳税义务人是通过继承或遗赠取得财产的个人，不包括法人。继承税的税率是针对每个继承人所继承的超过起征点的遗产而设定的，根据征税遗产规模适用 10%~55% 的超额累进税率。

4. 赠与税：赠与税的纳税义务人是因赠与取得财产的个人。赠与税的税率适用 10%~55% 的超额累进税率。

家族信托税务筹划实例分析

在家族信托的税务筹划中，需要提前理解和考虑的问题非常多，可能影响筹划结果的因素也错综复杂，包括但不限于委托人和受益人现在和未来可能的税务身份、信托资产可撤销或者不可撤销、信托资产的类别及所在地、信托设立的地点等。因此，在考虑设立家族信托时，并不存在一个放之四海而皆准的架构。另外，随着个人所得税反避税规则的引入，可以预见的是，未来的个人财产转让安排、境外架构搭建等均需要更为深入的考量。如果境外架构的设置主要是以税收利益为目的，没有合理的商业目的，则该架构可能会被税务机关击穿，届时税务机关将有权按照合理方法进行纳税调整。

下面我们将根据模拟的不同背景，对一些较为常见的信托架构在增值和分配阶段涉及的税务影响进行分析。需要提请读者注意的是，以下提及的分析不可被视为官方的税务意见。如果需要就具体情况进行分析，还请咨询税务专业人士。

离岸信托架构

离岸信托背景

X 先生及其他作为离岸信托受益人的家庭成员均持有中华人民共和国护照，并没有其他国家的永久居留权，都是中国税收居民。X 先生将持有的离岸公司及旗下香港贸易公司的全部股权、境外人寿保险保单和境外资产管理机构的现金投资账户等海外资产全部注入不可撤销的离岸信托架构内，如附图 1 所示。

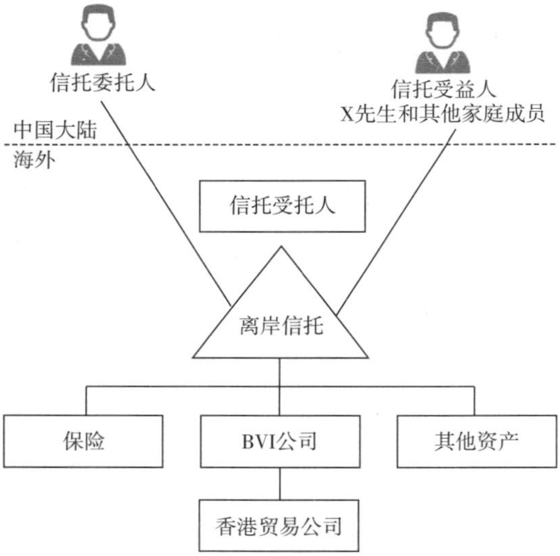

附图 1　离岸信托架构

信托增值但未分配阶段的税务影响

信托的本质是信托设立人和信托受托人之间的一种合约关系，但并不是一个实体公司，从税务角度出发可能被视作一个透明体。基于现行的中国税务法规，如果离岸信托是由境外专业机构作为受托人对位于境外的资产进行实质性控制和管理，该离岸信托一般不会被认为是中国税收居民。

另外，在该离岸信托的架构下：

- 离岸信托的受托人不属于中国税收居民。
- 离岸信托持有的受托资产不属于中国境内资产。
- 离岸不可撤销信托属于设立人和受托人之间的一种法律合约关系，一旦受托资产纳入该信托，受托人将按照信托合约持有和控制受托资产。
- 在受托资产及其相关收益分配前，离岸不可撤销信托的受益人在法律上不拥有托资产及其相关收益的所有权，直到离岸信托按照契约规定进行分配后，信托受益人才拥受有分配到的受托资产及其相关收益的所有权和控制权。

考虑到以上情况，离岸信托受托人持有的受托资产产生的收益，在分配给信托受益人之前，仍然归信托受托人所有，信托受托人通过海外公司持有受托资产并对其进行管理。因此，信托受益人在分配日前不会获得任何经济收益，并且对受托资产不具备所有权，离岸信托产生的未分配收益对于中国籍受益人不会产生中国个人所得税纳税义务。我们有理由认为只有在信托收益分配给信托受益人即受益人，实际拥有信托收益时才会触发相关的个人所得税申报和缴纳义务。

信托分配阶段的税务影响

现行的中国税法体系对离岸不可撤销信托对中国籍受益人的分配的税务处理并没有给予明确的规定和指引。按照基本的税收原理和国际上的通行做法，中国籍受益人应该就其收到的信托收益缴纳个人所得税。

由于目前中国现行的个人所得税实行分项征收制，如果信托受托人将持有资产获得的利息或者股息、离岸公司的股权转让后获得的增值部分现金收益等分配给信托受益人，信托受益人作为实际获益者，应该就其分配到的利息或股息、股权变现的现金收益分别作为“利息、股息、红利所得”和“财产转让所得”按20%的比例税率，申报并缴纳中国个人所得税。如果境外人寿保险保单在保险期内出险而获得保险赔款并通过信托分配给信托受益人，根据中国个人所得税法规定保险赔款免纳个人所得税的条款，应该可以免纳个人所得税。

为美国人设置的信托架构

情形一：外国委托人信托

如果父母是中国国籍，子女是美国国籍或即将获得美国国籍且确定不会放弃美国国籍，则外国人委托信托（Foreign Grantor Trust，简称FGT）可能是父母向子女进行财富传承的优先选择。外国委托人信托同时也是移民美国前税收筹划的一个常见方案。

一个设置得当的外国人委托信托可以给美籍子女带来的美国税收优惠有：

- 信托架构中的资产可免受美国遗产税和赠与税的限制。
- 如果设置的是可撤销的信托，在委托人在世时，美籍子女作为受益人从该信托中获得的收益不需要在美国缴税。
- 如果设置的是不可撤销的信托，在委托人在世时，美籍子女也许不能直接作为该信托的受益人，但可以接受委托人或委托人的配偶赠送的任何价值的礼物而不需要在美国缴税。

情形二：王朝信托

美国王朝信托（dynasty trust）是成立于特拉华州等优先权地区的美国信托基金。由于这些地区已经通过法规取消了“反永久所有权原则”（rule against perpetuities），王朝信托可以将信托架构内的资产一代代地传下去。王朝信托属于不可撤销的信托。

由于美国公民享有的遗产税、赠与税和隔代转移税的免税额度相对于非美国公民来说非常高，王朝信托更适用于拥有美国国籍的委托人。

设立王朝信托可能享受的税收优惠有：

- 对信托所持有的资产不征收遗产税或者隔代转移税。
- 在设立时可以充分利用遗产税、赠与税和隔代转移税的免税额度（根据美国税改后的政策，该免税额度在 2018 年至 2025 年间将提高至个人 1 120 万美元，夫妻 2 240 万美元）。

中国信托架构

由于国内信托行业起步较晚，在法律制度上与海外信托存在较大差异，无论是信托财产登记制度还是家族信托的税收制度都需要进一步完善。在现行中国税收法律法规的框架下，信托单独的税收制度还是空白。因此，在信托的设立、存续和终止阶段的税务处理上，税务机关可能会依据交易类型，直接适用相关税收法规，如企业所得税、个人所得税、增值税、契税、印花税、房产税等。

除了信托架构在风险隔离、财富传承等方面的诸多好处之外，由于国内现行没有遗产税以及信托单独的税收制度空白导致的不确定性，单从税务角度来看，国内信托架构相较于海外信托架构在税收筹划上的效用尚不显著，有待进一步观察。

III 见识城邦

更新知识地图　　拓展认知边界

全球史译丛

公司与将军

THE COMPANY AND THE SHOGUN

ADAM CLULOW

[英] 亚当·克卢洛——著

朱新屋 董丽琼——译

荷兰人与德川时代日本的相遇

THE DUTCH ENCOUNTER WITH TOKUGAWA JAPAN

中信出版集团 | 北京

《全球史译丛》

“全球史译丛”总序

全球史（global history）也称“新世界史”（new world history），20世纪下半叶兴起于美国，起初只是在历史教育改革中出现的一门从新角度讲述世界史的课程，之后演变为一种编纂世界通史的方法论，近年来已发展成为一个新的史学流派。

一般认为，1963年麦克尼尔出版《西方的兴起》一书是全球史诞生的标志。40多年来，全球史在西方史学界蓬勃发展。在美国，2000年全美已有59%的公立大学开设了全球史课程，5年后又提高了10个百分点；加利福尼亚州政府甚至以法律形式要求所有中学讲授全球史。在加拿大，全国26所研究型大学中已有14所开设了名为“全球史导论”的研究生课程；2005年有些大学把全球史列入了本科生教学计划；在不列颠哥伦比亚和魁北克两省，75%以上的中小学校开设了全球史课程。在德国，世界史教育已有上百年历史，但近来出现了有关如何讲授世界史问题的热烈讨论，不少教师和学者主张用“全球史观”改造乃至取代传统的世界史教育体系；2005年在德国召开的“欧洲全球史学大会”更把这一讨论推向高潮，年轻一代史学家多数是全球史的积极拥护者。在意大利，2001年全球史课程进入中学；在2002年意大利历史学家大会上，虽然仍有许多史学家坚持认为世界历史只能是国别史和地区史的总和，不可能存在全球一体的历史，但同时他们也承认，进行国别史和地区史研究也应该具有全球视野。在哥伦比亚，虽然全球史尚未列入正式课程，但全球史的理念和方法已被史学界广泛接受；许多历史学家主张，由于拉丁美洲的历史与印第安人的历史，与欧洲史、非洲史以及其他许多民族和地区的历史都有密切关系，因此应当将拉美各国、各个地区的历史放在全球史的宏观背景之下重新进行审视和描述。

全球史的魅力在于其学术取向，也即“把全球化历史化，把历史学全球化”。

所谓“把全球化历史化”，是要追溯全球化的发展历程。当今全球经济一体化的趋势使得人们，首先是西方人，越来越热切地想要了解世界一体化的起源与过程，这种热切的要求促使史学家从一体化的角度对世界历史进行新的观察与思考。西方国家的学校课程设置一向注重适应和满足社会需求，因此全球史首先被当作“教学内容”，然后才逐渐发展为一个学术研究领域。这个过程就表明，全球史是时代和社会需求的产物。

所谓“把历史学全球化”，体现了全球史的学术立场。如果说历史学家追溯全球化的发展历程是由于时代的使命和社会的要求，那么怎样追溯这一历程则是当代学术思潮决定的。后现代主义思潮构成了全球史产生的最重要的学术背景。后现代主义从批判现代社会的弊端出发，颠覆了现代主义“神话”，进而对以解释“现代主义神话”为己任的西方人文社会学科进行反思。深受后现代主义影响的全球史学者指出，当前学术的任务不是“解释”，而是“重新理解和认识”人类历史；因为“解释”是从既定的理论框架出发，戴着有色眼镜来看历史，而“重新理解和认识”则意味着突破旧框架，还原历史的“本来面目”。西方人类学家对文化因素的高度重视和平等对待异质文化的主张对全球史学者也有重要影响。近半个世纪以来，东西方之间学术交流扩大，西方学者对非西方世界历史文化的认识明显加深，这为他们破除成见、将非西方历史文化纳入研究视野提供了条件。基于以上背景，全球史学者将自己的学术任务确定为：在阐述全球史的同时，建立“全球普适性的历史话语系统”，“使历史学本身全球化”。

经过40余年努力，全球史在以下四个方面获得了令人瞩目的突破和进展。

第一，否定了“国家本位”，以“社会空间”而不是“国家”作为审视历史的基本单元。现代人文社会学科形成于19世纪的德国，当时的德国内忧外患，内部四分五裂，外部强敌环伺，在这种形势下，增进民族认同、促进国家统一就成为包括历史学在内的人文社会学科的使命之一。同时，当时德国盛行科学崇拜，历史学也追求“绝对客观”，主张“让史料自己说话”，档案特别是国家档案成为描述历史的唯一可靠依据。这样的结果就是，历史学刚一问世即成为以国家为本位的政治史学。后来先后出现的经济史、社会史、文化史、国际关系史等历史学分支学科，同样都以国家作为基本分析单元。

在西方史学中，最早突破“国家本位”的是20世纪七八十年代兴起于意大利的“微观史学”。“微观派”认为，人们的日常生活是最值得关注的研究对象，而与日常生活关系最密切的并非国家，而是一个个具有内聚力的生活圈子，这个生活圈子就是“社会空间”。

全球史接受了“社会空间”概念，但将其从微观放大到宏观。全球史学者认为，在描述人类历史进程时，以国家为单元存在两个明显缺陷：一是物种（包括农作物、动物等等）传播、疾病蔓延、气候变化等等“超越国家”的现象被忽略，而这些现象对全球历史发展曾经产生过重要影响；二是每个社会都是全球的组成部分，但每个社会都不是孤立存在，社会与社会之间互为发展条件，相互之间的竞争、交融、碰撞以及力量对比关系都是推动全球发展的重要动力，但是由于这些动力不发生在国家政治框架之内，因而长期被忽视。全球史学者认为，世界历史的基本叙述单元应该是具有相互依存关系的“社会空间”，这个“社会空间”可能覆盖一个局部地区，也可能覆盖整块大陆、整个大洋、半球，乃至全球。

第二，关注大范围、长时段的整体运动，开拓新的研究领域。全球史学者认为，社会空间是因不同原因、以不同方式、不断进行重组的统一体；决定其统一性的因素既可能是自然地理环境，也可能是人类自身的组织行为；无论由哪种因素决定，“社会空间”的不断重组都使世界日益成为一个彼此密切关联的人类生存空间。基于这一认识，全球史学者的视野空前开阔，他们所关注的不仅是跨越国家和种族的经济互动、技术转移和帝国扩张，而且包括影响各个文明之间互动的自然环境变化、移民潮流、疾病传播、观念和信仰的演变等等，许多被传统史学研究所忽略的重要现象因而被揭示出来。在公元600年以后的上千年时间里将中国、印度、波斯、阿拉伯、印度尼西亚甚至东非等文明区连为一体的“环印度洋网络”，以及从生态变化和物种交流角度重估地理大发现意义的“哥伦布交流说”，就是由全球史学者提出并震动世界史坛的“新发现”和新见解。

第三，重估人类活动与社会结构之间的关系。在西方史学史上，20世纪是科学化的世纪，强调客观社会结构对社会发展的决定性作用，认为人类主观行为在社会结构的“铁律”面前无能为力。布罗代尔高度宏观的“大结构、大过程、大比较”叙事是结构主义史学的代表，而后现代主义总体而言是反对结构主义的，认为所有结构框架都是启蒙运动以来理性主义话语系统编织的神话，是约束人类行动、剥夺人类选择权的欺人之谈。全球史学者虽然深受后现代主义影响，但他们并未彻底否定“结构说”，而是对这一理论进行丰富和补充。比如关于地理大发现，全球史学者指出，由于欧洲殖民者带来的病毒造成印第安人大量死亡，而殖民者从非洲贩来充当劳动力的黑人奴隶具有适应热带气候的天然优势，这一点在很大程度上使得欧洲殖民者对美洲的征服获得了成功，而由于欧洲殖民者成功地征服了美洲，玉米、马铃薯等美洲作物品种才能在世界各地广泛种植，从而造成全球的粮食产量和人口数量显著增加；由此可见，地理大发现之后的全球巨变并不是社会经济结构运动的必然结果。但是全球史学者也提出，社会经济结构运动也并非对这一历史巨变毫无影响，因为地理大发现毕竟始于哥伦布等人的冒险远航，而这些人之所以冒险远航，也是由于各种利益和愿望驱动，是当时欧洲的社会经济条件决定的。由此全球史学者得出结论：人类活动虽然具有多向性，虽然有着选择的余地，但选择并非凭空进行，也不是绝对自由的，而是由既定条件决定的；因此，既不能认为社会经济结构决定一切，也不能忽视社会经济条件的决定作用，而应当把自然生态变化、人类主观活动以及自由选择余地等等因素与社会经济结构放在一起，综合考虑人类历史的发展进程，从而避免片面性。

第四，从学理上破除“欧洲中心论”。对“欧洲中心论”的批评由来已久，既包括意识形态层面的批判，也包括在学术实践层面上对非西方世界给予更多关注。但这样是否就意味着摆脱了“欧洲中心论”呢？自20世纪末以来，已经有越来越多的学者对此表示怀疑。他们认为，仅仅宣称抵制西方立场，或仅仅在历史著述中增加非西方世界的比重，并不能真正超越“欧洲中心论”；因为“欧洲中心论”本质上是学术话语权的问题，是现代话语系统的一种表现形式；只要无法改变欧洲国家在当代世界的强势地位，只要资本、市场、帝国等等一系列与现代性相关的概念依然是欧洲乃至全世界知识界感知、解释和评价世界的基本出发点，那么就不可能彻底摆脱“欧洲中心论”。所以美国学者迪佩什·查克拉巴蒂（Dipish Chakrabarty）悲观地预言，既然整个现代知识体系都是欧洲人确定的，并且已经被全世界所接受，那么彻底改造历史学中的欧洲中心主义就是无法想象的。

全球史学者却不像查克拉巴蒂那样悲观。作为西方学者，他们承认跳出自身的局限是很困难的，但他们并不愿意因此而无所作为。在学术实践中，全球史学者为从学理上颠覆“欧洲中心论”的确做出了很多努力，这主要表现在两个方面：一是他们自觉地抵制“从现实反推历史”的思辨逻辑，即反对从欧美国家处于强势地位的现实出发，苦心孤诣地在欧洲国家内部寻找其“兴起”原因，围绕“西方有什么而东方没有什么”的问题兜圈子，不遗余力地挖掘“欧洲文化的优秀传统”，为其贴上理性、科学、民主、进取精神、宗教伦理等等光彩的标签，直至将欧洲树立为全球的榜样。全球史学者通过宏观综合分析指出，所谓“欧洲兴起”，只是人类历史上特定时期的特定产物，从中挖掘“普世性”的“文化特质”只能是制造神话。二是他们自觉地突破强调社会特殊性、文化排他性、经验地方性的史学传统，转而强调各社会之间发展的相关性和互动性，突出影响各个社会的共同因素，将每个地区的发展都视为更为宏大的自然与社会结构运动的一部分，淡化单一地区或国家的个性和特殊性，这样也就淡化了欧洲国家的榜样作用。

作为时代的产物，全球史反射出当今世界的七色光。尤其值得注意的是，这一纯粹学术现象透射出的明显的政治色彩。在意大利，在21世纪初中左派政府当政期间，全球史教育在中学和大学全面启动，而中右派在大选中获胜以后，全球史教育普及的趋势戛然而止。在美国，全球史的积极鼓吹者和推动者大多属于左翼知识分子。由于全球史试图纠正西方人在认识人类文明史，特别是世界近代史方面存在的傲慢和偏见，带有消解西方传统价值观的倾向，所以它在西方的影响力超出了史学界，乃至学术界，逐渐变成一种政治态度，以至出现“全球史信仰”之说。全球史略显激进的政治倾向也导致了学术上的得与失，这是我们在评价全球史时需要注意的。

作为一种建构世界历史的新方法和新理论，全球史观目前还不能说完全成熟，还存在明显的理论缺陷，举其要者，至少有两点。其一，忽略社会内部发展的作用。虽然全球史学者承认，无论是对社会自身的发展而言，还是从推动全球发展的角度来看，各社会内部的发展即内因的作用都是重要的，但也许是考虑到前人的研究已经比较充分的缘故，他们对这一方面的关注显然还很不够。其二，作为深受后现代主义思潮影响的史学流派，全球史学者从解构现代主义出发，否认“终极真理”的存在，但是与此同时，他们又对探讨自然与社会相结合的整体结构影响人类历史的规律孜孜以求；两者之间，岂非矛盾？

如何构建世界历史体系，是我国史学界一个历久不衰的话题。20世纪80年代吴于廑先生曾经指出，对世界各地之间横向联系的研究不足，是我国世界史学科的薄弱环节。吴先生此说在史学界同人中得到广泛的认同。但是四分之一个世纪过去了，对横向联系的研究仍然没有明显起色。由此可见，借鉴全球史观，在全球整体视野下着重审视各个地区、各个社会、各个民族和各个国家之间的横向互动关系，这对于我国世界历史学科的发展来说，的确是很有意义的。但是我们也不能全盘照搬全球史观，中国学者对于人类历史进程应该有自己独特的理解和表达。目前世界各国的全球史学者正在共同努力搭建世界史学科平等对话的平台，我们应当利用这种有利条件，发出我们自己的声音。

刘新成

2006年5月

目 录

第二部分　暴力

第三部分　主权

中文版序言

有机会为《公司与将军》中文版作序，我深感荣幸。本书的主要目标是考察17世纪荷兰东印度公司（Vereenigde Oost-Indische Compagnie / VOC）在日本的经验，以及二者在全球化过程中的相遇。荷兰东印度公司虽然在日本获得了持久的商业据点，但是在德川幕府秩序边缘寻求一席之地的尝试却屡屡受挫。本书的三个部分，依次考察了荷兰东印度公司派遣大使前往江户、在日本群岛周边海域发动海上战役、欲将中国台湾占为已有等问题。此外，本书还将以上问题与荷兰人及其他欧洲人在亚洲其他地区的经验进行了对比。

关于理解荷兰人在亚洲的活动及其地位的问题，前人已有卓越的开创性研究，本书正是建立在此基础之上。包乐史（Leonard Blussé）、加藤荣一（Katō Eiichi）、永积洋子（Nagazumi Yōko）、桑贾伊·苏布拉马尼亚姆（Sanjay Subrahmanyam）、杰克·威尔斯（Jack Wills）等学者，贡献了一系列具有广泛影响力和高度创新性的研究成果。我在研究生期间最初接触到这些研究，并由此确定了自己的研究方向。近些年来，新一代杰出的年轻学者继承了他们开创的研究，包括欧阳泰（Tonio Andrade）、松方冬子（Matsukata Fuyuko）、玛莎·柴克林（Martha Chaiklin）、古拉姆·纳德里（Ghulam Nadri）、郑维中（Cheng Wei-chung）、杭行（Xing Hang）等学者。包乐史在这一领域占有独特地位，这些学者中不少人正出自他门下。尽管限于篇幅，这里无法详细总结有关荷兰东印度公司研究的最新动向，但是撰写这篇序言确实给了我难得的机会，来介绍《公司与将军》出版前后涌现的新成果，这些成果对我思考亚洲的荷兰商业帝国问题有着深刻影响。

首先要提到的成果并非一种传统意义上的研究，而是一个网站和在线数据库。它使得运用技术改变历史书写这一渴望已久却很难实现的目标成为现实。本书中很大篇幅聚焦于外交活动，以及荷兰东印度公司如何努力在东亚外交秩序中寻求立足之地。我力图展现荷兰东印度公司外交地位的转变，即从最开始临时虚构一位君主，到后来将公司塑造成德川幕府将军的忠实属臣。在我完成本书初稿之后的几年时间里，许多有关荷兰东印度公司外交活动的研究著作喷薄而出。这些著作对于包乐史撰写新外交史的强烈呼吁，无疑是一种回应。尽管有关外交活动的研究突飞猛进，但是最令人兴奋的一项新近发展，是出现了具有开创性的在线平台 Sejarah Nusantara（https://sejarah-nusantara.anri.go.id）。这是印度尼西亚国家档案馆（the National Archives of the Republik of Indonesia）和科斯基金会（the Corts Foundation）合作的产物。这一强大的网络在线资源，使得收藏在印度尼西亚国家档案馆中的资源，包括《巴达维亚决议》(the Batavia Resolutions)在内，在最基本的层面上实现了对外开放；这也使研究荷兰东印度公司外交活动的学者和研究生们对有关问题做出新的解释成为可能。

在资料丰富的 Sejarah Nusantara 网络平台中有一个板块是《外交函件（1625—1812）》(Diplomatic Letters, 1625—1812)，这些外交函件清楚地呈现出荷兰东印度公司在亚洲外交活动的规模。该网站收集和整理了在将近两个世纪内与巴达维亚往来的大量外交函件。在浏览该平台界面时，首先震撼我们的是这些外交信函的数量之多。若用于写作，《外交函件》中可检索到的信函总数达 8568 件。此外，通过一个支持检索的目录，该网站还展现出与荷兰东印度公司保持通信往来的大大小小的不同政权模式，如从微型的海港政权到庞大的领土国家。尽管我试图在本书中阐明某一段时期内荷兰东印度公司在亚洲某个地区的外交活动，但是《外交函件》展现的却是整体外交活动，以及它是如何在荷兰帝国和以巴达维亚城堡为中心辐射出来的庞大外交网络的全部范围中发挥作用的。学者们的许多研究项目和学位论文已经引用该资料，而且我毫不怀疑它在未来的研究著作中仍会被大量引用，所以它的潜在影响并非夸大之词。荷兰东印度公司外交活动研究领域的发展，需要大力感谢外交函件整理项目的所有参与机构，以及为这些资料的分类、复制和分析工作做出贡献的每一个人。

荷兰东印度公司虽然在18世纪末已经解体，但是几个世纪以来一直是学界持续关注的焦点。它不仅在巴达维亚建立了帝国总部，而且在安汶岛（Amboina）和班达（Banda）等地建立了一系列殖民地，它在东南亚地区的影响力如此显而易见，所以本书主要将焦点集中在东南亚地区也就不难理解。但是近些年来，在上述前辈学者的研究基础上，对荷兰东印度公司在东亚的研究已经成为一个饶有活力且令人振奋的子领域。这一现象，主要是因为过去十年间，有关荷兰东印度公司与更广泛的中国海洋世界之间互动往来的研究大量出现。大约在我完成初稿的同时，另外三位学者也在撰写书稿，这些著作极大地开阔了我们对荷兰东印度公司在东亚地区角色的理解。

欧阳泰是当今这一学术领域里成果丰富、影响巨大的学者之一，因其首部开创性著作《台湾如何成为中国的领土》（*How Taiwan Became Chinese*）而广为人知。该书考察的是荷兰东印度公司的活动如何转移到台湾的历史过程。欧阳泰在书中展现了一个复杂的荷兰殖民政权是如何以中国劳动力为基础，通过一个被称为“共同殖民”的过程建立起来的。[1] 他的第二部著作——《1661，决战热兰遮：中国对西方的第一次胜利》（*Lost Colony: The Untold Story of China's First Great Victory over the West*）出版于2011年，当时我的书稿也接近尾声。欧阳泰在该书中对中荷战争（1661—1668）进行了细致分析，挖掘了荷兰东印度公司与郑成功及其掌控下的郑氏海上网络之间的针锋相对，进

[1] Tonio Andrade, *How Taiwan Became Chinese: Dutch, Spanish, and Han Colonization in the Seventeenth Century* (New York, Columbia University Press, 2008).

而重新评估了欧洲和亚洲之间海上力量势均力敌的状态。[1] 我的研究主要关注法律以及法律标识的延伸如何限制了暴力活动，而欧阳泰关注的是暴力活动本身。《决战热兰遮》是对杰弗里·帕克（Geoffrey Parker）的“军事革命”这一著名理论做出的回应，同时也是建立在该理论的基础之上；该书对发生冲突的双方持中间立场，表明虽然欧洲人的确占有技术上的优势，尤其在要塞和船只方面，但是其扩张范围并没有人们通常所想象的那样广泛。[2] 该书有两个重要成果：一是重新理解关于欧洲军事优越性问题的争论；二是将荷兰东印度公司与郑氏之间的冲突变成一个全球化背景下的个案，并且使其迅速成为所有世界史研究者的必读物。

另外两部关注郑氏集团的研究著作，与我的书稿大约在同一时间面世。第一部是杭行在 2015 年出版的杰出著作——《海洋东亚中的冲突与商贸：郑氏家族与现代世界的形成（1620—1720）》（*Conflict and Commerce in Maritime East Asia: The Zheng Family and the Shaping of the Modern World, c.1620—1720*）。该书主要以郑芝龙（死于 1661 年）和儿子郑成功（1624—1662）以及孙子郑经（1642—1681）三个人物有所重叠的传记资料为核心。郑氏家族三代共同建立了一个跨越东亚和东南亚地区的强大海上集团，后来还在台湾西部海岸建立起一个具有明显的海上发展倾向的领土政权。杭行利用这些相互交叉的传记资料，首先指出郑氏集团成功地借用了中国的传统体制、机构和正统性，因此能够笼络商人和巩固商业利益；继而表明，郑氏集团能够将其转化为非常成功的政权体制，并在台湾建立起领土政权和“东亚海域的非正式经济霸权”[3]。

我在本书中揭示并考察了中国商人在长崎递交的许多申诉。通过

---

[1] Tonio Andrade, *Lost Colony: The Untold Story of China's First Great Victory over the West* (Princeton: Princeton University Press, 2011).

[2] Geoffrey Parker, *The Military Revolution: Military Innovation and the Rise of the West, 1500–1800* (Cambridge: Cambridge University Press, 1988), reprinted 1996.

[3] Xing Hang, *Conflict and Commerce in Maritime East Asia: The Zheng Family and the Shaping of the Modern World, c. 1620–1720* (Cambridge, UK: Cambridge University Press, 2015), 15.

这些申诉想要讨论的是，荷兰东印度公司在日本曾经一度卷入德川法律秩序，而在此秩序中，它针对三个主要竞争对手——日本商人、葡萄牙商人和中国商人的敌对活动受到极大限制。其结果是，对荷兰东印度公司使用武器的一贯做法，由最初的限制变成后来的极力阻止，这个看似将要主导日本周围海域的集团实际上备受挫折。杭行在其著作及同年发表的另一篇文章《幕府将军的中国伙伴：十七世纪日本德川政权与郑氏集团在海洋东亚的联盟》（“The Shogun’s Chinese Partners: The Alliance between Tokugawa Japan and the Zheng Family in Seventeenth-Century Maritime East Asia”）中进一步指出，应该重新审视中国商人在德川秩序中的地位。[1] 杭行认为，中国商人事实上并非处于社会最底层，而是比其他外国团体有着更高的身份和地位，因此能够获得德川政权的保护和支持。而造成这一事实的关键，则在于一直与日本保持长久联系的郑氏家族的作用。只有在德川政权与郑氏家族之间的联盟破裂以及清朝入主台湾之后，中国商人的地位才急转直下。

在我考察荷兰东印度公司与郑氏集团在通往日本的航线上以及在长崎等港口城市所爆发的冲突时，郑维中在2013年出版的专著《中国海域的战争、贸易和走私（1622—1683）》（*War, Trade and Piracy in the China Seas, 1622—1683*）则扩大到郑氏集团和荷兰东印度公司之间爆发的商业、外交和军事战争，涵盖的是从日本一直延伸到东南亚的一个广阔海洋世界。[2] 我的书中仅偶有关注到发生在东南亚的一些事件，《中国海域的战争、贸易和走私（1622—1683）》这本书，作为TANAP项目的另一项突破性成果，则精彩地论证了这两个区域之间在该时期的紧密联系，同时也展现出德川政权的政策——尤其是为通往日本的郑氏商船提供保护的政策——所产生的影响，以及这一影响如何蔓延到遥远的港口城市，甚至国家政权。

---

[1] Xing Hang, “The Shogun’s Chinese Partners: The Alliance between Tokugawa Japan and the Zheng Family in Seventeenth-Century Maritime East Asia” ,*The Journal of Asian Studies* 75.1 (2015): 1–26.

[2] Cheng, Wei-Chung, *War, Trade and Piracy in the China Seas, 1622–1683*, (Leiden: Brill, 2013).

以上所有研究，都将荷兰东印度公司置于持续不断发生剧烈变化的海洋环境中进行考察。它们丢弃了过时的欧洲优越论，展现出荷兰东印度公司除了难以对付之外还有另一面，即在一个竞争激烈的舞台上频繁遭遇挫折。虽然以上成果使得这一研究领域在全新方向上有了令人欣慰的推进，但是仍然遗漏了一些学术巨擘——正是他们的重要贡献和全心扶植，才塑造出如今这一代研究者。约翰·威尔斯，即人们所熟悉的杰克，于2017年1月13日过世。我初次遇到杰克，是2004年在日本的一次会议上，后来我匆匆离开。之后的每次会议，我都因为他的学术热情而受到鼓舞，而且对其渊博学识无限敬畏。他的著作中有一系列开创性研究，都是关于荷兰东印度公司与中国的互动交往，这些研究的学术水准几乎无人能超越。[1]在我的书稿将近完成时，杰克也曾阅读过，书中的许多观点还可以直接追溯到我们在世界各地召开的学术会议上所进行的讨论。

业师亚当·麦基翁（Adam McKeown）虽非研究荷兰东印度公司的专家，却是一位才华横溢的全球史学家和海外华侨华人史学者。他于2017年9月不幸早逝。除了在哥伦比亚大学指导我的学位论文外，他还鞭策我将本书提交出版，而且对每一章节都提出了宝贵意见。他的学术生涯一直充满慷慨无私、仁慈博爱，是我辈学人的杰出榜样，我在此表示深切怀念！

---

[1] John E. Wills, Jr. *Pepper, Guns, and Parleys: The Dutch East India Company and China, 1622–1681*. (Cambridge: Harvard University Press, 1974); *Embassies and Illusions: Dutch and Portuguese Envoys to K'ang-hsi, 1666–1687* (Cambridge: Harvard University Press, 1984).

导　言

驯服荷兰人 1

1627 年 10 月，一个庞大的使团抵达江户——德川幕府的政治首府，一座不断扩张中的城市。这个使团是由荷兰东印度公司（the Dutch East India Company）[1] 派出的，当时该公司作为在亚洲最具影响力的欧洲企业，迅速崛起。彼得·奴易兹（Pieter Nuyts）[2] 位列队伍的最前面，坐在由六位轿夫抬着的专用轿子中。作为莱顿大学（Leiden University）的新近毕业生和荷兰东印度公司的杰出顾问，彼得·奴易兹担任此次向幕府将军派出的特使。紧跟其后的随行队伍引人注目，有近三百人之多，其中包括荷兰将士、全副武装的武士、身着制服的青年侍从、翻译、马夫，当然还有许多仆人。这支使团力图展现荷兰东印度公司不断增长的自信，因此此次出使日本经过精心策划并且开销巨大。他们不仅准备了丰厚的礼物，而且带来了对幕府将军的一系列要求。

然而仅仅过了一个月，彼得·奴易兹就不得不连夜逃离江户。他的使团被草草打发，甚至连幕府将军的面都没见到；他的礼物被弃置一旁；他的要求也被忽略。与来时的隆重排场相比，此次这位特使的返程，没有任何随员陪伴。由于未经官方许可，彼得·奴易兹只能找

[1] 在大多数情况下，本书均完整译为“荷兰东印度公司”，少数情况下单独对译 company 或 organization 为“公司”，因此除非特别说明，书中所见“公司”均指荷兰东印度公司。——译者注

[2] 彼得·奴易兹的名字在史料中有多种拼法（详见第二章），因此中文翻译也有多种，有学者译为彼得·纳茨、彼得·奈茨，本书统一译为彼得·奴易兹。——译者注

2 了几个轿夫来，帮他抬轿以穿过江户漆黑的街道。[1] 经过好几个小时的等待后终于成行，但是他们尚未到达街道的尽头，就被一个当地巡夜者喝令拦下。这些轿夫惊恐万分，突然扔掉轿子四散而去，留下荷兰特使站在街道中间，孤立无助。

彼得·奴易兹使团或许是一次格外惊人的失败，但其经历绝非独一无二，这种情况在当时甚至更为普遍。事实上，许多前往亚洲的其他欧洲使团也处于同样的境地，亚洲人对他们的身份或权威视若无睹。像彼得·奴易兹这样的个人，在欧亚之间的全球性碰撞中处于岌岌可危的前线位置。这种处境从 1497 年瓦斯科·达·伽马率领小型舰队，开辟通往印度的新贸易航线时便已开始。在接下来的两个世纪里，这些航线逐渐延长直至可以环球航行，逐渐加密直至成为可靠的远洋贸易快速通道。在达·伽马的开拓性航行之后，首先是葡萄牙人，后来是西班牙人、荷兰人和英国人，成千上万的欧洲人进入亚洲海域。他们在那里开始遭遇一连串的强势政权，这些政权所拥有的军事、经济和文化资源，都远远超过欧洲最具支配地位的政权。当欧洲人在亚洲秩序的边缘争夺地盘时，其结果便是出现了类似 1627 年发生在日本的场景。

本书所要考察的是欧洲人和一个强势的亚洲政权之间的冲突，聚焦于荷兰东印度公司与日本德川幕府之间的交锋。众所周知，在 17 世纪活跃于亚洲的所有欧洲海外组织中，荷兰东印度公司最为强大；而德川幕府对日本群岛的强势统治已经超过 250 年。通过分析这一交锋中的某些关键时刻，本书将围绕有时被称作“全球化第一阶段”的概念提出一系列问题：在早期近代的亚洲，欧洲权力的性质和程度如何？欧洲人如何处理与像日本德川幕府这样的亚洲政权的关系？他们又在当地的政治秩序中处于何种位置？最后，对这样一种遭遇政

[1] 7 November 1627, Daghregister van de reijse gedaen bij Pieter Nuijts ende Pieter Muijser, oppercoopman, als ambassadeurs aen den keijser ende rijcxraden van Japan van 24 Julij 1627 tot 18 Februarij 1628, VOC 1095:491v.

治的考察，如何改变我们对传统上被定义的“欧洲崛起”（the rise of Europe）的理解？

大分流 3

当然这一时期勇于开辟新大陆的水手，远不止达·伽马一人。早在达·伽马出发的五年前，另一支由西班牙——比葡萄牙更强大的邻国——派遣的探险队，在克里斯托弗·哥伦布的率领下，离开欧洲海岸去开辟通往印度的航路。但是这两支舰队并没有在南亚次大陆会合，而是朝着完全相反的方向进发，结果不仅遭遇了迥然相异的文明，也最终开启了两条完全不同的欧洲扩张路线。与他们在亚洲的竞争对手不同，向西航行的欧洲人能够攻克庞大的帝国，征服帝国的子民、文化和领土，还能永久地改变他们所发现的新大陆的政治和社会面貌。虽然存在明显差异，但是只有在随后的几个世纪里，这种差异才逐渐扩大——那时哥伦布的探险超越了地理限制，成为欧洲早期近代扩张的一个重要象征。

结束首次航行返回欧洲时，哥伦布报告称：“发现了许多人口稠密的岛屿后，我以我们最伟大的国王的名义将其占领。”[1] 哥伦布这种带着典型自信的陈述，描绘了他们向西扩张的关键举动——占领仪式（the ceremony of possession）。[2] 诸如此类的哥伦布报告，首次出现在 1492 年 10 月 12 日，当时他刚结束了一次长达 33 天的远航，这个舰队司令带着一面西班牙王室的旗帜，登上了瓜纳哈尼岛。历史的见证者们簇拥在他周围，身后远处还有大量若隐若现的舰船，哥伦布“为国王和王后占领了这个岛……应要求做出了声明”[3]。后来欧洲人以胜利者的姿态，将这一著名场景制成雕塑，至今仍装饰在许多公共建筑物上。在

---

[1] Major, *Select Letters of Christopher Columbus*, 2.

[2] 学界对这些仪式的研究受到帕特里夏·希德（Patricia Seed）先驱性著作的影响。参见 Seed, *Ceremonies of Possession*。

[3] Markham, *The Journal of Christopher Columbus*, 35–36.

这些雕塑中，舰队司令身佩利剑并带着标语，代表着西班牙王室向土著们索要岛屿，而后者充满敬畏和恐惧，在他身后缩成一团，毫无反抗。

在接下来的几十年里，这种占领仪式一再上演，为一个稳步向内陆推进的帝国奠定了基础，而在这之前首先是在沿海扩张。欧洲快速扩张的步伐通常被归因于两个关键优势，除了把势力边界往外推以
4 外，同时还能适时重整美洲大陆的秩序。历史学者已经注意到这套十分可怕的技术——能切割衣物和肉体的铁制武器，能远距离杀人的火器枪炮，能使穿戴者免于伤害的钢制盔甲——由欧洲人带来的这套技术产生了十分可怕的后果。[1] 这套技术单独使用起来已难以对付，组合应用几乎势不可挡，所向披靡。就在瓜纳哈尼岛冲突发生几十年后，埃尔南·科尔特斯（Hernán Cortés）以总数仅两千、装备精良的西班牙军队推翻了阿兹特克帝国而名声大振。科尔特斯的成就被拿来与弗朗西斯科·皮萨罗（Francisco Pizarro）相提并论，后者曾率领一支规模小得多的、仅由 167 名士兵组成的队伍进入中美洲，沿途屡获大捷，最后推翻了庞大的印加帝国。[2] 研究者认为，这些战争手段带着一种强烈的自信，使得欧洲人将新世界视作一张白纸，可任由他们勾画自己的壮志宏图。[3] 这种欧洲优越性的绝对信念，在与新文明的遭遇中得到了加强而非削弱。有了这种信念的支撑，哪怕是规模较小的、寡不敌众的探险者们，也敢于向强大的土著政权索要广阔领土，甚至宣战。

最近几十年来，这种胜利者的叙述——将欧洲探险者和拓殖者当作文明的先驱论点，至少在学术著作中已基本上不复可见，取而代之的是一种对哥伦布探险所带来的毁灭性后果的新观点。然而这种转变

---

[1] Elliott, “The Spanish Conquest and Settlement of America,” 175.
[2] Parker, *The Military Revolution*, 119.
[3] De Certeau, *The Writing of History*, xxv–xxvi.

后的叙事，也没有改变欧洲人自信的、征服的基本轮廓。[1] 当充满征服和镇压等悲惨故事向西扩张，继续占据着学术研究的中心位置时，欧洲人怎样在亚洲取得进展，特别是他们怎样与那里的政权打交道，却几乎很少引起学术界的注意。其结果是，欧洲人带着先进技术抵达遥远海岸的熟悉场景，以及对其自身优越性的绝对信服，只是偶尔在美洲研究中被简单提到，在亚洲研究领域几乎没有得到任何修正。由于哥伦布的阴影以这种方式在世界史上赫然耸立，因此阻碍了研究者深入理解欧洲权力在亚洲早期扩张中所受限制的意图。[2]

职是之故，历史学者在寻找欧洲力量在亚洲的证据时，转向了两种熟悉的模式。有些学者认为，军事技术（尤其是坚船利炮）改变了亚洲海域的政治格局；有些学者则试图寻求文化上的假设，认为那些完全不同的遭遇战得到一种基本自信的支撑，即相信欧洲人能让他们的亚洲对话者们沉默。[3] 后者很显然就是爱德华·萨义德富有开创性的东方主义的研究逻辑，尽管他关注的是一段更近的历史时期，但是已经影响到历史学者，特别是那些致力于与现代帝国建立联系的学者。通过将高级帝国主义的政治推进到更早的世纪，这种研究已经跨越了历史的鸿沟。[4] 紧随萨义德先驱性工作的研究成果，把“自信的欧洲人确信自身优越性”这一观点作为最基本的预设，同时其目的在于揭开东方主义话语的内在逻辑。在这些研究者中，托马斯·罗伊（Thomas Roe）尤其值得注意。作为 17 世纪英国的驻印大使，托马斯·罗伊的

[1] 格林布拉特（Greenblatt）总结了这种景象，他写道：“哥伦布发现新大陆之后第一个十年，在新世界探险的欧洲人共同经历了复杂的、成熟的，以及最为重要的、强大的移动技术（mobile technology of power）：书写、航海仪器、船舶、战马、军犬、有效的装甲，以及杀伤力很强的武器，包括火药。他们的文化特点是在他们自己心中的巨大自信，体现在一种建立在指挥和服从基础上的政治组织，一种对陌生人和同胞使用强制暴力的意愿，以及一种以无休止的爱之神的折磨和谋杀表现为中心的宗教思想。”参见 Greenblatt, *Marvelous Possessions*, 9。

[2] 哥伦布的经验在世界历史上的扭曲性影响曾受到许多学者的审察。我自己关于这一问题的思考受到欧阳泰和罗伯特·马克利（Robert Markley）的影响。参见 Andrade, “Beyond Guns, Germs and Steel”; Markley, *The Far East and the English Imagination and “Gulliver and the Japanese”*。

[3] 卡洛·奇波拉（Carlo Cipolla）在其代表作中指出：军事技术是“欧洲崛起”的关键因素。参见 Cipolla, *Guns, Sails, and Empire*。类似的观点可以在以军事革命主题为中心的研究中看到，这些研究认为不论是在欧洲历史上，还是在世界历史上，军事技术都扮演了中心角色。参见 Parker, *The Military Revolution*, 83。

[4] Said, *Orientalism*.

日记提供了乔茨娜·辛格（Jyotsna Singh）所谓“殖民想象”的证据。这种“殖民想象”使得欧洲人在进入领土帝国时代很久以前，就敢于对当地居民发号施令。[1]

当对技术和文化的自信观念出现时，学者们在教科书中提出了一种明确的看法，即公元1500年代表了一个关键性的历史时刻。当时充满自信且全副武装的欧洲，不仅领先于新世界，也领先于亚洲，进而创造了一个现代世界。这种把公元1500年看作欧洲分水岭的观念，在杰出的历史学家戴维·兰德斯（David Landes）的著作——出版于1998年的《国富国穷》（*The Wealth and Poverty of Nations*）[2]中，得到了最明确的表达。[3]对于兰德斯来说，哥伦布和达·伽马的远航标志着现代的开端。因为作为一种更具活力的文化的继承者，欧洲人从此开始面对并最终战胜了相对停滞的文明，比如“缺少变化、专注，尤其是好奇心”的明代中国。[4]《国富国穷》的主题，是围绕着一条帝国时间轴而不可避免地形成的欧洲统治权。

但是当我们更仔细地审视欧洲和亚洲相遇的具体细节时，就很难认同任何将公元1500年当作明确历史转折点的看法。尽管间或有技术优势和极度自信的阶段，但是并不能把它们串联成一个更为宽泛的欧洲权力模式。这一重要事实已被部分学者所认知，这些学者与持修正主义取向的主要代表欧阳泰展开针锋相对的辩论，后者称历史上的“1492年模式”是将探险远航等同于“西方崛起”。[5]通过对许多不同
6 领域的研究，他们已经从各种角度联合破解了这一解释模式。[6]像石康（Kenneth Swope）、龙沛（Peter Lorge）和孙来臣（Sun Laichen）等历史学家指出，存在一个与欧洲同步发展的亚洲军事革命，因此他

[1] Singh, *Colonial Narratives/Cultural Dialogues*, 2.
[2] 该书已有中文译本，参见戴维·S. 兰德斯《国富国穷》，门洪华等译，北京：新华出版社，2010年（第3版）。——译者注
[3] 戴维·兰德斯在2006年的文章《为什么是欧洲和西方？》中，也提出过类似的观点。
[4] Landes, *The Wealth and Poverty of Nations*, 96.
[5] Andrade, “Beyond Guns, Germs and Steel”,167.
[6] 因篇幅所限，我只能从这些学术著作中选择一小部分作为参考。

们反对过度关注欧洲的技术创新。[1] 另外一些学者，像包乐史和欧阳泰自身[2]，则明确指出了欧洲成功的亚洲根源。他们的研究表明：在中国台湾或巴达维亚（Batavia）等不同地区，欧洲结构的微弱影响并不能掩盖其背后更为本质的亚洲基础。而与此同时，像威廉·汤普森（William Thompson）和 G.V. 斯卡梅尔（G. V. Scammell）等学者，则关注亚洲地方联盟在促进欧洲扩张中扮演的关键角色。[3] 一群富有洞见的经济史学者也已加入，他们质疑长期以来发展水平的比较观点，还与彭慕兰（Kenneth Pomeranz）、王国斌（R.Bin Wong）、安德烈·贡德·弗兰克（Andre Gunder Frank）及其他学者一起，联合对“1492 年模式”发起猛烈抨击。他们辩称，欧洲优势确立的时间线应该推迟到 1800 年以后。[4]

这些研究成果——这里提到的还只是少数——对所有涉及近代早期欧洲分水岭的观念都提出了质疑。此前有关跨区域研究中那种普遍的叙述得到遏制，比如欧洲人发现，即使是最锋利的武器也可能变钝，甚或像在日本的例子，武器被夺走。在缺乏真正有效的筹码时，他们被迫依靠谈判、请愿，并请求开辟出一块能在现存政治秩序内部活动的有限空间。为保证在亚洲的一席之地，欧洲人需要经过漫长且通常是绝望的争夺。这样带来的附加影响是，削弱了欧洲人对自身优越性的任何想象。正是在这个意义上，欧洲在这一时期的扩张更应当被视为某种程度的焦虑而不是自信，这种焦虑感弥漫在与亚洲的广泛互动中。

由哥伦布探险直接引发的大分流，其关键因素是亚洲国家的出现。亚洲地区那些令人敬畏的统治者，已习惯于和外国人打交道，甚至完全有能力回绝外国人的要求。从首次接触的那一刻起——当达·伽马

[1] Swope, “Crouching Tigers, Secret Weapons”; Lorge, *The Asian Military Revolution*; Sun, “Military Technology Transfers from Ming China.”

[2] 原文如此。——译者注

[3] Blussé, *Visible Cities and Strange Company*; Andrade, *How Taiwan Became Chinese*; Thompson, “The Military Superiority Thesis”; Scammell, “The Pillars of Empire.”

[4] Pomeranz, *The Great Divergence*; Wong, *China Transformed*; Frank, *ReOrient*.

在 1498 年探险到达位于印度西部海滨的卡利卡特港（Calicut）时，他就试图努力解决类似的窘境。由于无法让卡利卡特的统治者屈从他的意志，这位葡萄牙探险家被迫转变为请求者，带着外交文书而非占有的标
7 识物出现在宫廷，并且渴望获得谈判的机会。[1] 在这个过程中，达·伽马开创了一种欧洲人在亚洲深入推进时的行为模式，并在后世不断上演。事实上，如果说在美洲，占领仪式占据了欧洲人扩张的中心位置，那么在亚洲，就是派出特使前往当地统治者那里，借谈判以期获得特许权。这两种行为背后的尖锐分歧，将欧洲探险的大分流性质推向顶峰。

当达·伽马因靠近卡利卡特而被不断警告时，它的统治者实际上是一位相对弱小、没有太大影响力的君主，而在接下来的几十年中，欧洲人被迫与令人印象更为深刻的政权打交道，比如中国的明帝国、印度的莫卧儿帝国，以及日本的德川幕府，这些政权在一个与全球经济的联系日益密切的环境中占据着中心地位，它们的领土面积和政治权力让欧洲人日益感到不安。在谈到中国时，一位作家提醒他的读者，仅仅用文字是无法描述这个国家的富裕的："我特此给读者一个必要的警告，借此让他们可以想象中国的地大物博，鉴于遥远的事物通常听起来比它们实际上更为伟大，对中国而言恰恰完全相反，中国比它听起来更为伟大……这些事物必须眼见为实而不能仅靠口耳相传，因为跟他们的所见相比，他们的所闻微不足道。"[2]

如果我们要找出一个欧洲在早期近代亚洲扩张的典型代表，那么我们可能会选择乔纳森·斯威夫特的勇敢水手——莱缪尔·格列佛。格列佛最早出现于 1726 年，他并不是一个真实存在的人物。[3] 其他小说中的漂流者——最著名的如鲁宾逊·克鲁索，都创建了自己的王国，与他们不同的是，格列佛遇到了一连串的国家和统治

[1] Ravenstein, *The Journal of the First Voyage of Vasco Da Gama*, 51–63.
[2] 引自 Boxer, *South China in the Sixteenth Century*, 56–57。
[3] Swift, *Gulliver's Travels*.

者。[1] 每一次他试图努力去应付对手时，却总是无能为力，甚至生死未卜。在小人国，斯威夫特笔下的主人公偶然闯入一个地方，那里居住着一群身高不及他十分之一身长的人。格列佛很快发现，除了身高以外，他并不能产生任何实质上的影响。他非但没能让自己成为一个上帝一样的统治者，反而被迫服兵役并臣服于当地统治者。[2]

在大人国岛，格列佛则置身于巨人社会之中，即使最微小的动物都能让他感受到威胁。为了生存，他变成了王室的玩物，没完没了地在宫廷成员面前表演。在最后的航海中，格列佛在慧骃国遇到了一种高度智能化的马，他不再相信欧洲文明的任何力量，并决心完全放弃他的祖国。在每次经历中，格列佛都被孤立，被剥夺了其他探险家紧 8
紧抓住的权力，并陷入前途未卜的绝望中。在应对这些问题时，他为了在一个更加强势的社会边缘获得生存空间，不得不做出调整，声称自己"比别的动物和奴仆更卑微"。[3] 到了最后，他的变化是如此彻底，以至于经历了开化的野蛮人阶段，他成为完全的文明人。当格列佛被迫离开在慧骃国的主人时，在向一个高等社会表示臣服的最终仪式中，他跪地"亲吻他的马蹄"。[4]

虽然明显属于虚构，但是格列佛遭遇的基本模式对于许多在亚洲的欧洲代理人来说非常熟悉，他们同样被困在陌生的岛屿上，没有任何权力。两个相伴相生的问题——一是互动，一是适应——把我们带入他们的经验的核心。首先，欧洲企业与亚洲政权的相遇到底属于什么性质？这里的目的不在于回答现已过时的呼吁，即呼吁把欧洲人排除在外书写自主的历史——尽管过去他们通常处于边缘位置——而是要说明欧洲人与亚洲最重要的政治组织相遇的准确性质。[5] 为了达到这

---

[1] 我并不是第一个将这些线索联系在一起的人。琳达·科利（Linda Colley）在她精湛的著作《俘虏》（*Captives*）中，最早开始用格列佛和克鲁索两个角色，比较欧洲扩张的不同情景。参见 Colley, *Captives*, 1–3。

[2] Swift, *Gulliver's Travels*, 39.

[3] 同上，第 104 页。

[4] 同上，第 313 页。

[5] Smail, "On the Possibility of an Autonomous History of Modern Southeast Asia."

个目标，就要对欧洲人带来的强大武器有所认知，同时要考察这些武器在当地是怎样被实际部署的。

从学者们首次重新评估欧洲人出现在亚洲的性质开始，接下来的几十年中，出现了两种足以提供更广泛的解释框架的模式，以此思考已经发生的相遇。这两种模式都强调欧洲人入侵亚洲的局限性，但是他们采取的方式很不相同。霍尔顿·弗伯（Holden Furber）反对“达·伽马时代”（Vasco da Gama epoch）的一元化观念，所谓“达·伽马时代”，指欧洲霸权从1498年初并一直持续，直到1945年去殖民地化（decolonization）的到来。他因将早期近代时期描述为“合作时代”（age of partnership）而著名，这种观点认为欧洲人和他们的亚洲对话者之间发展出了紧密联系。[1] 对弗伯来说，这段漫长的历史时期更应当被描述为合作，“而不是权力和敌意的彰显”。[2] 合作的结果是把欧洲推向亚洲视为一个扩展的和相对无冲突的学习过程，在这过程中双方逐渐接近彼此。通过强调彼此相互适应，弗伯的研究路径很自然地借用了长时段（longue durée）的分析方法，从而把互动看作是跨越几十年甚至几个世纪，而不是数年的结果。更近一些的研究者继续采
9 用这一框架研究了荷兰人从1604年到1765年在暹罗的情况。[3] 虽然其中的某些片段被视为重要的里程碑，但是总体上的重点在强调知识随着时间的推移而增长，这个过程只有在19世纪早期的工业帝国主义出现以后才被打断。

有些学者虽然承认弗伯的著作在改变历史争议中的重要性，却批评其中对两者关系相互理解和共享结构的看法过于乐观。[4]1990年，

---

[1] “达·伽马时代”的概念是由潘尼迦（Panikkar）在《亚洲与西方霸制》（*Asia and Western Dominance*）中提出来的。有关“合作时代”的讨论，参见 Kling and Pearson, *The Age of Partnership*.（潘尼迦著作的副标题是“亚洲历史上的瓦斯科·达·伽马时代（1498—1945）”[A Survey of the Vasco Da Gama Epoch of Asian History, 1498–1945]。——译者注）

[2] Furber, “Asia and the West as Partners Before Empire and After.”

[3] Ruangsilp, *Dutch East India Company Merchants at the Court of Ayutthaya*.

[4] 数年以后，阿欣·达斯·古普塔（Ashin Das Gupta）在弗伯的基础上，提出了一个更为谨慎的框架。他指出：“合作伙伴可能从来没有毫无保留地接受彼此，但是在很长一段时间里，人们接受一个人人都能在其中发挥作用的贸易和政治结构。”参见 Das Gupta, “The Indian Ocean in the Eighteenth Century,” 132。

桑贾伊·苏布拉马尼亚姆通过强调欧洲人和亚洲的统治者、官员或商人在那个时代发生的潜在暴力和持续冲突，挑战了这种过于广泛的合作关系的观点。他的著作描述了一个更为黑暗的“冲突时代”（age of contained conflict），在这个时代有“对于武力的无数试验，对于弱点的相互探查，以及反复出现的地方冲突”。[1] 与运用“合作时代”框架的全面研究不同，“冲突时代”模型论证了另一种最适用于依据极其详细的无数的个案展开的分析模式。[2] 虽然关注的焦点在于关系的分裂，但是苏布拉马尼亚姆的观点是，这个充满经常性冲突的时代包含着某种程度的学习过程。而这个过程却是十分剧烈的，因为和解的达成往往更多是因为较弱的一方让步了。通过这种方式，这些冲突不仅仅是当其他的功能性安排失效时出现的异常时刻；恰恰相反，在很多情况下，这种冲突能够直接建立一个调节欧洲企业和亚洲国家关系的系统。换句话说，它们是富有成效的，为后来双方的互动制定了规则。

对冲突及其处理能力的强调，相应地导致了第二个关于欧洲的反
应——特别是对其适应性的疑问。与格列佛一样，在亚洲的欧洲人被
迫转移立场，做出让步，或者有时完全重塑自我，目的是在强大的当
地政权的边缘保有一席之地。尽管这一调整和适应的过程构成了欧洲
人在亚洲的早期经验的核心，但是此中焦点在于，这就与亚洲历史研
究中历来存在的两种观点相左：要么过分强调怎样理解亚洲国家在 19
世纪由西方主导的世界秩序中获得一席之地，要么过分强调亚洲国家
怎样屈从于殖民主义的怀抱。然而，在最后的评估中，后一个时期尽 10
管非常重要，但相对短暂。彭慕兰及其他经济史学者的研究结果显示，
亚洲国家比以前想象得更强大、持续时间更长，同时也揭示了欧洲霸
主地位的时间限制。实际上，除了在某个相应的阶段工业帝国主义的
工具得到前所未有的扩张以外，大部分有记载的历史都默认亚洲也是

[1] Subrahmanyam, *The Political Economy of Commerce*, 297.
[2] 有关相关学术研究的综述，参见 Vink, “Indian Ocean Studies and the New Thalassology,” 56。

至关重要的因素，这一点变得愈益明显。[1] 如果是这样的话，在准确理解欧洲人如何适应亚洲主导的政治秩序的过程中，摒弃已有的欧洲中心主义或美国中心主义历史观显得尤为重要。本书希望通过考察荷兰与日本的遭遇，对这一广泛的研究计划有所贡献。

公司与将军

1609 年，第一艘荷兰东印度公司的船只出现在日本。正值一个新政权——通常被现代学者称为德川幕府，对该群岛的巩固统治时期。在结束了长期的地方性冲突以后，德川家康（1543—1616）——日本三位伟大统一者[2] 中的最后一位——确立了政府制度，对两百多名保持半独立的领主（大名）确立中央统治，这些大名被允许保留最重要的自治权，包括保有自己的军队和征税的权力。[3] 在经过最初一段时间的动荡以后，通过德川家康的儿子（德川秀忠，1579—1632）和孙子（德川家光，1604—1651）的改革，德川幕府的统治持续到 19 世纪下半叶。

荷兰人第一次踏上日本领土时，就发现日本与邻居中国形成鲜明对比，日本政府愿意——甚至渴望与他们进行接触，并准备让他们的代表进入其政治和商业中心。后来荷兰东印度公司和幕府之间的关系持续甚久，直到 1795 年荷兰东印度公司在债务重压下崩溃。[4] 从 1609 年开始，荷兰人在日本经营着一个永久性的基地，最初位于九州岛西
11 北角的平户，后来改在长崎港的出岛。尽管日本工厂——当时指的是

[1] 菲利佩·费尔南德兹 - 阿梅斯托（Felipe Fernández-Armesto）用令人难忘的典型方式，总结了这种普遍的观点："当我想象中的这些人——站在非常高远的视角（此处原文是"the Galactic Museum-Keepers"，直译为"银河博物馆的管理者"。——译者注）回顾我们的过去时，与宇宙边缘附近的制高点的客观性一样，未来一万年，他们将中心聚焦于中国，以及西方文明中的一些小玻璃窗的一角。"参见 Fernández - Armesto, *Civilizations*, 22–33。

[2] 这里所说的"日本三位伟大统一者"，除了德川家康以外，还包括丰臣秀吉（1537—1598）和织田信长（1534—1582）。——译者注

[3] 在一项重要的研究中，马克·莱维纳（Mark Ravina）认为德川幕府是一个"复合政府"（compound state），并且强调了其统治领域的相对独立性。参见 Ravina, *Land and Lordship in Early Modern Japan*, 27。

[4] 尽管荷兰东印度公司本身崩溃了，但是荷兰人在日本的贸易基地一直持续到 19 世纪下半叶。

荷兰在日本的贸易商栈——分布在九州岛西部边缘，荷兰东印度公司使节却几乎每年都要前往江户，通常在江户待上几个月之后才获准离开。荷兰人借此保持与幕府将军以及德川政府不断扩展的机构之间的定期联系。

尽管持续时间长得惊人，但德川幕府与荷兰东印度公司之间的关系——特别是近些年来，很少受到学者们的关注。这可以在日本德川史学的发展中得到部分解释，同时这也是以往过分强调欧洲对早期近代日本重要影响的结果。谟区查（Charles Boxer）在他那本被多次再版的作品——《日本的基督教世纪（1549—1650）》（*The Christian Century in Japan*，*1549—1650*）中辩称，基督教由西方传教士于 16 世纪引入日本，并对日本产生了变革性的影响，由于日本当局越来越害怕新进宗教的破坏性力量，于是在 17 世纪 30 年代颁布了著名的海禁法令，切断了与外界的一切联系。[1] 谟区查的研究将欧洲置于日本对外关系的中心位置，并设想日本与欧洲海外企业之间接近全封闭的关系，开启了一个日本孤立的时代。这种观点在 20 世纪 80 年代受到两位学者——罗纳德·托比（Ronald Toby）和荒野泰典的质疑，他们的研究表明，在德川海禁后很长一段时间，日本仍与亚洲国家保持着密切合作，最明显的就是朝鲜和琉球王国。[2] 虽然他们的著作相当成功地把日本重新带回亚洲，并证明日本与欧洲的联系并不是其外交政策的全部，但托比和荒野介入的附带影响，是顺理成章地避开了对在日本的欧洲人的关注。

除了一些重要的研究，如赖尼尔·赫塞林克和松方冬子的著作以外，已有研究习惯上采用了两种视角的其中一种。[3] 赖尼尔的论述更受

---

[1] Boxer, *The Christian Century in Japan*，该书先后于 1967 年、1974 年和 1993 年再版。

[2] Arano, *Kinsei Nihon to Higashi Ajia*; and Toby, *State and Diplomacy in Early Modern Japan*.

[3] 赖尼尔·赫塞林克的先驱性研究，通过聚焦于 1643 年布雷斯肯斯事件（Breskens Incident），讨论了荷兰东印度公司与德川幕府之间的关系。本书第三章将对此进行更详细的讨论。参见 Hesselink, *Prisoners from Nambu*。松方冬子分析了荷兰人提交给德川幕府的情报报告。参见 Matsukata, *Oranda fūsetsugaki to kinsei Nihon*。此外还应该提到迈克尔·莱佛（Michael Laver）的重要著作，尽管并没有专门对荷兰人进行分析，但是其中也包含了荷兰东印度公司的重要片段。参见 Laver, *Japan's Economy by Proxy and The Sakoku Edicts and the Politics of Tokugawa Hegemony*。

日本学者的青睐，即狭隘地强调贸易。这种研究路径的典型代表是岛田竜登的著作《18 世纪东印度公司在日本的亚洲内部贸易扩张》（*The Intra-Asian Trade in Japanese Copper by the Dutch East India Company During the Eighteenth Century*），与许多相关最新的、更普遍的研究一样，该书旨在把荷兰东印度公司当作一个纯粹的商业组织，来理解荷兰贸易网络的性质。松方冬子的视角可能最好称为综合的研究路径，
12 旨在描述荷兰东印度公司在日本的地位。在这方面最重要的研究是日本荷兰先驱历史学家永积洋子的著作，她把平户时期（1609—1641）单独抽离出来，在总体性分析中提供了合理的关注点，包括对贸易、政治、日常生活，以及其他一系列议题在内的讨论。[1] 尽管建立在这两种路径基础上的研究对理解荷兰人在日本的情况做出了宝贵的贡献，但是两者都未能抓住荷兰东印度公司与德川政权关系这一核心问题。

本研究旨在采取不同的研究方法。本书的出发点是要重新审视荷兰东印度公司本身的性质。尽管使用公司（company）来描述荷兰东印度公司的做法相当普遍——并且也将在本项研究中采用，但是很显然，这个简单的词汇事实上可能产生严重的误导。荷兰东印度公司曾被誉为世界上第一家跨国公司，的确有些职能让它看起来像一个现代化公司，但是它拥有至高无上的权力，这种权力即使是今天的世界五百强也不具备。[2] 因此，正如朱利恩·范古尔（Jurrien van Goor）所说的那样，荷兰东印度公司可视为一个成功地结合了公司和政府两种形态的混合组织。[3]

这种复合性可以直接追溯到公司的基础性文件——《1602 年宪章》，特别是其中一个单独的条款。在一系列枯燥的条款中，第 35 条

---

[1] Nagazumi and Takeda, *Hirado Oranda shōkan Igirisu shōkan nikki*. 本书的前半部分聚焦于荷兰工厂，由永积洋子撰写，她还撰写了许多有关荷兰东印度公司和日本关系的其他重要著作。

[2] 关于这些权力是主权还是准主权，学者们意见各不相同。珍妮丝·汤姆逊（Janice Thomson）认为，荷兰东印度公司“被赋予了几乎所有的主权权力”，而李克莱弗斯（M.C.Ricklefs）则将这些权力称为“准主权”。参见 Thomson, *Mercenaries, Pirates, and Sovereigns*, 32; Ricklefs, *A History of Modern Indonesia*, 30。在我看来，考虑到荷兰东印度公司的混合属性及其程度，没有任何理由不使用主权这个词。

[3] 范古尔称荷兰东印度公司是一个“混合的政府：作为商业公司运营却实际上扮演了王国的角色”。参见 Van Goor, “A Hybrid State”。巴伦兹（Barendse）说得特别清楚，他说：“荷兰东印度公司在欧洲是商人，在亚洲是政府。”参见 Barendse, *The Arabian Seas*, 299。

规定了这一组织复杂的业务结构。因为该条款赋予荷兰东印度公司一项以往更多地是由国家垄断的主权权利。[1]该条款规定："好望角以东，也包括麦哲伦海峡在内，上述这些公司将获准与亲王和君主以荷兰议会的名义签订协议和合同。为了保持这些地方以及维护其良好的秩序，他们也可以建立要塞和据点，任命官员、军队、司法长官，以及其他服务人员。"[2]具体来说，宪章第35条描述了三种宽泛的权力：有权与可能遇到的统治者进行直接外交，有权拥有（当然也包括部署）军事力量，以及有权通过建筑堡垒和据点夺取领土。这种强有力的三位一体结构形成了荷兰东印度公司与生俱来的权力，从它的第一艘船只出现 13
在亚洲海域开始，该公司就充分利用了这种权力。

在这里列出的三种权力中，对于哪种权力使用得最为频繁没有任何疑问。研究荷兰东印度公司的伟大历史学家包乐史，曾经指出荷兰东印度公司在亚洲的整个战略建立在两个工具上——外交和暴力。他交替使用"schenkagie"（通过礼品和外交追求优惠的贸易条件）和"conqueste"（通过暴力征服土地或获得有利的贸易条件）来描述荷兰东印度公司的运作。[3]带着信件和礼物，第一个荷兰探险队的领导者试图打开与跨区域君主的直接联系，以此确保进入外交网络（diplomatic networks）[4]。虽然条约必须提交给荷兰议会审批，但是欧洲和亚洲之间的遥远距离，意味着荷兰东印度公司拥有自由从事独立外交的权力。与这种外交推动同时进行的是同样有活力的军事建设。由于荷兰东印度公司是由一个本身看起来处在无休止战争中的国家所创建的，因此从一开始它就被深深地卷入暴力中。荷兰舰队攻击伊比利亚人在亚洲的贸易网络，瞄准像马尼拉和马六甲这样的关键据点，然后从事大规

---

[1] 作者在行文中有时用"power"，有时用"right"，本书对译为"权力"和"权利"，读者可根据不同语境对其具体用意加以体会。——译者注

[2] Van der Chijs, *Geschiedenis der stichting van de Vereenigde O.I.Compagnie*, 130. 原始文献的条款没有编号，但是第35条成为日后的行事标准。

[3] Blussé, "Amongst Feigned Friends and Declared Enemies," 154. 关于这两种策略之间持续的相互作用的研究，参见 Borschberg, *The Singapore and Melaka Straits*。

[4] 作者在行文中有时用"diplomatic networks"，有时用"diplomatic circuits"，本书统一译为"外交网络"。——译者注

模的海上劫掠。荷兰东印度公司一心想获得机会进入最有利可图的贸易网络，于是同时准备将其枪炮对准当地的竞争对手。一旦当地官员与他们的敌人达成共识，或者被认为已违反了既定合约权利，而拒绝荷兰东印度公司进入市场时，荷兰舰队就会向亚洲国家的船只开火。除了享有外交和暴力的权利（rights）以外，荷兰东印度公司还声称通过宪章第 35 条授权建造堡垒、任命总督、建立法律结构和完整的政府建制。这实际上是一张为建立殖民地而开的空白支票，在诸如安汶岛（Amboina）、爪哇、班达（Banda）和台湾得到兑现，因为荷兰东印度公司在这些地区获得了它的第一批领地。

研究荷兰东印度公司的历史学家有时将其历史描述为一个本质上的商业组织不情愿地进入帝国大厦（empire building）的过程，而且该公司在这一过程中被逐渐改变。[1] 虽然荷兰东印度公司的确从来不曾为帝国设计一个宏伟的蓝图，它也不只是一个商人渴望便宜买入、高价卖出的企业集团。一份针对在亚洲工作的高级职员所写信件进行的
14 研究指出：这些职员并不会将他们的雇主视为一个受到限制的组织，从而集中关注纯粹的商业贸易，同时避免其他不必要的纠葛。实际情况恰恰相反，他们认为它是一个复合的机构，可以最直接地通过荷兰在亚洲的权力扩张获得利润。[2] 尽管可能在太多不同的语境中被引用过很多次，身为早期荷兰总督的扬・彼得松・科恩（Jan Pieterszoon Coen）[3] 的话，仍能表明边境官员的更开放的态度：“在东印度群岛的贸易必须通过自己的武器来获取与维持……这些武器必须通过贸易赚取的利润提供资金。总之，没有战争的贸易或没有贸易的战争都是无法维持的。”[4] 与其说是在亚洲不稳定的政治环境中，由不情愿的因素导

[1]　Gaastra, *The Dutch East India Company*, 60.

[2]　这方面思考我受到了菲利普・斯特恩（Philip Stern）对英国东印度公司的开创性研究的影响。在反对标准的“与帝国贸易”（trade to empire）的叙事中，他提出了“审视英国东印度公司的另一种视角，即不是作为一个商业机构或者作为盎格鲁—不列颠政府的组织机构，而是作为一个独立的政策和政治共同体”。参见 Stern, “A Politie of Civill & Military Power,” 257。同时参见他的 *The Company-State*。

[3]　在台湾地区史研究中通常译为库恩、顾恩等。——译者注

[4]　引自 Winius and Vink, *The Merchant-Warrior Pacified*, 30–31。

致了一条奇怪的路线，不如说是荷兰东印度公司从一开始就不仅是一个经济组织，而且还是一个政治和军事组织。[1]

连荷兰东印度公司的竞争对手都明确承认，这是荷兰扩张模式最重要的特点；如果想要获得同样的成功，必须加以仿效。对荷兰模式最具有启发性的评价，来自 17 世纪荷兰联合省（the United Provinces）最伟大的观察家威廉·坦普尔（William Temple）：

> 最后，我要说明的是，通过战胜葡萄牙人，和对土著人的许多战争及其胜利，进而迫使后者签订了排斥所有其他国家的商业条约，允许在海峡和关口建立堡垒——控制了这些地方的交通入口，荷兰人在吞并东印度群岛的整个贸易方面取得了很大进展。这已经由东印度公司……［实现了］，公司运行起来更像是一个联邦，而不是一个商业组织，从而在东印度群岛建立了一个实际上由公司的指令进行统治的政府，然而在别的方面却表现得像个主权国家，通过最精明的计算，保持与他们最伟大的国王之间的战争与和平关系，同时有能力在海上发动 40 人或 50 人、在陆上发动 3 万人的战役。[2]

因此，在描述荷兰东印度公司在最重要的贸易活动以外，利用其主权权力从事的外围活动时，我们必须十分谨慎。实际情况是，宪章 15
第 35 条所授予的权利对荷兰人在亚洲的推进至关重要。

虽然亚洲国家的官员从未读过《1602 年宪章》，但是他们面临的是一个决心充分利用其规定的组织。荷兰东印度公司在 17 世纪前后到达过很多国家。从小型的港口政权到庞大的帝国，它都明确宣示其权力，并决心利用其全副武装的力量来实现其预期目的。结果是经常发

[1] 作为不同视角的例子，埃尔斯·雅各布（Els Jacobs）主张，历史学家们过于关注“战火和炮声”（smoke of battle and the roar of cannon），为此研究的焦点应回到荷兰东印度公司的商业活动中来。参见 Jacobs, *Merchant in Asia*, 10。

[2] Temple, *The Works of Sir William Temple*, 173–174.

生冲突，当地官员反对侵略性的闯入者，这些侵略者通常在看起来没有明显的外交、政治或商业网络的地方活动。

这种模式在日本表现得非常明显，公司带着雄心勃勃的计划来到日本，目的是得到德川幕府外交的承认（以便提高其谈判地位），获得主要贸易路线的控制权，驱逐竞争对手（最明显的就是葡萄牙人），并在东亚建立最强大的海上力量。在与幕府官员的讨论中，在发生了他们为了外交合法性返回欧洲的小插曲以后，公司的代理人断言荷兰总督有直接派遣大使进驻江户的权力，坚持认为他们可以在幕府将军的海域与日本最重要的贸易伙伴挑起战争，而且当拒绝对那些早已航行多年的日本商人开放贸易机会时，宣称台湾岛是自己势力范围的一部分。为了实现这些野心，荷兰东印度公司决心部署自己的武器，尤其是一个强大的舰队，而且还有一套阐释合法性理论工具的通用语言——这种表达部分来自诸如胡果·格劳秀斯（Hugo Grotius）等著名学者的叙述。[1]

这种策略使荷兰东印度公司在越来越有序的德川幕府世界中变成一种不安分的存在，而且带来了与日本当局的持续冲突。外交、暴力和主权上的冲突，这三种由宪章第 35 条款授予的权力，构成本书所要处理的主题。与桑贾伊·苏布拉马尼亚姆一样，我认为这一时期是一个“充满冲突的时代”，在这一时期双方互动的特征不是一种相对和谐的伙伴关系，而是一系列的冲突。通过发掘可靠的史料（包括荷兰文和日文史料），本书的目的是要提供针对这些个案的详细案例研究。通过这种方式，本书将避免使用更为综合的研究路径，而代之以聚焦于一系列关键时刻的研究方法。换而言之，本书并不是荷兰人在日本或者荷兰东印度公司贸易的历史——许多不同领域的学者都曾在这些方面
16 做出过细致的研究——而是分析作为一个混合组织的荷兰东印度公司

[1]　马丁·范·伊特叙已经证明，格劳秀斯——此前的理想化研究主题将他称作国际法全球体系之父——应当被理解为荷兰人在亚洲扩张的关键性法律合作者。参见 Van Ittersum, *Profit and Principle*。

在日本群岛中的具体运作。[1]

对这些冲突的关注，产生了一种新支点，而非人们熟知的故事——荷兰人在日本自我节制。对荷兰人的标准分析突出了他们作为一个只对贸易感兴趣的新教商人的作用，用格兰特·古德曼（Grant Goodman）的话说，荷兰人追求一种“稳健和适度的政策”——与他们的竞争对手葡萄牙形成鲜明对比，后者更关心拯救灵魂——这使得他们可以避免与日本当局产生不必要的冲突。[2] 实际上如果更仔细地考察 17 世纪上半叶的状况，就会发现在日本的荷兰人面临着接连不断的冲突，情况岌岌可危。然而荷兰东印度公司的记录倾向于展现德川幕府的专制政权性质，后者固执地提出不合理要求，因此公司遇到的许多问题在很大程度上是自己造成的。换言之，它们并非源自幕府将军的突发奇想，而是来自公司自身的政策。与有时被想象为温驯谦恭的商人形象完全不同，荷兰人在德川日本，特别是在日本工厂的早期，是一个暴力和破坏性的存在。

除了记录由公司对其主权权利主张所导致的结果而出现的个别争端以外，本书将试图论证这些争端持久性地塑造了荷兰人在日本的性质。当 1609 年荷兰的第一艘船出现在日本的港口时，荷兰人并没有立即在德川秩序中确立特定的位置。而在开始出现一系列冲突并得到最终解决后，荷兰东印度公司放弃了其一贯的特权，并加强自我塑造以满足德川幕府的期望。在这些冲突范围内，德川幕府和荷兰东印度公司的关系开始成型，并最终发展成它们的永久形式。从这个意义上说，回到更早的一点，这些冲突是富有成效的，虽然结果不是双方协商出一个折中方案，而是较弱一方的持续撤退，并且转移到一种新的立场。

在不同的情况下，同样的基本模式是显而易见的。由于公司的外交、暴力和主权权利的最初声明引起了一系列冲突，这些冲突只能以

[1] 最近的研究参见 Laver, *Japan's Economy by Proxy in the Seventeenth Century*。

[2] Goodman, *Japan and the Dutch*, 16.

荷兰东印度公司撤退、让步，或者彻底投降的方式才能解决。这是一
17 个关于荷兰人是如何被一个不稳定的外交叙事击败的故事，在这一叙事中，荷兰人未能说服幕府官员接受荷兰总督的合法性以及派遣大使的权利；同时这也是一个关于他们如何找到自己最可靠的工具的故事，这些工具包括海上暴力在内，首先被要求削减，然后基本上被禁止使用；此外还是一个关于他们如何在强大的亚洲国家的阴影中挣扎着解释和捍卫殖民地财产的故事。结果是荷兰人被迫放弃了他们对主权国家的主权要求，同时被迫重塑自己——从一位虚构国王的臣民转变为将军的忠实奴仆，从好斗进取的海盗转变为温驯谦恭的商人，从坚持维护殖民地的主权转变为德川幕府的合法臣民。在这个适应过程的最后，荷兰东印度公司在日本呈现出完全不同的形态。

与此同时，与桑贾伊·苏布拉马尼亚姆的模式一致，有关不断冲突的广泛框架也适合亚洲其他地区。日本情况的不同之处在于，这些冲突的解决方式几乎完全一致地以一方受益结束。不像欧洲与其他亚洲国家的关系，这里没有太多的给予和接受，荷兰东印度公司一次又一次地发现它在日本讨价还价的能力是多么弱小。简单来讲，与其说荷兰人控制了德川日本，不如说是被德川日本所控制。并不奇怪，这是一段令人不安的经历：技术上的优势被抵消，一种在纸上显得如此强大的法律语言哑然失声，即使是最激进的荷兰东印度公司官员的信心也遭到彻底动摇。

为了理解这一过程最终结果的意义，我们可以回到格列佛那里，与小说中的目的地一起，他访问了一个真实存在的国家。在下关港（Shimonoseki）登陆日本主岛以后，格列佛决定“隐瞒我的国籍，并称自己是荷兰人，因为……荷兰人是唯一允许进入这个王国的欧洲人”。[1] 在江户，他观察到荷兰人被迫进行踏绘（fumie），这是一种

[1] Swift, *Gulliver's Travels*, 223.

要求幕府将军的臣民践踏十字架的仪式。[1]在这个过程中，与其说荷兰人是被无情的暴君强迫从事拒斥基督徒的行为，不如说是他们愿意参与——隐藏自己信仰的任何痕迹都是为了赢得幕府将军的青睐。正如格列佛过去的遭遇那样，他们务必通过对一位外国君主的引人注目的奉献，来争先恐后地证明他们的忠诚。

斯威夫特当然是在描述一场虚构的遭遇，但是他对在日荷兰人状况的描述却植根于历史事实。虽然他在准备撰写这篇小说的该片段时，所读到的确切材料仍然是一个有争论的问题，但是有理由相信，作者可能对恩格尔贝特·坎普法（Engelbert Kaempfer）的《日本史》 18
（*History of Japan*）很熟悉，该书最后于1727年在英国出版。[2]一位在长崎工作了两年（1690—1692）的德国医生坎普法，写出有关荷兰人在日本状况的最详细也最广为阅读的作品。通过对前雇主的尖锐批评，坎普法谴责他们太愿意屈服于一个异教徒统治者的愿望。坎普法著作中最著名的部分，可能要数他对幕府将军接见日本工厂的荷兰长官（opperhoofd）[3]的描写：

> 当荷兰船长（captain）[4]出现时，立刻有人很夸张地大声喊道："oranda kapitan。"（荷兰船长）接着他上前去表示敬意。然后他就在进献礼品摆放处和幕府将军高高的座位之间，用手和膝盖匍匐着向前爬，直到他们提醒他。他用膝盖跪拜着，把头贴在地板上，然后像龙虾一样，爬回到原来的位置，其间没有任何交流。这个

---

[1] 踏绘是德川幕府发明的一种仪式，目的在于测试外国人是否是基督徒（天主教徒）。其具体做法是：让人用脚踏在刻有圣母玛利亚或耶稣像的木板（铜板）上，如果是虔诚的基督徒是不愿意踩玛利亚和耶稣的像的，这样是否是基督徒就辨别出来了。一旦被发现，通常会被处以死刑。后来在禁止基督教后，踏绘也被用来测试进入当地的荷兰人是否是传教士。——译者注

[2] Kaempfer, *Kaempfer's Japan*.

[3] "opperhoofd"意指日本工厂的荷兰长官。有学者译为荷兰商馆馆长、商馆领事、首席代理商等，甚至有学者提出与华人中间的甲必丹（Kapitan）相似。本书统一译为"长官"或"荷兰长官"。——译者注

[4] 疑此处作者引文有误。"captain"当同下文的"Holland captain"（荷兰商馆馆长），而按引文意思，应该是"shougun"（幕府将军）而不是"captain"（荷兰商馆馆长）。——译者注

简短的、悲惨的程序，就是这次著名接见的所有内容。[1]

由于无法抬起头，荷兰人甚至没能看清楚幕府将军的样子，因为幕府将军坐在接见大厅的另一端，荷兰人甚至都没来得及瞥见一下他们的崇拜对象就必须离开。

尽管像斯威夫特和坎普法这样的观察家往往喜欢关注踏绘的屈辱细节或者幕府将军的接见，但是这些只是更广泛关系的最明显象征。在日本，荷兰东印度公司被约束在一定的框架内，这种控制正如任何在亚洲的欧洲海外企业所经历的一样。日本幕府体制成功地限制住了荷兰东印度公司——约束它的活动，把它转化成一个顺从的仆人，让荷兰东印度公司愿意为幕府提供军事服务和源源不断的有关世界各地的情报。到了17世纪30年代，用荷兰东印度公司的代表们自己的话来说，它已经成为德川幕府“忠实的奴仆”，如一位荷兰总督特别夸张地宣称，他和他的部下十分乐意“为将军服务，并用我们的最后一滴血来保护日本王国”。[2]

当然，语言本身是会骗人的，我们应当谨慎地对待这类修辞，它
19 是研究欧洲扩张的每一位历史学家都非常熟悉的修辞。在大多数情况下，它只是简单地将权力隐藏在当地合法性的外衣之下。比如在印度，罗伯特·克莱武（Robert Clive）就利用了类似的修辞。在1765年伯格萨尔（Buxar）[3]战役胜利以后，他声称英国东印度公司是莫卧儿皇帝的忠实奴仆。[4]尽管有这样或那样的宣言，特权和权力还是转移到了英国，其中包括对印度许多富裕的省份征税权这一巨大收获，它能够将克莱武的雇主从可怕的金融困境中拯救出来。在这种情况下，有关服务和

[1] Kaempfer, *Kaempfer'sJapan*, 359.

[2] Tokyo daigaku shiryō hensanjo, *Dagregisters gehouden door de Opperhoofden van de Nederlandse Faktorij in Japan*, 6:204. 东京大学历史研究所正在从事一个出版在日本的荷兰长官日记的项目。该系列从尼古拉斯·库克巴克尔（Nicolaes Couckebacker）1633年日记开始，随后是《日本日志》（*Dagregisters Japan*）。

[3] “Buxar”亦拼作“Baksar”，印度东部比哈尔邦的一座城市，邻近北方邦。有学者译为布克萨尔、布克沙尔、布克夏尔等，本书统一译为“伯格萨尔”。——译者注

[4] Sen, *Distant Sovereignty*, xii–xiii.

家臣的修辞掩盖了企图——掏空这个曾经强大的亚洲国家，直到它只剩脆弱外壳。然而在日本，有关欧洲人主次关系的这种修辞发挥着完全不同的功能。在这里，是荷兰东印度公司而不是幕府被掏空，因为它的行动能力被剥夺，而且被迫在日本秩序中接受局限的位置。除了做出忠诚的声明以外，荷兰东印度公司被迫真正履行其作为奴仆的职责，有时甚至是以非常尴尬的方式。最明显的例子，莫过于1638年公司为服务于幕府将军，自愿将枪口转向躲藏在岛原（Shimabara）一个荒废堡垒上的基督教反叛者。

这个受约束的过程对荷兰东印度公司而言意义重大，这意味着它从来没有获得它曾经寻求的那种主导性商业地位。对日本本身也同样意义重大，[1] 因为双方关系的这种状况使得德川幕府可以选择性地吸收技术、信息和商品，同时不接受任何更具破坏性的、通常伴随着欧洲入侵亚洲而出现的副作用。荷兰东印度公司的工厂从来不是日本了解世界的唯一窗口，但是它提供了一个进入日本群岛的重要通道，同时也使得荷兰东印度公司作为幕府将军忠诚的下属的角色，除了为后者提供便利以外别无选择——即使是在自己的利润枯竭以后。与此同时，这种调整的影响更为广泛，尤其是在坎普法描述荷兰人在日本的状况的著作出版和翻译以后。罗伯特·马克利注意到，日本“引起了17至18世纪的史学危机，基督教在日本失败以后，在出岛的荷兰人持续遭到驱逐，这成了对欧洲价值观和欧洲中心主义预设的嘲讽”。[2] 对坎普法历史著作及其他类似的叙述的读者来说，荷兰人在日本的地位是亚洲国家持续拥有权力，同时也是欧洲人失去对国际业务的控制的鲜明标志。 20

尽管有关荷兰东印度公司在日本处于特别弱势地位的观念不存在任何争议，而且事实上也已经得到诸如坎普法及其他现代学者凿凿可据的证明，但是本研究的目的在于展示荷兰人如何，以及为何变成

[1] 在一篇很少被引用但却很重要的论文中，乔治·韦纽斯（George Winius）和马库斯·芬克（Markus Vink）已经明确揭示了荷兰东印度公司在东亚企图的落空。参见 Winius and Vink, “South India and the China Seas: How the V.O.C.Shifted Its Weight from China and Japan to India”。

[2] Markley, *The Far East and the English Imagination*, 246–247.

了他们最终在德川日本时代的那种情形。为此，本书将分成三个部分，分别关注有关外交、暴力和主权问题的冲突。虽然这些事件在历史编年上存在重复，但还是将它们分开阐述，以便揭示各自发展的时间脉络。第一部分从维克多·斯普林克尔（Victor Sprinckel）1608 年首次递交到日本的外交信件开始，至荷兰东印度公司参与岛原之乱为止。通过考察这一时期的外交，本书将梳理两者相遇的全部历史过程，以及在日本的荷兰代表们所做出的一系列不同伪装。第二部分讨论从 1609 年开始（当时荷兰东印度公司初到日本）至 1665 年（当时它同意取消中国船只航行到日本群岛的行动）的海上劫掠活动。重点阐述荷兰东印度公司长达半个多世纪以来，企图在日本周围海域动用海军力量，最后在很大程度上归于失败的尝试。第三部分研究从 1624 年开始（当时公司在大员树起了旗帜）至 17 世纪 30 年代（在它同意将前殖民地长官引渡给德川幕府之后）的主权争端。

文明化和社会化

在日本历史上，全副武装且带着一系列要求的西方炮舰抵达当地海域是一幅强大的图景。1853 年，佩里（Perry）[1] 的黑船舰队出现在江户湾——这起通常被认为是日本历史上关键转折点的事件，随后引起了一系列巨大的变化，明治政府的统治者努力通过改革社会、经济和法律制度来重振国家。这个大规模剧变的目标是使日本达到一个“文明国家”的标准，正如西方列强所定义的那样，借此它可以以一个平等成员国的身份加入国际大家庭。用一位明治政府官员的话来说，日本必须“仔细考虑权利和义务……［那是一个文明国家的］需要。文
21 明国家拥有一定的权利（tsūgi）；这样做是获准加入它们行列的要

[1] 全称 Matthew Calbraith Perry，又译为马修·培里，是 19 世纪美国东印度舰队司令。曾于 1853 年率领四艘黑色铁甲军舰开到江户湾，以武力威胁日本幕府开国，并于第二年在横滨签订了《神奈川条约》（即《日美亲善条约》）。这就是日本历史上著名的“黑船事件”或“黑船来航”。——译者注

求”。[1] 通过这种方式，佩里的黑船开启了一个强制的社会化过程。日本被迫适应一个现有的政治秩序，它几乎没有权力改变。[2] 作为这个过程的一部分，其领导人接受了新的准则：关于该国应该如何在全球舞台上活动，以及一份陌生的国际法词汇表。

大量笔墨用来描述日本为了在国际秩序中获得一席之地而经历的转变，还有一个涉及西方和日本的社会化过程，却几乎没有受到任何关注。虽然人为弱化明治时刻的重要性将是一个错误，但事实上，欧洲霸主地位是在 19 世纪和 20 世纪初相当短的时间内确立起来的。在一个较长的时期内，这种历史动态恰恰相反——亚洲占据着中心位置。正因为如此，当早期的外国舰队在 17 世纪出现在日本港口时，它受到的待遇与佩里截然不同。虽然这第一代黑船的到来也引发了社会化的进程，但是在这个过程中，欧洲人被迫适应当地的政治秩序，他们所能改变的东西很少。在找到了适应德川日本的策略以后，荷兰东印度公司的官员被迫放弃既定的做法，接受一套新的规则和新的政治词汇，使其表现得体。最后，就像明治日本的统治者一样，他们在一个外国秩序中找到了安全地带，却发现自己已付出昂贵的代价。

[1] Craig, *Civilization and Enlightenment*, 149.
[2] Suzuki, “Japan’s Socialization.”

第一部分　外交

第一章

来自共和国的王室书信

我之所以造访贵国……乃奉荷兰国王之命。

——海军上将科内利斯·马泰利夫·德扬（Cornelis Matelieff de Jonge），1607 年

1609 年，荷兰东印度公司的两艘船只抵达日本西部的平户。在抛锚停泊在港口的狭窄港湾后，这次探险的领导者准备派遣一队代表，前去寻求德川家康的接见。德川家康是这个军事政府的创始人，当时正临近他执政的第十年。一位荷兰的高级贵族——莫里斯亲王（Prince Maurits）在一封信中，记录下了荷兰人在日本的一些情况，但是并没有说明这封信的目的，以及为什么一个属于荷兰共和国的独立商业公司的代表团会携带这样一份文件到日本，这使这封信看起来只不过是历史的脚注。[1] 根据大多数针对随后所发生事情的描述，私营商人只关心交易，并无任何特别的外交主张，因此荷兰人受到一位友好的幕府将军的接待，后者迅速答应了他们所有的要求。[2] 这样一来，尽管荷兰东印度公司是亚洲政治的陌生闯入者，但第一次接触被视为一个典型的简单的互动，一次幕府将军和公司职员的简单情感交流，不需要额外的解释。

[1] Goodman, *Japan and the Dutch*, 10; Mulder, *Hollanders in Hirado*, 53.

[2] Goodman, *Japan and the Dutch*, 10.

26 这种倾向于掩盖欧洲外交活动，把它作为一个基本上简单的谈判过程的做法，并不仅限于日本。无论是在小型港口国家，还是在海岸地带的强大政权，达·伽马之后的指挥官们总是在他们的船只抛锚以后试图通过派遣大使，带着官方信函和礼物，接近这片土地上的最高权力机关。因此，从一开始，大使们就充当了殖民扩张的基本工具。然而虽然历史学家长期以来一直对欧洲人闯入亚洲商业网络的方式充满兴趣，但是详细介绍他们外交活动性质的研究却少得可怜。导致这种结果出现的原因是，即使是在诸如卫思韩等学者的开创性研究以后，我们对欧洲大使所面临的挑战的了解，相较于我们对欧洲商人为了征服其在亚洲的贸易困局中所进行的斗争来说，要少得多。[1]

虽然有一些大使非常成功，但是他们要求进入的外交网络的复杂性——这种网络可能正如非常复杂、难以捉摸、抗拒渗透的任何商业网络一样——不应该被低估。考察大使的相关史料可以看出，与亚洲国家的外交接触的过程是一个比它有时看起来更为棘手的事情，而且也是欧洲企业经常产生的问题。正如欧洲商人发现他们没有什么东西可以出售一样，欧洲大使经常发现他们在参与亚洲的外交事务时准备不足。由于荷兰东印度公司雇员素质低下，礼物不甚合理，或者文件存在问题，以及目标极不现实，许多大使步履维艰。更简单地说，外交总是充满波折，特别是在两者相遇的最初阶段，即欧洲人试图在亚洲确立影响时。

近些年来，这种观点得到诸如里士满·巴伯（Richmond Barbour）等学者的有力佐证，他分析了在印度早期的英国外交官面临的考验和磨难。[2] 这样的研究所面临的长期困难之一，是英国东印度公司的大使们用尽各种方式努力去让别人相信，他们的君主——一个为该组织外

---

[1] Wills, *Embassies and Illusions*. 过去几十年，对外交的兴趣被重新燃起。佐尔坦·比德曼（Zoltan Biederman）和斯特凡·哈利可夫斯基－史密斯（Stefan Halikowski-Smith）分析了葡萄牙在亚洲的外交。参见 Biedermann, “Portuguese Diplomacy in Asia”; Halikowski-Smith, “The Friendship of Kings Was in the Ambassadors”。里士满·巴伯的著作将在随后的章节中讨论。马库斯·芬克最近对荷兰东印度公司在印度外交的研究，也将在完成这篇手稿后面世。参见 Vink, *Mission to Madurai*。

[2] Barbour, *Before Orientalism*, 146–191, and “Power and Distant Display.”

交活动而被认定的傀儡，引用一个莫卧儿帝国官员的话来说，不应仅 27
仅被视为“卑微的亲王”，这种亲王很少在统治当地的大法庭中受到尊敬。[1]

这些研究提出了一个显而易见的有关荷兰东印度公司同行命运的问题。荷兰作为一个共和国出现的事实，已经促使一些学者认为，荷兰东印度公司及作为其前身的组织享有独特的优势，这一优势使其代表在与亚洲国家的谈判中游刃有余。安·拉德温（Ann Radwan）在研究公司在印度的活动时认为，荷兰人是非常幸运的，因为他们母国政权的性质意味着他们不会被要求去不停地维护一个遥远君主的荣耀。[2]尽管在某些情况中确实是这样，但也有大量证据表明，共和国的背景通常更多时候会成为障碍而不是优势。

作为商人领导的商业公司的雇员，荷兰东印度公司的长官努力去解释，他们到底代表了什么，以及为什么一个私人组织会如此坚定地进入通常由国家垄断的外交网络。令事情进一步复杂化的是，公司不能简单地指望欧洲通过借用君主的名义获得合法性。荷兰共和国在欧洲内部并无确定地位，是一个由不受约束的议会所统治的政治试验，缺乏君主这样一位随时都可能卷入外交谈判中的人物。综合以上事实可以发现，尽管所有的欧洲人都在努力操纵外交网络，但是当它在创造一种在亚洲各朝廷都可接受的叙事时，荷兰人——正是因为他们母国政权的性质——面临一个特别棘手的问题。他们解决这个问题的方法将我们带回到1609年使团，同时也把我们带回到这封由亲王莫里斯所写的信件中。

当这个小型特使团前往会见幕府将军时，他们这样做的目的并不是作为私营商人，而是作为声称代表“荷兰国王”——一位根据莫里斯亲王的模糊想象而精心设计的虚构君主——的大使们，寻求进入幕

[1] 引自 Barbour, “Power and Distant Display,” 357。

[2] Radwan, *The Dutch in Western India*, 130. 卫思韩也提出了类似的观点。参见 Wills, *Embassies and Illusions*, 52。

府官员所称的通商或者商业关系。[1] 对这一特征的介绍提供了一种可以保护荷兰东印度公司活动的王室外衣，从而掩盖了组织没有经验的特点，尽管同时还通过提高荷兰特使的地位为他们提供一个现成的交流
28 框架，更为其外交活动铺平了道路。它同时还有一个额外的影响，即延迟了由公司外交野心引起的冲突，这种外交野心直到后期才表现出来，当时荷兰东印度公司在没有王室傀儡调停的情况下选择与幕府将军打交道——这将在下一章中详细叙述。本章的目标是通过审视荷兰东印度公司的代表们实际上所说（或所写），并且假设这种叙事非常重要，将“荷兰国王”放回到荷兰人与德川幕府相遇的历史脉络中。当特使解释说他们来自“荷兰国王”，这并非一起翻译中的意外事故，或者一种轻率地置于一些更实质性东西之上的外交修饰。事实上，正如德川幕府的档案所清楚记录的那样，它提供了荷兰东印度公司与将军谈判第一阶段的结构和逻辑。

欧洲大使在亚洲

16 世纪和 17 世纪进入亚洲的欧洲企业，全部都在努力寻找合适的钥匙来解锁他们在整个地区遇到的各种不同的外交线路。瓦斯科·达·伽马 1498 年抵达卡利卡特时，他立即给当地的统治者发出了一封信件，“通知他一个代表葡萄牙国王的特使带着信件来了”。[2] 以王室代表的身份，他自称葡萄牙国王的代理人，由国王提供经费以便与亚洲的君主取得联系。虽然达·伽马很容易夸大葡萄牙的军事力量，但是这种对他自己和自身角色的定位，实际上是根深蒂固的。与哥伦

[1] 通常，德川幕府的外交关系可以分为两组：外交上的（tsūshin）和商业上的（tsūshō）。布鲁斯·巴滕（Bruce Batten）总结了传统的分类如下：“朝鲜和琉球被认为是‘外交伙伴国’（tsūshinno kuni），而中国和荷兰则被列入‘贸易伙伴国’（tsūshō no kuni），没有正式的外交关系。”参见 Batten, *To the Ends of Japan*, 44。由于荷兰东印度公司实际上是一个为贸易业务而成立的商业组织，因此其代表被归入第二种类型是不言而喻的，从 1609 年到达日本的那一刻起，他们就被列入次主权政府的类型。

[2] Ravenstein, *The Journal of the First Voyage of Vasco da Gama*, 50.

布的航海情况一样，他的探险队已经获得授权和资助以期获得亚洲的财富。与 17 世纪使它黯然失色的商业公司不同，葡属印度总督府（the Estado da India）是一个由葡萄牙王室控制的组织机构，它是葡萄牙在亚洲扩张的首要工具。正因为如此，每个在东方探险的葡萄牙人都宣称是“为国王服务”，虽然大多数人只是试图为了自己的利益从事私人交易来补充他们的工资收入。[1]

在卡利卡特首次登陆亚洲以后，许多葡萄牙大使分散在亚洲各国，从事一系列的活动。结果在短短几十年里，他们的活动从印度的海滨延伸到了中国的宫廷。与他们的著名先驱一样，这些大使依赖遥远的 29
欧洲国王，来为他们的使命提供合法性，并且为交流提供框架。在王室旗帜下的代表团，带着印有王室玉玺的文件，并且展示出国王的画像。[2]随后提出的要求也基本上一致。1498 年，达·伽马曾解释说：“他受命口头告知对方……［葡萄牙国王］希望……［和卡利卡特的统治者］成为朋友和兄弟。”[3]在随后与一系列国家的谈判中，大使们为了结成政治联盟并获得贸易优惠，不断向当地统治者宣示国王的“友谊”（amizade）和“兄弟关系”（irmandade）。[4]这两个概念意味深长：兄弟关系“指向一个带有心理暗示的虚构血缘关系”，这种方法通过建立君主联盟从而建立起跨文化的联系以达到共同目标，与此同时，友谊则伴随着各自的一套相互之间的义务。[5]因此，这种君主与个人之间联系的概念，有可能跨越遥远的距离，并且不需要任何面对面接触，就可以提供一个用于贸易的组织结构和随后相互作用的一致逻辑。

虽然它提供了一个有价值的交流框架，但是把对国王的依赖作为外交交流的关键也带来了自身的难题。最常见的困难在于，说服他人认真对待葡萄牙主权。一方面大使们怀有对君主权力及其友谊希求的

---

[1] Boxer, *Four Centuries of Portuguese Expansion*, 18.
[2] 在其后的历史时期，葡萄牙在果阿的殖民政府获得了王室玉玺，这促进了外交交流的步伐。参见 Wills, *Embassies and Illusions*, 103。
[3] Ravenstein, *The Journal of the First Voyage of Vasco da Gama*, 59.
[4] Disney, *A History of Portugal and the Portuguese Empire*, 2:138.
[5] 同上。

宏大要求，另一方面他们的使团又表现得低声下气，有时甚至伪装得非常低劣，他们竭力调和这两者之间的分歧。这种要求和表现之间的分歧最早出现于 1498 年，当时卡利卡特的国王注意到，达·伽马“告诉他，他来自一个非常富裕的王国，但却什么也没有带给他”。[1] 遇上诸如中国皇帝这样的君主时，把王室兄弟关系作为跨文化交流的工具也可能会适得其反，因为中国皇帝掌控着一个等级系统，将外族人提拔到帝国首都的文明中心，因此倾向于排斥任何与欧洲小君主平起平坐的观念。

但是，对于所有这些问题，葡萄牙人的报告确实具有简洁这样一
30 个重大优点。相比之下，17 世纪出现在亚洲港口城市的英国商人是为了一个更为复杂的赞助者而到达那里的。与荷兰东印度公司一样，英国东印度公司是一家由商人组织、提供资金并安置人员的私营商业公司，在政府之外独立运行。用乔治·马塞拉曼（George Masselman）的话来说，其代理是“受到匿名资本”而非君主的雇佣。[2] 那么如何呈现一个由 20 多人组成的管理机构来控制的自治组织？[3] 一个显而易见的、可以被迅速采纳且毫无争议的解决方案，是通过借用官方的合法性来对组织的独立性进行分析。当他们为第一艘远征亚洲探险的船只装备好时，组委会决定征集“来自女王的、写给印度王子和君主的信件”，“这被认为是为确保得到良好接待的最明显的权宜之计”。[4] 原因显而易见：如果公司的雇员并没有真正代表英国的官方——在那时指的是伊丽莎白女王，那么他们至少可以以君主的名义和声望与他们的努力联系在一起，以此获准访问，否则将被拒绝。[5]

第一次远征的指挥官詹姆斯·兰开斯特（James Lancaster）在 1602 年到达亚齐——一个位于苏门答腊岛北部的强大海洋王国，也欢迎来

[1] Ravenstein, *The Journal of the First Voyage of Vasco Da Gama*, 62.
[2] Masselman, *The Cradle of Colonialism*, 463.
[3] 这些人是地方长官（governor）、代理人（deputy）、财务主管（treasurer）和董事会的 24 名成员。参见 Masselman, *The Cradle of Colonialism*, 281。
[4] Bruce, *Annals of the Honourable East-India Company*, 132.
[5] Ogborn, *Indian Ink*, 42.

自“荷兰国王”的大使——的时候，他充分利用了女王的来信，迅速承担了大使的角色，同样依靠与王室联系的方式来解释他的出现。他被带到苏丹面前，“以当地国家的方式表达他的敬意，声称他由英国最强有力的女王派遣，向殿下表示祝贺，同时和他商谈有关和平及与其君主之间的友好关系”。[1] 这封信从“受到神的恩赐的伊丽莎白——英格兰、法兰西和爱尔兰的女王……到伟大而强有力的亚齐国王（位于苏门答腊岛），我亲爱的兄弟”，直接以一番对君主之间兄弟关系的祈祷开头。[2] 它继续为同等的统治者之间提供“友谊和联盟”，以亚齐人和英国公司商人之间的关系作为框架。一旦亚齐国王接受，这种友好关系的纽带将为伊丽莎白在亚洲的臣民们提供一套既定的特权，从而使其在交易中处于有利地位。[3]

正如葡萄牙的例子所显示的那样，对君主的依赖既带来了明确的
好处，同时也创造了另外一套并非不重要的问题。君主顶多只是一个 31
能同安乐却不能共患难的朋友，他们通常乐于帮忙，但有时也允许竞争对手进入其业务领域，这反倒阻碍了公司的利益。[4] 更重要的是，将微弱的王室声望嫁接到私营商业企业中，有时带来的损失要多于帮助，从而导致一种明显的不确定性和混乱，并且可能会破坏外交使命。[5] 例如王室信件偶尔会交给匆忙招募的商人，这些商人通常素质很差，并不足以扮演王室大使的角色。有一个叫爱德华兹的先生——一位非常不幸的人物，被他的同胞描述为一个“呆头呆脑的家伙”，他在 1614 年取得了驻印度“大使的头衔和资格”时，带来了灾难性的后果。[6] 他表现得看起来并不像大使，特别是在接受一位像英国国王那样伟大人物的派遣之后，便“失去了机会，被（莫卧儿帝国）国王宫廷大门外

[1] Markham, *The Voyages of Sir James Lancaster*, 76.
[2] 同上，第 78—80 页。
[3] 对这封信的分析，参见 Markley, “Riches, power, trade and religion.” 马克利注意到，伊丽莎白女王要求“亚齐国王用他绝对的权力，颁布法令授予她的臣民有利的贸易条件”。
[4] Ogborn, *Indian Ink*, 40–44.
[5] Barbour, “Power and Distant Display.”
[6] Foster, *Early Travels in India*, 229–230.

的门童一脚踹开，成为我们国王和国家不可挽回的耻辱”。[1]

虽然失败一直存在，但君主的引入为英国在亚洲的代理人提供了一种至关重要的有利机制——特别是在接触的第一阶段。它不仅提高了特使个人的地位，还提供了一个交流的框架和说辞。与英国大使一样，荷兰在亚洲的大使也是一个独立的商业组织的雇员，但是他们的共和国背景意味着：他们缺乏这样一位君主——一个不言自明的能够立刻为公司服务的傀儡。

荷兰的问题

荷兰共和国，又被称为荷兰联合省，诞生于与西班牙哈布斯堡王朝军队的苦战中。[2] 从 1568 年开始，荷兰北部的多个省份联合反抗菲利普二世（1556—1598），冲突持续不断，除了 1609 年至 1621 年短暂停战以外，直到 1648 年，战争整整持续了 80 年。在与西班牙的长期斗争中，反叛省份的领导人创建了一种新的政府机构，这一政府一直持续到法国大革命爆发。尽管战争持续时间很长，但荷兰共和国的政治形态并不是一个经过坚定的民族主义者深思熟虑和总体规划后的产
32 物。恰恰相反，它是在逐渐消除可能的替代品以后，一部分一部分拼凑而成的。[3]

诞生于叛乱中的政治体制高度分散，因为每个省份都希望在不放弃各自利益的情况下获得集体安全。用威廉·坦普尔的话来说，由此产生的政治体制是“一个由七个拥有主权的省份组成的同盟，它们团结起来共同防御，但是彼此之间并不相互依赖”。[4] 中央政府机关——荷兰议会——由每个省议会或州的代表组成。由于每个省份都只收到一票，这种制度从理论上说能保证平等，但是其主体是在传统上占主

[1] Foster, *Early Travels in India*, 229–230.
[2] 有关荷兰共和国的全面介绍，参见 Israel, *The Dutch Republic*。
[3] Rowen, *The Princes of Orange*, 38.
[4] Temple, *The Works of Sir William Temple*, 94.

导地位的荷兰省——七个省份中最大也是最富有的省份。虽然控制了战争与和平的宣示权，以及国防和国际外交方面的事务，但荷兰议会在各个省份以及各个城市和城镇中拥有的权力却非常有限，这使得后者保持了一定程度的自主性。[1]

荷兰特使尽管代表了一股新兴力量，但是当他们寻求进入欧洲和亚洲的外交网络时，面临着三个相互关联的问题。[2]首先，荷兰联合省不仅缺少一位君主，而且正如它的批评者们高兴地指出的那样，它还处在持续反抗前任国王的状态中。其次，作为其主权权威的是一个多元化的机构——荷兰议会，在国际政治中鲜有明显的同党。[3]最后，荷兰共和国在欧洲内部处在一个岌岌可危的地位，它仍然被困在与一个强大敌人的绝望战争中。这些问题综合在一起，使得它普遍被视为——特别是在签署 1609 年停战协定之前——一个外交局外人和一个叛变的国家，因此其代表也就不应该被给予全权大使的待遇。[4]

如何在亚洲最好地代表这个国家，这一问题在 1595 年就出现了，当时正值荷兰东印度公司组建前的七年，科内利斯·德·郝特曼（Cornelis de Houtman）率领一个小型舰队驶入印度洋。他的探险队已接受远地公司（the Far Lands Company /Compagnie Van Verre）的派遣，该公司是联合省热切的商人为打入亚洲市场而创建的许多组织之一。这些企业被统称为“公司”（the precompanies/voorcompagnieën），当时“公司”联合派遣了 15 支远征队前往亚洲，共有 65 艘船。[5]虽然有些远征队比较成功，为他们的投资者带来了丰富的货物和充足的收益，但是这些企业存活的时间并不长。随着新世纪的开始，荷兰政府汇集 33

[1] Van Gelderen, *The Political Thought of the Dutch Revolt*, 59.

[2] 在外交方面，荷兰共和国——正如弗里杰霍夫（Frijhoff）和斯皮斯（Spies）所说——“在欧洲是不合群的人”。参见 Frijhoff and Spies, *Dutch Culture in a European Perspective*, 93。

[3] 如果把威尼斯当作显著的参照的话，那么荷兰联合省当然并不是欧洲唯一的共和国。（威尼斯共和国是意大利北部的城市共和国，位于亚得里亚海北岸，原为拜占庭帝国的附属国。始建于 687 年，1797 年为拿破仑·波拿巴所灭。——译者注）

[4] 这只有到了与西班牙的十二年休战结束以后才改变，休战结束使西班牙将荷兰共和国作为一个独立的国家予以承认。从此以后，许多国家，包括法国和英国，都愿意接受荷兰共和国的全权大使。参见 Israel, *The Dutch Republic*, 405。

[5] Gaastra, *The Dutch East India Company*, 17.

竞争对手公司的董事召开共同会议，旨在控制不受限制的竞争。经过几个月的艰苦谈判，最后的产物就是荷兰东印度公司，该公司通过合并原有的六个公司组成。

像远地公司这样的组织在消失以前，一个持久的外交交流模式已被成功地建立起来，这种模式随后被荷兰东印度公司继承和发展。德·郝特曼在1596年登上了爪哇西部繁华的万丹港时，就承担了大使的身份，并开始与当地的主权国家建立外交关系。[1]德·郝特曼出现的准确性质取决于几个月前由远征队的支持者所做的决定，目的是越过暴躁的荷兰议会以获得独立的、准国王的，因此也是——用外交术语来说更熟悉——合法性的角色。我们所说的那个人就是莫里斯亲王，荷兰共和国的执政（Stadhouder）[2]，也是荷兰联合省早期历史上的关键人物，他将在荷兰向亚洲扩张的第一阶段发挥重要作用。

荷兰执政（the office of Stadhouder）是西班牙哈布斯堡王朝控制时期早期遗留产物，当时其首脑充当了君主的地方代理人。他们对国王宣示效忠，在国王的辖地运作，自身却并非王室中人。当主权因暴力叛乱[3]从菲利普二世转移到各省时，荷兰执政并未像预想中的那样，轻易地从历史中退出。相反，它在当地继续维持，虽然其首脑从王室代理人转变为国家仆人，但实际上职权在逐步加强。[4]原则上，各省政府选择他们自己的总督，但是数个省份通常选出同一个人，因此荷兰执政在很大程度上由奥兰治–拿骚亲王家族所垄断。[5]德·郝特曼于1595年抵达万丹时，荷兰共和国由莫里斯亲王（1567—1625）掌权，后者正是在他父亲——著名的“沉默者威廉”（Willem de Zwijger）1584年

---

[1] De Jonge and van *Deventer, De opkomst van het Nederlandsch gezag in Oost Indië*, 2:372.

[2] “Stadhouder”亦写作“Stadthouder”，即荷兰执政，有学者译为荷兰省督、荷兰总督或荷兰国王等。虽然在本书的叙事语境中有时其意接近“荷兰国王”，但作者在使用“荷兰国王”的英译时，全部使用了“国王”（King）一词，因此本书统一将“Stadhouder”译为“荷兰执政”，以便与在日本的荷兰人虚构的“荷兰国王”有所区别。——译者注

[3] 这里指的是荷兰独立战争，也称为“八十年战争”（1568—1648），当时西班牙帝国称之为“低地国叛乱”，故作者在这里使用了诸如“暴力”“叛乱”等表达。——译者注

[4] Frijhoff and Spies, *Dutch Culture in a European Perspective*, 94.

[5] 尽管在荷兰联合省及其继承国的历史上，奥兰治亲王发挥了重要的作用，但是其作为至高无上的亲王的头衔和地位，却来自位于法国边境的奥兰治小公国。

被暗杀后继承了其职位。

荷兰执政的正式权力主要涉及军事事务，在其担任共和国军队的指挥官期间，莫里斯负责指挥与西班牙的战争，领导荷兰军队在一系列重要的战役中获得胜利。[1] 然而，随着时间的流逝，荷兰执政的影响 34
远远超出战争事务的范围，进入荷兰政治权力的核心。[2] 作为荷兰共和国最显赫的贵族，同时作为一个统一的符号——通过该符号可以凝聚民族认同感——执政享有极高的威望，并且在政府中发挥了越来越重要的作用。比如，在他生命的最后几年里，莫里斯想方设法驱逐了为他服务多年的国内竞争对手约翰·范·奥尔登巴内费尔特（Johan van Oldenbarnevelt），开始成为荷兰联合省的主导政治力量。但是，尽管掌握了巨大权力，他们却并非国王。相反，整个 17 世纪，荷兰执政仍然被困在共和国政府机构影响中的暧昧位置上。即使在他们方兴未艾的时期，荷兰执政们仍然不得不与荷兰议会合作，被迫通过达成共识而不是通过法令来执行政策。事实上，荷兰执政本身在荷兰政治体制设计中甚至并不是一个固定的部门，因此在本世纪中期，荷兰议会维护自身的首要地位时，已被空置了很长一段时间。[3]

尽管从未踏足过欧洲以外的地区，莫里斯的名字和形象却一次次出现在荷兰公司所到之处——起先是荷兰远地公司（voorcompagnieën），然后是荷兰东印度公司。[4] 大使们带着荷兰执政签署过的信件，携带着他赠送的礼物，以他的名义签署条约，并通常将莫里斯当作其在亚洲活动背后的一个象征性存在。就其本身而言，莫里斯在外交谈判中处于中心位置并不足为奇，因为荷兰执政在欧洲承担着相似的功能。在

---

[1] Troost, *William III the Stadholder-king*, 2.

[2] Groenveld, "The King-Stadholder," 19–20.

[3] 在 1650 年至 1672 年间，荷兰议会完全有能力罢免荷兰执政。

[4] 许多学者都曾注意到荷兰执政多次出现在外交谈判中。在关于欧洲扩张到亚洲的法律方面的经典考察中——该书首次出版于 1967 年——C.H. 亚历山德罗维茨（C.H.Alexandrowicz）认为："正式介绍荷兰君主（即'荷兰国王'）对谈判和协议中作为交易一方来说，是另一种满足在东印度群岛主要权力的需求和欲望的方式。"参见 Alexandrowicz, *An Introduction to the History of the Law of Nations*, 33。同时参见 Borschberg, *The Singapore and Melaka Straits*, 110–11.Ruangsilp, *Dutch East India Company Merchants*, 31–32。

欧洲，荷兰议会承认“在与欧洲君主打交道时，某种类型的‘王室成员’的存在是必要的，目的是确保彼此之间平等的沟通”。[1] 而在亚洲，他所起的作用则更被放大，尽管总是以象征的形式出现，但是不仅出现的时间更早，而且处在一个更为突出的位置。[2] 欧洲和亚洲之间的遥远距离给荷兰代表提供了余地，也使这一人物形象不断膨胀，在一系列的外交谈判中，荷兰执政要么取代荷兰议会，要么承担一个新的、同时也更壮观的君主身份。[3] 在与亚洲统治者和官员的讨论中，莫里斯通常以两种身份出现，要么谨慎地将自己的正当头衔放在荷兰议会之下，要么如发生在日本的情形那样，更直接地以“荷兰国王”的名义出现。[4] 德·郝特曼与万丹官员签署的第一个协议的某个版本中，莫里斯以后者的幌子出现，其中就涉及“荷兰国王”。[5]

之所以能够这样描述莫里斯，是因为他看起来确实像那么回事，在如何把荷兰执政塑造为一个令人信服的君主的问题上，与其说是一个全面的重塑，不如说仅限于在身份边界上模糊定义。尽管这位至高无上的人物只是在奥兰治的小法兰西公国拥有自身的权利，但是随着其规模和富裕程度在 17 世纪的稳步扩张及增长，莫里斯及其继任者们开始处于宫廷的中心。[6] 在他们的标准肖像中——有一些实际上被运到亚洲——荷兰执政们被象征王权特征的符号所包围，并以一个傲慢的姿态出现。在一幅米歇尔·詹斯·范·米勒费尔特（Michiel Jansz.van Mierevelt）

[1] Frijhoff, “The Princely Court at The Hague,” 71.

[2] 同上。举例来说，直到 1639 年，荷兰议会才出版了一套指南，内容包括荷兰执政在欧洲外交礼仪中的角色。弗里杰霍夫写道：“1639 年法典中规定的荷兰执政职能……（是）以国家的名义接见各国使者。”

[3] 情况并不总是这样，荷兰议会在某些外交谈判中发挥了重要作用。

[4] 正如本章开头的题词一样。参见 Groeneveldt, *De Nederlanders in China*, 34。这一评论出自一封荷兰海军上将 1607 年写给中国官员的信。魏西希（Wassing-visser）认为：“即使是对大多数荷兰共和国商人来说……这是更有利的贸易和商业合同——很明确地且仅仅是停留在纸上——将他们的执政称为莫里斯（Maurice）、奥兰治亲王、荷兰君主，或者，如果方便的话，甚至是‘荷兰国王’（Coninck/King）。”据我所读史料，这种指称绝不是简单地停留在纸上。参见 Wassingvisser, *Royal Gifts from Indonesia*, 22–36。

[5] De Jonge and van Deventer, *De opkomst van het Nederlandsch gezag in Oost Indië*, 2:372.

[6] Keblusek and Zijlmans, *Princely Display: The Court of Frederik Hendrik of Orange and Amalia van Solms*. 弗里杰霍夫和斯皮斯注意到，“这个小型政府（指奥兰治公国）分散在几十个小镇和十几个左右的村庄中”。参见 Frijhoff and Spies, *Dutch Culture in a European Perspective*, 95。

所绘的著名肖像画中，莫里斯穿着由政府赐给他的镀金盔甲，右手握着将军的指挥棒，一顶华丽的羽毛帽放在他身旁的一个基座上。[1]

要理解诸如“荷兰国王”这种人物在外交谈判中的角色，就要分析他们的亚洲对话者因对不情愿的荷兰使节缺乏了解而做出的临场反应。[2] 考虑到这个事实，即荷兰联合省确实拥有一个非常复杂的、难以描述的政府体系（而在早期近代亚洲缺乏明显的同类），这种解释显然有一定的道理，但是它忽略了另一个事实，即荷兰代表做出了微妙的决定，即将王室傀儡引入谈判中以提高他们的地位。换句话说，荷兰大使们引入这个人物并不是单纯因为他们必须这么做，而是因为他们想要这么做。

如果我们审视荷兰执政被引入亚洲的时间，那么这一点就变得非常明确。经过很长时间的斗争以后，他在外交谈判中并没有露面。在当时的谈判中，勇敢的共和国人一次又一次地尝试去解释他们国家的性质，这些受挫的人被当地的无知者耽误了太多的时间，最后只好放弃。更确切地说，在一艘船单独启航之前——也就是说在实际接触发生前的几个月或几年，第一次远航到亚洲的支持者已经从奥兰治亲王那里获得了文件。他们离开欧洲时，德·郝特曼和其他三位官员带上了被认为是来自莫里斯的特许状公函，公函随后被递交给万丹的官员，目的是建立联系以及“建立坚定的和平与团结联盟”。[3] 通过这种方式，荷兰大使决定把荷兰执政推出来，利用荷兰执政这个形象开启贸易。 37

进入当地的外交网络时，引入一位王室傀儡带来了明显的好处。前公司（precompanies）在亚洲的策略——这种方式更适合荷兰东印度公司——依靠获得直接进入亚洲宫廷的渠道，以便签订条约、建立

---

[1] Michiel Jansz. Van M-ierevelt, *Maurice, Prince of Orange*, Rijksmuseum Amsterdam,object number SK-A-255.

[2] 这种解释在许多荷兰东印度公司的史料汇编中都可以看到。W. Ph. 库尔哈斯（W.Ph.Coolhaas）向亚洲官员指出：“荷兰人是不可能清楚地知道他们的国家是怎样被统治的。”参见 Coolhaas, *Generale Missiven*, 1:13。在另一本著作中，他坚持认为：“荷兰共和国的宪法体制对亚洲人来说是无法理解的。”参见 Coolhaas, *Pieter van den Broecke in Azie*, 30。

[3] Rouffaer and Ijzerman, *De eerste schipvaart der Nederlanders naar Oost-Indië*, 1:80.

图 1.1　奥兰治亲王莫里斯肖像（约1613—1615）

米歇尔·詹斯·范·米勒费尔特（Michiel Jansz.van Mierevelt）绘
感谢阿姆斯特丹国立博物馆惠准使用

联盟，或者迫使对方做出安全让步。因此，荷兰代表踏上新的领土时，他们的首要目标永远是——引用一份早期资料里的话——“与国王对话”。[1] 但是，问题是这一地区的私营商人很少站在整个地区的角度考虑问题，同时许多统治者倾向于遵守中国的格言：“人轻无外交”。[2] 如果荷兰大使被当作商人——商人应该只关心自己的利益，而不应该介入外交事务——而被解雇，那么就破坏了保障他们获取所期望结果的任何机会。通过将自己与一位国王般的人物联系在一起，德·郝特曼和其他像他这样的人从商人变身为王室大使，同时也打开了一条清晰的通往宫廷的道路。正如英国代表的情况一样，将君主带入谈判能带来额外的优势，可以给荷兰特使提供一个现成的、以强势个体之间的私人联系为导向的交流结构。这不仅有利于促进一系列不同国家建立关系，也提供了一个通过荷兰执政及其亚洲同行之间持续推进的友谊而取得让步的机制。

鉴于这些好处，莫里斯的遥远存在笼罩在荷兰扩张的第一阶段就不足为奇了。在德·郝特曼抵达万丹后 20 年，荷兰执政在亚洲不同国家成为一种象征性的存在。作为回应，一些当地统治者发出了他们自己的信件，而且在某些情况下，他们还向“荷兰国王”回派大使。[3] 在一次往来中，特尔纳特（Ternate）[4] 的统治者——一个生产丁香的小国苏丹——从“风上之地的丁香树拥有者”向“风下之地 [5] 的荷兰国王”表达了问候。[6] 在马来半岛，柔佛（Johor）的苏丹欢迎荷兰人成为他们反抗葡萄牙人的珍贵盟友，坚持称荷兰执政为“我们的兄弟”，并且援引了军事伙伴的逻辑，希望两个国王联合起来对付一个共同的敌人，

[1] Unger, *De oudste reizen van de Zeeuwen naar Oost-Indië*,15.

[2] 正如张廷玉在《明史》卷一三四中表述的那样。（按：作者所论“人轻无外交”，其前文（原意）为“only monarchs should be involved in diplomacy”，直译即“只有皇帝应当从事外交”。另外作者引文有误，原文当为“人臣无外交”，参见张廷玉《明史》卷一三四《列传第二十二》，北京：中华书局，1974 年，第 3909 页。——译者注）

[3] 在某些情况下，这种把莫里斯当作君主的提法可能是一种误解，亚洲的统治者也只是简单地把莫里斯的出现直接当作是“荷兰国王”来回应。

[4] 有学者译为“德那地”，位于北马鲁古群岛（即摩鹿加群岛，香料群岛）。——译者注

[5] 此处译文参考安东尼·瑞德（Anthony Reid）《东南亚的贸易时代（1450—1680）》第 1 卷《季风吹拂下的土地》，吴小安、孙来臣译，北京：商务印书馆，2010 年。——译者注

[6] Wassing-visser, *Royal Gifts from Indonesia*, 27–28.

38 承诺双方互相支持。[1] 在缅甸勃固统治者（the ruler of Pegu in Burma）的信中，当他向“强大的荷兰国王，我全副武装的兄弟”写信时，同样运用了类似的表述。[2]

其中最持久的关系是与暹罗大城王国（the kingdom of Ayutthaya in Siam）建立的。大城王国的历代统治者通过炫耀这些来自遥远的荷兰特使的信件，来支持这种与荷兰执政的联系。事实上，大城王国的君主对这种联系如此感兴趣，以至于埃卡托撒阿特（Ekatotsarot）国王（约 1605—1610 年）在 1606 年向“荷兰国王”派遣了自己的大使。来自暹罗的特使经过长途航行抵达荷兰联合省，向“总是被他们称为‘荷兰国王’”[3] 的莫里斯献上一封写在金箔上的王室书信。为了确保关系的延续，荷兰东印度公司随后递交了至少四份不同的信件，以及荷兰执政送给暹罗的各种礼物。[4]

莫里斯在外交谈判中最引人注意的作用，也许可以在荷兰公司竞争对手的档案中看到。与荷兰人做着相同生意的英国人，抗议他们的竞争对手“几乎没怎么夸赞过他们的国王，意思是（伯爵）莫里斯在他们的文件中都被称为荷兰吉拉（Raja Hollanda/the Raj of Holland）”。[5] 这种表达方式最后通过新闻报道传回英国，詹姆斯一世传唤了荷兰代表团并谴责了他们：“那里的人到处都把你们的奥兰治亲王当作伟大的国王和领主，而把我当作小国君主，仿佛我屈居他之下似的，这是对那些野蛮的国王的误导。”[6]

由于渴望获得在亚洲的优势地位，英国商人特别提醒亚洲官员，荷兰联合省是一个小型的政治怪胎，没法与欧洲的伟大王国相比。[7] 当

[1] De Jonge and van Deventer, *De opkomst van het Nederlandsch gezag in Oost Indië*, 3:305; Borschberg, *The Singapore and Melaka Straits*, 110.

[2] 同上，3: 291–292。

[3] Van der Cruysse, *Siam and the West*, 47; 同时参见 Duyvendak, “The First Siamese Embassy to Holland”。

[4] Ruangsilp, *Dutch East India Company Merchants*, 57–70.

[5] Purchas, *Hakluytus posthumus*, 2:486.（“荷兰吉拉”的意思是“荷兰国王”。——译者注）

[6] Edmundson, *Anglo-Dutch Rivalry During the First Half of the Seventeenth Century*, 78.

[7] 我们也知道，当描述莫里斯和荷兰联合省时，荷兰的代表容易夸大其词。其中一位大使解释道，荷兰共和国的边界包括西欧大部分地区。参见 Vlekke, *Nusantara*,115。

在日本的荷兰代表“开始赞美他们的荷兰国王是基督教世界最伟大的国王，而且管辖所有在他之下的人”时，他的英国对手向聚集的听众宣布，他“不需要说谎，因为荷兰根本就没有国王，而是被一位伯爵统治着，或者说他们统治着他”。[1] 在万丹，德·郝特曼最早使用“荷兰国王”信件的地方，英国的代理人为庆祝英国君主的加冕日组织了盛大的表演，他们戴着“红色和白色相间的化纤面料围巾”，用“一面中间有红色十字架的旗子”装饰他们的房间。当一大群人聚集在装饰华丽的建筑前时，他们宣告自己是强大君主的臣民，而荷兰人却 39
“没有国王，他们的土地被各省总督统治着”。[2]

尽管来自荷兰执政的信件为大使们提供了宝贵的工具，但是这无法保证他们取得成功。就像爱德华兹先生一样，这个“呆头呆脑的家伙”灾难性的出使被莫卧儿帝国的官员一脚踢开，有些荷兰代表的表现证明他们很难适应这个角色。比如，1603 年，荷兰海军副司令泽巴尔德·范德威尔德（Sebald van de Weerd）在负责与康提国王（the king of Kandy）的结盟时，由于激怒了他的主人结果最后被杀。[3] 然而，更常见的问题更多地源于资源的普遍匮乏而不是这种卑劣的表演。这些文件涉及的许多使团，都是匆忙中临时组成，同时素质较差，以至于破坏了荷兰公司展现的基础。这就是在日本的荷兰人的情况，在那里，荷兰人跌跌撞撞地走向了与并无充足武器的幕府将军的首次相遇。

发现日本

日本与荷兰之间的首次相遇并不是由荷兰东印度公司，而是由其中一个荷兰公司（voorcompagnieën）造成的，后者更早进入亚洲，在极其不利的环境中发展。1598 年，来自鹿特丹市的一群商人集结了一

[1] Farrington, *The English Factory in Japan*, 1:778–779.
[2] Purchas, *Hakluytus posthumus*, 2:457.
[3] Arasaratnam, *François Valentijn's Description of Ceylon*, 299.

支小型舰队准备去亚洲探险。[1] 舰队由五艘船组成，它们各自拥有炫目的名字："希望号"（Hoop/Hope）、"博爱号"（Liefde/Love）、"信念号"（Geloof/Faith）、"忠贞号"（Trouwe/Fidelity），以及"佳音号"（Boodschap/Good Tidings），舰队由雅克·马于（Jacques Mahu）和西蒙·德·科德斯（Simon de Cordes）指挥，他们的任务是沿着向西的航线通过麦哲伦海峡，然后进入太平洋。从一开始，探险队就因遇上了差劲的领导和坏天气挫折不断。只有两艘船——"博爱号"和"希望号"——在穿越了著名的危险海峡以后，成功地在太平洋汇合。1600 年 4 月，"博爱号"在途中失去了它的姐妹船，到达日本九州岛。这时，"博爱号"船只及其船员们处于非常糟糕的境地。原来的队伍有 100 多名水手，现在只有 24 人幸存，其中有许多人还濒临死亡。同样地，与日本进行接触的也是这群近乎遭遇海难的水手，而不是有组
40 织的探险队员。事实上，"博爱号"船只后来被毁，幸存者被困在日本群岛。

荷兰人是在一个关键时刻来到日本的，当时正值关原决战之前六个月。这次决战奠定了德川氏统治的基础。威廉·亚当斯（William Adams）是"博爱号"的英国籍引航员，作为少数几个身体条件良好的官员之一，被派往前去觐见德川家康，这件事成为后来艺术作品的题材。1600 年 5 月，威廉·亚当斯被带到未来的幕府将军前，被问及探险的缘起和目的，以及欧洲更开放的政治环境。[2] 但是，尽管日本对这个新的欧洲集团确实有相当大的兴趣，但是，根据"博爱号"船员的状态以及当时荷兰在亚洲势力尚弱的存在，并没有明确的机制可以促进进一步的交往。结果，幸存者无法离开日本群岛，于是在日本的一个长期驻地被安置下来。他们之后的命运相当跌宕。其中两位船员——扬·约斯滕·范洛登斯坦恩（Jan Joosten van Lodenstein）和威

[1] 有关这次探险的史料可参见 Weider, *De Reis van Mahu en De Cordes*。最新的研究参见 De Lange, *Pars Japonica*。

[2] Farrington, *The English Factory in Japan*, 1:54.

廉·亚当斯——作为幕府将军的临时顾问而声名鹊起，尽管他们从来没有像他们后来所声称的那样有影响力。[1] 其他人像苗其尔·凡·桑梧特（Melchior van Santvoort）[2]，“博爱号”的前任会计，借着日本贸易繁荣的东风，确立了自己独立商人的地位。

1605 年，成立仅三年多的荷兰东印度公司打开了马来半岛在帕塔尼港（Patani）的贸易基地，这一消息传到了日本。作为回应，一队“博爱号”的幸存者成功地获得了德川幕府许可，允许他们与自己的同胞建立联系。随后这支探险队的负责人是原“博爱号”船长雅各布·奎科内克（Jacob Quaeckernaeck）和始终进取的苗其尔·凡·桑梧特。他们没有自己的船，不得不想办法登上一艘由平户藩提供和装备的船只——平户藩希望将富裕的荷兰商船吸引到他们的领地上。[3] 在奎科内克启程前，幕府官员给他发了一份文件，荷兰语史料称之为“特许证书”（letters of charter）。[4] 尽管它在后来被理解为贸易特许，也因此作为得到德川幕府支持的明确证据，但是这种假设——正如许多人也会遵循它——依赖于对这份普通文件过于乐观的估计。“特许证书”并没有做出多少有价值的让步，它看起来顶多算是一个基本的旅行通行证。一年后幕府官员发给荷兰商人第二份文件，从内容上看几乎是相同的，主要是授权其持有人可以使用在日本群岛的任一港口，并且保证他们 41
不会受到伤害或者虐待。[5]

经过一段相当迅速的航行以后，奎科内克和桑梧特在 1605 年 12 月到达帕塔尼岛，他们在那里发现了一家小型的荷兰工厂。虽然他们毫无疑问受到同胞的欢迎，但是工厂缺乏必要的资源以派遣自己的使团与德川幕府取得联系。结果，桑梧特选择返回日本继续他在那里的繁荣业务——显然他对回到一个卑微的雇员的生活毫无兴

[1] 有关威廉·亚当斯的详细情况，参见 Massarella, *A World Elsewhere*。有关扬·约斯滕·范洛登斯坦恩，参见 Iwao, *Jan Joosten*。
[2] “Melchior van Santvoort” 直译当为梅尔基奥尔·范·桑梧特，本书采用通用译法。——译者注
[3] 有关此次联络的叙述，参见 Toyama, *Matsura-shi to Hirado bōeki*。
[4] Weider, *De Reis van Mahu en De Cordes*, 3:85–86.
[5] Sūden, *Ikoku nikki shō* , 77–8. Katō , “Unification and Adaptation,” 215.

趣，留下奎科内克等待下一个荷兰东印度公司的舰队的到来。最后在1606年7月，这位前任船长得到了消息：荷兰军舰在科内利斯·马泰利夫·德扬——巧合的是正好是奎科内克的表弟——的指挥下，正在围攻葡萄牙人占领的、位于马来半岛对面的马六甲港。经过横跨陆地的旅程，奎科内克在一个月后到达了荷兰舰队那里，并把“特许证书”交给了马泰利夫。尽管历经劫难，他还是被葡萄牙火枪击中头部，不久身亡。

在荷兰联合省，荷兰东印度公司的董事——所谓的十七先生（Heeren 17/Gentlemen 17）[1]——在根本不了解这些进展的情况下，开始自己准备打开与日本的关系。与行之有效的做法保持一致，他们向荷兰执政求助，决定在1606年2月向莫里斯请求一封写给“日本国王”（King of Japan）的信件。[2] 保卢斯·范·卡登（Paulus van Caarden）指挥的前往亚洲的舰队带上了这份文件，并转交给另外一个探险队，直到1609年在日本重新露面。在该信件仍在运送途中时，在帕塔尼岛的荷兰工厂，最新上任的长官维克多·斯普林克尔，决定尝试建立与德川幕府的联系，并且让幕府相信，荷兰东印度公司确实计划派遣一支远征队前往日本。他选择给幕府将军写信来建立联系，信件由当时经常与帕塔尼贸易的桑梧特带到日本群岛，抵达之后便交给威廉·亚当斯并转呈给幕府将军。

作为第一份由荷兰东印度公司代表发给德川幕府，以及第一份以“荷兰国王”为名义的官方文件，斯普林克尔在1608年2月所写的这封信件，显然非常重要，但同时它也是即兴外交的典型例子。在打开与亚洲政权之间的关系方面，荷兰东印度公司真正受惠的手段是
42 一封来自奥兰治亲王的信件，但是斯普林克尔没有办法抓住这个最基

[1] 荷兰东印度公司在1602年成立时，整合了荷兰原有的14家以东印度贸易为重点的公司，由位于阿姆斯特丹、泽兰省的米德尔堡市、恩克赫伊曾市、代尔夫特市、霍伦市、鹿特丹市等六处的办公室所组成，虽然其董事会共有70余人，但是真正握有实权的只有17人，被称为十七先生（Heeren XVII）。其组成情况是：阿姆斯特丹9人、泽兰省4人，其余四个地区各1人。——译者注

[2] Weider, *De Reis van Mahu en De Cordes*, 3:42.

本的外交道具，不得不即兴发挥。通过这样的方式，他为随后的互动阶段奠定了基调，其特点是匆忙写就的文件和临时配备的使节。其信件的开头很有说服力，同时也标志着莫里斯在日本的首次亮相。在缺少来自荷兰执政的信件的情况下，斯普林克尔为了绕过各种棘手的局面，选择用王室的合法性包装自己。他开始把君主推到前面，用一个杜撰的和真实的头衔巧妙组合在一起，解释他是“以我们国王和亲王阁下——拿骚·莫里斯公爵的名义”写的信。[1] 通过这种方式，斯普林克尔很快担任了王室代理人——接受其主人的任务并代表其主人建立联系的忠实仆人——的角色。

在建立了这些凭据之后，斯普林克尔开始简要叙述双方建立联系的历史：

> 陛下应该知道，1605 年 12 月 2 日，雅各布·奎科内克和桑梧特曾经来过……我们从他们那里得知，亲王阁下以及我们荷兰和泽兰的尼德兰人的利润，已经成功获得陛下许可。从陛下信中的要点来看，前述奎科内克生前将信件交给了海军司令科内利斯·马泰利夫·德扬，我们希望将从那天开始的九个月之内送到荷兰，而且也将送到亲王阁下（莫里斯）的手中，我们（以亲王阁下的名义）对陛下感激不尽。

这份叙述小心翼翼地强调，在幕府将军和荷兰国王之间建立直接联系的可能性。正如斯普林克尔所暗示的那样，德川家康的信件当时可能已经送到荷兰联合省——更具体地说，已经送到莫里斯的手中。通过这种方式，一个简单的旅游通行证演变成由幕府将军写给荷兰执政的直接通信。一旦荷兰执政从他的兄弟君主那里收到了来信，他当然会用自己的信件做出回应，从此开启建立正式外交关系

---

[1]　这封信可见于 Weider, *De Reis van Mahu en De Cordes*, 3:81–84。

的道路。

尽管因缺少来自荷兰执政的文件而受到阻碍，斯普林克尔仍设法
43 把自己推到王室代理人的位置上，但是他为君主辩护的宏大要求给他们自己带来了困境。如果这封信是以“荷兰国王”的名义寄送的，那么随之而来的应该是相应丰富的礼物。显然，问题是没有任何真正珍贵的东西随着斯普林克尔的信件而来，当时斯普林克尔被困在一个遥远的工厂中，也无法获得任何其他荷兰大使所使用的用来显示威望的物品。可以预见的结果是进一步的曲解；斯普林克尔解释道，随着他的信件带来的物品不应当被视为“礼物，但应当作为祝贺被收下，因此不必考虑礼物本身，而应该注意行动背后的意愿”。[1] 尽管礼物（gifts）和贺礼（congratulatory）之间的准确区分远没那么明显，但是很显然，斯普林克尔认为，为了使“荷兰国王”和那些由水晶酒杯、玻璃器具和只值 112 荷兰盾的衣服组成的不起眼的礼物之间划清界限，他必须这么做。如果必须赠送什么东西，那么他尽量保证，它必须不能玷污荷兰执政的声誉。

信件的结尾，斯普林克尔向幕府将军保证，荷兰船只会在接下来的三年内来到日本。事实上，在这个自行指定的最后期限之前，一支小型的探险队即将抵达日本群岛，但是正如斯普林克尔着手写下他那封 1608 年信件时的情况一样，在很大程度上荷兰东印度公司并没有准备好即将到来的任务。

第一位荷兰大使

1607 年，彼得·韦尔霍夫（Pieter Verhoeff）和一支由 13 艘船组成的舰队离开欧洲，其中两艘船将最终到达日本，并在那里确立荷兰东印度公司的永久性存在。抵达万丹时，韦尔霍夫收到了葡萄牙

[1] Weider, *De Reis van Mahu en De Cordes*, 3:83–84。

人正在准备大型货船的消息，那些货船每年往返于中国澳门和长崎之间。为了抓住这一珍贵的猎物，他给两艘停泊在柔佛海岸的船——“狮箭联合号”（the Vereenichde Leeuw met Pylen）和“秃鹫号”（the Griffoen）——发出了信息，指示“截获那些将从中国澳门开往日本（长崎），并且我们确定且清楚载货丰富的船只”。[1] 只有葡萄牙人在运送任务中失败了，韦尔霍夫才有航行到日本，开启与幕府将军的关系的可能。

正如荷兰史料中通常提到的那样，在出发追逐中国澳门大帆船以前，“狮箭联合号”和“秃鹫号”停在了帕塔尼，在那里他们“带上 44
了一些丝绸、胡椒和铅，以便即使我们不能截获大帆船，那么我们也可以拿出证据来，表明我们渴望与日本开展贸易和（在日本）建立工厂”。[2] 匆忙的停留证明了荷兰东印度公司是一个合法的商业企业，同时也为它所承诺的未来贸易提供了物资，这非常符合临时接触的第一阶段的性质。这又是另一种伪装，在这种情况下荷兰人隐瞒了这样一个事实：相比于与日本长期贸易的前景，荷兰东印度公司在早期这些年，对葡萄牙船只携带的丰厚战利品更感兴趣。

尽管“狮箭联合号”和“秃鹫号”尽了最大的努力，还是无法截获葡萄牙大帆船，反而在前往日本的途中被葡萄牙人用两天时间就打败了。由于最初的目标已经落空，他们继续在九州力图执行韦尔霍夫的额外指令。在抵达平户港时——奎科内克曾于1605年离开该转口港——他们受到了当地官员的热烈欢迎，这些官员渴望吸引另外一批外国商人到他们的领地上。然而，正如所有荷兰东印度公司的探险一样，这次舰队在与边缘地区的低级官员谈判时毫无准备。于是，舰队委员会很快决定派出一位大使进入内地，以便“与皇帝陛下（幕府将军）议定一份有关商业贸易自由的条约”。[3] 通过这种做法，荷兰东印

[1] Opstall, *De Reis van de Vloot*, 2:328.

[2] Tokyo daigaku shiryō hensanjo, *Dai Nihon shiryō*, series 12, 6:457.

[3] De Jonge and van Deventer, *De Opkomst van het Nederlandsch gezag in Oost Indië*, 3:296. 尽管荷兰人知道京都存在一位真实的皇帝（即日本天皇——译者注），但是他们一直称幕府将军为皇帝或陛下。

度公司代表遵从组织章程中的期望，积极介入外交网络，同时介入传统上由国家大使所占有的活动空间。

当然，这说起来容易做起来难。因为这是偶然的结果而不是事先有意的设计，1609 年使团在担任这一角色时所具备的条件奇差。毫无疑问，与这一时期抵达日本的其他外交代表团，比如来自朝鲜或琉球王国甚或是派往亚洲其他地区的荷兰代表团相比，它显得黯然失色。使团通常由四个相互关联的要素构成：大使、队伍、礼品和政府公函。尽管派往日本的荷兰东印度公司使团同时具备这四个要素，但是并不是所有的要素都特别具有说服力。大使是这一时期所有外交使团的中心人物。作为君主的私人代表，他的责任是确保任何时候都能保
45 持其祖国的声誉。从更实用的角度来说，这样的大使也需要出席盛大的仪式和参加使团使命之一的文化交流活动。因为要求较高，所以任务通常分派给高级官员或高级贵族。比如，在德川幕府时期，来自琉球王国的使团历来都由一位王子率领，通常是手握统治权的君主的儿子，而来自朝鲜的使团可以包括多达三位不同的大使，一并处于高级官员的掌控之下。[1] 这与荷兰使团形成了鲜明对比。舰队委员会任命了两位低级别的商人——亚伯拉罕·范·登·布鲁克（Abraham van den Broek）和尼古拉斯·普伊克（Nicolaes Puyck）——充当大使，他们是被临时征召为外交官的。这两个人都很普通，普通到几乎没有出现在荷兰东印度公司的大型档案中，也没有特别的外交资格或外交经历。[2]

17 世纪头十年来到日本的使团，通常包括由相关人员组成的大型队伍，在日本群岛穿行时形成了壮观的景象。典型的队伍来自朝鲜，其中一支于 1607 年抵达日本，由大约 400 人组成，其中包括翻译人员、抄写员、精通文学的官员、艺术家、医生、乐师、乐队指挥、军事官

[1] 一位朝鲜大使可以作为一个典型的例子，他是税务部的第三任部长，随后升为首席国务委员。尽管明显有资格胜任这份工作，但是他由一位副大使协助，后者担任世子的首席老师的职位。参见 Lee, “Cultural Expressions of Tokugawa Japan and Choson Korea,” 136。

[2] 在荷兰语史料中，范·登·布鲁克和普伊克总体上被描述为商人，但是前者至少是高级商人级别（首席代理商）。最初作为马泰利夫船队的商人，范·登·布鲁克在 1607 年变成荷兰在柔佛工厂的长官。1612 年，他被判谋杀罪，但是后来被缓期执行。

员、骑兵、剑客、鼓手、信号员、船长、海上引航员、导游、马厩管理员、号手、信使、仆人、水手和屠夫。[1]相比之下，荷兰东印度公司仅仅召集了5个人，其中包括两位大使、充当翻译的桑梧特，以及两位不具名的助手。即使与荷兰派往亚洲其他宫廷的使团相比，这支队伍也完全无法拿得上台面。1596年在万丹登陆时，科内利斯·德·郝特曼带着8名穿着缎面和天鹅绒的军官、12位水手长、1位小号手以及1位仆人，其中这位仆人携带着传统上为贵族所用的仪式阳伞。[2]后来派往康提王国——现在属于斯里兰卡——的大使，其队伍包括3位号手和两位旗手，其中一位旗手在前面负责举着奥兰治亲王的旗帜，另一位旗手负责将西班牙国旗拖行于其身后。[3]

第三个要素，礼品，更成问题。与其宏大规模相匹配，朝鲜和琉球的使团通常会给日本带来非常可观的贡品，但是即使焦点缩小到荷兰，1609年使团仍远远不及。[4]派往其他国家的荷兰使团仔细地携带 46
着与荷兰执政直接相关的奢侈物资，这些物资可以作为其身份和友谊的具体象征。比如1601年派往亚齐苏丹的使团带着一千枚金币，特别是镀金的武器，以及一套“象征我（莫里斯）希望与陛下保持友谊关系的”镜子。[5]在不同的场合，暹罗统治者收到过一套盔甲、一些手枪、一面盾牌、一支戟，以及更令人印象深刻的，一顶用珍珠装饰的“金王冠”。[6]或许最引人注目的是肖像画，其中一幅肖像画由荷兰大使交给了康提国王。这幅画被小心翼翼地挑选出来，来表达将荷兰执政视为对等君主的观念。在这幅肖像画上，莫里斯“全副武装地骑在马背上，人高马大，仿佛是绘制于佛兰德斯战场上一样”[7]。

---

[1] McCune, “The Exchange of Envoys”; see also Toby, “Carnival of the Aliens”.

[2] Van Goor, *Prelude to Colonialism*, 27.

[3] Ferguson, *The Earliest Dutch Visits to Ceylon*, 381.

[4] 通过聚焦于一种非常有价值的商品，詹姆斯·刘易斯（James Lewis）描述了来自朝鲜的代表们，每一年都要向幕府将军赠送大量人参，这些人参占其日本人参销售额的很大一部分。参见 Lewis, *Frontier Contact Between Choson Korea and Tokugawa Japan*, 136。

[5] Wap, *Het Gezantschap van den Sultan van Achin*, 16.

[6] Van der Chijs, Colenbrander, and de Hullu, *Dagh-register gehouden int Casteel Batavia*, 188.Hereafter *Batavia Dagregisters*.

[7] Van Spilbergen, *De reis van Joris van Spilbergen naar Ceylon*, 49.

因为1609年前往日本的使团组织得如此草率，没有带去来自荷兰执政的礼物，而且事实上，几乎没有什么物品能够作为可接受的贡品。在选择给幕府将军及其官员的礼品时，舰队委员会的结论是："虽然礼物是必不可少的，但是船上没有任何东西可以用来当作礼物。"[1]解决办法是继续即兴发挥，以及到附近港口进行短暂的购物。虽然大使们习惯从他们的家乡带去特产，但是舰队委员会决定有必要派遣其中一位成员，带着"1600雷亚尔[2]到长崎去买一些二手或三手丝绸，这可能会使这里的一些贵族感受到被尊重"。[3]他们所选择的购物地点——长崎非常便利，位于平户南部不到一百英里的地方，而且作为葡萄牙商人在日本的主要贸易中心，长崎能够供应一些可靠的奢侈品。最后，送给幕府将军的礼物实际上是一些奇怪物品的混搭，包括两箱生丝、130条枪弹、两只黄金酒杯，以及一些象牙。结果，很显然幕府将军不为礼品所动，舰队委员会不得不通过保证"陛下将来会从船上获得更多的满足"，来强调对于未来财富的含糊承诺。[4]

综合来看，大使、队伍以及公司的礼物都存在问题，这使得1609年使团的最后一个要素，即来自荷兰执政的信件变得最为重要。实际上，它提供了整个企业的一个焦点，这远远超过了大使们自己，而且根据这份文件，它表明荷兰资料为使团说明了其基本原理。其目的很
47 简单，是为了"向陛下展示（vertoonen）[5]来自亲王阁下的信件"，以及希望以此获得适当的认可。[6]这样，普伊克和范·登·布鲁克，尽管他们贵为大使，但是当信件——显然构成整个企业的核心——被推到

[1] Tokyo daigaku shiryō hensanjo, *Dai Nihon shiryō*, series 12, 6:465.

[2] 雷亚尔（reals）是14世纪中期，由卡斯蒂利亚王国国王佩德罗一世引入的货币单位，此后长期被使用直到1864年被新的埃斯库多代替。1497年，西班牙发行了著名的"八元"（piece of eight）商业硬币，也被称为西班牙美元。1566年，金埃斯库多被引入，价值16银雷亚尔（silver reales），因此"八元"的说法由此定型。在此期间，随着西班牙海外势力的发展，西班牙贸易货币在北美洲和亚洲等地区国际贸易和商业中被普遍使用。但为免读者混淆，本书凡涉及"reales"均采用音译，即"雷亚尔"。——译者注

[3] Tokyo daigaku shiryō hensanjo, *Dai Nihon shiryō*, series 12, 6:465.

[4] 同上，第464页。

[5] "vertoonen"在荷兰语中意为"彰显和说明"。——译者注

[6] De Jonge and van Deventer, *De opkomst van het Nederlandsch gezag in Oost Indië,* 3:294–299.

前面时，他们几乎成了背景。虽然所讨论的文件没有副本存留下来，但是通过考察荷兰执政发往亚洲的其他信件，某种程度上获得其大致的内容仍是可能的。特别是当这些信件要送给（亦即这里所讲的情况）与荷兰人尚未建立联系的一个普通君主时，它一再回到相同的基本主题。

在文本以外，这些信件也是令人印象深刻的视觉对象，即使收件人无法理解其书面内容，视觉设计也可以用来传达权威。与英国君主发往亚洲的信件一样，他们把精心设计的书法、令人印象深刻的印章以及华丽的装饰边框融合在一起。[1] 其中一封信件有莫里斯用金墨水写的标题，巨大的粗体字母延伸到顶部，底部用一条引人注目的红色天鹅绒带作为框架。[2] 另一封信其三面都用厚厚的金带包围，这样就用闪烁的颜色、黑色的墨水和奶油纸创造了引人注目的组合。[3] 信件的外观是如此重要，以至于一位荷兰东印度公司的官员鼓励他的长官，确保荷兰执政用到尽可能多的印章，以获得最好的效果。[4]

来自荷兰执政的信件，通常一打开就能看到给遥远的通信者呈现的"友谊"（vriendschap）。[5] 这种观点假定存在一个跨越远距离的网络，在这一网络中，拥有同等权威的对等人物在本质上平等的基础上互相通信。[6] 这个有关君主的想象共同体的存在，使荷兰执政可以到达千里之外，同时跨越语言和文化的巨大鸿沟，直接与各种各样的"帝王、诸侯、领主和统治者"交流。[7] 虽然这种联系是个人行为，即通过个人书信的交换而取得、维持联系，但是它带来了深远的影响；对莫里斯友谊关系——或者兄弟关系，正如它有时在这些信件中出现的那

---

[1] Ogborn, *Indian Ink*, 43.

[2] Van Foreest and de Booy, *De Vierde schipvaart der Nederlanders*, 142.

[3] Wassing-visser, *Royal Gifts from Indonesia*, 29.

[4] Letter from Jacques Specx, November 1610, VOC 1054:1–5.

[5] 我的讨论建立在 1601 年，莫里斯授予雅各布·范·内克（Jacob van Neck）的特权基础上。

[6] 米尔斯·奥格邦（Miles Ogborn）曾考察过英国君主发出的类似信件，指出这些文件"试图利用不太可能见面的强大个人之间的私人关系，来建立'国家'之间的贸易关系"。参见 Ogborn, *Indian Ink*, 45。

[7] Van Foreest and de Booy, *De Vierde schipvaart der Nederlanders*, 141.

样——的接受，与一系列特定的义务绑定在一起。[1] 这样一来，友谊就变成了另一种可以用于建立国家和贸易基础之间交换的商品，与任何物质性的东西一样重要。

兄弟君主一旦默许这种友谊的存在，其做出的回应便是对在亚洲
48 的荷兰商人提供支持，也就是在实际上给予他们有利的商业和法律让步。关于这点，在莫里斯颁发的一份文件中有所总结：

> 我们这些省份的人民非常热衷于贸易，准备访问各岛、各省和遥远的人民，并且与他们进行贸易。激励他们的天性看起来相当不错，因此会有机会顺应那些（遥远的）土地的居民，同时有相互的、坚定的友谊……因此，一般来说，尤其是在任何土地、港口和海滩上，我们都祈祷和希望，你们不仅会接受和欢迎我们的海军将领及其船只和货物，而且还会为他们提供一切可能的支持，同时想方设法引导他们尊敬的和值得称赞的企业走向希望和成功。我承诺并用我们最神圣的诺言和保证担保：如果他们的船只或臣民来到我们这些省份，我们将高兴地向他们表示我们对这一帮助的感激之情，同时将为他们提供可能的帮助和服务来回报他们。[2]

由此可见，它不是一个单向的交流，这封信件谨慎地强调，所有的让步都是相互的。因此，荷兰执政承诺，任何来自其通信国的船只抵达荷兰联合省时，都将获得同样的特权。这是一个有吸引力，而且显然是基于王室亲属关系的简单逻辑——我将授予你的臣民在我的土地上自由交易的权利，如果你也给我同样的权利的话——但是它也是虚幻的：作为荷兰执政，莫里斯没有权力做出这样的承诺，而且几乎

---

[1]　Van Foreest and de Booy, *De Vierde schipvaart der Nederlanders*, 145.
[2]　同上，第 143 页。

没有亚洲商人会跑到荷兰联合省去。相反地，交易是在一厢情愿下进行的，作为这种个人及其主权关系的直接后果，是允许荷兰商人提出广泛的贸易特权，却得不到任何回报。

这些信件，通过把几乎没有共同点的各种国家所组成的复杂场景，化约成由平等的主权国家所构成的网络，其实是把政治简单化了。与此同理，这些信件也同样处理了荷兰东印度公司的难题。来自荷兰执政的信件为荷兰人向亚洲推进铺平了道路，取而代之的是一个由两部
分组成的简单版本：统治者和臣民。荷兰东印度公司在亚洲是一个新 49
型的组织，一个拥有一整套主权权力的混合型企业，在政府之外独立运行，但它极力想在这些信件中找到一些参考证据。[1] 显而易见，他们向荷兰人在亚洲的活动提供了一套王室外衣，在一个熟悉的门面背后隐藏了公司组织的新面貌。用莫里斯自己的话来说，荷兰人不过是“我的臣民”——他们在亚洲的表现可以通过这种方式得到理解。[2]

结果是要改造像普伊克和范·登·布鲁克这样的人，把他们从为股东服务的公司雇员转变为只需履行他们职责的王室臣民。这样一来，至少从日本的角度来看，荷兰东印度公司的外交交流被降低到一种更为熟悉的对等关系。与来自朝鲜、琉球王国或其他任何一个国家的大使没有什么不同，荷兰人只不过是由他们的君主派遣的、代表他前来建立关系的另一群使臣，因此完全可以纳入现有的外交范畴。

普伊克和范·登·布鲁克带着来自荷兰执政的信件，于 7 月 27 日出发前往平户。[3] 他们乘船穿过繁忙的濑户内海，一周后到达了商业大都市大阪。在那里他们被视为一个国家的官方大使，享受到了第一项权利，即免费运输和使用驿马。[4] 8 月 13 日，普伊克和范·登·布

[1]　一份写于 1612 年的观察将它描述为“一个独立的团体，在这个国家充满权势，通常不会承认荷兰议会的权威比他们的私人利润更多”。引自 Adams, *The Familial State*, 54。

[2]　本段引自一封随后发往日本的信件。参见 Sūden, *Ikoku nikki shō* , 108–125。

[3]　重构这位使节大事的最重要史料是普伊克的日记。尽管日记提供了发生了什么的基本印象，但是这部日记的篇幅短得令人沮丧，与后来使节留下的长篇叙述几乎没有共通点。参见 Opstall, *De Reis van de Vloot*, 2:345–363。

[4]　同上，第 2 卷第 353 页。

鲁克一行抵达骏府——现在属于静冈县的一个小镇，荣休的幕府将军们在那里建立了他们的宫廷。一到达那里，互动的步伐便迅速加快。大使的第一次会见是与幕府将军的两位最高级顾问——后藤正三郎（Gotō Shōzaburō）和本田雅纯（Honda Masazumi）——进行的，他们对荷兰代表团表示欢迎，并承诺确保提供一次幕府将军的接见。[1]他们很好地履行了诺言，大使们在第二天就被直接带到了德川家康那里。

有关荷兰东印度公司使团与幕府将军的这次关键性的首次会见，有两份描述存世：一份在荷兰东印度公司档案里，另一份在日语文献中。根据荷兰东印度公司档案，普伊克和范·登·布鲁克被召集“进入城堡里。在那里，他们向幕府将军赠送了一些生丝和枪炮作为礼物。他们也提交了亲王阁下的信件，并且提出了我们的要求。陛下很高兴，承诺满足我们的期望并提供自由贸易”。[2]《异国日记》（*Ikoku Nikki*），一份由金地院崇传（Konchiin Sūden）[3]编纂的有关德川幕府外交活动的记
50 录，为大使的接见提供了另一种记载：“7 月 11 日，在中央城堡，本田雅纯宣布有一封来自荷兰的信件。我们不懂这个国家的语言，因此已经由翻译员进行了翻译。这封信表示，他们希望派遣船只（来我们这里），因此请求他们的船只进入我们的港口并自由出入。他们赠送了两个金杯，350 金（kin）丝绸，3000 条枪炮，以及两根象牙。”[4]

虽然很短，但是这两种描述却深有启发。首先，两种叙述都表现出德川幕府官员明显的被动，他们并没有让荷兰客人们接受那种严格的审讯——我们本以为可能会因为他们代表团的性质和形式而遭受严

---

[1] 后藤正三郎（1571—1625）经营幕府的金扎（gold mint/kinza）。本田雅纯（1565—1637）及其父亲本田正信（Masanobu，1538—1616）都是德川幕府的关键顾问。1605 年德川秀忠成为幕府将军时，本田正信担任其部长，而本田雅纯仍在骏府追随德川家康。

[2] Opstall, *De Reis van de Vloot*, 2:352.

[3] 崇传（1569—1633），日本足利幕府将军家臣一色秀胜之子，1608 年以前担任京都南禅寺的禅僧，1608 年以后受德川家康延揽来到骏府，并在 1612 年后主掌幕府外交文书的拟写。德川家康逝世以后，崇传被德川秀忠任命为僧录，负责帮助幕府控制各个寺院的内部事务，并在江户修建了金地院作为住所，因此又被称为金地院崇传，著有《异国日记》《异国御朱印帐》《异国渡海御朱印帐》等。其中，《异国日记》抄录了 1608 年至 1655 年间德川幕府与东亚、东南亚、西欧诸国的来往信件，史料价值很高。——译者注

[4] Sūden, *Ikoku nikki shō*, 17.

格审讯。严格审讯的缺席让这些特别的大使，与欧洲派往亚洲的外交使团的普遍经历有所不同，这些代表团中有许多都在处理与卡利卡特国王带给达·伽马相类似的问题：为什么一个宣称来自“非常富裕的王国的使团……没有给他带来任何礼物”。[1] 就普伊克和范·登·布鲁克的例子来说，尽管没有被问起大使的身份凭证、他们礼物的性质，或者一个像“荷兰国王”一样强大的国王怎么会派遣这么差劲的代表等事实，但是其出现和要求与平时表现明显脱节。当与后来来到日本的荷兰大使——比如在第二章中所讨论的那些例子中，他们被无情地拷问他们的来源、后台和目的——的命运相比，这种不经过进一步的审讯就接受大使意愿的行为变得更加新奇。那么，德川幕府官员为什么在没有任何怀疑的情况下就同意使团的要求呢？

虽然他们不知道，但是普伊克和范·登·布鲁克是在外交协议唯一可能被接受的时刻来到日本的，正是这一事实，得以保证他们在骏府免受麻烦。1600 年，德川家康夺取了权力以后，日本在外交上陷于孤立。丰臣秀吉入侵朝鲜切断了日本与其他国家的外交联系，让日本被国际社会遗弃，被剥离在东亚的外交网络之外。作为回应，德川家康为了在其权力范围之内重建日本在外交中的中心地位，采取了积极行动。荒野泰典将这一时期称为“德川幕府亮相国际社会的时代”，其特点是一系列活跃的外交往来。[2]1601 年至 1614 年间，幕府官员共向 12 个不同的国 51
家发出了 76 封公函，其中有 48 封直接来自幕府将军。这些国家包括周边的中国和朝鲜，也包括多元化的新外交合作伙伴，比如帕塔尼、交趾支那（Cochinchina）[3]、柬埔寨、占婆、泰国、英国、菲律宾，以及荷兰联合省。下表反映了日本这一时期活跃的外交活动，这种外交活动在 1616 年德川家康逝世之后迅速变缓，直至完全停止：[4] 发信的速度从德川家康在世时平均

[1] Ravenstein, *The Journal of the First Voyage of Vasco da Gama*, 62.

[2] Arano, *Edo Bakufu to Higashi Ajia*, 26.

[3] 根据不同的语境，本书有时将 Cochinchina 译为交趾支那，有时将 Cochinchina 译为南圻。——译者注

[4] 本表改编自 Fujii, “Jūnana seiki no Nihon: buke no kokka no keisei”。

每年超过 5 封，下降到平均每年不到 2 封，然后平均每年 1.5 封。从 1615 年至 1643 年，来自幕府将军的私人信件从将近 50 封骤然下降到只有 7 封。

表 1.1　德川幕府的外交信件

时期	外交信件总数	幕府将军的私人信件数量	每年平均数（所有信件）
1601—1614	76	48	5.4
1615—1633	34	5	1.8
1633—1643	15	2	1.5

当它把手伸向东南亚和欧洲国家时，德川幕府政权也热情地向所有准备前往日本长途旅行的使节表示欢迎。结果出现了一种“无须过问”的外交，在这种外交政策之下，任何涉及资格或凭据的讯问都被禁止了。德川家康还在世时，没有拒绝任何使节，没有任何信件未曾答复，哪怕是来自一个日本以前从未接触过的国家，或者来自某个区域的权力有限的统治者。[1] 这一时期的基调与接下来一段历史时期形成鲜明的对比。新的外交网络一旦形成，德川秀忠和德川家光统治下的幕府政权为其国际合作伙伴提出了一套更为严格的标准。那些未能符合德川幕府惯例的信件将被拒绝，与此同时，那些由无法确认合法性的统治者派出的使节，被迫停留在日本边境，并在没有收到任何答复的情况下被遣返回去。[2] 正因如此，普伊克和范・登・布鲁克受到接待主要源于时
52 机：与非常特别且相对短暂的德川幕府外交活动时期有关，而与大使本身没有任何关系。

荷兰语文献和日语文献有关大使受到幕府将军接见的描述，均突出强调了遥远荷兰执政存在的重要性，而崇传的描述在提及特使本身的事情之前，则完全集中在来自荷兰人的信件。与一年前的斯

[1]　日本外交书信的激增可参见 Clulow, “Like lambs in Japan and devils outside their land”。

[2]　正如多位来自暹罗的、被幕府官员拒绝的大使所证明的那样。参见 Iwao, “Reopening of the Diplomatic and Commercial Relations”。

普林克尔一样，普伊克和范·登·布鲁克看起来直接把莫里斯当作国王——或者更准确地说，当作“荷兰君主”介绍。他之所以这样理解，很显然是因为几天前在首次接见结束以后得到了来自幕府将军的回信：

> 日本君主（Nihon Kokushu）德川家康答复荷兰君主（Oranda Kokushu）。殿下，您的信来自遥远的地方，但是在我看来，我仿佛离您很近。您送给我的礼物我很喜欢。我听说贵国已派出多艘军舰、将军、士兵到国外，其中一些为建立双方的友好关系，已经来到了我国的松浦省（平户）。这也是我的愿望。如果两国有同样的意愿，那么即使相隔一千英里的海洋，也可以通过每年的联系而变得不一样。在我国，我们纠正那些不守秩序的人，把他们带入秩序中去。如果有商人来自贵国，那么他们能够安全地居住在此。如果您派遣几个人来，我们会允许他们在我们的土地上建立一个贸易点。您的船只可以使用任何港口。我相信我们的友谊会变得更加友好。[1]

如果荷兰执政的信件是建立在跨越大洲的王室网络观念上的话，那么来自幕府将军的信件则通过提议两个平等王国，以及两位地位大致相当的君主的存在，开创了新的主题。这不仅反映在地址写着来自“日本君主”寄往“荷兰君主”上，同时也反映在使用“殿下”（denka）——这是国王之间交流时所使用的头衔——指称荷兰执政上。通过分析朝鲜国王与幕府将军之间的通信——信中使用了同样的术语，罗恩·托 53
比写道，这为两位统治者提供了“完全相同的等级结构……表达了相同的地位和相互尊重”。[2]

---

[1] 这一翻译来自原始的日语信件。参见 Sūden, *Ikoku nikki shō* , 17–20。原始荷兰语翻译版也可以在同一资料中看到。

[2] Toby, *State and Diplomacy in Early Modern Japan*, 178.

在翻译过程中，这封信的荷兰语版本篇幅更长，其基本内容增加了一些修饰：

> 我，日本国王和皇帝，向来自遥远地方与我联系的荷兰国王（Coninck van Hollant）致以我的问候。我很高兴收到您的来信以及陛下的礼物。我希望我们的土地能更接近彼此，这样就可以维持和增进我们刚刚开始的友谊。通过陛下的慷慨，我想象见到了陛下——尽管我并不认识您，但是陛下的影响一直延伸到我这里……我感到有些抱歉，陛下的名字和名声因男子气概（manly deeds）而闻名全世界，而陛下的臣民从如此遥远的土地来到我们这么不得体的地方，目的是找到我并向我展示您的友谊。虽然我并不值得您这么做，但是考虑到您的影响，因此我不得不友好地接受您的臣民并答应他们的要求……我将把他们当作我自己的臣民一样看待和保护。[1]

乍看起来，无论是最初的日语版本还是荷兰语译本，这封信看起来都显得特别友好，但是与这一时期发往日本的数十种类似信件相比，很显然，它主要是由再寻常不过的外交范本构成的。[2]1606 年 10 月，就在普伊克和范・登・布鲁克离开的前三年，德川家康通过一封充满陈词滥调的信件，开始与暹罗王国取得联系："日本德川家康向暹罗国王陛下致以敬意：在建立联盟和外交联系的事情上，尽管两国之间的距离并不是很远，但是如果两国不友好，他们仿佛相隔一千英里以外。相反，即使两国相距并不近，如果他们相互联系，那么他们就像邻居一样。"[3]一封 1610 年发往暹罗的后续信件，其内容与一年前发给荷兰执政的信件非常相似：

---

[1]　Sūden, *Ikoku nikki shō* , 17–20.

[2]　一封类似的给英国国王的信，可参见 Satow, *The Voyage of Captain John Saris to Japan*, lxxviii。

[3]　Kondō , *Gaiban tsūsho, in Kaitei shiseki shūran*, 21:140–141.

> 日本德川家康向暹罗国王陛下致以敬意。即使两国被大山和 54
> 大海相隔一千英里，但是如果关系友好，那么他们的距离就很近。今年夏天，一艘来自贵国的商船带着信件来到我国。虽然我未曾离开一步，但是我想我能看到您尊贵的容颜，我很高兴……如果贵我两国之间每年都能互派商船和贸易，那么我们两国将会是和平的，我们的人民将会是富裕的。[1]

从这种背景来看，尽管写给莫里斯亲王的信件不太有利，但是这封信恰好体现了这种一致性，也就是没有一个有所区别的回应，包括一组同类信件所使用的统一词组，这标志着荷兰东印度公司目标的实现。在这份史料中，幕府将军对待荷兰人——那些属于商业组织但是在传统外交网络中没有地位的雇员——就像对待来自其他遥远君主的代表一样。他以此接受了莫里斯“荷兰君主”的身份，以及普伊克和范·登·布鲁克作为王室使者，被他们的统治者派往日本以建立友好关系这一身份。其结果是将荷兰联合省及其在日本的特使纳入现有的外交框架中。正如它所打算的那样，“荷兰国王”的存在为荷兰人提供了一个直接的身份以及围绕两国之间友谊的简单交流结构，从而弥补了荷兰东印度公司的固有缺陷。

8 月 22 日，在他们首次抵达桑普后不到十天，普伊克和范·登·布鲁克带着幕府将军的信件和承诺离开——其承诺是“在幕府将军的地盘上，在任何我们想要的地方开创自由贸易，建造我们所想要的或大或小的房子（工厂），并且允许带入商品并以自己的价格售卖”。[2] 虽然大使（及其上级）认为这些让步是由荷兰专家巧妙地从一位讨人喜欢的幕府将军那里获得的，但是正如后来大使写给莫里斯的信件所显示的那样，它们也是可以扩展到其他的外国商人团体的通用模式。[3] 举例来

[1] Kondō , *Gaiban tsūsho, in Kaitei shiseki shūran*, 21:140–141.

[2] De Jonge and van Deventer, *De opkomst van het Nederlandsch gezag in Oost Indië*, 3: 294–299.

[3] 荷兰人并不是在独自思考这个问题。1613 年到达日本的英国东印度公司的商人同样祝贺自己从幕府将军那里获得了前所未有的好处和特权。

说，暹罗国王确信“你们船上的指挥官可能会年复一年地造访我们，这
55 将使我们要给他们提供各种谦和的待遇”。[1] 以几乎同样的方式，日本幕府告知西班牙代表，当“来自贵国的贸易商船来到我们的海岸时，他们将受到衷心的欢迎……（并且）将有充分的特权进入我们国家的任何一个港口、海湾或水路。他们可以在任何他们喜欢的地方从事贸易”。[2]

荷兰执政的回应

由于幕府将军曾直接写信给荷兰执政，为了利用这一开放周期的通信以获得进一步的优惠，公司官员迫切想要尽快得到答复。然而，日本与荷兰之间的遥远距离，使这变成了一项艰巨的任务。事实上，继续依赖荷兰执政带来的最重要的一个问题，是在执行外交事务上进度缓慢。在大多数情况下，获得来自荷兰联合省的回信至少要花两年的时间——有时甚至更长。这种延误是公司后来将其外交战略从欧洲撤离转向关注巴达维亚的部分原因。但是与此同时，敦促其上级进一步加快速度的任务落在荷兰东印度公司在日本的代理人身上，尤其是平户贸易港新任命的荷兰长官——雅戈斯·斯皮克（Jacques Specx）身上。被执行延迟激怒的雅戈斯在 1610 年 11 月询问了十七先生，以确保及时看到来自莫里斯的信件：“陛下应当给每次走这条航线的船只，发送一份亲王阁下写给陛下（幕府将军）的专属（信件），应该尽可能精致地密封好它。这会使得陛下（幕府将军）大为高兴，使他感到比任何其他事情都更受尊敬。”[3]

尽管提出了这样的要求，但是直到 1612 年，来自荷兰执政的新信件才到达日本。到达之后，这封信立即被送到幕府将军的宫廷中。[4] 这封信写于 1610 年 10 月 18 日，以莫里斯的一连串头衔开头，尽管在翻

[1] Satow, “Notes on the Intercourse Between Japan and Siam in the Seventeenth Century,” 146.
[2] Kuno, *Japanese Expansion on the Asiatic Continent*, 2:305.
[3] Jacques Specx, letter, 3 November 1610, VOC 1054:5.
[4] 日语版原始文献和荷兰语翻译版均可参见 Sūden, *Ikoku nikki shō* , 108–125。

译成日语时换成了与早期相同的表达——荷兰国王（Oranda Kokushu）或荷兰君主。为了巩固他与幕府将军新建立的关系，莫里斯回到了友 56
谊和互惠的双重主题：

> 向日本的所有强大的皇帝和国王致敬。我带着敬意收到了陛下的来信。我很高兴地得知，它使陛下高兴地将我们荷兰人——我的臣民，以这种友谊的方式带到您伟大的、众所周知的、著名的领土上。您允许他们在陛下的领土上所有的地方、土地和岛屿通行和贸易，并且您已经将他们置于陛下的保护之下。这让我很高兴。我非常感谢陛下的这一善举。我很希望和陛下拉近贵我两国土地的距离，这样陛下的臣民也可以同样来（我的领土）访问，我就可以更好地表达我所感受到的荣幸和感谢。但是现在因为贵我两国距离太远，使得这不可能发生，所以我希望有更多的机会来印证这段刚开始的友谊给予我的感受。

通过向他们“刚开始的友谊”致敬，莫里斯表达了他的希望，即在未来他能够向同样身为君主的日本国王证明他的“强烈的感受”。这种私人纽带是向下流动的，为荷兰东印度公司的商人——在这里被简单地描述为“我的臣民”——在日本的活动提供了空间。这样，允许“在陛下的领土上所有的地方、土地和岛屿通行和开展贸易”很自然地促成了幕府将军和荷兰执政之间的连接。值得注意的是，又一次丝毫没有提及荷兰东印度公司——这个实际上把荷兰商人带到日本的组织。其结果是，复杂的互动关系降至为强大的个人之间的直接联系，莫里斯为幕府将军给他的臣民这样的恩惠而向后者表达他的愉快和私人感谢。他进一步请求德川家康给予他“与朝鲜人开展贸易的帮助和支持”，因此为“各地开展的友谊和真诚贸易的我的臣民”争取了额外的优惠。看起来，他们的友谊由此跨越了日本的边境，打开了进入东亚市场的途径。

和其他信件一样，荷兰执政表达了一种互惠的逻辑，但是很明显， 57

在有关普伊克和范·登·布鲁克的荷兰语译文文献中，鉴于幕府将军自己坚持在他们的土地之间保持遥远的距离，荷兰执政不可能简单地重复他的标准承诺——在欧洲的日本商人可以获得与在亚洲的荷兰商人相同的特权。恰恰相反，他选择了中间立场，认为相互之间的感情的确存在，哪怕实际情况并不利于真正交流。如果通过某个偶然的事件，一些德川幕府的臣民成功到达了荷兰联合省，他们会自动受到相同的保护和支持，只是欧亚之间的遥远距离阻碍了这种情况的发生。

在信件的最后一部分，荷兰执政通过对葡萄牙和西班牙的猛烈攻击，把注意力转向了荷兰东印度公司的敌人。如果荷兰和日本的君主这样两个地位相当的角色，通过友谊联系在一起，那么他们的身份也可以通过共同反对一个非法的角色——西班牙国王——而被定义。其结果是通过建立一个共同的身份认同感，即两位统治者联合抵抗邪恶的第三者，从而拉近荷兰执政与幕府将军的距离。[1] 这项特别指控反映了欧洲反西班牙宣传中对后者的指控，将这位伊比利亚君主描述成一种狂妄自大的负面形象。[2] 被对权力贪得无厌的欲望所驱使，西班牙国王无法与其他国家和平共处，总是试图破坏并最终占据主导地位。出于一种亲昵的友谊关系，莫里斯给德川家康提供了一个严重警告，提示德川家康警惕西班牙企图“成为全世界的君主”的野心。这种指控在破坏葡萄牙和耶稣会士方面获得了额外的好处，后两者均已在日本建立了牢固的势力范围。通过将这些群体与“卡斯蒂利亚人”（Castilians）[3] 联系在一起，莫里斯谴责他们的“狡猾和欺骗”，以及僭越的行为和持续的谎言，进而扩展到一个旨在推翻幕府将军的巨大阴谋。信中解释说，耶稣会士得到他们的葡萄牙盟友的帮助，计划通过使日本陷于“分裂、党派之争和最终的内战”，从而占领幕府将军的领土。[4]

---

[1] 马克利在对一封英国写给亚洲的信中，分析过一个类似的比喻。参见 Markley, “Riches, Power, Trade, and Religion,” 499。

[2] 相关例子参见 St.Aldegonde, *A Pithie, And Most Earnest Exhortation*。

[3] 卡斯蒂利亚人是西班牙的主体人口，占西班牙全国人口的 70% 以上，而且中文通常所说西班牙语，指的是卡斯蒂利亚语，因此作者在这里用卡斯蒂利亚人代指西班牙人。——译者注

[4] Sūden, *Ikoku nikki shō*, 113.

这样，1610 年 12 月送达日本的信件被寄予很高期望，荷兰希望借此与幕府将军充满前景的关系可以扩大，也可以为在东亚的荷兰商人赢得新的特权。然而，德川家康通过一封非常简短而且带有明显程 58
式化的信件做出了回应，信中并不试图回答莫里斯请求的细节，取而代之的是深深的失望。信中再次以“荷兰君主”开头，简单地写道：“您的信来自远方。我重读了很多次……如果您的船只继续往返我国，那么虽然远隔千里，但是我们却像一家人一样。”[1] 即使是最乐观的观察家，也可以明显地看到这并不仅是常规的外交回应。曾去过桑普的布劳沃・亨德里克（Brouwer Hendrik）抱怨说，即使在安排荷兰执政信件方面付出所有努力以后，也只是得到了一个礼节性的回应，并没有机会“讨论任何特殊的事情”。[2] 唯一的亮点是，幕府将军决定送给“荷兰君主”两把剑和一套华丽的盔甲。

一个显而易见并且立即到达荷兰东印度公司代理人那里的结论是：接下来，来自荷兰执政的信件不会产生太大的效益，因此没有理由为了获得额外的文件而浪费时间和金钱。于是，公司决定结束其与幕府将军外交接触的周期，并将注意力转移到其他地方。与安排新的使节不同，当他们希望与政权取得联系时，荷兰在日本的代理人依靠 1612 年以后的非正式代表团，能够在没有特殊证件或大肆宣扬的情况下到达幕府将军的总部。结果是荷兰东印度公司和幕府将军之间官方的接触长期失效，这种情况直到 1627 年才被打破，当时荷兰东印度公司的领导人断定，在台湾地区出现危机以后应该向日本派遣正式使节。当时荷兰已经向日本派遣了新的使团，然而，荷兰东印度公司甩掉了它的王室伪装，主张在缺少荷兰执政充当中间人的情况下，自己有权利直接与亚洲各国政府打交道。结果荷兰东印度公司在外交特权上引发了持续的冲突，使得它与日本的关系陷于瘫痪。

---

[1]　同上，131–132。

[2]　Tokyo daigaku shiryō hensanjo, *Dai Nihon shiryō* , series 12, 9:189.

第二章

59 巴达维亚总督

> 我们的总督……处于这样的地位：他向中国、暹罗、亚齐和帕塔尼各王国，爪哇皇帝和波斯皇帝，（以及）莫卧儿帝国派遣使节。
>
> ——大使彼得·奴易兹，1627 年

1624 年 1 月 1 日，两位来自中国的大使抵达巴达维亚——荷兰东印度公司在亚洲的新总部。这一富有戏剧性的事件，在荷兰殖民地的历史上前所未有，卷帙浩繁的《巴达维亚城日志》（*Dagregister*）[1] 提供了进入这一事件的窗口，日常行动的记载成为研究这一时期的历史学家的重要史料。[2] 这两位大使曾被福建省总督派去讨论澎湖列岛的最新进展，澎湖列岛是台湾海峡的一个小群岛，早在此前两年就已经被荷兰军队占领。紧随大使的还有四头大象，它们被地方官员匆匆装饰得华丽无比。两位大使的队伍蜿蜒穿过城市，最后到达巴达维亚城堡。巴达维亚城堡是座低矮的、全副武装的要塞，荷兰东印度公司建立该要塞的目的是要保护其在亚洲最重要的领土。行经门前排成两列的士兵后，他们被带进了闷热的城堡。在城堡中央房间等着他们的是“总督阁下”：荷兰在亚洲的最高级别官员，以及荷兰东印度公司在该地区的外交新面孔。

---

[1] 《巴达维亚城日志》指的是 1624 年至 1682 年荷兰东印度公司在巴达维亚（即今雅加达）活动的档案史料。由范德齐斯（J.A.van der Chijs）等主编，1887—1931 年出版于巴达维亚和海牙，共计 31 卷。原稿存于荷兰总档案馆和雅加达国家档案馆。——译者注

[2] *Batavia Dagregisters, Anno 1625–1629*, 1.

中国使节和其他地区使节的到来，标志着荷兰东印度公司在外交活动上的一个本质转变，这不仅会改变它在亚洲的业务方式，而且也 60
对德川政权与荷兰东印度公司的关系产生了深远的影响。随着 1619 年对雅加达的征服，荷兰东印度公司声称在亚洲建立了坚实的立足点——直到数个世纪后它才被驱逐。随着城市的扩大和增长，该组织开始相应调整其外交战略，摆脱先前对荷兰执政这个遥远人物的依赖，从而把重点转向荷兰总督，并且把巴达维亚城堡当作外交活动的支点。在福建的使者来访之后的几十年里，这些官员接待了数十位大使进入位于城堡深处的大厅。在这些代表团不断涌入的同时，荷兰东印度公司也定期派遣使团走出城堡，带着由荷兰总督签署的信件（没有丝毫“荷兰国王”的影子），走向一系列亚洲国家。

1627 年，在彼得·奴易兹指挥下的一个代表团被派往日本，这构成本章的主体。[1] 与他十八年前抵达骏府的卑微前任相比，奴易兹使团的出使经过精心的策划，由一位真正的荷兰东印度公司精英成员领导，并带着丰厚的礼物。可是，尽管做了大量的准备——花费了成千上万荷兰盾，但是这次出使却是一次绝对的失败。在普伊克和范·登·布鲁克曾经获得成功的地方，这次精心计划的任务却失败了，这些事实之间存在如此明显的矛盾，这需要一个解释。

到了有人需要为这次失败负责的时候，这位大使为了逃避因溃败带来的个人惩罚，适时供出一份罪人名单，包括不称职的翻译人员、无知的幕府官员、背信弃义的盟友，以及坚定地要将荷兰人驱逐出日本的敌人。[2] 但是随着越来越多的细节从日本传来，他的上司认定：奴易兹自己才是罪魁祸首。他们责骂奴易兹在与日本人打交道时过于傲慢、过于偏执，最重要的是过于死板。因此，本来应当有一位更好的

[1] 在荷兰东印度公司的档案中，可见奴易兹名字的多种变化。我选择的是最常见的拼写。（除了 Pieter Nuyts 的写法以外，常见的拼法还有 Pieter Nuijts 等。——译者注

[2] 这些潜在的罪魁祸首是由以下推动的：the Daghregister van de reijse gedaen bij Pieter Nuijts ende Pieter Muijser, oppercoopman, als ambassadeurs aen den keijser ende rijcxraden van Japan van 24 Julij 1627 tot 18 Februarij 1628, VOC 1095:449–509, quote at 462v。以下简称 Nuijts/Muijser *Dagregister*。

外交官可以平息幕府的担忧，同时带领使团成功完成任务，但是在奴易兹这里，却毫无必要地使问题严重化了。虽然奴易兹完全应该因此受到批评——实际上奴易兹是一个非常没有同情心的人——但是这种集中于个人行为的批判忽视了故事的重要组成部分，即在江户到底发
61 生了什么。[1] 可能更重要的是，这种批判倾向于消弭这一互动中固有的问题，也倾向于认为，如果大使曾简单地调整一个适度的谦逊态度、呈上正确的礼物，或者使用正确的言辞的话，那么任何分歧都可能得到解决。然而情况却并非如此。尽管奴易兹明显是个差劲的人选，但是他仍竭尽全力去应对超出他控制之外的更大的结构性问题。

奴易兹到达日本时，荷兰东印度公司卸下了王室伪装（详见前一章），正处在试图摆脱荷兰执政的调解，直接与亚洲统治者接触并提出自己权利的过程中。当幕府官员发现其代表来自巴达维亚而不是“荷兰国王”时，这引发了一场不可能轻松解决的危机。在接下来的几个礼拜，奴易兹的代表团被困在一个不确定的、介于两种截然不同的外交叙事中，他们既无法证明其与“荷兰国王”的关系，同时又无法证明荷兰总督拥有一个合法执行者的权力。因此，假设其失败源于一个无能的个人，显然忽略了一个基本的事实，那就是大使这一身份本身并不是能屈能伸的工具，更不能靠圆滑的大使来迎合欧洲的愿望。更确切地说，其外交使命必须符合亚洲官员授权的逻辑，并且不是所有的使节都能通过这样的考验——不论其首席代表的个人素质如何。这样就回到了此前的观点：外交总是充满波折。

尽管很少有外交接触会像奴易兹使团那样完全陷入问题风暴之中令人担忧，但是作为在亚洲的欧洲大使，奴易兹的经历并不例外。在

---

[1] 许多学者在关于 1627 年使团的问题上，都遵循巴达维亚的调查，强调奴易兹个人的失败。包乐史写道：“奴易兹在抵达日本之时……以他高傲的神态及其旅行同伴的古怪行为，成功地触犯了东道主，觐见幕府将军的要求被谢绝。”参见 Blussé, “Bull in a China Shop,” 103。永积洋子注意到，“由于他对日本事务完全一无所知，因此其使团最后失败了”。参见 Nagazumi, “The Japanese Go-shuin-jo (Vermilion Seal) Maritime Trade in Taiwan,” 33。虽然我同意这两种说法，但是本章的目标是要处理一些奴易兹所面临的更大的问题，这些问题使得任何大使，哪怕是高明的大使，都不可能取得成功。

这样的使命中，欧洲关于国际关系的适当秩序和外交特使权利的观念与亚洲的政治现实产生了碰撞。其结果通常是，大使们在努力处理其遭遇时产生了一种前所未有的焦虑感。另一个非常合格的特使——托马斯·罗伊正是这种情况的著名案例，他曾于1615年被英国东印度公司派遣与莫卧儿帝国皇帝谈判。虽然他获得了更多的成功，但是罗伊的经历——详细记录在他篇幅甚长的日记中——通常反映了他荷兰同行同样的情形。[1] 两位大使都努力在每个场合尊重自己的使命和主人，通常会使用相似的策略以及依赖“戏剧性”表现，但是两位大使发现自己节节败退。对奴易兹而言，大使变成了一个可怕的看不见出口的 62
“迷宫”；对罗伊而言，它变成了一个“混乱的阵营”，拒绝了他企图恢复秩序的所有努力。[2]

作为外交首府的巴达维亚

通过多种方式逐渐摆脱先前对荷兰执政作为外交调解者的依赖，是荷兰东印度公司发展的必然结果，同时它从一个陌生的闯入者变成了一个在亚洲有自己殖民基地的强大力量。然而，后续策略的确切性质，可以追溯到两个重大发展：1609年荷兰总督之职的设立，以及十年以后对雅加达的征服——这两者一齐为荷兰人在亚洲建立新的外交首都奠定了基础。在1602年荷兰东印度公司组建后的第一年，十七先生——总部设在荷兰联合省的机构——组成了该组织的唯一永久指挥机构。从欧洲出发的正规舰队被安置在一位海军将领之下，他被委托率领其舰队前往亚洲，并在到达那里以后负责公司的业务。但是他的任期不断被延长，直到新的舰队和新的海军将领抵达日本，这就导致了一系列临时性任命。虽然至少在理论上，这保证了命令的顺畅执行，

[1] Roe, *The Embassy of Sir Thomas Roe to India*.
[2] 10 October 1627, Nuijts/Muijser *Dagregister*, 468v.Roe, *The Embassy of Sir Thomas Roe to India*, 2:497.

但是现实却是这是一个高度分散的系统，在这个系统中各舰队独立运作，极少合作。结果个别指挥官之间发生冲突，承诺无法兑现，公司的努力因为组织混乱受到影响。

随着业务范围的扩大以及越来越多的船只来到亚洲，很明显，这些安排无法持续。1609 年，十七先生决定彻底修正这个制度。他们雄心勃勃的解决方案是：设立一个单独的职务——荷兰总督（Gouveneur-Generaal）。这就是说要在亚洲建立永久性基地，并且掌控和运作那里的所有事务。这个决定使荷兰东印度公司走上了一条与其英国对手相比完全不同的道路，后者继续依赖个人舰队组建的模式；同时这也使荷兰东印度公司更多地与葡萄牙人在果阿的中央权威体系相吻合。[1] 为了给新的部门提供人员，十七先生选定了彼得·博特（Pieter Both）——
63 一位经历丰富的商人，他曾在一次公司的航海中到过亚洲。彼得·博

图 2.1　巴达维亚城堡（约 1656—1658）

安德里斯·贝克曼（Andries Beeckman）绘

感谢阿姆斯特丹国立博物馆惠准使用

[1] Gaastra, *The Dutch East India Company*, 39–40.

特得到指示，要其控制荷兰东印度公司在亚洲的所有活动，并使之恢复到拥有一个坚实的基础。[1]

除了设立一个集权化的机构以外，董事会认为他们还需要在亚洲建立一个永久性的总部，通过这种方式他们在亚洲的事务才能得到直接指挥。提议设立总部的集结地——正如在荷兰东印度公司的文件中所显示的那样——必须是一个天然良港，这样越来越多的船队可以在那里改装，其战略位置优选在主要贸易路线的交汇处，并且有扩张的空间；从理论上说，因为爪哇领土已经被控制在荷兰东印度公司的主权之下，或者因为爪哇处在一个软弱政治权威的控制之下，因而能保证实质性的让步。地点最终选择在雅加达，一个靠近万丹的港口城市，当时处在一位未成年的国君的控制之下。虽然1610年协议已经允许公司在那里发展生意，但是两者关系逐渐恶化，十年之后就发生了公开的战争。尘埃落定以后，国君被废黜，他统治的领土被荷兰东印度公司据为己有。

巴达维亚的建立创建了一个主权空间，在那里，组织运行不再受到外部权威的牵制，这永久地改变了公司的发展轨迹。[2]在接下来的几十年里，其权势逐渐从这些原始边界的紧张收缩中向外扩张，直到公司控制了爪哇的大片区域。对雅加达的征服带来了额外的结果，即在组织内部产生了具有竞争性的权力中心。从一开始，欧洲和亚洲之间进程缓慢的交流就给予荷兰总督相当自由的独立运作空间。如果这种情况得到进一步强化，那么巴达维亚可以以变化的环境为借口，简单地忽视或有选择性地解释指令。雄心勃勃的荷兰总督们甚至打算将公司事务更彻底地控制在自己手上，并且将既成事实呈报给董事会。1636年至1645年掌控该部门的安东尼奥·范迪门（Antonio van Diemen）告诉他的上司："我们曾经说过并且要确保，在东印度群岛

[1] Van Dam, *Beschrijvinge van de Oostindishe Compagnie*, 1:517–31.

[2] 5月30日，"征服雅加达王国"的周年庆典成为荷兰东印度公司官员在亚洲一年一度的活动。有关这一庆典，参见 *Batavia Dagregisters, Anno 1625–1629*, 257。

的事务上我们必须得到信任，因此我们在执行公司业务时不能坐等命令。”[1] 另一位荷兰总督甚至更为直接，他说：“祖国的先生们在那里做出了他们自认为最好的决定，但是我们在这里依据的是我们的准确判断。”[2] 其结果是，这些官员在荷兰东印度公司内部成为一种日益占据主导地位的力量，而十七先生则沦为更为被动的角色。[3]

64 随着公司内部决策的发展，公司外交战略开始从欧洲转移，把巴达维亚当作新的焦点——此变化部分来自对荷兰东印度公司活动和范围快速扩张的务实反应。到了 17 世纪 20 年代，荷兰东印度公司已经与一系列皇帝、国王、苏丹和亚洲其他统治者进行过谈判。大量的外交通信意味着，再也不需要等待来自荷兰执政的文件——如曾经发生在日本的情况一样，中间要花费数年的时间。与此同时，公司内部有些人开始认为，依赖一位在欧洲的人物来背书会逐渐削弱荷兰总督自身的地位。随着在亚洲的扩张，荷兰东印度公司越来越痴迷于自己的声誉，将其视为将盟友吸引到巴达维亚的重要工具，同时确保能够控制竞争对手。[4] 一位强大到能赢得巴达维亚周边“虚伪的朋友和公开的敌人”尊重的荷兰总督，对公司的生存至关重要；而对一位在欧洲的更高级别的人物的持续依赖，只会逐渐削弱荷兰总督来之不易的地位。[5] 一位官员更直
65 截了当地说道，他的上司不再收到来自荷兰执政的来信，因为这种做法使“人们对荷兰总督的尊重明显降低（给公司带来不利）”。[6]

然而，如果没有荷兰总督职务性质的转变，那么从荷兰到巴达维

[1]　De Jonge and van Deventer, *De Opkomst van het Nederlandsch Gezag in Oost-Indie*, 5:248–49.

[2]　引自 Gaastra, *The Dutch East India Company*, 68。

[3]　这一进程在十七先生失去对新的荷兰总督的任命权以后大大加快。董事会直接任命了彼得·博特和他的直接继承者，但是在 1629 年，一位现任总督逝世于任上，巴达维亚的执政委员会在没有等到来自欧洲的决定之前，就选定了他的继任者。这是一个重要的先例，迅速形成惯例。在此以后，有关下一任荷兰总督的任命由巴达维亚决定，然后到荷兰共和国经官样文章式批准。然而，这并不是说，十七先生退到了幕后。每一任荷兰总督都需要提供详尽的报告来解释他们的决定，并详细介绍公司交易范围内的发展。更为重要的是，董事会保留了对管理人员、船只和基金的供应。

[4]　十七先生很快就谴责他们过分注重声望的问题。有一次董事们写道：“对声望和名誉的问题，不需要引起高度的重视，这往往过于沉重了；在我们看来（因为我们是商人），他拥有名誉，是因为他不需要通过不正当或暴力方式就能获得利润。”引自 Steensgaard, “The Dutch East India Company as an Institutional Innovation,” 255。

[5]　Blussé, “Amongst Feigned Friends and Declared Enemies,” 154.

[6]　*Batavia Dagregisters, Anno 1641–1642*, 75.

亚的转变就不可能发生。首任总督是一位相对温和的人物，作为外交傀儡不适合这个职务。与在果阿的葡萄牙总督不同，荷兰总督并非贵族，其中许多人甚至出身卑微，他们通过几十年的服务从权力的最底层逐渐上升。[1]有些人有着更丰富多彩的过去，比如安东尼奥·范迪门，曾为避免法律诉讼，化名逃离荷兰联合省。当他们来到亚洲，最初的荷兰总督在缺乏任何当地统治者的王室装备的情况下，努力使他们自己树立起不只是首席商人的身份。因此，许多附近的统治者都对缺乏必要身份来参与外交活动的荷兰总督不屑一顾。一位苏丹概括了更为普遍的态度，他声称，派遣一位使节去会见荷兰总督“可能会与他的荣誉相冲突。如果莫里斯亲王在这里，他会派遣（大使）到他那里，正如派去一位兄弟那里一样；但是他不会（派遣使节）到荷兰总督那里去，因为他不过是商人的监工而已”。[2]事实上，正是因为这个原因，在彼得·博特于1609年被首次任命以后好几年内，荷兰东印度公司仍然依靠来自荷兰执政的来信。

改变这种观念需要时间。征服雅加达以后，荷兰东印度公司开始在旧殖民地的废墟上建设一座新的城市。[3]过了几十年，劳动者疏浚了河流，挖好了沟渠，并且竖起了一排排有山墙的房子，把一座封闭的城市变成了繁荣的殖民地都市。巴达维亚被称为“东方皇后”。[4]就像巴达维亚这座城市一样，荷兰总督的职务也被重新改造，所有首席商人出身的卑微的痕迹都被抹去。17世纪中叶左右，一位出现在巴达维亚的外国游客在其所写的第一份详细报告中，指出荷兰总督已经变成一个越来越专横的人物，与当地统治者有更多的相似点，而不是与任何“商人的监工”相近。[5]每当外出，荷兰总督都配有特殊规格的交通工具，由六匹马拉着并且跟着一队骑兵及全副武装的戟兵保镖。一

[1] Israel, *The Dutch Republic*, 323.
[2] *Batavia Dagregisters, Anno 1625–1629*, 80.
[3] 有关这座城市的历史，参见 Abeyasekere, *Jakarta*。
[4] Valentijn, *François Valentijn's oud en nieuw Oost-Indien*, 3:510.
[5] *Batavia Dagregisters, Anno 1625–1629*, 80.

67 位法国旅行家让·巴蒂斯特·塔韦尼耶（Jean-Baptiste Tavernier）从旁观者的角度提供了最早的有关巴达维亚的描述，他说："在欧洲看不到装备如此华丽的骑兵，这些骑手全部坐在产自波斯或阿拉伯的骏马上；也没有如此奢华的近卫步兵：他的戟兵穿着黄色的紧身上衣、镶着银边的红色马裤，还有丝绸长筒袜。"[1]

整体效果显而易见都是国王式的。一位作家总结说，他"炫耀性地展示其威仪，绝对呈现出一位杰出君主的威权。他不仅住在一个引人注目的宫殿里，而且他的整个情形、队列和部门都跟国王似的"。[2] 另一位作家注意到，荷兰总督"其浮华情形绝不亚于欧洲的国君"。[3] 还有一位作家简单地解释说，在任的荷兰总督被称为"雅加达最伟大的荷兰人，也就是雅加达国王"。[4] 像国王一样，荷兰总督一生中的关键事件——他的就职、生日和葬礼——其庆祝活动全部经过了精心策划，每次活动都使得全城处于停滞状态。[5] 就职仪式在一大群人面前举行，这些人被迫向即将就任的荷兰总督宣誓"忠贞不渝"。[6] 仪式的最后，火枪和火炮齐鸣，之后，这座城市的领军人物走向巴达维亚城堡，献上他们的祝福。

荷兰东印度公司军队中的一位士兵克里斯托弗·弗兰克（Christopher Fryke），对荷兰总督奢华的生日庆祝活动进行了描述：

> 荷兰总督的生日即将到来……所有的市民和自由民都被武装起来，列队于将军在城堡的住所前，在城堡和城市的所有大炮发射以后，他们数炮齐发向总督阁下表示祝贺。然后每个国家代表都向荷兰总督献上礼物；首先是中国人、暹罗人、日本人、望加锡人、柬埔寨人、文诞人等等，即使是在任何时候都不允许踏

---

[1] Tavernier, *A collection of several relations & treatises singular and curious of John Baptista Tavernier*, 65.
[2] Valentijn, *François Valentijn's oud en nieuw Oost-Indien*, 3:548.
[3] Nieuhof, *An Embassy from the East India Company*, 27.
[4] Bolling, "Friderici Bollingii Oost-Indisch reisboek," 331.
[5] De Haan, *Oud Batavia*, 178.
[6] *Batavia Dagregisters, Anno 1631–1634*, 97.

图 2.2　荷兰总督彼得・博特，佚名画家（约 1750—1780）

感谢阿姆斯特丹国立博物馆惠准使用

入城堡一步的爪哇人，这时也被允许进入……礼品规模非常壮观……此外，所有的街道都灯火通明。[1]

然而，最大的排场是为那些在任上去世的荷兰总督的葬礼准备的。葬礼的花销极其巨大，有一次花费了 1.3 万银杜卡特（rijksdaalders）[2]，
68 其中包括 267 枚专门为此场合锻造的金牌和银牌。[3] 这项仪式的高潮部分是一场游行，游行队伍由数以百计的市民、雇工、乐师、当地政要和外国大使组成，长长的队伍伴随着炮声齐鸣，蜿蜒穿行在巴达维亚的街道。[4] 队伍的中心——在一定程度上任何君主都一样——是一列庄严的官员队伍，官员携带着死者徽章，包括他的头盔、佩剑、短祭袍（tunic）、手套和马刺。

为重大事件的庆祝活动而编纂的详细规则和礼仪、精心设计且通常开销巨大的仪式，以及故意剥夺某些特权，都显示出这是一种超越于个人突发奇想之外的计划。尽管很明确的是，许多在任总督喜欢这种国王服饰，但是这一时期对荷兰总督机构的全面调整，显然受到荷兰总督出于政治原因力图提高自身地位这个因素的驱动。[5] 这一事实已被当代观察家认可，包括塔韦尼耶，他注意到，“为了维护他们在东印度群岛的权威和商业，（公司）相信这是他们的优势，荷兰总督……应该保有王子港”[6]。

一位有能力保有“王子港”的荷兰总督自然成为外交焦点。外国

---

[1] Frick and Schweitzer, *A Relation of Two Several Voyages Made into the East-Indies*, 203.

[2] 在荷兰货币单位（荷兰盾）中，1.5 荷兰盾被叫作泰勒（daalder），2.5 荷兰盾被叫作里克斯达尔德尔（rijksdaalder，有学者简译为力克斯），或者银杜卡特（silver ducat），相当于“元”。1.3 万银杜卡特即 1.3 万元，亦即 3.25 万荷兰盾。——译者注

[3] Zandvliet, *The Dutch Encounter with Asia*, 41.

[4] 卡雷尔·赖尼瑟（Carel Reyniersz，1650—1653 年在任）、琼·马策伊克（Joan Maetsuyker，1653—1678 年在任）和科内利斯·斯皮尔曼（Cornelis Speelman）均得到过这种葬礼。有关斯皮尔曼非常奢华的葬礼，参见 Stapel, *Cornelis Janszoon Speelman*。这份报告也可见于 *Bijdragen tot de taal-, land-en volkenkunde* 94 (1936): 1–121。

[5] 在果阿，葡萄牙总督还培养了一个“准君主的形象”。他们是通过使用旗帜、私人保镖和穿过城市的定期游行来这么做的，其游行时带着“一个象征性的顶篷或者锦缎织成的大披肩”，并且伴随着小号手和鼓手。参见 Disney, *A History of the Portugal and the Portuguese Empire*,2:161–62。

[6] Tavernier, *A Collection of Several Relations & Treatises Singular and Curious of John Baptista Tavernier*, 65.

的使节，比如 1609 年来自暹罗的使团，曾长途旅行前往欧洲会见荷兰执政，后来被逐渐转向巴达维亚。出于在外交上的错综复杂和对正确协议的严格遵守，这座城市为接待外交使节而发展出来的仪式，可以与任何有精确要求的宫廷仪式相媲美，仪式的每个阶段、参与者及活动都在荷兰东印度公司的档案中有详细记载。[1] 当来访的大使们抵达时，他们被安置在经过特别装饰的船上然后靠岸，头项礼炮阵阵。安全抵达以后，他们受到一群高级官员的欢迎，并且被带到专门建造的“大使和国君或外国使节的住处”。[2]

在接见的那天，一辆由荷兰东印度公司护卫守护的“政府马车”将大使们带往巴达维亚城堡，那是公司外交交流的关键性仪式空间。[3] 盖伊·塔查尔（Guy Tachard）——一位在 17 世纪末到访过巴达维亚的耶稣会士——注意到：“城堡有四个堡垒，每个堡垒都两两面对而立，并安装了大量的铜炮。里边防护精良，不仅用于继续对抗印度人和欧洲人，以及在必要的情况下帮助其他地方，而且向来自东印度群岛所有地区的大使和国君们展示荷兰东印度公司的伟大和强权。”[4] 当外交使节到达据点时，他们把外交信件递交给一位穿着华丽的戟兵，后者将信件放在用绸缎盖住的银色或金色盘子里，托着置于一把黄色的“政府阳伞之下”。[5]

69

这些文件——其中许多都记录在《巴达维亚城日志》中，体现了荷兰总督凭借其自身权力担任外交角色的开始，同时也体现了荷兰总督是在拥挤的政治图景中的另一位国王般的人物。1648 年，在一封来自一个国家的统治者的信件中，这位曾一度将荷兰总督当作无足轻重的商人解雇统治者，此时称他为“在所有的土地、城堡、船只、游艇和季风吹拂下的荷兰人，以及在陆地和大海上都处在他强权统治下的”

[1]　有关对荷兰东印度公司外交礼节的重要分析，可参见 Blussé, “Queen Among Kings”。
[2]　Tachard, *A Relation of the Voyage to Siam*, 110.
[3]　*Batavia Dagregisters, 1679*, 620.
[4]　Tachard, *A Relation of the Voyage to Siam*, 121.
[5]　*Batavia Dagregisters, Anno 1679*, 621.

领主。[1]1664年，爪哇“占碑国王宝座”的占有者写信“给坐在巴达维亚城的权力宝座上，统治着风之上和风之下的荷兰民族……的荷兰总督”。[2]1691年，阿比西尼亚的统治者回信给“最尊贵的荷兰苏丹和最伟大的巴达维亚国王”，而来自北圻（Tonkin）[3]君主的信件只是简单地提到“巴达维亚国王”。[4]其他的统治者倾向于用诸如“父亲”或“祖父”等更亲密的词汇指称荷兰总督。[5]

除了新来的使团认可将巴达维亚作为一个越来越重要的外交枢纽以外，来自城市之外的通信也同样活跃。征服雅加达以后，数十位带着来自荷兰总督信件和礼物的大使出现在亚洲各国的首都。其中最令人印象深刻的地区是地方性的大国，比如莫卧儿帝国或者萨法维王国（Safavid Persia），其仪式包括精心准备的游行，荷兰东印度公司的使节由穿着盛装的大使引领着，小心翼翼地通过安排好的路线进入首都。[6]来自荷兰总督的信件越来越多地取代了来自荷兰执政的文件，成为荷兰东印度公司外交交流的标准工具。[7]因此，远离“荷兰国王”的模式并转向一个新的模式逐渐成为一个明显趋势，这个新的模式以越来越国王似的荷兰总督为导向，荷兰总督自信地站在一张不断扩张的外交网络的中心。[8]然而，将巴达维亚转变为重要外交阵地的过程并不总是
70 温和的，并且少数几位统治者，特别是那些曾经与奥兰治亲王交换了一系列信件的那些人，对“荷兰国王”从外交现场中的撤退表示抗议。

在暹罗，那里的大城君主曾把来自荷兰执政的信件视为上演奢华

[1] *Batavia Dagregisters, Anno 1647–1648*, 94.
[2] *Batavia Dagregisters, Anno 1664*, 10.
[3] 北圻（Tonkin），又译为东京，指的是以河内为中心的越南北部地区，越南人称之为“北圻”（与“南圻”相对应），意即“北部地区”。为了与日本东京（Tokyo）相区别，本书统一译为“北圻”。——译者注
[4] De Haan, *Oud Batavia*, 212.Valentijn,*Oud en Nieuw Oost-Indiën*, 3:31.
[5] Van Goor, “A Hybrid State,” 212.
[6] 有关1689年一队派往波斯的盛大使团的描述，参见 Valentijn, *Oud en Nieuw Oost-Indie*, 5.2: 250–69。
[7] 相关例子可见于1655年荷兰总督写给中国皇帝的信。参见 Van Dam, *Beschrijvinge van de Oostindische Compagnie*, 2.1:767–68。
[8] 随着时间的过去，巴达维亚拥有了它自己的以王国形式存在的卫星国，比如特尔纳特。它直接向荷兰总督致敬，并且派遣士兵到他的军队中服役。相关例子参见 Widjojo, *The Revolt of Prince Nuku*, 30。

场面以巩固王室权威的机会，荷兰东印度公司斩断与“荷兰国王”联系的尝试在那里遇到了持续的阻力，最终在1639年，在多次询问了来自奥兰治亲王的信件及其预期后，荷兰总督要求暹罗国王直接与他通信，并放弃任何与荷兰执政联系的尝试。[1]第二年，巴达维亚收到了来自莫里斯继任者——腓特烈·亨利（Frederik Hendrik）的信件，要求停止暹罗与荷兰王室之间的通信。[2]通过正当的理由，亲王指出暹罗和荷兰之间的距离太远，同时解释说，荷兰总督作为荷兰在亚洲的指定霸主，拥有自己的主权权力，应处理所有的外交事务。历经多次通信往来之后，暹罗国王最终同意了这种新的安排，答应将信件和大使派往巴达维亚。日本的情况则有很大不同，在那里，荷兰的外交转变引起了愤怒。

派往日本的新使节

1627年，距离上次派出的大使抵达日本十余年以后，荷兰东印度公司决定派遣一个新的代表团前往幕府将军的宫廷。派遣这样一个使团的动力已经累积了好几年，部分是为了应对由德川家康的继任者——德川秀忠设置的一系列限制。然而，尽管公司中的部分人有相当大的热情，但并不是每个人都相信新的大使能实现其既定的目标。尤其是科内利斯·范·内杰鲁德（Cornelis van Neijenroode）——1623年至1632年担任日本工厂的荷兰长官——抗议说，这样的使团将消耗大量的资源而不会为公司带来任何积极的结果。实际上，他对荷兰东印度公司和德川幕府之间对外交的期望存在巨大分歧这件事有着一种颇具洞察力的评估，他认为任何大使都只能见到幕府将军一次或两次，并且将被禁止直接与幕府将军对话。范·内杰鲁德解释说，在日 71
本，大使“无非是送信人而已”，负责移交官方文件和参加随行仪式，

[1] Ruangsilp, *Dutch East India Company Merchants,* 70.
[2] Missive aen den coningh uyt den name van sijn hoogheit den heere prince van Orangien, VOC 865: 392–93.

大使没有任何能力打破德川幕府的协议直接与幕府将军谈判并获得新的特权。[1]既然如此，任何企图利用大使开辟新的对话空间的做法都是注定要失败的。对这样一个企业而言，如果想要与幕府将军取得联系，荷兰东印度公司并不是要滥用有限的资金，而是要继续依靠非正式的代表团更好地运作。在荷兰执政的上一封信以后的数年时间里，这种非正式使团被陆陆续续地派往平户。

最后引发派遣大使的催化剂，并不是来自对荷兰东印度公司贸易的另一种限制形式，而是台湾岛事件。1624年，荷兰东印度公司已经在今天台南市附近的大员湾建立了殖民地，这是它在东亚的第一块殖民地。当荷兰东印度公司采取措施来驱赶日本商人时（这些日本商人在荷兰东印度公司到来之前数年就曾使用该岛的部分地区），立刻就遭到了抵抗。随后的还击是由末次平藏（Suetsugu Heizō）发动的，他是一位日本长崎的商人和官员，拒绝放弃他与大员之间利润丰厚的贸易权利。[2]末次平藏的代理人与荷兰人发生冲突的消息传到日本并引起了愤怒，巴达维亚决定做出调整，以防止对其与幕府政权的关系造成不良影响。

现任荷兰总督彼得·德·卡彭铁尔（Pieter de Carpentier，1623—1627年在任）迅速提出解决方案，即派遣大使。这一决定反映了一个在公司内部较为普遍的看法，即把派遣这种使团作为一个重要的政策工具。通过建立这样一种机制——在较长一段时间里，派遣高级别的荷兰官员，带着所有必要的文件和礼物，前往亚洲首府；大使代表一个能够解决普遍问题的多功能工具。因此，每当巴达维亚面临重大障碍，它都能派上用场。与此保持一致，前往日本的大使被要求达到两个重要目的。[3]第一个目的是重建幕府将军和荷兰东印度公司之间的正

[1] Cornelis van Neijenrood (Hirado) to Batavia, letter, 17 November 1625, VOC 1087: 237–41.

[2] 有关这一重要人物的更多细节，参见本书第六章。

[3] Memorie voor de E.Pieter Nuyts, raet van India, gaende voor commandeur over de vlote naer ayouan gedestineert, ende van daer voorts in ambassade aen den Keijser van Japan, 10 May 1627, VOC 854: 51–60.

式联系，这种联系在上一次官方使团于 1612 年带着莫里斯的信件来到日本以后就中断了。它希望，一位带着珍贵礼物出现在江户的、令人印象深刻的大使，足以获得幕府将军的善意并提高荷兰东印度公司在日本的地位。第二个目的与大员有关。大使要去日本为公司的行动做 72 出解释，以此消除来自末次平藏和其他日本商人的抱怨。如果本次谈判进展顺利，大使将请求幕府将军通过中止海上通行证停止日本人与大员的贸易。总之以这种方式，通过与幕府政权进行直接谈判，本次使团的目的是促进荷兰东印度公司在数个方面的利益，从而加强其在日本的地位。

对于这样一个重要的使命，挑选一位合适的大使至关重要。这项政策导致普伊克和范・登・布鲁克不太可能被任命为大使，公司对大使人选的选择变得越发挑剔，因此仅仅提名人选的时间就大为滞后。该人选必须足够资深以便给幕府将军留下深刻印象，同时也要具有推动谈判的主动性和能力。对德・卡彭铁尔来说，幸运的是，一艘刚刚抵达的欧洲船为他带来了一位显然相当理想的候选人。这就是偶然到来的彼得・奴易兹，一位有着远大志向的天才学者。奴易兹 1598 年出生于米德尔堡（Middleburg）的一个富裕商人家庭，15 岁就进入莱顿大学学习。[1]1620 年毕业获得哲学博士学位以后，他帮助父亲打理生意，不久之后结婚。然而，利润稳定的纺织品贸易似乎对他并没有什么吸引力，于是 1626 年，年仅 28 岁的奴易兹加入荷兰东印度公司。与许多公司雇员一样，他决心利用在亚洲的时间获取财富和地位。用奴易兹自己的话来说，他“并不是出来……吃干饭的”，而是要在其职位上尽可能快地通过一切手段来赚钱。[2]

奴易兹的时机特别好。他申请加入公司的时候，正值公司的管理者急于替换掉最早聚集在亚洲的比较难对付的冒险家们，启用新一代

---

[1] Blussé, “Bull in a China Shop,” 102; 同时参见 Blussé, “Pieter Nuyts”。

[2] 引自 Boxer, *The Dutch Seaborne Empire*, 52。

受过教育的、更适合在一个日益繁荣的组织中就业的人。虽然缺乏欧洲以外的贸易经验，但是在泽兰议院（Zeeland chamber）的支持下，奴易兹很快晋升为东印度群岛特别高级顾问。1626 年 5 月，在儿子劳伦斯（Laurens）的陪伴下，奴易兹登上“金海马号”（Gulden Zeepaert）
73 前往亚洲，后来劳伦斯在日本遭遇了悲惨的结局。经过十一个月的航行，其中包括一个计划外的绕道到澳大利亚西海岸的航行，奴易兹于 1627 年 4 月到达巴达维亚，在那里他被授予两个重要角色。他首先被任命为派往日本的大使，而这项任务成功完成之后，他将被任命为具有同样重要地位的大员殖民地总督。[1] 在第一项任务中，帮助他的是彼得·缪瑟尔（Pieter Muijser），这是一位经验丰富的商人，之前曾到过江户，这次被任命为副使。虽然在两人中缪瑟尔的经验更为丰富，但是他看起来已经退到幕后，把对使团的控制权让给更有进取心的奴易兹。

随着大使人选的确定，巴达维亚的官员决定让这个使团带上正式大使所需要的熟悉元素：信件、合适的随从和礼物。最重要的是为德川秀忠及其儿子德川家光准备的两份文件。1627 年，德川秀忠已正式退位，不再担任幕府将军，但是他保留了相当大的权力。毫无疑问，第一封写给“老皇帝”（old emperor）的信更为重要。乍看起来，这份文件毫无争议，用适度谦逊的词汇表达简单的问候，也夹杂着一些阿谀奉承的华丽辞藻：

> 荷兰民族在日本土地上因陛下的特别仁慈，享受了这么多年的伟大友谊和支持，对此我们深表认可和感激！我们不能因此忽视恭敬地感谢陛下……为了表达我们的感情，我们特意派出我们的特使——尊敬的奴易兹先生——和我们最亲密的顾问彼得·缪瑟尔，满怀对陛下的虔诚献上我们的信件，并且恭敬地希望您继

[1] Coolhaas, “Een lastig heerschap tegenover een lastig volk.” 27.

续对荷兰民族保持仁慈和喜爱……作为我们的感谢和友谊的见证……我们从荷兰给您带来两尊金属炮、火药、炮弹和其他配件，以及一些小礼物。我们的特使将把这些礼物呈送给陛下，我们希望您会很高兴地接受它们。此外，请相信我们的特使将进一步向陛下您解释所有的问题。（落款，您忠实的仆人，尊贵的总督彼得・德・卡彭铁尔写于）巴达维亚城堡，1627 年 5 月 10 日。[1]

这样一封温文随和的信件，在当时的江户却立即成为争论的焦点。74
想要弄明白为什么会这样，需要我们超越其温文随和的措辞而考虑作者未阐明的假设。尽管德・卡彭铁尔用了温和的表达方式，把荷兰总督置于一个恳求者的位置上，渴望留住幕府将军的青睐以便其下属可以在日本运作，但是与此同时，德・卡彭铁尔的信件充满对荷兰总督职务权力过于自信的判断。

第一次与德川家康接触时，荷兰东印度公司有意寻求来自荷兰执政的信件，以便为其外交提供适当的基础。其结果是，公司的代表与在日本词汇中通常被表达和理解为“荷兰国王”的人物捆绑在一起。相反，德・卡彭铁尔的信，由于写于荷兰东印度公司正在摆脱这种旧的互动模式的历史时期，丝毫不提其以前的傀儡。“荷兰国王”反而被神秘地抹去了，取而代之的是一位新的君主，后者在其总部巴达维亚给幕府将军写信表示友好。尽管这封信并没有宣示荷兰总督的影响力或权力，但是它仍然是基于一个基本的假设：德・卡彭铁尔应当被看作是一个独立的政治角色，完全有权派遣大使，并因此在日本的外交网络中与更多传统的君主一起承担其职务——没有提及任何外部权力。因为这是不言而喻的，这封信没有试图去解释，到底谁是“尊贵的总督”，或者为其角色提出辩解。恰恰相反，在这封信里，外交被当作

[1]　在荷兰东印度公司档案中保存的这份信件复本，并没有出现此处括号内所使用的告别词，但是其他的大量资料明确显示，它出现在递交给幕府官员的最初文件中。

荷兰总督职务的一个自然延伸，是一项理应被接受的王室特权。这当然是荷兰东印度公司的官方立场，在宪章第35条中有明确的表述，该条款赋予该公司（因此也包括其在亚洲的首席官员）与外国国君和统治者打交道，而不必依赖一位独立的人物的权力。但是，正如奴易兹很快发现的那样，这种权力是在欧洲被授予，并不意味着它在世界的另一边会被自动认可，那里的外交有一套自己的规则。

还应当提到信中的另一个额外假设。在信的结尾，德·卡彭铁尔请求幕府将军“请相信我们的特使将进一步向陛下您解释所有的问
75 题”。正如幕府官员后来所指出的那样，这句简单的表述有效地授予大使直接与幕府将军谈判的权力。因此奴易兹并非简单地作为一位送信人，而是通过开放与幕府将军的直接对话，作为巴达维亚的积极谈判者或者至少是他亲密的顾问前往江户的，目的是促进公司在一系列问题上获取利益。但是其结果恰恰相反，在使团抵达江户之后，另一个隐藏的陷阱已经在等待他们。

普伊克和范·登·布鲁克利用唾手可得的人员东拼西凑组成使团，而奴易兹的使团却十分完整。1627年，荷兰东印度公司敏锐地意识到它的大使需要看起来像模像样，为此准备投入大量资金为主权代表团提供所有的服饰。作为大使，奴易兹配备了私人随从，包括四个穿着制服的仆人、两个保镖和两位秘书。正如在他的指示中详细显示的那样，最后的队伍由34人组成，包括为他的副手缪瑟尔提供的类似护卫，两位来自日本工厂的商人，4位翻译和助手，6位日本仆人，以及3位黑人奴隶。[1]与他们前辈们各种奇怪的礼物相比，奴易兹使团配备了奢华的礼物。[2]其中最重要的礼物是一套直接从欧洲运来的四架重型炮，目的是满足德川幕府对欧洲炮兵一直以来的兴趣——相对于日本，在这一领域荷兰拥有毫无争议的领先优势。除此以外，公司还打算给幕

[1] Prouisionele Memorie van de die geprojecteert sijn met gesanten de heer Pieter Nuijts, VOC 54:76.
[2] Provisionele raminge van schenckagien voor haere keyserlijcke Mayesteit rijcxraden ende andere grooten in Japan VOC 854:72–75.

府将军送去大量的檀香和丝绸，还有经过精心挑选的富有异国情调的物品，包括波斯地毯、西班牙葡萄酒、中国服装，以及欧洲火器。为了进一步推动使团取得进展，巴达维亚官员还起草了一份重要的幕府官员的名单，以便使团给这些官员一一带去礼物。

所有这些准备意味着，在使团启程之前，巴达维亚尽其所能，事无巨细地为使团提供了每一种可能的工具。鉴于这次出访更引人瞩目，似乎有充分的理由相信，使团将顺利达成目标，开启德川幕府对大员政策的转变，并确保全面提升荷兰人在日本的地位。

大使的到来 76

从 1627 年 6 月离开巴达维亚，奴易兹在继续前往日本之前，先去了大员视察公司在那里的定居点。8 月 1 日早上，他的船只驶入平户港，船上装饰着一套特制的巨大横幅和旗帜。[1] 招摇的姿态首先暗示出奴易兹对自己角色的认定，同时也表明，对宣传展示的过分重视是奴易兹使团的显著标志。尽管后来他受到了其上司的责骂——谴责它是带有性格缺陷的产物，巧妙地与暴露奴易兹个人缺点的故事相契合，但这的确是他与其他欧洲国家派住亚洲的大使们共有的想法，他们中的许多人都采取了如出一辙的策略。[2]

在某种意义上，所有的使团都是外交剧场，但是这一群特殊的使节特别依赖于——用里士满·巴伯的话来说——“语言奇观”来提出他们的观点。[3] 在遥远的土地上运作并且配备十分有限的工具，欧洲国家派住亚洲的大使们在一场复杂的哑剧中，自然而然地成为核心演员，旨在证明他们的能力及其赞助者的权威。结果，为了确保他们的

---

[1] Letter from Cornelis van Neijenroode to Governor-General Jacques Specx in Batavia, letter, 31 October 1630, VOC 1103:114–17.

[2] 在使团失败以后，巴达维亚谴责其因“盛况”引起了“过分巨大的开销”，同时命令奴易兹个人偿付他在日本引起的所有费用。参见 Leupe, “Stukken betrekkelijk Pieter Nuyts”。

[3] Barbour, *Before Orientalism*, 166.

使节在每个场合都呈现出一种表演，在演员名单中，大使总是领衔主演，之所以采用这种方式来安排，是要证明这是值得认真对待的人和物。在印度，托马斯·罗伊可能是早期大使中最著名的一位——寻找每一个可以展示的机会来证明自己的地位，从而维护了他的王室主人的“荣誉和尊严”。[1] 这样，其使团的每个关键时刻都成为舞台展示的机会，都经过异常细致的安排，以表现他是“来自强大的国王的大使”。[2] 与托马斯·罗伊一样，奴易兹也喜欢演员这个角色，利用每个场合通过姿态或表演来展示其地位。对奴易兹来说，保持“我们使团的荣誉和声誉”是最应当被关注的事，需要万分小心地保护，使其免受蔑视，并通过表演来加强。[3] 当从这个视角来看时，他们的策略看起来与其说是奴易兹个人性格缺陷的产物，不如说是来自欧洲的大使在早期近代占领亚洲时所面临的岌岌可危的处境。

对像奴易兹或罗伊这样的特使来说，从船到岸的那一刻起，第一个舞台就出现了。要在这个舞台上表明自己的权威和需求，他们就得
77 格外小心。这一行动本身也就充满了意义。[4] 如果说木船是一个将要忍受几个月甚至几年才结束的监狱，那么它们至少提供了一个令人欣慰的空间——欧洲管辖权的浮动场所，在那里大使的权威不容置疑，内部统治可靠。如果在船上都安然无恙，那么到了陆地上，他们将更无所畏惧。为转移到一个稳定的位置，大使们不得不强迫其下属服从他们变幻莫测的亚洲主人，服从他们不能控制的规则，服从他们无法掌控的条件。正因如此，靠岸的时刻需要为随后的使团确立正确的基调。一次成功的登陆可以牢固树立大使的权威，表明他不是普通的旅行者，并且确保未来获得特殊待遇。如果开局不利，那么大使可能一路不顺，甚至还没正式开始就失败了。

为获得想要的东西，特使们准备在他们的船上待上几天，直到登

[1] Roe, *The Embassy of Sir Thomas Roe to India*, 552.
[2] 同上，第 44 页。
[3] Colenbrander, *Jan Pietersz.Coen*, 7.2:1155.
[4] 详细论证参见 Ogborn, *Indian Ink*, 57–64。

陆的条件成熟。在印度，一个宏伟的、精心设计的登陆仪式安排好以后，托马斯·罗伊才上岸，登陆时由“宫廷护卫用他们装备最好的船只引导我按他们的规定通过；他们的号角和音乐声也以最好的方式出现在我的船只面前”。[1] 尽管有这些准备，但是当当地官员按照既定程序，坚持对大使及其随从进行搜查时，他庄严的队伍还是举步维艰。虽然托马斯·罗伊抗议称，作为“强大而自由之国君的大使”，他绝不接受这样的侮辱，但是最后他仍被迫退回到船上，直到研究出新的计划为止。[2]

在日本，奴易兹遵循着相似的模式。与罗伊一样，这位大使决心表明他的职位值得被特殊对待。所有抵达平户的船只在其船员和乘客下船以前，都被要求停在港湾中等待当地官员的检查。大使把这视为一个不可接受的侮辱，坚持认为他应获准立即上岸，并通知有关官员进行检查——他的职位的性质意味着这些规定本不应适用于他。奴易兹坚持认为，这种“傲慢的权力”无法被容忍，因为这会破坏其使团特有的基础。[3] 当他的抗议行为未能奏效时，他决定不经过搜查便擅自登陆，从而把事情掌握在自己手中。如果平户的官员不能区分一位官方特使和一 78
位普通荷兰商人之间的区别，那么他就必须通过行动向他们证明。

把一些看似琐碎的问题当作世俗喜剧以如此认真的方式演出，足以说明展示的重要性。同样的考虑驱使奴易兹随后在平户做了准备。尽管巴达维亚最初的计划是建立一个由 34 人组成的随行队伍，然而在抵达日本之后，这位大使就决定将人数增加到 70 人。为了产生更大的效果，他找到了一群能够显示使团成就的号手来做适当的演出。[4] 在队伍的通行方面，奴易兹坚持要求平户的官员借给他当地的旗帜，以及一艘供大名个人使用的五十六桨的华丽大船，这些官员对他之前的行

[1] Roe, *The Embassy of Sir Thomas Roe to India*, 46.
[2] 同上，第 47 页。
[3] Colenbrander, *Jan Pietersz.Coen*, 7.2:1154.
[4] Cornelis van Neijenroode to Governor-General Jacques Specx in Batavia,letter, 31 October 1630, VOC 1103:114–117.

为已经大为恼火。[1] 当他们表示拒绝时，奴易兹抱怨称大使被轻蔑地对待，没有得到任何应有的尊重。[2]

8 月 15 日，这队使团离开了平户，五天后到达下关[3] 这座港口城市。逆风迫使奴易兹使团在港口中停留了一个星期，这让奴易兹可以利用被迫延迟的时间，将荷兰总督的信件翻译成日语。[4] 翻译文件这个决定，引发了一个明显的问题，即为什么这么重要的任务没有在平户完成呢？在那里既可以寻求日本工厂雇员的帮助，也可以寻求松浦家族（Matsura family）成员的帮助。荷兰长官范·内杰鲁德在后来写给他上级的报告中，愤怒地表达了翻译过程中所受到的傲慢对待。感叹于奴易兹仓促完成的工作，范·内杰鲁德将其与先前翻译荷兰执政的信的程序相比：后者在检查与复查之前，要先与日本官员磋商，再小心谨慎地翻译。[5] 更令人不解的是，奴易兹甚至认为将原始文件展示给范·内杰鲁德是不合适的，尽管后者有直接与德川幕府打交道的经验。奴易兹似乎已经决定要严格控制对这些信件的知情权，在胜利时刻到来之前都会秘密藏起这些信件。结果，这些信件基本上是字面翻译，几乎没有为即将到来的接见进行什么润色。

风向转向，使团又能继续前进。9 月 1 日使团抵达大阪。离开船只之后，使团从幕府当局那里申请许可，希望继续通过陆路前往
79 江户。两个多星期后，消息传到使团：他们可以继续前进，也可以利用幕府政权的交通和住宿网络。[6] 除了以一个官方使团的身份受到欢迎和支持以外，该消息还使大使随从规模急剧扩大，增加了很多日本武士、马夫、轿夫，队伍迅速扩大到 240 人。[7] 从大阪开始，奴易

[1] Tokyo daigaku shiryō hensanjo, *Dai Nihon shiryō*, series 12, 8:646.
[2] Colenbrander, *Jan Pietersz.Coen*, 7.2:1154.
[3] 在中国习惯称为马关，位于日本本州岛最西端，现属日本山口县。——译者注
[4] 到 1627 年，公司已经拥有了一小组的日语翻译，虽然他们的能力似乎已经能够满足日常的商务业务，但是很显然他们不擅长准备供幕府所用的官方文件。所有文件在从荷兰语翻译成日语之前，都必须先翻译为葡萄牙语，因为葡萄牙语是东亚海域的通用语言，这就使得翻译的工作更为困难。
[5] Cornelis van Neijenroode to Governor-General Jacques Specx in Batavia, letter, 31 October 1630, VOC 1103:114–17.
[6] Colenbrander, *Jan Pietersz.Coen*, 7.2:1170.
[7] 19 September 1627, Nuijts/Muijser *Dagregister*, 453.

兹及其随从继续沿着东海道前行，这是一条东部沿海的大通道，将日本的经济和政治中心连在一起。新赋予他们的地位允许他们沿着繁华的、绿树环绕的大路快速前进，10 月 1 日，他们进入江户的西部边界。

在使团进入广阔的城市途中，即使是奴易兹也曾对使团被给予的荣耀表示满意。[1] 在平户地方官员的陪同下，队伍缓慢穿过为迎接他们而特别清洗过并铺上沙子的街道。与这一时期抵达平户的其他使团一样，他们吸引了众多人围观。为使通道更为畅通，德川幕府当局已经封锁了连接的街道，这样大使们可以在没有旁观者围观的情况下顺利通过。成千上万的观众聚集在这些交叉路口，他们渴望看一眼异国的游客——根据大使的日记，他们“人数众多且井然有序地看我们经过”[2]。但是，当使团队伍到达市中心附近指定的住所时，奴易兹要求获得更大尊重的潜意识倾向再次浮现。与其他外国特使一样，他们被安置在一个被暂时征用的佛教寺庙里。[3] 在缺乏其他合适建筑的情况下，寺庙被认为是招待大型外交使团的自然场所，这比另一种替代性选择——要求德川幕府腾出一位大名的住宅——要合适得多。不出所料，奴易兹并不这么认为，他坚持认为这样的住所不适合“住这样的人”，但当他得知这是幕府将军专门下达的命令时，他同意做出让步。[4]

安顿下来之后，奴易兹就获得了第一次会见松浦隆信（1591—1637）的机会。松浦是平户的大名，也是荷兰人和德川幕府之间的指定经纪人。作为一个在很大程度上依赖于对外贸易收入的地方领主，松浦隆信是荷兰东印度公司最坚定的日本盟友，即使他也是最利己主义 80

[1] 1 October 1627, Nuijts/Muijser *Dagregister*, 455v.

[2] 同上，455v–455。

[3] Colenbrander, *Jan Pietersz.Coen*, 7.2:1171. 虽然这里谈到的寺庙并没有名字，但是可能是本誓寺（Honseiji），一座位于东京都中央区馬喰町（日本地名。——译者注）的寺庙，曾用来招待朝鲜大使。

[4] 1 October 1627, Nuijts/Muijser *Dagregister*, 455.

的。[1] 但是如果荷兰人遇到了问题，他也是最容易受牵连的；并且，当荷兰使团的前景黯淡时，这位大名决定加入谴责队伍，主动远离奴易兹。然而，这些早期的会见，在当时似乎可以保证一个有利的结果，这位大使记下来他对这位“（荷兰）民族的朋友”的信任，并且承诺在松浦隆信可能提议的任何领域展开全面合作。[2]

10 月 3 日，一小群幕府高级官员要求查看大使的官方信件，这样他们才可以在江户城堡的正式命令下达之前予以批准。当天晚些时候，一个消息传来，告知奴易兹这些文件似乎被广为接受，但是他们确实需要做出一些修改。这些需要修改的问题似乎相对较小，并且至少根据松浦隆信的说法，由于翻译而出现的一些问题，可以通过改变几个词汇轻易得到纠正。更好的消息是，一位有影响力的幕府官员，伊丹康胜（Itami Yasukatsu），自愿与大使一起工作以便将这封信调整为“日本风格”，这样他们就可以及时交给幕府将军。[3] 那天晚上下了大雨，淋湿了整座城市，雨倾泻在寺庙的屋顶上。第二天早晨，大雨还是下个不停，奴易兹只好派遣他的副手彼得·缪瑟尔前往平户领主那被高墙围着的住宅中会见伊丹康胜。

本来缪瑟尔期待一次友好的对话，但是相反，他受到了一次长时间的审讯，因为德川幕府对使团的确切性质有所担心。问题由伊丹康胜提出，但是还有两位僧侣出席，后者在日记中被描述为“日本巴本”（Japanese papen），他们静静地坐在那里，记录着缪瑟尔的所有回答，然后提交给江户城堡。[4] 对这位副大使来说，这些沉默的记录员的出席显然令人不安，在他的日记中，不论什么时候提及他们，都可以感受到一种很明显的焦虑弥漫其中：这些都是不可信的“狡猾而奸诈的

[1] 有关平户地区依赖外国商人的详细情况，参见 Clulow, “From Global Entrepôt to Early Modern Domain”。

[2] 3 October 1627, Nuijts/Muijser *Dagregister*.456v.

[3] 同上。伊丹康胜，播磨藩（Harima）的领主，在德川幕府中担任勘定奉行（kanjō bugyō）或财务总督之职。

[4] 4 October, Nuijts/Muijser *Dagregister*, 456. 其中一位和尚几乎可以肯定就是金地院崇传，即《异国日记》的编纂者。

人”，他们这些危险的人将影响到使团的成功。[1] 作为一个痴迷于做记录的公司职员——在某种程度上，该记录创造了早期近代世界的伟大档案之一——缪瑟尔一定早已习惯记录员的存在，因此这就出现了明显的问题：为什么他会感到如此明显的不安呢？

对进入新世界的欧洲人来说，写作是包括火药和兵器在内的强有力的技术的一部分。在荷兰，如果一位作家因具有书写和保存记录的 81
能力而被授予“文字优势”（literal advantage）[2] 的称号，那么荷兰帝国的宣传员们会感到很高兴。如果“说”是人与兽的分野，那么“写”则是划分不同社会的标准，它成为某些社会的优势。正如塞缪尔·珀切斯（Samuel Purchas）所说：“上帝于此赐予了额外的恩典，人已经超越野兽，现在一个人可以超越另一个人；人与人相比，有些被认为是文明的，他们通过使用文字和书写，表现得更友善和虔诚，而其他欠缺（文字和书写）的人则被认为是残暴的、未开化的、野蛮的。”[3] 他解释说，由于他们的记录手段仅限于言语，新世界的人直到现在仍然处于困境。而欧洲人因为具备书写的能力，获得了一种与伟大的“主教、先知、使徒、天父、哲学家、（或者）历史学家”联系在一起的不朽，这使他们能够超越无情的短暂生命，同时也使他们与他们在美洲发现的野蛮人区别开来。[4]

然而实际上，进入亚洲的欧洲人遇到了高度文明的社会，在这些社会里，书写被用于许多不同的目的。比如在德川幕府，荷兰人发现这是一个由稳步扩大的官僚机构服务的政权，其规则以书面材料的不断积累为基础。面对这种文化，任何有关“文字优势”的观念在这里都烟消云散了，并带走了欧洲人在新世界表现出的特有的自信。两位僧侣“在我们还没说完之前就把一切都写下来了”，而纸上发出的轻

---

[1] 4 October, Nuijts/Muijser *Dagregister*, 456.
[2] 原文为“literall advantage”，当误。——译者注
[3] Purchas, *Hakluytus posthumus*, 1:486.
[4] Purchas, *Hakluytus posthumus*, 1:486. Greenblatt, *Marvelous Possessions*, 10.

微的声音，提醒着缪瑟尔双方都保有记录。[1] 尽管欧洲在新世界扩张的推动者可能会因亚洲没有野蛮历史而感到高兴，但是他们在亚洲的同行都有自己的历史记录——欧洲人对此没有控制权。在这一刻，缪瑟尔恍然大悟：使团的命运不是由荷兰文字，而是由日本文字决定的。实际上，这就是荷兰东印度公司的代表团在德川幕府外交档案中若隐若现的存在。尽管他们试图虚张声势摆脱麻烦，但是这位副使发现，他们无法逃避那些荷兰东印度公司早期在日本的使团遗留下来的记录性证据。伊丹康胜的两位记录员记录下了缪瑟尔临时给出的弯弯绕绕的解释，他们只要回头看自己的记录就能揪出自己一连串该死的矛盾。

随着勇气的丧失，缪瑟尔的镇静很快被打破。交谈以一个简单的
82 问题开始：“奴易兹到底来自哪里？”这位副使回答：“来自爪哇，经过大员，现在来到了江户。”[2] 第二个问题接踵而至：“奴易兹到底是由荷兰国王还是巴达维亚派遣到日本国王（幕府将军）这里的？”缪瑟尔试图以某种方式，将这两种不同的答案引向一条中间道路，他回答：“奴易兹从荷兰来到东印度群岛以帮助政府。他作为大使和另一位有资格的人，被巴达维亚的荷兰总督派遣来到日本国王（幕府将军）这里，目的是感谢陛下赐予我们的友谊，并且请求在未来继续保持这种友谊。”他的回答——迅速被传达到江户城堡——暴露了大使来自巴达维亚，与“荷兰国王”没有任何关系的事实。由早期使节艰难建立起来的外交基架因此被拆解了，同时公司与幕府将军之间的互动框架也受到了质疑。

伊丹康胜转向文件中指定要质询的问题，进一步追问细节。他想知道，“这些信是在荷兰还是在巴达维亚书写和签署的？”缪瑟尔的压力增加，他决定坚持宣称，荷兰总督的地位正如一位君主一样，荷兰总督可以行使自己的权力。他说，文件不是来自荷兰，而是“由东

---

[1] 4 October 1627, Nuijts/Muijser *Dagregister*, 458v.
[2] 有关这些问题及其完整回复，可参见 4 October 1627, Nuijts/Muijser *Dagregister*, 456–458v。

印度群岛的巴达维亚国王（the king of the Indies in Batavia/Connick in Indien op Batavia）撰写和签名的”。如果信件和大使都来自巴达维亚，那么他们带来的礼物又怎样呢？缪瑟尔再次寻找折中的解释，说“大炮和其他大部分礼物都是从荷兰带来的”——至少有一些物品确实来自巴达维亚。

回到政治赞助者的问题，伊丹康胜问道：“巴达维亚国王”这位日本人不熟悉的人物、“荷兰国王”和大使本人之间是什么关系？他们是否都是纯正的王室血统？缪瑟尔在这时选择给出明确的谎言而不是模糊的头衔和地位，他回答：“巴达维亚国王和荷兰国王有血缘关系。因此，他们相互之间经常通信。大使是一位重要的人物，是东印度群岛的顾问，在血缘谱系上并不比国王低。”在使团的起源问题上得到明确答复后，伊丹康胜开始追问缪瑟尔使团的真正目的。最初，这位副使不愿意承认除了表达对幕府将军的感激以外还有其他任何野心，但是最终，他还是承认了奴易兹来这里的真正目的，是要讨论有关公司在大员的殖民地问题。

随着长时间的讯问结束，缪瑟尔得到了第一个从无休止的问题中 83
恢复的机会。这种经历类似于审判，令人不安，一个接着一个的问题，全部“都以这样不恰当的方式，伴随着这样的强势追问，仿佛我们是普通的罪犯似的”。[1] 不管怎么看，很明显，大使的根基和使团的命运发生了变化，就在几天前看起来还很笃定，现在却悬而未决。在缪瑟尔的面谈之后几天，松浦隆信遵照德川幕府的命令，为彻底查明这些意想不到的发展，在多个场合讯问两位大使。因为核心事实——他们并不是受“荷兰国王”的派遣——现在已经昭然若揭，因此注意力转向了荷兰总督这位人物。幕府官员希望知道他到底是谁，以及其职务是否实际上“有资格向幕府将军派遣大使”。[2] 回答这些问题，从而证

[1] 4 October 1627, Nuijts/Muijser *Dagregister*, 458v.
[2] 12 October 1627, Nuijts/Muijser *Dagregister*, 470.

明使团理应得到官方认可的任务，落在了奴易兹身上。[1]

江户迷局

虽然荷兰东印度公司面对的问题因其特殊性质会发生变化，但核心问题仍然与许多欧洲大使在早期近代亚洲面临的诸多问题是相同的。像托马斯·罗伊、彼得·奴易兹，或者其他任何一位处于相同处境的人，由于无法占据话语主动权，都不得不去寻找一种能够适应现有外交规范的方法。但是，当他们尝试这么做时，却常常发现他们的使团连当地最基本的期望都未能达到。自从德川幕府与荷兰东印度公司建立首次联系以来，其外交活动变得越来越僵化，所以奴易兹的处境变得更加艰难。虽然，普伊克和范·登·布鲁克抵达日本时，恰逢幕府特别乐于发展外交关系之时，但是奴易兹在时机上则远没有那么幸运。在第一位幕府将军去世以后，德川幕府政权变得越来越不灵活，对任何偏离其正当外交政策既定规范的允许空间越来越小。只有能够使用正确的外交语言、得到承认的君主才被允许与幕府将军联系，而且谈
84 判中的任何错误都可能使得信件或使团被直接拒绝。

举例来说，1627 年，也就是奴易兹到达江户的那一年，幕府官员驳回了一封来自交趾支那的信件——交趾支那是东南亚的新兴国家，曾与德川家康多次通信——原因是“给将军的信件……太过失礼”。[2] 正规的使团，即使他们来自一个与日本长期交往的强大政体，如果存在任何有关统治者扩展的合法性问题，也可能遭受同样的待遇。这就是 1634 年、1635 年到 1636 年、1653 年和 1655 年到 1656 年暹罗国王派遣的一系列使团的命运：在质疑暹罗国王从其前任王室夺取政

[1] 在阅读随后几周的日记条目时，有时很难精确定位到底谁在说，或者哪些陈述由谁引起。在我看来，因为奴易兹毫无疑问是使团内部的主导声音，因此关键的陈述来自他，并且他掌控着使团成员向幕府官员解释自身的方式。

[2] Hayashi, *Tsūkō ichiran*, 4:495.1621 年，德川幕府曾拒绝了一封来自中国的信，部分是因为它称呼幕府将军的方式不恰当。参见 Toby,“Reopening the Question of *Sakoku*”。

权的方式之后，全部的暹罗使团都遭到了拒绝。[1] 德川幕府对这些使团回应的要旨，是由一位官员透露的："鉴于暹罗是一个不公正的国家，在那里一个叛徒杀死了国王并霸占了权力，幕府将军不会接受其信件。"[2]

不断的提问把奴易兹拉进了迷宫中，在这个混乱的迷宫里，每一个回合都需要大使对其主张做出辩护。对于一位迷恋自己声望的大使来说，这简直是受够了，奴易兹为他的权威不断受到攻击表示痛惜。[3] 看似无尽的审讯集中在三个关键性的主张上，这些主张要么是有争议的，要么立即被德川当局驳回。首先，大使坚持认为，荷兰总督是拥有权力的独立自主的统治者。作为"我们在东印度群岛土地上的绝对领主"，他拥有与更传统的国家元首相同的权力，因此也应当受到和国家元首相同的待遇。[4] 奴易兹为了辩护这个观点，毫不犹豫地采用了王权的修辞，把荷兰总督描述为"我们的国王"以及荷兰在东印度群岛的国王，这种做法缪瑟尔已经使用过了。[5] 为防止对其观点存有任何疑问，奴易兹指出，荷兰人眼中的荷兰总督正如德川臣民眼中的幕府将军一样，这样一来就直接与日本的制度联系起来。[6] 奴易兹意识到他不得不证明从荷兰执政转换到巴达维亚的合法性，他解释称东印度群岛国王和荷兰国王从政治上说，几乎是相同的人物，拥有相同的"权势和力量"。[7] 既然是这样的情况，如果再考虑到他们持续通信的事实，那他到底是荷兰统治者还是巴达维亚统治者其实都不是真正的问题，后者已经向日本派遣了使团。因此，奴易兹声称，他的使团和早期代表团所做的声明之间并没有矛盾。

尽管奴易兹一而再、再而三地宣示荷兰总督的地位，但问题还 85

[1] Iwao, "Reopening of the Diplomatic and Commercial Relations."
[2] 同上，第 15 页。
[3] 10 October 1627, Nuijts/Muijser *Dagregister*, 467v.
[4] 7 October 1627, Nuijts/Muijser *Dagregister*, 462v.
[5] 6 October 1627, Nuijts/Muijser *Dagregister*, 459.
[6] 6 October 1627, Nuijts/Muijser *Dagregister*, 460v.
[7] 6 October 1627, Nuijts/Muijser *Dagregister*, 460v.

图 2.3　驻比贾布尔苏丹的大使约翰・范・特威斯特（约 1645—1660）
扬・巴普蒂斯特・韦尼克斯绘　感谢阿姆斯特丹国立博物馆惠准使用

是一个叠着一个，如滔滔洪水般丝毫未见减少。与其他的欧洲大使一样，他努力提供证据以支撑他有关其主人权势的宏大陈述，从而使自己的主张受到重视。奴易兹每天遭遇的挫折与 17 世纪荷兰东印度公司外交的状况形成鲜明的对比，其中有一幅绘画是由扬・巴普蒂斯特・韦尼克斯（Jan Baptist Weenix）绘制，展示了一位荷兰大使——约翰・范・特威斯特（Johan van Twist）正在前往会见比贾布尔（Bijapur）苏丹的路上。[1] 在这幅画中，这位荷兰特使由当地官员陪同着骑在马上，一队强大的荷兰东印度公司的船队在背后若隐若现。虽然他来印度是为了寻求帮助，但是这位大使以各种各样的方式成为主导人物出现，能够利用密集阵列的船队和浓烟滚滚的大炮，来支持他的观点并控制谈判——事实上，这种形象与大多数使团的现实遭遇几乎没有任何关系。奴易兹被困在江户，无法传唤证人或者依靠船队来证实巴达维亚的权力。在这种情况下他唯一能做的，就是在其主张遭到驳斥后继续提出新的说法，并且希望这些新的说法能说服他的听众相信有关荷兰总督的地

[1] Jan Baptist Weenix, Johan van Twist as ambassador to the sultan of Visiapoer, Rijksmuseum, SK-A-3879.

位问题。

由于没有能力证实自己的说法，奴易兹只好转而借助含糊的威胁，不断抱怨没有得到尊重，并且警告说："如果这些传到我们总督的耳朵里，他会很生气。"[1] 同样的命运降临在印度的托马斯·罗伊身上。在他的任命中，罗伊曾被指示要敬畏他的莫卧儿帝国对话者，他描述英国国王的"海上权力和力量，不仅仅在基督教世界最伟大的国君中间带给我们声誉和权威，而且甚至使我们给所有其他国家以威慑"。[2] 但是到了莫卧儿帝国宫廷之后，他发现自己无法证实他有关英国权威的说法，而且与荷兰大使一样，不得不借助于虚张声势。[3] 其结果是出现了一个不稳定的状况，根据一位日本观察家对荷兰东印度公司特使的严厉批判，在这种情况下，像罗伊和奴易兹这样的代表人物，太容易从一开始就以"更像是骗子而不是大使"的形象出现。[4]

无力支持自己的主张已经让奴易兹麻烦够多了，当德川幕府开始搜集自己一方的证据时，情况进一步恶化。幕府的第一份证据是荷兰总督给幕府将军的信件。如果外交信件是欧洲进军亚洲的关键工具，那么它们——正如迈尔斯·奥格博恩在他对英国信件的分析中所呈现的那样——也存在固有的问题。正如大使"送上差劲的礼物，而且通 86
常拙劣地送出，他们带来的信件也同样低劣"。[5] 这些文件通常措辞不当或翻译粗俗，交给当地官员后，很快就会从不合标准的外交函件范例转变为事实上的危险物件。这就是奴易兹所携带的来自荷兰总督的信件的情况。本打算将这封信作为巩固其权威的重要道具，没想到这封信反而成为吊在这位大使脖子上的磨石，把奴易兹使团拖得越来越远。

除了明显没有提到荷兰执政以外，问题集中在最平淡无奇的措

---

[1] 24 October 1627, Nuijts/Muijser *Dagregister*, 479v.
[2] Roe, *The Embassy of Sir Thomas Roe to India*, 553.
[3] Barbour, *Before Orientalism*, 155.
[4] 14 October 1627, Nuijts/Muijser *Dagregister*, 472v.
[5] Ogborn, *Indian Ink*, 62.

辞上，即出现在信结尾的告别词“您忠实的仆人”，这种措辞同样出现在这一时期的许多荷兰文件中。在日语翻译中，这句话被翻译为“miuchi no mono”，这是一个通常用来描述低级别的下属或家臣的术语。正因为如此，它立即被幕府官员拿来当作证据，认为荷兰总督并不是像大使所描述的那样，是一位强大的君主。如果他真的是一个国王般的人物，那么为什么巴达维亚领主坚持使用这种“谦逊的和顺从的”的修辞呢？这种做法不仅违反了日本的外交惯例，而且与“一位主权君主的做法”毫无相似之处。奴易兹做出回应称，这种告别词不
87 过是一种“普通的荷兰习惯”，一种没有任何实际意义的小礼节，应当被忽略。[1] 然而，这种解释没能让幕府官员信服，当他们在几周后集中讨论使团的命运时，他们又回到了这个特殊的短语。

审判的场景是这样的：使团成员像普通罪犯一样站在被告席上，而当德川幕府开始传唤来自本国的目击证人时，这种场景带有一种更为不祥的预兆。如果荷兰共和国是一个遥远的存在，能很轻易地被荷兰东印度公司的代表们操纵，而这些代表为了自身的利益对其政治筹划各有一套自己的表达方式，那么，位于日本贸易网络边缘的巴达维亚，则完全是另外一回事。虽然在日本的荷兰人尽了最大努力，但是他们在日本并未能垄断有关巴达维亚及其管理者的消息。反而是幕府官员可以召集到一些人，包括在公司总部周边地区贸易的九州商人、被荷兰人雇用以弥补其劳动力短缺的日本水手和雇佣军，以及在日本对巴达维亚有直接了解的中国团体成员。10 月 7 日，奴易兹得到消息，江户城堡正在寻找去过东南亚并且掌握巴达维亚及其首席官员等第一手信息的人。尽管我们并不知道所有的细节，但是搜寻的结果似乎是找到了一位水手，他曾在一艘荷兰东印度公司的船只上任职，因此能够确认荷兰总督与其说是君主，不如说是官员。[2]

---

[1]　7 October 1627, Nuijts/Muijser *Dagregister*, 461 and 462v.
[2]　Colenbrander, *Jan Pietersz.Coen*, 7.2:1226–1227.

这个证据出现在本章前半部分所描述的豪华仪式发展之前的一段时间内，奴易兹在面对该证据时回应道，这样一位不知情的证人显然对巴达维亚缺少真正的了解。如果他真的出现在荷兰总督面前，那么关于其职能地位或权威将不会有任何疑问。尽管如此抗议，但是信件和这种叙述的结合使得幕府官员无情地得出一个结论，即荷兰总督不可能是“一位绝对的和强势的君主，一定是荷兰亲王或荷兰国王的附庸或仆人”。[1] 如果奴易兹将德·卡彭铁尔与幕府将军相提并论，那么他们在奴易兹心中的形象就远不是那么高大了。大使们被告知，荷兰总督更像是日本长崎州的州长，是一位权力有限的下属官员，当然不享有君主的地位。

荷兰大使提出的第二套说辞与荷兰总督在已建立的外交秩序中的分量有关。在努力说服幕府官员相信其使团的根本合法性时，奴易 88
兹坚持认为，由于巴达维亚在国际秩序中占据的明确地位，没有任何理由质疑荷兰总督有权直接向幕府将军派遣使团或者通信。幕府官员似乎把巴达维亚想象成不守规矩的新贵，然而事实远非如此，巴达维亚早已被整合进了全球性的外交网络中：“我们的领主总督（荷兰总督）……向中国、暹罗、亚齐和帕塔尼的国王，爪哇和波斯皇帝，莫卧儿帝国皇帝（世界上最强大的领主之一），以及很多其他统治者派遣大使。在这些情况下，他的权威或绝对力量从来没有受到任何方式的质疑。在所有情况下，大使都被当作来自一个至高无上的君主而被接受。”[2] 如果包括亚洲政治中的超级大国在内的多个国家都没有反对过巴达维亚使团的到来，那么幕府将军有什么权利加以抗议？在后来的一个场合中，大使采取同样的立场，只是这一次有了另外一群合作伙伴。奴易兹表示：“荷兰总督的大使是被（日本）周围所有的国王和国君所接受的，也就是中国、暹罗、亚齐、帕塔尼、马鲁古群岛（Molucccas）、[3] 安汶

---

[1] 7 October 1627, Nuijts/Muijser *Dagregister*, 460.

[2] 同上，462v。

[3] 旧译为摩鹿加群岛，现为印度尼西亚东北部岛屿，属马鲁古省，包括哈马黑拉、塞兰、布鲁等岛。因在历史上以盛产丁香、豆蔻、胡椒闻名于世，被早期印度、中国和阿拉伯商人称为香料群岛。——译者注

岛、班达，以及其他很多国家”，并且总是受到适当的尊重。[1]

奴易兹通过暗示“并不是荷兰东印度公司违反公认的协议，而是德川幕府未能把握更广泛的外交景象的性质”这种观点试图扭转局势。这是由其他欧洲特使共同提出的一个有力论点，在言及建立外交秩序来佐证他们的断言以期获得承认时，他们使用了类似的表达。在印度，罗伊解释说，他对恰当的外交活动的理解不是简单地来自“英国的风俗，而是（来自）全世界的认可”。[2] 然而，再一次，鉴于获取证据的难度太大，大使很快转向用虚构来加强他们的立场。尽管奴易兹最早列出的大量外交伙伴名单令人印象深刻，但是它经不起推敲，包括像安汶岛或者班达群岛这样的小岛在内——在这些地区，荷兰东印度公司的成功取决于欺凌当地的领导人从而使其屈从，而且当时中国仍在荷兰东印度公司外交的范畴之外。确实，来自巴达维亚的使团从没有进入过中国内部——在几十年以后，明政权灭亡后很长时间，一队来自荷兰总督的官方使团才终于来到北京。[3]

89 第三套也是最后一套说辞，集中在大使的角色上。与这一时期其他的欧洲特使一样，奴易兹带着一套有关外交正当性的明确期望来到日本。其中最主要的是，大使的权力不仅代表其主人——在这种情况下指的是荷兰总督，同时也代表他自己直接与外国统治者进行谈判。这种观点反映出，荷兰东印度公司政策的实际标准到底是什么。公司派遣使团有非常特定的目的，为了赢得让步，为了赢得谈判条约，或者为了通过与君主及其朝廷面对面的谈判，解决特别关注的问题。最成功的大使带着条约回国，准确地布置了其雇主在外国领土上的权利和特权。这种本质上是实用主义的外交手段不仅反映出荷兰东印度公司的性质，而且反映出公司最关心的是资产负债情况。可见对德·卡彭铁尔和其他荷兰总督来说，派遣使团出使首先是一个旨在实现回报

[1]　6 November 1627, Nuijts/Muijser *Dagregister*, 487v.

[2]　Roe, *The embassy of Sir Thomas Roe to India*, 140.

[3]　有关第一个使团的详细情况，参见 Wills, *Pepper, Guns, and Parleys*。

远超过开支的投资项目。因此，每一个外交使团都像是一笔巨额借款，都希望能相应地从其他地方获得更大的回报。就奴易兹使团的情况而言，其接受派遣是因为希望能够控制台湾地区和日本之间的贸易，这是一份比使团的预期成本价值高出无数倍的经济收益。

德川幕府对大使角色的看法迥然不同。再一次，是信件，或者更具体地说是授权奴易兹作为谈判代表的条款，暴露了两者之间的分歧。荷兰人被告知，这样的修辞适合于“请求者”，而不是大使，因此这套修辞在幕府将军的宫廷中不会有任何分量。[1] 在第一位幕府将军的统治之下，德川幕府的外交活动在很长一段时间都采取临时性政策，此后到了 1627 年已经步入一种固定的、在很大程度上也是仪式化的模式。外国使团的到来——当时外交日程表中的关键事件——变成了认可现存秩序的事件，而不是通过谈判把政策往新的方向推进的机会。这样，正如罗恩·托比在对德川幕府外交的研究中，令人信服地指出的那样，代表团是精心安排的露天表演中的核心展品，旨在展现一个以幕府将军为中心的理想化的国际政治愿景。用他的话来说，他们提供了“创造东亚世界秩序的幻觉的机会，这种幻觉是由日本人设计并且以日本人为中心的”[2]。 90

这个目标导致作为谈判代表的外国大使鲜有余地提出自身看法，也没有任何与幕府将军朝廷直接对话的空间。来到江户的使节不指望能随身带着一系列的要求，或者甚至与幕府将军直接讨论一系列问题，而是要表演预先安排好的戏剧角色，并且在离开时不能触动德川幕府的秩序基础。[3] 这种理想的外交观是由一位日本官员设计出来的，他解释说“特使或大使……是从他们的领主或国君那里派来幕府将军这里向其表示敬意的人，祝他一切顺利，此外别无其他。相比之下，带着

---

[1] 6 October 1627, Nuijts/Muijser *Dagregister*, 459.

[2] Toby, *State and Diplomacy*, 234.

[3] W.J. 布特（W.J.Boot）指出：“外交交流被视为现有关系的仪式确认。使团并不是打算派去讨论事务的，他们是为了以适当的方式确认现有关系而被派遣的。”参见 Boot, “Maxims of Foreign Policy,” 11。

礼物前来、试图寻找某些东西的人截然不同。他们赠送礼物的目的是为了获得某些东西，而不是出于对皇帝（幕府将军）的真正敬意”。[1]虽然有一些谈判的余地，但这应该是使团与一群指定的中介人在边缘区域而非在江户城堡的大厅的谈判。[2]

对奴易兹来说，请求者和大使之间并不存在实质性区别，因为这两个角色从根本上是重叠的、无法分离开来的。一如之前，他求助于国际惯例来支持他的观点，他解释说："大使的规则和性质是共通的，不仅对荷兰来说是这样，对法国、英国、西班牙、意大利、德国，甚至对奥斯曼土耳其帝国，及其他国家的君主和统治者来说也是如此。"[3]与其他的特使一样，奴易兹被派去给幕府将军及其顾问送去礼物和信件，但是也同时讨论彼此关心的问题。如果幕府将军不想答应他的请求，那么可以简单地拒绝并把大使送回家。事实上，这种推断几乎完全不得要领。德川幕府拒绝承认大使作为请愿人这个前提，而不是关心如何最好地回应公司的要求。如果荷兰人想讨论具体问题，那么他们可以找平户藩的官员。平户藩的官员是荷兰东印度公司与江户之间交流的指定调解者，但是使团与幕府将军之间不会发生直接的对话。为了强调这一信息，松浦隆信要求奴易兹签署一份文件，以保证如果最终获准接见，他不会向幕府将军提出任何要求。大名坚持认为，奴易兹会满足于向幕府将军呈递信件，并且感谢幕府将军“向我们国家
91 展现了巨大慷慨”。[4]

经过一周的质询以后，大使们精疲力竭。他们有关荷兰总督的权力及其在国际外交秩序中的地位，以及大使的正当权利的混合声明，被无情的审讯有条不紊地分开了。进入这座城市时的辉煌场面，现在已经变成了遥远的回忆，奴易兹日益退回到可恶的愤怒情绪中，同时感叹他并不是被派往日本去解释其政府的性质和形式的。随着绝望的

[1]　6 October 1627, Nuijts/Muijser *Dagregister*, 459.
[2]　比如，就来自朝鲜的使团来说，其大部分谈判都是由宗氏家族（Sō family）来完成的。
[3]　6 October 1627, Nuijts/Muijser *Dagregister*, 459.
[4]　9 October 1627, Nuijts/Muijser *Dagregister*, 465.

不断增加，奴易兹也需要把责任转移到其他人身上。他的怀疑首先落在日语翻译上，要么这些日语翻译们无能，甚至连最简单的概念都无法准确表达出来；要么阳奉阴违，为了给大使制造绊脚石有意歪曲其辞。他对平户大名的信任也迅速消退；大使总结说，平户大名不是“我们的朋友，或者至少他没有能力给我们的事务带来好的结果”。[1]

由于他们对原先的盟友的信任降低，对来自敌人的负面影响的担心也在增加。大使们逐渐将他们所有的问题追溯到末次平藏那里——这位热衷于保持日本与大员之间贸易的长崎商人 / 官员。他们设想末次平藏策划了一个巨大的阴谋，一路延伸到德川幕府最高层。作为傀儡的幕后操纵者，末次平藏对使团的不幸遭遇负有责任。大使坚持认为，是日本人的性格缺陷让所有这一切都变得严重。奴易兹顽固地认为，日本人撒谎成性，他们不断地骗人，直觉使奴易兹下意识地将日本人和欺骗联系在一起，他坚持认为，在日本群岛上，十个人当中只有一个人可以信任，哪怕就是这一个人，绝大部分时间里也还是在撒谎。[2] 日本人的不断欺骗和顽固僵化使得没有任何谈判——哪怕是理性的请求——的余地，这意味着大使们被困在一个无休止的循环中，向一位无法理解他们的人重复相同的主张。[3]

拒绝与责备

奴易兹使团在这种恶毒的环境中继续拖延了三个星期。每天的情况似乎都在变得更糟糕，大使们甚至沦为俘虏的角色，未经特别许可 92
不能离开他们的住处。[4] 最后，11 月 5 日，幕府官员召唤荷兰特使们，传达最终的判决。这一次，一位资历较浅的商人——弗朗索瓦・卡龙（Francois Caron），被派去参加会见以代替筋疲力尽的大使。消息并

[1] 3 November 1627, Nuijts/Muijser *Dagregister*, 483.
[2] 10 October 1627, Nuijts/Muijser *Dagregister*, 469v.
[3] 30 October 1627, Nuijts/Muijser *Dagregister*, 481.
[4] 10 October 1627, Nuijts/Muijser *Dagregister*, 468.

不好。土井利胜，幕府将军的一位高级顾问，宣布使团已被官方拒绝，因为荷兰总督无非是“荷兰国王”的下属，因此很明显没有资格向幕府将军派遣外交使团：

> 他们明白，彼得·德·卡彭铁尔是我们荷兰国王的仆人或者仆人的仆人。他们是从谦逊的信件结尾，特别是“您忠实的仆人”这个词语中了解到的，这只能解释为是一个小奴才写的……而且，他们从来没有听说过爪哇或巴达维亚，也从来没有听说过来自其中任何一个地方的船只来到日本……他们详细地讨论了这件事，不得已做出结论：我们不是来自荷兰国王的大使。因此，他们不能接受我们，我们现在应该离开。[1]

这种描述可以在日本人的会议记录中找到证明，可见于《异国日记》：

> 一封来自荷兰的信（最初）得到肥前松浦隆信的调解。这封信是由爪哇的属臣用假名和汉字写成的。爪哇是一个与荷兰具有同样地位的国家。[2] 因为荷兰人不懂文字（用日语来说就是文盲），他们是在爪哇写了这封信的……我们从来没有听说过来自爪哇或其属臣的信。（在这封信中）有许多奇怪的地方。关于“miuchi no mono”这个词汇，特使解释说，他理解这个词在日语中的意思是属臣。在任何情况下，这封信都是不礼貌的，甚至即使对一个强盗国家（比如荷兰）来说，我们也从来没有听说过这样的事情。[3]

---

[1] 5 November 1627, Nuijts/Muijser *Dagregister*, 484. 土井利胜（1573—1644）在很长时间内，都是德川秀忠最有影响力的顾问，最初担任若年寄（toshiyori），后来由德川秀忠提拔升任老中。

[2] 原文为“county”，当为“country”之误。——译者注

[3] *Ikoku nikki shō*, 189–190.

两份描述都强调了自从使团抵达江户后就一直困扰着使团的复杂问题。第一，正如它自己的参与者所承认的那样，奴易兹代表团显然并不是来自“荷兰国王”；第二，德川幕府从来没有听说过巴达维亚或者爪哇；第三，德川幕府不愿意接受一个来自像德·卡彭铁尔这样 93
低级别官员的外交信件。两份叙述都提到了信函的告别辞，这被当作是荷兰总督地位低下的无可辩驳的证据。“miuchi no mono”被翻译为“您忠实的仆人”，这是属于下属而不是君主的语言，在官方外交信函中没有任何地位。

虽然先前的迹象并不乐观，但是德川幕府的拒绝出人意料的决绝，这意味着大使们不但不能从幕府将军那里获得任何特权，甚至都没有进入江户城堡围墙的机会。考虑到失败的程度和涉及的成本，必须有人承担责任，而奴易兹确定不会是他。尽管他尽了最大的努力，但是巴达维亚的官员在开除了大使提出的一长串替罪羊后，最后得出结论，奴易兹应该为使团的溃败承担个人责任。[1]尽管奴易兹是以一个浮躁的、挑衅的、过分狭隘的个人形象出现在档案中，无疑是外交使团负责人的差劲人选，但是他不能对发生的事情负全责。作为大使，奴易兹个人的失败并不能改变德川幕府始终如一的排斥政策，这一点即使到了10 月 4 日与伊丹康胜首次会见后依然如此。在随后的会谈中，平户的大名对所发生的问题给出了一个简洁的解释：“如果你是直接从荷兰来的大使，你会受到荣誉接待，这是可以理解的。然而，当发现你来自爪哇或雅加达（巴达维亚），来自通常不被人所知的国王或总督时，皇帝（幕府将军）就不会接待你或者与你会谈了。”[2]

因此，荷兰 1627 年使团失败了，因为它与“荷兰国王”没有任何关系，也因为幕府官员拒绝承认荷兰总督从事外交的权力。尽管奴易兹的确没有对局势的好转起到什么作用，但是这两个问题都与奴易兹

[1] 有关细节，参见 Leupe, “Stukken betrekkelijk Pieter Nuyts, 1631–1634”。
[2] 6 November 1627, Nuijts/Muijser *Dagregister*, 489.

的个人行为没有太大的关系，即使是最老练的外交官员也要努力调和使团中心的基本矛盾。德川幕府曾在 1609 年和 1612 年接受了来自“荷兰国王”的使团和信件，却在 1627 年拒绝承认荷兰东印度公司的笨拙花招——它试图在没有做好准备的情况下，用一个主权来代替另一个
94 主权。事实上，日本幕府政权——可以简单地引用其自身的外交档案，以证明过去关于荷兰权力结构的断言——除了让公司代表阐述他们对荷兰执政的看法，以及要求他们前后保持一致以外，并没有做什么。

尽管大使们感到意外，但是幕府将军与荷兰东印度公司之间的冲突事实上已经酝酿了一段时间。由荷兰执政的存在引起的外交伪装从来不会是永久性的，荷兰东印度公司及其在亚洲的主要官员宣称自己有独立从事外交的权力而不必返回荷兰联合省的这一举措，只是一个时间问题。当这些最后在 1627 年发生时，其结果是围绕外交权利的直接冲突，这使得奴易兹缺乏手段把公司的要求带入谈判中以强迫对方接受，只能拼命地捍卫自己上司的地位。土井利胜已做出清晰的总结，德川幕府的最终回应是拒绝接受荷兰总督这样一位在外交事务中没有地位的低级官员。[1] 其结果是，荷兰东印度公司在日本的外交战略中陷入了混乱。最后，1627 年使团的命运成为一个很好的警示：像荷兰东印度公司这样的混合型企业，尽管野心勃勃，但当它试图强行进入拥有自己的规则和期望的亚洲外交网络时，是没有成功的保证的。正如奴易兹所证明的那样，外交是困难的，即使是准备最充足的大使也很容易像他一样，成为另一个“骗子”，带着没用的纸片被困在离家千里之外的地方。

[1]　5 November 1627, Nuijts/Muijser *Dagregister*, 484.

第三章

幕府将军的忠实奴仆 95

> 我们十分乐意作为忠实的属臣为陛下服务，并用我们的最后一滴血来保护日本王国。
>
> ——荷兰总督安东尼奥·范迪门，1642 年

1627 年奴易兹使团失败以后，两个著名的场景足以说明荷兰人在日本的地位。第一个场景，是一个在许多报告中被反复再现的熟悉景象，荷兰长官匍匐在江户城堡宽敞的接见室中央，礼物整齐地堆放在两旁，他向一位冷漠的幕府将军献上来自“荷兰船长”每年一度的问候，幕府将军坐在大厅尽头对面的阴暗处。第二个场景，同样是在日本的荷兰人报告中的基本内容，发生在远离幕府权力中心数百英里以外的九州的一个偏远地区。1638 年，荷兰东印度公司的船只——“成熟号”（the Rijp），在位于岛原地区的原城附近抛锚。在这座破旧却仍然强大的堡垒里，荷兰船员们发现了成千上万的叛军——他们中的许多人都是基督教徒，因与德川幕府政权的冲突而被囚禁于当地。然而，“成熟号”并不是来帮忙的；恰恰相反，船上的枪手开了火，向叛军营地发射了数百枚炮弹，杀死或重伤了几十位守卫。

这两个熟悉的场景，都出现在坎普法有关荷兰人在日本的报告中，报告认为其作为一个自上而下的过程的产物，是“这个异教徒的朝廷（德川幕府）毫不犹豫地对一个不情愿的公司强加伤害”的侮辱性措 96

施。[1] 虽然荷兰人似乎很自然地将自己变成了被动的受害者，但是在设计这一框架时所做的评估剥离了自己的能动性，最终才催生了这样的时刻。一旦脱离德川幕府有罪的主观假设，那么很明显，这两个场景事实上讲述的是奴易兹使团的失败所引发的荷兰东印度公司对日政策特意发生的转变。从 17 世纪 30 年代早期开始，荷兰东印度公司制定了一个新的外交战略，不将其在日本的代理人重新包装为“荷兰国王”或巴达维亚君主的代理人，而是作为德川幕府的忠实奴仆。荷兰代表们一再重申他们只是渴望成为忠实的奴仆，并十分乐意提供服务，从而创造了一套明显处于从属地位的修辞，以便巩固他们与幕府将军的相互交流。结果，出现了一个尽管明显不平等却相当持久的交流模式，一直持续到 19 世纪。

与奴易兹的惊人失败相反，1627 年以后荷兰东印度公司在日本的外交要成功得多，“和解取代冲突”成为这一时期的中心主题。但是在这一过程中，尽管荷兰东印度公司的代理人在德川幕府的秩序中转移到了安全的位置，却付出了代价。成为次主权政府的属臣这种新类型的开展，剥夺了奴易兹曾强烈捍卫的外交权利，同时也否认了荷兰东印度公司有权获得其最可靠的政策工具之一。然而，身份的重新表达也伴随着自身的要求。与其说简单地认同荷兰人关于其作为忠实奴仆角色的声明，倒不如说当它要求荷兰长官参加幕府的其他下属也有权参加的仪式时，德川幕府为荷兰人提供了具体的形式。以至于对幕府将军宫廷的年度访问或称江户参府和修辞声明一道，构成了沉重的仪式性需求。当荷兰长官将头磕在城堡接见室的地板上时，他并不是以大使的身份——事实上 1627 年以后，在日本没有更多的荷兰东印度公司的官方大使——而是作为忠实的属臣，与德川幕府体制中的其他属臣一样，在服从的无情剧院中扮演其角色。[2]

---

[1] Kaempfer, *Kaempfer's Japan*, 187.

[2] 这里没有包括 1649 年的弗里修斯使团（Frisius embassy），对该使团的讨论参见 Hesselink, *Prisoners from Nambu*。

更令人担忧的是，荷兰东印度公司新身份的表达演变成对实际服务的间或需求。让荷兰东印度公司代理人非常不悦的是，他们发现仅有夸张的声明还不够，幕府还要求他们作为忠实的下属履行职责，提 97
供船只和人员来服役，以对抗幕府的敌人。结果，一开始只是为了满足一个棘手的政权而设计的奉承性谎言和徒有其表的把戏，却成了有力的证据。几十年过去了，修辞、仪式和服役交缠在一起，到底是谁在戏弄谁，或者演出在哪里结束以及现实从哪里开始等问题，变得越来越不清楚。

荷兰东印度公司在与亚洲统治者打交道时，准备使用的修辞本身并不特别值得注意。在亚洲的欧洲企业经常使用诸如“属臣”（vassal）或者“忠实的奴仆”（loyal servant）等字眼，以将他们的活动隐藏在一位公认的霸主提供的政治合法性外衣之下。在印度的情况就是著名的例子，英国代表在那里采用尽职的服务修辞，以隐藏事实上在他们势力范围内的大规模扩张，并进一步挖空莫卧儿帝国的组织架构。另一方面，属臣的修辞在日本发挥着非常不同的功能。这种修辞并没有提供回旋的余地，反而对公司设立了壁垒并限制了其活动。

本章将探讨荷兰作为幕府将军属臣观念的起源、发展和意涵。[1] 旨在展现荷兰东印度公司代理人是怎样与幕府将军一起，设计出一种新的解决方案的初始轮廓，同时考察其中心逻辑是以怎样的方式逐渐发展以至于公司无法控制，最后变成一种意想不到的事实的。为解答这些问题，就要从荷兰东印度公司在 1630 年首次出现开始，追溯这种观念的线索，通过参勤交代岛原之乱及其后的运作情况。在这个过程中，本书试图将荷兰东印度公司在日本历史上所发生的不同事件，连接在一起，形成一个连贯的故事。

---

[1] 很少有学者讨论到荷兰人作为属臣（vassals）的观念，目前所见最好的分析是永积洋子的一篇短文。参见 Nagazumi, “Orandajin no uketa goon to hōkō .”

言语与修辞

在奴易兹使团失败后的几个月内，日本商人和荷兰当局在台湾爆发的冲突，使外交问题被暂时搁置一边。尽管荷兰东印度公司官员努力解决这场危机——这将在第六章进行处理——但他们面临着又一个
98 问题：打破僵局之后，如何尽可能地重建外交关系。虽然非常清楚，幕府将军不会接待来自巴达维亚的大使，但是对于如何推进外交关系，荷兰人却没有达成共识。对扬·彼得松·科恩——他取代彼得·德·卡彭铁尔成为总督——来说，解决办法是显而易见的：荷兰东印度公司必须而且应当尽可能快地恢复其旧有的外交模式。科恩认为，为了意想不到的回报，已经消失的、从 1627 年给幕府将军的信中被神秘抹去的荷兰执政应该派上用场。

有了这一目标，科恩写信给现任荷兰执政腓特烈·亨利，请求他给日本统治者写封信。科恩相信，这样一份文件将会“消除所有的烦恼”，能有效地恢复局面，并且在奴易兹不幸的使团离开的地方重振旗鼓。[1] 荷兰总督并不是唯一一个得出这种结论的人。曾用数周时间来解释巴达维亚权威的奴易兹也断定，一封来自“荷兰国王”的信是与日本进行外交互动的关键。[2] 围绕荷兰国王的谈判模式提供了明显的优势。虽然幕府官员坚持不接受来自巴达维亚的使团，但是大门仍为带着合适的、来自“荷兰国王”信件的新使团坚定地打开。尽管有了这些进展，但这对于公司来说也是一次重要的让步。这一时期荷兰东印度公司外交的所有推力——正如前面章节所详细阐述的那样——远离对荷兰执政的依赖而将焦点转向巴达维亚城堡，后者已成为其外交活动中一个越来越完善的支点。

尽管科恩渴望尽快获得一封信，但是依靠一个身在欧洲的遥远人

---

[1] Colenbrander, *Jan Pietersz. Coen*, 5:163.

[2] Pieter Nuyts (Tayouan) to Governor-General Pieter de Carpentier in Batavia, letter, 28 February 1628, VOC 1094:135–140.

物获得外交合法性，问题就会出在长时间的延误上。在来自腓特烈·亨利的信件送达巴达维亚之前，荷兰总督就死于任上，留给他的继任者来处理这个问题。该职位意外地落到一位日本通——雅克·斯皮克的手上。斯皮克曾担任荷兰在平户工厂的首任长官，因此在与德川幕府打交道方面，毫无疑问是荷兰东印度公司最有经验的雇员。作为一个不受十七先生欢迎的选择——很明显，他们不相信斯皮克是荷兰总督的合适人选——他的任期迅速结束，但是在1633年被雇主的首选候选人布劳沃·亨德里克取代之前，斯皮克成功地实施了两项重要的政策 99
转变，重新定位了荷兰与日本的关系。其中第一项解决了台湾持续的危机，而第二项为处理与德川幕府的关系提出一种新的外交战略。并没有遵循科恩的计划，也没有等待来自腓特烈·亨利的信件，斯皮克认为荷兰东印度公司必须适应新的环境。他不主张倒退做回“荷兰国王”臣民的角色，也不坚持尝试寻求德川幕府对巴达维亚的承认，而是开辟出第三条道路，推动荷兰与日本展开新的外交模式。

斯皮克对其方案的陈述首次出现在1630年从巴达维亚发往江户的两封信件中。[1]他故意省略引用任何外部权威，告知德川幕府：“荷兰人应在所有事务中向陛下（幕府将军）提供忠实的服务，正如陛下期望作为其属臣的日本人所做的那样（haere Majt eigen vassalen）。”[2]尽管这从一开始似乎就没有太大的意义，但是这一声明事实上重塑了荷兰东印度公司与幕府之间关系的性质。1630年以后，荷兰人作为属臣的观念逐渐扩散开来，变成一个被荷兰东印度公司的在日代理人、斯皮克总督的继任者，甚至德川幕府官员反复重申的标准主题。虽然具体的计划可能会有所不同，但是基础逻辑基本上保持一致。在不同的时间，荷兰东印度公司代理人解释说，希望“成为陛下（幕府将军）

[1] Remonstrantie aen de heeren rijcxraden van Sijne Keyserlijcke Mayesteyt in Japan pr.den E.Willem Janssen derwaerts gesonden, 24 July 1630, VOC 855, unfolioed.Antwoorde op de ontfangene missive van Phesodonne, VOC 855, unfolioed.

[2] Remonstrantie aen de heeren rijcxraden van Sijne Keyserlijcke Mayesteyt in Japan pr.den E.Willem Janssen derwaerts gesonden, 24 July 1630, VOC 855, unfolioed.

的属臣”，他们“应该保持其在日本领土范围内的忠实奴仆的角色”，以及他们应该被视为“陛下忠实的奴仆”等等。[1] 叙述的措辞最初相对温和，后来变得越来越夸张，直到 1642 年达到高潮，当时一位荷兰总督在一封写给江户的信中表示：他和他的下属们愿意流尽“他们的最后一滴血，为陛下服务，保护日本王国”。[2]

同时，这种声明被包括松浦家族在内的荷兰东印度公司的日本盟友所用，他们确定，这将在荷兰东印度公司与幕府的交流中不断被引用。在一个特别重要的时刻，松浦隆信亲自插手，改写来自巴达维亚的文件，以便支持荷兰东印度公司重新建构的论述。1633 年，斯皮克的继任者布劳沃·亨德里克向江户的幕府高级官员写了一封信，以感谢他们重新开启贸易。[3] 虽然有关信件的内容没有什么特别的争议，
100 但是它丝毫没有提及荷兰人作为属臣的事实。收到信件时，松浦隆信决定重写信件，以适应斯皮克的表述。修改后的信件对荷兰人在日本的地位毫无疑议，信中荷兰人请求幕府将军“把荷兰人当作陛下自己的子民（eijgen volck te houden），并安排我们为陛下服务。如果你承认我们是这样的，那么我们将永远感激，因为我们希望为陛下服务至死”。[4]

曾经被视为封建等级结构的顶端人物，幕府将军当然拥有许多可以称之为属臣的下属。那么，当一位相当有经验的日本官员，将荷兰人描述为幕府政权的属臣（eigen vassalen）时，斯皮克是谁？在某种意义上，两封现存日语译本的荷兰东印度公司写给德川幕府的信件，为此提供了答案。第一封是 1630 年斯皮克最初信件的译本，而第二封来自 1642 年荷兰总督安东尼奥·范迪门写给江户的信。[5] 在这两份文件中，谱代作为“下属”关系最常见的名称出现。在指陈作为另一个家

[1] *Dagregisters Japan*, 3:302, 4:262, 4:295.

[2] 同上，6:204。

[3] Governor-General Hendrik Brouwer to the emperor of Japan, letter, 31 May 1633, VOC 856:234–235v.

[4] *Dagregisters Japan*, 1:43.

[5] 斯皮克 1630 年信件的翻译可见于 Nagazumi, *Hirado Oranda shōkan no nikki*, 1:425–438。1642 年信件可见于 Kanai, *Nichiran kōshōshi no kenkyū* , 368–378。

族或团体的世袭下属的属臣或仆人时，其身份按照他们的忠诚服务记录来定义，这个词汇在这个时期德川幕府的政治秩序中，与一个特定的群体即谱代大名有着紧密联系。

在德川家康设计的体制下，所有的大名都要宣誓效忠幕府将军，并且至少在理论上，是忠实的奴仆，但是他们的忠诚度和可靠性发生了巨大的变化。在这一级别最外端的是外样大名（tozama），1600年关原之战期间或战后，这些大名才臣服于德川幕府。像萨摩藩（Satsuma）这样与德川政权有着明显对抗关系的，也属于外样大名。相比之下，谱代大名是世袭的属臣，他们早在德川家族得势之前很多年，就已经与德川家族结盟。[1] 由于与政府有稳固的联系，谱代大名成为国家的重要支撑，为江户时代的官僚机构扩大了编制，并且为幕府将军提供了行政力量。许多谱代大名从其所拥有的土地中获得的收入非常有限，作为回报，他们可以依靠幕府提供的俸禄为生。结果出现了一个相互依赖的系统，这个系统能确保他们长期履行对政府的承诺。[2]

虽然无法肯定地说，荷兰人长期使用谱代这个词是故意的，但是 101
它（与日本制度）如此相配以至于无法立刻被取消。在德川幕府体制内，这些领主是忠诚奴仆的典范，也是一个明显的参照对象，着重展现出对政权的特续的忠诚。即使我们不能确定这种联系，但显而易见的是，这不是与低级别的侍从相比较，而是与一种更高级别的属臣类型——大名相比较，并且荷兰人随后被卷入并被强加于与这些领主相同的礼仪要求中，并非巧合。

为了支持他们的观点，从斯皮克开始的荷兰东印度公司官员，用与大名们大致相同的方式，开始构建一个能够把他们与德川家康——位于不断扩张的德川崇拜的中心——直接联系起来的服务谱系。第一

[1] 这种普遍的概括不适用于谱代大名的范畴。对这一群体的经典研究是哈罗德·博莱索（Harold Bolitho）做出，他指出："在历史学家中间有一个总的趋势，是将他们（谱代大名）视为一个无差别的群体（an undifferented company）。但是这不能掩盖这些群体之间的界线并没有得到很清楚的界定的事实。在他们的外端，谱代大名和外样大名相互转化。"参见 Bolitho, *Treasures Among Men*, 47。

[2] Najita, *Japan*, 20.

艘荷兰东印度公司船只于 1609 年抵达日本——当时是关键的关原之战结束后九年，因此将荷兰东印度公司与这一重大胜利联系在一起是不可能的，但是它可以与德川时期的第二大战役——始于 1614 年的对大阪大要塞的围攻——建立联系，虽然这种联系非常有限。在这场关键的战役中，德川家康的军队消灭了丰臣秀吉的儿子，也是他的合法继承人——丰臣秀赖（1593—1615），从而保证了政权的安全。斯皮克在 1630 年的信中写道，荷兰人曾尽职尽责地“在大阪战役中服务于大御所大人（德川家康），为其提供了他们在平户所拥有的所有大炮和警员（枪手）”。[1]

虽然这种声明在理论上看起来不错，但是细节却很扑朔迷离。与日本的许多团体一样，荷兰人与丰臣秀吉的年轻继承人之间的关系，远比其后来的叙述所暗示的更为暧昧。当斯皮克作为荷兰长官第一次来到日本时，就曾试图在对立的双方中活动，不仅向德川家康而且向大阪城堡赠送礼物，以防丰臣秀赖的效忠者占了上风。[2] 战争爆发时，荷兰东印度公司的商人为德川幕府的军队提供军事供给，但是他们这样做是有条件的，他们希望能从增加的军需供给中获利。[3] 士兵们的故事甚至更不值得称道。1615 年 9 月，攻打大阪城堡的行动结束后几个月，德川幕府要求一位主炮手“为天皇陛下服务”。[4] 一位合格的候选人——克拉斯·格里森（Claes Gerritsen），还在船上工作；而在平户的理事会（governing council）并没有打算提供这样一位好用的员工为
102 幕府将军服务。他们喜欢的候选人，一位名叫弗兰斯·安德里森（Frans Andriessen）的酗酒的主炮手，事实证明是个灾星并受到处分被召回，这使得幕府将军的要求没有得到满足。[5] 虽然最初并不是特别有说服力，但是服务谱系在 1637 年岛原之乱以后看起来好多了，当时荷兰东印度

[1]　Remonstrantie aen de heeren rijcxraden van Sijne Keyserlijcke Mayesteyt in Japan pr.den E.Willem Janssen derwaerts gesonden, 24 July 1630, VOC 855, unfolioed.

[2]　荷兰人最初把丰臣秀赖当作“已故皇帝（丰臣秀吉）的儿子……在血缘上是日本合法的皇帝，但是由于形势变化，并没有统治”。参见 Tokyo daigaku shiryō hensanjo, *Dai Nihon shiryō*, series 12, 8:606。

[3]　Colenbrander, *Jan Pietersz. Coen*, 7.1:6–30.

[4]　Resolutions, 26 September 1615, Japan factory, VOC 1061:252.

[5]　Macleod, *De Oost Indische Compagnie als Zeemogendheid in Azie*, 1:307.

公司的代理人能够将自己与德川幕府时期三次大战中的其中两次联系起来，宣称“我们（曾经）在大阪之役中为大御所大人（德川家康）服务，也为当前执政的皇帝（幕府将军）镇压天草和岛原的叛乱分子与天主教徒服务，但愿他的政权长治久安”。[1]

1630 年以后，荷兰人作为属臣的观念也被挪用来为与德川幕府的联系提供借鉴。这样，公司代理人用一种委屈的属臣论调表达抱怨，同时以长时期的忠实服务为借口对新的要求进行辩护。当他们可能面对新的障碍时，当即反应是把自己当作受委屈的、有着完美无缺服务记录的下属，认为并不是自己的过错却受到不公平的怀疑。任何对怀疑的暗示都有一种夸张的痛苦感：“了解到当局上层（the high authorities）对荷兰人的感情让我们很苦恼，特别是作为陛下（幕府将军）忠实的奴仆，我们准备好冒着生命和货物的风险（为他服务），我们相信能得到陛下的理解和认可。”[2] 一封 1642 年的信甚至更进一步，悲叹荷兰人根本无法理解幕府将军颁布的新的约束条款，因为他们“作为忠实的奴仆，总是试图带着谦逊的责任感为日本王国服务”。这些无端的猜疑如此伤感情，以至于与其被幕府将军质疑还不如离开日本，“因为我们的忠诚和真诚……就像正午的太阳一样明亮”。[3]

然而，如果江户幕府对这些声明充耳不闻，或者更糟糕一些，引发了奴易兹和缪瑟尔曾在 1627 年遭受到的那种审讯的话，那么这些声明就几乎没有任何意义。幕府官员果断拒绝了大使们有关荷兰总督的说法，他们更容易接受荷兰人以日本属臣的身份出现。因此，德川幕府的高级代表——同样也是这些官员立即拒绝了德·卡彭铁尔写给幕府将军的信——在将荷兰人表述为忠诚下属的回信上显得毫不犹豫，显然对接受新版本的界限毫无异议。[4] 在此过程中，他们无视荷兰东印度公司代表们过去所做的陈述，而赞成新的共识：如果荷兰人希望他 103

[1] *Dagregisters Japan*, 6:198.
[2] 同上, 4:128。
[3] 同上, 6:201–2。
[4] 同上, 1:43–44。

们自己以属臣的身份出现，这种身份只能通过他们与幕府将军的关系来定义，那么幕府政权很明显打算同意，因为它自身也能在保持其与荷兰东印度公司运作的关系中获得利益，在奴易兹的日记中并没有出现类似的被无休止攻击的情况。

这表明，将同意（consent）与相信（belief）混为一谈将是一个错误，而且令人怀疑的是，德川幕府的所有官员都真正相信这些声明的基本事实，特别是当荷兰人用夸张的形式来断言荷兰代表的意愿，说他们愿意为幕府将军服务直至流尽最后一滴血时。然而，对于将这些观念当作与荷兰东印度公司打交道，以及规划与荷兰东印度公司在日本的代理人之关系的框架，德川幕府表现出明确的意愿。确实，正如后面将要讨论的那样，幕府政权更关心保持奉献的外在表现，而不是解决隐藏在荷兰人作为日本属臣这种表述背后的矛盾。

要求成为幕府将军的属臣，对荷兰东印度公司代理人来说到底意味着什么？他们毕竟曾经把荷兰总督拿来与至高无上的国王进行比较。在本质上，斯皮克的策略取决于对外国人身份的基本否定。在决定作为忠实下属的角色时，他认为，荷兰人不再希望被看作是局外人，而是期望获得与幕府将军的其他属臣同等的地位，成为“陛下忠实的奴仆而不是外国人”。[1] 其结果是把荷兰在日本的代理人拉入国内政治版图，并且将他们世界的边界缩小到受到幕府将军权威限制的范围内。在他介入之前，荷兰东印度公司的代理人一直声称自己在日本之外的地方拥有独立的主权，并且用这种关系断言，他们与更传统国家的代表一样，拥有跟幕府将军谈判的权力。从荷兰执政开始，直到1627年，这一外在的权威代表已经变成荷兰总督，荷兰总督在他自己的大本营——巴达维亚给江户写信。

尽管这种声明提供了一种进入外交网络的途径，但是他们也为交流互动设置了很高的障碍，要求日本官员承认巴达维亚城堡的权威，

[1] *Dagregisters Japan*, 4:295.

以此作为签署协定的起点。斯皮克的新表述有效地回避了任何这样的要求，因为为了顺利运作，它要求幕府将军只是同意荷兰人作为忠实奴仆的主张。这样一来，荷兰东印度公司的代理人就不是由与一个外 104 部赞助者的联系所定义，而是由幕府将军自身所定义，因此消除了“你到底代表谁？”这个问题，这个问题曾在过去的外交事务中让他们困扰不已。这种修正后的框架通过将其从官方外交事务中抽取出来，从而简化了荷兰东印度公司在日本的角色。与奴易兹努力在德川幕府外交秩序中为荷兰东印度公司树立一个和其他主权行动者一样的位置的行为不同，斯皮克选择简单地退回到一个新的次主权政府范畴中。因为他们都与一个国内霸主紧密联系在一起，属臣就没有必要撰写外交信件，没有必要派遣大使，或者证明他们有直接与幕府将军联系的权利。

虽然宣称作为属臣的决定消除了一系列障碍，但是它也标志着荷兰东印度公司在亚洲其他地区不再享有理所当然的权利。到了1630年，当荷兰人作为属臣的观点首次扩散出去时，巴达维亚已经变成了一个外交中心，一个站在日益扩张的国际关系网的中心。尽管奴易兹有些夸张，但是他的基本观点，即荷兰总督“是这样的一个人：他向中国、暹罗、亚齐和帕塔尼各王国；向爪哇皇帝和波斯皇帝；（以及）向莫卧儿帝国派遣使节”，事实上是有根据的。[1] 属臣的角色意味着放弃这些外交特权。斯皮克并不试图说服日本人相信荷兰总督有派遣使团的能力，而是决定躲在幕府将军的阴影下，并且放弃让日本政府以对待更传统国家的相同方式来对待他们的任何要求。这并不是暂时的撤退。1630年以后，荷兰东印度公司没有再向日本派遣官方使团。因此，像荷兰东印度公司从巴达维亚派往印度、波斯和亚洲其他强大国家的豪华壮观的代表团，也就不会在日本出现。[2]

这种大规模的让步意义重大。尽管付出了高昂的代价，尽管总是

[1] 7 October 1627, Nuijts/Muijser *Dagregister*, 462.

[2] 其中一个例子，可参见 Vogel, *Journaal van J.J.Ketelaar's hofreis naar den Groot Mogol te Lahore*。有关这个非常昂贵的使团的视觉呈现，可参见 Zandvliet, *The Dutch Encounter with Asia*, 124–126。

存在失败的可能性，但使团仍然是荷兰东印度公司在亚洲的一个重要政策工具。在近两个世纪的时间里，每当公司面临危机时，巴达维亚派出的带着文件、礼物和一套清晰目标的正式外交使团，仍然是采取行动的武器之一，以此希望获得一些重要的让步，或者只是想从一位亚洲统治者那里获得某些东西。正是因为这个原因，德·卡彭铁尔为了化解在大员不断升级的危机，从一开始就派出了奴易兹，这也是为
105 什么每当一个严重的问题出现，公司就继续依靠这样的使团。斯皮克准备采取同样的步骤——他的继任者继续巩固了这种做法——是荷兰东印度公司绝望的标志，同时也坦率承认了其代表在日本寻求获得主权承认时面临困难。与其无休止地抗议对荷兰总督的外交权力的否认（正如奴易兹曾做过的那样），荷兰东印度公司代表不如选择通过转移行动方向以确保一个与幕府将军互动的持续框架。这样，尽管在稳定与江户的关系方面取得了成功，但是放弃巴达维亚外交权力的决定代表了一个重大的撤退——首先最重要的一条，就是从公司 1602 年宪章中三位一体的权力中撤出。

鉴于这种让步的性质，有一些荷兰东印度公司官员有时会考虑回到使团事务的想法并不奇怪，但是这些计划很快就被收回了。[1] 值得关注的是，即使当幕府官员特别要求派遣一个新的使团，荷兰人也并没有这么做。更进一步说，这就是布雷斯肯斯事件发生以后的情形——这一事件在赖尼尔·赫塞林克 2002 年的重要著作中，得到了很好的叙述。1643 年，十位荷兰水手在日本北部的南部港意外登陆后被逮捕。幕府官员同意释放这些囚犯后，要求荷兰人从荷兰安排一个使团前往日本，以感谢其慷慨宽容。[2] 赫塞林克认为——他的确是正确的——这种要求直接来自幕府将军自己的一个愿望：他想检阅来自“荷兰国王”派遣的经过他的首都的奢华使团。

[1] *Dagregisters Japan*, 4:60.

[2] Hesselink, *Prisoners from Nanbu*, 133.

荷兰东印度公司的官员们认为，最初逮捕他们的雇员是非法的，撇开这一事实不说，派遣使团的要求也给他们出了一个难题。如果幕府将军想要一个使团，就必须派出一个使团，但是派遣什么样的使团合适呢？

到了1646年，当被要求派遣使团时，荷兰东印度公司已不再准备利用“荷兰国王”的外交模式，这种模式在其活动区域已被放弃。鉴于奴易兹使团及其经历，它也不愿意从巴达维亚派遣带着来自荷兰总督的信件和礼物的正式的使团。面对这种两难的困境，它选择了一个奇怪的、由一位垂死的大使领导的代表团，荷兰东印度公司期望这位大使在到达日本之前就病死在路上，从而将事情弄得混乱不堪，在使团没有达到幕府的期望时足以防止出现任何冲突。这让幕府官员感到 106
非常困惑，他们最后得出结论说，虽然幸存的使团成员必须以某种方式得到承认，但是他们不可能出现在幕府将军面前，也放弃了与荷兰使团的进一步交谈。结果是确认了斯皮克几年前就得出的结论：对于在日本的荷兰人来说，已经没有任何令人满意的退路可以回到使团事务。

回到正在讨论中的历史时期，在17世纪30年代早期，幕府官员更感兴趣的是，确保一个与荷兰人交流的可行框架，而不是鼓励任何新的使团的想法。正因如此，他们很快就接受了荷兰东印度公司以荷兰人作为属臣观念撰写的文件，甚至对其花哨的要求也没有反对意见。事实上，德川幕府并不只是简单地容忍这些要求。相反，它对公司的花言巧语增加了一个沉重的仪式性要求，对斯皮克首先倡导的观点给予了意想不到的重视，为荷兰人作为国内属臣以便在日本内部拥有自己生活的想法创造了条件。

江户参府

1634年4月，日本工厂的雇员了解到，幕府要求他们每年都前往江户向幕府将军表达敬意。[1] 尽管很少虚张声势，但是这一声明标志着幕府开始对在亚洲的欧洲人提出旷日时久的礼仪要求，江户参府或对幕府将军宫廷的年度访问，将从 1634 年一直持续到 1850 年，基本上没有间断。数百份报告都描述了江户参府，尤其是对该仪式的高潮部分——荷兰长官把脸贴在幕府将军身前的地板上——已成为一个用于描述荷兰东印度公司在日本处境的常见特征，至于其具体原因则不太清楚。[2] 其结果是，尽管大多数学者都同意江户参府开始于 1634 年，但是对于是什么原因促成了其发展，以及为什么在访问宫廷时采取了这种形式等问题，却缺乏明确的共识。[3] 然而，如果我们更仔细地观察这些访问的性质，问题就会变得清晰，即在许多方面，江户参府都是对要当属臣的花言巧语的直接回应；很简单，它将荷兰东印度公司在日本的代表放置到他们自己曾经声称的角色中。正因为这种回应，1630 年，荷兰东印度公司外交战略发生转变，为公司开启了新纪元。

107 1634 年，当德川幕府要求日本工厂雇员每年一次前往江户时，就荷兰长官访问幕府将军宫廷的模式存在两种选择。第一种是围绕政府使团所做的安排。虽然包括第一个到达日本的荷兰使团，但是这种模式与来自朝鲜和琉球王国的使团最为接近，后者在整个漫长的德川幕府时期都持续来到日本。不论代表团来自哪里，这种使团模式都包括四个明显的特征。第一个特征与时间有关。使团来访并非规律性的事件。实际上，他们的到来多出于特殊情况，比如新的幕府将军的就职，这使得他们的访问非常不定时。在两个多世纪的时间里，只有 12 个来自朝鲜的使团抵达日本，即使是有着更多任务的琉球王国，也不过 20 个。[4]

第二个特征，使团得到了来自中央政权的官方支持。使团队伍通常由数百名参与者组成，他们一踏上日本土地，立刻就会获得财政支

[1] *Dagregisters Japan*, 1:155.

[2] 比如，古德曼指出，江户参府源于 1609 年授予荷兰人的权利。参见 Goodman, *Japan and the Dutch*, 25。

[3] Kanai, *Nichiran kōshōshi no kenkyū* , 172. 虽然荷兰人在 1634 年之前曾访问过幕府将军宫廷，但是只有到了 1634 年才成为一个正式的要求。

[4] Toby, *State and Diplomacy*, 36–37 and 48–49.

持，有时不论对德川幕府还是对他们途经的倒霉领地来说，都是一种无法承担的负担。[1] 第三个特征，使团是以一个外来权力的代表的身份抵达江户的。虽然大使自身可能是具有能力的、有影响力的人物，但是他们的基本角色是君主的代理人，因此他们最重要的责任是呈递他们所携带的外交信件。[2] 第四个特征，使团抵达江户之后就被要求参与到令人印象深刻的仪式中，仪式的高潮是在城堡的接见室中进行的官方祝词和介绍。[3] 虽然这些安排是为了展示幕府将军处于日本中心秩序的中心位置，但他们仍然给予作为外部权力代表的大使们相当高的地位。

引人注意的是，荷兰江户参府并不能纳入以上特征。恰恰相反，它表现为另一种模式，这种模式是为幕府将军的国内属臣设计的，并且就在一年一度访问将军宫廷变成对荷兰长官的要求时最终成型。1600 年德川幕府掌权以后，大名要定期到江户觐见，成为不成文的规定，到 1615 年德川家康逝世时，许多领主都是幕府将军宫廷的常客。[4] 虽然这保证了大名定期访问江户，但是这种制度是灵活的，因为它在
很大程度上取决于各个领地的时间安排。1635 年以后，这种情况发 108
生了变化，在荷兰江户参府开始后仅仅一年，幕府颁布法令要求大名"在江户交替所相定也，每岁夏四月可致参勤"。[5] 该法令标志着著名的隔年觐见或参勤交代（sankin kōtai）制度 [6] 的开始，这使得大名访问宫廷从自愿的行为变成了固定的义务。

尽管人们会认为，在为国内属臣设计的这样一种制度中，大名的访问也以觐见幕府将军为高潮，但是它看起来却丝毫不像为使团建

[1] 根据一份常被引用的数据，单单一个来自朝鲜的使团的总开销就达到了 100 万两（ryō）。参见 Lee, "Cultural Expressions of Tokugawa Japan and Chosŏn Korea," 214。

[2] 有关外交信函在朝鲜派往日本的使团中发挥的核心作用的描述，参见同上，第 163 页。

[3] Toby, *State and Diplomacy*, 185.

[4] 比如，早在参勤交代制度出现之前，平户地区的大名就定期访问幕府将军的宫廷。1615 年至 1619 年，他曾四次这么做，每一次停留数个月。

[5] Lu, *Japan: A Documentary History*, 2:208.

[6] 又称"参觐交代"，是日本江户时代一种制度，各藩的大名需要前往江户替幕府将军执行一段时间政务，然后返回自己的领土执行政务。——译者注

立的模式。最重要的是，它根据严格的时间安排固定下来，在这份时间安排上可以看到大部分领主每年都要访问江户。[1]因为所有的费用都是由大名所在领地承担，因此这种安排实际上要求每个大名交出其收入的很大一部分资金，用于周而复始的旅行。这些领主抵达江户以后就参与到仪式中来，这些仪式的目的是使他们明确理解幕府的主导地位和领地的臣服。这样，这种参勤交代制度为一个更大的计划提供了有说服力的象征，用池上英子（Eiko Ikegami）的话来说，亦即“迫使幕府大名（原本享有平等的地位）接受在将军和大名之间建立的一种等级制度关系，在这种关系中将军是主人，大名是附属的封臣”。[2]

荷兰人江户参府和参勤交代制度之间的联系，对荷兰东印度公司雇员来说是显而易见的，他们本能地对两者进行了比较。恩格尔贝特·坎普法曾两次访问幕府将军的宫廷，他写道：“所有的大名和称名（shomyo）[3]，也就是说，所有较大和较小的区域领主，一年一度出现在幕府将军的宫廷。他们通过献上礼物和对幕府将军顶礼膜拜来表示敬意：他们中间最伟大的人——人们可以称之为王子（princes）或小国王（petty kings）——将受到幕府将军的亲自接待，较小的领主则由议员们集体接待。这一惯例也在我们辉煌的荷兰公司的仆人身上加以实行。”[4]虽然坎普法对日本风俗有着敏锐的观察力，但是由于江户参府的每个阶段都与参勤交代非常相近，而且包含一种可资比较的权威和服从的机制，因此这是一个很自然的结论。将两者放在一起的时候，这一事实立即变得清晰。要说明这一点，几乎可以随机选择，因为江户参府在其超过两个世纪的运行中，带有不同寻常的一致性，但是作为
109 一个有代表性的例子，我们可以聚焦于1657年扎卡赖亚斯·瓦赫纳尔

[1] 有关该制度的最新研究，参见 Vaporis, *Tour of Duty*。
[2] Ikegami, *The Taming of the Samurai*, 158.
[3] 此处费解。按作者原意当指较小的领主，而 shomyo（或 shōmyō）指的是一种日本风格的佛教音乐，多见于天台宗和真言宗。——译者注
[4] Kaempfer, *Kaempfer's Japan*, 280.

（Zacharias Wagenaer）[1]对幕府将军宫廷的访问。[2]瓦赫纳尔的经历非常普通，遵循着一条被其众多继承者所复制的老路，直到他留在江户的末期，被困在毁灭性的明历大火中。

瓦赫纳尔于1656年8月抵达长崎，担任日本工厂长官之职。11月完成正式的交接后，他就开始为前往江户做准备，这对任何新的荷兰长官来说，都是最紧迫的任务。与需要得到特别批准的使团不同，江户参府是一项法定要求，不能被无视，不能被大幅推迟，也不能被显著改变。因此，它成为荷兰东印度公司与将军的持续关系中的固有功能。与大名一样，日本工厂的各种长官需要定期前往江户，但是他们的时间安排比强加给大多数领地大名的都更为苛刻。从典型的参勤交代时间安排可以看到，大多数大名每隔一年前往江户，而只有一小部分选定的谱代大名需要进行一年一度的旅行，这些大名所统治的区域与幕府将军的首都非常近。尽管江户和荷兰人在九州的基地距离非常远，他们却奉命每年都要前往幕府将军宫廷拜见，仅在最不寻常的情况下才能得到豁免。[3]

在完成所有必要的安排以后，瓦赫纳尔于1657年1月18日（明历二年十二月四日）离开了长崎。他离开的时机非常重要。正如大名拜访宫廷的情况一样，随着时间的流逝，江户参府的时间安排变得越来越精确严格。1634年开始时，荷兰人被告知要在日本年年底前到达，这样他们就可以在日本日历的第一个月获得接见。[4]在整个17世纪40年代，接见通常被安排在11月或12月上旬，但是到瓦赫纳尔离开长崎时，他们又恢复为原来的时间安排，通常在第1个月的第15天或

[1] 有学者译为瓦赫纳格、瓦赫纳尔、威根纳尔等，本书统一译为瓦赫纳尔。——译者注

[2] Dagregister Zacharias Wagenaer, 2 November 1656 to 26 October 1657, NFJ 70, unfolioed.Hereafter Wagenaer *Dagregister*. 一份有关该日记的杰出英文摘要可见于 Vialleé and Blussé, *The Deshima Dagregisters*, 12:272–328。瓦赫纳尔是一位经验丰富的荷兰东印度公司职员，最后担任荷兰东印度公司在南非殖民地的总督直至其职业生涯结束。

[3] 比如，因为岛原之乱，荷兰东印度公司获准不参加1637年的江户参府。

[4] *Dagregister Japan*, 1:155. 为了做出某种意义上的日历对照，日本的年在1633年开始于2月9日，1634年开始于1月29日，1635年开始于2月18日。

第 28 天。[1] 时间上可以有一些灵活性，允许荷兰长官选择他们离开的时间——当然，这是有条件的，那就是他必须准时出现在江户。然而，这种回旋的余地在 1660 年被取消了，当时德川幕府将第 1 个月的第 15 天定为从长崎出发的日期。[2] 这种规定使江户参府与大名的惯例一致，
110 这促使坎普法写道：“正如幕府将军给每一位在帝国的王子和属臣规定一个日期，在这个日期他必须出发并开始他每年一次的旅行一样，荷兰人也被规定了出发的日期。这就是日本第一个月的第 15 天或第 16 天，对应我们日历中的 2 月。”[3]

离开长崎以后，瓦赫纳尔先走海路到达大阪，之后走陆路继续前往江户。[4] 尽管各国大使的费用都可以由幕府支付，但是荷兰长官在前往日本途中的所有开销均由自己负担。这是一笔相当大的数目。在大阪，瓦赫纳尔做出安排，雇来了 85 位搬运工人和 46 匹马，用来将其队伍运输到幕府将军的首都。[5] 这些开销还得加上住宿（包括在路上和在江户）、食物，以及诸如茶和烟等各种项目的费用。[6] 所有花费都包括在内，瓦赫纳尔的江户参府费用总额达到了 15893 荷兰盾。[7] 由于每年都有类似的支出，它构成了工厂的一个沉重负担，不论该季度的贸易利润如何，都必须承受。这就意味着，不能利用一个跨国组织巨大的财政资源来资助旅程的大名，在必须的参勤交代任务中要损失更多。对这些大名中的许多人来说，与参勤交代制度相关的费用消耗了他们可支配收入的很

[1] 瓦赫纳尔的接见发生在 1657 年 2 月 27 日，或者说明历三年第 1 个月的第 15 天。在随后的一年里，接见发生于 1658 年 2 月 17 日，或者说万治元年第 1 个月的第 15 天。但是，1659 年，接见发生于 3 月 9 日，或者说万治二年第 1 个月的第 28 天。这些日期的详细列表，参见 Kanai, *Nichiran kōshōshi no kenkyū*, 172–192。

[2] 荷兰人并不总是精确地遵循这条时间线。比如 1661 年，新要求后的第一年，大部队在第 2 个月的第 2 天才离开，虽然载着货物的驳船是在预定的日期准时离开的。

[3] Kaempfer, *Kaempfer's Japan*, 280. 参勤交代的最初法令要求所有参加的大名，要在第四个月前往江户，但是，随着越来越多的大名被纳入该制度，时间安排必须错开，以避免在路上的拥挤和对抗。随着时间的推移，大名被分成数种群体，并且正如荷兰人一样，规定了到达和离开江户的具体日期。

[4] 在幕府介入新的规定之后两年，要求荷兰人在乘船去大阪之前，由陆路穿越九州，然后从长崎到达下关。

[5] Viallé and Blussé, *The Deshima Dagregisters*, 12:284.

[6] Kaempfer, *Kaempfer's Japan*, 285.

[7] Nachod, *Jūshichiseiki nichiran kōshōshi*, 452.

大一部分，导致资源的枯竭并且带来日积月累的巨额债务。[1]

在一段相对快速的旅程后，瓦赫纳尔于1657年2月16日抵达江户，刚好能赶上看到烟雾从广阔的大都市的东边升起。[2]第二天，他发现接见被安排在2月27日，或者第一个月的第15天。虽然这只是瓦赫纳尔的第一次江户参府经历，但是他应该从他的前任们——自1634年以来，他们参加了那些年中几乎相同的仪式——那里知道，可以期待些什么。尽管对大名的接见也采取了类似的形式，但是江户参府的仪式高潮也彰显出荷兰长官在德川幕府体制中的独特地位。在江户，像平户地区的领主一样的低级别大名参加集体接见。在这种集体接见中，他们在臣服的仪式化表演中拜倒在幕府将军面前，后者通常隐蔽在接待室的一个凸起部分中。[3]没有机会犯错，大名——有权有势的强

图3.1　前往江户途中的荷兰队伍

感谢大英图书馆惠准使用，斯隆手稿（Sloane Manuscript）第3060号，第501页

[1]　瓦帕里斯（Vaporis）指出，这种要求差不多消耗了大名可支配收入的75%。参见Vaporis, *Tour of Duty*, 2。

[2]　Viallé and Blussé, *The Deshima Dagregisters* 12:286.

[3]　这种接见，被称为站立（standing/ritsurei）接见，是为第五级及以下大名设立的。在这些仪式过程中，幕府将军站在大厅的下部，隐藏在屏风后面，大名整齐地排列在他面前。屏风随后由两位议员和大名打开，打开之前在幕府将军面前深深鞠一躬。参见Takeuchi, *Tokugawa Bakufu jiten*, 79–80。

111 大个体——被降格为沉默的参与者的角色，被迫遵循一个他们没有权力改变的剧本。相比之下，虽然荷兰长官很难获得私人接见的特权，但是这更多地与他们在德川幕府秩序中的模糊地位有关，而不是因为他们享有特别高的地位。

在经过几个星期的等待后，真正的接见只持续了几秒钟。瓦赫纳尔在其日记中对接见仪式进行了描述，他写道："我低下头，于是立刻听到一声大叫'荷兰商馆馆长'。伴随着这声大叫，音乐和仪式都结束了。"[1] 更详细的叙述由瓦赫纳尔的一位前辈提供，他在三年前完成了江户之旅：

> 我突然被召唤（在经过了两到三个小时的等待以后），来到日本君主面前。我僵硬地跟在政重（Sickingo）（井上政重［Inoue Masashige］）和记卫门（Quiemon）（记卫门正信［Kiemon Masanobu］）的身后，经过一个室内通道，然后跟随着老专员（commissioner）时不时的喊叫声——"快点，快点"——前进。我们绕着官殿的外围行走并转了两个弯，经过一个有许多领主的大厅，来到放置我们礼物的地方。我奉命去跪拜，将脸贴在
> 112 木板上（我甚至没有踩到垫子上）。穿过大厅，议员们和幕府将军站在那里，安多重长（Ando Okiosamma/Andō Shigenaga）大声喊道："荷兰船长。"我所见到的这位君主，比之前听过的还要强大。[2]

在接见过程中，幕府将军站在大厅的最深处，因距离和灯光的原因部分隐藏在荷兰长官前面。幕府将军和荷兰长官分别处于大厅的前后两端，这种安排是为了在霸主和觐见者之间留出尽可能大的空间。

---

[1] 27 February 1657, Wagenaer *Dagregister.*

[2] 16 March 1654, Dagregister Gabriel Happart, NFJ 67, unfolioed.

为了更好地瞥见其所尽忠的对象，瓦赫纳尔违反了指令，他站起来时故意抬起了头，借此看到了一个模糊的身影“站在光线昏暗的地方”，覆盖了这个宽阔的大厅。[1]

正如江户参府的过程一样，荷兰代表被简单地称为“荷兰船长”。这种名称是想告诉人们，与使团相比，它不把荷兰代表当成日本之外的外来人。因此在国内政治秩序中，由幕府将军的权威界定确立了瓦赫纳尔的地位。瓦赫纳尔并不是作为一种更大权力的代表，而是被简单地称为幕府将军地盘内一小块领土的船长。这种标签尤其适用于1641年以后，当时荷兰工厂从平户迁到了长崎港一座名为出岛的人工小岛上，形成了一块由地方长官控制的自给自足的荷兰飞地。在那片仅有1.31公顷、刚刚超过3英亩的小块土地上，这位“荷兰商馆馆长”统治着某种类型的领土，拥有包括他自己的法律和行政机关——尽管收缩到极小的规模。

虽然接待的位置传统上被称为大厅，但举办仪式的具体地点可能比这更复杂。城堡内的一个关键仪式空间——大厅，被分为六个独立的部分，必须严格按照森严的等级制度来使用。因此，比如，一位低级别的大名可能在大厅的一个较小空间内表达其敬意，同时一位更高级别的领主可能占据一个更大的空间。[2]然而，荷兰长官经常被推到大 113
厅墙外，环绕着大厅的阳台上。根据《通航一览》(*Tsūkō ichiran*)，这就是瓦赫纳尔所说的他们的“礼物被放在大厅的走廊上，荷兰人（在那里）表达他们的问候”[3]。三年前曾去过江户的加布里埃尔·阿帕尔(Gabriel Happart)写道，他不被允许踏上大礼堂的垫子，但是必须将他的脸贴在阳台的木地板上。[4]

接见选择在该区域——不论是否为接见主厅的一部分，都是一个狭小的空间——很好地反映了荷兰长官地位的性质。有点儿类似大名

[1] 27 February 1657, Wagenaer *Dagregister*.
[2] 一份有关这种接见的示意图，参见 Takeuchi, *Tokugawa Bakufu jiten*, 80。
[3] Hayashi, *Tsūkō ichiran*, 6:212.
[4] 16 March 1654, Dagregister Gabriel Happart, NFJ 67, unfolioed.

图 3.2　幕府将军接见坎普法

该图展现的是发生在荷兰长官被正式接见之后的第二次不那么正式的会面。尽管如此，它还是很好地展示出大厅的规模和格局。如图所示，荷兰人这时是被允许进入大厅里面的。

感谢大英图书馆惠准使用，斯隆手稿第 3060 号，第 514 页

图 3.3　摆放着进献给幕府将军礼物的大厅

感谢大英图书馆惠准使用，斯隆手稿第 3060 号，第 512 页

但又有所不同，他被孤立在大厅的四周，作为幕府将军的属臣参与同一仪式，在仪式中占据的位置却与日本本国属臣截然不同。[1] 荷兰人有时甚至被推到令人难受的大厅边缘。瓦赫纳尔 1659 年回去接受第二次接见时，他在大厅外位于阳台另一侧的走廊上表达问候。[2] 这与外国大使的对比非常明显，外国大使被允许进入大厅更重要的区域，正如罗恩·托比所说，在术语用法上有进一步的区分。与其他使团“受到接 114
见”（inken/nyūetsu）不同，荷兰人及其礼物只是被简单地“看了看”（goran），再一次体现出他们的不同地位。[3]

在接见过程中，荷兰长官将他的头磕在地板上，公司的年度礼物放置旁边。在荷兰语的记载中，这些被称为礼物（schenkagie）——这是一个通用的名称，至于这些物品在这种情况下实际上意味着什么，并没有什么影响。日语资料则更为清楚，通常用“贡品”（nyūkō / kenjō butsu）来描述这些物品。[4] 使团赠送的礼物被当作一位君主给另一位君主的友谊象征；与之不同，这些贡品都是属臣给宗主国进献的仪式性物品。如此一来，当使团抵达江户时，他们与被要求进献贡品（tribute）的大名一样，被要求进献礼物（offerings）——通常被称为散布献上（sanpu kenjō）。[5] 因为忠诚的联系是要实现互惠，幕府将军以季节性的服饰（地福，jifuku）作为回礼，在荷兰长官即将离开江户时赠送给他。根据后来 1664 年的一份报告：“他（长崎奉行岛田忠政［Shimada Kyūtarō Toshiki］）[6] 指着离我不远处的三个大礼品托盘。每

---

[1] 环绕大厅的走廊是用来举行某些重要的、涉及大量参加者的仪式活动的，比如将军的御封（将军宣下［*shogun senge*］）。然而，江户参府似乎有所不同，荷兰人是在一个空旷的大厅前面的走廊中朝拜幕府将军的。

[2] Hayashi, *Tsūkō ichiran*, 6:212. 荷兰长官并不总是被局限于阳台，并且有些年这种接见明显是在大厅内的垫子上进行的。比如，1665 年 4 月 16 日，雅各布·格鲁斯（Jacob Gruijs）“将我的头磕在垫子上（*op de matten*）”鞠躬。参见 16 April 1665, Dagregister Jacob Grujs, NFJ 131, unfolioed。相比之下，此前一年的接见是在“走廊的木板（plancken）上”进行的。参见 24 April 1664, Dagregister Wilhelm Volger, NFJ 77, unfolioed。

[3] Toby, *State and Diplomacy*, 190.

[4] Katagiri, *Edo no Orandajin: Kapitan no Edo sanpu*, 69. 片桐一雄（Katagiri）指出，送给幕府将军的礼物被称作献上物（kenjō butsu），而送给幕府官员的礼物被称为进物（shinmotsu）。《德川实纪》（*Tokugawa Jikki*）一贯将荷兰人的礼物称为贡品（nyūkō）。参见 Narushima, *Tokugawa Jikki*, 3:38。

[5] Tsukahira, *Feudal Control in Tokugawa Japan*, 65.

[6] 岛田忠政于 1662 年至 1666 年担任长崎奉行。——译者注

个托盘中都有十件衣服（rocken）。他说这些是陛下的回礼，必须收下并带走。表达谢意之后，我爬到三个托盘中间的那一个，将我的脸贴
115 在地上，把其中一件衣服顶在我的头上。”[1] 对荷兰人来说，这些物品在日本以外几乎没有任何商业价值，因此无法抵消用于江户参府的费用，结果令人沮丧。然而正如这些描述所清楚显示的那样，他们意识到这种交换的重要象征意义，并为此采取了相应行动。这一点上，他们也与大名一样，大名在回到自己的领地时，也收到了相同的物品。[2]

虽然接见标志着江户参府的高潮，但是它并不意味着荷兰长官江户之旅的结束，并且这再次表明了其作为代用属臣的身份。在整个 17 世纪 40 年代，幕府官员定期给荷兰工厂发出指示，以避免他们与葡萄牙人接触，同时确保开往日本的船只上没有传教士或基督教用品。1659 年，这种做法转变成正式的书面命令，在荷兰长官即将结束江户之旅时发给他。瓦赫纳尔滞留日本的第二阶段，在首次接见后十天，他被再次召唤进入城堡，并再次被带到了阳台，那是他曾拜倒在幕府将军面前的地方。在那里，他接到了一组命令，在四位高级幕府官员在场的情况下，由一位宫廷工作人员进行宣读。[3] 这些命令的具体内容随着时间的不同而变化，逐步增加新的条款，直到它们最终在 1673 年形成了一个由六个部分组成的稳定形式。这六个部分在江户参府的漫长历史中持续发给荷兰东印度公司代表，其中两部分尤为特别。[4]

第一，德川幕府禁止荷兰人与曾在 1639 年被日本驱逐出境的葡萄牙人有任何来往，无论是政治的、商业的，还是外交的。为了加强监督，幕府政权命令荷兰东印度公司提供一份清单，列出荷兰人可能会遇到葡萄牙人的地方，因此德川幕府可以调查有关这两个民族之间进行任何通信的传言。第二，也可以说更重要的是，荷兰长官要报告任

---

[1] 2 May 1664, Dagregister Wilhem Volger, NFJ 77, unfolioed. 另一份记录该仪式的资料可见于 Hayashi, *Tsūkō ichiran*, 6:225。

[2] Takeuchi, *Tokugawa Bakufu jiten*, 91.

[3] Hayashi, *Tsūkō ichiran*, 6:223.

[4] 关于完整的命令，参见 Hayashi, *Tsūkō ichiran*, 6:225。关于发行于 1677 年的命令的完整翻译，参见 Kaempfer, *Kaempfer's Japan,* 231。

何关于天主教传播到新的领土或传教士计划在日本传教的消息。随着时间流逝，这个要求被转化为一份正式的情报报告，这些报告每年都要送到位于长崎的幕府官员那里。这些文件最初聚焦于伊比利亚人的权力，被称为《荷兰风说书》(*Oranda fūsetsugaki*)——“来自荷兰人的传闻报告”，后来这些文件的内容变得越来越广泛，直到荷兰东印度公司被要求——用荷兰长官的话来说——提供“包括战争、和平、战斗、胜利、继承人、国王之死，以及其他类似事情的所有消息，并 116
且由翻译予以记录和传达”。[1] 由于缺乏其他信息源，幕府政权开始依靠这些报告作为一个重要的情报渠道，并且他们的焦点根据德川幕府自身的当务之急而做出相应调整，其当务之急从17世纪对天主教的执念，转变为19世纪对西方帝国主义崛起的关注。[2] 因此，《荷兰风说书》构成荷兰东印度公司年复一年坚持不懈地提供服务的、具体而显著的象征。

幕府政权六个部分的命令——这又是一件在使团中不会存在的东西——进一步加强了荷兰人与大名之间的联系，大名与荷兰长官一样，带着幕府将军的指示重返江户。这些命令每年都要被宣读，这为荷兰东印度公司的代表提供了另一个机会，即作为忠诚的下属扮演自己的角色。在这种仪式中，他被要求匍匐在地，恭敬并沉默地等待。宣读完成之后，他对日本王国的忠诚也将受到高度肯定。[3] 一位荷兰长官宣称：“我们会服从皇帝（幕府将军）的指令，将永远努力为日本王国服务。”另一个荷兰长官解释说：“皇帝、议员，以及整个日本都肯定我们对王国的忠诚。”[4]

在这些方面，江户参府借用了大名的行动，将荷兰人视为与幕府将军有直接关系的国内属臣。出于这个原因，将斯皮克和其他荷兰东

[1] Meijlan, *Geschiedkundig overzigt van den handel der Europezen op Japan*, 355–356. 关于这些报告的最权威研究，参见 Matsukata, *Oranda fūsetsugaki to kinsei Nihon*。
[2] Matsukata, *Oranda fūsetsugaki to kinsei Nihon*, 4.
[3] Viallé and Blussé, *The Deshima Dagregisters*, 13:186.
[4] *Dagregisters Japan* 9:127, 1 May 1664, Dagregister Wilhem Volger, NFJ 77,unfolioed.

印度公司代表关于他们在日本地位的说法，与重构宫廷访问的形式之间的联系视为巧合，将是一个错误。甚至可以说，江户参府制度的建立与公司在 1630 年以后的战略有着千丝万缕的联系，在这种战略中，公司有意将其雇员安排在这种角色中。但是，如果它最初起源于荷兰东印度公司的政策，那么江户参府也应当视为新的发展，把荷兰人推向了一条陌生的道路。属臣修辞的最初构想是比较松散的，缺乏任何真正的细节。更重要的是，除了需要重复模糊的忠诚宣言以外，他们显然没有任何真正的义务。当与参勤交代的惯例一样，他们被要求每年都前往江户时，德川幕府通过给荷兰长官提供一份他必须遵守的固定剧本，从而确立了荷兰人作为国内属臣的形象。结果，本来是为克
117 服与德川政权打交道时的困难而设计的一种幻想，却成为一个沉重的仪式负担。

所有这些引起了一系列明显的问题。作为如此显眼的外国人——德川幕府时代文学中奇妙叙述的主题——荷兰人是怎样扮演国内属臣的角色的？如果他们与幕府将军的关系构成主要联系，那么对在荷兰的荷兰人“国王”（the Dutch “king” in Holland）或者在巴达维亚的荷兰总督来说又怎么样呢？这两者都常被幕府官员提起。[1] 最后，如果荷兰长官的管辖范围仅仅扩展到极少数的荷兰雇员，而这些荷兰雇员又构成日本工厂的永久性员工的话，荷兰长官又是怎样扮演（以及被当作）像大名一样的角色的？要理解这一系列明显的矛盾是怎样被容忍的，就需要对德川政权的性质进行简单的考察，在适应这种悖论方面，德川政权表现出令人惊讶的能力。

我们始终无法用简单的特征描述德川幕府。因为德川幕府在本质上存在一个基本的矛盾，即一个中央政府和几十个半自治领地共存的矛盾，前者声称拥有对日本群岛的主权，后者则保留了相当大的财

---

[1]　有关荷兰代表与德川幕府官员之间，围绕这两个人物展开的讨论，参见 Viallé and Blussé, *The Deshima Dagregisters*, 11:189。

政、军事和法律权力。事实上，正是因为这个基本悖论的存在，历史学家们在界定幕府政权时不免自相矛盾。比如，赖肖尔（Edwin Reischauer）在其著名的研究中就曾将德川幕府描述为具有罕见政治怪癖的政权——“中央集权的封建主义”（centralized feudalism），即一个从来没有完全集中也没有完全封建的政权。[1] 最近的研究则表明，这些矛盾因其日复一日的运行而扩展为政权的基本结构。与此讨论最相关的是卢克·罗伯茨（Luke Roberts）的开创性著作，该书出版于2012年，聚焦于德川幕府与各领地的互动。[2] 尽管在德川幕府的资料中，各地大名是作为幕府政权无差别且完全自由的仆人身份出现的，但是他们与德川幕府的关系混杂着大量矛盾。因此，正如罗伯茨揭示的那样，某个大名可能为实现一次成功的继承而生死未卜，而另一个大名也可能会“与幕府官员合谋”提供关于其领地状况的虚假或错误消息，而按理来说，这些官员会因提供这些问题的准确情报获得嘉奖。[3]

对于罗伯茨来说，这种容忍看似明显矛盾的意愿，源于两个关键概念之间存在的重要的，但是被普遍忽略的区别：内（通常隐藏在里边）和外（呈现给世界的外表），这是德川幕府运作中不可或缺的两个 118
概念。幕府统治的动力依赖于保持这两种类型各自独立，允许各地领主在其领地内拥有相当的自主权，只要他们向外保持着完美奉承的幻象。这就转变成表演成为其主要考虑因素。罗伯茨写道：“有能力指挥履行义务——用戏剧感就行，可能缺少对实际职责的真正履行——是德川幕府权力的重要工具，这能够使其有效地维护其统治领域的和平。”[4] 因为这个原因，幕府政权准备在领土的内部空间中，容忍许多有可能是破坏性的行为，只要它们隐藏在一个完美无缺的谄媚表演背后就可以了。

在这一方程式的另一端，大名能够根据处境和接见的变化运用多

[1] Reischauer, “Japanese Feudalism.”
[2] Roberts, *Performing the Great Peace*.
[3] 同上，第15页。
[4] 同上，第3页。

重不同身份。用罗伯茨的话来说："演员的身份和主体发生了根本变化，这取决于他们是在一个外部空间还是在一个内部空间操作，并且政治单位本身的性质根据外部和内部也有不同的表达。"[1] 一种语言可以在领土内部使用，而第二种完全不同的措辞和观念可以出现在幕府政权与大名之间交换的文件中，通过承认这种情况，罗伯茨能够调和德川时期各地领主明显冲突的身份，各地领主有时会作为独立的政治单位出现——也就是说，拥有自身权力的政府或国家——虽然从不同的角度看，他们似乎不过是德川幕府体制中的附属部分，以及国家整体中的次主权政府角色。[2]

有些大名可能明明活在世上却为了某种理由佯装死亡；有些领主拥有双重政治身份，他们与在德川日本具有独特地位的荷兰长官之间的差距，可能并没有一开始所呈现的那么大。事实上，这正与罗伯茨所描述的区别一样，一种内在或内部身份与外部或外部表现之间的区分，使得公司的属臣修辞可以发挥作用。与荷兰东印度公司代表在江户的活动，以及他们上演完美的属臣表演的意愿相比，荷兰长官的真实地位及其在日本工厂围墙内做什么或说什么都不重要。正是在这一方面，1634 年江户参府开始以后，荷兰人表现出一贯的可靠。与奴易兹及其拙劣的使团形成鲜明对比的是，像扎卡赖亚斯·瓦赫纳尔这样的荷兰长
119 官，变得善于遵守幕府政权提供给他们的剧本。如果，正如罗伯茨所坚持认为的那样，"德川幕府的关键要求，是每一个人都能遵守前面的承诺和敬意，并且每一个人都看到这种混乱并没有在他们领土之外爆发"，那么公司的代表们此时正好学会了游刃有余地处理这方面的事务。[3]

这种可靠的表现反映在德川时代的资料中，这些资料记录了 1634 年以后荷兰人对宫廷的访问。[4] 在这些简短的报告中，荷兰人被描述为

---

[1] Roberts, *Performing the Great Peace*, 15.
[2] 对围绕领主身份展开的持续争议，参见托比对卢克·罗伯茨和马克·拉维纳著作的评论，详见 Toby, "Rescuing the Nation from History"。
[3] Roberts, *Performing the Great Peace*, 8.
[4] 在成岛司直（Narushima）的《德川实纪》中，有大量有关荷兰人访问幕府将军宫廷的描述。这本著作，包括一系列官员的记录，由林学者们（the Hayashi scholars）编纂于 19 世纪上半叶。

忠实可靠的仆人，在正确的时间来到江户，表演着适当的仪式，并在通知他们离开时遵守命令。虽然每年的记录都有所不同，但是他们遵循相同的基本模式：荷兰人带着他们的贡品来到城堡，这些贡品随后由幕府将军或高级官员（如果将军无法得见的话）查看，然后接见结束了。[1] 因此从德川政权的观点来看，这种有关完美属臣的外在假象能够保持一种不同的内在身份，只要不违背其表面，也不破坏其与幕府政权的关系，就可以让荷兰长官像领地大名们一样自由生存。

然而，保持这种假象要求荷兰东印度公司及其代表付出相当大的努力。1634 年，江户参府刚开始时，它的第一批参与者并没有对这种新的安排表现出特别的厌恶。相反，定期访问宫廷制度一开始受到荷兰人的欢迎，因为这最明显地标志着，经过多年的困难以后，荷兰东印度公司与幕府将军的关系终于开始趋于稳定。但是随着时间的流逝，定期访问的要求没有得到任何放松，荷兰人的满足感逐渐消失。到了 17 世纪 50 年代，当扎卡赖亚斯・瓦赫纳尔完成了对幕府将军宫廷的第二次访问时，江户参府因其带有夸张的属臣标志和无情的时间线，已经变得越来越令人不快，它的主要参与者感到疲惫，他们的怨恨在日记中浮现出来。1654 年，一位荷兰长官感叹："这就是我们通常所说的在日本陛下面前获得接见的东西。称之为尊敬的，或者更准确地说是顺从的表演、卑鄙的耻辱或者另一种邪恶的敬意（homagie）会更好一些。"[2] 但正如他们在内部文件中提出的抗议一样，荷兰在日本的代理人认识到，他们没有权力去改变仪式的形式或者年度表演的要求。

乍看起来，很难确定江户参府究竟有多强的稳定性。直到 1790 年，这种年度要求持续了 150 多年，在这期间荷兰人前后总共 167 次访问 120
幕府将军宫廷。[3] 虽然德川幕府在 1790 年终于改革了这项制度，但只是把江户参府从每年一次变为每五年一次，而仪式的形式则保持不变。

[1] 有关一些代表性的条目，参见《德川实纪》，3:38, 3:69, 3:299。
[2] 16 March 1654, Dagregister Gabriel Happart, NFJ 67, unfolioed.
[3] Kanai, *Nichiran kōshōshi no kenkyū* , 172–192.

最后一次江户参府发生在1850年，恰好是佩里的舰队抵达江户湾三年之前。同样地，它比崩溃于18世纪末的荷兰共和国及荷兰东印度公司本身持续时间更久。[1] 在这一时期，仪式的性质始终保持一致。尽管自它产生以来，中间发生了重大的政治变革，但是19世纪的江户参府为诸如瓦赫纳尔等人最为熟悉。

这从一位荷兰长官——亨德里克·德夫（Hendrik Doeff）——的叙述中可以看得很清楚，他曾在1804年、1806年、1810年和1814年四次访问幕府将军宫廷。与他17世纪的前辈一样，亨德里克·德夫在一个固定的日期离开长崎，沿着熟悉的路线前往江户，到达那里之后就参加一个不变的仪式，但他至少进入了大厅内部：

> 穿过一个木走廊，我被护送到铺着百张席子的大厅……我和长崎州州长一起走进了大厅，在那里我发现了我左手边的礼物……我像这个领土上的所有王子一样，用同样的方式表达我的敬意，于是，一个政府委员会成员通过高呼“荷兰商馆馆长”介绍我。在此之后，站在我身后几英尺地方的长崎州州长拉着我长袍的下摆，示意我接见已经结束了。整个仪式顶多花了一分钟。[2]

引人关注的是，亨德里克·德夫同样与大名联系起来，写道“像这个领土上的所有王子（大名）一样，用同样的方式”表达他的敬意。[3] 在接见后几天重返城堡，他收到了幕府标准的六部分命令，包括老套的与天主教势力接触的警告。这样，从荷兰人最初作为国内属臣开始，虽然相隔了很长时间，但是一位19世纪的荷兰长官依然被迫扮演同样的角色，这种角色曾在许多年以前就在斯皮克的信件中被记录下来。亨德
121 里克·德夫的经历清楚地表明，一旦宣称，角色就不能被轻易丢弃。

[1] 荷兰共和国的存在时间是1579年至1794年，荷兰东印度公司的存在时间是1602年至1799年。——译者注

[2] Doeff, *Recollections of Japan*, 82.

[3] 同上，第81页。

从言到行

江户参府让公司的属臣修辞变成了现实，然而这并不是荷兰东印度公司代理人被要求言行一致的唯一例子，在斯皮克致信八年之后，荷兰人发现自己意外参与了反对德川幕府敌人的军事行动。荷兰东印度公司参与镇压岛原之乱的行动——那是发生于 1637 年的一次带着浓重基督教色彩的国内叛乱——长期以来饱受争议。对（通常是非荷兰人［non-Dutch］）评论家来说，荷兰东印度公司为外国君主效力而侵犯基督教徒同胞是不可原谅的。拥有德国血统的坎普法，痛惜荷兰东印度公司卑鄙的参与；而一位后来的美国作家将其描述为："一次非常清楚而不容否认的、太邪恶且臭名昭著而不容姑息的行动。"[1] 相比之下，荷兰作家，包括一位曾在日本工厂工作的作家，强烈抗议这种"无知的外国人……（给）这件事以最强烈的鄙视"的倾向，他争辩说，荷兰东印度公司的长官只是被要求协助德川幕府打击国内叛乱者。[2]

这种指控和辩护之间的拉锯无法使我们更进一步地解释为什么荷兰东印度公司从一开始就被卷入其中。现代学者提出的一种解释认为，荷兰人是幕府官员设计的一项考验的受害者，目的是确保他们可以完全被信任。[3] 按照如此推理，如果荷兰人准备把他们的枪对准基督教信徒，那么他们可以因为完全服从幕府将军的反基督教禁令而受到信赖。但这种看起来十分合理的解释，依赖于一个假设，即几十年来幕府官员在镇压对其构成首要威胁的国内叛乱的过程中，暂停下来，精心安排对一个外国小集团的忠诚度进行测试。当追溯其起源时，这种说法甚至变得更不让人信服；这一说法源头据说是幕府指挥官做出的评论，这种评论后来经过了第二手甚至第三手才传到荷兰。[4]

---

[1] Kaempfer, *Kaempfer's Japan*, 188; Hawks, *Narrative of the Expedition of an American Squadron*, 38.

[2] Doeff, *Recollections of Japan*, 24.

[3] 古德曼写道，幕府"决定检验这些外国人曾大声公开宣称的忠诚"。参见 Goodman, *Japan and the Dutch*, 14。

[4] Nicolaes Couckebacker to Antonio van Diemen, letter, 9 November 1638, NFJ 483: 382–404, esp.383.

要理解推动荷兰东印度公司参与镇压叛乱的原因，首先就要减弱一些相关的修辞。[1]当从一些有关荷兰人邪恶的下意识指控中走出来时，
122 这件事情的事实不像一些作家所说的那么令人震惊。虽然岛原之乱部分是基督徒叛乱，但同时也是一次天主教的叛乱，天主教是在过去几十年由耶稣会士传到九州来的。到了 1638 年，当荷兰东印度公司向叛军营地开火时，它一直在与葡萄牙人和西班牙人、天主教在亚洲的势力，以及他们的当地盟友进行一场持续了近 40 年的邪恶战争。而在欧洲，它的家乡，荷兰共和国在相当长的时间里，一直为了生存坚持与入侵的西班牙作战。因此，荷兰人派人驾船前往岛原，为反对天主教而采用暴力手段并不让人吃惊，也就不会因为叛乱者的基督教信仰而赋予他们特别的豁免权。

然而，仍然令人惊讶的是，荷兰东印度公司作为一个一直拒绝把资源投入军事活动的组织，愿意承诺提供船只和人员来镇压一场国内叛乱，而这种镇压活动对其没有任何直接利益，反而消耗了宝贵资源，扰乱了交易计划。[2]恰恰是这种兑现承诺的方式需要解释。荷兰人并不是被困在德川幕府的考验中，而是自愿采取行动，并且他们这样做的理由是因为他们承担了作为幕府将军忠实奴仆的责任。与此同时，荷兰东印度公司代理人和负责镇压叛乱的幕府官员之间的合作，被施加上一层厚厚的、最早由斯皮克在 1630 年提出的修辞。所有这一切都表明，可以在岛原事件和本章所描述的外交战略的转变之间建立直接的联系。事实上，公司对岛原之乱的回应方式还提供了一些最清晰的证据，涉及宗藩关系的观念在荷兰东印度公司与幕府将军的互动中逐渐成为中心。

轻松地谈论忠诚的服务，可能演变成一个诉诸实际行动的承诺，这在岛原战役打响之前几个月首次变得清晰。到了 1637 年下半年，长

[1] 我特别感谢本书手稿的审稿人对这一部分提出的敏锐意见。

[2] 荷兰东印度公司确实偶尔会同意帮助亚洲国家参与对抗他们的敌人的战役，但是只有当它获得了重要奖赏的承诺时才这么做。这种战役和荷兰东印度公司在岛原的行动之间的区别将在结论部分做简要讨论。

崎的官员开始越来越大胆地暗示，荷兰人应该主动制订一个雄心勃勃的计划，攻击西班牙的殖民城市马尼拉。[1]这个攻击计划的目的，是对1628年一支西班牙舰队击沉一艘日本船施以惩罚，这艘日本船还带有幕府颁发的贸易通行证。[2]事件发生后不久，德川幕府就策划了一次攻击马尼拉的军事行动，但是失败了，因为当时负责侦察城市防御工事的大名松仓重政（Matsukura Shigemasa）过世且没有留下明确的替代者。这次谋划中的攻击，正是接续早期那次攻打马尼拉的尝试。[3]然而，123
1637年，长崎官员复活了这项计划，他们看到了讨好在江户的上级的机会，即将日本的军事力量和荷兰的海上技术结合，提出一种低成本的报复西班牙的方式。在得到永久关闭来自马尼拉的传教士通道的承诺——这已经成为幕府官员们越来越关注该问题的重要原因之一——之后，这项计划变得更吸引人了。

1637年9月，两位长崎州州长（奉行［bugyō］）马场利重（Baba Saburōzaemon Toshishige，1636—1652年在任）和神尾元胜（Sakakibara Hida-no-kami Motonao，1634—1638年在任）从一些被俘的多明我会修士那里了解到，马尼拉殖民政府正计划持续地派遣一波传教士进入日本。[4]通过把荷兰人拉进一个反对马尼拉的计划战役中，他们对威胁做出了回应。10月30日，两位奉行询问荷兰长官，为什么荷兰人会让“马尼拉被置之不理”。他们解释说，如果城市受到攻击和被摧毁，那么将使幕府将军感到非常高兴。[5]其言外之意显而易见：作为幕府政权的忠实仆人，荷兰人应该预见到幕府将军的愿望，并且自愿参加反对他的敌人的战役。当然，虽然荷兰东印度公司正在与西班牙人交战，但是这两位奉行的计划带来了巨大的风险。自1571年成立以来，马尼

[1] 我同意山本博文（Yamamoto Hirofumi）的观点，他曾令人信服地指出，1637年攻击马尼拉的提议不起源于在江户的幕府将军。相反，它似乎是长崎官员所钟爱的计划。参见 Yamamoto, Kanei jidai, 54–55。

[2] Blair and Robertson, *The Philippine Islands*, 27:229–230.

[3] Iwao, “Matsukura Shigemasa no Ruzonto ensei keikaku.”

[4] *Dagregisters Japan*, 3:55. 在这一时期，有两位官员任职长崎奉行。随着长崎被德川幕府控制，他们直接向江户报告。

[5] 同上，3:57。

拉已经成为亚洲防御最好的欧洲飞地之一，用装有重型火炮的厚墙加强防护，并配备了一支强大的驻军。[1]一次失败的进攻会重创荷兰东印度公司的舰队，造成大量人员伤亡，并且永久地破坏其贸易活动。荷兰长官敏锐地意识到这些危险，于是拒绝了两位奉行的建议，解释说荷兰人更多的是商人而不是士兵，而且缺乏必要的资源来参与这样一场战役。

第二天，一位下属官员——长崎地方长官（代官［daikan］）重新开始其游说活动，他解释说，他已经为荷兰人准备了一份请愿书，只需要签字并以他们的名义提交给江户。这份请愿书，设定在渴望为主人服务的忠实奴仆的语言框架下，以含糊的措辞，表示自愿贡献公司的船只、人员和大炮参与这场战役：

> 最近，我们（荷兰人）已经了解到，马尼拉人违反了皇帝（幕
> 124 府将军）的禁令，并且正派遣在日本被禁止的牧师。结果，他们被阁下视为罪犯。如果最高当局决定毁灭这个地方，那么每年都会给日本带去大量船只的荷兰人，将时刻准备——及时或伺机——献上我们的船只和大炮供您使用。我们请求陛下信任我们，并且相信我们——在所有的事情上，概无例外——准备为日本服务。出于这个原因，我们把这个呈送给陛下。[2]

这份文件充满了潜在的危险。一旦形成文字并送到江户，提供军事支持的承诺将不能收回。如果幕府政权决定重拾对马尼拉的攻击计划，这份请愿书将相当于一份合同，许诺提供巴达维亚的人员和船只。

由于不愿做出这样一个开放式的承诺，工厂代表提出异议，解释

[1]　有关对马尼拉防御的当代描述，参见 *Dagregisters Japan*, 3:155。

[2]　*Dagregisters Japan*,3:64.

说，在文件被批准之前，如此重要的事务必须提交给作为指挥链上级的荷兰总督。[1]这位地方官员要求荷兰东印度公司兑现其诺言：“多么懦弱！你在说什么？我不想（知道）你的方式，而且你当然不希望摄政者（奉行）听到这样的回答。你应该正确地说：‘哦，太好了！我们对此渴望已久。现在我们可以向陛下（幕府将军）证明，我们准备好为日本服务。’我想告诉你，如果你拒绝，会导致什么结果。首先，你会被认为是令人厌恶的骗子，因为你们总是说，你们准备好为日本奉献你们所有的力量。”[2]接着，他解释说，他常常告诉他的上级，荷兰人是值得信赖的，而且随时准备用他们的“武力、船只和法令为幕府将军服务，确实像一位陛下领土上的领主那么忠诚和热烈”。已经承诺了这么多，如果他们现在拒绝服务，那么他们的声明将“被称为谎言”。[3]

虽然这些话出自一位日本官员之口，但是这种话语几乎完全重复了荷兰东印度公司代表所表达的观点，而且他们在某种意义上，指出了荷兰人作为属臣的观念的传播之广。虽然重复以有效的方式加强了荷兰东印度公司自身的介绍，但同时也表明，荷兰人要在日本保留其对中心逻辑的控制能力是怎样的微弱。到了1637年，正如那位地方长官明确表述的那样，这种首先由荷兰东印度公司代理人提出的观念无 125
法再被约束了，而且公司的这套说辞已经变成可以供很多群体为自身利益所用的工具。通过简单重复荷兰东印度公司的忠诚声明，这位地方长官为荷兰人提供了一份应该遵守的剧本，正如在江户参府中的情况一样，要求他们扮演曾经声称的那种角色。

在工厂里，理事会召开会议讨论请愿书。理事会成员很快就意识到自己的处境岌岌可危，陷入由他们的声明所暴露的风险和军事参与的危险的两难中。请愿书不能简单地被驳回，因为这么做将意味着，过去那些涉及他们服务的意愿都是个骗局。理事会成员悲叹，这将会

[1]　原文如此。——译者注

[2]　*Dagregisters Japan*，3:64–65.

[3]　同上。

导致荷兰人被视为“骗子和令人厌恶的人”，因为他们曾经“在此之前多次提出向日本提供帮助和服务”。[1] 另一方面，可以理解，理事会不愿意做出一个开放性的承诺，承诺公司的“海军力量（船只和武器）为日本服务”。既然两方面的前景都不那么吸引人，那么最后的决定只好赞成让步。理事会得出的结论是，否认已经做出的承诺比提供支持更加危险，于是决定自愿为这次攻击提供六艘轮船、四艘海船和两艘快艇。[2]

在着手实施尼拉计划之前，发生在岛原的事件干扰了德川幕府，使其关注点转向国内问题。12 月 17 日，消息传到平户，“有马地区的居民或农民已经叛变，正在反抗当地领主”[3]。起因是当地大名提出的高额税收引起了不满。但是周边更广泛的地区是个一触即发的火药桶，起义很快蔓延到天草岛，在那里，数百村民拿起了武器。随着形势发展，叛乱开始吸引隐藏的基督徒的支持，这些基督徒渴望逃避德川幕府的迫害。在平户，荷兰人得到消息，村民们正焚烧神社和寺庙，就地建立了装饰有耶稣和玛利亚肖像的教堂。[4] 由于装备差、供应差，叛军很快就陷入了防御，在经历了一系列挫折后，选择坚守原城——一座在岛原地区早已荒废的堡垒。由于堡垒三面环海且有厚厚的围墙防卫，因此即使在它要崩塌的时候，堡垒也构成一个强大的据点，那里的三万名男人、妇女和孩子聚集在一起，等待来自江户方面的回应。

126 这场叛乱惊动了德川幕府政权，德川幕府发现自己面临一个意想不到的地区对其权威发起的挑战。德川幕府派遣板仓重政（Itakura Shigemasa）率领一支大部队去镇压起义并恢复秩序。军队以全速行进，在 1638 年 1 月中旬左右到达九州。[5] 考虑到最近对马尼拉战役的讨论

[1] Resolutions, 3 November 1637, Japan factory, VOC 1124:30–31.

[2] Commelin, *Begin en Voortgangh*, 4:126.

[3] *Dagregisters Japan*, 3:84–85.

[4] Geerts, “The Arima Rebellion and the Conduct of Koeckebacker,” 61. 海尔茨（Geerts）曾汇编了一些公司参与岛原之乱的重要文件。

[5] 有关对德川幕府回应的分析，参见 Keith, “The Logistics of Power”。

以及对德川幕府当局的直接威胁，荷兰长官——尼古拉斯·古肯贝克[1]除了立即提供支持以外，没有更多的选择。在一封日期为1月17日的信中，他明确地表达了这一点。他也以忠实属臣惯用的陈词滥调，向板仓重政保证："如果你需要任何东西，只要在我们的能力范围之内，就请下令，因为我们总是准备做好忠实的服务。"[2]结果使得荷兰东印度公司自愿在战役中提供服务，同时使荷兰人作为幕府忠实属臣的指定角色日渐清晰（无须德川幕府官员的任何提示）。

送达第一个请求没有花太长的时间。1月27日，长崎地方长官写信给古肯贝克，要求他向集结在原城附近的幕府军队送去大量火药。[3]派送了六桶火药以后，古肯贝克决定于2月5日提供另一种服务，这次是给与德川幕府的主力军队驻扎在一起的长崎奉行："我们带着敬意给阁下写信……我们已经准备好了供应大炮和射手，如果阁下认为有必要的话。不论阁下何时下令，我们都将供应……荷兰人完全有能力向陛下提供服务，那么请命令我们。"[4]这种提议使古肯贝克收到了另一个要求，他在2月10日得到指示，向岛原运送追加的火药和五尊大炮。在写给长崎地方长官的回信中，他夸口说，他已经运送了他所能支配的最强大的枪，以服务幕府将军的战役。[5]

尽管有荷兰东印度公司的支援，板仓重政的战役还是遭受了一次又一次挫折。两次攻击仅仅成功造成对方大量的人员伤亡，而在进入叛军堡垒方面没有获得任何进展。由于对战役的进展不满，江户方面决定启用两位新的将军——松平信纲（Matsudaira Nobutsuna）和户田金氏（Toda Ujikane）——取代板仓重政。在他们抵达前线时，板仓重政死于2月14日发动的第三次——同样也是徒劳的攻击。意识到正面 127
攻击不可能成功，松平信纲和户田金氏代之以长期的围攻。正是在这

[1] 有学者译为尼古拉斯·库克巴克尔。——译者注
[2] Nicolaes Couckebacker to Mouraasame Sabroseijmondonno, letter, 17 January 1638, VOC 483:372.
[3] *Dagregisters Japan*, 3:98.
[4] 同上，3:102–103。
[5] Nicolaes Couckebacker to Phesodoenno, letter, 15 February 1638, VOC 483:373.

一点上，他们号召荷兰人兑现其承诺，并且在2月19日，指示荷兰长官发送所有可用的“船只和大炮”，为这次围攻服务。[1]这一命令将荷兰东印度公司从之前一直满足于提供物质支持的边缘拉回来，要求荷兰东印度公司直接参与到战役中来。虽然荷兰长官并不希望为了一个不确定期限的服务派遣少数可用的船只，从而扰乱工厂的贸易计划，但荷兰人所表达的忠诚服务的要求不容易被拒绝。但如果这样的话，至少可以减少潜在的损失，而且当时有两艘荷兰东印度公司的船只停泊在日本港口，古肯贝克迅速命令其中一艘起航离开港口。随后他登上了另一艘轮船——成熟号，于2月21日离开原城以指挥这次远航。

四天后，这位荷兰长官与松平信纲和户田金氏及两位长崎奉行第一次会面。与我们希望的截然相反，在这些讨论中没有任何迹象表明，荷兰东印度公司的船只在德川幕府的命令下前来服务，这令人感到非常奇怪。恰恰相反，这些官员模仿荷兰东印度公司自己的说辞，将成熟号的到来视为过去承诺的自然延伸，解释说荷兰人“已经说了三年多，他们希望用他们的船只、大炮和人员为陛下和日本的土地服务。他们一再希望得到这个机会，现在他们展现出了(他们的服务)”。[2]成熟号的出现实现了这一机会，并且使荷兰人为他们遥远的主人履行了上述职责。事实上，这种联系是由德川幕府指挥官明确达成的，他们注意到，荷兰人“曾像其他的领主一样提供他们的服务”。[3]换句话说，荷兰东印度公司参与这场国内战役也不是什么例外，这只是政权更广泛地调动其属臣所达成的合乎逻辑的结果。

成熟号及其全体成员迅速地投入工作。在接下来的两周时间里，荷兰枪手用船上安装的枪和一尊组装在岸上的大炮向原城发射了超过四百次炮击。[4]虽然很难对公司贡献的确切影响做出评估，但是幕府官员坚持认为，他们对给敌人造成轰炸重创感到满意；一位来自原城的

[1] *Dagregisters Japan*, 3:110.
[2] 同上, 3:114.
[3] 同上, 3:125。
[4] 同上, 3:115–125。

叛逃者报告说，每天在营地都“有 5 位、10 位或者 15 位伤亡者”。[1] 128
尽管事实上叛军还没有还击的手段，但是在荷兰东印度公司这边也有死伤。3 月 11 日，一发炸膛的炮弹炸死了一位名叫希利斯（Gillis）的石匠，他曾负责成熟号的其中一门炮。当幕府指挥官们得知他牺牲的时候，他们向古肯贝克承诺，将会把其牺牲的消息告知幕府将军，同时荷兰东印度公司后续将会得到一小笔钱用于赔偿其损失。[2] 第二天，当古肯贝克收到了成熟号可以离开的指令时，持续的例行炮击停止了。古肯贝克仍然扮演着忠实属臣的角色，他表示愿意留在他的岗位上，直到战斗结束，但是要求公司保证其不再提供服务，因为围攻已经很接近堡垒，继续进行轰炸不再安全。准备离开时，古肯贝克被告知，荷兰人提供了一次有价值的服务，而且他们的参与已经通过“每日往返的邮件”汇报给了幕府将军。[3] 正好是一个月以后，幕府军队最终攻入城堡，屠杀了幸存的反叛者，平定了这次起义。

虽然袭击马尼拉的计划和荷兰东印度公司参与在岛原的行动有着非常不同的结果，但是仍然贯穿着相同的线索。在这两种情况下，荷兰东印度公司的代理人发现他们自己被过去的说辞禁锢，被迫扮演渴望提供服务的忠实属臣的角色。自斯皮克 1630 年信件后不过十年——那封信首次提出了荷兰人作为属臣的观念——以及荷兰东印度公司参与攻击幕府敌人的军事行动的事实，这种观念的迅速发展引人注目。直到成熟号出现在原城附近时，荷兰人作为属臣的观念变得出人意料的顽固，幕府对其言行一致的要求让荷兰长官几乎没有反抗力。岛原之乱以后，幕府官员逐渐对远征攻打马尼拉或者其他国外目标的宏伟计划失去了兴趣，但是荷兰人将继续与幕府将军的其他属臣一样提供军事服务的要求仍被保留了下来。[4] 由于没有进一步的战争或者其他冲

[1] *Dagregisters Japan*, 3:126。
[2] 同上，3:123.
[3] Nicolaes Couckebacker to Antonio van Diemen, letter, 9 November 1638, NFJ 483:382–404, esp.382–383.
[4] 比如，荷兰人被指示去攻打他们在去日本的途中遇到的任何一艘伊比利亚船只，从而消除天主教对日本的威胁。参见 *Dagregisters Japan*, 5:46–47。

突征召荷兰东印度公司船只或水手，因此，在德川幕府统治的很长时间内，《荷兰风说书》作为一种年度情报报告，成为荷兰东印度公司最重要的军事服务。

129 “帝国的鲜花，国家的护卫”

随着时间的推移，这些忠诚的服务理念逐渐增加了分量，变得越来越强烈，将荷兰东印度公司在日本的经历与欧洲人在亚洲的海外企业的经历区别开来。荷兰东印度公司自称是强大的亚洲统治者的属臣，从而把他们自己遮蔽在当地政权的笼罩下，这种做法对欧洲代理人来说并不常见，但是这种说法本质上是暂时的，只是持续足够长的时间来为关系的调整提供空间。荷兰东印度公司与马塔兰——在爪哇的一个强大王国——之间的关系就是这种情形，在那里这种说法也同样被使用。[1]荷兰东印度公司长期与马塔兰争论不休，直到1646年和解，马塔兰故意把荷兰人置于属臣的位置。在和解的文件中，荷兰总督承诺向马塔兰进献罕见的礼物，而且如果马塔兰的统治者“与任何敌人发生战争的话”，荷兰人将会予以帮助。[2]虽然这种结构持续了好多年，但是它更多的是使荷兰获得喘息的机会，而不是需要一个持续的承诺；随着时间的流逝，巴达维亚有能力利用支持王位的竞争对手，将自己从属臣变成在王国范围内占主导地位的政治力量。[3]在这个过程结束时，先前的属臣已经拥有了政治能力，而公认的霸主被迫成为荷兰东印度公司的附属国。

一个更著名的例子来自印度，在那里，英国东印度公司最初承诺效忠莫卧儿皇帝。在18世纪初，英国的代理人向莫卧儿宫廷发出请愿书，请愿书用了忠实仆人的独特语言作为措辞。1712年，在孟加拉担

[1] Alexandrowicz, *An Introduction to the History of the Law of Nations*, 33.
[2] Heeres and Stapel, *Corpus Diplomaticum*, 483–485.
[3] Van Goor, *Prelude to Colonialism*, 44–45.

任首席行政官的英国人约翰·罗素的一封信，提供了有点儿类似的对应关系："约翰·罗素如同卑微的尘土，低头弯腰直至额头碰到陛下的脚凳尖上，而您是宇宙中绝对的君主和支柱……我们英国人迄今为止一直与孟加拉、奥里哈（Orixa）和贝哈尔（Beharr）进行免税贸易（除了在苏拉特［Suratt］以外），是陛下最听话的奴隶，总是一心想要执行您的命令。"[1]但是，随着莫卧儿帝国权力的削弱和英国影响力的增强，有关印度主权的任何提法都变成了过场戏，可由英国任意操纵以扩大其利益。正是在这种背景下，17 世纪 50 年代和 60 年代的著名战役爆发了，这些战役最终确立了英国在印度的殖民统治。英国代理人宣称， 130
他们并不是为了自身的利益着想，而是为维护他们遥远的领主的权威而战斗，从而将扩张主义者的活动重新建构成为保护莫卧儿王朝主权的防御行为。

这样的宣称让罗伯特·克莱武——大英帝国在亚洲的伟大主角——至少在一开始就主张，他只是为了保护"伟大的莫卧儿帝国的权力"。[2]在印度首都，一个在很大程度上没有权力的皇帝被迫采用同一种说法，1765 年伯格萨尔战役之后，赋予英国东印度公司在三个省份——孟加拉、比哈尔和奥里萨邦——征收税收的权力，作为对其忠诚服务的奖励。因此英国东印度公司被褒奖为"高大威猛、高尚尊贵的贵族，耀眼辉煌的首席战士，我们忠实的仆人和真诚的祝福者，配得上我们的皇家恩惠"，而克莱武获得了"帝国的鲜花，国家的护卫，勇者，战争中的不移者"的头衔。[3]在这种情况下，关于服从和服务的夸张说法隐藏了一种机制，在这种机制中，主要的利益——不论是政治上的合法性还是经济上的让步——回转流向欧洲的伙伴。当这样的情节不再适合他们的目的时，幕布被拉开，现实关系暴露无遗。[4]

---

[1] Wilson, *The Early Annals of the English in Bengal*, 2:65.

[2] Sen, *Distant Sovereignty*, xv.

[3] Aitchison, *A Collection of Treaties, Engagements, and Sunnuds*, 60 and iv.

[4] 对于任何有关英国人在某种程度上是莫卧儿帝国属臣的观念的结果，参见 Edwards, *Reminiscences of Bengal Civilian*, 55。

在日本，这样的宣称所产生的效应完全不同。在那里，属臣的说法没有掩盖欧洲权力的逐渐扩张，或者这种关系对于假定属臣没有任何有利的倾斜。同样重要的是，荷兰人作为属臣的观念对荷兰东印度公司失去了价值以后，不但没有消失不见，反而变得更加重要。随着德川幕府政权的延续，江户参府年复一年，越来越难将表演从现实中分离出来，也越来越难以确定荷兰人是否只是在扮演一个角色，抑或是他们确实成为德川政府的忠诚仆人。来自江户时代的官方汇编在这点上几乎很少含糊，它们揭示了荷兰人作为尽责的属臣，在德川幕府的责任范围之内，忠实地执行分配给他们的职责——只有罕见的例外。

或许在这方面最有启发性的史料是《通航一览》，这是一份关于19世纪德川幕府外交关系的文献汇编。这份卷帙浩繁的文本分为一系列的章节，详细介绍了德川幕府与诸多外国组织的关系。又被进一步细分为若干类别——通信、对日本的访问、争端的要点等——整个汇

131 编大体上是这样的标准。虽然涉及荷兰人的一章包括这些传统的类别，但是它还有一个额外的部分，这部分内容在这份冗长的文本中的其他任何部分都没有再出现。同样地，它有助于将荷兰人与所有其他与德川幕府有关系的外国组织区分开来。简单地题为奉公（hōko），或称“服务”，它描述了荷兰东印度公司年复一年地为历任幕府将军履行义务的情况。[1]这部分内容包含了数百年的忠诚服务，包括岛原之乱和许多情报报告（即《荷兰风说书》），这些文献是荷兰奉献的具体证明。总体效果是为了模糊表演和真实之间的界线。如果荷兰人仅仅是通过假装忠诚的奴仆，为了他们自己的利益而骗取幕府将军的接见，那么他们如此出色地扮演了这个角色，并且在这么长的时间里，他们实际上已经放弃了在日本的任何替代性身份。从德川幕府的角度来看，他们确实成为忠实的奴仆，成为与他们的国内领主一样的、可以信赖的、提供服务的忠实属臣。因此，在17世纪30年代草率披上的伪装，依附得越来越

[1]　Hayashi, *Tsūkō ichiran*.6: 264–305. 这部分的标题全称是《御奉公筋》(*gohō kosuji*)。

紧，直到它不能再被移除，也就变成永久性的了。

通过这种方式，荷兰人为了在德川幕府的秩序中寻求一个安全的地方而改变自己，这种外交上的冲突就为交流产生了新的框架。无论人们怎样看待它，荷兰东印度公司的外交调整规模非常显著。在几十年的时间里，荷兰东印度公司在日本的代表从扮演一位荷兰国王代理人的角色，转变成身在巴达维亚的专横总督的大使，最后变成幕府将军的忠实属臣。在这一过程中，荷兰东印度公司从自己的主张中退出，其中最明显的是他们有关荷兰总督地位的表述，而且也从其宪章第 35 条规定的主权权力中退出。类似的过程也发生在日本周围的海域，在那里，荷兰东印度公司的船长们发现，他们发动战争的权力同样受到德川幕府的限制。

第二部分　暴力

第四章

暴力之海

基督徒（是）海上的狮子……（而且）上帝已经为他们的统治安排了不稳定因素。

——奥朗则布皇帝（Emperor Aurangzeb），

据傅兰雅（John Fryer）报道，1698 年

（在日本）展示我们的威力或使用暴力是完全不可能的，除非我们想离开这片土地，并且永远不再回来。

——《关于公司在日本贸易当前状况的研究》（*Consideration of the Present State of the Company's Trade in Japan*），1707 年

如果说外交提供了一个困难的舞台，在这个舞台上欧洲人带着装备不足的武器，被迫适应复杂的秩序，那么海洋的确构成欧洲人在早期近代世界所主导的典型空间。[1] 与迷宫似的首都不同——奴易兹和其他大使们借此努力制定一条路线，因为海洋非常开放且能够产生影响。同时海洋也是一个竞技场，在这个竞技场中，欧洲人拥有毋庸置疑的优势。16 世纪和 17 世纪开始进入亚洲海域的欧洲海外企业，是专门面向海上战争的海事组织，同时它们带来了由重型火炮和稳健的船舶设计组成的强大技术组合。因此，并不奇怪，欧洲海外企业为建立它们

[1] 承蒙《旅行指南》的编辑惠准，转载了以下论文的一部分：Clulow, "European Maritime Violence and Territorial States"。

在亚洲的影响力，从一开始就高度依赖海上军事力量的使用。[1]葡萄牙人的情况正是如此，他们是这种策略的开创者，依靠卓越的海军力量抢占城市和贸易路线；后来葡萄牙人的竞争对手荷兰东印度公司也同样如此，荷兰人同样将轮船和大炮作为重要的政策手段。

136 欧洲海上技术的权势没有任何疑问。事实上，有关欧洲人进入亚洲海域的历史的研究中，这种叙述一直占据着压倒性地位：在欧洲和亚洲的相遇中，来自欧洲的船只能够彻底击败那些集结起来反对它们的规模更大的舰队。[2]这种相遇使得像卡洛·奇波拉和杰弗里·帕克（Geoffrey Parker）等历史学家，将海上技术置于“欧洲崛起”这类更广泛叙事的中心。对帕克来说，装有枪炮的船只——一种并没有出现在世界其他地方的、独特军事革命的产物，使得欧洲人能够横扫潜在的竞争对手，并在早期近代实现对亚洲海域的掌控。[3]他说：“在早期近代的欧洲，存在一场海战革命，这场革命的重要性丝毫不亚于陆战革命，因为它在早期近代时期，开辟了欧洲人在世界上大部分海洋行使霸权的道路。”[4]因此帕克一直强调这样的叙述：在欧洲和亚洲的相遇中，来自欧洲的船只能够彻底击败那些集结起来反对它们的规模更大的舰队。

这种说法推动一部分修正主义历史学家通过分析一些特定的亚洲国家或组织成功挑战欧洲人的海上霸权的方式，从而重新审视欧洲海上技术的传统叙事。在这一研究脉络中，最新且最有趣的研究之一，是贾恩卡洛·卡萨莱（Giancarlo Casale）的研究，他认为存在一个与欧洲发展相平行的探险时期的奥斯曼帝国时代。[5]而像其他的历史学家，

---

[1] Barendse, *The Arabian Seas*, 493–494.

[2] 其中一个例子被广为引用，就是达·伽马于1502年打败了一支来自卡利卡特的更大的穆斯林舰队。

[3] Cipolla, *Guns, Sails, and Empires*; Parker, *The Military Revolution*. 帕克聚焦于16世纪和17世纪的军事技术变革及其对更广泛历史发展的影响。他认为，火药武器的扩展及其在堡垒设计中的变革促进了军队规模的巨大增长。总体上，这些变革相当于一场革命，通过推动有能力发动这种新型战争的中央集权国家的崛起而改变了欧洲。但是，他的研究并不局限于欧洲大陆，并且，正如这本著作的副标题所揭示的那样，帕克通过聚焦军事技术，特别是带着枪炮的船舰技术，去揭示1500年以后“西方崛起”的历史原因。

[4] Parker, *The Military Revolution*, 83.

[5] Casale, *The Ottoman Age of Exploration*.

如桑贾伊·苏布拉马尼亚姆或者欧阳泰，已经指出阿曼的亚鲁比王朝（the Ya'rubi Dynasty of Oman）或者郑氏海上网络（the Zheng maritime network），不仅能够在与欧洲舰队的对抗中势均力敌，甚至还成为具备强大海上力量的劲敌，这部分内容将在下一章进行讨论。[1]

有关欧洲优势问题的第二种研究路径，旨在将研究的焦点从关注技术和船舶设计的细节或火炮射击效率，转向考虑其背后的政治和法律语境。同样地，它质疑有关欧洲海上军事力量可以在需要的时候随时部署的常态化观点。最近发生在伊拉克或阿富汗的冲突告诉我们，即使是最强大的技术优势也只有在特定条件下，才能被有效地运用。在早期近代的亚洲，这些先决条件通常很难具备，同时潜在优势和实际应用之间存在显著的差距。每一个成功的实例——当然还有许多其他的例子均可以看出，欧洲人对卓越技术的有效利用能力被部分削弱，137
基本上被抑制或者完全受到压制。

对海洋的想象是思考这些事情的一个起点。在对早期近代亚洲的海洋进行思考时，我们习惯了两种表述方法。17 世纪欧洲人制作的地图显示，亚洲的海洋在很大程度上是空旷的空间，只是被相同的网格分割，没有被特别的特征标记。[2] 虽然他们提供了一种更好的海洋活动意识，但是现代地图表明，欧洲在亚洲的存在也可能是误导性的，大胆的箭头充满自信地扫过空旷的海域，标志着贸易路线和商品的流通。值得注意的是，以上两种表述均没有注意到聚集在海岸线上的亚洲国家对海洋所施加的政治或法律影响力。这种形象与由 17 世纪著名的荷兰学者格劳秀斯提出的观念紧密相关，他认为海上世界作为一个独特的开放空间，给所有的海员提供了自由，而且海上世界受自然法原则

[1] Subrahmanyam, "Of Imârat and Tijârat"; Andrade, "Beyond Guns, Germs, and Steel." 在他最近的著作中，欧阳泰通过重新评估"宽边帆船"（broadside sailing ship）在郑成功和荷兰人在中国台湾方面的冲突中的重要性，在某种程度上修正了其立场。参见 Andrade, *Lost Colony*, 13。郑成功庞大的海上帝国在杭行（Xing Hang）的论文中有详细讨论。参见 Hang, "Between Trade and Legitimacy, Maritime and Continent"。

[2] 菲利普·斯坦伯格（Philip Steinberg）曾经指出，17 世纪海洋从"作为一个可怕的荒野社会和自然交互"的地图表现（cartographic representations of the sea）转变为"一个各种原子式船只来回穿梭的空白空间"。参见 Steinberg, *The Social Construction of the Ocean*, 105。

而不是任何一个国家的法律支配。[1] 在格劳秀斯撰于 1633 年的有关自由海洋的名著中，其封面展示了一艘欧洲船只打着自然法的旗号穿越海洋的情形，这艘船只在任何统治者的声明中都畅通无阻。[2]

事实上，海洋比上述任何一种想象都要复杂得多。在对早期近代世界的主权的开创性研究中，劳伦·本顿（Lauren Benton）指出，即使“随着海洋自由发展为一种法律原则，欧洲人也认识到，海洋空间纵横交错于由帝国控制的走廊”。[3] 在她看来，海洋是由法律和管辖权的移动区域标记的，这把它们变成一个充满了需要解码的“管辖权纠纷”的司法拼图。[4] 虽然劳伦·本顿的重点在于欧洲的法律，但是其中的一些纠纷可以追溯到亚洲统治者、官员和管理者，亚洲的影响有助于将早期近代的海洋转变为“由法律所横断的斑驳空间”。[5]

如果这种论断看起来并不那么不证自明，那么一部分是因为一位著名的印度统治者不屑一顾的言论，这位印度统治者认为“海上战争是商人的事务，与国王的权威毫无关系”，这种观点有时被认为反映了亚洲精英关于海洋的更普遍的观点。[6] 如果人们将这种观点当作一个代表性的前景来接受，那么由此得出的结论是：像印度莫卧儿帝国一
138 样强大的领土国家的统治者在很大程度上忽略了航海发展，实质上将他们几乎没有兴趣的海洋舞台的控制权让给了欧洲人。但是，这种观点不免有些偏颇，因为即使是最以陆地为中心的政权也会介入“不稳定因素”——海事领域。[7] 在大多数情况下，它们的介入并非以最明显

[1] Grotius, *Commentary on the Law of Prize and Booty*.

[2] Grotius, *Hugo Grotius Mari libero et P.Merula De maribus*.

[3] Benton, *A Search for Sovereignty*, 34.

[4] 同上，第 160 页。

[5] 同上，第 105 页。劳伦·本顿的讨论扩展到亚洲国家，其中包括讨论到莫卧儿帝国官员确保关键海上路线安全的方式。

[6] 这里所引用的话通常被认为出自吉吉拉特邦的巴哈杜尔·沙赫（Bahadur Shah of Gujarat）。参见 Pearson, “Merchants and states.,” 97. 皮尔逊（Pearson）指出，“莫卧儿王朝皇帝及其贵族们的整体心态是以陆地为基础的……海洋只是一个奇迹，一个好奇，一个怪胎。”参见 Pearson, *The Indian Ocean*, 116。

[7] 在最近的一篇重要文章中，谢贝斯蒂安·普兰格（Sebastian Prange）对一种长久以来的观点提出了反对，这种观点通过证明印度各邦对海事领域的兴趣，认为葡萄牙人最早把政治引入印度洋。参见 Prange, “A Trade of No Dishonor”。

的方式，即召集它们自己的舰队，而是选择性地使用法律标识，当欧洲人违背了这些法律标识时就会在陆上资产和人员方面遭到严厉的惩罚，这样一来就限制了其海上武力的使用。

在一个富有洞见的分析中，阿欣·达斯·古普塔将这称为动态的“海洋和陆地之间……勒索的平衡（balance of blackmail）”。[1] 并促成欧洲船只的海上实力和陆地法律结构的约束性影响之间精细调整、不断变化的平衡，在很多情况下，这种平衡为亚洲国家提供了一个更稳妥和更经济的方式，不用以巨额支出和技术挑战来维持一个海上舰队，却仍能发挥对海洋的影响力。虽然亚洲国家通常在用一种愚蠢的、不一致的，或者基本上是即兴的方式，但是这种管辖线路的绘制限制了——可以说是超过任何其他因素——在亚洲海域装有枪炮的欧洲船只的权力。为了理解欧洲海外企业活动的世界，我们需要叠加第二幅海图，对那些将海洋表现成空旷空间的地图，增加一种如劳伦·本顿所言的“司法拼凑”。只有这么做，我们才能获得有限空间的意义；因为技术优势可以在这种空间里得到施展，因此也就消除了任何挑战欧洲海上霸权的观念。[2]

欧洲技术与亚洲法律之间的紧张关系构成这两章的核心，以检视荷兰东印度公司（及其）海上暴力和德川幕府之间的交互影响。荷兰东印度公司在1602年获得特许，拥有招募军队的权力，七年以后当它抵达日本时，它拥有可以说是最好的船只，当然肯定是东亚海域最强大的海上火力。公司舰队的力量借由弹性法律框架而得到加强，这种弹性法律框架甚至可以覆盖到最激进和仓促的临时战役中。荷兰东印度公司的管理者进入一个装备精良的法律工具箱中为他们使用武力辩护。

---

[1] Das Gupta, “Indian Merchants and the Western Indian Ocean,” 494. 其他学者也将同样的机制描述为一种“恐怖均势”（balance of terror）（费尔哈特·哈桑［Farhat Hasan］）、一种“脆弱平衡”（fragile equilibrium）（桑贾伊·苏布拉马尼亚姆），或者一种“完美的平衡”（finely tuned balance）（奥姆·普拉卡什［Om Prakash］）。参见 Hasan, “Conflict and Co-operation in Anglo-Mughal Trade Relations,” 352; Subrahmanyam, “Forcing the Doors of Heathendom, 137; Prakash, “The Mughal Empire and the Dutch East India Company,” 192。

[2] 原文如此。——译者注

这个法律工具箱由像格劳秀斯一样的作家提供支持，后者作为荷兰在
139 亚洲活动的捍卫者上升到突出地位。在这种情况下，荷兰东印度公司的活动始终作为合法的海上劫掠并且从来没有被当作非法的海上抢劫——在荷兰东印度公司内部就是这样理解的；作为追求更高目标的正当行为并且从来没有被简单地当作争夺掠夺的力量。[1] 这些因素的结合意味着，荷兰东印度公司经常使用武力，特别是在抵达亚洲后的前十年。[2] 的确，将荷兰东印度公司描述为“世界上最大的、最资本化的特许企业”，可能会强化这样的事实，即它同时也——正如彼得·博尔施伯格在其最近的著作中所清楚论证的一样——反复发起对抗其欧洲对手和当地竞争者的战役。[3] 这使得许多学者均认为，使用武力从一开始就是“荷兰东印度公司市场战略的必要和完整组成部分”。[4]

然而对荷兰东印度公司而言，它所遇到的德川幕府拥有非常有限的海洋资源，为此这个政府有时看起来对海洋怀有一种强烈的敌对态度，特别是在 17 世纪 30 年代著名的“锁国”法令颁布以后。确实，W.J. 布特并没有错，他认为德川幕府——虽然它实际上统治着一连串的岛屿——在某种程度上将自己定义为“一个内陆的农业帝国”。[5] 可是，对于所有这些事实，正是荷兰东印度公司意识到自己在日本周围海域中惊人的力不从心。解释这一令人惊讶的发展并不在于幕府海军的存在——因为在大多数讨论中，没有任何武力值得用这样的名称——而在于政权法律标识的性质。[6] 一来到日本，荷兰东印度公司就

---

[1] Subrahmanyam, *The Political Economy of Commerce*, 276.

[2] 根据一份经常引用的估算，荷兰东印度公司在 17 世纪头二十年的海上劫掠活动，截获了 150 至 200 艘战利品船只。参见 Enthoven, *Zeeland en de opkomst van Republiek*, 212–213。

[3] Andrade, “The Company’s Chinese Pirates,” 417. 博尔施伯格指出，“俘获战利品不仅成为荷兰东印度公司经济命运的基石，而且也是荷兰殖民帝国在亚洲得以建立的基石。”参见 Borschberg, “From Self-Defence to an Instrument of War,” 35, and *The Singapore and Melaka Straits*。

[4] Van Santen, “Trade Between Mughal India and the Middle East, and Mughal Monetary Policy,” 93. 苏布拉马尼亚姆表达了几乎完全一致的观点。参见 Subrahmanyam, *The Political Economy of Commerce*, 282。

[5] Boot, “Maxims of Foreign Policy,” 15.

[6] 虽然在这段时期，德川政府对组建一支舰队表现出了某些兴趣，但是它不具有有效的远洋实力。德川幕府早期海事发展中的关键人物是向井将监（Mukai Shōgen），理查德·考克斯曾将其称为“海洋将军”（Amerall of the sea）。参见 Farrington, *The English Factory in Japan*, 1:556。

被卷进德川幕府的法律秩序中。在这种法律秩序中，它反对其三个主要竞争对手——日本本土商人、葡萄牙人和中国商人——的自由就受到了极大的约束，导致荷兰东印度公司难以使用其兵火库中通常是最锐利的武器，然后几乎被完全抑制，并且使一个曾经一度似乎主宰着日本周围海域的公司遭受了挫折。

为了取得成功，德川幕府从未着手遏制海上暴力，甚至没有任何这么做的计划。其最有效的工具是一种被称为朱印状的海上通行证制度。而这种制度是因为一系列不同的原因而建立的，和欧洲人的海上掠夺没有关系。在葡萄牙和中国船只的例子中——德川幕府的政策逐渐超越了公司的业务范围——幕府的反应都是即兴的、间歇性的，并且总是被动的。它并不是由中央政府，而是由受了委屈 140
的商人——无论是在江户幕府将军的宫廷中，还是后来在长崎奉行所那里——提出的个人抗议所驱动的。随着抱怨不断涌入这两座城市，当幕府官员临时召集海事审判法院，来审判发生在数百英里甚至数千英里以外的地方的纠纷时，这些抱怨形成了国际仲裁的空间。这些案件的最终结果，是幕府法律标识的扩张，在几十年的时间里不断展开，从个别船只的甲板到环绕群岛的海域，最后延伸到海洋深处的广阔海上走廊。这个过程的每一个阶段，都标志着荷兰东印度公司的行动能力受到了进一步的限制，不止一次地在下定决心使用武力的时候将枪支收起。正因为如此，考察幕府对荷兰东印度公司在日本的海上劫掠活动的反应，可以提供一些最好的证据，证明幕府的法律网络是怎样使这个甚至是最强大的欧洲海外企业陷入圈套的。

海上通行证

虽然欧洲炮舰停泊在外国港口并准备攻击当地的船舶直到它获得政府政策的转变，传统上是与 19 世纪联系在一起的，但是它在早期近代的亚洲也会时常发生。[1] 对于荷兰人来说，炮舰外交是一个熟悉的政策工具，并且最早向亚洲的远航队就曾反复使用武力，以迫使地方政治精英采取行动。确实，荷兰远地公司（voorcompagnieën）的远航队与一位亚洲统治者——万丹的苏丹——的首次相遇，就结束于一次武装冲突的爆发，当时荷兰船只“封锁了港口，践踏我们的法令，极尽所能地带着恶意，用粗鲁的行为挑衅城镇”。[2] 自1602年组建以后，荷兰东印度公司也使用了相同的战术。总的来说，运用暴力无非是为了达到以下两个目的：通过撬开港口城市进入当地市场；或者一旦关系打开，就作为一个强大的讨价还价筹码以便改善贸易条件。但是也有大量的例子难以反映其精确逻辑。[3]

这种战术目标从极小的港口延伸到庞大的帝国。比如，荷兰东印度
141 度公司在1622年向中国宣战。在多次尝试进入中国市场宣告失败以后，荷兰东印度公司的管理者决定，一场突然爆发的战役将是把明朝官员送上谈判桌的最好机会。他们很容易就为暴力行动找到理由，他们认为，中国人反抗而且明朝官员一般不愿意向外国商人开放他们的港口，明显违背了自由贸易的自然法。荷兰东印度公司的舰队司令被指示“宣布对中国发动公开战争，并尽可能地给他们造成损害，无须考虑船只、地域和人口的代价”。[4] 低沉的命令语气、冷静的简短措辞，都是巴达维亚偏爱的技术语言，这掩盖了对这个地区最令人敬畏的国家发动雄心勃勃的攻击的事实。结果带来了一场扩大的战役，其目标瞄准脆弱的中国船只和沿海聚落，但是荷兰东印度公司最后并未达成其想要的

[1] 一个19世纪更著名的例子发生在1850年，当时英国军舰封锁了希腊海岸，威胁说要抓捕希腊船只，以抵消唐·帕西菲科（Don Pacifico）事件中英国国民的损失。（唐·帕西菲科是葡萄牙犹太后裔，出生于英国海外殖民地直布罗陀，因其房产在反犹游行中被抢，英国外交大臣巴麦尊支持其向希腊政府提出巨额赔偿，甚至派出海军封锁了希腊比雷埃夫斯港。希腊国王奥托一世不予理睬，后接受法国总统路易·波拿巴的调解。这就是帕西菲科事件，是英国“炮舰外交”的代表性事件。——译者注）

[2] 引自 van Ittersum, *Profit and Principle*, 86。

[3] 苏布拉马尼亚姆曾批评一些学者的研究倾向，即假设荷兰人的暴力行为通常总是理性的，并且假设这种暴力是在追求明确的既定目标。参见 Subrahmanyam, “Forcing the Doors of Heathendom,” 135。

[4] Groeneveldt, *De Nederlanders in China*, 319.

目标。

在亚洲这些已成功开启贸易的地区，公司继续依赖武力的使用，以解决困难的问题并改善其商业前景。比如，在 1648 年，荷兰东印度公司向隶属于莫卧儿帝国苏拉特港（Surat）的印度船只发动了一场侵略战役。[1] 这次行动源于 1641 年的复杂故事，当时荷兰东印度公司攻陷了位于马尼拉的葡萄牙港口。作为旨在占领新地区、开辟直航的战役的一部分——这一地区位于重要的海运线上，荷兰东印度公司请来了来自苏拉特的商人，在没有告知马来半岛和苏门答腊岛北部港口的情况下，直接驶往马六甲海峡，在苏门答腊他们能够不支付通行费就获得商品。由于这项政策损害了苏拉特地区的贸易，因此受到当地商人和官员的大力抵制。起初双方都试图迫使对方让步，但是当一群攻击者袭击了荷兰东印度公司在苏拉特的工厂、打伤了一些雇员并掠夺了大量商品时，争端很快就演变成了暴力。[2] 尽管尚不清楚谁指示了这次袭击，但是巴达维亚的荷兰总督决定——也不无道理——莫卧儿王朝的官员至少曾姑息这种行为，因此决定荷兰东印度公司应该“通过武力寻求赔偿”。[3] 这次海上劫掠行动取得了一石二鸟的效果，在获得受攻击工厂的赔偿的同时，迫使莫卧儿帝国当局确保来自苏拉特的船只参照公司的新政策去运行。

1648 年 7 月，一支在阿伦特·巴伦支松（Arent Barentszoon）指 142
挥下的舰队被派往印度沿海，被指示截获任何从红海来到苏拉特的船只，并且控制它们直到地方当局在荷兰东印度公司的要求上做出让步。如果没有这些让步，阿伦特·巴伦支松奉命“告诉当地官员，我们将攻击所有摩尔人的船只；我们将阻止所有前往摩卡、波斯、剌槐亚丁湾（Bassora Aden）和其他地区开展的贸易；我们不会停止，直到我们收到 40 万卢比作为保证”。[4] 虽然战役的开始很糟糕，但是到了第二

[1] Prakash, “The Mughal Empire and the Dutch East India Company,” 192–195.
[2] Van Dam, *Beschrijvinge van de Oostindische Compagnie*, 2.3:19.
[3] 同上，2.3:20。
[4] 同上。40 万卢比（rupee）大约相当于 8 万荷兰盾。

年九月，荷兰舰队截获了属于两个古吉拉特（Gujarai）商人的丰厚战利品，这两位商人与莫卧儿王朝关系密切。这就为公司提供了一个强大的谈判砝码，经过短暂的谈判，当地官员同意了巴达维亚方面的大部分要求，包括赔偿被掠夺的货物，批准建立一个仓库，以及承诺停止来自苏拉特的船只与东南亚各港口的自由贸易。[1]作为回应，荷兰总督欢欣地告诉他的上司：通过使用武力，荷兰东印度公司的地位得到了极大的提高，正如“摩尔人现在看到并经历过的……我们可以阻止他们的所有海上贸易”。[2]

这样，当面对困难条件下的戈耳迪之结（the Gordian knot）[3]时，尤其是面对过于有力的竞争对手和顽固的官员时，巴达维亚准备拔出鞘中之剑。的确，由于太过频繁地使用暴力，以至于十七先生不得不加以干涉，指示其下属“在任何使用武力和武装部队的地方，对维护贸易的政策进行适度调整”。[4]在一次针对波斯船只极具侵略性的攻击之后，荷兰人抱怨说，荷兰总督太轻易地采用了这样的策略：“人们说我们不能接受这样的条件，因此你可以没有任何理由或借口就攻击别人。这是一个我们不能说服自己或者向世界证明的立场。”[5]

虽然在亚洲其他地区，荷兰人情愿将海上劫掠当作武器，但是他们从来没有把枪炮指向日本船只，以迫使德川幕府官员改变其政策或者改善贸易条件。的确，德川幕府与荷兰东印度公司之间的关系，显然没有暴力的因素，而暴力是荷兰东印度公司在与其他亚洲国家打交道时所使用的典型策略。但是这并不是缘于某种冲突观念的缺席——因为存在太多这方面的例子，证明公司受到了德川幕府的不公平对

[1] Heeres and Stapel, *Corpus Diplomaticum*, 1:521–528.
[2] Coolhaas, *Corpus Diplomaticum*, 2:375.
[3] 戈耳迪之结比喻难解的结或棘手的问题，因出自小亚细亚佛律基亚的国王戈耳迪之手而得名。戈耳迪打此结时，神谕凡能解开此结者，便是“亚洲之王”。直到公元前3世纪时，马其顿国王亚历山大大帝在率军远征东方时，才用利剑斩断了戈耳迪之结。——译者注
[4] 引自 Steensgard, “The Dutch East India Company as an Institutional Innovation,” 255。
[5] 引自 Barendse, *The Arabian Seas*, 131。

待——而是缘于一个单一的证件，即朱印状的持久效力。

这种可能起源于16世纪90年代的海上通行证或者朱印状制度于17世纪的前十年，在德川家康统治下的日本得到全面发展。[1]它要求所有即将离开日本的商船——被称为朱印船——都要获得贸易通行证，这种通行证持有者可以进行一次从日本到规定目的地的航行。[2]虽然要成功申请到通行证，需要获得幕府高级官员的支持，但是任何一个日本商人只要拥有恰当的联系人，都可以顺利获得朱印状。[3]1604年——能找到确切记录的第一年——以后，德川幕府总共发放了356份执照，包括大名、日本商人和外国商人，从而允许他们在东亚和东南亚港口航行。这项制度保留了三十余年，直到1635年后被废止，当时德川幕府决定限制一切向外的海上交通。 143

创建这种通行证制度有两个原因，它们都与像荷兰东印度公司这样的欧洲海外企业没有什么关系。第一个原因与日本作为国际海盗中心而陷入困境的历史有关。早在16世纪，日本群岛就接待了成千上万的海上掠夺者，这些掠夺者主要是针对中国的海岸，有时也扩展到繁忙的东南亚航道，发起了毁灭性的袭击。1600年德川家康上台时，他决定推动长途贸易，但是要这么做就要求港口当局建立一个机制，以辨别日本海盗和合法商人。结果，朱印状出现了。这提供了一个具体的标识，来自日本的船只在外国港口抛锚时可以随时出示这一标识。幕府将军写信给东南亚各国君主，告诉他们：现在所有的日本商人都将拥有这样一种证件。如果一艘来自日本的船只没有幕府的通行证，德川家康解释说，可禁止其进入港口并拒绝与其进行贸易。[4]要求日本商人获得由中央政府签发的通行证，还有另一个重要的国内目的，即通过建立一个进行长距离贸易的框架，幕府能够控

---

[1] 有关这些船只最重要的著作，是岩生成一（Iwao Seiichi）对其经典著作的修订本。参见Iwao, *Shuinsen bōekishi no kenkyū*。有关更近的研究，参见Nagazumi, *Shuinsen*。

[2] 访问日本然后离开的外国船只不需要这种通行证。

[3] 接受者包括1位琉球人、11位中国人和12位欧洲商人，参见Iwao, *Shuinsen bōekishi no kenkyū*, 224。

[4] 这些信件均收录于Kondō, *Gaiban tsūsho*。

制大名进入最赚钱的海上航线。确实，朱印状制度可以看作是控制大名的更广泛计划的一部分，这种计划也包括前面章节所描述的参
144 勤交代制度。此前，这种海上贸易曾推动了一些最强盛的西部领主的发展，现在，幕府当局将利润收归己有，然后完全控制这个收入来源。[1]

如果这些通行证是为了明确的目的，那么对德川幕府而言，它们也代表了某种风险。尽管幕府拥有庞大的军队，但是德川家族对日本的统治，是通过结合威望、声誉，以及最后的手段——实际上的胁迫才得以实现的。[2] 这种制度使得德川幕府在没有长时间依赖武力的情况下，依然能够保持对一个超过两百位大名组成的不稳定联盟的控制。作为其控制策略的一部分，幕府传播了这样的谎言，即幕府将军的卓越军事力量（部井［bui］）务必受到尊重，或者更恰当地说，屈服的服从。双方都在日本边界之内，而且，同样重要的是，都在国际政治领域之外。[3] 这个想法被证明相对易于维护——与丰臣秀吉不同，后者在 1592 年发动了入侵朝鲜的战争——德川幕府很大程度上满足于在日本施加权力，并不努力在日本群岛以外的地方打出它自己的旗号。由于政府没有派遣自己的军队甚至官方使团前往日本以外的地区，因此几乎没有机会展示这些军事神话的潜在破坏力。

在这些政策之外，朱印状从始至终都是一种例外。带有朱印状的船只由幕府将军的政府特别授权，它们在远离日本的海上和港口中，充当了德川当局的罕见前哨。因为国家的声望直接寄于这些船只，任何对朱印船的攻击——不论发生在什么地方——都会被视为“对其权威的直接挑战”。[4] 这种情况非常罕见——三百多艘朱印船中，只有三

---

[1] 英尼斯（Innes）认为，朱印状制度建立还有第三个原因，那就是为了划分日本商人之间交易的目的地。参见 Innes, “The Door Ajar,” 117–118。

[2] 菲利普·布朗（Philip Brown）曾将德川政体描述为一个炫耀式的政府（a flamboyant state），这个政府“名义上的权威和其实际上的能力并不相称”。参见 Brown, *Central Authority and Local Autonomy*, 232–233。

[3] 有关部井的讨论，参见 Asao Naohiro, “Sakokusei no seiritsu.”。荒野泰典指出：“虚构的军事霸主……成为德川幕府外交政策中的常态。”参见 Arano, “The Formation of a Japanocentric World Order,” 207。

[4] Arano, “The Formation of a Japanocentric World Order,” 212.

艘在某种程度上受到了侵犯——但是每一次德川政权都会做出不同程度的回应。[1]用带有德川幕府法律权威不可磨灭的印记记下这些船只，并且告诫各方：任何违规行为都将受到实质性的惩罚，哪怕这些事件实际上发生于离日本数百英里之外的海域上。

早在多年前，葡萄牙人就在澳门有过违规行为，但直到1610年被德川幕府发现后才受到严厉的处罚。这一幕发生在荷兰人在日本建立工厂以后数月，因此荷兰人首次目睹了这一过程。1608年，一艘属于有马晴信（Arima Haranobu）[2]——九州的一位著名领主——的朱印船，结束了前往柬埔寨的成功航行后，在返回日本的途中到达澳门。当日本船员卷入一场暴乱时，葡萄牙当局处决了至少一名罪犯作 145
为回应。德川官员们得知这一事件后——几乎可以肯定，通过一个经过修正的故事版本，强调葡萄牙人的过错——他们决定采取行动，因为这一事件被视为侵犯了有马晴信的贸易通行证。当澳门大帆船——葡萄牙人在东亚贸易所依赖的大型船只——抵达长崎时，他们的机会来了。1610年初，葡萄牙人未能将船长移交给德川幕府，日本军队袭击并摧毁了这艘船只。[3]事件的消息传到日本工厂时，新上任的荷兰长官给他的上司写信说，这艘船上“非常昂贵的货物在日本的袭击下（被）烧毁并沉没了，这些日本人接受皇帝（幕府将军）的命令，试图武力占领这艘船”。很显然惊愕于损失的程度，他估计总的货物“价值800万金币，是目前为止来到日本的船只中最丰厚的”。[4]更令人震惊的是，这些价值连城的货物沉于长崎港，却只是因为一个相对较小的插曲，而这一插曲在那个时代的许多口岸中不过是常态而已。

“这艘昂贵大帆船的毁灭”——引用荷兰东印度公司一位作家的

[1] 葡萄牙人从1608年开始要求海员执行朱印状，西班牙人于1628年在暹罗附近摧毁了一艘带有朱印状的船只，而荷兰人在同一年短暂扣押了一艘朱印船。最后这起事件将在第六章予以讨论。

[2] 此处拼写有误，有马晴信当作 Arima Harunobu，参见本书第六章。——译者注

[3] 对这起事件最详细的描述，参见 Boxer, *Portuguese Merchants and Missionaries*, 1–90。

[4] 引自同上，第87页。有关幕府官员对事件的有效解释，参见 Boxer, *The Christian Century in Japan*, 430–431。

话来说——对荷兰人思考他们在日本能做什么，而且更重要的是，他们在日本不能做什么，产生了持久的影响。[1] 这起事件的经验教训在江户发往巴达维亚的文件中常被提及。[2] 德川幕府打算采取一种与实际进攻完全不成比例的报复性方式，试图告诫荷兰东印度公司官员：在任何情况下，他们都不能攻击一艘带有幕府贸易通行证的船只。实际上，因为经常很难判断一艘私人的船只到底有没有朱印状，特别是在海风吹拂的海面远距离看的时候，这就意味着，所有确认为日本人的船只都将免于被攻击。一份发给荷兰东印度公司指挥官的典型指令规定，如果他们遇到“在马尼拉或其他地方的任何日本船只，你们都不得伤害他们，而是要让他们通行再通行，自由再自由，无论他们要去哪里”。[3] 这样一来，荷兰船只只好奉命尽可能地向日本海员们表现出友好，不论他们在哪里看到对方。

因为侵犯朱印船会带来如此可怕的潜在后果，所以这项政策甚至
146 被扩展至穿越荷兰东印度公司封锁线的日本船只。比如，1618 年，一支荷兰舰队允许一艘这样的船只通过它的封锁线，载着物资进入马尼拉湾。一份西班牙报告幸灾乐祸地记录：“11 月初，当敌人位于海湾入口时，一艘日本船只来到这里。当它到达伊罗戈斯（Ilocos）——马尼拉岛的港口——时，得到消息说敌人正位于通往这座城市的必经之道上。但是因为他带着来自日本皇帝的朱印（chapa），因此无所畏惧。荷兰人对日本皇帝的通行证十分尊重甚至到了担忧的地步，他们对带有这些通行证航行于这些海域的所有日本船只都予以放行。”[4] 荷兰人十分担心侵犯幕府将军的通行证，以至于他们准备为任何涉及日本商人的事件买单，即使只有一种极小的可能性，即出问题的船只携带了这

[1] Colenbrander, *Jan Pietersz.Coen*, 7.2:802.
[2] 同上。
[3] Farrington, *The English Factory in Japan*, 2:1187. 这项指令是下发给由荷兰和英国东印度公司船只组成的联合舰队的。
[4] Blair and Robertson, *The Philippine Islands*, 18:229.

些证件中的其中一种。[1]

除了不希望被认为阻碍了日本人的航行，荷兰东印度公司对朱印状的担心更主要的是其回应幕府政策的方式，并且把一个平时积极进取的组织变成了更加胆小的机构。而在亚洲其他地区，任何对贸易产生负面影响的限制都可以为海上暴力提供一个现成的理由。在日本的情况看起来非常不同，在那里，荷兰东印度公司甚至接受最严厉的规定而不诉诸武力。当第二任德川幕府将军在1616年决定关闭荷兰东印度公司在日本中部的前哨站，并将其代理人限制在两个港口时，虽然极大地限制了荷兰东印度公司进入日本市场，同时击碎了荷兰东印度公司快速盈利的希望，但是荷兰东印度公司仍接受这种限制且没有暴力抵抗。[2] 同样地，当贸易——站在巴达维亚的立场上看——在1628年被不公平地暂停，荷兰东印度公司的几十位雇员在日本被投入监狱时，即使是最积极进取的荷兰东印度公司官员也放弃使用武力。[3] 相反，正如一位高级官员所简明扼要地表达的那样，公司的战略变成“适应日本并承受一切，这样我们也许可以自由地收获贸易的果实”。[4]

虽然海上暴力在亚洲海域被证明是一个有效的武器，但是公司从来没有准备在日本冒险使用。朱印状在日本船只周围画了一条明显的界线，而在这种制度运行的三十年时间里，荷兰东印度公司的领导者从来不愿意去跨越这条界线。从更宽广的视角来看，德川幕府在保护

[1] 1625年，一艘荷兰船只在越南沿海遇见了一艘身份不明的舢板船。这艘船只由两位商人——伊丹四郎兵卫（Itami Shirōbei）和阿佐利助右卫门（Asari Sukeuemon）——特许建立，他们从合法授权的朱印船航行中脱离出来，当时抵达了南圻。与此前的标准程序相一致，荷兰东印度公司的船只派出了一只小船前去调查这艘舢板船。接受审讯时，它的船长解释说，他们是日本水手，正从南圻启程回日本的途中，但是这艘船上冒充的工作人员讲述的则完全不同。很显然，因为是在东南亚的一个独立港口中被特许建立的，这艘舢板船的工作人员主要由中国和葡萄牙海员组成，这些人与日本似乎没有什么联系。更引人注意的是，其船长不能提供朱印状，这可是日本船只都必须携带的关键性证件。当这艘舢板船的若干船员突然逃到一艘小船上时，荷兰东印度公司的怀疑进一步加深了。结果，荷兰船长没收了这艘舢板船的货物。当伊丹和阿佐利返回日本时，他们立即递交了一份申诉书，要求赔偿他们的全部损失，而且，尽管荷兰东印度公司对这起事件有争议，但是它同意为这起事件买单。参见 Provisioneel concept om te dienen tot antwoorde op seeckere remonstratie bij eenige Japanse cooplieden aen de heeren van Nangasackij ende Firando overleveert,VOC 852:80–82。

[2] Cocks, *Diary Kept by the Head of the English Factory*, 1:318.

[3] Coolhaas, “Een Indisch Verslag uit 1631,” 90.

[4] 引自 Viallé, “In Aid of Trade,” 59。

147 日本船只上的成功创立了一种通行证制度，这种保护有效地扭转了在亚洲其他地区发生的事情。16 世纪，葡萄牙人以签发一种叫作特许状（cartaz）[1] 的通行证为基础，在印度洋建立了一套海上控制系统。所有行经该地区的商人都被迫获得一份这样的文件，随后进入一个葡萄牙人控制的殖民地并在那里支付关税。[2] 如果商人拒绝这么做，那么他们会被强行登船——如果遇上了葡萄牙军舰的话他们的商船会被击沉。这种许可证和关税制度，在 17 世纪被荷兰人采用，意味着欧洲人的通行证变成印度洋最有价值的文件。在东亚海域，德川幕府签发的通行证为脆弱的航运提供了最可靠的保护。这种文件最终变成了大家梦寐以求的东西，甚至引起了西班牙和葡萄牙船长的兴趣，他们承认这种通行证在保护他们的船只方面的价值。[3] 虽然荷兰东印度公司的水手发现自己被朱印状制度捆住了手脚，但是幕府法律的约束力并不局限于日本船只。确实，它扩展到荷兰东印度公司的欧洲竞争对手——最著名的就是葡萄牙人，他们是强势扩张的荷兰东印度公司尝试在日本海域发动海上劫掠的目标。

法律与暴力

除了充满异国情调的大宗商品之外，荷兰人还为亚洲带来了一种新的全球战争形式的冲突，这种全球战争是在整个世界的多个地区同时作战。虽然像弗朗西斯·德雷克（Francis Drake）这样的英国冒险家曾间歇性地侵害西班牙人在新世界的利益，但是荷兰人首次发动了系统战争，这种战争的发动毫无节制，不受地理限制。尽管积极的海上劫掠活动很快变成了荷兰东印度公司标准的活动，但是隶属于荷兰

[1] 有学者直接音译为“卡泰兹”，指的是一种由葡萄牙兵头和葡萄牙商站站长发给当地船只的通行证。——译者注

[2] Pearson, *The Indian Ocean*, 121.

[3] 这是根据在日本的荷兰和英国商人收集的传闻。参见 Coolhaas, Generale Missiven, 1:149; Cocks, Diary Kept by the Head of the English Factory, 3:60。

东印度公司的这些船只将在亚洲的葡萄牙船只当作目标的首次尝试具有极大争议性，因为它给荷兰联合省的法院带来了一连串的法律争端。我们对此所知甚多，在很大程度上是因为它们促成了格劳秀斯部分最著名的著作，但是对荷兰东印度公司行动的合法性的争夺并不局限于欧洲大陆。[1] 确实，欧洲的第一次全球战争是在一个由几十个国家组成的、拥挤的亚洲政治和法律环境中进行的，对这些新进入其海域和港 148
口的，并且通常是高度破坏性的侵略和冲突，每一个国家都以不同的方式做出了回应。[2]

根据一位促成了荷兰东印度公司诞生的杰出政治家的说法，1602年成立时，荷兰东印度公司就打算“使西班牙人和葡萄牙人受损”。[3] 但是在公司变成把战争从欧洲带到亚洲的工具以前，还有一系列的法律障碍需要克服。尽管启程前往亚洲的所有荷兰船只都能够保护自己不受伊比利亚人的攻击，但是荷兰东印度公司的创立者所设想的进攻战略没有先例，并且也不确定它是否合法。检验的实例以对一艘葡萄牙船只——圣卡塔娜号（the Santa Catarina）——的争议形式出现了，这艘船于 1603 年被雅各布・范・海姆斯凯克（Jakob van Heemskerck）所指挥的荷兰舰队逮住。圣卡塔娜号作为一个难以估价的战利品，运载了超过 300 万荷兰盾的货物，但是也存在关于这次行动的合法性，以及范・海姆斯凯克是否有权力截获这艘船的严肃问题。

作为一个商业冒险的领袖，范・海姆斯凯克明确授权保护他的舰队，反对任何一方试图阻碍他的远征和求偿，但是在法律上，他无权去发动一次袭击。[4] 因此关于他的行为是否合法的问题，存在一个总体上的不确定性，即他的行为是否超出了其权力界限，以及应该怎样处

[1] Van Ittersum, *Profit and Principle*; Borschberg, “The Seizure of the Sta.Catarina Revisited”; Wilson, *The Savage Republic*.

[2] 在一篇重要的论文中，苏布拉马尼亚姆指出了一种“讨论冲突却不涉及冲突本身的研究倾向，而且忽略了亚洲、美洲或非洲的政治和社会语境”。参见 Subrahmanyam, “The ‘Pulicat Enterprise,’” 17。

[3] 引自 Masselman, *The Cradle of Colonialism*, 150。

[4] 同上，第 50 页。

理这个战利品。[1]圣卡塔娜号的出现也引发了更一般意义上的，对有关进攻策略的合法性问题的讨论。对手指责激进好斗的海上劫掠是不合法的，即使严格来说，并不违法，这也是不道德的（会给国家的声誉带来永久的污点）。最后，这样的策略会导致公司的长期亏损，因为这些资源在其他地方本可以更好地被使用。[2]

尽管范·海姆斯凯克曾经接受其中一个前公司的派遣，但是他的防卫得到荷兰东印度公司的大力支持，后者在 1602 年成立以后，接管了这些组织的资产。荷兰东印度公司的代表接着提出了“各种各样的法令、头衔、证据和其他文件”，以支持他们的立场，并且要求海军部“提出最后的裁决，并且没收大帆船和货物，然后宣布它们是上
149 好的战利品”。[3]他们为范·海姆斯凯克所做的辩护得益于这样一个事实：葡萄牙代理人实际上没有出席审判，因此对伊比利亚人背信弃义的指控也无人回应。1604 年 9 月 9 日，阿姆斯特丹海军法院决定：“前述海军上将有充分的理由截获（葡萄牙）大帆船，因为它属于葡萄牙和菲利普三世的臣民，是荷兰联合省的敌人，同时也因为他们在印度的贸易。”[4]

虽然这种乱七八糟的裁决，将自然法和国际法两种观念混合在一起，解除了范·海姆斯凯克行动的违法污点，但是它对支持海上劫掠的辩护并没有什么帮助。[5]这个任务落在了格劳秀斯身上，这样一位年轻的荷兰法学家，以荷兰东印度公司最重要的辩护者的身份出现。格劳秀斯的伟大成就是揭开了有关海上劫掠活动的一系列复杂争论，并且将这些前后一致地置于一个包罗万象的法律框架内。[6]在一份题为《有关战利品和赃物法的说明》（*Commentary on the Law of Prize and*

---

[1] 范伊特叙指出，“圣卡塔娜号被称作是很好的战利品，这绝不是预料中的结局”。参见 Van Ittersum, *Profit and Principle*, 113。
[2] Grotius, *Commentary on the Law of Prize and Booty*, 15.
[3] 同上，第 514 页。
[4] 同上。
[5] Van Ittersum, *Profit and Principle*, 24.
[6] 同上，第 54 页。

Booty）且篇幅很长的手稿中——这份手稿的其中一章以《海洋自由论》（“Mare Liberum”）为题，并在1608年出版，格劳秀斯对荷兰人在亚洲的海上劫掠提出了最有条理和最完整的辩护。在这个过程中，他回应了对公司进攻策略合法性的挥之不去的质疑，并且为新组织的未来运营提供了一个通用的法律框架。旨在通过减弱辩论的重要性从而取消任何可能的反对意见，格劳秀斯为攻击行为提出了一系列不同的合法化措施，提出范·海姆斯凯克曾同时从事私人的和公共的战争，后者代表两个独立的主权机关。所以格劳秀斯认为，虽然每个解释都可以保持独立，但是两者之间的结合给出了可以超越任何争议的案例。

格劳秀斯从指出葡萄牙人——范·海姆斯凯克的攻击目标——在他们寻求垄断亚洲贸易的过程中，通过武力和背叛两种策略努力排挤荷兰人，因此违反了自然法开始说起。[1] 因为在印度地区无法适当判断到底谁可以采取行动反对这种背叛，所以范·海姆斯凯克完全有权通过攻击葡萄牙人的船只来惩罚他们，当然也就包括圣卡塔娜号。[2] 这种主张非常大胆，将荷兰海军司令从一个无缘无故的侵略者变成自然法的执行者。马丁·范伊特叙将这称为“法律理论和实践的主要创新”，这种做法给荷兰东印度公司在对付葡萄牙船只方面带来了无限的权力，不论在哪里遇到它们。[3] 仿佛这样还不够，格劳秀斯还证明了对圣卡塔 150
娜号的攻击是合法的，作为代表荷兰联合省指挥的更广泛的公共战争的一部分。[4] 为了证明这一点，他首先指出荷兰共和国是一个合法组成的政府，有资格授权这种行动，因此并不是一个叛军联盟在非法反抗昔日的霸主——西班牙国王。因为对一个国家来说，“摆脱某种君主统治并让他们自己活得自由而不被认为是反对派人员”（414）是可能的。如果荷兰反抗西班牙的战争在本质上是合法的，那么作为荷兰政府的公务员，范·海姆斯凯克就有充分的权利参与其中并从事诸如此类的

[1] Benton, *A Search for Sovereignty*, 131.
[2] Grotius, *Commentary on the Law of Prize and Booty*, 380.
[3] Van Ittersum, *Profit and Principle*, 29.
[4] Grotius, *Commentary on the Law of Prize and Booty*, 392.

合法战斗。

第三个也是最后一个争论集中在亚洲统治者的权力上。对此格劳秀斯认为，范·海姆斯凯克事实上已经代表柔佛国王发动过一场公共战争，后者是柔佛苏丹王朝的重要统治者，其领土分布在马来半岛的南端和苏门答腊岛的一部分。格劳秀斯之所以提出这种论断，其起点在于承认柔佛“长期以来是一个主权公国”，因此可以提出和欧洲国家一样的权力（432）。但是如果其统治者“拥有进行公共战争所需的权力”，他仍然需要某种委屈的事由，格劳秀斯提供了一份冒犯者的清单，包括葡萄牙否认柔佛国王有参与自由贸易的权力，以及其他罪行（434）。因为柔佛国王无法自己发动战争，所以他将荷兰人招募到他身边，成为他的拥护者（436）。因此在格劳秀斯看来，荷兰人被重新塑造为原住民族权利的捍卫者，愿意在一场反对共同敌人的战役中帮助当地的盟友。这样一来，格劳秀斯就用典型的灵活方式，回避了一个问题：要求荷兰人向据说曾代其出战的政府，交出战利品。尽管在理论上，圣卡塔娜号——如果是被柔佛截获的——应该移交给它的统治者，但是格劳秀斯认为，只要船只及其所有的货物未曾得到详细确认，都应割让给荷兰。[1]

结合公共战争和私人战争的概念，格劳秀斯发展出一套有关法律合理化的强势话语，这套话语几乎可以将荷兰东印度公司的所有海上暴力都包括在内。在逐页通读这些充满争议的辩护时，很容易为其雄辩所折服，同时也很容易假定这种干预措施——随着荷兰法庭做出一系列有利的判决——实质上解决了任何有关合法性争议的基本问题。
151 事实上，类似的争议在亚洲各港口和城市都失去了作用，在那些地方，荷兰东印度公司官员被迫捍卫他们雇主行为的合法性。在亚洲发生的情况中，荷兰东印度公司官员不是在荷兰法庭的控制范围之内，而是在一个中性的空间中活动，在那个空间中，他们要经常面对在圣卡塔

[1] Borschberg, “The Seizure of the Sta.Catarina Revisited,” 56.

娜号事件中明显缺席的葡萄牙代理人，还要被迫在一些亚洲法官面前论辩，而这些法官是不会提出有利于荷兰东印度公司的裁决的。在这个过程中，荷兰东印度公司代理人发现，一个在欧洲已经被证明有效的法律理性化的逻辑，移植到亚洲时可能会瓦解。这就是荷兰东印度公司在日本的情形，在那里荷兰人努力捍卫他们向葡萄牙船只发起攻击行为的合法性。

葡萄牙人在日本

1542 年出现在日本以后，葡萄牙人很快就将自身确立为日本群岛商业网络中的重要组成部分。他们能这么做几乎完全是靠运气，因为他们进入的时间在堪合贸易制度[1]崩溃以后，日本和中国的官方贸易联系中断从而造成了偶然贸易真空，堪合贸易制度允许两者在 1547 年以前进行有限的贸易。这个真空由葡萄牙商人弥补，通过他们在澳门新建立的基地，他们有能力为日本人提供一个获取中国商品的可靠渠道。[2]在经历了与许多领主的贸易以后，他们最终选择长崎作为他们在日本的主要基地，这座城市也很快成为一个繁荣的商贸转运口岸。虽然其他商品也在长期流通，但是澳门—长崎这条航线作为葡萄牙在东亚贸易的支柱，建立在以白银为交易货币的直接丝绸贸易基础上。抵达长崎的大帆船进口中国的丝绸和丝绸制品，随后以日本银条交易。这种贸易成交量惊人，比如，一艘 1603 年被截获的大帆船装载了超过 8 万公斤的丝绸，而一位旅行家估计，葡萄牙人“每年都要从日本带走超过 60 万银币：所有这些都是日本银条”。[3]

---

[1]　堪合贸易又称贡舶贸易、进贡贸易，是明代外国来华进行朝贡贸易的一种称呼。“堪合”（或“堪合符”）就是明朝礼部代表皇帝颁发的许可证，其内容记载了贸易的人员、货物等，只有持有“堪合”的贡舶才能进行合法贸易。日本幕府和明朝之间的堪合由“日”和“本”两字组成，日本贡舶持“本”字号堪合。日本贡舶到达中国后，须出示“本”字号堪合，经验证无误后获准交易。交易完成后，堪合由明朝收回。根据现有研究，明朝前后在永乐、宣德、景泰、成化、弘治和正德年间共 6 次向日本幕府颁发堪合符。——译者注

[2]　Disney, *A History of Portugal and the Portuguese Empire*, 2:184.

[3]　Boxer, *Portuguese Merchants and Missionaries*, 10–16. 确切的数字是 1400 担，每担大约相当于 60 公斤。

尽管他们扮演了关键的经济角色，但是直到 17 世纪早期，葡萄牙人在日本的存在仍有争议性，并且他们与德川幕府的关系越来越紧张。
152 这种紧张关系在很大程度上源于他们与耶稣会士的紧密联系，后者积极从事传教活动，这最终导致他们在 1614 年被驱逐出日本群岛。[1] 由于对基督教的敌意根深蒂固，德川幕府对葡萄牙商人越来越充满怀疑，经常没有真凭实据，就指控葡萄牙商人协助日本的基督教团体并秘密运送牧师继续从事传教工作。[2] 虽然幕府政权尽可能地倾向于简单地将葡萄牙人和耶稣会士一并驱逐，但是在没有找到一条可靠的途径进入中国贸易之前，承担不起切断澳门—长崎航线的后果。因此它被迫忍受葡萄牙人的存在，但是彼此之间没有信任。相反，日、葡双方都发现自己被捆绑在一种令人不安的合作中，只有保持将中国货物稳定流向日本，这种关系才可维持。

德川幕府和葡萄牙人之间的紧张关系，为荷兰东印度公司将其全球战争带入日本海域的企图提供了契机。1609 年荷兰人到达日本时，葡萄牙人在长崎和澳门之间的航行已经牢牢地进入了他们的视线。如前所述，公司在日本建立工厂仅仅是由于一次失败的海上劫掠远征，对其大部分早期历史来说，海上探险至少被赋予与贸易相等的，而且通常是高得多的优先地位。考虑到潜在的战利品，这并不令人惊讶。在澳门—长崎航线的大帆船——一种行驶缓慢的船，沿着预先确定的行程定期往返于固定的路线——上所运载货物的绝对价值，使它在荷兰东印度公司管理者眼中变成极为诱人的目标，并在接下来几十年的时间里持续为它感到痴迷。然而，荷兰东印度公司在日本附近海域发生的第一次真正海上暴力事件并没有涉及来自澳门的大帆船，而是集中在一艘小小的葡萄牙船只——圣安东尼奥号（the Santo Antonio）上，这艘船只并没有什么重要的价值。俘获圣安东尼奥号为荷兰东印度公

[1]　有关基督教在德川日本的详细讨论，参见 Boxer, *The Christian Century in Japan*。
[2]　葡萄牙商人也意识到了这种联系的危险。参见 Boxer, “The Swan-Song of the Portuguese in Japan”。

司将其反抗葡萄牙人的战争带到日本海域提供了第一个机会，并且它引发了一次激烈的法律纠纷，双方都聚集在幕府将军的宫廷中表达他们各自的立场。

1615 年 8 月，在日本工厂开办后六年，一艘荷兰东印度公司的游艇——雅加达号（Jaccatra），抓住了正在澳门前往日本途中的圣安东尼奥号。这一事件发生在荷兰东印度公司与葡萄牙人的战争再度升级的情况下，此前两者于 1609 年生效的暂时休战协议崩溃，这种休战在 153
双方互相指责对方违反了规定以后很快就瓦解了。[1] 圣安东尼奥号在女岛附近被俘获。该岛是由五座岛屿组成的、被称作男女群岛的一部分，离九州岛西海岸仅 100 英里。[2] 无人居住且没有任何经济价值，女岛的这两个属性使它的重要性与其面积不成比例。首先，这座岛屿作为一个关键的导航路标，发挥着重要作用，标志着前往日本群岛的正确路线。它拥有独特的形状——被一位观察者描述为“危耸峻峭，高低起伏”，很容易识别，因此在当代航海指南中，不论对欧洲人还是对日本人来说，都发挥了非常显著的作用。[3] 比如，女岛对荷兰人来说众所周知，它出现在林索登（Jan Huygen van Linschoten）[4] 的《旅行指南》（*Itinerario*）中，这本 1596 年的著名手册在帮助荷兰东印度公司水手进入亚洲的过程中起着不可或缺的作用。[5]

除了作为通道，女岛的第二个功能则不那么明确了。对欧洲水手来说，这座岛屿标志着日本最外层的边界。[6] 看不见陆地数天后快接近日本群岛时，水手们就急切地寻找着女岛，因为他们把它当作一个业已到达日本群岛的具体标志；船只经过女岛就意味着离开了公海，进

[1] 这次休战，标志着八十年战争的关键转折点，在欧洲从 1609 年持续到 1621 年。

[2] Lenardt Camps to the Amsterdam chamber, letter, October 10 1616, VOC 1063:102–103.

[3] Farrington, *The English Factory in Japan*, 2: 1189. 有关前往菲律宾的航行方向，参见 Iwao, Early Japanese settlers in the philippines。

[4] 也拼作 Jan Huyghen van Linschoten，有学者译为林硕吞、林叔腾、林斯乔坦、林寿藤、连少挺、林旭登、林索登、林霍特、林斯豪登、林楚登、林科顿、林竹堂、年斯卓藤、林丘顿、林需藤、林朔登、林斯巧顿、林氏可登、林舒顿、林旭腾、林斯恰顿、林斯霍顿等，荷兰探险家和地理学家，著有《东西印度群岛航行记》（或译为《东印度水陆志》）等。——译者注

[5] Linschoten, *Itinerario*.

[6] Kaempfer, *Kaempfer's Japan*, 36.

入日本海域。然而，从江户的角度看，就远不是这么明确了。虽然这座岛屿对欧洲人来说是熟悉的地标，因为他们都在这样或那样的时间，先后航海来到日本，但是它位于德川幕府统治区域的最外围。正因如此，这段时期日本的官方记录，与出现在欧洲史料中的自信声明形成鲜明对照，有关女岛的地位远不是那么清楚了。确实，只有在圣安东尼奥号事件以后，我们才看到来自日本中央首次对女岛作为日本一部分地位的确认。[1]

被俘虏以后，8 月 18 日圣安东尼奥号被带进坐落在日本工厂几公里以外的高知港。[2] 战利品的到来在平户和长崎都引起了很大反响，其中工厂管理委员会在平户召集起来讨论它的俘虏，而葡萄牙商人及其盟友则在长崎展开行动。很显然，他们并不想采取军事行动，召集舰队或者对荷兰东印度公司的船只展开报复性攻击；而是作为一个法律问题，采取抗议的方式要求德川幕府采取行动。葡萄牙人
154 的逻辑很简单：荷兰人无权在明显是日本的海域逮捕葡萄牙人的船只，因此幕府的干预不仅要惩罚荷兰东印度公司，而且要迫使其做出赔偿。

在提出这种观点的过程中，葡萄牙人及其日本支持者可以利用至关重要的、涉及幕府政权司法特权性质的先例。在日本战国时代（1467—1568），中央监管缺失，很容易就能获得武器，再加上“诉诸暴力的习俗——寻求传统的个人正义和自我申冤”，从而创造了无尽的冲突空间。[3] 结果出现了一段充满地方性冲突的历史时期，日本国内陷入通常由家族、村庄以及军阀之间彼此竞争引起的一系列看似无休止的冲突之中。丰臣秀吉上台以后，致力于建立一个更广泛的政府，以实现权力垄断。[4]1588 年，

[1] 中文史料对 16 世纪倭寇的记载，显示出女岛是日本的一部分。同时也出现在日本航海指南《快乐航海书》（*Genna kōkaisho*）中，该书出版于 1618 年。感谢彼得・沙宾斯基指出这点。

[2] Resolutions, 18 August 1615, Japan factory, VOC 1061:247. 日本工厂委员会在 1615 年 8 月 18 日至 1616 年 3 月 2 日通过的这份决议，构成了圣安东尼奥号事件的最重要史料。

[3] Berry, “Public Peace and Private Attachment,” 242.

[4] Ikegami, *The Taming of the Samurai*, 153.

颁布了著名的刀狩令（sword hunt order）[1] 等法令，还确立了私人赔偿的法律依据。德川幕府继承并发展了这一思路。针对个人暴力，幕府的统治者们一开始是削弱，然后是进行镇压，他们其实高度重视自己的角色，即在日本群岛范围内发生的任何暴力冲突中充当法律裁决者。伊丽莎白·贝里（Elizabeth Berry）曾很好地阐述过这一观点："在政治上，统一政权只在一个领域——维护和平方面积极进取。"[2]

这个和平的过程以及随之而来的对任何冲突进行法律仲裁的坚持，并不仅限于陆地上。正如彼得·沙宾斯基曾明确揭示的那样，它延伸到日本周边海域，丰臣秀吉逐渐解除了以前自治"海上领主"——海上大名，尤其集中在濑户内海——行使非政府暴力的权力。用沙宾斯基的话来说，一旦"丰臣秀吉在国家统一中取得了极大成功，他就开始加强其作为唯一的暴力制裁者的角色"。[3] 丰臣秀吉声称自己对日本周边海域享有主权，并且坚持在日本海域发生的所有冲突中，要由中央政权充当仲裁者。[4] 鉴于这种对维持和平的首要关注，并且假设人们接受了葡萄牙人的观点，即圣安东尼奥号是在日本海域被俘虏的，那么就有充分的理由表明，这起事件与其他任何未被批准的暴力行动一样，都有必要由中央做出裁决。

但是如果在日本历史上有什么相似之处的话，那么圣安东尼奥号 155
的被俘也代表着完全不同的东西。这段插曲标志着荷兰东印度公司的全球战争第一次入侵到日本海域，这种全球战争本质上是从一个遥远大陆输入的欧洲冲突。正因为这样，荷兰东印度公司代表为这次捕获的合法性辩护做了充足的准备，认为这一事件应被视为适当和合法的战争行为——是暴力没错，但并不是在日本政府法律职责范围之内的

[1] 刀狩令，指丰臣秀吉以铸造京都方广寺大佛为借口，收缴民间和寺院所藏武器的事件。为解除农民武装起义和国内战事的威胁，丰臣秀吉于 1588 年颁布了刀狩令，要求各地大名坚决没收"诸国百姓所持刀、腰刀、弓、矛、枪支等武器"，以免酿成暴乱，使农民"精勤农桑"，"专事耕作"。——译者注

[2] Berry, "Public Peace and Private Attachment," 242.

[3] Shapinsky, "Lords of the Sea," 442.

[4] Fujiki, *Toyotomi heiwarei to sengoku shakai*, 228.

冲突。这样一来，圣安东尼奥号事件看上去明显与过去涉及海盗组织和私人军阀的海上暴力不同，而且并不确定德川幕府会怎样回应。

利害关系不仅仅局限于船只本身。以任何标准来看，圣安东尼奥号都不是贵重的战利品，特别是拿来与澳门—长崎大帆船进行比较时，它所携带的主要是由黑檀木和白蜡等构成的完全不起眼的货物。[1] 双方都更关心的是判决先例的问题。如果幕府忽略这一插曲，不去充当仲裁者，或者在这件事情上退出，那么对澳门—长崎航线的攻击将会再次上演——这条航线非常容易受到荷兰东印度公司的海上掠夺。而如果幕府政权裁决支持葡萄牙人，结果对公司来说可能是灾难性的，这可能会迫使其停止在日本海域的海上劫掠，同时赔偿葡萄牙人的损失。

荷兰东印度公司由现任荷兰行政长官雅克·斯皮克领导。该官员随后策划了荷兰东印度公司对日本外交策略的转变。一得到该事件的消息，斯皮克就决定准备“用日语写信抗议”，以便维护荷兰东印度公司的地位。[2] 其中一封信被送到了相关的地方官员——长崎州长那里，而另一封信送给“(幕府将军的)重臣”本多正纯(Honda Masazumi)。因为幕府了解一些荷兰人在 1609 年与葡萄牙人的停火协议的情况，这在此前发往日本的信中有过描述，斯皮克的第一步就是对挑起敌意进行解释，他告诉本多正纯，西班牙人和葡萄牙人并没有遵守他们的承诺，“而是错误地出尔反尔，试图带给我们所有可能的伤害”。结果，荷兰在日本收到了来自“我们国王(莫里斯)……去发动战争并造成对方尽可
156 能多的损失”的明确指令。[3] 因此，如果公司的任何船只在海上遇到伊比利亚人的船只，他们不能让对方通行，而是有义务发起攻击。

1615 年 8 月 18 日信件寄出以后，工厂回归正常事务，但在那之后，其管理委员会于 9 月 10 日再次碰头——很显然，在对抗葡萄牙人的事件中需要做得更多。解决方案是派遣一个代表团前往幕府的临

[1] Resolutions, 7 November 1615, Japan factory, VOC 1061:253v.
[2] Resolutions, 18 August 1615, Japan factory, VOC 1061:247.
[3] 同上。

时基地京都，在幕府将军面前直接“说明我们的事情，反对葡萄牙人”。[1] 作为荷兰长官，斯皮克的任务是领导代表团，但是委员会也召来了扬·约斯滕。他是“博爱”号的最初几位水手之一，自 1600 年以后一直待在日本。[2] 为了获得有利的结果，委员会准备打开钱箱，授权斯皮克可以支出任何必要的花销，同时努力寻找合适的、可能吸引幕府官员向自己靠拢的礼物。在平户的仓库几乎生产不了任何价值，因此有必要派遣一位代表从长崎的葡萄牙商人那里购买一些“精美的”商品。[3] 早在 1609 年，荷兰东印度公司的第一个使团抵达日本时就已经这么干了。这当然是一个明显的讽刺：秘密地从葡萄牙人那里购买商品来反对葡萄牙人并捍卫自己的权利。委员会也指示他们的代表谨慎从事，通过多个中介机构以确保不泄密。为了上双保险，委员会决定向德川家康献上一尊来自其船只的大炮，德川家康曾对欧洲军事技术显示出持续的兴趣。这些项目加进送给其他幕府官员的礼物，最后的总开销达到 2734 荷兰盾，这对一个毫不盈利的工厂来说简直是天文数字。[4]

9 月 24 日，斯皮克及其代表团到达靠近京都的重要据点伏见，在那里他们发现，葡萄牙的代理人已经在游说幕府做出有利于葡萄牙人的裁决。[5] 他们这次的出现与在圣卡塔娜号事件中的表现形成了鲜明对比。圣卡塔娜号事件是荷兰东印度公司在亚洲海上劫掠的先声，这起事件在阿姆斯特丹海事法庭的院墙内，在荷兰法官面前得到了解决。在这种情况下，双方代表都带着他们自己的观点和盟友，聚集在一个中立的空间中，在一组独立的评判员面前证明各自的合理性。不出所料，葡萄牙代表认为，攻击发生在“国王（幕府将军）的海域”，即确定是 157

[1] Resolutions, 10 September 1615, Japan factory, VOC 1061:249v.

[2] 虽然约斯滕并未受到像威廉·亚当斯那样的关注，但是他在这个过程中发挥了重要的作用，充当幕府将军的非正式顾问。像亚当斯一样，他极力夸大了自己的影响力。有关这位被忽略的历史人物，参见 Iwao, *Jan Joosten*。

[3] Resolutions, 10 September 1615, Japan factory, VOC 1061:249v.

[4] Resolutions, 28 October 1615, Japan factory, VOC 1061:250v–250. 这些总数来自个人数据四舍五入后的总和。

[5] 同上，250v。

在“日本的领土”范围内。[1] 英国在日本的工厂长官理查德·考克斯目睹了纠纷展开的过程，他写道：葡萄牙人“向国王（幕府将军）抱怨，荷兰人在他的领土范围内袭击了他们”。[2]

这种声明取决于这样一种理解，即对圣卡塔娜号的攻击必须被视为海盗行为。在亚洲各地的葡萄牙代表对于编造这种论据已有丰富的经验，因为这种论据是在谴责荷兰人时向当地统治者提出的一个标准命题，进而否认了荷兰人在当地的任何立足点。在中国，荷兰人被描述为“全球性强盗”和“所有海域的海盗头子，其他公国都会避开他们，视他们为领土上最致命的危险”。[3] 在日本，葡萄牙代理人早在圣卡塔娜号事件发生以前，就在各种不同的场合提出了类似的指控。比如，“博爱”号 1600 年抵达日本时，其船员就被当作“所有国家的小偷和强盗”而遭到强烈谴责，“如果我们苟且忍受的话，将会违背殿下和国家的利益：因为没有任何国家会来到这里却不抢劫”。[4] 作为其中的一部分，葡萄牙代表认为，任何诚信的商业只不过是一层薄薄的虚饰，用以掩盖公司活动背后的真实性质。因此，根据一位葡萄牙人的书信，即使在荷兰商人“把货物运到你的国家（并且宣称他们已经通过贸易获得了这些货物）时，这仍是一个彻头彻尾的谎言”，因为所有这些商品都是通过武力掠夺而来的。[5]

非法的、无国家主权的掠夺者——海盗的身份，把荷兰人推出了国际秩序。一份后来提交给德川幕府的请愿书解释说：“荷兰海盗船在公海骚扰……因为他们除了海盗以外什么都不是，没有任何其他国家允许荷兰人的船只停靠在其港口。”[6] 如果一个人认为攻击圣卡塔娜号是海盗行为，那么只可能有一个结论。几十年来，海盗行为已经在日本周边海域被禁止，并且存在一个长期的禁令，禁止海盗集团以日本群

---

[1] Colenbrander, *Jan Pieterz.Coen*, 1:203. Elbert Woutersen, letter, 6 September 1615, NFJ 276.
[2] Cocks, *Diary Kept by the Head of the English Factory*, 1:55.
[3] Nieuhof, *An Embassy from the East India Company*, 303.
[4] Danvers and Foster, Letters Received by the East India Company, 1:147.
[5] Hayashi, *Tsūk-ō ichiran*, 5:7.
[6] Boxer, *The Christian Century in Japan*, 435.

岛为基地。1588 年，德川家康的前任——丰臣秀吉，就曾提出著名的禁令，禁止海盗在“在（日本）所有省份的海域中”活动，同时对那些庇护或支持海盗集团的群体执行严格的惩罚。[1] 考虑到这些事实，荷兰东印度公司看起来将受到双重惩罚，不仅因为最初发生在“日本所有省份”周边海域的攻击，同时也因为雅加达号给日本带来了战利品， 158
从而重新把日本群岛变成一个海盗巢穴。

作为回应，斯皮克提出了自己的观点，以便维护荷兰东印度公司俘获船只的权力。抛开任何有关女岛是否属于日本的讨论，他坚持认为，对圣安东尼奥号船只的攻击是合法的，不论这种攻击实际上发生在哪里。斯皮克的观点建立在一个根本立场上，即荷兰东印度公司的海上劫掠是为了一个健全的政府服务而进行的合法战争行为。他解释说，荷兰人在亚洲已经收到了他们亲王——一位在那个时代仍被当作“荷兰国王”来理解的人物——的指令，去“以任何方式发动战争，并在海上和陆上（给西班牙人和葡萄牙人）造成所有可能的损害”。[2] 因此，与其说像雅加达号这种船只的船长是海盗首领，不如说是士兵，他们“已经明确命令，不论我们在哪里遇到他们的船只，都不能让它通过，为了俘获它我们可以发动战争，哪怕我们为此献出生命”。[3] 这样，没有个人选择——当然也就没有个人发财致富的余地；只要遇到西班牙人或葡萄牙人的船只——即使是手无寸铁的商船——荷兰人就很容易处于战争状态，必须把这种更广泛的冲突放到适当的语境中，才能得到部分检视。

因为缺乏相似的论据来让该案例更具说服力，这种陈述是格劳秀斯意见的苍白版本。在某种程度上，这是因为格劳秀斯用以证明其进攻策略合法性的一个关键点——在反对伊比利亚暴政的共同战斗中，荷兰东印度公司是亚洲国家的天然盟友——并没有在幕府将军的

---

[1] Fujiki, Toyotomi heiwarei to sengoku shakai, 218.

[2] Resolutions, 28 October 1615, Japan factory, VOC 1061:251v.

[3] 同上。

宫廷中取得真正意义上的进展。这并非没尝试过，在日本的荷兰代理人频繁地重述1610年12月莫里斯亲王写给德川家康的信件中提出的指控——认为西班牙人建立普遍君主制的野心是对德川幕府的直接威胁。[1] 为了支持这一观点，他们设计了一个庞大的控制计划，该计划涉及葡萄牙人、西班牙国王和耶稣会士，所有这些人都在努力破坏日本的领土。如果西班牙人的暴政被日本幕府视为一个真正的威胁，那么它就使得荷兰人成为日本幕府天然的盟友，因为他们所面临并要克服的，正好是同样的危险。尽管这种观点持续存在，但幕府官员对加入反抗西班牙人的战斗并不感兴趣，因为西班牙人在这一早期阶段仍被视为潜在的贸易伙伴。正因如此，斯皮克放弃了有关荷兰东印度公司
159 作为亚洲统治者的天然盟友的观念，也不再将圣安东尼奥号船只遭受袭击理解成这种共同斗争的一部分。

斯皮克开始努力避免与幕府将军的冲突，他坚持认为，幕府将军不能干预荷兰东印度公司，尽管荷兰东印度公司已经将战争带到了他的海岸边上："我们虔诚地希望从陛下（幕府将军）那里寻求支持：如果我们在陛下领土上的某个地方遇到葡萄牙人或者卡斯蒂利亚人，（请允许我们）发动战争，制造所有可能的破坏或者俘获他们的船只。"[2] 虽然措辞谄媚，但是这种主张体现了荷兰东印度公司发动全球战争并在亚洲的法律架构中畅通无阻的大胆企图。诸如女岛海岸不远处的遭遇战只是一起"敌人间的战争"（vianden oorloge mett malcanderen），而且必须这么处理。[3] 更具体地说，幕府将军应该远离与他无关的冲突，将攻击任何前往日本的船只视为战争的合法行为。这样一来，斯皮克坚持认为，荷兰东印度公司的全球性冲突在当地的法律架构中应该得到优先解决。

荷兰代表团并不需要太长的时间来等待这个答案。虽然德川幕府

---

[1] Sūden, *Ikoku nikki shō* , 112.

[2] Resolutions, 28 October 1615, Japan factory, VOC 1061:251v.

[3] 同上。

更专注于国内事务，包括已经接近尾声的反抗丰臣秀吉继承人的战争，但是幕府政权迅速转向，9 月 26 日，幕府官员告知荷兰人：他们将被授予“中国帆船、人员和其他相关的一切事物”。[1] 由于某些原因，这个决定至关重要。首先，它确认女岛及其周边的海域是日本的一部分。荷兰东印度公司代理人在俘获圣安东尼奥号以后首次提出关于女岛的地位问题时，在工厂职员中间就存在一个明确的希望，即希望德川幕府声明，其权威没有延伸到环绕这片孤零零的无人群岛的海域。比如，这就是后来发生的荷兰东印度公司海上劫掠的例子，这些海上劫掠发生在更遥远的海上航线——德川官员宣称超出了他们的管辖权限。[2] 然而，1615 年，德川幕府反其道而行之，转而确认女岛周边的海域是日本的一部分，因此处在幕府将军的管辖之下。结果，使得女岛变成日本本土的边界，同时也确认了欧洲水手必须将它视为幕府将军领土的一部分。在此后的德川幕府时期，女岛出现在诸如《日本人文景观》（*Nihon bunkeizu*）之类的地图编译物上时，仍保持其作为日本领土外部标志的角色。[3]

其次，这一决定确认了幕府作为司法审判者的角色。不是不干预 160
与德川幕府无关的欧洲国家之间的冲突，而是恰恰相反，幕府官员同时接受双方提交的请愿书，考虑双方的观点，并且做出决定。采取这种行动时，德川政权有效地彰显了它作为两个外国集团之间海事争端的仲裁者的权力，哪怕这些争端发生在距离其在日本中心的总部数百英里以外。结果是确认了所有未被批准的暴力行动——不论是出于动机抑或现实参与——都需要来自中央的裁定。就像丰臣秀吉的例子一样，这实际上是中央政权对日本列岛周边海域海上主权的主张，尽管它只是涉及对暴力纠纷的仲裁的有限扩张的权力。[4]

---

[1] Resolutions, 26 September 1615, Japan factory, VOC 1061:251.

[2] Cocks, *Diary Kept by the Head of the English Factory*, 2:163.

[3] Takeda, *Sakoku to kokkyō no seiritsu*, 167.

[4] 因此，这与欧洲的情形有很大的不同。在欧洲，国家之间的激烈竞争意味着，对沿海海域的权力宣言正变得越来越广泛。比如，在这一历史时期，荷兰政府和英国政府都宣称了一系列的海洋权益，其中最有争议的，是对外国渔民进入沿海海域的权利进行了限制。

但是，如果这一决定确认了德川幕府的基本意愿，即裁定发生在日本海域的任何海事纠纷的话，那么它必然伴随着一个关于德川法律保护范围的明确定义，由此原告有望在这一范围内，为他们的要求寻求补偿。发布判决以前，幕府派出一个特使直接与处于争议中心的被俘的葡萄牙水手谈话。随后的审讯由一组单一的问题组成，从这些问题可以看出德川政权的关注范围：他们的船只是否携带了幕府将军的“印章”，即朱印状？[1] 俘虏承认没有通行证后，面谈中断了，他们要求保护的请求被忽略了。一旦朱印状并未牵涉其中的事实广为人知，德川幕府就对保护圣安东尼奥号船只提不起任何兴趣，根本不顾它是在日本周边海域被俘获的事实。其中传达的信息非常明确：幕府政权关注的范围最远仅限于朱印船，如果这些事件不涉及朱印船，那么不论是实施惩罚，还是要求补偿，幕府政权均不关心。

如果在这点上没有歧义，那么德川幕府对荷兰人海上劫掠活动是否合法的态度就不太鲜明。德川官员并不谴责这起事件是海盗行为，而面对后来荷兰东印度公司海上侵略活动的例子时，他们会采取一些行动，他们没有对斯皮克的观点——雅加达号的俘获行动应当被视为战争的合法行动——表示支持。然而，可以确定的是，将圣安东尼奥号奖励给荷兰东印度公司与其说是一种对荷兰人海上劫掠活动特别
161 积极的态度，不如说在前往日本的所有船只中，对朱印船高于一切的关心。

对葡萄牙人来说，这一裁决代表了一次显而易见的挫折，但它至少提供了一丝非常小的希望。虽然这个决定不支持圣安东尼奥号的主人，但是德川幕府已经确认了自身作为日本海域内所有暴力行为——甚至是发生在欧洲内部的冲突——的法律裁决者的角色。[2] 在对圣安东尼奥号事件的善后中，很明确的是，幕府将军的宫廷会敦促采取行动，

[1] Matthijs ten Broeke and Lenardt Camps, letter, 19 September 1615, NFJ 276.

[2] 并非所有的亚洲国家都是干涉主义者。比如，莫卧儿王朝皇帝就对介入这种冲突不感兴趣，因此对斯沃利战役（the battle of Swally）——1612 年发生在印度海域的葡萄牙人和英国人之间的海上冲突——充耳不闻。

充当一个国际法律节点，一个申诉、调查和仲裁海事争端的空间。虽然这在短期内可以提供缓和的空间，但是随着时间的推移，德川幕府也有可能被说服将其保护边界扩大至那些没有携带朱印状的船只。

荷兰东印度公司则领教了一种迥然不同的经验。斯皮克及其上司抛开了将来的决定会不利于他们的可能性，并将圣安东尼奥号事件的解决，视为德川幕府对荷兰东印度公司海上劫掠活动的明确支持，以及对进一步行动的广泛豁免。这就是即将成为总督的扬·彼得松·科恩采取的立场，他越来越相信公司应该开始扩大针对葡萄牙驶往日本船只的海上劫掠行动，即使它会导致冲突扩展到德川幕府的港口。科恩在 1615 年以后的信件中透露了一种坚定的信念，认为德川幕府并不会明显同情，也不会真正漠不关心荷兰东印度公司的海上劫掠活动，同时认为对沿海海域抑或对它自己的港口实施特殊保护并无必要。结果出现了一种不计后果的对战利品的追求，这最终促使德川幕府出现了政策反弹。

扩张与升级

对圣安东尼奥号的掠夺处理完毕后，荷兰东印度公司的注意力自然而然转向了澳门—长崎的大帆船——这个一直被它虎视眈眈的庞大猎物。鉴于俘获这艘澳门大帆船的重要性，科恩写信给在日本的荷兰长官，问道："如果你可以建议我，怎样才能俘获从澳门开往长崎的大帆船，你要毫不犹豫地告知我们，这样公司才能从其沉重的负担中获 162
得一些喘息的机会。"[1] 付诸行动并不需要太大的鼓励。在日本，工厂的雇员羡慕地看着这些船只在长崎抛锚，卸下大量的货物，与之相比，他们自己微薄的贸易简直就是小巫见大巫。哪怕只俘获其中的一艘船，他们的财富都将得到改变，而且公司在平户的前哨也将

[1] Colenbrander, *Jan Pietersz.Coen*, 2:7.

从一个遥远的穷乡僻壤转变为荷兰东印度公司帝国内“一个最赚钱的贸易点”。[1]

经过多年的努力，对澳门大帆船的成功袭击似乎已经完美就绪。通过诸如林索登等人的告密工作，荷兰东印度公司已经掌握了这艘船的详细信息，包括其航线和时间表。[2] 此外，荷兰东印度公司在平户拥有一个理想的操作基地，那里靠近澳门—长崎航线的终点。随着圣安东尼奥号事件的成功解决，最后一块拼图似乎已经到位。幕府将军的判决使荷兰东印度公司的许多管理者相信，他们可以而且确实应该将他们的战争直接带到长崎，大帆船在那里是最脆弱的。考虑到这一点，科恩在 1617 年 4 月命令派出两艘船只——黑狮号（Swarten Leeuw）和大桨帆船号（Galiasse）[3]——如果发现其目标抛锚在长崎港，就带着指令攻击它们的目标。[4]

在前往日本的航行途中，黑狮号和大桨帆船号遇到了第三艘荷兰东印度公司船只——旧日号（Oude Sonne），由海军上将扬·迪克松·拉姆（Jan Dirckzoon Lam）指挥，继续执行探险队的命令。这个小型舰队于 7 月 3 日到达长崎时，发现自己先于大帆船抵达。为此它面临两个选择，在长崎港抛锚或者封锁长崎港的入口，拉姆决定进入港口并在那里等待战利品落入他的手中。[5] 舰队刚一抛锚，大帆船即将到来的消息就传了过来，后者估计在 8 至 10 里格以外。然而，当长崎官员决定抵制荷兰东印度公司侵略性的战略时，不会激起日本反弹的希望都迅速破灭了。长崎奉行长谷川藤正（Hasegawa Gonroku）[6] 乘坐在一艘小船上，就像许多城市精英一样，他在葡萄牙人的贸易中拥有

[1] Lenardt Camps to the Amsterdam chamber, letter, 10 October 1616, VOC 1063:102–3.

[2] Van Linschoten, *Itinerario*.

[3] 此处译文参考鲍晓鸥《西班牙人的台湾体验（1626—1642）：一项文艺复兴时代的志业及其巴洛克的结局》，台北：南天书局有限公司，2008 年，第 24 页。——译者注

[4] Colenbrander, *Jan Pietersz.Coen*, 2:238. 尽管他相信，这是正确的行动过程，但是科恩确实承认幕府反弹的可能性（如果大帆船是在长崎被俘获的话），并且如果这些事情发生了的话，他也准备接受日本工厂的关闭。然而，显而易见，他相信，通过安抚幕府官员，斯皮克有能力解决任何困难。

[5] Colenbrander, *Jan Pietersz.Coen*, 1:293.

[6] 长谷川藤正（？—1630），原名长谷川权六（字藤正），1614—1626 年担任长崎奉行。——译者注

个人股份，遂命令拉姆放弃他对大帆船的想法并立即离开平户。战利品近在咫尺，这位舰队司令拒绝了这一要求，坚持明确指示即使在长崎港内，也要俘虏这艘葡萄牙船只。来自城市的回应迅速而有力。根 163
据拉姆的说法，他“被长崎州长明确要求一点也不能伤害（葡萄牙大帆船），并且立即离开长崎……否则我们将被武装部队阻止”。[1] 长官长谷川的意图是，如果荷兰东印度公司的船只决定攻击大帆船，那么将召集 80 艘载满了士兵的平底船来攻击荷兰东印度公司的船只。虽然在开阔海面上平底船并不构成威胁，但是在长崎港狭窄的通道里，这些平底船将是一个巨大的威胁，为此拉姆选择了撤退。

当荷兰人攻击了驶往马尼拉的中立船只的消息传到日本时，围绕荷兰东印度公司海上劫掠活动的争议进一步加深了。作为迫使西班牙人离开菲律宾的整体计划的一部分，荷兰东印度公司盯上了在中国和马尼拉之间定期往返的舢板船队。比如，1617 年，荷兰东印度公司的船只存放了大量的战利品，价值总额达 823,134 荷兰盾，同时还有大量囚犯，这些都是从至少七艘在日本工厂的中国舢板船上劫掠来的。[2] 这些战利品的丰厚程度令人惊讶，以至于一位观察者羡慕地写道：“由于最近抢劫了很多的舢板船，他们从中国人那里窃取了大量的生丝、塔夫绸、沙丁布（satins）、天鹅绒和其他中国商品。”[3]

如此大量掠夺商品，还俘获了数量如此多的水手，这震惊了整个平户。由于并不确定荷兰东印度公司的行动是否合法，平户藩内当局扣押了其船只，并且警告说：在收到幕府的指令之前，任何货物都不能出售。还有一个问题，荷兰东印度公司攻击中国的船只，看起来很像倭寇袭击，后者被丰臣秀吉 1588 年禁令所镇压，这起事件仍然留在许多生活在之前就是海盗窝点的当地人的记忆中。将两者勾连在一起的意图非常明显，一位当地官员告诉港口的英国居民，他相信幕府

[1] Jan Dirckz.Lam to the Amsterdam chamber, letter, 11 October 1617, VOC 1066, 286v.

[2] Copie van de veroverde goederen in de Manilhas door Jacques Specx in Firando ontfangen, 12 October 1617, VOC 1066:127–131.Kato, Bakuhansei kokka no keisei to gaikoku bōeki, 72.

[3] Danvers and Foster, Letters Received by the East India Company, 3:291.

将军绝不允许荷兰人俘获中国船只，因为丰臣秀吉已经禁止过这种攻击。[1] 虽然这显然是一个问题，但是对荷兰东印度公司来说，还存在进一步的障碍，即平户华人团体激烈抗议攻击他们的同胞。著名的华人甲必丹李旦，悲痛地向斯皮克抱怨，并要求拜访其中一艘俘获的帆船。[2] 尽管这个要求被拒绝了，他仍想方设法与其中的一些囚犯交谈，
164 这些囚犯悲叹说，他们曾受到“极其残忍”的对待。[3] 他们声称，荷兰人直接把大部分俘虏抛到海里，让他们溺死。

正如俘获圣安东尼奥号以后的情形一样，被俘船只及其船员在平户的出现引发了一系列直接前往幕府将军宫廷的法律抗议活动，从而确认了平户作为一个活跃的海事纠纷仲裁中心的角色。可以预料，第一个投诉来自李旦，但在一个意想不到的地方出现了第二封请愿书。在拉姆的官方报告中，他写道，一艘被俘的中国舢板船载着六七名船员，已经在台风中与他的舰队分开了。[4] 三四十个中国俘虏抓住机会，战胜为数甚少的船员逃脱了。[5] 他们乘着帆船前往附近的萨摩藩，开始筹集资金，以便“在皇帝（幕府将军）的宫廷对他们（荷兰人）采取法律手段”。[6] 这些申诉者解释说，与葡萄牙人形成鲜明对照——后者曾与荷兰人进行过多年战争——中国商人并没有与公司争吵，虽然公司在“违背法律或正义，也没有与他们宣战的情况下”袭击了他们，并且“他们待荷兰人非常友好，曾在万丹、摩鹿加群岛、巴达维亚、西昂（Syam）、日本和其他地区与他们进行贸易”。[7] 发生这些事情以后，其他的商人团体也聚集在幕府将军的宫廷起诉荷兰人。考克斯曾对这些反抗潮进行过总结，指出：“西班牙人、葡萄牙人和中国人……确实团结起来，前往日本宫廷控诉荷兰人是强盗或海盗。”[8]

---

[1] Cocks, *Diary Kept by the Head of the English Factory*, 2:119.
[2] 有关李旦的详细情况，参见 Iwao, “Li Tan”。
[3] Cocks, *Diary Kept by the Head of the English Factory*, 2:88.
[4] Jan Dirckz.Lam to the Amsterdam chamber, letter, 11 October 1617, VOC 1066, 289v–289.
[5] 有关这些事件的西班牙报告，参见 Blair and Robertson, *The Philippine Islands*, 67–68。
[6] Cocks, *Diary Kept by the Head of the English Factory*, 2:95.
[7] Farrington, *The English Factory in Japan*, 1:666.
[8] 同上。

然而，即使中国商人施压，德川幕府也拒绝干预。中国商人在荷兰东印度公司的劫掠下损失最为惨重。与在日本海域被俘的圣安东尼奥号不同，对开往马尼拉的船只的袭击发生在远离日本群岛的遥远海域，幕府官员坚持认为对那里没有任何权限。[1] 因此，如果中国人希望获得补偿，那么他们要么向中国当局，要么向在菲律宾的西班牙总督提出申诉。[2] 但是，对荷兰人来说尤为不妙的是，这种拒绝也同时带着一个承诺：如果以后在日本海域发生袭击，那么他们将采取行动。那时正在江户的考克斯写道，如果海洋暴力行动是发生在他的"司法管辖区"或者是"在他领土范围之内的反抗的话，幕府将军承诺予以补偿"。[3]

这种承诺体现了德川幕府对海上劫掠的强硬态度，同时也第一次 165
暗示了幕府政权可能会重新审视在其海域中所发生的事件。这种转变对在日本工厂的员工来说是显而易见的，他们越来越关心公司日益恶化的声誉。由于前来贸易的商品如此之少，而外出的掠夺如此之多，因此在许多观察家看来，工厂似乎已经仅仅成为一个海盗据点。急于消除这种印象的荷兰长官请求他的上级，用能得到的任何商品填满一百个空箱子，并将这些箱子发往日本，不管这些商品是否卖得出去并获利。他解释说，这至少可以使荷兰人表现出"可敬的商人"的形象，并力图消除越来越明显的海盗污点。[4] 但是，填满货物的箱子没有运来，到了 1621 年，很明显，工厂的期限到了。

1621 年法令

1621 年 9 月 14 日，在雅克・斯皮克担任长官的最后一段时间里，江户颁布了一项新法令，禁止荷兰人以及其英国同行——他们也以平

---

[1] Jan Dirckz.Lam to the Amsterdam chamber, letter, 11 October 1617, VOC 1066, 289v.
[2] Cocks, *Diary Kept by the Head of the English Factory*, 2:163.
[3] 同上 ; Farrington, *The English Factory in Japan*, 1:666.
[4] Colenbrander, *Jan Pietersz.Coen*, 7.1:308.

户为基地——把武器带出日本和雇用雇佣兵，并且，最重要的是，不得从事海上暴力。根据荷兰文献对这些事件的描述，他们被告知“荷兰人和英国人将不得在日本周边海域从事海盗活动”。这可以与最初的日本法令相匹配，后者可以追溯到元和七年第五个月的第22天，或者1621年7月11日，用几乎相同的术语重复着相同的信息：“荷兰人或者英国人不能在日本周边海域从事海盗活动。”[1]

对荷兰东印度公司而言，这是一个重大的挫折。德川幕府官员第一次毫不含糊地谴责荷兰东印度公司的海盗行动，并且第一次用“八幡”这个词形容荷兰人的海上劫掠活动。1603年在长崎出版的《日葡字典》(*The Japanese-Portuguese Dictionary/Nippo Jisho*)为这个词汇的当代用法提供了一份宝贵的资料，将这个词汇定义为“在外国土地上的掠夺”。[2]在日本，这个词汇的最常用法是用来指倭寇，后者曾在16世纪从分散在九州和日本群岛其他地区的基地发动对中国的袭击。
166 “八幡”海盗是无国籍的劫掠者，因其残忍的暴行而臭名昭著，因此这个词汇毫无例外都是贬义。斯皮克给他的上司写信，哀叹说“海盗这个词在日本是羞耻的，并且与俘获敌人的船只完全不同……我们的行动被他们宣布为海盗并被这样理解”。[3]然而，在幕府将军宫廷的荷兰人代表曾经自信地谈起海上劫掠活动，将其视为一种公认的战争逻辑支持下的合法行为，到了1621年，这种观点也不复存在了，留下荷兰长官重新爬起来收拾残局。

1621年法令将荷兰人描述为长年存在的海盗。这个污点需要他们

---

[1] Copie remonstrantie van Jacques Specx overgegeven op ‘t comptoir Firando,20 September 1621, VOC 1075: 89–92, esp.92v. 这份报告的摘要出版于东京大学，参见 shiryō hensanjo, *Dai Nihon Shiryō*, series 12, 38:6–10。完整的日本法令可见于 Nagazumi, “Hirado ni dentatsu sareta Nihonjin baibai buki yushutsu kinshirei”。

[2] 参见土井忠雄所编《日葡字典》中的相关条目。“八幡”这个词汇的词源至今仍不清楚。对此最简单的解释是，这个词汇起源于中国人对八幡神的读法，八幡神是最受欢迎的神道教神祇之一，但是也可能来自汉字“破帆”，即破烂的帆。(按：另一种说法是，“八幡”原为明代中国人对“八幡”的发音，因倭寇乘坐的船曾打着“八幡大菩萨”旗号，因此其船只又被称为“八幡船”。可参考铃木满男《环东海诸地区的海上异域观念——比较民俗学的考察》，郭如平、斯海涛译，铃木满男主编《福建民俗研究》，杭州：浙江人民出版社，1990年，第161—187页。——译者注)

[3] Copie remonstrantie van Jacques Specx overgegeven op ‘t comptoir Firando, 20 September 1621, VOC 1075:92v.

用好几十年才能抹去；它没有给荷兰东印度公司留下申诉的空间，也没有回旋的余地。幕府没有区分对葡萄牙人的攻击——这曾经被认为可以获得广泛接受——和最近与中国商人发生的接二连三的冲突。恰恰相反，1621 年法令禁止荷兰人俘获“任何船只，不论是日本人的船只、中国人的船只，还是葡萄牙人的船只”。[1] 这项法令导致任何细微的可能性都丧失，并且没有留下任何模糊行动的余地。任何被清楚证明由荷兰东印度公司船只发动的攻击，都将被视为海盗行动，并且如果这种行动发生在日本海域，将得到迅速处理。在荷兰东印度公司内部，关于这一标签所代表的危险没有任何疑问。法令的消息传到巴达维亚，一位高级官员言辞激烈地写信，要求删掉这个名词，这样才能恢复荷兰人作为“一个确定且威风的国家”之代表的声誉。[2]

但是，怎样做到这一点却更为困难，而且在这方面巴达维亚所能提供的指导非常有限。除了减少前往日本进行海上活动的船只数量——这是被迅速采取的措施——以外，对于如何消除诸如“荷兰人只是海盗，带着空船来到（日本）”的印象却并不清楚。[3] 如果只是简单退回到对荷兰东印度公司活动的根本合法性的强调，也几乎没什么帮助。格劳秀斯在欧洲提出的一系列强有力的观点转移到日本时，便产生动摇，在日本那样一个更不确定的法律环境中没有用武之地。看起来，唯一的选择就是等待，并且希望这种“八幡”联想会逐渐淡化。然而，“八幡”联想将在 17 世纪下半叶继续伴随着在日本的荷兰东印度公司代理人。1621 年法令颁布后的最初几年，一位幕府官员对此提出警告，他告诉荷兰人：“在陛下（幕府将军）的心中，诸如‘你们是海盗’， 167
以及‘每天都卷入海盗行动中’之类的印象是根深蒂固的。”[4]

荷兰人被贴上了海盗标签，那么他们也被放置在一种特别的身份类型中，这种身份使他们得以继续在日本活动。虽然丰臣秀吉曾经禁

---

[1] Colenbrander, *Jan Pietersz.Coen*, 7.2:801.
[2] Pieter de Carpentier to Lenardt Camps, letter, 9 April 1622, VOC 849:73–74.
[3] 同上。
[4] *Dagregisters Japan*, 3:56.

止所有的海盗以日本群岛为基地，但是德川幕府做出了更为务实的反应，他们将荷兰人视为一个有用的——如果还远不是可信赖的贸易伙伴的话，从而允许他们继续留在日本，同时想方设法挽救荷兰东印度公司暴力的糟糕后果。因此开辟了对荷兰东印度公司的特殊豁免权，这在 1621 年法令中似乎已经看出，荷兰人可以继续自由地推行其海盗方式，只要他们是在幕府官员视野之外的遥远海域进行海盗活动。

在法律上，1621 年法令代表了德川幕府包括在日本周边海域权力的极大扩张。尽管早在 1615 年，德川幕府就已经确认了对这些海域的合法权利，但是它当时的保护对象仅仅针对朱印船的做法显然远远不够。六年以后，它决定有效保证在日本群岛周围海域所有船只的安全，不管这些船只是否拥有朱印状。正因如此，幕府的法定职责范围得到了极大的扩张。早在此前就已经保留了其作为法律仲裁者的权利，现在，德川政权确认它将惩罚所有未被批准的暴力行动。这样一来，借用埃米莉·塔伊（Emily Tai）令人回味的话来说，德川幕府决定标记日本周边的海域，并且用一种荷兰人绝对无法避免的方式这么做。[1]1621 年以后，对像扬·科恩这样的荷兰东印度公司官员——他曾授权派遣船只进入长崎港——来说，越来越明确的是，幕府将军无意将海事领域的权力让渡给对此虎视眈眈的荷兰人。恰恰相反，面对荷兰东印度公司活动的不断升级，德川政权决定将司法权力注入在日本群岛周围被宽泛定义的所有船只上，终止荷兰东印度公司在其海域的海上劫掠活动。

尽管 1621 年法令并没有规定，如果荷兰人继续“在日本附近海域进行海盗活动”的话将受到怎样的惩罚，但是工厂内部毫无疑问受到严重的损失。在日本的荷兰东印度公司代表首要关心的，是确保这种禁令不要被他们更具雄心的上司简单忽略，后者可能会认为，幕府将军可能会被威胁而改变自己的立场。莱昂纳德·坎普斯（Leonard

[1]　Tai, “Marking Water.”

Camps）在1621年底接替斯皮克担任驻日长官，给巴达维亚写了一封措辞强硬的书信。他坚持认为，任何试图在日本港口对澳门大帆船采取行动的做法都将被证明是灾难性的。他警告说，德川政权不应当被视为像荷兰东印度公司在东南亚地区曾经遭遇到的一些弱小的政权那样。幕府将军并不是“望加锡国王，（而且）侵犯他的港口或海域将不会被容忍。我相信望加锡国王也不希望这么做，但是他缺少（去防止这些事件发生的）实力。日本并不缺少实力。上帝保佑，希望这从来不会被证实”。[1] 168

尽管他们决定不去试探德川政权的决心，但是荷兰东印度公司代理人还是决心在地图上标出——用他们的话来说——幕府将军“司法权限”的边界。斯皮克写道，荷兰东印度公司务必特别注意了解“国王（幕府将军）的法律和司法权限可以扩展到海上多远”。[2]目标是找到“明确的限制”，即可以在地图上画出日本司法权力的准确范围。如果没有这样的限制，那么“日本周边海域”将可能以不可预知的方式向外延伸，将荷兰东印度公司认为远远超出幕府将军权限的海域包括进来。斯皮克警告说，如果他们不能获得“进一步的解释，那么对我们（在日本周边海域）俘获任何一艘葡萄牙人或西班牙人的货船来说，都是危险的”。[3]

尽管荷兰人提出了这样的要求，却没有等到来自江户的进一步说明。由于无法确知幕府将军的权限到底可以扩展到多远，荷兰东印度公司被迫继续坚持执行最谨慎的策略。它首先从针对日本海域的葡萄牙人船只的战役中收缩，随后则停止了对所有往返于中国澳门和长崎之间有利可图的大帆船的袭击。到了17世纪30年代，荷兰人代表定期向德川幕府官员承诺，他们的船只不会伤害驶往日本的葡萄牙人船只，“尽管他们是我们的死敌”。[4]结果，荷兰东印度公司的全球战争

[1] Colenbrander, *Jan Pietersz.Coen*, 7.2:802.
[2] Tokyo daigaku shiryō hensanjo, *Dai Nihon Shiryō*, series 12, 38:8.
[3] 同上。
[4] *Dagregisters Japan*, 2:164.

被有效暂停在这个战区里，在那里曾经似乎注定要产生显著的回报。当一支荷兰舰队遇到四艘载货丰富的葡萄牙小船时——当时小船只已经取代了巨大的大帆船行驶于前往长崎的途中，荷兰舰队放过小船，“目的是为了不给我们在日本的贸易引起任何新的麻烦”，虽然“看到这样一个令人印象深刻的战利品”，这样做的确是件困难的事情。[1] 由
169 于无法通过武力切断葡萄牙与日本之间的贸易，或者通过持续的攻击给他们对手的地位造成实质性的伤害，荷兰人被迫以纯粹的商业形式参与竞争。结果造成葡萄牙商人的主导地位。没有了暴力的制衡，他们能够更好地适应日本变幻莫测的市场环境。詹姆斯·柏雅金（James Boyajian）对此做了很好的总结，他指出：“只要葡萄牙商船频繁出入于长崎，荷兰东印度公司在日本的贸易就从来也只能是……（他们）贸易的一小部分。”[2] 直到 1639 年，这种状况仍未改变，当时葡萄牙人在岛原之乱以后最终被驱逐出日本。

这样一来，荷兰东印度公司推动其不受当地法律部门阻碍的全球战争的决心，与德川幕府的海上主权相冲突。结果导致荷兰东印度公司官员的撤退，他们被迫接受德川幕府的权威，并放弃在日本海域不经过幕府同意部署军队的权利。虽然荷兰东印度公司在日本的海上劫掠活动史构成独立的片段，但是它可以与一段更长时段的历史过程勾连起来。在这个过程中，独立团体在日本海域部署军队的能力逐渐受到限制并在很大程度上被抑制。的确，德川政权对荷兰人的处理方式与丰臣秀吉对抗那些占据了濑户内海的海上领主的方式之间，有着诸多的共同特点。同样地，德川幕府对荷兰东印度公司武装的解除，也可以纳入一个长达数十年的过程中，这个过程始于 16 世纪 80 年代，当时的统一者首次开始对未被批准的海上暴力进行打压。

但是，如果它能纳入这一时间脉络中，那么在像野岛村上家族

[1] Coolhaas, *Generale Missiven*, 1:585.
[2] Boyajian, *Portuguese Trade in Asia Under the Hapsburgs*, 234.

（the Noshima Murakami family）之类的半自治的国内行动者和像荷兰东印度公司之类的组织之间，仍然存在明显的区别：前者占据着沙宾斯基开创性研究的中心，后者则声称发动战争是自己的主权。然而，最后，两者都经受了同样的过程；正如丰臣秀吉通过取缔他们发动自主暴力的权利而驯服了“海上领主”一样，德川幕府也驯服了荷兰东印度公司，至少当荷兰东印度公司在日本周边海域活动时如此。两者的结果也相同：均被卷入国内秩序之中，在这个秩序中，他们被迫放弃了部署海上军队的权利，以便与中央政权达成调适。[1] 考虑到荷兰东印度公司拥有海上优势的本质以及其雄心壮志，这应当视为一个重大的转变。1609 年，当它的第一批船只出现在平户时，日本似乎为荷兰东印度公司的海上劫掠提供了丰富的猎场。葡萄牙人在九州确立了牢 170
固的基地，但是他们的贸易路线——由速度缓慢的澳门—长崎大帆船主导——却显然容易受到攻击。然而，最终，一艘并不具有重要价值的小船——圣安东尼奥号，在通往日本的海上航线中被俘获——此为荷兰东印度公司在海上所获的全部葡萄牙财产。结果，德川幕府——从未部署它自己的船只或者真正愤怒地开火——成功地驯服了当时活跃在亚洲的最强大的海上力量，并平息了它针对一个公开敌人的战役。

---

[1] 沙宾斯基指出：“在新政权下，许多海上领主，包括野岛村上在内，充分将其崇高的地位转变为更高级大名的扈从位置。”参见 Shapinsky, “Predators, Protectors, and Purveyors,” 305。同样地，他们能够找到与中央政权相适应的有效方式。

第五章

171 权力和申诉

> 如果我们把所有依靠武器维护权利的人都称为海盗，那么这世界上除了为数甚少的国王和贵族之外，就只剩下海盗了。
>
> ——荷兰总督安东尼奥·范迪门，1642 年

1663 年，七个奄奄一息的中国水手被冲上九州海岸外的群岛五岛列岛。几周之前，他们的船只从广东潮州出发前往日本，却遭遇了一场强烈的暴风雨，船上的一根桅杆被席卷而去。船员们奋力装上新帆时，看到一艘陌生的荷兰船只正在靠近。然而，它不是来提供帮助的。中国帆船拒绝接受检查，随后遭到了炮火攻击，船体被荷兰船只重型大炮的射击击穿。幸存的水手们不得不放弃帆船，拼命抓住船体残骸，在海上漂流了好些天才被顺流冲上日本海岸。伤亡人数如此巨大，不仅仅因为遭受了炮击，还因为后来受到中国东海寒流的影响。幸存者们决心向荷兰东印度公司要求全额赔偿，于是很快向处理日本海上边界事务的最高幕府长官——长崎奉行递交了申诉。

由中国原告递交给德川幕府当局，抗议荷兰东印度公司行为的相
172 关文件，构成了本章的分析主体。第四章考察的是幕府允许甚至在某种程度上通过朱印状制度鼓励海外贸易的一段时期；本章则考察在稍晚的一个时期，德川政府在外交政策上对海上活动的一系列限制，即所谓的闭关锁国法令。法令于 1633 年至 1639 年颁布施行，它似乎标

志着日本从海洋的坚决撤退。这些法令有效地禁停了日本商人的海运业，鉴于这一事实，它们似乎表明了一种从海洋上近乎完全的撤退，也同时给了像荷兰东印度公司这样的组织一个公开的通行证，让它可以在通往日本的海上航道根据合适的时机采取行动。但是，当我们更仔细地观察荷兰人在这些年的经验，却是另一番完全不同的图景。尽管德川政权大幅减少进出日本群岛的海上运输量，但却继续对海洋事业有着长期影响。

为强调这种持续不断的影响，本章重点从江户的幕府将军宫廷——那里有对袭击葡萄牙船只问题的争论——转移到长崎，考察其作为一个申诉、调查和仲裁中心的崛起。这一故事的主角是中国人，这是一个多元化的商人群体，在 1635 年以后聚集在长崎。由于无法进入江户，他们转而向长崎奉行求助，后者因此变成了与荷兰人的海事争端密切相关的积极参与者。从 17 世纪 30 年代开始，中国商人开始踏上通往奉行所之路，他们希望援引德川政权的法律，开创出一片领域，能让他们作为原告，递交一系列的法律申诉，对发生于远在今天的中国台湾地区和越南的事件要求赔偿。长崎作为一个国际法律中心崛起的历史图景，引起了对有关这段时期日本历史的传统观点的进一步怀疑——这本就已经被罗恩 · 托比和荒野泰典等学者的研究彻底动摇，新的研究表明：德川政权作为一个基本上孤立的政权，在颁行闭关锁国法令之后不久，仍通过海域边缘的官员继续干涉遥远的海事争端。[1]

德川幕府成为一个十分意外的积极参与者，必然导致荷兰人在通往日本的海上航线上持续受挫，这为荷兰东印度公司不断努力在军备上使用最锐利的武器提供了进一步的依据。在荷兰东印度公司官员看 173
来，长崎的崛起代表了一种极度不受欢迎的发展，因为这意味着：针对与日本有联系的中国船只的任何暴力行动——荷兰东印度公司正是

[1] Arano, *Kinsei Nihon to Higashi Ajia*; Toby, *State and Diplomacy in Early Modern Japan*.

希望将中国船只当成目标，有充分的例子可以说明这点——都会引发在长崎的申诉并受到奉行的调查。即使没有被命令做出赔偿，巴达维亚也不得不与频繁出现的日本官员相斗争，因为后者不停地检查，要求荷兰东印度公司对其行为做出解释，并威胁若未采取上述活动巴达维亚将受到惩罚。尽管这种监督很不招人喜欢，却还不是问题所在，尤其是当荷兰东印度公司派出船只劫掠葡萄牙货物时，它与中国海上航运的竞争最终促成了幕府法律管辖范围的扩展——在这一时期从日本群岛的附近海域延伸到遥远的海洋走廊。荷兰东印度公司的活动受到了更多限制，并在 17 世纪 60 年代达到顶峰——荷兰东印度公司在那时被迫放弃了一项重要的海上活动。

本章先考察中国民间商人在长崎的活动，然后转向考察围绕两个人物——郑芝龙及其大名鼎鼎的儿子郑成功有关的商业网络，他们是统治中国附近海域规模强大的海上组织的首领。因此，学界对郑氏家族的研究也出现了一系列创新的研究著作，如杭行、白蒂、欧阳泰、包乐史等人，他们对东亚海域的特征做了重新评估，目的在于把德川幕府的法律维度更充分地带进其研究视野之内。[1] 在本顿看来，早期近代海域表现出来的最显著特征是其复杂性，各海域均由纠缠不清的权力和法律网络交叉重叠。

长崎的中国商人团体

中国商人团体在日本群岛的传统海上中心九州有着很长的历史。早在日本战国时代，当地的铁腕人物就希望通过海上贸易扩张来获取潜在的财富，他们对新来的中国人表示欢迎，所以唐人街在全岛迅速
174 发展。到 17 世纪初，中国商人团体日益聚集于重要中心地长崎。1604

---

[1] Hang, "Between Trade and Legitimacy, Maritime and Continent" ; Carioti, "Hirado During the First Half of the Seventeenth Century" ; Blussé, "Minnan-jen or Cosmopolitan?" Andrade, *Lost Colony*.

年，第一位翻译员（唐通事）受命调节中国商人和长崎当局的关系。[1] 在这一较早时期的关键人物是李旦，他曾被选为船长和“在日本长崎和福冈以及其他各地的所有中国商人”的首席指挥官。[2] 在李旦任职期间，中国商人团体在日本的政治影响力达到顶峰，他能够控制整个团体的忠诚度，他去世后则没有可与之相匹敌的人物出现。1635 年，德川幕府开始对九州周围的外来人口设立明确的边界，限制中国商人及其家属进入长崎。这一决定促使九州的中国人口规模迅速扩大，同时也推动了帆船运输量的激增。[3]

尽管日文资料一致将该群体的成员称为“唐人”，但是这种概述掩盖了其多元性的特征，因为这个群体实际上是由操着各自方言、有着不同组织和贸易利益的群组构成。[4] 中国商人分布的范围与广泛的贸易网络相关，不仅扩展到中国，还贯穿东南亚的港口集散地。在 1641 年抵达长崎的 97 艘中国商船中，有两艘来自柬埔寨，三艘来自南圻，三艘来自北圻，随后几年，来自暹罗及这一区域其他国家的船只抵达长崎。[5] 虽然这些贸易网可以带来丰厚的利润，但也很脆弱。欧洲商人如荷兰人要求其国内政府，为国家授权的商业公司在遇到危机时提供保护；而中国商人，却没有这种担保人。因为日本和中国之间的贸易被官方明令禁止（自 1547 年便开始），那些与中国大陆进行直接贸易的商人实际上是走私分子，他们在长崎的出现是对明朝法律的公然藐视。虽然中国当局的鞭长莫及意味着中国商人们几乎可以无所畏惧，但同时他们的船只受到攻击或丢失货物时，也无法依靠法律机构来为其提供补偿。因此，他们极其容易遭受海上掠夺，这类事件在荷兰船

[1] Innes, “ The Door Ajar,” 168.

[2] Cocks, *Diary Kept by the Head of the English Factory*, 3:286.

[3] Iwao, “Kinsei nisshi bōeki ni kansuru sūryōteki kōsatsu.”

[4] 在长崎建立的三座中国寺庙中，每一座寺庙都服务于一个独立的社区团体，可以看出这种多元性。第一座寺庙兴福寺（Kōfuku-ji），建于 1623 年，由江苏和浙江等北部省份赞助。五年之后，来自闽南的商人也建立了自己的寺庙福济寺（Fukusai-ji）。最后，建于 1632 年的崇福寺（Sōfuku-ji），为来自闽北的商人服务。参见 Berger, “The Overseas Chinese Community in Seventeenth Century Nagasaki,” 36。

[5] *Dagregisters Japan*, 5:184–187.

只进入东亚海域之后大幅增加。

自 1602 年成立之后，荷兰东印度公司在最初几十年里，经常把中国商人作为攻击目标，曾在 1617 年发起对中国—马尼拉的贸易航线的
175 战役，以及在 1622 年发起对中国沿海航运的战役。在有组织的战役尚未发生时，暴力便已潜伏于表面之下。桑贾伊·苏布拉马尼亚姆把“暴力的惯用伎俩”描述成荷兰东印度公司活动的典型特征，她认为，“无论何时，只要荷兰东印度公司在场”，这种伎俩都存在，“要么是公开的，要么是潜藏的”[1]。这种暴力倾向部分源于这样的事实：在大多数历史时期，公司都处在与数量众多的敌人或竞争对手的持续的战争状态中，它那些穿梭于亚洲海域的装备精良的船只随时处于待命状态。而且，为了确定在公海的中立船只及其货物的来源，荷兰东印度公司还强制对这些船只进行检查。翻译失误和相互猜忌可能引起无限的冲突，加上公海的强劲海风带来的沟通困难，导致还没有接到来自巴达维亚的直接命令，就已经发生了一连串的暴力事件。

中国商人对荷兰东印度公司的崛起做出了不同方式的回应。一种有利的先发制人的策略是，在出发之前就以通行证或旗帜寻求保护。因此常常可以看到中国帆船挂着著名的王室旗帜，有时还装饰着额外的标语“奥兰治万岁”[2]。第二种策略与本章有着更直接的关系，即利用申诉制度对已发生的事件做出抗议。正如我们所看到的，一开始这种申诉是由李旦及其他中国代表们直接呈递给幕府将军宫廷。然而，一段时间以后，这些渠道便被关闭，中国商人——没有官方身份的走私贸易者，被禁止进入江户。结果，申诉被转移到长崎，专门送往奉行所。在这一时期，奉行所由城内和城外的两个官员轮流任职。[3]

为什么中国商人会转而求助长崎奉行所来处理他们的案件，其原因不难理解。长崎还有其他的官员，但只有奉行——九州的最高幕府

---

[1]　Subrahmanyam, “Forcing the Doors of Heathendom,” 135.

[2]　Viallé and Blussé, *Deshima Dagregisters*, 12:79 and 13:174.

[3]　Earns, “ The Development of Bureaucratic Rule in Early Modern Japan.”

代表，拥有足够的影响力来下令调查、搜集证据和做出裁决。尽管各位长官对中国商人团体的态度有所差异，却没有任何一个人对荷兰东印度公司的海上劫掠行为表示同情。由于核心官员有责任保证日本的贸易航路畅通，他们没有理由容忍有人攻击这一贸易网的组成部分，特别是如果能证实荷兰人查封了运往日本市场的货物的话。因此，长 176
官们倾向于考虑——或至少不是本能地反对——申诉，并接受作为海事仲裁的临时法庭召集人的角色。接下来的内容是考察 1635 年和 1637 年呈递给奉行的两份投诉文件。尽管两者都未能得到一个令人满意的裁决，但它们印证了长崎作为一个重要的法律中心的崛起；在短短几年时间内，通往奉行所的道路都被踏平了，以至于这些官员中有人感叹道“每天都有中国人的投诉传到我耳朵里”。[1]

忠实正派的人们

1635 年 9 月，两个中国商人向长崎奉行神尾元胜（Sakakibara Hida-no-kami Motonao，1634—1638 年在任）和仙石久隆（Sengoku Yamato-no-kami Hisataka，1635—1636 年在任）递交了一份书面诉状，起因是在荷兰东印度公司位于台湾的殖民地附近发生了袭击，要求公司予以赔偿。荷兰代理人想要知道自己正面临着怎样的指控，因而也获得了一份诉状副本，被收录在荷兰东印度公司的《巴达维亚城日志》中：

> 我们每年都来日本做生意，去年也在这儿。由于我们的帆船出现了严重状况，我们向您请求并获您允许，购买了一艘充公的帆船。我们于九月二十日离开（长崎）。十月六日，我们在海上碰到了荷兰人。他们对我们说：“朋友们，来大员吧，在这里做生意。”因为我们每年都去那里做生意，所以我们接受邀请去了那

[1] *Dagregisters Japan*, 2:95.

> 里。但是他们通过武力，不仅抢走了我们的船只，还夺走了我们所有的银两和货物，而且不顾我们的意愿将我们的所有船员送往雅加达（巴达维亚）。我们对此十分气愤。关于这件事，我们向荷兰人提交了无数次请求，得到的答复却是，被带走的帆船是一艘海盗船，因此是合法战利品。我们说这艘帆船是去年从长崎的摄政王（长官）手里买来然后出航的。我们还说——其实他们也很清楚——我们是每年都在大员做生意的人。

177 交代完所有事实之后，诉状的最后一部分切中要害："我们相信也希望（您会处理这件事），因为我们是在日本的保护之下每年都来这里贸易的。不仅仅其他中国人，连居住在这里的日本人，都认为我们是正派人；全世界都知道我们是从陛下您这里购买的船只。我们恭敬地请求您考虑这件事。比起我们的钱财、货物和帆船的损失，更让我们担心的是（被带走的）31 个人的生命安全。"[1] 这份文件从一开始就将原告树立为长崎各方所熟知的可敬商人的形象。作为与日本群岛进行常规贸易的生意人，他们是在"日本的保护"之下进行的，但是这种保障被荷兰人破坏了——荷兰人不仅没收了他们的货物，还扣押了大多数船员。与被送往长崎的所有诉状一样，这份文件一方面悲叹这些失踪船员的命运，同时在结尾均关注钱财，目的是向荷兰东印度公司索求赔偿。

尽管诉状呈现了一个明确的案例，但是现实却似乎更为模糊。可利用的史料显示，荷兰东印度公司确实在大员附近查封了某些中国船只的货物，但是当与这些船只有关的一个代表团到巴达维亚提出申诉时，荷兰总督采取了和解措施，同意为没收的货物提供赔偿，理由可能是为了让中国通往新殖民地的这条通道继续开放。[2] 而正当这一过程

---

[1] *Dagregisters Japan*, 1:302–304.

[2] 同上 , 2:111, Nicolaes Couckebacker to Governor-General Henricq Brouwer, letter, 31 December 1635, VOC.1120:193–194.

仍在进行时，1635 年另一群商人向长崎奉行递交诉状，对赔偿问题提出了他们自己的要求。因此，这些文件在很大程度上是一次投机取巧的尝试，希望能在该案件处置消息抵达日本之前，便得到迅速的赔偿支付。由于消息在长崎和巴达维亚之间传递需要很长时间，因此也就有了许多可操作的空间，当然也有充分的理由希望同时在这两处都得到赔偿。

为处理这次申诉，日本长崎奉行要求现任荷兰长官尼古拉斯·古肯贝克出面与原告对质。在随后的谈话中，古肯贝克否认了这起事件的所有信息，并声称所有指控都毫无事实根据。为进一步贬低申诉者，古肯贝克嘲笑他们自称诚实的商人，而实际上他们要么与海盗贸易，要么用自己的船只从事海盗走私活动。[1] 但长崎奉行并未被说服，并且 178
表示原告必定是有某些根据的。这部分原因在于荷兰东印度公司与海盗的联系——这种走私自 1621 年以来就没有减少过。一直伴随着荷兰人的海盗（bahan）[2] 标签，意味着任何有关海上劫掠的传言，哪怕是靠不住的，也会被幕府官员拿来当作证据。有一个很明显的例子是，两个奉行中资历更老的神尾元胜告诉荷兰人，他认为荷兰人每年带给日本的大批货物实际上是通过海盗行为得来的；他还说，荷兰人在一无所获的那些年头，来到日本时“基本上船舱空空”。[3]

尽管看上去奉行已经相信申诉者的要求基本上是合理的，但实际上他们能做的却很少。1621 年法令——德川幕府对荷兰东印度公司海上劫掠的官方政策业已宣布，在日本周围海域发生的任何海盗走私或海上暴力行为都是非法的；但同时也明确表示，对在这个定义模糊的边界以外的活动则没有限制。发生在日本海域以外的任何事件，尤其是这次的特殊事件发生在台湾附近，超出了幕府权限范围，奉行没有理由裁定其是否合法，或者强迫犯事者做出赔偿。但是，如果说奉行们权力有限，却也并非无能为力，他们有很多办法可以让荷兰东印度

[1] *Dagregisters Japan*, 1:265.

[2] 如第四章所述，由于明代中国人把倭寇乘坐的打着“八幡大菩萨”旗号的船称为“八幡船”，因此后人常用“八幡”借指海盗。为直观起见，除个别情况外，本书均直译为“海盗”。——译者注

[3] *Dagregisters Japan*, 1:287.

公司代表们的日子不好过。即使他们不能进行惩罚，也可以通过展开调查（以弄清楚所发生的事情）和施加压力（希望荷兰人能选择自愿解决），在他们的上级所持官方立场范围内自由行动。因此，首次谈话之后，来自奉行所的消息是：荷兰人承认过失并愿意做出赔偿，即使他们在法律上并未被要求这么做。例如，1635 年 12 月，奉行的一个下属官员向荷兰工厂建议“赔偿……（原告）损失”，因为他的上级希望确保与日本贸易的商船的安全。[1] 然而，荷兰东印度公司同样顽固地拒绝接受这种处理，在经过数月的顽强抵制之后，古肯贝克最终获得证据，证明巴达维亚已经支付了赔偿金。[2]

尽管这起事件没有引发任何直接行动，但它确认了长崎成为受
179 理这种申诉的公开法庭的地位。在日本的工厂职员并不需要更多的提醒。1637 年 8 月，另一群中国商人向两位长崎奉行神尾元胜和马场利重（一年前接任仙石久隆）提交控诉。他们声称：“六月六日，我们从南圻扬帆起航。同月十二日，在一个与广州相同纬度、名叫大吉沙（Taijchum）的地方，我们遇到一艘荷兰人的商船。他们中的大部分人走到我们船上来，把我们带到了大员，也就是我们后来被释放的地方。”[3] 在这个过程中，荷兰人没收的货物清单中包括 677 张鳐形目鱼皮，大量的鹰木[4]，还有水手们的衣服——据称是从中国船员背上脱下来的。[5]

不出所料，长崎奉行又一次站在了申诉者的一边，他命令当地官员检查当时在港口的所有荷兰东印度公司船只的货舱。搜查者带上了中国申诉者提供的被盗货物清单，所以很清楚要寻找什么。[6] 日本地方官员意识到需要在适当审讯和权力越界之间保持平衡，所以强调说即

[1] *Dagregisters Japan*, 1:294.
[2] 同上，2:111。
[3] 同上，3:22。
[4] aguila wood，即鹰香木，植物学上对星洲沉香木的名称，它结的沉香，外表看来在灰褐色木肉中有一丝丝的黑线，很像老鹰翅膀的颜色，所以称为鹰木。——译者注
[5] *Dagregisters Japan*, 3:26–27.
[6] 同上，3:25。

使找到了被没收的货物，他们也无意惩罚荷兰人，因为这些货物并不能表示与“荷兰人在海上的走私活动”[1]有关。相反，搜查的目标仅仅是事情的起始。尽管后来的检查没有发现被盗货物的任何迹象，但是日本地方官员对荷兰长官明确表示，他们对实际发生的事情毫不怀疑。他们说：“我们不能证明荷兰船只抓获中国帆船的事实……(但是)我们也不怀疑你们做过此事。”[2]他们还进一步斥责荷兰人，虽然“我们确实不能命令或禁止你们在海上的活动”，却已经被这些指控困扰不已。[3]

尽管1635年和1637年的申诉都没有获得理想的结果，却建立了一个很快为中国商人所利用的重要先例。虽然漏洞百出，但这两次申诉均被接受，也做出某种程度的调查。因此，中国商人找到了长崎奉行这样一个十分乐意的调解者，他能够干涉海上争端并迫使荷兰东印度公司做出回应。结果，为进入德川幕府的法律架构开放了一条可靠通道——如果出现了合理的申诉，那么这种法律架构能够产生一个对原告更为有利的结果。对在危险的海上世界活动而且实际上无国家的 180
商人来说，这是一项有价值的发现，将来的申诉者愿意长途跋涉来求助于长崎这一潜在的法律中心，也就不足为怪了。

然而对荷兰东印度公司来说，这一先例却毫无积极意义。尽管他们小心翼翼地尽量不越过德川幕府1621年法令的边界，但是对于发生在远离日本群岛的那些事件的申诉，长崎的地方长官不仅愿意接受还要去调查，这让他们十分痛苦。荷兰东印度公司官员认为，面对一群被荷兰人嘲笑为天生的说谎者、“虚伪邪恶”且不值得信任的人的指控，若仍愿意去处理的话，将会形成过于放纵的环境，导致各种申诉不断。[4]一位荷兰长官感叹道：对于虚假的申诉没有惩罚，而且申诉者

[1] *Dagregisters Japan*.
[2] 原文如此。——译者注
[3] *Dagregisters Japan*, 3:26.
[4] 同上, 7:156。

在撤退之后不久又会带着一个新的、毫无根据的申诉再次出现。[1]

尽管确实存在一些虚假的抗议，但这还不是荷兰东印度公司所担心的问题。更为严重的是出现了新的法律节点，这个法律节点不仅超越了巴达维亚的控制范围，而且在荷兰东印度公司最活跃地带进行贸易的离散商人群体也被纳入进来。尽管时常可能有蒙受损失的船主或商人直接向大员、巴达维亚的荷兰东印度公司当局，或者在极少数情况下向荷兰共和国要求赔偿的申诉，但是公司完全拥有胜算，因为它有能力控制这样的环境。[2]大员和巴达维亚是荷兰东印度公司的阵地，没有荷兰总督的许可，任何事情都不可能发生；在荷兰共和国，它的活动也不缺少支持。然而长崎是一个不同的空间，一个中立的场合，当地官员可以带有成见地将海上暴力视为走私。在那里，荷兰人不是面对一个公司管理者或者一个有同情心的法官，而是一个截然不同且不值得信任的仲裁者。如果江户要重新夺回对海洋的权力——如 1621 年以前所做的那样，那么长崎奉行将获得新的权力来惩罚荷兰东印度公司的行动——这一（即将来临的）前景同样令荷兰人忧心忡忡。

长崎作为一个开放的渠道，以及奉行作为一个积极活动者的出现，对荷兰东印度公司的海上劫掠活动提出了官方政策，使得海洋对荷兰
181 海员和管理者而言成为一个不安全的地方。这可以在一次未实施的反对郑芝龙的战争计划中得到证明。郑芝龙对荷兰东印度公司来说是一个危险的竞争对手，其崛起中的商业帝国威胁到荷兰东印度公司在东亚的战略基础。荷兰人认为，与郑氏海上网络有关的海运是他们有足够正当理由进行攻击的目标，但荷兰东印度公司官员并非将舰队的全部战斗力转向海运，而是陷入了一个与幕府官员之间旷日持久且结果并不理想的协商中。

---

[1] Viallé and Blussé, *The Deshima Dagregisters*, 11:321.

[2] 1602 年，佛罗伦萨的商人弗朗西斯科·卡莱蒂（Francisco Carletti）发起一桩与荷兰当局的诉讼，目的是针对葡萄牙船只——圣·加戈号（St.Jago）被抓获而导致丢失的货物，要求予以赔偿。Van Ittersum, *Profit and Principle*, 139–151.

郑氏的威胁

郑芝龙，1604年出生于福建，在葡萄牙人的基地澳门开始其职业生涯，之后转移到平户，通过与李旦的密切联系而崛起。[1] 到了17世纪20年代，郑芝龙将其活动转移到福建周边海域，成为众多海盗船长之一，在中国传统海上中心的繁忙海运航线中获得了成功。1628年，明朝政府利用"以盗治盗"的惯用策略，通过给郑芝龙提供一个海防游击的职位招抚了他。[2] 有了这个官方任命，郑芝龙很快就清除了自己的竞争对手，并成为一个强大的海上网络的领导者。

因其活动海域，郑芝龙不得不与荷兰人及其在大员的殖民地发生密切联系。一开始，郑芝龙以"一官"（Iquan）出现在荷兰文献中，他通过派出代表分享战利品以换取平安，与荷兰东印度公司合作。但是很快双方之间就冲突不断。主要的争论集中于中国货物从大陆运往大员的问题。1624年，荷兰东印度公司迁往大员，荷兰的代理人从明朝官员那里得到一个模糊的承诺，即他们保证中国商人定期前往新殖民地[3]，但是这项荷兰东印度公司一再宣称却从未被中国政府批准的协议，几乎从一开始就被打破。只有少数的中国商人出现在大员，荷兰东印度公司认为曾许诺的货物量也从未实现过。郑芝龙对周围海域的影响力不断扩大，荷兰东印度公司官员越发认为他在阻碍贸易，于是1633年6月他们决定采取行动，对郑芝龙的舰队发动突袭。尽管一开始他 182
们赢得了胜利，但当郑芝龙带着一支由150艘船只组成的强大舰队再次出现时，荷兰东印度公司很快陷入不利。[4]

建立起不稳定的和平之后，荷兰东印度公司官员不得不与郑芝龙合作。大员的经济形势依赖于从中国沿海省份获得稳定的丝织品供应，只有郑芝龙的网络才能确保其目标的实现。1634年的冲突结束时，郑

[1]　Blussé, "Minnan-jen or Cosmopolitan?"
[2]　Andrade, *How Taiwan Became Chinese*, 46.
[3]　新殖民地，指大员。——译者注
[4]　Andrade, "The Company's Chinese Pirates," 438–439.

芝龙同意给荷兰人提供中国商品的常规供应，至少最开始时这个承诺得到了兑现。结果是从荷兰东印度公司输入日本的丝织品增加，而日本一直是这类货物最重要的市场。从1635年855,094荷兰盾的输入量，到1637年翻了一倍多，达到2,094,375荷兰盾，到1638年继续增至3,008,309荷兰盾。[1] 由于丝织品的涌入，荷兰东印度公司的贸易额意外激增，他们最初的市场份额竞争者——葡萄牙人，也在1639年被排挤出日本。没有了最强大的竞争对手，荷兰东印度公司在日本的财富似乎最终得到了保障；1640年大员长官与郑芝龙重新签订合约时，这种日益增加的乐观主义得到进一步巩固。[2]

然而，仅仅时隔一年，随着郑芝龙的船只抵达长崎港并取代荷兰东印度公司承担中介人的角色，荷兰人在日本贸易黄金时代的全部期望都破灭了。1641年6月，沮丧的荷兰东印度公司代理人刚迁到出岛不久，记录了“中国一官”所属的一艘满载货物的帆船抵达长崎港的平静水域。[3] 随后的几个礼拜，超过五艘“大船”全都载着数额巨大的丝织品，在没有荷兰东印度公司中介的情况下径直进入日本市场。[4] 对这次突然违约做出的唯一解释是，大员长官没有足够的资金支付船上的货物，因此他们直接开往长崎，但是看起来却更像是郑芝龙瞄准了机会，绕过一个不必要的伙伴，抓住机会直接进入该地区最有利可图的市场。[5] 结果荷兰东印度公司与日本贸易额急剧下降，输入量从1640年的6,000,000荷兰盾，下降到1641年的1,022,908荷兰盾，再到1643年的529,357荷兰盾。[6]

在巴达维亚，荷兰总督安东尼·范迪门面临日益恶化的环境，而且这种局势似乎注定只会越来越糟。在1642年写给十七先生的信件中，
183 他解释说：“只要中国人带着大量生丝和丝织品从中国运往日本，荷

[1] Blussé, “No Boats to China,” 65.
[2] Viallé and Blussé, *The Deshima Dagregisters*, 11:iv.
[3] *Dagregisters Japan*, 5:88.
[4] 同上, 5:187。
[5] 同上, 5:88。
[6] Blussé, “No Boats to China,” 67.

兰东印度公司在那里便无法生存。”[1] 到底是放弃在日本的工厂，还是利用公司的优越舰队阻止这场入侵？面对两种选择，范迪门赞成后一种方案。写给日本的信件反映出他决心“通过武力来实现我们的权利”，在郑芝龙的船队通往日本群岛的途中发动攻击。[2] 如果有必要斗争，势必是一场恶战，但仍然存在一个诡秘的问题，即要怎么面对日本可能出现的反应。范迪门的前任——著名的扬·彼得松·科恩，曾毫不犹豫地派出一支舰队直接进入长崎港，袭击敌人在那里的船只。与科恩不同的是，范迪门不得不采取一种更为谨慎的态度。

这种考虑是有充分理由的。袭击日本最重要的贸易伙伴之一的船只，会损害荷兰东印度公司的地位，并毁掉它与幕府的关系。潜在的法律后果同样也是恼人的。即使郑芝龙的船只在陆地官员视野之外的公开海域被俘获，它也可以在长崎推动法律程序进行，这在此前的例子中已很明显。最重要的是，范迪门想要赶在德川官员决定让荷兰东印度公司为其袭击做出赔偿之前，避免他的代表者拖沓迁延。面对这一不确定的法律图景，范迪门决定在采取任何行动之前向幕府官员寻求保证。因此引发了一场持续的游说活动，目的在于使德川官员相信荷兰东印度公司计划的这些行动有着根本合法性。范迪门希望能说服德川政权接受这次行动的合法性，让它放弃对郑芝龙船只的所有权力，置身于荷兰东印度公司的战争之外，即使船只是在日本海域之内。

然而，问题在于幕府先前已经拒绝了这类争论，在 1621 年已将荷兰东印度公司的所有海上劫掠看作是海盗行为。正因为如此，范迪门不得不临时弄出一个不太可能发生的法律原理，这在 1642 年 6 月送给幕府将军高级参谋的一封信件中第一次提出：

> 中国政府已经注意到其子民带着帆船和货物大规模进入日本，

[1] Coolhaas, *Generale Missiven*, 2:179.

[2] *Dagregisters Japan*, 8:212.

> 184 尽管中国皇帝对此以死刑罪论处予以禁止。因此，官员们以中国皇帝的名义，授权我们去海上抓获他们的货物和子民。在接受这项授命以后，我们想知道日本政府会怎样回应，因而希望与陛下您沟通——因为我们想要继续支持陛下（幕府将军），同时不被当作海盗，我们也从来不是海盗。如果我们把所有依靠武器维护权利的人都称为海盗，那么这世界上除了为数甚少的国王和贵族之外，就只剩下海盗了。[1]

日本方面对这封信件的翻译更为直接："因为大明已经宣布与日本的贸易航线为非法，大明的官员们授权我们，无论何时遇到中国船只，也不论他们处在哪个国家的海域，我们都应该俘获他们的货物和人员。"[2]

这种解释的目的在于把使用武力与国家联系起来，但是，范迪门没有辩称荷兰东印度公司的海上劫掠应该被当作荷兰政府的合法扩张，而是将底线寄托于一个完全不同的政体——明代中国。考虑到荷兰东印度公司在二十年前就已经与中国发生过战争，以及郑芝龙已成为明朝高级官员这一令人不快的事实，这是一项大胆的要求，但也有许多有利因素。它不是把荷兰东印度公司的海上活动与幕府官员所知甚少的、远在欧洲的政府联系起来，而是将其与一个熟悉的区域性政权——尽管是一个注定将很快灭亡的区域性政权联系起来。德川官员深知，中国和日本之间的直接贸易是被明朝禁止的，至少有可能把荷兰东印度公司想象成这种政策不太可能的工具。一旦这种联系从中国皇帝转移到荷兰船长，对郑氏船只的任何袭击都可以被当作执行官方禁令而非海盗袭击。为了恢复合法战争的身份并以此来消除海盗污点——这些污点抹去了公司过去的努力，范迪门在一份言辞激烈的总

---

[1] *Dagregisters Japan*, 6:208.

[2] Kanai, *Nichiran Kōshōshi no kenkyū* , 375.

结性辩解中，对德川幕府过去将所有海上暴力视为海盗活动的倾向提出了含蓄批评。在范迪门看来，尽管德川政权先前未能在非法掠夺与为了“王子和国王”而进行的合法战争之间做出区分，但是它现在必须认识到两者之间的重要区别。否则将会是一个混乱无序的世界：士 185
兵成为土匪，水手成为海盗，合法政策变成了非法行为。

范迪门的信件未能引起任何官方回应。荷兰东印度公司把努力转向长崎——它代表了所有潜在争端的前线。如果长崎奉行能够被说服接受公司的合法战争的逻辑，他们不太可能会处理中国商人递交的申诉，从而给予公司所希望的操作空间。1643 年，范迪门向长崎发出两封信函，一封写给奉行，一封写给海老屋·四郎右卫门（Ebiya Shirōemon）——一位可以视为有用盟友的本地商人。[1] 在给海老屋的信中，范迪门对公司计划中的行动做了详细解释。新上任的荷兰长官扬·范厄尔塞拉克（Jan van Elserack）[2] 刚抵达长崎时，也基本上重申了信中的观点。其中一个很重要的观点是，因为中国商人违背了“他们皇帝的命令”，因此成为荷兰人的合法目标，荷兰人只是遵照明朝皇帝的命令行动。与之相对应的是另外一些论据，向奉行论证公司立场的公正性。[3] 尤其是，范迪门回到 1624 年中国官员做出的要给大员提供货物的承诺，这样一个承诺使他能够表明，郑氏商人将因打破皇帝的规则以及违背与荷兰人的誓约而遭到双重谴责。以防万一，这个理由还不够充分，范迪门还声称，中国商人秘密地带着天主教事务和传道者进入日本，这违背了德川幕府的禁令。他坚持认为，综合所有这些理由，荷兰人有绝对的权利“抓获并毁灭”前往日本的中国海员。[4]

1643 年 7 月底，范厄尔塞拉克抵达长崎后，立即将信函送给海老屋和现任奉行山崎正信（Yamazaki Gonpachirō Masanobu，1642—1650 年在任）。然而，在奉行做出回应之前，荷兰长官意外地发现，

---

[1] *Dagregisters Japan*, 7:217–226.
[2] Jan van Elserack，又拼作“Jan van Elseracq”。——译者注
[3] *Dagregisters Japan*, 7:225.
[4] 同上。

长崎的中国团体先发制人提出了他们的法律申诉。[1] 9 月 28 日，范厄尔塞拉克发现一群中国商人向山崎正信递交了诉状，并请求他保护从长崎返回中国的船只的安全。[2] 第二天，范厄尔塞拉克收到一份由长崎奉行起草的文件，要求荷兰人保证不采取任何行动，直到收到来自江户的正式批准：

186 在这之前（二十年或者三十年，甚至更长时间）荷兰船长向日本当局承诺过，他们不会攻击或伤害中日之间通航的任何船只……你的子民说你会抓获一官的帆船，但是在知道日本政府会如何回应之前，你不应这么做。所以，我命令你，在你得到皇帝（幕府将军）和日本当局的允许之前，不要攻击或伤害从中国到日本，或者从日本到中国航行的任何船只。如果你违背了这项承诺，将被处以死刑。[3]

如果奉行所收到报告，称任何一艘中日之间航行的船只失踪，那么将会立即下令调查；如果有必要，可以严刑逼供荷兰东印度公司的职员以获取信息。

荷兰东印度公司在长崎和巴达维亚的代理人意识到，这毫无疑问是一个“危险的警告”，文件一旦签署，将会是一个沉重的负担。[4] 即使在产生更广泛的影响之前，它也意味着，公司的尝试——想要长崎官员相信其侵略行动具有根本合法性从而征得其同意——已经失败，而且范迪门精心编造的论据在日本根本站不住脚。同时，在公司想要确定和限制奉行对海域的控制范围时，这份文件却体现出奉行权力的无限扩张。如果荷兰人遵守这项承诺，那么他们就要为中日海上航线

[1] 辛西娅・维耶里和包乐史已出版从 1640 年至 1670 年的《日本日志》的三本大部头译著，对该时期荷兰东印度公司在日本活动感兴趣的历史学者，应该对他们表示感激。尽管本章节受益于这些译著颇多，但是原始资料的翻译是由我自己完成的。

[2] *Dagregisters Japan*, 7:150.

[3] 同上 , 7:153–154。

[4] Coolhaas, *Generale Missiven*, 2:211.

的中国商人遭遇的袭击负责，而不论袭击是否发生在日本海域。这份文件还明确表示，禁止对通行于中国口岸和长崎之间的中国海上航运有任何伤害。结果创造了一个由长崎奉行所进行管理的广大区域，而且其权力的使用没有明确的时间线。至于公司是否能袭击郑氏船只或对这一请求做出回应等问题，幕府什么时候会颁布决定，则尚无保证。因此，这份文件与其说提供了活动空间，不如说威胁着使巴达维亚陷入了一个危险的圈套，它可能会面临严重后果，而且无法确保这些后果是否会产生有利的结果。

范厄尔塞拉克不愿意做出这样的承诺，声称他没有足够的权力可 187
以签署这个文件。[1]他抗议道，荷兰东印度公司已经因为中国商人的错误申诉饱受折磨，这些说谎成性的骗子却什么也不会说；一旦有了这个机会，他们将捏造事件来伤害荷兰人。面对荷兰人的抵制，并且考虑到这不算是对其职位的越界，山崎正信的态度有所缓和，他告诉荷兰长官说，他不需要签署这个文件，因为这份文件“不是皇帝（幕府将军）的指示”，而是他自己的构想。[2]尽管这是一次重要的让步，但是他仍然要求荷兰东印度公司保证，在长崎的船舰不会袭击从日本返程途中的中国船只。这位长崎奉行说，荷兰长官必须“告知大员的长官以及总督……前来日本的任何中国商人都不应受到伤害，除非得到（日本）最高当局的允许”。[3]

长崎奉行的反应传到巴达维亚，让其对郑氏船只进行袭击并免于日本抵制的希望彻底破灭。奉行没有接受荷兰东印度公司的合法论据，似乎决心扩展其权力边界，以保证中国通往日本的海运安全。巴达维亚的最初回应是仍然坚持原有战略，范厄尔塞拉克不顾截然相反的声明，在1644年重新利用了这一信息，再次解释说荷兰东印度公司完全有权执行其合法权利来对付中国船只。[4]然而，一年之后，一贯支持这

---

[1]　*Dagregisters Japan*, 7:155.
[2]　同上, 7:157。
[3]　同上, 7:157–158。
[4]　同上, 8:212。

一行动的范迪门死于任上，接下来比他更为谨慎的继任者便终止了这项计划。新任总督科内利斯·范德林（Cornelis van der Lijn）认为，发动敌对行动不是解决办法，荷兰东印度公司若能发展出丝织品的替代物将会更好地解决问题。[1]郑芝龙自己归降新成立的清政权之后被软禁，不久之后也就退出了舞台。[2]

荷兰东印度公司未能发动一场针对中国通往日本航运的战争，这充分证明了德川政权在海上的持续影响力。尽管巴达维亚一贯坚持它有船只，也有发动战争的充分理由，但是在面对日本的抵制和申诉时，任何攻击性的尝试都止步不前。在这次挫折之后的若干年，长崎仍然
188 是一个中国商人寻求赔偿的开放法庭，申诉也继续进入，给荷兰工厂制造了更多的麻烦，使其不得不为荷兰东印度公司在亚洲偏远地区的一系列活动做出辩护。例如，1653 年 7 月，刚从暹罗抵达的一群中国海员向奉行递交了一份书面诉状，要求荷兰东印度公司对在大城王国附近从中国帆船上没收的 26,366 张鹿皮做出赔偿。[3]公司的一位荷兰长官在日记中记录了详细情况：“（刚抵达的）帆船上的人，吵吵嚷嚷，还有几个日本人也在一起……（包括日本人在内）使得人群更为庞大，他们将一份书面诉状交给了长官们。”[4]

质询过荷兰东印度公司的代表之后，长崎奉行决定不采取行动，但是警告荷兰人不要再攻击前来日本的任何中国帆船，因为这些帆船为幕府将军及其臣民提供了必要的货物，对日本经济的运行十分重要。[5]荷兰总督听到这个警告之后，痛斥德川官员所采取的态度，愤怒地写道：“很明显，在我们面前，他们采取各种方式来保护中国人，尽管后者对公司在各地的贸易（活动）是一种毁灭……然而，为

[1] *Dagregisters Japan*, 9:178. 关于随后从台湾转移到北圻这个新的丝绸来源地，可参见 Tuán, *Silk for Silver*。

[2] Andrade, *How Taiwan Became Chinese*, 210.

[3] Viallé and Blussé, *Deshima Dagregisters*, 12:105–108. 暹罗国王已批准荷兰东印度公司出口鹿皮的垄断权，这使得荷兰人可以宣称他们只是在执行自己的合法权利。

[4] 27 July 1652, Dagregister Frederik Coyett, NFJ 66, unfolioed.

[5] Viallé and Blussé, *Deshima Dagregisters*, 12:121.

了在日本范围内进行和平贸易，我们不得不遵守他们的非法命令，不管我们是否愿意。”[1] 这些申诉的结果是进一步确立了长崎作为法律运行中心的地位，并建立起将在荷兰东印度公司与郑芝龙之子郑成功——他更广为人知的名字是“国姓爷”——的冲突中变得非常重要的模式。

布鲁克林号事件

1657 年 6 月 12 日，荷兰东印度公司的四艘商船——赫格松号（the Hegersom）、瓦克泰号（Wachter）、布鲁克林号（Breukelen）和尤尔克号（Urk）从巴达维亚向北开往大员。[2] 6 月 30 日，布鲁克林号在越南海岸附近的孔多尔岛（Pulau Condor）[3] 遇到一艘中国帆船。这艘帆船是从今天新加坡附近的柔佛启航，据其船上的乘客事后声称，是要经由福建厦门开往日本。[4] 这个转运口岸（厦门）有着特殊的重要性，因为它当时在郑成功管辖范围内。郑成功此时已与父亲郑芝龙决裂，在 1644 年清军摧毁明政权之后的长期斗争中，他是一名十分重要的忠诚将领。郑成功以厦门为基地，从事反对新政府的长期战役，对清朝的 189
大本营发动了一系列攻击，其最高潮是一次想要控制前首都南京的尝试，然而雄心勃勃最终却归于失败。

为了支持其战争，郑成功建立起一个广阔的海上网络，从他在福建的基地延伸到整个亚洲海岸。在顶峰时期，这一网络代表了中国商人在亚洲的最大组织，也是巴达维亚的死敌。[5] 一位荷兰官员对这个竞争对手做了总结，他写道：郑成功的“力量和权势极大扩张，他在海岸沿线占据主导地位……他想尽一切办法变成贸易主导者并建立起垄

[1] Coolhaas, *Generale Missiven*, 2:710.

[2] 24 August 1657, Wagenaer *Dagregister*.

[3] Condor，又作 Côn Dao，越南语，即昆岛。——译者注

[4] Viallé and Blussé, *Deshima Dagregisters*, 12:321. 尽管公司代理人拒绝承认帆船是开往中国以外的其他地方，幕府官员们很清楚地相信其最终目的地实际上是日本。

[5] Mazumdar, *Sugar and Society in China*, 91.

断。为了这个目的，他向日本、北圻及其他可盈利的地区派出许多贸易帆船”。最终郑成功将这个网络变成了荷兰东印度公司官员们所描述的“一个可怕的眼中钉、肉中刺”。[1]和他父亲一样，郑成功很重视与日本的贸易，这也为其提供了一个无与伦比的盈利机会。第一批郑氏商船出现于1653年，几年之内它们便构成了从中国通往长崎的航运主力。例如，在1657年的贸易季，日本工厂记录了47艘中国帆船（其中28艘来自安海，11艘来自柬埔寨，3艘来自暹罗，2艘来自广南［Quinam］，2艘来自帕塔尼［Patani］，1艘来自北圻），全都属于“伟大的商人国姓爷及其从属”。[2]

因为郑氏的海上网络与荷兰人为控制同一市场相互竞争，所以尽管双方之间没有公开的对抗，但是矛盾和暴力冲突仍时有发生，对抗则只发生在1662年郑成功进驻台湾以后。这便是1657年的情形，布鲁克林号在越南附近遇到了前文提到的中国帆船，当时并没有来自巴达维亚的袭击郑氏船只的直接命令。这艘荷兰船只意识到有利可图，便对远处的商船开火。当它进入射程范围之内，从布鲁克林号船舰上刚发出第一炮时，中国船员便选择了投降，战斗很快就结束了。被俘的一小部分船员随后被送往在台湾的荷兰殖民地。为数近50名的被俘船员被分开安置在不同的小船上，因为若他们全部继续待在船上太过
190 危险，这样他们可能会击败俘虏他们的人并重新夺回船只。随后发生的事件中最为关键的情况是，11名俘虏被转移到将开往长崎的第二艘船尤尔克号上。[3]完成人员转移之后，布鲁克林号和尤尔克号重新航程，但后来因为遭遇恶劣天气被迫分离。布鲁克林号于8月7日抵达目的地，在大员附近抛锚。然而，在殖民地长官对战利品的合法性进行处置之前，灾难降临了。狂风巨浪剧烈冲击着露天的锚地，固定俘虏帆船的缆绳“啪”的一声断裂，帆船被冲向岸边，最后在能看见荷兰东印度

[1] Coolhaas, *Generale Missiven*, 3:55.
[2] 同上，3: 194。
[3] 24 August 1657, Wagenaer *Dagregister*.

公司要塞的地方沉没，7人丧生。[1]考虑到扣留剩下的俘虏已经没有意义，于是荷兰人在岛上将他们释放，也正是在那里，被释放的中国船员立刻要求为损失进行赔偿。

这一切发生时，尤尔克号处于绝望状态，船上还带着11名中国俘虏。尽管它拼命驶到大员视域范围内，却没能抵达抛锚地，而是被强风和洋流越吹越远。船上不但缺水，其他的供应品也即将耗尽，这艘商船只能朝着日本的方向越来越往北漂。由于供应极度匮乏，要想顺利战胜这恶劣天气，朝着熟悉的长崎口岸前行，几乎是不可能的。所以，尤尔克号的大班（船长，skipper）[2]赫布兰迪·博克（Gerbrand Bock）决定孤注一掷，开往最近的陆地寻找新鲜水源。[3]船只缓慢移动着，越来越靠近不熟悉的海岸线，最后在九州萨摩藩附近的浅水区搁浅。当船员们奋力从船上挣脱时，一个俘虏趁机逃跑，跳出船外并游向岸边。由于萨摩藩对基督教传教士的渗透活动高度警戒，因此要在这样一个地方寻求帮助，真是一次危险的赌博；但是当逃跑者与具有同情心的当地官员取得联络，并且当地官员决定调查这起事件时，这样的危险赌博很快就取得了成功。他们来到船上，发现了被安置在甲板下面的剩下的10位俘虏。

因为无权处置荷兰人，也无意插手这复杂的争端，萨摩藩领主决定将船只及中国俘虏移交给幕府官员。于是，尤尔克号在获得补给之后再次启程，在萨摩藩的保护之下前往长崎，并于8月23日抵达。当时正值日本的盂兰盆节，尤尔克号的到来引起了一阵好奇的骚乱。现任奉行甲斐庄正述（Kainoshō Kiemon Masanobu，1652年至1660年在任）决定将尤尔克号的办事员和船员关押在一个空货舱中，以便他

[1] 3 September 1657, Wagenaer *Dagregister*. 有资料表明，有些中国海员留在帆船上蓄意砍断抛锚的缆绳。

[2] 根据现有资料，明清时期，中国人把西方来华贸易船的商务代理人称为“大班”，所谓“船长即大班”，后来也用来称呼外国商馆的主任。每条船上都有一个大班管理会，一般由3-4名大班组成，分为管理会第一大班（也叫主任大班）、第二大班、第三大班等，负责在整个航程中公司贸易的交涉、投资、管理工作。与中国官府、商人的交涉、签订合约等事务主要由第一大班带领负责。有关研究可参见潘毅《近代英国东印度公司对华贸易中的大班》（《凯里学院学报》，2012年第5期）。——译者注

[3] 24 August 1657, Wagenaer *Dagregister*.

191 能进行适当的调查。[1]我们在第三章已碰到过的工厂荷兰长官扎卡赖亚斯·瓦赫纳尔奉命对船员进行审讯，并提供了一份他们的回答的书面手稿，以便与中国俘虏的叙述加以对照。

瓦赫纳尔显然被这事儿困扰着，他准备了22个问题，后来送给尤尔克号的第二大班（second mate），也是船上的巡警赫布兰迪·博克。[2]这位荷兰长官的日记对处理这些俘虏的各方面问题都有完整记录，一开始是关于分遣队组成及其出发日期的基本细节，后来扩展到更复杂的问题，比如为什么布鲁克林号决定首先开始袭击。最后一个问题十分棘手，尤其是6月12日离开巴达维亚的四艘船中没有一艘接到过袭击中国船只的命令这个事实变得愈发清晰之后。那为什么布鲁克林号的船长决定与这艘特别的帆船交战，他当然无法自证清白。根据赫布兰迪·博克及海员的说法，帆船被抓获是因为它没有提供一个能够表明其出发地和目的地的通行证。船长觉得这很可疑，认为这艘帆船必定是与荷兰东印度公司的某个敌人在做交易，因此是合法的战利品。[3]

尽管这是递交的一份关键性说明，但是事实上它却只是出现在荷兰文献中的许多陈述之一。最有可能的解释和最广泛的材料均支持布鲁克林号船长擅自行动的说法，他没有接到明确的命令，也没有任何基本的逻辑，只是一心想要获取这唾手可得的战利品，因为只需冒着小小的风险就能让自己和属下有所收获。[4]实际上，这些回答很快就能清楚显现一个事实：在6月30日遇上的中国帆船并非唯一的猎物。据赫布兰迪·博克称，布鲁克林号及其同行商船还分别在6月29日、7月6日、7月14日和7月17日追击了四艘其他商船。其中三艘逃离了追击，第四艘也因携带了暹罗官方授权的通行证而被释放。布鲁克林号的行为，为弗吉尼亚·伦斯福德（Virginia Lunsford）将海上劫掠

[1] 23 August 1657, Wagenaer *Dagregister*.
[2] 同上。
[3] 同上。
[4] 例如，我们知道布鲁克林号的主人正是因此在抵达台湾后被捕入狱。参见 3 September 1657, Wagenaer *Dagregister*。官员和船员们都享有一定的战利品分红，这通常让能轻易获取的战利品很有吸引力。Borschberg, “From Self-Defence to an Instrument of War.”

称为“狡猾的逃离”提供了充分证据。[1] 对荷兰东印度公司的指挥官来说，在公开海域面对这样唾手可得的战利品时，“非法走私”与“合法劫掠”之间的区别早已淡化，甚至可能被完全抹掉：“一个‘任何事情都可能发生’的态度，在这些遥远的殖民地前哨和边界地带显然非常流行，在那里合法与非法不仅摩拳擦掌，而且存在着一种共生关系，几乎是盘根错节。若有人在这些地区成为海盗，意味着他可以同时戴着好几顶帽子，同时扮演非法走私与合法劫掠的角色，这取决于听众的观念和时刻的缓急。”[2] 若如表面上那样，这只是一次为个人私利拦截货物的企图，那么微薄的战利品无疑令人失望，毕竟只有少量的拉肯尼 [3]、一些锡制的罐头，以及其他一些不值钱的货物。[4] 192

瓦赫纳尔问题的回答都被记录了下来，随后被译成日文递交给日本长官。荷兰长官在等待决定时，在那座城市记下了非常气愤的心情，也正是在那里，荷兰人被奚落为海盗，尤尔克号被当作“荷兰人的贼船”[5]。第二天，被荷兰东印度公司雇来卸货的一群工人，一边朝关押尤尔克号船员的货舱窗户扔石头，一边奚落他们会因海盗行为被判刑。[6] 9 月 2 日，形势更加恶化，瓦赫纳尔发现被布鲁克林号俘获的帆船事实上已经沉没，那些被俘获的水手想要被遣返回大员的希望也随之化为泡影。[7] 瓦赫纳尔在日记中承认，这一消息必然带来更多的麻烦，将进一步扰乱荷兰人在日本的生意。正当他担心会发生什么时，已抵达长崎的 11 位中国水手决定采取行动。他们遵循着原本已行之有效的途径，在 9 月 5 日向奉行所提交了一份正式的申诉。[8] 鉴于事件的严重性，长崎奉行并没有亲自处理，而是认为有必要寻求上级的决断，于是将申诉送往江户。

---

[1] Lunsford, *Piracy and Privateering in the Golden Age Netherlands*, 192.
[2] Lunsford, *Piracy and Privateering in the Golden Age Netherlands*, 169.
[3] 拉肯尼（lakenen），一种羊毛织品。——译者注
[4] 18 October 1657, Wagenaer *Dagregister*.
[5] 24 August 1657, Wagenaer *Dagregister*.
[6] 26 August 1657, Wagenaer *Dagregister*.
[7] 2 September 1657, Wagenaer *Dagregister*.
[8] 5 September 1657, Wagenaer *Dagregister*.

申诉在德川首府引起了骚动。尽管事件最初发生地在距离日本一千余英里之外，但很显然幕府政权已厌倦了对荷兰人源源不断的申诉，决定是时候采取行动了。1657 年 10 月 12 日，瓦赫纳尔及其继任者约翰内斯·本赫里昂（Johannes Boucheljon）被召集到长崎的长官住所，接受来自幕府当局的新命令。[1] 该命令由三部分组成，最后一
193 部分尤其令人感到痛苦。尤尔克号被允许离开长崎，因为它没有参与最初的侵略行动，但是幕府命令它赔偿帆船主人的部分损失。最后，荷兰人被令禁止追捕或伤害开往日本的中国帆船。对瓦赫纳尔和约翰内斯·本赫里昂来说，很显然该命令释放出了某种新的信息。这是在没有任何征兆的情况下，江户第一次表明其对日本周围海域以外的地方——连接日本群岛和遥远海岸的贸易航线拥有权力，并直接介入，命令做出赔偿。

但是，除了所有的潜在影响，这项命令也有着足够的转圜空间。它缺乏任何具体的细节，并没有说明赔偿应在哪里支付，甚至没有规定一个确切数额，或者确定一个可以接受的时间期限。不出所料，在日本的荷兰东印度公司官员决定见机行事，希望德川幕府确保做出赔偿的决定最终不了了之。同时，愤愤不平的商人们被送往巴达维亚寻求赔偿，而一旦到达荷兰东印度公司总部，年深日久，赔偿就会在官僚迷宫中烟消云散。一开始，置之不理的决定似乎完全正当。长崎没有出现更多的抗议，当本赫里昂进行一年一度的江户参府时被告知，幕府将军尚未签署有关中国船运的正式法令。[2] 所以，在当时的情况下，不要袭击中国商人的商船的忠告仅仅是一种缺乏法律约束力的建议而已。

1658 年初，荷兰东印度公司似乎已经很明确，荷兰长官可以被原谅，因为他已经逃避了责任。事实上，由第一次申诉所引起的包围工厂的法律之网正开始收紧。8 月，第二批中国商人抵达长崎，对布鲁克

[1] 12 October 1657, Wagenaer *Dagregister*.

[2] Viallé and Blussé, *Deshima Dagregisters*, 12:343.

林号事件提出抗议。[1]由那艘帆船的船长——在《巴达维亚城日志》中写作“谭清泉”（Tantsinquan）——亲自带领，这是一个更强大的代表团，决心要让案件得到公正处理。[2]谭清泉解释称，他已在大员和巴达维亚寻求恰当的赔偿，但都归于失败，于是向两位奉行甲斐庄正述和黑川正直（Kurokawa Yohyōe Masanao，1650 年至 1656 年在任）递交一份新的诉状，得到的回应是召集荷兰翻译来解释为什么尚未支付任何赔偿。在第二份诉状中，谭清泉对其丢失的货物估价约三万两，这个数字非常接近最终的赔付总额。[3]

在长崎，本赫里昂继续拖延，他说郑成功自己向巴达维亚要求十万两，这必须在讨论谭清泉的诉状之前予以解决。[4]双方已准备交战，案件拖延不前，但是越发清楚的是，不论在长崎还是在巴达维亚，荷兰人都必须做出部分赔偿。然而就在赔偿之前，德川幕府开始拟定 1657 年法令[5]。1659 年 10 月，扎卡赖亚斯·瓦赫纳尔回归荷兰长官职位的第二个任期，接受德川幕府的法令，禁止对中国船运的一切袭击。相关规定只是说明，荷兰人“不能劫掠（八幡［bahan］）从海上开往日本的中国船只（唐船［tōsen］）”。[6]尽管这个法令十分简略，但它却是德川幕府对荷兰东印度公司海上劫掠活动做出回应的重要一步。它首先是一份最后通牒，尽管荷兰人竭尽全力去区分“用武器保护他们的权利”的需要和海上劫掠行为，但是他们仍旧无法抹去自身的海盗污点。跟以前一样，荷兰东印度公司已经被贴上了海盗的标签，没有余地去进行申诉、协商特别豁免权，或者要求一个更为细微的规定允许某些袭击和禁止其他袭击。 194

同时，这项规定极大地扩张了德川幕府权力的边界。尽管 1621 年

[1] 22 August 1658, Dagregister Johannes Boucheljon, NFJ 71, unfolioed. 以下简称 Boucheljon *Dagregister*.
[2] 14 October 1658, Boucheljon *Dagregister*. 据现有资料记载，谭清泉（音译——译者注）可能是一位以前名叫陈轸官（Chen Jing Guan）的商人。
[3] 9 October 1658, Boucheljon *Dagregister*.
[4] 14 October 1658, Boucheljon *Dagregister*.
[5] 原文如此。根据下文，应为“1659 年法令”。——译者注
[6] Hayashi, *Tsūkō ichiran*,6:223.

幕府禁止在日本海域附近的所有海盗行为，1659 年法令关注的却是一个群体而非一个特定的海上空间。它有力地维护了中国商人的合法权利，中国商人首次被纳入幕府的保护之下。但是，由于这一法令覆盖的是往返于中国口岸和日本之间的个体，也使幕府司法范围在地理上进行了重大扩张。实际上，法令还有着潜在的影响，即将法律标识延伸到一系列的海上通道附近，扩展到列岛之外的日本的主要贸易伙伴。1659 年以后，只要是在中国商船的广义范围之内的任何船只，都可以免于遭受袭击，并且只要其船长能提供前往日本途中的证据，都可以在长崎寻求赔偿。对荷兰东印度公司来说，这是一剂难以下咽的苦药，因为它意味着所有“从海上开往日本的中国船只”，无论它们离长崎
195 有多远，都有权进入幕府的法律机制内。结果是长崎奉行的监管权也因此延伸到一个巨大扩张的海域。

1659 年法令代表了幕府回应荷兰东印度公司海上劫掠活动的一个新进展，也标志着这个长期历史过程的最后阶段。在这个过程中，德川政权对其合法权利的定义从朱印船的甲板转移到了围绕日本群岛的整个贸易航线尚未靠岸的一群人。尽管 1659 年法令是被布鲁克林号的鲁莽行动所引起的，但是其推动力很明显已经历时有年。德川政权依靠中国商人连接日本群岛和更为广泛的商业网络，确保日本经济所需要的重要商品；尽管它偶尔也会声称这种贸易并不重要以及中国商人地位低下。[1] 中国商船持续不断地比荷兰人带来更多的货物，不受限制的海上暴力已威胁到这一循环。有关这点，一位幕府高级官员对新法令的理由做了最好阐述：荷兰人“应该禁止掠夺中国帆船，因为它们为日本提供了许多必要的货物”。[2] 另外还有人提到，日本不能没有中国商人带来的“丝织品、药品及其他商品”。[3] 因此，德川政权通过维持对贸易航道的权力，保证了日本的货物供应。

[1]　有关幕府将军对海外贸易漠不关心的叙述，可参见 *Japan Dagregisters* 5:42。
[2]　14 March 1660, Dagregister Zacharias Wagenaer, NFJ 73, unfolioed.
[3]　Vialle and Blussé, *Deshima Dagregisters*, 13:43.

可能是因为受到新法令的鼓舞，谭清泉回到长崎以后，继续秘密协商以推进其申诉。1660 年 10 月，奉行迈出了重要一步，将赔偿的基本要求定为 27,096 两，这是最后的解决方案。[1] 鉴于日本地方长官要坚决支持这种赔偿，荷兰东印度公司的态度也变得强硬。1657 年，考虑到郑成功是如此强大的敌人，而且没有必要激怒他，荷兰东印度公司官员还有可能计划做出某些赔偿以表示安抚；但是随着他们关系的恶化，这些官员变得越来越不愿意做出哪怕是最轻微的让步。1660 年，郑成功已越来越明显地将目光瞄准台湾，他打算将台湾变成继续其反清事业的牢固基地。[2] 在日本的荷兰东印度公司官员紧张地讨论这些计划，坚持不应该“给这里的中国人任何赔偿，或以任何方式承诺在未来进行赔偿，哪怕是最轻微的也不行”。[3] 荷兰长官问道：他们怎么能够向一群商人做妥协，更何况这些 196
商人还与威胁到荷兰东印度公司在东亚关键利益的竞争对手存在联系？

尽管做出这种抵制，但是压力继续升级。1662 年 10 月，也就是在控诉一开始发生之后的第五年，荷兰东印度公司在日本的代理人已没有了退路。眼前别无选择，他们同意将全部款项交给长崎官员。[4] 尽管为达成这个结果耗时有年，但是布鲁克林号事件却提供了一个关于申诉权的有形证据，即使最强大的欧洲海上集团也会被卷入法律网络中。接下来不到数年的时间里，涉及荷兰人与中国商人的另一次法律争端进一步约束了荷兰东印度公司对其敌人采取敌对行动的能力。

克拉维斯克号事件

布鲁克林号案件最终解决的同一年，荷兰东印度公司遭遇了成立六十年以来的最大挫败——它在大员的总部热兰遮城（Fort Zeelandia）

---

[1] 同上，12:438。
[2] 早在 1653 年，日本工厂的长官就已向上级报告了中国商人团体中流传的关于郑成功正在计划夺取台湾的谣言。
[3] 22 October 1660, Dagregister Johannes Boucheljon, NFJ 73, unfolioed.
[4] Vialle and Blussé, *Deshima Dagregisters*, 13:61.

在被长期围困之后落入了郑氏军队手里。面对这种毁灭性打击而又无力夺回岛屿的局面，巴达维亚决定向郑氏的海上航运做出回击——不仅要为已征服的殖民地夺回一些赔偿，还要恢复荷兰东印度公司早已坏掉的名声。[1]为实现这些目标，荷兰东印度公司召集了一支由巴尔塔萨·博尔特（Balthasar Bort）统率的强大舰队，包括由756名水手和528名战士操控的12艘小商船。[2]舰队于1662年6月从巴达维亚启程，接到的命令是：可以攻击与郑成功有关的任何船只，包括往来于中日之间利润丰厚的贸易帆船。毫无疑问，如果博尔特能在日本海域获得战利品，他必须被特别授权发动战争。[3]意识到这一强势行动将不可避免地引起日方的回应，荷兰东印度公司在出岛的代理人接到了命令，要向幕府官员告知他们的计划，但也要明确表示，不论幕府将军同意与否，他们的上级都已下定决心对郑氏商船发起报复。[4]他们坚称，国际法授予荷兰东印度公司绝对权利，无论何时何地遇到这些郑氏商船，
197 都可以发动进攻。[5]因此，这就为荷兰东印度公司与德川幕府之间针对前者海上劫掠问题的冲突埋下了伏笔。

然而最终并非博尔特的舰队，而是荷兰东印度公司的常规贸易商船，激起了一场不可避免的冲突。1663年8月29日，荷兰东印度公司的一艘小商船克拉维斯克号（Klaverskerk）遇上一艘从广东潮州开出的中国帆船。[6]帆船被发现时，正在开往日本的海路上，距离女岛南部仅75英里的距离。[7]因此，与布鲁克林号事件中的猎物相比

[1] Wills, "Ch'ing Relations with the Dutch,1662–1690," 228. 还可参见卫思韩对失去台湾之后的荷兰东印度公司的研究。参见 Wills, *Pepper, Guns, and Parleys*。

[2] Van Dam, *Beschrijvinge van de Oostindische Compagnie*, 2.1:721. 弗鲁特（Fluyt）指的是荷兰东印度公司广泛使用的专门运输货物的小商船（通常意译为荷兰商船，这种船虽然速度缓慢，但装载量惊人、操作便捷、船员负荷更少。——译者注）。

[3] Van Dam, *Beschrijvinge van de Oostindische Compagnie*. Wills, *Pepper, Guns, and Parleys*, 62. Instructie voor den commandeur Balthasar Bort ende den Raedt, VOC 886:348–366, esp.351.

[4] Van Dam, Beschrijvinge van de Oostindische Compagnie, 2.1:722.

[5] Coolhaas, Generale Missiven, 3:373.

[6] 有关这起事件的简要介绍，参见 Viallé and Blussé, *Deshima Dagregisters*,13:vi–vii。

[7] 28 March 1660, Dagregister Wilhelm Volger, NFJ 77, unfolioed. 还可参见 Viallé and Blussé, *Deshima Dagregisters*,13:104。由于有些史料中显示，两艘船相遇时，中国帆船离女岛更近，因此，关于准确距离仍存在疑问。最准确的数据参考出自《日本日志》，它将其距离描述为"75（英里）(miles)或25荷兰里（*mijlen hollandts*）"。一荷兰里大约等于3至4英里。

较，可以确定这艘船的目的地是长崎。当克拉维斯克号靠近时，船长发现从潮州开来的帆船已被刚刚的暴风雨折腾得疲惫不堪。中国船员们尽管已无处可逃，仍拒绝让克拉维斯克号的水手们上船进行检查，这促使荷兰商船以武力回应，向帆船开火，最终它被“击得粉碎”并沉没。[1] 克拉维斯克号丢下正在下沉的帆船，继续航行，于 9 月 1 日抵达长崎。在长崎，船长向现任荷兰长官亨德里克·英迪克（Hendrick Indijck）报告了这次交锋的全部细节。尽管此次袭击并未产生实际性掠夺，只要幸存者毫无生还之机，也就没什么理由担心会产生任何后果。[2] 因此，这是荷兰东印度公司对郑氏力量的一次尽管微小却轻而易举的胜利。

然而，9 月 11 日，日本工厂获得信息，从被击沉的帆船中生还的七位中国水手被冲到了五岛列岛上。[3] 几周以后，第二批幸存者也在女岛的贫瘠山坡上被发现。[4] 两批中国水手苏醒过来以后继续前往长崎——可以预料，他们迅速向长崎奉行提交了一份申诉。他们要求获得 150 箱（15 万两）银子的赔偿。这是一个巨大的数字，远远超过谭清泉曾获得的最终赔偿。[5] 江户的官员很快收到了从长崎转来的申诉，对他们而言，克拉维斯克号事件是一个棘手的难题。[6] 尽管毫无疑问荷兰东印度公司违背了德川政权的 1659 年法令——那是适用于开往日本的所有中国船只的；但因为这是郑成功与荷兰人之间的公开战争，所以也有理由不采取行动。江户在收到克拉维斯克号事件的消息后，很清楚郑氏军队已经占领了荷兰人在大员的定居点，势必会是一场旷日持久的苦战。[7]

---

[1] *Batavia Dagregister, Anno 1664*, 503.

[2] Hendrick Indijck to Governor-General Joan Maatsuyker, letter, 21 October 1663, VOC 1243: 1941–1964.

[3] Viallé and Blussé, *Deshima Dagregisters*, 13:81.

[4] 这就使得幸存者的总数达到 29 人。根据中国翻译员保留的记录，帆船上最初有 45 个水手，这意味着伤亡人员总数为 16 人。参见 Tokyo daigaku shiryō hensanjo, *Dai nihon kinsei shiryō .Tōtsūji kaisho nichiroku*, 1:175。

[5] Viallé and Blussé, *Deshima Dagregisters*, 13:96; Kimura, *Bakuhansei kokka to Higashi Ajia sekai*, 95.

[6] Tokyo daigaku shiryō hensanjo, *Dai nihon kinsei shiryō* , 1: 175.

[7] 热兰遮城陷落的消息在 1662 年 5 月已传到日本。参见 Viallé and Blussé, *Deshima Dagregisters*, 13:43。

198 最后，德川幕府决定采取中间立场，颁布了一份法令，并于1664年2月1日送达长崎。这是唯一一份日语原文和荷兰译文都存留于世的法令，日文原文如下：

> 现在，女岛附近发生了对一艘中国船的袭击。这是完全不道德的，当然应该予以处罚。但我们认为这是针对国姓爷进攻台湾的一次有意报复。万治四年（1661）六月，长崎奉行收到一份信函称台湾已被攻击。这一抱怨传到了幕府将军耳朵里，所以荷兰人的这次袭击行为得到了原谅。从现在起，如果前往日本的中国商船受到了攻击，即使是远离日本，他们（荷兰人）也将受到处罚。这一消息应该传回荷兰。荷兰人也应该来江户表示问候。在江户，将会有进一步的命令授予他们。[1]

显而易见，这是一个祸福参半的消息。对荷兰人来说深受鼓舞，因为它没有提及荷兰人的海盗标签，也不再将荷兰东印度公司的海上劫掠自动定义为海盗行为；相反，它承认公司卷入一场正在进行的冲突之中，这场冲突是由郑成功占领台湾引起的。然而，幕府同时也谴责克拉维斯克号事件是一次对过去训令的“不道德的”违背，而且理所应当受到惩罚。对这起事件的最终决定，只是“仅此一次，下不为例”地豁免了责任，同时还要求荷兰人到江户对所发生的事情与德川政权进行直接讨论。

1664年3月，新任荷兰长官威廉·福尔格（Willem Volger）抵达德川首府，聆听之前承诺的“进一步的命令”。他接受了一次很长时间的讯问，被问道：“坦白说，陛下（幕府将军）已命令禁止劫掠前来日本贸易的帆船，现在你们令其不快，你认为他会对这件事情怎么处

[1] Kanai, *Nichiran Kōshōshi no kenkyū* , 380.

理？”[1]福尔格的回答是坚称荷兰东印度公司和郑成功之间的战争与幕府无关，因此克拉维斯克号事件不需要来自江户的决定：“背信弃义的国姓爷在福尔摩沙和大员对我们造成了巨大伤害，我们为报复他而发动了一场正义战争，我们在巴达维亚的总督无法领会也不能理解，这竟会在日本范围内构成哪怕是最轻微的违法行为。”[2]但是，幕府官员 199
并不接受这一逻辑，始终认为对郑氏船只的任何攻击都是不可接受的，尽管他们为克拉维斯克号事件已网开一面，他们认为该事件“是由对日本风俗习惯毫无所知的无经验的人所为”。[3]它开始与一种熟悉的情景联系在一起，即对中国船只再有任何袭击将迅速受到处罚；而且福尔格被警告称，若再发生此类事件，荷兰人将领会到什么是真正的“陛下（幕府将军）训令的威力”。[4]

我们很难对这一充满矛盾的回应做出解释。事实是，该地区在进行一场战争，因此可以将这个决定看作是幕府的一次撤退，因为在此之前它坚持无论哪里发生的袭击中国船只的行为，都要遭受处罚；但是如果我们考察荷兰东印度公司如何应对其表面上的好运气的话，那么这一评价似乎并不那么令人信服。荷兰东印度公司在这次事件后的政策表明，克拉维斯克号的豁免起了反作用，进一步确立了德川政权对通往日本群岛的航道的权力。若违反了幕府将军法令中的任何一条，其惩罚是将荷兰人驱逐出日本，而且很显然这是在讨论该事件时曾被考虑过的一种可能的处罚办法。[5]因此这样一个尽管看似令人满意的决定，却充满了潜在的危险。

与此同时，将荷兰人赶出日本会使他们置于幕府权限范围之外，形势也会因此变得更具威胁性。因为这样一来，荷兰东印度公司不用担心在陆地上承担赔偿，从而可以不受阻碍地随意对郑氏商船发起战

[1] *Batavia Dagregister, Anno 1664*, 504.
[2] *Batavia Dagregister, Anno 1664*, 504.
[3] 18 April 1664, Dagregister Wilhelm Volger, NFJ 77, unfolioed.
[4] 2 May 1664, Dagregister Wilhelm Volger, NFJ 77, unfolioed.
[5] Viallé and Blussé, *Deshima Dagregisters*, 13:108.

争，并切断通往日本的关键贸易航线。从荷兰长官与一位当地联络人之间一次有说服力的对话中，可以明显看出德川政权面临的这种困境："一个住在江户的商人告诉我们……在我们来江户以前，他被议事委员们召集并询问：'如果荷兰人被赶出日本，中国的贸易是否会如被告知的那样翻倍增长？'他们回答说不会，如果荷兰人被赶走，中国贸易不会增加反而会减少。毫无疑问，荷兰人会想尽一切办法把中国人控
200 制在日本之外，并阻止他们的航行。"[1] 这出自一个与公司有着长久交往历史的亲历者之口，扼要地总结了荷兰人被驱逐出日本之后可能会发生的事情，以及伴随着这一决定可能存在的危险。

最终，这些评论表明，幕府对公司的处理取决于能否将其代理人置于可控范围之内，并免于将来的惩罚。那么接下来需要做的是，让荷兰人近在咫尺，同时确保他们不敢轻举妄动，不再发生类似的侵略行为。这正是德川政权的决定所达到的效果。荷兰东印度公司官员很清楚，尽管并没有立即受到惩罚，但若再违背幕府法律，将带来无法承受的惩罚。所以，当巴达维亚收到德川政权的警告时，很快就中止了针对郑氏开往日本船只的战役。尽管荷兰总督坚称荷兰东印度公司有权进行合法战争，却不得不命令其下属告知幕府，他已经收到幕府将军的命令并将遵行这一命令。[2] 这一消息于 1665 年 9 月送出，荷兰长官告知长崎奉行，因为幕府将军的命令，将放弃对开往日本的中国船只发动战争。[3] 这样一来，幕府成功地阻止了一场会威胁到日本进口贸易的海上战争。[4]

荷兰人被迫接受一项无力更改的法令，于是希望再次争取为幕府权力划出一条更明确的界限。正如他们在 1621 年法令颁行之后的活动一样，荷兰东印度公司官员试图在地图上划定界限，该地图描述了幕府将军的权力范围，进而允许超越这些界限的行动。在日本的荷兰长

---

[1] *Batavia Dagregister,Anno 1664*, 505. 24 April 1664, Dagregister Wilhelm Volger, NFJ 77, unfolioed.
[2] Batavia to Jacob Gruijs and the council in Nagasaki, letter, 27 May 1665, VOC 889.
[3] Viallé and Blussé, *Deshima Dagregisters*, 13:162.
[4] Wills, *Pepper, Guns, and Parleys*, 62.

官被指示要弄清楚幕府扩展到海洋的司法权限究竟有多远的范围。[1]比如，如果一艘郑氏帆船在台湾海峡，或者从中国到马尼拉的途中被抓获，是否构成合法战利品，抑或是德川政权执行法律权利的另一个空间？[2]为得到准确消息，荷兰长官的当务之急是去了解公司在日本多少英里范围之外被允许自由行动。[3]然而，德川官员一如既往地拒绝提供更多细节，所以荷兰东印度公司不得不采取尽可能谨慎的态度，小心翼翼地避免针对中国船只的任何侵略行动。

长期效应则是导致荷兰人除了与郑氏海上网络中的商人进行和平 201
竞争之外别无选择。一旦没有了暴力威胁，继之而来的是台湾和长崎之间的贸易繁荣。从 1663 年到 1673 年间，在郑成功之子郑经的控制下，从台湾抵达长崎的船只总数达到 111 艘，在带来了大量货物的同时，也扰乱了荷兰东印度公司的获利。[4]杭行估计郑氏网络与长崎的年度贸易额达到 564,037 两到 605,464 两，用他的话来说，这意味着“郑经在长崎继续保持着优势，就税收和收入而言，至少占据了一半的日本市场”。[5]

法律之海

毫无疑问，无论就其船只还是法律权利而言，荷兰东印度公司都是一股强大的海上力量。荷兰东印度公司也习惯于使用暴力，即利用海上势力作为其政策的最重要工具。但是在日本周围海域，以及连接日本群岛和其他亚洲港口的海上航线中，却几乎很少看到这种情况出现。不管怎样，从 1609 年以后，无论是针对葡萄牙还是中国的船只，对毕竟是“世界上规模最大、资本最雄厚的海上劫掠集团”[6]来说，成

---

[1] Viallé and Blussé, *Deshima Dagregisters*, 13:162.
[2] Batavia to Jacob Gruijs and the council in Nagasaki, letter, 27 May 1665, VOC 889.
[3] Viallé and Blussé, *Deshima Dagregisters*, 13:167.
[4] Hang, “Between Trade and Legitimacy, Maritime and Continent”, 215.
[5] 同上，第 224 页。
[6] Andrade, “The Company’s Chinese Pirates,” 417.

功的记录却非常罕见。

遭受损失的商人在长崎或江户提交申诉的历史表明，海上遭遇并不总是终结于势力较弱一方的投降或毁灭，也不仅仅只是集中于技术而不考虑其运行的政治和法律语境。这些申诉文件和德川政权的回应，让我们注意到这样一个事实：早期近代的海域并非通常被想象成的空旷区域——欧洲人在这样一个基本上没有法律存在的空间能够毫无限制地充分利用他们优越的海上炮火威力；相反，像荷兰东印度公司这样的组织迅速被卷入偏狭的法律体制束缚之中，当他们下定决心有所行动时，却已被剥夺了能力。

在劳伦·本顿的研究基础上，正如前面章节所显示的那样，海洋
202 可以被看作一个充满了法律的不可预测的空间，同时也存在着“司法混乱”的特征。[1] 考虑到这些，需要指出的是，描述法律标识的第二幅地图能够有效覆盖我们熟悉的有着空旷海域的地图，进而描绘出更准确的早期近代海洋的图景。对荷兰东印度公司在日本海上劫掠活动的考察，某种程度上提供了对这一地图某一部分大致的认识。从一些数量有限的零星的点——以携带朱印状的船只为标志——开始，德川幕府的法律标识在这一时期迅速膨胀，并在再次扩张到可以包围整个漫长的海上通道之前，就已经形成了一个环绕整个日本群岛的松散的带状。因此荷兰管理者和船长无论何时想要借助于枪炮，都不得不面对一个复杂的法律环境，而这有效地限制了荷兰东印度公司使用其最有力武器的能力。

---

[1] Benton, *A Search for Sovereignty*, 160.

第三部分　主权

第六章

把国旗插到亚洲去

大员是一个没有国王或君主的地方，你们所拥有的权利，他们（日本人）同样拥有。

——松浦隆信，1633 年

1625 年，两艘日本商船抵达台湾岛西岸的大员湾。[1] 大员湾的海岸线因一个沙质半岛的平缓曲线而受到海洋的庇护，这一场景对船长和船员来说再熟悉不过了，他们在很多年前就已经出海来到这座岛屿，避开了明朝官员的监视与中国商人贸易。但是这一年，他们在摇摇晃晃的船只甲板上看到了一些新的事物。一座面朝公海的小城堡坐落在半岛上，而且受到军舰炮火的保护。见过了早期近代日本广泛分布的巨大堡垒，这一由矮墙仓促建成的临时建筑并没有引起多大的恐慌，但是它的建立标志着台湾历史上的一个重要时刻。尽管与中国大陆距离很近，但是台湾岛却处于政府控制之外长达几个世纪。在短短几年时间里，这座岛屿经历了巨大的转变，从一个没有政权的岛变成了荷兰东印度公司的"美丽殖民地"。[2]

大员的殖民地化是荷兰东印度公司在东亚的最大胆尝试。作为大

---

[1] 在这一时期，台湾岛有诸多名称。在日本文献中被称为高砂（Takasago），在荷兰语中被称为福尔摩沙（Formosa）。大员，即现在的安平城，位于台湾岛的西南角，荷兰东印度公司在此建立起殖民地之后，其名称变得更为复杂。

[2] Blussé, " The VOC as Sorceror's Apprentice," 90.

宪章第 35 条的直接产物，荷兰东印度公司有权在亚洲范围内建立堡垒
206 和据点，并在更广泛的区域内产生了一连串的影响。荷兰东印度公司对进入的商船执行贸易限制和税收政策，很快激起了与日本商人的冲突，后者在很多年前就开始使用这座港湾。当这些商人和江户的幕府官员相继对荷兰东印度公司的排外战略发起反击时，荷兰东印度公司设置了一套有关领地和主权的强势法律语言，因为这套语言曾被运用到与其欧洲竞争者的类似冲突中，并取得巨大成效。

欧洲人在亚洲领土范围内宣示主权，通常富有争议，容易导致一连串言辞甚至暴力的冲突。在对欧洲扩张史的广泛研究中，这些争端曾经是传统的研究主题，也出现了大量的研究成果。比如，欧洲人在亚洲的大部分历史，包括了荷兰东印度公司与英国东印度公司为争夺香料群岛统治权[1]的长久斗争。[2]这些研究的重点是关注欧洲人之间的冲突，他们也把争夺主权的冲突描述为一个封闭的系统，虽然这个封闭的系统内部竞争激烈，却享有一套共同的语汇。当亚洲统治者出现时，他们在大多数情况下成为主权不断遭受侵蚀的不情愿的参与者，或从一方摇摆到另一方的沉默的联盟者。但是，当欧洲人对一个边缘地区宣示主权引起一个亚洲政权而非另一群欧洲人的反应时，或者当在欧洲内部争端中如此有效的一套占领语言面对着一群不同的观众时，会发生什么呢?

大员湾的冲突，提供了一个相当罕见的案例，即一个亚洲政权和一个欧洲海上企业为争夺一个岛而爆发冲突。这对巴达维亚来说是令人沮丧的，因为它发现——正如它试图为侵略性海上战争的合法性辩护一样——对于法律权利精心设计的论据，在幕府官员们面前没有产生任何效果，原因是对方几乎没有任何同样的想法。更严重的是，关于对大员这样的领土应该采取怎样的做法，荷兰人与日本人在想法上

[1]　sovereignty，有时译作统治权，有时译作主权。——译者注
[2]　对于此次争端的详细研究，参见 Loth, “Armed Incidents and Unpaid Bills”。

存在鸿沟；当荷兰东印度公司的代理人将德川幕府的行动视为一种反对与其几乎没有相关性的欧洲脚本的行为时，这一鸿沟加剧，使双方的冲突稳步升级，把争端推进到危险境地。

正如这些观点所表现的那样，关于大员的冲突可以理解成两种世界秩序之间的交锋。一种是对殖民领地拥有直接主权的独特的欧洲模式，通过调用一套共同的实践和仪式实现合法化。与之相对的则是另外一种外交关系的等级制模式——这种模式借鉴自中国，但因德川政权的特殊需要加以调整，即围绕自愿进献贡品而在这些话语中实现合法化。认识到这一交锋，有助于解释为什么冲突会以后来的方式发展；也有助于与后期进行比较——显而易见，与 19 世纪更为著名的西方模式和一种东亚国际秩序之间的遭遇具有可比性。[1] 但是，如果这种 17 世纪的再度相遇包含着相似的对手，其结果就截然不同。与 19 世纪更为熟悉的机制形成鲜明对比，日本政府并没有采取行动去支持一个本质上是欧洲视野下的国际关系；恰恰相反，正是它的西方伙伴不得不做出让步并从最初的坚持中撤退。 207

在本研究中所描述的所有三次冲突中，主权问题的冲突受到了最大程度的压抑和限制。外交权利的争端见证了荷兰人从主权大使转变成忠实奴仆，或者说暴力迫使其放弃了重要的海上活动——相比于这两者，主权冲突的长期影响并不那么显著。例如，它没有导致荷兰东印度公司在台湾殖民的瓦解或者哪怕是暂时的中止，殖民一直持续到 1662 年被郑成功的军队彻底推翻。然而，主权冲突也确实产生了不少问题。最明显的是，它再一次证明了荷兰东印度公司的法律术语在日本的有限效力。正如荷兰人发现他们无法让幕府相信其有权在日本海域进行海上劫掠活动一样，他们也未能说服江户相信荷兰人是大员湾的合法主人。以至于荷兰东印度公司不得不采取一个更具适应性的政策，在坚持主权不可侵犯的基础上再一次让步。与此同时，主权冲突

[1] 如最近在铃木胜吾（Suzuki）的《文明与帝国》（*Civilization and Empire*）一书中所展开的研究。

直接导致了荷兰东印度公司与将军之间关系的决裂，这种决裂关系止于一次不寻常的投降行动——将大员的前任长官移交给幕府进行司法审判，这将在第七章中加以叙述。

208 殖民地大员

为获得垂涎已久的参与中国贸易的机会，荷兰东印度公司在1602年创立之后尝试过多种策略。当一连串的行动都未能打破哪怕是第一层级的省级官员时，1622年荷兰东印度公司领导者决定转变策略，试图控制澳门——这个欧洲人在中国的立足之地。为了实现这一目标，荷兰人组建了一支强大的舰队，这支舰队由八艘船舰和雷约生（Cornelis Reijersen）[1]率领下的一千余名水手和士兵组成。尽管舰队规模庞大，而且澳门军防脆弱，但是这次袭击仍归于失败，舰队伤亡惨重，被迫撤退。[2]既然未能占领澳门，雷约生决定继续执行第二项指示，即在中国大陆海岸附近建立一个更为巩固的基地。[3]虽然台湾岛更为理想，但是最后却选择了规模更小的澎湖列岛 / 渔翁岛（Penghu/Pescadores Islands），该列岛位于中国大陆和台湾岛的海峡之间。

为了迫使明朝官员开放贸易口岸，荷兰东印度公司占领了澎湖列岛，还进行侵略性的海上劫掠活动，引起了强烈反弹。最邻近的省份——福建的地方官员把澎湖视作中国的领土，坚决防止外来入侵，因此要求荷兰人拆毁堡垒并从澎湖列岛撤退。荷兰人拒绝了这些要求，形势变得僵持难下，一直持续到1624年，一支由150艘战船和1万名士兵组成的中国军队“继续与我们战争，直到我们被赶出澎湖列岛和中国司法范围之外”[4]。为躲避即将发生的袭击，荷兰人只能召集到数百人，

---

[1] Cornelis Reijersen，有学者音译为雷尔生、雷约兹、莱尔森，或高文律等。——译者注
[2] Blussé, “ The Dutch Occupation of the Pescadores.”
[3] Groeneveldt, *De Nederlanders in China*, 61.
[4] 同上，第283页。

由新近取代雷约生的马蒂·孙克（Martinus Sonck）[1] 率领。[2] 由于力量悬殊，孙克的最后希望寄托于与中国官员进行协商谈判，他认为如果能达成一个合适的折中办法的话，这些官员可能会倾向于避免冲突。

正是在这种背景下，台湾岛成为双方都可以接受的选择。向台湾 209
岛的转移，对双方都有利。荷兰人在那里的活动可以不受限制，还能受到台湾海峡的庇护，免于明朝官员的监视。同时，中国舰队的将领们也可以去邀功请赏，因为他们从皇帝的领土上驱逐了一群危险的外国人。为此双方在 8 月底达成了一项协议，荷兰人被告知，如果他们毁弃在澎湖列岛上的堡垒并撤退到台湾岛，将重新开放贸易关系，也会保证正常的货物供应。[3]

尽管协议条款大体上可以接受，但是孙克急于得到一个更为明确的许诺，而且希望是由明朝高级官员签署的官方协定。很明显，中国官员不可能签署这种文件，仅仅是基于他已经接受的模糊许诺，孙克也不得不迁往台湾。尽管荷兰人坚持并在随后辩称，通过这份协定明朝政权已将台湾的主权转移，但在中方记录中却没有任何证据，它只不过是一个由相对较低等级的官员做出的临时协定，这些官员唯一关心的是将荷兰人从中国领土上驱逐出去。它从来不是一个有约束力的协定，或者像荷兰东印度公司文件中所想象的那样，是一次明确的领土割让——这在官修正史《明史》中非常明确，它将这次活动简略地描述成一次反对外国入侵的胜利，并结束于荷兰人“泛舟去……海患乃息”。[4]

在荷兰东印度公司的新大本营，孙克被任命为第一任长官，选定了台湾岛西岸的大员湾。[5] 这一决定推动了荷兰人与西拉雅族（Siraya）的接触。西拉雅族是范围广大的台湾岛原住民人口中的一个次生族

---

[1] Martinus Sonck，又译为马丁努斯·宋克，1621 年曾率兵攻占班达，成为班达长官。1623 年被控浪费枪支、弹药而被调回巴达维亚，1624 年被任命为台湾荷兰殖民时期首任台湾长官。——译者注

[2] 同上，第 278 页。

[3] Groeneveldt, *De Nederlanders in China*, 第 287—290 页。荷兰人在 8 月 26 日开始摧毁他们在澎湖列岛上的堡垒。

[4] 张廷玉，《明史》，卷二六四。

[5] Andrade, *How Taiwan Became Chinese*.

群，散居在台湾岛屿的西南部。[1] 在大员附近，荷兰东印度公司发现了四个西拉雅族部落——新港（Sinkan）、萧垅（Soulang）、目加溜湾（Baccluan）和麻豆（Mattau），估计总人口超过一万，他们将在殖民地的最初几十年中发挥重要作用。[2] 这个新定居地所在的大员湾，形成了一个天然港湾，被一个钩状的海角保护着，免受公海的影响。荷兰人并没有直接迁到这个岛上，而是选择在半岛上修建了一座城堡，这是一个更易于防守的场所。[3] 这一坚固堡垒一开始被命名为奥兰治城（Orangie），后来改名为热兰遮城（Zeelandia），变成了荷兰东印度公司在台湾殖民计划的核心。

210 热兰遮城的权力最初只局限在半岛的沙堤中，后来迅速扩张到岛屿的陆地上。在将新的土地和居民纳入其权力范围内之前，它将所有未标明界限的地方全都包括在内。荷兰东印度公司长官从城堡附近的总部开始，继续部署了欧洲殖民地控制的常见工作：派出远征队调查海岸线，设计新的城镇，建立堡垒和货栈，招徕定居者，将本土社区纳入其权力范围内，创立土地登记和税收体制等等，此外还通过对土地和人口的控制以各种方式重塑大员。荷兰人持续对一个不断扩展中的岛屿实施直接控制，并企图建立起根深蒂固的殖民统治。

荷兰人在大员的突然出现引起了许多群体的反应，包括马尼拉的西班牙人、中国海盗团体（如郑芝龙所领导的一支）和日本商人。在他们中间，只有日本商人被证明对新殖民地有最直接的威胁。日本籍的商人曾定期往来大员多年，不会放弃这个蒸蒸日上且完全不受外来控制的贸易中心。可以预料，由此带来的一系列冲突将打破荷兰东印度公司与幕府将军之间的关系。

---

[1] 据估计，当时西拉雅族总人口数在两万左右。对台湾岛原住民人口的分析，参见 Ferrell, *Taiwan Aboriginal Groups*。

[2] 关于荷兰人与西拉雅族人口的互动交流，参见 Chiu, *The Colonial "Civilizing Process" in Dutch Formosa*。

[3] Blussé, Everts, and Frech, *The Formosan Encounter*, 1:31.

限制与抵制

在荷兰东印度公司迁到大员之前，日本和台湾岛之间早已存在十分成熟的贸易网络。公司的官员注意到每年有两到三艘日本帆船抵达大员，购买鹿皮，并与满载生丝来到大员的中国帆船交易。[1] 日本—大员航线最初是由中国商人团体尤其是其首领李旦控制的，但在 1625 年李旦逝世以后，这条航线落入两位商人 / 官员——末次平藏（Suetsugu Heizō Masanao）（以下简称“平藏”）和平野藤次郎（Hirano Tōjirō）之手。[2] 尽管荷兰人深知这种联系的存在，却并不打算让日本商人在大员自由贸易。荷兰人担心日本人会破坏他们在中国卖家和日本市场之间的中介角色，同时也与荷兰东印度公司在整个亚洲所执行的更广泛的商业策略一脉相承。荷兰东印度公司这样一个对任何竞争都不感兴 211
趣的组织，只要一有可能，就会试图通过排除潜在的竞争对手来垄断贸易，从而牢牢控制绝大部分有利可图的货物。实际上，欧洲竞争者对它的这种排外性策略十分不满，如英国东印度公司就曾强烈抗议这些策略。

1625 年 5 月，巴达维亚向大员发出一封信件，命令长官孙克阻止日本商人在那里的贸易。[3] 然而，信件还在途中时，两艘日本帆船来到了大员湾，而且几乎可以确认这两艘船是由平藏和平野拥有。[4] 巴达维亚没有明确命令该采取什么行动，孙克决定征税而非彻底禁止，并通知日本船长对运出大员的所有货物都需要支付 10% 的税额。为表现其

[1] Nagazumi, “ The Japanese *Go-shuinjo*,” 29.

[2] 尽管平野拥有京都行政长官代官（daikan）之职，却积极参与到国际贸易中。末次家族控制长崎的贸易长达一个世纪之久。末次平藏的父亲末次膳宏（Suetsugu Kōzen Cosme）于 1571 年搬到长崎港。随着长崎作为葡萄牙贸易终点站开始兴旺，末次膳宏也因此变得富裕。末次平藏凭借自身能力在 16 世纪末一跃成为一个重要的商人，他为开往东南亚的船只获得了许多朱印状。1619 年，他通过指控现任代官村山等安（Murayama Tōan）的多处违法因而获得长崎代官这一重要职位以后，开始其政治生涯。

[3] Andrade, *How Taiwan Became Chinese*, 48.

[4] Schouten, “Memorabel verhael,” 82–83. 关于此次冲突的细节，我们需要借助于雪尔登（Justus Schouten，全音译即于斯特斯 · 斯豪滕。——译者注）的报道；同样的，由于该报道有关于台湾的很多重要史料，包乐史已对其进行过编辑。

正当性，他解释称税收收入将用于热兰遮城的建设开销以及其他防卫性支出，这些都是荷兰人一直曾被要求用来推动贸易的措施。日本船长的回应是，他们在荷兰人抵达之前已在大员进行贸易多年，他们已经通过自己的努力把大员湾变成了一个繁荣的商业中心，他们看不出有任何理由应该对荷兰东印度公司的防御工事负责，他们根本不需要这些防御工事；他们也看不出有任何必要对一直以来可以自由进入的贸易港口缴纳通行费，一边进行这些协商，两艘帆船上的日本商人一边继续收购价值7万两的生丝及其他货物。[1] 大宗交易再加上全部由白银支付，迅速推动了生丝价格上涨，也打乱了荷兰东印度公司自己的贸易计划。日本人拒绝征税的建议。坚决维护荷兰东印度公司权利的孙克转换了策略，将日本人货舱里的15担（picul，大约900公斤）生丝予以没收。[2]

这起事件的消息很快传回日本，幕府官员向荷兰东印度公司的两位使节艾萨克·博盖尔特（Isaac Brogaert）和彼得·缪瑟尔谴责他们雇主的政策。当他们准备离开江户返回工厂时得知，幕府将军非常不高兴，因为他“了解到在大员的荷兰长官打算向在那里贸易的日本商人
212 征税”。[3] 荷兰长官科内利斯·范·内杰鲁德接到这一消息时，沮丧地预言称“征税问题会在这里引起巨大麻烦”，还可能破坏荷兰东印度公司在日本的地位。[4]

第一次冲突刚刚结束，第二次对抗就接踵而来。1626年，另外两艘帆船，其中一艘是由末次平藏信任的副官滨田弥兵卫（Hamada Yahyōe）担任船长，装载30万两左右的巨额白银抵达大员。[5] 热兰遮城新任长官赫里特·德威特（Gerritt de Witt）决心保卫公司的市场，他通知日本船长，允许他们贸易，但是有一项必不可少的限制：他们可以

[1] Coolhaas, *Generale Missiven*, 1:187.

[2] Schouten, “Memorabel verhael,” 83. 由于丝绸的价格在该时期处于持续浮动中，很难准确估值这些被没收商品。但是，即使以每担200两的最低数额，那么总数相当于3000两，这也是一笔可观的数目。

[3] Pieter Muijser to Governor-General Pieter de Carpentier, letter, 14 November 1626, VOC 1092:392–393.

[4] Cornelis van Neijenroode, letter, 3 March 1626, NFJ 482:143.

[5] Schouten, “Memorabel verhael,” 84.

在大员自由地做生意，但禁止购买生丝，这是岛上最有价值也是对荷兰东印度公司的贸易最重要的商品。[1] 而在通往中国的海路上很快又发生了另一个冲突。此前一年，滨田曾从福建商人那里获得一大笔丝织物供应，但由于台湾海峡的海盗活动猖獗，这些货物仍在中国待取。[2] 对滨田及其直接航行至福建的伙伴来说，从台湾转运这些货物是一个十分明显的解决方案，这却让荷兰人担忧，他们担心装备精良的日本舰船在中国海域的出现可能引起明朝官员的敌意，并破坏他们自己从中国大陆获取货物的机会。

在诸多施压之后，德威特同意转运，但是附加严格条件予以限制，他要求日本人使用规模更小、装备更少的船只，如此才不会被错当成一支有敌意的舰队。不出所料，滨田拒绝以这样的船只通过台湾海峡这样海盗猖獗且不受任何权力保护的危险海域，并抗议荷兰人无权阻止他驶往中国。对这些问题的协商使商船航程拖延了好几个星期，导致贸易受阻和日本利益受损。之后，滨田帆船的主人末次平藏称，因为这些限制，他损失了大约两百担（约 1.2 万公斤）的生丝，尽管有可能是夸大之词，但荷兰人的施压一直在挑战他的底线。[3]

因此到了 1626 年，双方已经明显存在冲突。一方是荷兰东印度公司官员，声称他们对大员湾拥有主权，这意味着他们有权彻底禁止贸易，对进入的船只征税或者执行任何形式的限制。另一方是日本商人。213
荷兰人坚持认为自己才是大员湾的主人，既然荷兰东印度公司已建立起一个小城堡，那么此前的自由贸易活动现在要服从监管，日本商人则拒绝承认这些主张。为打破这一僵局，巴达维亚采用了之前与其他欧洲列强有争端时取得相当成功的策略，发展出一套话语使幕府官员相信其对大员的优越权利以及在该岛存在的合法基础。可以说这是一

[1] Andrade, *How Taiwan Became Chinese*, 49 and 61. 据欧阳泰称，这项禁令适用的具体范畴并不十分清楚，不过禁令似乎只扩展到生丝。

[2] Schouten, “Memorabel verhael,” 84.

[3] 这是 1628 年由滨田从荷兰人手中没收以作为对其受损利益的补偿的数量。参见 Valentijn, *Oud en Nieuw Oost-Indien*, 4.2:58。

种有关主权和占领的特殊的欧洲修辞在日本的第一次尝试。

荷兰东印度公司在颁发给其代理人的指示和送往日本的文件中，创造出一个对其权利要求的标准系谱，全都围绕同一个精心策划的故事。在平户，荷兰长官收到的详细指示，描述了怎样对大员最好地展现荷兰东印度公司的权利；而首次前往日本的荷兰东印度公司代理人，也带着几乎同一版本的同样论据，在与幕府官员的讨论中，只要有可能就会展示出来。[1] 当口头陈述未能引起适当反应，公司也准备寄送冗长的文件，包括大篇幅言辞缜密的论据，旨在从根本上证明为什么“荷兰人对该岛的主权不容置疑”。[2] 时隔几年，这些解释呈现出惊人的一致性，一再回归同一个版本，传达同一个信息，即荷兰东印度公司的权利无可辩驳。

保卫主权 [3]

在送往日本的文件中，荷兰东印度公司代理人尽管在划分明确界限问题上有所克制，但还是不断提及他们对大员及其附近岛屿的“主权”。[4] 这些权利并非因为他们将台湾甚或亚洲更为普遍地理解成一个空旷的空间，一块“无主地”，因而其主权可由首批抵达该处的欧洲人所拥有。相反，当地的公司管理者和荷兰联合省的法学家都很快承认了本地的统治者和人民的政治权利。格劳秀斯对这一问题有充分论
214 述。在评论亚洲的无主地（lands）和有主地（territories）时，格劳秀

---

[1] Pieter de Carpenter to Cornelis van Neijenroode, letter, 13 May 1625, VOC 852:76–79v. Memorie voor de E.Pieter Nuyts, raet van India, gaende voor comman-deur over de vlote naer Tayouan gedestineert, ende van daer voorts in ambassade aen den Keijser van Japan, 10 May 1627, VOC 854:51–60. 在后一份文件中，荷兰总督提及了他早先写给范·内杰鲁德的信件，对于同一个论点如何被不断重复的问题，提供了一个明确的解释。

[2] Remonstrantie aen de heeren rijcxraden van Sijne Keyserlijcke Mayesteyt in Japan pr.den E.Willem Janssen derwaerts gesonden, 24 July 1630, VOC 855; Ant-woorde op de ontfangene missive van Phesodonne, VOC 855. 引文来自奴易兹的使团日记（Nuyts's embassy diary），参见 4 October 1627, Nuijts/Muijser *Dagregister*, 458v。

[3] 台湾是中国领土，不存在荷兰与日本争夺主权一说。本节及后文仅为让国内学界了解国外某些学者的观点，仅供参考。——编者注

[4] Colenbrander, *Jan Pietersz.Coen*, 5:494.

斯简要地说道："有主地从来都有自己的国王、政府、法律和司法制度。"[1] 然而，这种认识必然连带着另外一种延展性的主权意识，这种意识可以轻易地转变成荷兰东印度公司的优势。[2]

很显然，荷兰东印度公司把主权看成是一件可以随时转让的商品，它可以通过多种途径获得，其中某些途径只需要当地统治者或团体的有限同意即可。荷兰东印度公司的观点得到更多支持，正如爱德华·基恩（Edward Keene）表明的那样，将主权理解成一种权利的集合——根据形势缓急可分割成不止一个小部分——而不是一个完全统一、不可分割的整体。[3] 其结果是，根据他们自己对主权范围的主张，荷兰东印度公司的活动区域构成了（金字塔式的）三角分区，这在十七先生著名的 1650 年训令中有最为清楚的表达。[4] 在该层级的最底端，是像日本这样的地区，荷兰东印度公司没有享受任何特殊权利，那里的主权问题是与其不相干的，因为它根本不能提出要求。往上一层是领土国家，荷兰东印度公司通过排外性的协定宣示了部分主权，且通常是以对某些关键作物和市场拥有经济权利的形式。位居三角分区最顶层的是无主地或殖民地，包括巴达维亚和大员，它可以实行完全的主权。根据荷兰东印度公司的有限史料可知，这些地方是稀有资源，而且只包括一小部分领土，在这些领土范围内它的活动可以不受另一种政治意志的干扰。

荷兰东印度公司通过许多手段来宣示主权，所有手段都经过熟练的准备，以确保获得利益和权力的最佳机会。最直接的手段是"征服权"。[5] 在适当条件下，寻找一个恰当的理由——一种格劳秀斯式的对自然法的解释通常能提供的东西——在一场激烈的战役之后，土地和

---

[1] Grotius, *The Freedom of the Seas*, 11.

[2] 早期近代时期，欧洲宣示主权的进程与国际法的发展密切相关。实际上，若以最挑剔的眼光来看，国际法几乎可以被看作是帝国扩张的女仆，或者用安东尼·安吉（Antony Anghie）的话说，是"为剥夺他们（本地土著居民）的权利而专门设计"的工具。参见 Anghie, *Imperialism, Sovereignty, and the Making of International Law*, 31。

[3] Keene, *Beyond the Anarchical Society*, 3.

[4] Mijer, *Verzameling van Instructiën, Ordonnanciën en Reglementen*, 76.

[5] 格劳秀斯在其著作《战争与和平法——包括自然法和国家法（1901）》第三编第六章中，曾对征服权（the right of conquest）有过讨论。（中译本参见《战争与和平法》，A.C. 坎贝尔英译，何勤华等译，上海：上海人民出版社，2005 年。——译者注）

权力从败者转移到胜者，从而获得领土。[1] 荷兰东印度公司就是以这种方式占领巴达维亚领土的，即通过武力与当地王公进行一场短暂战役后夺取。[2] 然而，这类例子相对稀少，更为普遍的手段是主权转移，包含来自当地权威的权力割让，通常是自愿，但必要时也可以在胁迫下
215 进行。实现这一过程的常用工具是条约，在黑雷斯（Heeres）和施塔佩尔（Stapel）[3] 所编的外交文件合辑中收集了成百个这种条约。[4] 有些情况下，这些条约将全部主权转移给荷兰东印度公司，但是更为常见的做法是对某些统治权的部分割让。[5]

荷兰东印度公司在早期的条约中往往只能获得十分有限的权利，通常包含对某些贸易商品的垄断特权，但经过一段时间之后，逐渐扩展其主权边界，侵占当地统治者所拥有的权力。今天的斯里兰卡正是这样的例子，在几十年的时间里，荷兰东印度公司累积了越来越多的权利，直至能够在该岛的绝大部分地区宣示主权。[6] 在不可能签署条约的地区，主权也可以通过在适当时机进行某种仪式来完成转移。比如发生在 17 世纪 30 年代的台湾的例子，当时许多西拉雅部落向热兰遮城提供当地产品，以作为他们投诚的象征。[7] 荷兰东印度公司官员认为，在其他情况下只要是接受保护的行动，都会使至少部分主权隐晦地转让给荷兰东印度公司，荷兰东印度公司在获得这些权利以后，可以保护本地居民免于遭受通常性质模糊的威胁。[8]

---

[1] 理查德・塔克（Richard Tuck）认为“在格劳秀斯看来，非欧洲民族的许多实践，不能成为对违背自然法进行惩罚而加以干涉的理由”。参见 Grotius, *The Rights of War and Peace*, xxviii。

[2] 巴达维亚的第一次决议中，记录了荷兰东印度公司对“前一年已被我们用武器征服的雅加达地区所有土地”拥有权利。参见 De Jonge and van Deventer, *De opkomst van het Nederlandsch gezag in Oost Indië*, 1:221。

[3] Stapel，有学者译为斯太保尔、斯塔佩尔等。——译者注

[4] Heeres and Stapel, *Corpus Diplomaticum Neerlando-Indicum*.

[5] 最著名的帕尔马斯（Palmas）主权案——美国与荷兰为争夺菲律宾附近的一个小岛的权利而斗争——援引的就是 1677 年由当地酋长授予荷兰东印度公司的特许令。荷兰人认为，这个法令促使帕尔马斯主权立即并完整地转让给了公司。

[6] Keene, *Beyond the Anarchical Society*, 82.

[7] Campbell, *Formosa Under the Dutch*, 119. 对这些仪式的分析，参见 Andrade, “Political Spectacle and Colonial Rule”。

[8] Van Ittersum, “ The Long Goodbye,” 393. 范伊特叙描述了特尔纳特的情形，格劳秀斯将其作为割让部分主权以换取保护的例子。

也许更重要的问题是，既然有这么多的手段，大员是怎么样、以什么形式向幕府传达这种占有逻辑的呢？最直接的逻辑——征服权——不适用于台湾岛，因为根本没有发生战争或其他军事行动能让荷兰东印度公司通过武力确立其地位。巴达维亚声称并维护自己对大员的权利，是通过从地方当局到荷兰东印度公司代表的权利转让行为来实现的。整个岛屿，尤其是大员，都缺少一个相当于国王或首领的主权人物能够（甚至在理论上）让渡控制权，这些事实都让问题变得复杂化。所以，荷兰人在日本提出自己的要求时，可以采取两条辩论线路：一是表明他们已经确保与明朝当局的实际合约，二是表明他们与当地西拉雅族人的隐性协定。用一位荷兰东印度公司官员的话说，大员已“通过与明朝的合约，以及居民自己的同意……被合法占领”。[1]

第一项论据关注的是1624年公司与明朝的战争结束后被授予的权利。在向幕府解释这一逻辑时，荷兰东印度公司代表特别强调冲突 216
一开始的公正性，以表示他们不是暴力的侵略者。一位代表解释说：“二十多年来，我们国家以恰当的方式提出友好的请求，希望打开中国贸易，但是我们的友好姿态并未产生理想的结果，因此我们不得不通过战争来寻求这一结果。”[2] 战争后签的协定被描述成一项有约束力的协议，由明朝高级官员“以庄重的形式批准”，给予荷兰东印度公司在大员定居的永久权利，并保证开放中国当局与荷兰人的贸易。[3] 没有任何文件证据支持这一说法，这一令人不快的事实被搪塞过去，只为一再强调明朝政府已允诺荷兰人在大员定居并可以随心所欲地使用这块领土。

除了这个论据，荷兰东印度公司还坚称当地居民愿意将对大员湾的控制权让渡给其代理人。至于怎样最合适地陈述该事件，荷兰总督给在日本的长官的指示中劝告他要强调当地土著“乐意接受”，以作

[1] Schouten, “Memorabel verhael,” 79.
[2] 4 October 1627, Nuijts/Muijser *Dagregister*, 457.
[3] Memorie voor de E.Pieter Nuyts, raet van India, gaende voor commandeur over de vlote naer Tayouan gedestineert, ende van daer voorts in ambassade aen den Keijser van Japan, 10 May 1627, VOC 854:55.

为荷兰东印度公司权利的一个关键基础。[1] 沿着这两条辩论线路，一位荷兰东印度公司官员解释道："我们来到（大员）时，这片土地的居民十分欢迎我们，热情接待我们……他们不仅允许我们建立城堡来保护自己，进而拥有这个地方，而且很乐意请求我们用武力来庇护他们的人民。"[2] 为强化这一事实，荷兰东印度公司十分强调西拉雅族的落后，以他们想象中的村庄的贫穷、残暴和普遍混乱做了长篇大论。反过来，这却证实了缺少一份将领土割让给荷兰人的书面合约或官方协定。由于大员居民是没有明确领导者的"贫穷野蛮之人"，总督所描述的自愿接受行为便成为一种更为正式的合约，且该合约允许巴达维亚占有周围的土地。[3] 荷兰东印度公司官员声称，当地居民除了授权荷兰人对大员湾的统治之外，还希望将自己改造成殖民地臣民，接受热兰遮城的保护以防卫敌人。[4] 当地居民为了得到荷兰东印度公司武器的庇护而放弃了政治独立——当由部分村民组成的使团于 1627 年抵达日本时，这一点突然受到重视。

217 在捍卫其对大员的权利之前，荷兰东印度公司在利用宣示主权来抵制潜在的竞争对手方面已有不少经验。它刚从与英国东印度公司争夺班达群岛控制权的冗长争端中取得大体胜利——班达群岛是现在印度尼西亚的一连串小岛，像大员一样，没有一个明确的本土最高统治者。[5] 但是在日本，一场旨在维护荷兰东印度公司对大员权利的类似运动却不那么有说服力。尽管荷兰人坚持不懈地尝试，并且不时借助攻击性手段来强调他们的立场，但是当幕府官员拒绝考虑荷兰东印度公司精心构建的论据时，结果始终一样——不过是一场震耳欲聋的沉默。在极少的情况下，德川政权的官员才会做出回应，但也只是拒绝

[1] Pieter de Carpenter to Cornelis van Neijenroode, letter, 13 May 1625, VOC 852:77.

[2] 4 October 1627, Nuijts/Muijser *Dagregister*, 457.

[3] Antwoorde op de ontfangene missive van Phesodonne, VOC 855, unfolioed.

[4] 对这一观点的明确表述，参见 5 June 1631, Dagregister gehouden te Edo door Willem Jansz.van Amersfoort, NFJ 271。

[5] 对这次争端的极佳概述，参见 Clark and Eysinga, *The Colonial Conferences Between England and the Netherlands in 1613 and 1615*。

荷兰人的要求，同时强调要限制荷兰东印度公司对大员宣称任何特殊权利。

例如，1626 年，三位幕府长老（three Bakufu elders）在将军宫廷责难一位荷兰东印度公司代理人，说荷兰人无权阻止日本商人在大员湾进行贸易，因为他们早已往返岛上多年。[1] 他们抗议称，荷兰东印度公司对大员宣示统治权，是一种“不公正地违背所有权利和理由（recht en reeden）”的行为。由于将军再也不愿意“容忍这种巨大错误”，荷兰人必须立即采取措施开放大员的贸易。[2] 尽管可以预料，对荷兰东印度公司的要求存在一些反对意见，但是值得注意的是，即使是荷兰东印度公司的同盟者，也不愿接受它的逻辑。虽然其财富很大程度上依赖于荷兰人贸易的持续成功，但是平户大名也告诉他们，“仅仅为了你们自己的利益”而占有大员的任何尝试都将归于失败，因为幕府官员“确信并声称，大员是一个没有国王或君主的地方，你们所拥有的权利，他们（日本人）同样拥有”。[3]

面对这样的反应，荷兰东印度公司代理人做出的回应是，找出那些隐藏动机的证据和对他们不利的阴谋。有人认为，从中作梗的应该是葡萄牙代理人，他们一直坚持不懈地破坏荷兰人在日本的地位。[4] 还有人认为，他们是因为日本人的贪婪而成了倒霉的受害者。幕府官员一定是末次平藏船只的秘密赞助人，才使得后者可以抵制荷兰东印度公司对主权的合法要求。[5] 尽管一些德川官员的行为是出于财政上的考虑，却也不能完全解释德川政权一直以来不愿意接受荷兰东印度公

[1] 据永积洋子称，这三个人分别是松平正纲（Matsudaira Masatsuna）、永井尚政（Nagai Naomasa）和井上正就（Inoue Masanari）。参见 Nagazumi, “The Japanese *Go-shuinjo*,” 32。

[2] Copie van het journaal, gehouden door Coenraedt Cramer, gecommiteerd van wege de Oostindische Compagnie uit Firando naar Miacco aan de Keizerlijke Majesteit en Raden van Japan., Stukken van Sweers, van Vliet, Nationaal Archief, Den Haag, 5:212v.

[3] *Dagregisters Japan* 1:40.

[4] 对于葡萄牙人潜伏在表面之下的阴谋有多种怀疑，参见 Colenbrander, *Jan Pietersz.Coen*, 5:494。

[5] 这一观点得到永积洋子的支持，她曾论证过在大员航线上存在的一个投资网络。参见 Nagazumi, “The Japanese *Go-shuinjo*,” 32。亦可参见 Nagazumi, “Japan’s Isolationist Policy as Seen through Dutch Source Materials”。然而，她的证据只是来自一小部分推测性的引证，而这些引证是出自屡次发现这种阴谋存在的荷兰东印度公司的观察家们，所以，我认为这个证据并不能令人信服。

司权利要求的逻辑。荷兰代理人说是有不利于他们的隐藏的阴谋，并
218 提出证据。对此，我们应该谨慎对待。想要全面了解荷兰东印度公司的游说活动为什么踟蹰不前，我们需要再看一看荷兰东印度公司所提论据的本质，并考虑到这些论据未能在日本站得住脚，可能是因为它们对日本人毫无意义。尽管巴达维亚提出的要求是普遍性观点的产物，应当立即被各方认可，但事实上它们来源于一种关于主权和占有的欧洲话语，在日本找不到对应物。

尽管对新领土宣示主权的明确手段从未达成一致，但欧洲人却利用了一种虽然总是有争议却共同认可的话语宣示主权。[1] 所以，他们在同一个基本框架内运作，首先是承认主权可以通过仪式或契约进行转移，然后充分利用“一种通行戏码”来推进这种转移。[2] 这在前面提到的班达群岛的争端中表现得非常明显，英国东印度公司的代理人提出异议的，并非是主权可以经由条约进行转移，而是荷兰人以怎样的方式来实现这种转移。[3] 因此，冲突很快进入一种熟悉的、大体上可以预测的权利要求和反要求的模式，而在这一过程中，对主权问题的各种尖锐论据，都是以对“国际法”的不同解读为支撑的。[4] 然而，大员的情形有所不同，荷兰东印度公司在那里所面对的听众，对于如何获取外国领土的若干想法，与荷兰东印度公司的想法完全不同。德川幕府对于类似大员这样的地方的政治合并有着它自己的手段，与欧洲模式几乎没有共同之处。

---

[1] 这一观点与帕特里夏·希德的重要著作正好相反，她在该著作中论证道，每一个欧洲人群体采用的都是他们自己本民族根深蒂固的仪式。在她看来，并非简单地个别仪式融合了截然不同的元素，而是这些行为“在建立一个政治帝国的合法手段的问题上，产生了相互排斥的观念”。参见 Seed, “Taking Possession and Reading Texts,” 183。顺着本顿和施特劳曼（Straumann）的研究，我认为，尽管存在一些明确的变化，重要的共性也是存在的。参见 Benton and Straumann. “Acquiring Empire by Law”。

[2] Benton and Straumann. “Acquiring Empire by Law,” 31.

[3] 往来答问的两个小册子清楚地解释了这一共同立场，参见 *The Hollanders Declaration of the affaires of the East Indies* (Amsterdam, 1622); *An Answere to the Hollanders Declaration, concerning the Occurrents of the East-India* (London, 1622)。

[4] *The Hollanders Declaration of the affaires of the East Indies*, 11.

日本中心主义的文明秩序

德川政权放弃了在更广泛的中国体制（Chinese system）中寻找一席之地的尝试后，开始在17世纪初期构建自己的国际秩序。德川模式（the Tokugawa model）——有时称之为日本中心主义的文明秩序（Nihon-gata kai chitsujo）——源自中国体制，经过改造后将日本和幕府将军置于文明秩序的中心地位（夏），处于外围的是野蛮国家（夷）。[1]然而，不像中国依靠自己的名声就能吸引参与者，幕府不得不 219
临时拼凑出一种世界秩序的幻象，以便让外面的君主自发地承认德川的统治权。为获得这些必要的卫星国，令其统治者愿意将他们的王国带入德川秩序之中成为朝贡国，幕府准备采取非正规的措施，包括使用武力进行制裁。因此，1609年，萨摩藩获得第一代将军的许可入侵琉球王国——位于今天冲绳的一个独立政权。[2]一年以后，被俘虏的君主尚宁王（Shō Nei）[3]在幕府面前列队投降，他所代表的王国也被迫成为一个朝贡国。但是，即使利用了非正规的方式来获得卫星国，幕府也一直在由中国体制提供的标准框架内运作，正是这种中国体制为这些领土的合并提供了最重要的话语。

不像荷兰东印度公司插手外国领土是为了产生直接的经济利益，德川政权更感兴趣的是从这些领土中获得政治合法性。像琉球王国这样的政权，其使团的到来，给德川政权提供了一种强大的宣传工具，可被用来巩固幕府将军的权力，这自然是锦上添花。在这一领域有着开创性研究的罗恩・托比认为："早期的幕府将军有能力在日本土地上引来光彩耀眼的外国使团，进而证明其国际合法性，这在建立国内合

[1] Arano, "Nihongata kai chitsujo no keisei." "Nihon-gata kai chitsujo"这一术语有多种译法。最为直接的字面意思可能是"日本式的文明/野蛮秩序"。

[2] Toby, *State and Diplomacy*, 57.

[3] 尚宁王（1564—1620），琉球国第二尚氏王朝第七代国王，1589年至1620年在位，1609年被日本萨摩藩打败并俘虏，被迫签订了《掟十五条》。自此以后，琉球处于"中日两属"状态。——译者注

法性过程中是一种有力的宣传工具。”[1] 所以，幕府并没有像荷兰人在大员所做的那样，为了更具体的利益，对琉球王国这样的卫星国实施直接控制或领土开发。相反，两国关系根据中国的朝贡体制模式，通过由一个边缘政权向一个更加文明的中心进贡，或者如一位琉球王国君主所说，由一个“与世隔绝的蛮夷独立王国”向“文明开化”的王国自愿呈递贡品建立起关系。[2] 这种关系以定期派遣使团的方式得到确认，这些使团通常带着给幕府将军的贡品出现在江户。

欧洲殖民体制能够在一个政治真空中蓬勃发展，如在台湾所存在的那样，而德川秩序需要的却是一个君主或能够向德川首府派出使团
220 的某种政权。如史蒂芬·特恩布尔所言，这种先决条件的存在，使得它很不适合吞并没有国家归属的空间；当我们考虑荷兰东印度公司和幕府之间因台湾发生竞争关系时，这一事实立即变得显而易见。[3] 在萨摩藩的军队起航开往琉球王国的同一年，幕府将军批准了另一项远征，目的是将台湾纳入德川秩序，成为其藩属国。这次远征的领导者有马晴信身负使命，要找到一些合适的使节带回首都，并让他们向幕府将军表达应有的尊敬。[4] 如果不能以和平方式带回使节，那么有马晴信的士兵还被授权用武力进行抓获。尽管这些命令留有相当多的余地，但是再多暴力也不会产生理想的结果，因为台湾与琉球王国不同，它并不是一个在统治者治下的统一国家。上岛之后，有马晴信的侍从由于不了解当地情况，立即遭到了抵制。经过巨大努力之后，他们最终成功地从附近村庄将一批俘虏带回日本，但是幕府将军对这一群没有政治身份的人却毫无兴趣。[5]

1616 年，幕府决定再次尝试，批准了对台湾的第二次远征。这次是由长崎代官村山等安（Murayama Tōan）率领，他召集了 13 艘满载

---

[1] Toby, *State and Diplomacy*, 76.

[2] 同上，第 181 页。

[3] Turnbull, “Onward, Christian Samurai!” 特恩布尔在这篇重要的文章中论证说，台湾政治场景的性质意味着它是“开放给一个更为西化的发展形式，其中包括建立一个军事基地和殖民地”。

[4] Tokyo daigaku shiryō hensanjo, *Dai Nihon shiryō* , series 12, 6:132–135.

[5] 同上 , series 12，138–139。

士兵的船只。[1] 总之，村山等安的远征甚至比前一次有马晴信的远征收获还要少。远征队被一场强大的暴风雨冲散，只有一艘船成功抵达台湾，而登陆的部队再一次激起了当地村民的强烈反击，他们坚决抵制对其领土的任何侵犯。这次惨败之后，幕府放弃了将台湾纳入德川秩序的任何尝试，并将其注意力转回到国内政治。关键是，这并非如荷兰人后来推断的那样，是因为德川政权缺乏必要的资源来实现其目标，而是因为它进行海上吞并的参照物并不适用于台湾——用特恩布尔的话来说，像台湾这样的空白政治空间（无论其代理人如何努力尝试）更容易受到“枪炮和铁锹的语言”而非“朝贡体制的语言”的影响。[2]

因此，在对大员的冲突问题上，两种截然不同的世界秩序，各有各的做法、立场和期待，而它们之间有时相互联系。一旦承认这种区别，就更容易理解为什么荷兰东印度公司的陈述未能在日本产生任何回应。不管荷兰人对精心编排的同一个故事重复多少次，最终仍然毫 221
无所获，因为他们的要求从根本上与德川政权的国际关系模式相冲突，因而也就站不住脚。所以，（至少在日本人看来）他们只不过是一小撮欧洲暂居者、一个小城堡的占有者和一些夸夸其谈的言辞，对大员没有任何实权。正如江户的领主坚持的那样，台湾是一个没有君主或统治者的地方，荷兰人不能比任何日本商人要求更多的权利。[3]

如果不施加高压，问题就没法解决。荷兰东印度公司最后分析得出，不能将其幻想加诸幕府，因为后者已经否决了巴达维亚对主权的宣示。19 世纪，日本政府为了支持一个更为欧洲化的殖民地和宗主国幻象，被迫放弃德川秩序的范围。如此看来，如今的这种机制是 19 世纪出现的机制的反面。在 19 世纪，一套设计完美的政治话语不得不让步于一种有关统治权和直接占领的西方秩序，因为这种西方秩序在那

[1] Cocks, *Diary Kept by the Head of the English Factory*, 1:223.

[2] Turnbull, “Onward, Christian Samurai!” 17–18. 关于日本缺乏必要资源来实现对台湾的有效占领的观点，参见 Coolhaas, *Generale Missiven*, 1:252。

[3] *Dagregisters Japan*,1:40.

时已获得越来越重要的地位。[1]然而，在17世纪初期，作为等式另一方的欧洲——在这里指的是荷兰东印度公司——除了放弃其主张之外，别无选择。

维护主权问题毫无进展，到了1627年，这一问题变得越来越明显，如同在外交和暴力冲突中一样，巴达维亚选择了退让。尽管荷兰总督继续坚持荷兰东印度公司对大员的绝对权利（仍希望幕府有可能转变态度），但为了从冲突中抽身也开始妥协。现任总督德·卡彭铁尔放弃了早期的主张，宣布允许抵达台湾的日本船舰参与“自由不受限”的贸易。[2]他希望，荷兰东印度公司放弃限制贸易和征税的决定，能使荷兰东印度公司在日本不遭受进一步的诉讼，同时提高荷兰东印度公司在日本的地位。然而，在这种和解性论调生效以前，冲突便骤然升级，因为荷兰东印度公司的雇员误解了1627年幕府对一群没有任何征兆地出现在日本的西拉雅族村民的回应。

222 来自中国台湾的使团

自从1625年大员湾第一次危机之后，末次平藏成为荷兰东印度公司最大的敌人之一，本章讨论的村民正是被他带到日本的。平藏对巴达维亚的政策很失望，但是并没有注意到后者正在计划让步，于是决定通过一种非常规却十分灵活的方案来打破僵局——该方案如果成功执行的话，将会破坏公司对大员的权利要求。新港社距离热兰遮城约一英里左右，人口约为400人，1627年平藏的船长滨田弥兵卫从该地区招募了16名原住民。这些村民由两个中国翻译员陪同着被带到长崎，安置在平藏的私人住所，经过着装打扮、配备合适的礼物后，被送往江户。

---

[1] Suzuki, *Civilization and Empire*, 140–176.

[2] Memorie voor de E.Pieter Nuyts, raet van India, gaende voor commandeur over de vlote naer Tayouan gedestineert, ende van daer voorts in ambassade aen den Keijser van Japan, 10 May 1627, VOC 854:56v.

平藏把一群没有明确身份且无足轻重的人先带到长崎，再带到幕府将军的总部，其目的何在？显然这是首要的问题。为解决这个问题，我们先要看看这些村民是以什么方式出现在日本的。[1] 很明显，来自新港的这些人不是作为一个较小定居地的居民出现——其中只有一个人在台湾。可供查阅的史料显示，平藏要把他们改造成能够在德川外交秩序中扮演角色的虚假使节。荷兰人在平户的大本营密切注意这种改造，将他们描述成“捏造的”（gefabriceerde）使节，“被安置在他的房子里，打扮、训练、教导他们并给予鹿皮作为他们土地上的收获”。[2] 换句话说，平藏所做的每一件事都是为了确保他们能够以符合外交使节的方式“庄重地向皇帝（幕府将军）表示敬意”。村民身着中国服装，头戴红丝带，这样的话“他们就不会被说成是一生都赤身裸体的人”。[3] 按照惯例，使团会带着当地特产，通常是能代表他们自己领土的东西作为贡品。为保持这一传统，平藏给代表团配上了鹿皮——台湾最重要的土产，当然还有更多其他的礼物，包括老虎皮、毛皮毯和孔雀翎等。[4] 尤其值得注意的是使团的头领，在当时的文献中被称为 Dika 或 Rika，在这次活动中扮演着核心角色。抵达日本之后，其角色 223
是“福尔摩沙的大领主”（principael heer）或者“当地的领主”（heer van dat lant）。[5] 根据荷兰人的说法，“他们宣布这些黑人中有一位是福尔摩沙的领主，他来这里是为了问候陛下”。[6]

平藏做出这样安排的目的，是要继续推进德川政权在该岛上的利益，这种利益虽然存在已久，但在那时基本上处于蛰伏期。德川幕府在十年之内两次批准远征，目的正是通过获得来自台湾的使节，把台湾纳入幕府将军的势力范围。平藏在九州最重要的港口城市活动，所以

---

[1] 对该代表团的详细叙述，参见 Clulow, “A Fake Embassy”。感谢《日本研究》（*Japanese Studies*）的编辑转载了这篇文章的部分内容。

[2] Schouten, “Memorabel verhael,” 87.

[3] Colenbrander, *Jan Pietersz.Coen*, 7.2:1191.

[4] 同上 , 7.2:1156; Sūden, *Ikoku nikki shō* , 195。

[5] 同上 , 7.2:1156, 1164。

[6] Cornelis van Neijenroode to Pieter Nuyts, letter, 28 August 1627, NFJ482:252–254.

一定知道这两次远征，当然他也很清楚后来的那次活动是由他的竞争对手之一策划的。平藏也知道他们失败的主要原因是台湾内权力分散的政治状况导致没办法派出合适的人物。日本政权一直在寻找能对整个台湾具有发言权的代表人，因此，从新港带回一群村民的决定，似乎是一次在策略上战胜公司的尝试。平藏以这种方式将村民团体推上前台，目的是将其改造成一个由岛上领主带领的可靠使团抵达日本。

这一策略直接把幕府卷入与荷兰人的冲突中。如果幕府将军接受使团的身份，将台湾作为朝贡国纳入德川外交秩序，那么荷兰东印度公司——它在岛上还保留着少量的军队——将很难从这样一块有着日本直接利益的领土上继续排斥日本海员和商人。而且，江户和大员之间外交关系的开启，意味着如果不是为了确保来自台湾的臣属使团能正常抵达，幕府更有可能采取积极的行动以保证贸易航线的开放。然而，所有这些都取决于德川政权是否愿意接受这是一个真正的使团，以及 Rika 是否能够成为台湾的代言人。

起初德川官员们似乎正打算这么做。村民团从长崎去往江户时，带上了马匹、仆人和旅行证件——明显标志着他们是一个受到官方支持的真正使团。[1] 但是，当灾难降临——天花感染了这个团体中的大多
224 数人时，平藏意识到的任何胜利都只是短暂的存在。[2] 两位村民很快死去，剩下的村民被隔离也无法继续前行。他们恢复健康以后继续前往江户，并于 1627 年 10 月抵达日本。他们随后受到的接待在《异国日记》中有所记述，该书也叙述了荷兰使团首次抵达日本的情形：

> 十一月五日（1627 年 12 月 12 日），一位来自高砂（Takasago）[3] 被称作 Rika 的人抵达，并向两位将军表达了他的问候。十多位同伴陪同他进入花园。Rika 在小走廊上表达其问候。他带来的贡品

---

[1] Colenbrander, *Jan Pietersz.Coen*, 7.2:1173.

[2] 22 November 1627, Nuijts/Muijser *Dagregister*, 495.

[3] 高砂，日本古代对台湾岛的称呼。据说源自平埔族部落打鼓社（Taakao），因此高砂原指台湾岛西南沿岸一带，后来转变为台湾全岛的名称。——译者注

是五张老虎皮、二十张毛皮毯和二十支孔雀翎。他首先在主厅，然后在西厅表达问候。仪式完全相同，没有递交任何信函。这一次，来自高砂的人都得了天花，不知道他们是否还活着。Rika 也得过天花，觐见期间他的脸色看上去很奇怪。[1]

从表面上看，这一接见似乎很顺利。尽管使团遭受了天花之难，但他们是在德川家光和德川秀忠的官方住所西厅和主厅受到接见。不太清楚幕府将军是否亲自在场，但很有可能至少觐见了一些高级官员。觐见结束时，村民们被赠予服饰和 600 根银条作为礼物，陪同大使的中国翻译员也获得了 20 根银条。[2]

但是也存在许多不和谐的元素，与平藏精心策划的表演不一致。村民们并不是被带到传统的觐见场所——城堡，而只是在花园里受到接见。如果我们猜想德川官员只是想让自己与一种危险的疾病保持距离，那么这一决定也在情理之中；但它也暗示着 Rika 不是被当成台湾的领主对待。更恼人的是描述 Rika 的词汇，他只是被称作一个来自高砂的人。他不是一个国王、领主，甚至连一个贵族都不是，《异国日记》没有提到这个使团背后的政府或任何政治组织。因此，这个来自遥远边界的、由几个村民组成的、向将军馈赠礼物的代表团也就没有得到认可。尽管幕府并未拒绝接见这个代表团，却十分明确地表现出不打 225
算将他们当作合法的使团来对待或者给予他们任何政治地位的态度。

这一现象本身并不奇怪。对个人来说，即使有着像平藏那样的资源和人脉，要想创造出一个符合德川幕府期待的可信使团，也始终是一个挑战。当使团前往江户时，德川政权愿意支持它，这表现了接受假想的"台湾君主"的前景是具有吸引力的，但是这种兴趣从一开始面对过于寒碜的现实时，就被瓦解掉了。相对于召集一个庞大的使团，平藏最终

[1] Sūden, *Ikoku nikki shō* , 195. 荷兰文献清楚地显示出，这群人抵达江户以前就已生病。
[2] Colenbrander, *Jan Pietersz.Coen*, 7.2:1233.

只能带来一个感染了天花的小型村民团体；荷兰代理人也极力质疑这个使团的可信度，他们坚称这是一个被诡计骗到日本的虚假使团。

尽管这必定花了一大笔钱，但是使团从一开始便毫无成效。觐见结束后，似乎代表团的成员只是返回村庄并从视线中悄悄淡出。然而，危机升级了，而且是以非常剧烈的形式。很明显，危机的爆发并不是因为平藏或来自新港的代表团所做的任何事情，而是荷兰东印度公司的反应。就其本质而言，1627 年使团呈现出一种幻象，即想要迎合德川政权世界秩序逻辑的幻象。正因为如此，Rika 承担着恳求者的角色，作为一个蛮夷政权的领主抵达江户，希望对一个更为文明的中心表示忠诚。然而，荷兰人根据一套完全不同的意象来解读这一使团，导致了灾难性的后果。

冲突升级

荷兰东印度公司的许多代理人从一开始就认为平藏想要利用村民把大员纳入幕府控制，通过把全部主权转移给幕府将军，进而将他们拥有的殖民地变成日本的占有物。换句话说，他们把这看作是一种侵略性的夺权行为，通过从村民到幕府将军的仪式性主权转移，从他们手中夺走岛屿。这样看来，使团变成了“把大员和福尔摩沙的主权”从巴达维亚转移到江户的一种工具，荷兰东印度公司官员们担心这会
226 让日本军队直接占领大员。[1] 这种怀疑的源头不难理解。毕竟，这正是荷兰东印度公司和其欧洲对手争夺班达群岛和其他类似领土时都曾经做过的事情。[2] 但是，这也是一种误解。即使来自新港的使团成功实现

[1] Colenbrander, *Jan Pietersz.Coen*, 7.2:5:69.

[2] 例如，1616 年，英国东印度公司的一位代理人纳撒尼尔·考托普（Nathaniel Courthope）说服了伦（Run）岛上的居民将主权移交给英国君主，以获得保护岛民的承诺。在一个简短的仪式——将一棵小小的肉豆蔻树移交给考托普——以后，他宣布该岛成为英国领土，其居民成为詹姆斯一世——他很快被授予英格兰、苏格兰、法兰西、爱尔兰、鲁恩的国王称号——的“真正的合法的臣民”。有了这些文件，英国人继续牢固确立起自己在该岛的地位，抵制企图取代他们的任何尝试。Danvers and Foster, *Letters Received by the East India Company from Its Servants in the East,* 5:345.

其目的，幕府也不大可能采取措施对大员实施直接控制。把台湾岛纳入中央政权控制之下，本来就是荷兰人所主张的那种宣示主权的方式，然而要对德川秩序进行彻底的重组，需要依靠使团以及朝贡的语言来使海外政权都拥护江户。

当新港代表团已在江户得到接见的消息传到日本工厂时，荷兰东印度公司的担忧加剧了。这使得荷兰东印度公司内部一些人的担心日益增加，他们认为幕府正在集结军队，并准备从他们手里夺走大员殖民地。鉴于这种普遍的忧虑，日本工厂的荷兰长官在 1628 年 2 月 20 日写给上级的信中表示，为了“代表幕府将军去占领”，[1] 长崎将对大员派出一支远征队。他利用在长崎流传的谣言作为证据，称平藏正在筹备一支由许多商船组成的舰队“为吞并大员发动战争”。[2] 一条秘密消息也传到热兰遮城，提醒其驻防部队要警惕可能的袭击，同时在巴达维亚的总督也担忧可能出现来自日本的威胁：“一些日本人说，日本人对大员或福尔摩沙岛宣示主权，似乎是出于新港社（被秘密带出大员）的 16 个人向日本皇帝（幕府将军）投诚的考虑。在大员，你们绝不可能将我们的权利让渡给世界上任何一个国家，无论他们是日本人、东方人还是欧洲人；既然这些权利属于荷兰东印度公司，而且我们至今仍在行使，那就应该保证它们不受侵犯。”[3] 这样一来，荷兰代理人根据自己的臆想来解读德川幕府对新港代表团做出的中立反应，假设了一种实际上并不存在的（发动战争和吞并大员的）野心、从未形成过的计划以及毫无根据的威胁。结果，这种理解为冲突的进一步升级创造了条件，荷兰东印度公司官员采取行动，从而确保公司的任何主权， 227
无论多么微小，都不会割让给日本。

负责执行这些命令的是彼得·奴易兹，1627 年的使团失败之后他成为大员的长官。他渴望在上级面前重拾信任，于是决心采取一切必

[1] Colenbrander, *Jan Pietersz.Coen,* 7.2:1233.
[2] 同上。18 February 1628, *Dagregister* Nuijts/Muijser,507v.
[3] Valentijn, *Oud en Nieuw Oost-Indien*, 4.2:53; Colenbrander, *Jan Pietersz.Coen*, 5:265.

要措施。1628 年 4 月，当滨田弥兵卫率领的两艘日本帆船抵达大员港时，奴易兹决定立即采取行动，命令士兵搜查帆船并卸下他们的所有武器。[1] 在这一过程中，他发现了被运送回乡的新港村民，于是立刻把他们扔进了监狱。滨田上岸抗议该行为，结果，他和诸多船员也被囚禁起来，还被剥夺了食物和水源。[2] 奴易兹认为所有这些行动都是正当的，是反对滨田的“不轨企图”以维护荷兰东印度公司主权的预防性措施，但是几乎没有证据表明滨田实际上存在任何入侵计划。[3] 即使荷兰人的驻防部队相对脆弱，两艘帆船也无法强大到可以对其发动攻击；日本方面对在江户接见新港村民的叙述也清楚地表明，幕府已经将他们遣散回乡且没有任何进一步行动的计划。[4]

不出所料，奴易兹的行动很快招致了适得其反的结果。6 月 29 日，已经释放出狱的滨田拜访了荷兰长官的私人住所。尽管奴易兹一心想着会有冲突，但还是决定不带任何武器去接见滨田，身边只有他儿子劳伦斯和翻译员陪同。当长官拒绝同意日本人离开时，滨田及其士兵“像咆哮的狮子冲向他”并将他俘虏。[5] 随着双方越来越多的人涌入，这次对抗似乎要以流血告终。奴易兹极力想避免这个结局并自保生命，于是介入其中化解险境。结果双方达成一项协定，彼此将带走同等数量的人质并在稍后的某个日期进行交换。作为这个交易的一部分，滨田坚持要求退还过去的征税，并全额赔偿由于热兰遮城的干涉对他雇主的贸易利润所造成的损失。最后的数字是巨大的，包括全数赔偿 1625 年孙克对 15 担生丝的征税，以及 1626 年滨田被拒绝允许直

---

[1] 有些学者认为，奴易兹的行为主要是出自对日本人的恶意，而非真的担心袭击。比如，博克瑟写道，奴易兹正在寻找“一个满足其恶意报复的机会”。尽管他也许十分渴望为其使团的失败对日本人采取报复，但是我阅读的文献却显示，（荷兰东印度公司许多官员共同）存在着一种对即将来临的袭击的真正担忧。Boxer, *A True Description of the Mighty Kingdoms of Japan & Siam*, xvii.

[2] Valentijn, *Oud en Nieuw Oost-Indien*, 4.2:53.

[3] Schouten, “Memorabel verhael,” 89.

[4] 1628 年以后的荷兰东印度公司史料，对于日本发动对大员的袭击这一可能性问题上，反映出一种更为复杂的观点。雪尔登对 1633 年处于酝酿中的大员危机的报告中表示，滨田的船队从江户的高级幕府官员那里获得的特别命令去夺取一个要塞——他们认为该要塞只包含了一个规模较小、装备很差的卫戍部队。参见 Schouten, “Memorabel verhael,” 88–89。然而，还应值得注意的是，随着时间流逝，公司的一些管理者变得越来越不相信实际上有任何计划中的攻击。

[5] Campbell, *Formosa Under the Dutch*, 42.

航至中国时，另外两百担生丝所损失的收入。[1]

在江户，有关奴易兹行动的消息激起了愤怒。滨田的船只拥有朱 228
印状，这是德川政权最重要的海上贸易凭证之一。对德川官员来说，长官扣留滨田的船只，剥夺他们的武器，逮捕他们的船员，这一行为已经构成对幕府将军权威不可饶恕的侵犯。如果这还不足以激起愤怒的话，江户很快就得知奴易兹及其士兵没收了赠予新港村民的礼物。这是对幕府将军威望的双重攻击，他们决定扣压当时荷兰东印度公司在日本的所有船只，没收他们的货物，并将船员投入监狱。在平户，日本工厂的雇员也被软禁，与巴达维亚的所有联络都被中断。其后果是荷兰东印度公司与幕府将军之间的关系完全破裂，只有等到引人注目的投降行动发生时才得到修复，下一章将对此投降行动加以论述。

[1] Valentijn, *Oud en Nieuw Oost-Indien*, 4.2:58.

第七章

229 # 放弃长官

在日本，再怎么谦逊都不为过。

——东印度群岛委员会给荷兰总督的公函，1638 年

到了 1632 年初，彼得·奴易兹这颗曾经冉冉升起的新星跌入了低谷。因为无法胜任大员长官一职，他被召回巴达维亚。之后的好几个月，奴易兹在荷兰东印度公司潮湿的城堡中都郁郁寡欢。尽管他在荷兰东印度公司的职业生涯显然已经结束，但没有任何针对他的正式指控；看起来上级可能只是把他送回荷兰共和国，而不会再对他有任何进一步的惩罚。然而到了 5 月，他被总督召见。奴易兹惊恐地发现，为恢复与日本的关系——这种关系当时已中断四年，荷兰总督正在考虑一个难以置信的方案：为了赎罪而将他移交给幕府将军。

奴易兹获准对此方案做出回应，于是他迅速采取行动。尽管他有着明显的过失，但他的智慧却无人能质疑。奴易兹把自己变成一个杰出的书面辩护人，写出了长篇大论来威胁他的上级，因为后者文化程度比他低，他想用优雅的文法加上经典的影射来让后者收回成命。看起来情况
230 对他十分有利。他提出，引渡一位如此高级别的官员——奴易兹是前任长官及东印度群岛委员会的成员之一——到一个“异教徒”的君主面

前接受审判，既不明智也不合法，总而言之是不可能的。[1] 不管荷兰东印度公司多么希望与幕府将军恢复联系，以前从未采取过这样的办法，也不应该考虑这样做。

然而实际上，荷兰东印度公司还是这样做了。当年9月，奴易兹回到了日本，不过是作为一名囚犯被送去接受幕府审判的。即使几个世纪以后重新再看，这种放弃前任长官的决定仍然有些意外，因为很明显这不仅与荷兰东印度公司的政策相违背，而且与其他欧洲企业在早期近代亚洲所采取的立场相抵牾。但是，如果荷兰东印度公司决定让步的态度是显而易见的话，那么这真的重要吗？虽然直到最后，也只是奴易兹一个人被囚禁四年之后毫发无损地离开日本。事实上，荷兰联合省接着便开始了第二次更为成功的事业。[2] 如此看来，放弃长官本质上来说是一次象征性的行动；人们可以把它看成不过是一个狡猾的举动，成功地化解了荷兰东印度公司与幕府的僵局，而且并未对荷兰东印度公司造成任何特别的损失，只是让奴易兹承担了名誉上的风险而已。但是，如果我们考虑到这一决定背后的逻辑——移交奴易兹之后需要承担的风险，以上这些评价似乎就不那么有说服力了。

这一事件从根本上告诉我们，荷兰东印度公司经过了前面已经论述过的一些外交和暴力冲突之后在日本的地位的特征。它甚至考虑引渡一个高级官员，这也许就是最好的证据：在与幕府打交道时，巴达维亚几乎已无计可施。因此，长官的人身转移，是作为一个更广泛的德川政权 / 荷兰东印度公司关系的象征，在经过一系列冲突之后这种关系开始趋于稳定。奴易兹写道，把他送往日本的计划违背了其雇主的最基本原则。这可能有些夸张，却也并非错误。维护法律主权自始至终都是荷兰东印度公司优先考虑的事务，对法律主权的任何冒犯都需要小心翼翼地防备。自从第一批船只抵达亚洲海域，荷兰东印度公司

---

[1] Leupe, “Stukken betrekkelijk Pieter Nuyts,” 188.

[2] Blusse, “Pieter Nuyts (1598–1655).”

就坚持对其雇员拥有绝对的司法权，他们不应该受制于当地法律体系。正因如此，移交奴易兹的决定代表的不仅仅是法律主权的屈服，而且也是对几十年来荷兰东印度公司自身实践的颠覆。

231 考虑到以上这些，就可以揭示出引渡奴易兹对荷兰官员造成了多大的困扰。巴达维亚对前任长官所表现出的愤怒及以最强烈的措辞予以谴责，与荷兰东印度公司想尽办法将他拉回到统治权之内，这种鲜明对比在引渡之后的文件中得到彰显。奴易兹被困日本，是一种极大的伤痛，只能通过把他带回荷兰的司法权才能愈合。这一营救活动在赠送另一具有说服力的象征性礼物时看到希望。作为荷兰东印度公司臣属于德川政权的明显标志——一座光彩夺目的黄铜枝形吊灯被送往日本，至今仍摆放在日光的德川神社寺中。

罪行与惩罚

奴易兹和滨田弥兵卫在大员的冲突发生之后，由于没有先例可循，荷兰东印度公司在巴达维亚的领导层努力寻求解决危机的措施，并确定怎样才能最好地恢复与日本的关系。他们首先派遣一个特使到日本调查情况。这一艰巨的任务交给了威廉·扬森（Willem Janssen），他被派去与幕府直接谈判，想要对方释放荷兰东印度公司的人员并归还财产。[1]1629 年 9 月抵达日本后，他未能获得许可进入江户，不得不依靠一个获准进入幕府将军首府的日本翻译来为荷兰东印度公司传话。尽管事实很明确，即德川政权将对大员发生的事情采取某种形式的惩罚，但扬森却无法弄清楚这种惩罚会以什么形式出现——除了听天由命，他什么都做不了。

拖延了数月仍然毫无消息，直到 1630 年 2 月一封信函抵达长崎，

---

[1] 扬森接受任命之时，正担任巴达维亚的船长（equipagemeester）（“equipagemeester”原意为“master of crew”。——译者注），这是负责一个繁忙港口的重要职位。

荷兰人才得知幕府的决定。[1] 荷兰东印度公司的罪行是双重的。荷兰东印度公司逮捕滨田的船只，就是漠视幕府将军直接颁发的通行证，就是冒犯了德川政权的权威。更严重的是，荷兰人虐待新港村民，还没收了在江户的德川官员赠予他们的礼物。[2] 对这些过错的惩罚很简单，德川政权坚持，如果荷兰人想要恢复贸易关系，他们必须毁弃荷兰东印度公司的关键据点与荷兰人在大员的军事堡垒——热兰遮城。[3] 232

荷兰东印度公司代表对这种严厉惩罚毫无防备，这一要求虽然令他们震惊，却与幕府对朱印状制度的政策一脉相承。从一开始，德川政权就坚持彻底维护朱印状制度的完整，这意味着哪怕是对它轻微的冒犯，也将受到超级严厉的惩罚。正因如此，日本军队曾摧毁 1610 年中国澳门至日本长崎的大帆船，随后攻击马尼拉以报复西班牙对一艘朱印船的袭击。1630 年，对奴易兹在大员的行为采取的惩罚是拆毁荷兰东印度公司最重要的城堡，这样一种相当剧烈的赎罪行为才能有机会恢复关系。平户大名写给荷兰总督的一封信中的一席话，也许是对江户的这一逻辑最好的概括，他说："两年前，末次平藏的帆船像以往一样带着皇帝（幕府将军）的通行证前往台湾。由于荷兰长官在台湾对待这艘帆船的态度十分恶劣，荷兰船只也被皇帝下令囚禁起来……如果荷兰人摧毁在大员的城堡，他们才可以像以前一样（在日本）进行贸易。"[4]

在巴达维亚，新任总督雅克·斯皮克明确拒绝接受这种惩罚。他坚持认为，幕府将军没有权利或权力命令拆毁城堡，为此他派遣扬森回到日本谈判一种可以接受的折中方案。[5] 这一次，荷兰东印度公司的

---

[1] 25 February 1630, Copie van het journal van de zending van Willem Jansz.naar Nagasaki, Stukken van Sweers, van Vliet, Nationaal Archief, Den Haag, 5:240v–241v. 这封信署名为末次平藏，但我们从其他史料知道其内容是经幕府批准的。

[2] 同上，第 241 页。

[3] Translaet missive van Feso aen den Gouverneur Generael tot Batavia, 7th year Quanie.1st month, VOC 1101. 末次平藏的代理人偶尔也会提议，荷兰人只需将城堡移交给日本当局就可以了，但是德川幕府的确切要求是城堡必须被摧毁，这可以从多份文件中看到证明。但是坚持简单移交便已足够的观点似乎是由末次平藏开始的，他想要从这种政策曲解中获得利益。

[4] Nagazumi, *Hirado Oranda shōkan no nikki*, 1:414–415. 该文件进一步确认幕府的确切要求。

[5] Schouten, "Memorabel verhael," 98.

使节终于获准进入江户，但是此后谈判又陷入了僵局，持续数月没有任何进展。[1]到1632年初仍看不到任何解决迹象，只要荷兰东印度公司拒绝接受既定的惩罚，双方似乎就没有达成一致的希望，当前的形势也不能再继续下去。在事件发生至今的近四年时间里，荷兰东印度公司所能承受的底线成本不断增加。由于无法进入日本市场，大员的殖民地在经济上便缺乏支撑；贸易持续中断的每个月，都严重影响了荷兰东印度公司在东亚曾经有利可图的生意。

尽管事情看起来愈发绝望，但是斯皮克在解决危机方面已经几乎毫无选择。在与日本的关系问题上，荷兰东印度公司一贯使用的两个
233 最可靠工具——正式的外交使团和海上战役——都已行不通。前者旨在通过递交官方信件和赠送礼物来解决问题，后者则通过实施武力来推进政策上的转变。由于江户方面已经拒绝承认荷兰总督作为一个独立的外交主体的身份，因此再派出一位使节可能于事无补，甚至会带来更多的问题。同样，使用武力也充满风险。在亚洲的其他地区，荷兰东印度公司也许考虑过使用其优越的海上力量来禁止所有船只，直到迫使当地政府在遭遇经济损失和重要海上航线被切断的严峻形势后，最终同意按照荷兰东印度公司的条件恢复关系。这种策略，在1648年对苏拉特（Surat）的工厂进行袭击之后取得过巨大成功，在第四章已有讨论。然而，在日本，潜在的危险远远超过成功的机会，而且荷兰东印度公司内部经过明确讨论后，也一致认为使用武力不会带来有利的结果。安东尼奥·范迪门以筹划亚洲其他地区的军事行动而著名，在考虑过所有可行的选择后写道："通过报复行为来维护荷兰东印度公司的权利和对日本实施袭击，现在或者将来都是不明智的。"相反，他总结说："贸易必须以最好的方式和最慎重的态度进行。"[2]那么要怎样才能打破僵局同时又不向幕府将军的要求屈服呢？

---

[1] 对这些谈判的详细记录，参见 Dagregisters gehouden te Edo door Willem Jansz.van Amersfoort, NFJ 271–4。该日记的译文可参见 Nagazumi, *Hirado Oranda shōkan no nikki*, 2:11–503。这些谈判因为德川秀忠的患病及随后的死亡被延迟。

[2] Coolhaas, "Een Indisch verslag uit 1631," 90.

正是在这种背景下，斯皮克及荷兰东印度公司的其他官员才开始考虑将引渡彼得·奴易兹视为最好的退让办法。如果荷兰东印度公司不打算放弃其在大员城堡里的城墙与大炮，那么它只能放弃这位殖民地前任长官，并希望借此安抚德川政权。对斯皮克有利的是，奴易兹此时正被扣留在巴达维亚等候审判。自 1628 年以来，奴易兹写了一系列信件为自己的所有过失辩护，他的上司一开始也表示愿意接受这些解释；但是他虐待滨田、把新港村民投进监狱，以及没收江户赠予村民的礼物等行为，令他们逐渐相信这些行动确实过于鲁莽。即使奴易兹确实是出于对日本攻击的担忧，他原本也应该更慎重地处理这件事情，进而减少在日本引起任何可能的危险。[1]在一个灾难性的开始之后，奴易兹并未以殖民地长官的身份采取补救措施，反而出现了一些对他所作所为的不利传言。到了 1629 年年底，巴达维亚对奴易兹失去了耐心，将他召回并让其对所有行为做出解释。奴易兹在大员任期内的所 234
作所为被更多地披露，在荷兰东印度公司决定怎么处置他之前，他一直被关在监狱里。[2]

尽管前任长官在其阵营中已经失去支持者，但是将其引渡到日本的提议还是遇到了一些重要障碍。一方面，巴达维亚没有对奴易兹进行审讯，也没有提出任何正式指控。只要转移的合法性问题尚未解决，奴易兹就有机会对其被送往日本赎罪的建议做出回应。他借机写出了一份长篇大论，从中仔细辩论并逐条驳斥引渡方案，认为这是莽撞、危险且明显非法的举动。奴易兹抗议称，他只是按照董事会的指示，“在这些土地上为荷兰东印度公司服务的。我遵从他们的誓言、命令和解除协议，别无其他”[3]。因此，想要让他向另一个权威做出解释，只会损害荷兰东印度公司在亚洲的地位：“如果一个下属长官被迫向……对阁下或其仆人不具备支配权的人（日本将军）做出解释，这将极大地冒

[1] Cheng, *De VOC en Formosa* 1624–1662, 88.
[2] Blussé, “Bull in a China Shop,” 105.
[3] Leupe, “Stukken betrekkelijk Pieter Nuyts,” 186.

犯，甚至损害阁下的权威和主权。”[1]

尽管奴易兹坚称自己希望为上级服务，他也清楚更大的问题正迫在眉睫。他辩护称，如果为了在一位外国统治者面前接受审判，他要被荷兰东印度公司的司法权抛弃的话，那么这也将损害荷兰东印度公司的法律主权，并可能带来灾难性后果。这一声明当然完全出于自保，但也准确地反映了荷兰东印度公司的政策。从荷兰东印度公司抵达亚洲的那一刻开始，它就已经为其雇员开辟了一片法律空间，将他们置于工作所在地的司法权之外。[2]结果（虽然并不总是成功地）创造出一个司法保护茧（juridical cocoon），能够保证公司的人员尽管在亚洲工作却不受亚洲法律的限制。[3]这当然并不是说荷兰东印度公司的雇员能以任何方式豁免于法律，而是说任何违犯法律的惩罚都只能来自他们的上级，而且这些惩罚是在一个自给自足的法律架构中执行的。

在公司与当地统治者之间签订的诸多条约中，包含对罪行审判的清晰规定，从中可以清楚地看出荷兰东印度公司首要关注确立和维护
235 司法主权。[4]在荷兰东印度公司成立的最初几年，它最关心的是维持对散漫成性的水手的司法权，因为他们可能会冒险在亚洲港口寻找庇护所。1602年它与班达群岛某岛上的一群长老签署的协定明确规定：如果任何一位荷兰水手在犯罪后试图逃往陆地，都必须被移送回来。同时它还规定，即使逃亡者决心“成为一个摩尔人”，他也应该被送回到自己的船上接受惩罚，这样也就谨慎地断绝了宗教皈依被用作漏洞的任何可能性。[5]1606年，它与柔佛国王（Johor）签署的一个协定提出了同样的问题，强调“如果有荷兰人因为一些严重的罪行或其他过

[1] Leupe, “Stukken betrekkelijk Pieter Nuyts,” , 187.

[2] Stapel, “Bijdragen tot de geschiedenis der rechtspraak bij de Vereenigde Oostindische Compagnie.”

[3] 治外法权是在欧洲和亚洲都发展非常完善的一项原则。众所周知，中世纪的意大利城市国家为在中东地区经商的商人们谈判争取该项权利，同时，在亚洲的许多流散的贸易群体保留着他们自己的法律安排（legal arrangements）。使荷兰东印度公司有所不同的，是其运行的范围以及对治外法权安排的体制追求。

[4] 收录于 Heeres and Stapel, *Corpus Diplomaticum Neerlando-Indicum*。对于这些司法安排（jurisdictional arrangements）的讨论，可参见 Alexandrowicz, *An Introduction to the History of the Law of Nations in the East Indies*, 97–128。

[5] Heeres and Stapel, *Corpus Diplomaticum Neerlando-Indicum*, 1:26.

错逃往柔佛，或者有国王的臣民（逃往）荷兰，那么双方都有义务将逃亡者送回（对方）当局”（1：44）。

在公司迁往陆地建立工厂和贸易点之后，这些条约开始反映出一种新的关注，即其代理人可能会卷入当地的法律秩序中。结果出现了一种对治外法权的坚持，与欧洲人在19世纪所要求的法律权利十分一致。1607年，荷兰东印度公司与特尔纳特统治者签署的一个条约中规定：“任何一方都不能伤害另一方，但是如果有荷兰人伤害了一个特尔纳特人，他将被宣布有罪并由他自己的国家来惩罚；这同样也适用于特尔纳特人。”（1：52）1611年，荷兰东印度公司与雅加达国王签署的另一个条约中仅仅说明，荷兰人对爪哇人若有任何犯罪行为，荷兰东印度公司当局保留对荷兰人进行惩罚的权利（1：91）。之后在1623年与波斯国王签署的协定，则关注更为严重的罪行：“但愿不会发生这样的事，如果发生了的话，一个荷兰国民谋杀了另一个人，不论他来自哪个行省，或是否犯有其他罪行，那个人（罪犯）将不会在波斯接受审判，而是由其当局统治者或负责人来进行惩罚。”（1：189）

如果在这些条约的初始草稿中，公司未能获得这些权利，那么它需要花上许多年的时间来将其雇员从当地司法权中豁免出来。暹罗就是这样的例子，司法权问题在1636年经受了考验，当时两位醉酒的荷兰东印度公司商人因为袭击了国王兄弟的仆人而被逮捕。紧接着，这 236
两位商人的一群同胞也加入，尝试了一次计划不周密的营救。[1] 暹罗官员开始处置这些犯法者，激起了荷兰东印度公司代表的强烈抗议。最终双方达成了协议：只要完成一次象征性的认罪即可。然而作为交换条件，荷兰人必须保证遵守“（暹罗）统治范围内的所有法律和习俗”。[2] 这一协定有效地使得荷兰东印度公司职员接受“当地法律程序和惩罚以及暹罗国王的权力——他是制定暹罗法律的人”。[3] 因此，这

[1] Ruangsilp, *Dutch East India Company Merchants,* 38–41.
[2] Heeres and Stapel, *Corpus Diplomaticum Neerlando-Indicum*, 1:285.
[3] Ruangsilp, *Dutch East India Company Merchants,* 39.

一协定无可置疑地违背了荷兰东印度公司的法律主权，使公司在接下来的三年时间里都在努力将其雇员抽离出暹罗国王的权威之外。到了1664年，这一努力最终得以实现，荷兰东印度公司在与暹罗的新条约中增加了一项司法条款，规定任何荷兰罪犯都只能由他们自己的上级审判。[1]

如果这种对司法权始终一贯的关注能在文件中被任意记录，那么背后的逻辑依据则显得有点难以捉摸。其中一种解释是，荷兰人普遍认为当地法律十分残暴。例如，在暹罗，荷兰人对可能的惩罚做了详细的记录，包括“流放沙漠、人身充奴、财产充公、断手断脚、热油焦灼、五马分尸……溺水身亡、沸油炙手、热炭灼脚，或者罚吃大量的被念过咒语的米（charmed rice）”。[2] 他们认为，这些残酷的惩罚完全取决于国王的一时起意，更被专制性质的司法弄得变本加厉。然而，对于这些夸张的描述不必过于当真，因为荷兰东印度公司代理人明显倾向于把不同的亚洲统治者混作一团当成“东方暴君”，并坚称他们所主导的制度从根本上来说并不能提供恰当的司法保护。即使对当地法律有深入的了解，也并不能解释荷兰东印度公司坚持获得一种绝对豁免权的原因。相反，这样的安排——如同19世纪的例子，当时只有通过指出真实或想象的野蛮行为，对治外法权的要求才能获得正当性——更多的是与权力的维护有关。[3]

在荷兰东印度公司的整个历史上，法律被视作服从其意志的工具，比如，它拒绝容忍存在另一个独立的司法机构，因为这可能会威胁到其对雇员的控制。1602年荷兰东印度公司成立时，便被授权设立司法人员，而且法律问题一开始是直接由总督及其管理委员会（通常被称
237 为高级政府［the High Government］）处理。由于这一安排根本无法区分司法权和行政权，直到1620年任命司法委员会对民事和刑事案件有审判权以后，才在理论上获得改善。但司法委员会从未逃过巴达维亚

[1] Ruangsilp, *Dutch East India Company Merchants*, 40.
[2] Caron and Schouten, *A True Description of the Mighty Kingdoms of Japan and Siam*, 133.
[3] Leue, “Legal Expansion in the Age of Companies,” 138.

城堡的阴影。[1] 法官通常由高级政府直接委派，而且由高级政府中的成员之一担任委员会的主席。[2] 结果可以预料，审判决定几乎从未违背总督的意愿。此外，个人的上诉权利被严格限制。与其他的欧洲海外企业等竞争对手的雇员不同，荷兰东印度公司的雇员在自己的祖国也无法利用法庭。[3] 这样做的目的无非是要为荷兰东印度公司建立一个绝对服从的司法机关，并确立其对职员的严格控制。

荷兰东印度公司不愿接受司法干预的行为，也扩展到与外国打交道的过程中。关于外来权力有权审判公司雇员的任何主张，都遭到荷兰东印度公司的抵制。濒于险境的那些问题已经很清楚地证明了这一点。要一个本地官员或统治者让出司法权，意味着在控制进而限制其雇员什么能做、什么不能做的问题上做出让步。相比较起来，对司法主权的维护，能让荷兰东印度公司代理人根据自身条件在商业贸易上进行协商，也能让他们在违背了合同惯例时免于被起诉。它还能确保荷兰东印度公司这样一个有着暴力习性的组织，能够继续利用武力作为其政策的一项基本工具，而不用担心会引发连续的司法案件。巴达维亚最重要的目的是想避免在长崎出现的情况，即其代理人不得不在一个外国法官面前对其行为做出解释，以及即使是不利于他们的决定也必须执行。相比较而言，治外法权的规定能确保“每一种可能的优势条件都能实现利益和权力的最大化”[4]，就如同在 19 世纪发挥的作用一样。

荷兰东印度公司不断尝试着为其雇员画出一条保护线，并将他们拉到当地法律的范围之外，这些尝试本应该为奴易兹提供绝对的保护。即使他在日本本土犯了罪，一般来讲，荷兰东印度公司原本也可以坚持其对裁决案件的权利，而无须外来干涉。在对许多条约的解释中，荷兰人犯下的罪行只能由荷兰人审理，绝对不允许引渡罪犯在一位外 238
国统治者面前接受审判。但是，奴易兹显然不是在日本港口，或者甚

[1] Ball, *Indonesian Legal History*, 17–18.
[2] Ward, *Networks of Empire*, 69.
[3] Barendse, *The Arabian Seas*, 383.
[4] Botsman, *Punishment and Power in the Making of Modern Japan*, 139.

至在日本列岛周围的海域扣留了滨田的船舰。相反，过错发生在一个荷兰东印度公司宣称是自己领土的地方，用格劳秀斯对主权的定义来说，在那个地方的“行为不服从任何一种权力，因此这些行为也不能由任何人的意志来宣布是非法的”。[1] 奴易兹将滨田囚禁的决定也许过于鲁莽，但也完全在他的权力范围之内，因为他是荷兰东印度公司领土范围内被任命的长官。否则，承认和接受幕府将军的司法权限扩展到在大员的犯罪行为，就破坏了荷兰人关于该岛的主权宣示。因此，从两方面来看，奴易兹应当受到保护：幕府将军不能对荷兰东印度公司在亚洲的人员或土地宣示统治权，牺牲其中任何一种都会无可挽回地损害荷兰东印度公司的“权威与主权”。[2]

为了强调自己的立场，奴易兹提出了一个具体的例子，似乎确证了他所说的一切。[3] 早在 1626 年离开荷兰联合省时，他就已十分熟悉荷兰与英国政府之间酝酿已久的法律争端，当时针对的是另一位荷兰东印度公司长官在印度尼西亚的一个小岛安汶（Amboina，也称作 Ambon 或 Amboyna）的行为。安汶事件不仅与奴易兹的情形十分相似，而且更为重要的是，就奴易兹的辩护而言，安汶事件提供了一个可供援引的案例，重点在于维护法律主权的绝对权威。因而毫不意外，当奴易兹向荷兰总督做出解释时，安汶事件立即成为其申辩的理由。

安汶事件

事件起始于 1623 年 2 月，一个日本雇佣兵因不断刺探荷兰东印度公司在安汶岛上某个城堡的防御力量和驻防部队情况而遭到逮捕。[4] 英国东印度公司占据了附近的一个商栈，该公司的一群商人策划了一个阴谋，想要控制防御工事。被逮捕的雇佣兵在刑讯之后承认自己是这

[1] Grotius, *The Rights of War and Peace*, 1:259.
[2] Leupe, “Stukken betrekkelijk Pieter Nuyts”, 187.
[3] 同上。
[4] Clulow, “Unjust, Cruel and Barbarous Proceedings.”

一阴谋的一分子。荷兰东印度公司长官哈曼·范斯佩乌尔特（Harman van Speult）掌握这一消息后，逮捕并开始刑讯这些商人，直到他套出了大部分人的招供。这一阴谋的头目被确认为加布里埃尔·托韦逊 239
（Gabriel Towerson）[1]——英国公司在安汶的主要代理人，他承认自己与日本人共同密谋，并打算让自己成为城堡的主人。有了诸多供认之后，范斯佩乌尔特在当地召集了一个由荷兰东印度公司雇员组成的委员会，后来被称作安汶法官团，对共谋者进行宣判。裁决结果完全可以预料：3 月 9 日，十位英国商人和一群日本雇佣兵被处以死刑。

这与奴易兹在大员的行为有着明显的相似性。两人都是新近占领的领土的长官，但都不得不与本就存在的对手商人群体相互斗争，这些商人群体还威胁要扰乱控制当地市场的周密计划。面对这个即将发起突击的阴谋——也许并不存在，两人都以强势措施做出回应。但是，奴易兹只是拘留了滨田的船舰，而范斯佩乌尔特则刑讯并处决了十位英国商人。英国是荷兰联合省在欧洲最重要的支持者之一，而且事件发生时两个公司实际上是共同结盟的，这一事实使得范斯佩乌尔特的行为更加严重。

安汶事件的消息在 1624 年 6 月初传到伦敦以后，引起了英国方面的强烈愤怒。英国公司的长官抗议这种完全依赖刑讯获取的供认，认为这样的司法程序不合常规；他们还认为荷兰法庭无权审判英国国王的臣民，这群缺乏武器装备的英国商人根本不可能策划占领一个防御工事完好的城堡，谁要是认为英国商人会这么做，那真是太可笑了。他们决心寻求法律援助，于是迅速赢取国王詹姆斯一世的支持。他们提出了三个明确要求：荷兰人必须惩罚范斯佩乌尔特与安汶法官团的其余成员；赔偿英国公司的损失；“他（国王）认为他的臣民的尊严受到严重损害”[2]应予以补偿。如果荷兰政府拒绝这些要求，那么英国国王将会采取适

[1] 有学者译为托沃逊、塔尔森、陶尔森等。——译者注
[2] Chancey, “The Amboyna Massacre in English Politics,” 592–593.

当措施，扣押途经英国港口的船只，如有必要甚至会发动战争。[1]

巴达维亚的高级政府[2]很快就意识到，范斯佩乌尔特的行为很令人失望，为此荷兰总督致函上级称“我们希望在这个程序中，能以恰当
240 的方式对其予以审判”。[3]尽管荷兰东印度公司有这些担忧，但是仍然立刻以强势的姿态表现出要保护雇员的态度。1624 年匿名发表的一本小册子，传言是荷兰东印度公司一位高级官员写的，以最激烈的措辞为审判程序的合法性进行辩护。小册子的作者声称，既然安汶岛是通过“公正和合法的权利”获得的，那么荷兰东印度公司完全有权“根据荷兰的法律”执行审判，不需要为其官员的所作所为向英国政府提供任何解释。[4]安汶法官团应被送回欧洲接受进一步调查（也许是惩罚）的建议遭到持续反对。尽管十七先生准备进行一次调查以获取更多细节，但他们仍坚持这起事件只能在荷兰范围内解决，而且不能侵犯其雇员的合法权利。

然而一段时间过后，英国的持续施压开始奏效。1624 年 11 月，荷兰议会否决了十七先生的要求，同意将安汶法官团召回欧洲以备质询。[5]来自英吉利海峡对岸的更多威胁以及荷兰东印度公司的三艘船只在普利茅斯被截获之后，荷兰领导人最终于 1627 年 9 月同意委派一个由七名法官组成的陪审团，来裁定托韦逊及其同伙的处决的合法性。[6]尽管这代表了有机会对安汶所发生事件进行重新审查，但很显然这一审判程序从一开始就不过是一场作秀，目的是安抚英国的情绪。[7]这场庭审案延续了数年，期间英国政府多次要求接触安汶法官团，或者在这起事件中拥有决定权的人。荷兰议会坚称，这起案件“既属于议会

[1] Sainsbury, *Calendar of State Papers Colonial, East Indies, China and Japan*, 4:320–328.

[2] 根据前文，此处“高级政府”指的是在巴达维亚的荷兰总督及荷兰东印度公司管理委员会。——译者注

[3] De Jonge and van Deventer, *De opkomst van het Nederlandsch gezag in Oost Indië*, 5:xxviii.

[4] Skinner, *A True Relation of the Unjust, Cruel, and Barbarous Proceedings*. 这本小册子包含了 *A true declaration of the newes that came out of the East Indies, with the pinace called the Hare* 的一份副本，也就是这些引文的出处。

[5] Coolhaas, “Ambonschen Moord,” 64.

[6] Chancey, “ The Amboyna Massacre in English Politics,” 595.

[7] Hunter, *A History of British India*, 414.

也属于国王”，[1]所以它不能全权做出判决。这样，英国的要求最终石沉大海。1632 年 1 月，七名法官做出无罪判决，进而斩断了司法赔偿的任何可能性。[2]

安汶事件围绕着保卫法律主权展开。荷兰东印度公司在遭受压力时，确实同意将安汶法官团提交荷兰议会，后者是一个能对公司执行权力的机构，但是像罪犯被带到荷兰司法界限之外这样的事情绝不可能发生。尽管荷兰议会被要求向其英国同盟偶尔释放出和解姿态，但 241
坚持不能跨越特定的界线。当英国政府以截获荷兰船只相威胁时，荷兰议会虽做出了微小让步，但仍把安汶法官团置于其法律体系之内。这样一来，本国犯罪者要到一个外国法官面前接受讯问的事情绝不可能发生。相反，正如一位英国官员所感叹的那样，荷兰人一贯主张“绝对的司法权”，拒绝给予一个外来机构在该事件中执行司法权的可能性。[3]

对奴易兹来说，安汶事件似乎充分支持了他的主张，即不可能将一位高级官员送往日本接受审判。正如他所称，荷兰当局一直拒绝英国政府的“频繁的请求，有时甚至夹杂着威胁，从未批准从安汶引渡荷兰法官团，也不同意让他们接受领土之外的陌生人的审判”。[4]奴易兹坚持认为，如果荷兰东印度公司冒着甚至与它古老的欧洲同盟开战的风险，来支持范斯佩乌尔特和其他法官，那么将他移交给日本幕府将军则显然不合理了。

放弃长官

尽管奴易兹对荷兰总督的提议所做的书面辩护幸存于世，但最终决定将这位前任长官引渡到日本的后续讨论，我们却所知甚少。这主要是因为程序上的非常规性，因为对奴易兹的正式审判发生在 1633 年

[1] Sainsbury, *Calendar of State Papers Colonial, East Indies, China and Japan*, 8:43.
[2] Coolhaas, “Ambonschen Moord,” 70–71.
[3] Sainsbury, *Calendar of State Papers Colonial, East Indies, China and Japan*, 8:43.
[4] Leupe, “Stukken betrekkelijk Pieter Nuyts” , 187.

9月，其时已是他抵达日本一年多以后。然而，比较清楚的是，推动这一决定的是一种日益增加的绝望感和信念——尽管令人不快——但这是打破幕府贸易禁令的唯一选择。出于这种考虑，奴易兹被带到即将起航的华尔蒙号（Warmond）[1]船上，于1632年7月15日被送到日本赎罪。[2]

毫不意外，奴易兹在日本的出现引起了大家的好奇。最初，这位前任长官一直抱有侥幸心理，坚持认为应受到与他此前职衔相称的待
242 遇，希望能转变成对他自己有利的局面。当他被作为一个囚犯而非特使送到日本这一事实变得愈发清晰时，幻想破灭了，任何特权都被剥夺。[3]身在江户的扬森曾谈判数月却毫无结果，一得知这个消息，他立刻向幕府递交了一份申诉，并在其中称奴易兹已被移交给幕府将军审判，德川当局可以采取其认为恰当的任何方式进行处置，并且没有任何限制条件。[4]

从一开始就很明显，幕府官员意识到了荷兰东印度公司让步的程度。巴达维亚甚至都没有被要求这么做，就自愿将首要嫌犯移交给幕府审判，同时明确表示德川政权可以按其意愿处置奴易兹。尽管这不是强制实行的惩罚，但这也是一个可以接受的惩罚，证明荷兰东印度公司愿意无条件地屈从于幕府将军的权威。所以，德川政权的首要关注点并不是要不要批准这次引渡，而是要不要检查这是否是真正的前任长官，而不是由荷兰人送来的一位冒名顶替者以欺骗它取消贸易禁令。[5]

经过一个曾亲眼见过奴易兹的日本海员确认之后，扬森被召集到幕府将军的高级议员会议上，被告知幕府将军很满意荷兰总督移交主要罪犯的决定。[6]在奴易兹的身份得到确认以后，德川政权现在准备恢复双方关系，并允许贸易一如既往地继续开展。让荷兰东印度公司

[1] 有学者译为瓦尔蒙德、瓦尔蒙特等。——译者注
[2] *Batavia Dagregisters, Anno 1631–1634*,90.
[3] Hirado Oranda shōkan no nikki, 2:439.
[4] 同上，2:413。
[5] 同上，2:430–432。
[6] 同上，2:464。

感到欣慰的是，幕府同意恢复贸易后，并未举行一场旷日持久的审判，来让奴易兹在日本法官面前解释自己和荷兰东印度公司对大员的政策。[1] 相反，它接受了奴易兹的认罪，并将其无限期软禁在平户，与他的同胞们隔离开来，限制在一个被严密看守的私人住所里。

因此，引渡奴易兹的决定实现了荷兰东印度公司的预期目标，其与日本的贸易在 1633 年全面恢复。但是，尽管将奴易兹送到日本作为幕府将军的囚犯成功地恢复了双方关系，但是这也代表了荷兰方面在法律主权方面做出了前所未有的让步，这在荷兰东印度公司长远的历史上绝无仅有。在奴易兹之前，荷兰东印度公司从未引渡过任何一名雇员到亚洲国家接受审判——之后也不会再有了。用包乐史的话来说，奴易兹是唯一一名曾"任由一个亚洲君主摆布且不得不为其过往行为乞求原谅"的荷兰东印度公司官员。[2] 因此，任何成功都要付出沉重 243
代价。奴易兹的引渡，打破了荷兰东印度公司雇员与当地法律架构之间先前的和谐共存，也粉碎了荷兰东印度公司在与德川日本打交道时能保证安全底线的观念。同时，引渡有效地将德川将军置于一个高于荷兰总督的空间，幕府将军成为在荷兰东印度公司管辖范围内发生违法行为的最终仲裁者，并且牵涉其中的还是一名高级官员。所以，在那一刻，荷兰东印度公司被迫扮演德川幕府将军的合法臣民的陌生角色——即使只有一位雇员体会到了其影响。

尽管看似意外，但是引渡彼得・奴易兹的决定却与荷兰东印度公司和幕府将军的长远关系的其他发展完全一致。此外，奴易兹的引渡还标志着荷兰东印度公司在主权上的又一次让步。荷兰东印度公司在执行外交和在日本海域对其敌人发动战争的权利要求上已做出过让步，到了 1632 年为了在与幕府将军的交往中找到一席之地，开始丧失其对雇员的司法权。与此同时，奴易兹的引渡也进一步确认了幕府为了利

---

[1] 很明显，斯皮克与高级政府的其他成员们确实很担心这将在现实中发生。参见 Schouten, "Memorabel verhael," 105– 6。因为如果真的被要求进行一场审判的话，荷兰东印度公司在日本的代表们将会受命尽力去减少对公司、荷兰联合省以及奴易兹本人所造成的损失。

[2] Blussé, "Bull in a China Shop," 95.

益有能力粉碎巴达维亚的希望。放弃长官，就意味着荷兰人实际上承认了他们不仅是幕府将军的忠实奴仆，而且与此次罪行直接相关的是，至少是他的合法臣民。德川政权的权限能够扩展到荷兰东印度公司领地的核心，从巴达维亚城堡内拽出其中的一位雇员。但是，如果这是更广泛模式中的一部分，那么这是一次尤其难以接受的退让。尽管荷兰东印度公司官员们批准了这次引渡，但是他们仍然深受困扰。对奴易兹抵达日本之后所进行的调查表明，奴易兹在荷兰东印度公司司法权之外孤立无援让他的上级感到深深的不安，他们决心通过夺回奴易兹来使一切回归正轨。

营救长官

1633 年 9 月，一个巴达维亚司法委员会终于被召集起来审判奴易
244 兹。案件记录篇幅很长，涵盖了他在日本和大员的全部时间点。违法行为开始于他倒霉的大使期间，因为他的傲慢行为所导致。[1] 在奴易兹担任大员长官期间，他过着一种“荒唐的生活”，一切工作都是在“骄奢淫逸”中度过的。尽管“有着合法妻子”，他仍旧与一个名叫波尔克（Polcke）的“异教徒女子”有染，并在后来结婚。[2] 除了这些指控外，他还被谴责参与走私贸易，利用非法账目，扰乱公司船运，对上级说谎，以不计其数的各种其他方式违背了他的职责誓言，等等。有了这些指控，判决就变得毫无疑义。总而言之，司法委员会的成员得出结论：奴易兹在短时间内带来了巨大危害，“给公司带来极大不利，破坏了荷兰国家的名声”。指控的语气反映出他们的愤怒，他们一再批评奴易兹“轻率鲁莽”、“玩忽职守”、“目中无人”和“懦弱无能”。[3]

考虑到奴易兹罪行的多重性和严重性，如果公司只是剥夺其前任

---

[1] Leupe, “Stukken betrekkelijk Pieter Nuyts,” 197.
[2] 同上，第 155 页。
[3] 同上，第 190、197、191 页。

长官之职并任由其自生自灭，那么本来是很容易理解的。但是，情况恰恰相反。从 1633 年起，荷兰东印度公司官员开始进行一场坚决的游说运动，想要日本方面遣返奴易兹。争取奴易兹的释放，成为荷兰东印度公司的一件优先事项，而这件需要耗费时间、精力和资源的事不太可能实现。由于指控中对前任长官的尖酸语调与这个游说运动之间的对比如此强烈，因此需要做出一些解释。尽管奴易兹确实有一些同情者，尤其是在泽兰省议会内部，但是这并不表示重要的压力来自欧洲。同时，奴易兹被监禁在平户的私人住所，其条件也并非特别不如意。从奴易兹在信中对自己监禁的感叹来看，并没有发生诸如受到冷酷无情的看守残忍对待，以至于恶化巴达维亚对日本的想象等事情。

要解释营救奴易兹的不断尝试，必须承认荷兰东印度公司内部因为奴易兹被囚禁于日本而产生的深深不安。正如奴易兹所言，将他移交给幕府审判，其实违背了荷兰东印度公司最根本的原则之一，而且
这种做法使荷兰东印度公司进入一个新的未知境地。尽管奴易兹被囚 245
禁之地距离日本工厂的围墙只有几百英尺的距离，但是却处于荷兰东印度公司司法权保护之外的另一个不同的世界。他被困在那个空间里，让荷兰东印度公司的管理层也懊恼不已；同时这也是一个让人不得安宁的提醒，提醒他们自己所做过的事情，也提醒巴达维亚没能维护其法律主权的边界。就算把奴易兹赎回来，荷兰东印度公司也不能消除引渡的事实，但至少可以希望隐瞒这一让步。所以，荷兰东印度公司官员开始不断递交申诉，全都是希望奴易兹能获得释放。

1633 年，尼古拉斯·古肯贝克前往日本就任长官之职时肩负的命令是：用尽一切可能的办法，向德川幕府官员“恳求和说情”来赎回前任长官。[1] 为实现这一目标，需要让日本人相信，奴易兹若被释放，将会被免除一切职务和头衔，然后被不光彩地送回荷兰联合省；回去以后，将再也不允许他回到亚洲或以任何资格在“东印度群岛的任何地方”就

[1] *Dagregisters Japan*,1:314.

职。[1] 一封从巴达维亚到江户的信件中也强调了这一信息，请求幕府将奴易兹遣返，只有这样，荷兰总督才能免除他的一切职务并把他送回荷兰服罪。[2] 古肯贝克抵达江户时，在递交的一系列申诉的第一份申诉中，做了看似权宜之计但实际上基本站不住脚的保证，称奴易兹若在日本被释放，那么他回到欧洲后将被永久监禁，这显然是夸大之词。[3]

这些申诉并没有产生任何结果，于是荷兰东印度公司从承诺进一步的惩罚转向请求出于同情理由的释放。古肯贝克表示奴易兹变得神志不清，后来的文件则把他描绘成一个值得同情的可怜人物。1634 年 9 月递交的一份申诉中，请求释放他的理由是：如果奴易兹被迫留在日本更长一段时间，那么他很快会死掉。[4]1635 年 4 月提交的另一份申诉则扯上了他年幼的儿子劳伦斯的命运——劳伦斯曾于 1628 年被幕府官员监禁，后来死于狱中："我们请求陛下释放长官。他的孩子是按照您的命令被囚禁，然后死在那里的。陛下已经囚禁他（奴易兹）这么多年，我们担心他将死于不幸。我们对他感到同情，并请求陛下放他一条生路，让他在还活着的时候回到自己的故土。"[5]

246 同年递交的另一份申诉中还增加了奴易兹的家庭不幸，写道："出于悲伤和思念，他的妻子和孩子从荷兰来到雅加达找他，但是看到他在遥远的土地上被囚禁起来，母亲和孩子们都痛苦至死。"[6] 这一申诉极大地夸大了实情，荷兰东印度公司官员清楚地知道这些夸大之词仍然不够，于是在 1636 年 1 月又写了一份新的文件，把所有事情综合起来，向幕府将军提出最后的申诉："这位长官已奉最高当局之命被囚禁四年。他的儿子也被拘留……并死在那里。家庭的其余成员，即妻子

[1] *Dagregisters Japan*,1:314.

[2] Governor General Hendrik Brouwer aen de raetsheeren van de Japanse key-serlijcke Mayesteit, letter, 31 May 1633, VOC 856:235.

[3] *Dagregisters Japan*,1:38.

[4] Matsura Fisennocammijsama to Nicolaes Couckebacker, 3 September 1634, VOC 1114:68. 这封信后来被荷兰人呈送给幕府。

[5] *Dagregisters Japan*,1:219.

[6] 同上，1: 248。奴易兹的妻子科妮莉亚（Cornelia）曾到过亚洲，她抵达巴达维亚时，她的丈夫仍在城堡的监狱内。在得知儿子劳伦斯死于狱中之后，她也因此过世，留下了三个孩子交给一个亲戚照顾。

和孩子，来到雅加达寻找他，现在也死了。他的家庭几乎无人生还……因此所有的船长都恳求陛下宽恕他的过错，允许他回到自己的故土上。我们请求陛下的仁慈与宽容，允许他在死前离开。”[1] 但是申诉仍然毫无结果。这些频繁和迫切的请求充满了夸张之词，而且持续了好几年时间，表明奴易兹被囚禁在日本，对荷兰东印度公司官员来说不只是一个理论兴趣的问题。尽管他备受轻视，荷兰东印度公司仍希望他回归，并准备一次又一次地向德川幕府施加压力。然而问题是，无论荷兰东印度公司的代表怎样努力说服幕府改变对于奴易兹的立场，但是结果仍不明朗，因为幕府根本无意释放这位前任长官。

在奴易兹被囚禁的第四年，荷兰东印度公司的策略开始发生改变。然而如同 1632 年最开始决定交出长官时的情况一样，它几乎没有多少选择。既不能依靠正式的使节通过直接协商来获得奴易兹的释放，也不能利用其船舰上炮火的威力来支持一份最后通牒，荷兰东印度公司的代理人转向借助礼物——一个特大的黄铜枝形吊灯，在 1636 年被赠予幕府将军——事实证明非常有效，吊灯出现在江户短短几个月之后，奴易兹就踏上了返回巴达维亚的路途。尤其在这么多的申诉都未能获得任何回应的情况下，幕府会如此突然地命令释放囚犯，表明了与每年参勤交代结束时送来的物品相比，枝形吊灯不仅仅是一个普普通通的礼物，更是一个带着特殊使命的物品。枝形吊灯很快被德川政权收 247
下，运到了最重要的神圣场所，直至今天仍在陈列展览。

礼物

首次明确提到荷兰东印度公司的礼物是在 1636 年 3 月 21 日由日本工厂的荷兰长官准备的一份贡品清单上。[2] 清单记录中只是把该物品描述

[1] *Dagregisters Japan*, 2:8.

[2] *Dagregisters Japan*, 2:18。枝形吊灯最初估价为 796 荷兰盾，但是在日本显然价值更高。

成一个有三十条灯臂的黄铜枝形吊灯，但是这一名称并未表现出它的庞大体积和光彩夺目。[1]它（现在仍然）是一个巨型的物件，重约八百磅，首次展示时悬挂在一个特制的九足木框中。[2]吊灯如此巨大，所以不得不分解成好几个部分才能运输，每一个单独的部分都标上了日文，这样它们才能在幕府将军的城堡里被正确地重新组装起来。[3]其复杂的设计同样引人注目：一个巨大的球体装饰在底座上，支撑着上方长长的枝干。灯臂分成三组，每组十个，向上移动时整个样子很像一种热带植物，其豪华的分枝以一个巨大的S形状从中央的枝干优雅地向外洒着光芒。[4]

吊灯作为一个包含着多种目的的礼物用来改善公司在日本的地位，极有可能是阿姆斯特丹议会在1634年授权的，但是在荷兰联合省和日本群岛之间的运输途中，目的逐渐收缩了。抵达江户后，它与一些更为特殊的目的联系在一起，最重要的就是释放彼得·奴易兹。[5]交换的逻辑很明确——以礼物换长官——希望礼物的赠送足以保证他在多年申诉之后获得释放。尽管荷兰东印度公司代理人早在1636年以前就向幕府将军送出了许许多多的礼物，但是吊灯却是一种完全不同的礼物。在这之前，当公司想提出一份特别的申诉时，献上的通常是实用性的物品，最著名的是大炮。例如1615年，荷兰代表给幕府将军送了整整一艘船的枪炮，希望能在圣安东尼奥号事件中获得一个有利的裁决，1627年奴易兹自己运送了四门大炮，作为他出使江户的使团中的一部分。

在以上两种情况下，这些礼物都是以枪炮的形式，本质上来说是
248 实用性的，是要为德川政权对付对手服务的。与之相比，枝形吊灯是一个展示性的物品，目的是要被观看——实际上是被尽可能多的人观看——而不是被使用。

[1] 对该物品最为详细的描述，参见 Lunsingh Scheurleer, “Koperen kronen en waskaarsen voor Japan”。米娅望月（Mia Mochizuki）也撰写了两篇重要文章提及这座吊灯，参见 Mochizuki, “Deciphering the Dutch in Deshima” 和 “Idolatry and Western-Inspired Painting in Japan”。

[2] *Dagregisters Japan*, 2:48; Mochizuki, “Deciphering the Dutch in Deshima”, 80.

[3] *Dagregisters Japan*, 2:58.

[4] Lunsingh Scheurleer, “Koperen kronen,” 73.

[5] 通常的情况是，荷兰东印度公司围绕以改善在日本的贸易为核心，同时还有许多其他的次要目标。

图 7.1　1636 年荷兰人赠送的枝形吊灯　作者供图

这种巨大的黄铜吊灯在荷兰联合省是一种常见的景观，它们通常被富有的行会送去装饰归正教会的教堂。[1] 伦施・施利尔（Lunsingh Scheurleer）在看完吊灯的形状之后，认为这很有可能是由约斯特・赫里特松（Joost Gerritszoon）所造，后者当时为荷兰的教堂制造了大量同类吊灯，包括在阿姆斯特丹的老教堂（Oude Kerk），因此在 17 世纪 40 年代名声大噪。尽管这些特别的吊灯现已不复存在，但是却能在当代画作中清楚地看到，而且与送给幕府将军的礼物几乎一模一样。[2] 利用带有明确宗教联系的物品来安抚外国的统治者，在当时非常普遍，而且这种做法还促使诗人扬・沃斯（Jan Vos）写了一篇批评性散文："约斯特・赫里特松不会铸铜十字架，所以他做了一盏铜灯，这盏铜灯将在日本皇帝的神像前燃烧。古时铸造铜十字架绝对不会假仁假义。现在他却在制造一些将在魔鬼的神像面前燃烧的东西；但是据我估计，

[1] Mochizuki, "Deciphering the Dutch in Deshima" ,82.

[2] Emanuel de Witte, *The Interior of the Oude Kerk, Amsterdam, During a Sermon*, Inventory number NG1053, National Gallery, London.

这一定比铸铜十字架要花费更多的钱；这难道不是为了获利而点灯的
249 魔鬼的工作吗？”[1] 在幕府将军的宫廷——一个周期性被反基督情绪震动的政治中心里，提及任何教会文本都是明显的禁忌。所以，吊灯在这里的功用不是因为它与基督教的联系，而是因为它是一个鲜明的展示品，能在多种不同场合派上用场。在老教堂的绘画中，枝形吊灯是多么的引人注目！他们的黄铜作品高高地悬在教堂中，其光芒耀眼地反射在白石灰墙和黑木椅上。当燃烧的蜡烛完全照亮整个空间时，摇曳的灯光倾洒在灿烂的金属上，它们会更加引人注目。在日本，这种物品还带着一种额外的异国情调，尤其令人印象深刻，时人都被荷兰东印度公司这一壮观的礼物所震惊。

在江户，一盏巨型黄铜枝形吊灯的到来立即引起了轰动。它在平户的大名住所进行组装，吸引了不少好奇的旁观者，他们都渴望亲眼看看这件著名的礼物。据荷兰人的报告称，事实上，它是如此的吸引人，以至于大名不得不花费巨资提供一个适当的场所，来接待一批又一批的意外来访者。[2] 等到觐见将军的时刻终于来临时，吊灯拆解后运往城堡，在觐见厅的视野范围内被艰难地组装起来，因此长官可以在以这个礼物作为背景的情况下进行年度忠诚宣誓。[3] 从一开始就很明显，德川官员对这份意外的礼物感到欢喜，6 月 5 日荷兰人收到正式通知，奴易兹已经从幕府监狱被释放，可以自由地离开日本。幕府将军为了表示满意，还赠予他们两百条白银。[4]

荷兰东印度公司以前从来没有——将来也不会——赠送一份礼物并能引起如此讨人欢喜的回应。要理解为什么德川幕府会做出这么热情的反应，需要对礼物的接受者也就是四年前开始执政的第三世幕府

---

[1] 转引自 Mochizuki, “Deciphering the Dutch in Deshima,” 84。就我们所理解的，这篇散文并不是指 1636 年的原始礼物，而是指一盏巨大的黄铜提灯，也是由赫里特松设计，于 1643 年 12 月被荷兰人呈送给幕府将军。然而，这种吊灯被普遍归入一个宽泛的礼品分类中，这些礼物全都由赫里特松制造并运送到日本，其中包括了 1636 年的枝形吊灯。

[2] *Dagregisters Japan*, 2:48.

[3] 同上，2:66–67。

[4] 同上，2: 81。

将军——德川家光做一番考察。简单来说，就是合适的礼物在合适的时机送给了合适的人。尽管在他之前的两任将军都以公开展示为手段来确立其统治权，但是德川家光把这个重要展示品的用途提升到了新的高度。作为继承者，他与幕府的建立没太大联系，因此依赖公开展示来弥补这种不足。德川家光出生于1604年，没有经历过让德川家族 250
掌权的关原之战，又因太过年幼未能参加大坂之役。这意味着他是第一个十分幸运地以和平方式继任的德川统治者，但是与此同时，产生的另外一个，也是不太理想的后果便是，那些与他祖父和父亲都密切联系的伟大军事胜利，与他却没有任何关系。[1]1632年掌权时，德川家光很快开始通过显示权威来巩固其地位，两年之后就率领了一个由30多万士兵组成的队列回到京都。这样的权力展示令人惊叹，但是当琉球王国使团出现时其权力更显荣耀。[2]一年以后，德川家光把隔年朝觐制度正式确立为一项义务，进而围绕德川家族这个中心，将大名置于持续不断且高度可控的秩序轨道中。

尽管这些政策产生了令人印象深刻的壮观场面，但本质上却是转瞬即逝的。幕府将军最大的精力集中于在日光的大型宗教中心的建设，要用来纪念德川家康——他被称为东照大权现——逝世二十周年。[3]这是一项巨大的工程，动用将近80万人力，花费超过50万两黄金，消耗了德川家光从其父亲那里继承来的巨额遗产的将近五分之一。[4]当然，日光社寺有着宗教功用的同时，也成为德川政权一个重要的神权空间，一直兼具国内政治和宗教崇拜的双重功能。因此，它的目的在于牢固地确立德川家光在日本权力顶点的位置。

不可否认，至少在三方面它确实做到了。之前的工程，如大阪城的建设，德川政权强迫大名捐献大量物力和人力。[5]然而，1634年，当

[1] Gerhart, *The Eyes of Power*, 136.
[2] Totman, *Early Modern Japan*, 110; Toby, *State and Diplomacy*, 71–72.
[3] Coaldrake, *Architecture and Authority in Japan*, 180.
[4] 同上，第181—182页。
[5] Hauser, "Osaka Castle and Tokugawa Authority in Western Japan."

德川家光下令在日光的建筑工程开工时，他就特意将各藩属排除在这项工程之外，所以它变成了一个完全由幕府将军资助、建设和控制的场所。因此，它是一个纪念性的证明，证明德川家族有能力掌握对日本的领导权；同时它也是一个标志，标志着它现在无须任何帮助就能够进行大型工程建设。在其著名的祖父过世时，德川家光才 12 岁，通过在这样一个大城堡上建设日光寺，他现在成功地建立起与德川政权
251 创建者一种直接的、明显的联系。尽管他们的实际联系十分微弱，但是这一决定却把德川家光变成了一个对其祖父记忆的亲身守护者，以及其祖父的合法继承人。最后，这一工程还为日益增强的德川崇拜提供了一个中心。新的场所一建成，就变成了大名的一个必需的落脚点。这些大名是早期近代日本权力的另一种来源，他们被要求定期前往日光，去朝拜一个实际上象征着德川权力的神龛。[1]

荷兰东印度公司的礼物于 1636 年 3 月抵达江户，也就是德川家康逝世二十周年纪念的两个月前，正好及时赶上在新社寺开幕庆典中发挥重要作用。[2] 时机是如此巧合，尽管没有确凿证据可以说明，但不难想象荷兰人是刻意如此策划的。[3] 枝形吊灯一露面，所有人都清楚它将被送往日光。几天之后，它出现在江户，平户的领主告诉荷兰人，这一物品“会挂在日光社寺，那是已过世的皇帝（幕府将军）的墓地”。[4]

这是一个非常显而易见的推断。幕府为了巩固其合法性，一直以来想要传播的观念是：幕府将军的权力扩展可以超越群岛的海滨抵达遥远的国家，德川家光决心将日光作为一个圣地来获得国际认同。最重要的是，将神社变成觐见使节途中的必经地点——这已经得到实现。比如，1637 年，一位朝鲜使节声势浩大的队伍就经过日光。除了这些一次性的事件以外，幕府还对获取能用作永久展示的物品感兴趣，但

[1]　Coaldrake, *Architecture and Authority in Japan*, 191–192.
[2]　二十周年纪念是在 1636 年第 4 个月的第 17 天，或者是 5 月 21 日。
[3]　Lunsingh Scheurleer, “Koperen kronen,” 72–73.
[4]　*Dagregisters Japan*, 2:23.

是要得到这些物品存在的问题是，很少有邻国的君主会赠送有价值的物品用作国内贡品。比如朝鲜，德川政权只有在 1642 年才最终从其统治者那里成功获得一只大型青铜钟。朝鲜之所以会这么做，部分原因在于德川官员甚至提供了铸造这座钟的青铜材料；但是，即使存在这样的让步，最终也只有在朝鲜处于危险境地时，比如遭受来自北方满族（Man-chu）军队的威胁，令其政府勉强拒绝一个有可能成为敌人的要求，才同意赠送青铜钟。然而，当它抵达日本时，根据上面的题词可知， 252
这座铜钟是在朝鲜国王得知德川家光的“孝顺”之后自愿赠送的。[1]

在朝鲜使团到日光朝圣的前一年，也就是青铜钟抵达的前七年，荷兰人的枝形吊灯出现在江户。[2] 因此，毫无疑问，德川政权得到它之后迅速转移到社寺，即今天所在之地。约斯特・赫里特松的创作在日本被赋予价值，这个特定场所可以给予我们一些信息。吊灯不是被丢弃在一个也许无人注意的偏远角落，而是被特意安置在著名的阳明

图 7.2　日光的荷兰枝形吊灯

吊灯背后所见是朝鲜赠送的钟　作者供图

[1]　Toby, *State and Diplomacy*, 100–101.

[2]　1643 年，朝鲜的青铜钟到达日光。

门附近，阳明门标志着神圣区域的入口。[1] 正如凯伦·格哈特（Karen Gerhart）认为的那样，如果我们看到“日光社寺的每一部分，都是精心设计的强大政治形象工程的组成部分”，那么荷兰东印度公司的礼物很明显扮演了一个耀眼的角色，特别是在社寺建立的最初几年。[2]

今天，如同在 17 世纪一样，进入德川家康陵墓首先要经过一个长长的斜坡下面的牌坊大门，沿着 11 级石台阶往上攀登，才能抵达阳明门。阳明门，是包括大名在内的一代又一代朝圣者向德川政权的建立
253 者表示敬意的地方，但大名不得越过此界限继续前行。[3] 枝形吊灯现在正被放在一个特殊的八边形框架中，位于阳明门前面最后一级阶梯的旁边。朝圣者若继续往前，越来越接近德川权力的中心，他们就会直接经过枝形吊灯。因此荷兰吊灯的意义，对于任何朝圣者来说都是不言而喻的：它从遥远的地方跨越遥远的距离来到这里，为德川政权在日本之外的影响力提供了一个看得见摸得着的证据，同时也为幕府将军的权力提供了一个显而易见的证明。荷兰作家几乎毫不怀疑荷兰东印度公司的礼物所产生的强有力的宣传效应，他们写道，“由于东印度公司赠送给日本皇帝的枝形吊灯是用黄铜铸造而成，并且是从荷兰带来的，因此能让位于日光的日本皇帝墓地”的“光芒”更加耀眼。[4]

与此同时，枝形吊灯还可作为荷兰东印度公司与幕府将军之间更广泛关系的一种标志。到了 1636 年，如果荷兰东印度公司想让德川幕府在政策上有所转变，那么惹人注目的展品是它可以利用的最后工具之一。赠送枝形吊灯充当了荷兰东印度公司的另一个象征，即荷兰东印度公司屈从于德川政权所要求的完美谄媚的表面幻象。在这种情况下，它以一种十分具体且显然可见的形式，让贡品可以在德川幕府关键的神圣场所被展示。因此，通过把荷兰人作为核心角色置于一出正在上演的臣

[1] Coaldrake, *Architecture and Authority in Japan*, 186. 格哈特分析过阳明门结构图，将它描绘成“德川政权努力制造神圣权力的焦点”，参见 Gerhart, *The Eyes of Power*, 136。
[2] Gerhart, *The Eyes of Power*, 75.
[3] Coaldrake, *Architecture and Authority in Japan*, 187.
[4] Montanus, *Atlas Japanensis*, 152.

服戏码中，枝形吊灯的赠送发挥着参勤交代一样的功能。

尽管可以不把枝形吊灯当作贸易的附加物，但是为了获取利润，不屈不挠的荷兰商人很乐意献上一个本质上并无意义的物品，因为象征至关重要。荷兰东印度公司代表坎普法曾描述在幕府将军面前表演的著名场景，罗伯特·马克利对此场景做出评论称，后殖民时期的学术研究很少关注到欧洲人所表现出的非常无能为力的场景。“如果情况相反——如果一个欧洲君主命令来自一个很小的偏远国家的代表说着‘蹩脚’的英语或者荷兰语，还让他们忍受要‘猴戏’的侮辱，那么后殖民时期的评论家在分析（和感叹）这种场面时，就不会有任何困难了。”[1]为了领会马克利的意思，不妨换一种方式，假设枝形吊灯是由一群居于臣服地位的日本代表送给一位欧洲国王，并将其放在一座高耸的大教堂中，我们在解释这种可能性时就不会有任何困难了。 254

不论是自愿赠送还是武力夺取的物品，都是政治、文化和军事霸权的重要象征。当获取某一件物品并将其置于一个公共空间时，它就表示着一种更广泛意义上的土地和人民的从属。也正是出于这个原因，研究欧洲帝国的历史学家们将注意力转向宫殿、博物馆和展览会，认为这些都是构成统治权的一部分，因此与传统的权力工具同样值得分析。[2]这些地点可以被当作帝国的露天表演，观者能够在其中看到从殖民地获取的物品，被当作具体的证据来显示帝国统治权的荣耀和殖民地臣民的持久敬畏。我们应该跟随马克利的观点，同样关注诸如荷兰东印度公司赠送的枝形吊灯这样的象征物，尽管它所包含的是反面机制，即亚洲优势和欧洲谄媚。像赠送给欧洲统治者的礼物一样，枝形吊灯蕴含着某种意义，也具有某种功用，它是荷兰东印度公司与幕府将军广泛关系的象征，这正是本研究关注的重点。

---

[1] Markley, “Gulliver and the Japanese,” 475.

[2] Breckenridge, “ The Aesthetics and Politics.”

结论

255 荷兰人在日本的经验

要总结荷兰人在日本的经验的特征，最好的办法也许是直接扩大视野，去考察荷兰东印度公司和将军之间的关系与它在亚洲其他地区的情况有何异同。乔治·韦纽斯和马库斯·芬克在对荷兰东印度公司活动的重要研究中，把荷兰东印度公司的发展分成三个阶段：从1600年到1680年的强势扩张阶段，1680年到1748年的竞争性阶段，以及1748年到1795年的“分裂与衰落”阶段。[1]第一阶段是本研究关注的重点，在这一阶段，荷兰东印度公司的扩张十分迅速，在整个亚洲建立起一系列的工厂和殖民地，同时在这个过程中与许多国家建立起关系，涵盖范围从弱小的港口政权到庞大的帝国。由于这种多样性，其与各地政权产生的关系相差甚巨，这并不令人感到奇怪；并且，我们可以预料其结果也会截然不同，这取决于荷兰东印度公司面对的是东南亚的小型城市国家，还是像莫卧儿印度这样的地域性超级大国。

以上两种关系类型中的一种是，荷兰东印度公司在这种关系中逐渐积累权力，直到它能够决定双方订约的条件，以此来获得更具主导性的地位。这种类型主要包括印度尼西亚的政权，如马塔兰、万丹和
256 望加锡，它们都在17世纪开始成为荷兰东印度公司的强大竞争对手，但最终以一种从属地位被纳入荷兰东印度公司的帝国中。韦纽斯和芬

[1] Winius and Vink, *The Merchant Warrior Pacified*.

克的著作显示，尽管在这一过程中荷兰东印度公司遭受到频繁的（有时是毁灭性的）挫折，但在整个侵略性扩张的漫长时期，不论是在马塔兰、万丹，还是在望加锡，荷兰东印度公司的地位仍然成功地不断上升。荷兰东印度公司与爪哇中部的马塔兰君主的关系——在前面的章节已有简单讨论——为荷兰东印度公司权力的缓慢增长提供了典型例子。马塔兰在阿贡苏丹（Sultan Agung，1613—1646 在位）统治时期，几乎要征服巴达维亚，后来却被迫变成一个越来越从属的角色，到 1677 年唯有依靠荷兰东印度公司的军事支持才平定了内部叛乱。[1] 同一时期，荷兰东印度公司在另一个竞争对手——万丹港口的政权影响力与日俱增，后者最终于 1684 年被迫签署一个单方面的条约，承认荷兰总督的权威。

巴达维亚与位于南苏拉威西（South Sulawesi）的戈瓦（Gowa）苏丹或望加锡苏丹之间的往来有着相似的轨迹。16 世纪晚期，苏丹作为一支商业和新兴的军事力量崛起；至 17 世纪上半叶，苏丹成为荷兰东印度公司最持久的对手，它有能力召集成千上万的军队，把望加锡城变成了一个日益繁荣的中心，其规模之宏大，堪比欧洲的都会城市。[2]1607 年，荷兰东印度公司在望加锡开办了一个工厂，但双方关系却迅速恶化。虽然荷兰人被迫于 1615 年撤退，但是随后的冲突断断续续地持续了五十多年，双方争夺的焦点主要是对贸易的控制。荷兰东印度公司曾勇敢地尝试通过为包括葡萄牙人在内的外来贸易者提供庇护所，来建立起对珍稀香料的垄断权；望加锡正是在规避荷兰东印度公司的这种限制的过程中才繁荣起来的。[3] 事实上，望加锡的统治者曾大肆抗议：“真主安拉创造了大地和海洋。他在人们中间分割大地，海洋为大家所共有。从未听说过任何人可以禁止通航。”[4]

巴达维亚充分利用武器优势，尤其是通过强势的外交部署和军事

[1] Ricklefs, *A History of Modern Indonesia*, 92.
[2] Reid, “Pluralism and Progress in Seventeenth-Century Makassar,” 436.
[3] Sainsbury, *Calendar of State Papers Colonial, East Indies, China and Japan*, 3:108.
[4] 引自 Masselman, *The Cradle of Colonialism*, 327.

设施，来回应苏丹的挑战。为获得贸易控制权，荷兰东印度公司曾通过一系列的信件和派遣使节，与继任的苏丹建立了双边关系，这些苏丹把荷兰总督看作是一个拥有自身权利的独立政治行动者，而且同时作为“所有土地与堡垒、大大小小的船只，以及所有荷兰臣民都在其
257 庇护之下”的统治者。[1]荷兰东印度公司的劝说未能产生效果，于是很快诉诸武力，正如它在日本的行动一样，派出船只袭击在望加锡海域的葡萄牙船只，随后又于1653年、1660年和1666年发动了对苏丹的一系列战争。[2]最后一次战争最具决定性，1667年哈山努丁苏丹（Sultan Hasanuddin，1653—1669在任）被迫签署《本加亚条约》（the treaty of Bungaya）[3]，实际上把望加锡变成了荷兰东印度公司的属臣。

在为掌控关系主动权而发动的三次战争期间，荷兰东印度公司逐渐施加压力，直到它能够对其曾经的对手实施绝对的影响力。然而，这种类型的关系远非标准模式，因为在其他类型的关系中——荷兰东印度公司被迫做出让步，甚至处于更危险的境地——也有着数不清的例子。后一种情况涉及的对象十分广泛，包括了早期近代亚洲一些最重要的政权，如中国的明朝和随后的清朝、印度的莫卧儿帝国、波斯的萨非王朝，以及暹罗的大城王国，所有这些政权都动用了远远超过荷兰东印度公司所能聚集的军事力量，而荷兰东印度公司只能甘拜下风。毫不意外，巴达维亚和这些政权之间所发展的关系也就随之改变。比如最明显的差异是，荷兰东印度公司在某些情况下能成功地建立起持续性联系，而与一些政权的关系则更多是断断续续的。

例如，在17世纪，荷兰东印度公司与中国的关系是间歇性的，从未成功地建立起一种持续性关系。事实上，它想要在中国统治边缘巩固自己地位的两次尝试都以军事败退告终——1624年荷兰人被一支明朝舰队从澎湖列岛击退，1662年荷兰东印度公司的旗帜被郑成功的军

---

[1]　*Batavia Dagregister, Anno 1656–1657*, 294.

[2]　Ricklefs, *A History of Modern Indonesia*, 74.

[3]　有学者译为《邦伽雅条约》。——译者注

队在台湾推倒。中国有着如此大的规模和威力，即使在其国内动乱频繁和内部政权瓦解时期，荷兰东印度公司也从未处于一种拥有决定性话语权的地位，但它总是利用大宪章第35条中授予的使用武力的权力，扬言进行某种出其不意的袭击。因此，如前所述，1622年荷兰东印度公司对中国宣战，决心利用其船坚炮利来迫使明朝官员开放与荷兰东印度公司殖民占领澎湖列岛之间的贸易。[1]尽管这些策略在东南亚十分有效，但是在恐吓中国官员时却远没有那么有用。荷兰人意识到中国 258
官员打算显示其势不可挡的军事力量。事实上，巴达维亚战役的结果之一是吸引了中国沿海官员的全部注意力，他们陆续召集军队准备驱逐澎湖列岛上的荷兰人。因此，公司第一次与中国明朝建立联系不是以落脚台湾而是从台湾撤退为结局。

明朝覆灭以后，荷兰东印度公司面临着一个更为复杂的政治环境，它不得不处理与两个相互竞争的中国政权——一个已控制绝大部分中国大陆的清政权，以及一个实际上在郑成功治下的海上政权——的关系。处理与前者的关系，公司的首选工具是官方使团，多个荷兰使团被派往北京，带着荷兰总督的信件和礼物，希望结成军事联盟以期获得商业让步。[2]正在此时，荷兰东印度公司面临着来自郑成功的日益严峻的威胁。郑成功正致力于将台湾变成一个反清战争的基地。转折点来临时，就如1624年一样，中国统治者——在当时情况下指的是郑成功，决定不再容忍荷兰人的存在，聚集了大批军队将他们从大员的坚固阵地中驱逐出去。结果，荷兰东印度公司又一次遭到溃败，尽管它从未在中国军队的袭击中占据过优势地位，但是这一次从事实上结束了荷兰东印度公司在中国海岸的存在。

暹罗的情况恰恰相反，荷兰东印度公司成功地建立起了与大城王国（1351—1767）的持久关系。从1608年在暹罗开设工厂，到1765

[1] Kops, "Not Such an 'Unpromising Beginning,'" 539.
[2] 荷兰总督寄给中国皇帝的两封信函的例子，可参见 van Dam, *Beschrijvinge van de Oostindishe Compagnie*, 2.1:767–768。这些使团在 Wills, *Embassies and Illusions* 中均有记录。

年的150多年时间里，虽然有过偶尔的间断，但是荷兰东印度公司持续在那里开展活动。这种关系的长期存在主要取决于与大城朝廷的相对良好的关系，大城朝廷很热情地与荷兰人往来。巴哈旺·栾斯尔皮（Bhawan Ruangsilp）的论著，是对荷兰人在暹罗的最好研究之一。她认为巴达维亚和暹罗国王之间发展出了一种伙伴关系，尽管她也谨慎地指出这种关系一直是有条件的。[1] 处在这种关系中心的是双方频繁的外交往来，首先是暹罗君主与奥兰治亲王，然后是与巴达维亚，使团
259 定期往来于荷兰东印度公司总部与大城首都之间。[2] 荷兰东印度公司不仅被看作一个商业和外交伙伴，而且被当成一个有价值的军事同盟；正因为这样，荷兰东印度公司利用外交的能力也得到提高。实际上，暹罗国王在与敌人或叛乱下属的各种战役中，曾多次向荷兰官员寻求军舰协助。[3]

与在中国的情况一样，荷兰东印度公司从未能够对暹罗发号施令，其雇员将暹罗描述成一个“著名的强大的王国”，但是它打算采取强势行动，并利用必要的工具来迫使大城对一些关键问题的政策有所转变。[4] 最明显的是1663年，巴达维亚认为——引用栾斯尔皮的话——一系列“荷兰东印度公司和暹罗国王之间累积的问题，都应按照它的条件得到解决”。[5] 为此公司选择了一种老掉牙的策略——军舰封锁。从1663年11月到1664年2月，公司的船只封锁了湄南河，抓获暹罗帆船，直到国王对巴达维亚的要求做出让步。双方签订了一个条约，根据当时荷兰人的报道，“出于对荷兰东印度公司威力和武器的惧怕与敬畏”，才为荷兰东印度公司赢得了一系列的重要让步。[6] 这一短暂却十分有效的战役，其总的影响是将荷兰东印度公司与暹罗的关系重新调整到一个对巴达维亚更为有利的位置。

[1] Ruangsilp, *Dutch East India Company Merchants*, 1.
[2] 同上，第130页。
[3] 同上，第27页。
[4] Caron and Schouten, *A True Description of the Mighty Kingdoms of Japan and Siam*, 122.
[5] Ruangsilp, *Dutch East India Company Merchants*, 21.
[6] 引自 Pombejra, “The Dutch-Siamese Conflict of 1663–1664,” 299。

上述简略讨论把我们拉回到日本，以及荷兰东印度公司在日本的经验的问题。当然，巴达维亚与德川日本之间维持了两个多世纪的持久联系，与它在中国所发生的间歇性交往有着明显的不同。荷兰东印度公司在暹罗也成功建立了一种持久性的存在，但出人意料的是，日本的例子与和大城王国所建立的关系也几乎毫无相同之处。最值得注意的是，我们在日本几乎很少看到栾斯尔皮所描述的有条件的伙伴关系的证据。相反，这是一种绝对的不平等关系，荷兰东印度公司在其中被迫处于一种一贯的从属地位。尽管这部分是因为德川幕府相对强大的力量，它是早期近代亚洲强大的政权之一，但只是指出这一事实并不能解释为什么事情会发展成它们所呈现的那样。通过关注在 17 世纪——也就是荷兰东印度公司强势扩张阶段，荷兰东印度公司和德川 260
政权之间发生的所有一系列冲突，本研究试图为此提出解释。

1609 年抵达日本时，荷兰东印度公司就是一个带有企业和政府双重属性的混合组织。因此它来日本时不仅带着船只和商品，还带着一种源自大宪章并且决心要予以执行的统治权。荷兰东印度公司随后对外交、暴力以及主权的权利维护，引发了与幕府的一连串冲突。在这些冲突中，诸如荷兰东印度公司是否能与幕府将军建立高层次的外交关系，是否有权在日本海域或针对日本贸易伙伴实施海上暴力，以及是否有权在大员宣示绝对主权等，荷兰东印度公司与幕府将军之间的关系，我已经表示过，大体上是确定的。虽然是以不同的方式，但在每种情况下都是荷兰东印度公司而非德川政权被迫放弃立场，从其对应有权利和统治特权的坚持上做出退让。这个过程一旦完成，荷兰东印度公司就失去了它在亚洲其他地区理所当然采取的手段。

在暹罗，比如 1663 年发生在湄南河的事情，一个阵容强大的使团或精心策划的海上战役就为荷兰东印度公司创造了有利的机会，然而这种调整性的武器在日本是不存在的。1632 年的例子很明显，荷兰东印度公司在别无选择的情况下决定采取非常措施，为了恢复与日本的关系，将一位高级官员彼得·奴易兹引渡到日本。荷兰官员在这一时期的许多评论也能证明这点。例如，1638 年 12 月，荷兰总督明确解释了公司在日本的策略："切勿惹恼日本人。若想要得到一些东西，你必须等待适当的时机与机会，并且必须抱有极大的耐心。他们不喜欢被人反驳。因此我们将自己变得越不重要，假装成卑微、低下和谦逊的商人，只为他们的愿望而存在，我们就能在他们的土地上获得越多的喜爱与尊重。这是我们从长期的经验中得来的……在日本，再怎么谦逊都不为过。"[1]

在荷兰联合省，荷兰东印度公司的董事们也支持同样的观点。在
261 著名的 1650 年通令中，十七先生谈到日本问题时，认为"除了使这个傲慢、宏大和严谨的国家在各方面都满意之外，我们给官员们没有其他训令"。[2] 董事们坚持，荷兰东印度公司官员应该"带着谦逊、卑微、礼貌和友谊"，绝不能去命令德川政权，而是应该一直服从它的愿望。

荷兰东印度公司为此失去了使用它在亚洲其他地区所依靠的有效工具的机会。但是事情绝不仅仅这么简单。在日本的荷兰人以某种方式融入日本的内部体系，这与大城的例子截然不同。去观察巴达维亚在两次不同的军事行动中向暹罗国王和后来的德川将军提供的支持，就可以看出这种区别的意义。从 1633 年开始，暹罗的巴萨通（Prasatthong）国王（1629—1656 年在任），通过许诺有利可图的贸易特权来换取军舰支持，试图引诱荷兰人加入反对其臣属国帕塔尼的战争中。[3] 这些请求最终奏效了，荷兰东印度公司于 1634 年派出一支小型舰队参加了军事行动。尽管荷兰东印度公司的参与所产生的实际效果可以忽略不计，但是巴达维亚愿意提供援助，为荷兰人赢得了一系列新的特权，极大地改善了他们在暹罗的处境。[4] 三年之后的岛原战役，其情形则完全不同。荷兰人并非因为许诺回报被卷入战争，而是受制于他们自己的言辞与过去的承诺，不得不自愿作为幕府将军的国内属

[1] Coolhaas, *Generale Missiven*, 1:704.
[2] Mijer, *Verzameling van Instructiën, Ordonnanciën en Reglementen*, 99.
[3] Wyatt, *Thailand*, 97.
[4] Ruangsilp, *Dutch East India Company Merchants*, 27.

臣参与镇压叛乱。

两次战役的差异说明了荷兰东印度公司与幕府将军的关系其性质截然不同。在日本，荷兰东印度公司被驯服，受限于一个自我设定的属臣角色，承担了一系列的附带责任。不论是省督还是总督，荷兰人尽管有着明显的异域性，却放弃了他们代表一个强势的外部力量的权利，转变成了国内属臣。荷兰东印度公司的代表们作为日本国内属臣的一部分，服从于一种量身定制版本的参勤交代制度；被要求承担军事服务（直接地或以提供情报的形式）；在接受幕府将军的法律权威（至少与某些犯罪有关）时，被迫放弃一些关键权利（最明显的是与实行海上暴力有关）；像其他属臣一样，被迫在呈递炫耀性展示品时扮演自己的角色。这是一个将会变得越发熟悉的角色，年复一年地扮演 262
这一角色，直到表演与现实的边界变得十分模糊。至于荷兰人是否是真正的属臣，抑或只是扮演着属臣的角色，这些问题基本上已不重要；重要的是他们的行动事实上已经像是幕府将军忠实的仆人，构成为幕府将军服务（hōkō）的单独组成部分——正如在《通航一览》中所显示的那样，在德川幕府的秩序中，荷兰人拥有与众不同的身份。

这项研究并不是要记录荷兰人在日本的历史，而是要关注在这段历史中产生的一系列冲突，旨在追踪一个社会化过程，在这一过程中荷兰人被迫去适应并在德川秩序中找到一席之地。这些冲突几乎毫无例外地是在有利于日本的情况下得到解决的，荷兰东印度公司与德川将军的关系不完全是典型性的，这一点应该很清楚；但是它也并没有脱离欧洲人在亚洲更为普遍的经验，它不应当被看作一个在日本范围之外的无甚相关的历史局外人。尽管存在这样一种理解趋势，即关注直接殖民化发生的地方，或者欧洲在其中产生最大影响的关系，比如荷兰东印度公司与马塔兰、万丹或者望加锡之间的关系，但这些并非常态，更常见的剧目是欧洲人在其中努力掌握他们与亚洲打交道的主动权。毫无疑问，没有什么可以比荷兰人在德川日本的遭遇更好地证明这一点。

如果我们跟随彭慕兰、王国斌等人的著作，接受在早期近代时期亚洲政权的持久权力这一事实，那么很明显，更好地去记述欧洲人被纳入亚洲秩序这一长期的融合过程，是历史学家义不容辞的责任。荷兰人在日本的经验表明，欧洲在亚洲的立足点并非一贯是从孤立的贸易商栈转变成城堡基地，最后变成完全的殖民地。事实恰恰相反，强大的亚洲政权的存在，意味着即使是最强大的欧洲组织也会被一个它们无法逃脱的牢笼所限制。日本给在亚洲的欧洲企业制造了一个象征性的死结，一个完全受到遏制的场所，因此为那些认为“欧洲崛起”始于 1492 年或 1497 年的探险远航，并在随后几个世纪里伴随着无休止的战鼓所向披靡的研究，提供了富有价值的对比。

致　谢 vii

自十年前开始本课题的研究以来，我欠下了永远无法还清的学术债和人情债。在南非获得学士学位之后，我获得了一笔文部科学省奖学金（Monbukagakushō scholarship）赴日留学，从此非常意外地开始了作为一位日本历史学者的职业生涯。由于课题项目刚刚扩展到南非，尚无有关日语的任何项目，我前往为我安排的接收研究机构——新潟大学（Niigata University）。我当时根本不懂日语，没有任何与东亚史相关的研究背景。因此，我非常感激新潟大学的所有老师，是他们让我首先找到了自己研究的立足点，后来又完成了硕士学位的学业。我要特别感谢吉井研一（Yoshii Kenichi）愿意接收我这个资质平庸的学生，也要感谢伊戈尔·萨韦列夫（Igor Saveliev）不断给予我支持和鼓励，同样还要感谢井村哲郎（Imura Tetsuo）、伊东岭（Itō Rei），无可替代的中村老师（Nakamura-sensei）、古厩忠夫（Furamaya Tadao），当然还有许多要感谢的人无法在这里一一列出。

这项课题是我在哥伦比亚大学攻读博士学位期间萌生的想法，因此我要特别感谢我的导师戴维·吕里（David Lurie），他接受了一项与他自己的研究相差甚远的课题，却在各方面都证明，他是一位十分 viii
理想的学术良师，而且在对待学生方面直至今日仍是我的榜样。卡罗尔·格卢克（Carol Gluck）的学术热情和组织能力对于哥大日本史研究项目的成功开展十分关键，他对我的课题也相当支持。与亨利·史密斯（Henry Smith）、格雷格·普夫卢格费尔德（Greg Pflugfelder）及哥大其他同事的广泛讨论，同样令我受益匪浅。鲍勃·麦考伊（Bob

McCaughey）激起了我对海洋史的兴趣：一开始是我的研究，后来包括我的教学，全都逐渐扩展到海洋，让我受益匪浅。劳伦·本顿（Lauren Benton）慷慨地答应担任我的博士学位论文答辩委员，给我提出挑战，从法律史的新角度进行思考。她的论著和见解，深刻影响了我的研究。先是在哥大，后来在日本，我与一群学者和朋友分享自己的想法，他们让旷日持久的研究与训练变得出乎意料的愉快。尽管我无法将他们所有人的名字列举出来，但仍然要对江德伟（Colin Jaundrill）、切尔西·福克斯韦尔（Chelsea Foxwell）、雷托·霍夫曼（Reto Hofmann）、费德里科·马尔孔（Federico Marcon）、马修·汤普森（Mathew Thompson）、阿里尔·福克斯（Ariel Fox）、史蒂夫·威尔斯（Steve Wills）、丹尼斯·弗罗斯特（Dennis Frost）、乔伊·金（Joy Kim）以及查德·迪尔（Chad Diehl）的友谊与陪伴表示特别感谢。

这项课题的许多研究是在东京大学历史学研究所进行的，对于这里我一直有定期回访。在日本—荷兰关系（nichiran kankei）的研究领域，松井洋子（Matsui Yōko）、松方冬子（Matsukata Fuyuko）和海外资料部（the Overseas Material Sections）的工作人员孜孜不倦地工作，他们承担了一项不胜烦琐的任务，即编辑在日本的荷兰长官（opperhoofden）的日记；若是没有他们所做的工作，我的研究是不可能的。他们让我在研究所的每一次停留都无比欢愉，十分慷慨地抽出时间对我提出的一连串问题提供建议。与松方冬子教授的密切合作——能够参与对其开创性著作的翻译工作，是我极大的荣幸，也使我从中学到了许多无以言表的东西。在东京大学，冈美穗子（Oka Mihoko）、竹村和弘（Yukitake Kazuhiro）、加藤荣一、羽田正（Haneda Masashi）、五野井隆（Gonoi Takashi）、山本博文（Yamamoto Hirofumi）以及研究所图书馆的工作人员都在许多方面为我提供帮助，而大桥晶子（Ohashi Akiko），如她对许多访问学者所做的事情一样，把我们共用的办公室变成了不仅限于做研究的空间。日本著名的荷兰史学者永积洋子非常亲切地同意与我见面，并为我的研究提供了许多深刻见解。我还要感谢井川健治（Igawa Kenji），他帮我厘清了17世纪史料中非常困难的部分；还有后藤敦（Gotō Atsushi），在与翻译有关的似乎永无止境的一连串疑问中，他不厌其烦地为我提供帮助。

本项研究之所以成为可能，要感谢日本基金会博士生奖学金（Japan Foundation doctoral fellowship），是它提供了我在日本一年的开销。在我回到美国以后，美国学术团体协会（the American Council ix
of Learned Societies）提供的博士学位论文写作资助和后来的职业生涯初期资助，为我空出了关键的写作时间。第二份奖学金来自日本基金会，让我能够在2009年末重返日本并停留三个月，搜集这项课题最后还欠缺的一些史料。

在过去这些年里，我去过荷兰无数次，在那里受到了辛西娅·维耶里（Cynthia Viallé）、威廉·布特（Willem Boot）、太田淳（Atsushi Ota）、费莫·加斯特拉（Femme Gaastra）以及其他人的指引和支持。必须特别提及的是包乐史（Leonard Blussé），他是我所在研究领域的顶尖人物，他在思想上的贡献和史料上无人能及的产出，改变了我们这一行所有人做研究的方式。每次碰面，无论在日本、荷兰，还是在美国，他都鞭策我重新思考自己的观点，还总是鼓励我恢复对档案的热情。尽管我并不是TANAP项目[1]的成员，却从这一研究领域的复兴和它产生的源源不断的佳作中受益颇多。在荷兰，我必须特别感谢娜迪娅·克雷夫特（Nadia Kreeft），她无数次前往海牙国家档案馆，为我的这项课题扫描和复印了大量资料；同时，每当我陷入翻译的困难中，她都为我提供宝贵的帮助。

我在2008年进入蒙纳士什大学（Monash University），它为我提供了丰富的学术组织和宽松的学术环境，让我得以完成研究。我在系里的四位上司——芭芭拉·凯恩（Barbara Caine）、马克·皮尔（Mark

[1] TANAP是Toward a New Age of Partnership的缩写，它是一个荷兰、亚洲和南非的合作项目。——译者注

Peel）、克里斯蒂娜·图米（Christina Twomey）和阿尔·汤普森（Al Thomson），慷慨地容许我从教学时间中抽身出来从事研究和写作，而且给予我难得的学术休假，再加上充足的研究经费，让我得以在 2012 年下半年完成这本著作。贝恩·阿特伍德（Bain Attwood）孜孜不倦地工作，不仅保证了我的研究时间，也保证了系里所有年轻学者的研究时间。他还花时间阅读我的初稿全文，并提供了相当有价值的建议。我要感谢所有同事持续不断的支持，他们中的许多人读过本书的部分章节，或者听过与本书相关的报告，尤其要感谢埃内斯特·科赫（Ernest Koh）、谢默斯·汉隆（Seamus O’Hanlon）、米夏埃尔·奥（Michael Hau）、戴维·嘉里奥基（David Garrioch）、简·德雷克德（Jane Drakard）、克莱尔·莫纳戈（Clare Monagle）和苏茜·普罗特斯基（Susie Protschky）。东南亚史的杰出史学家戴维·钱德勒（David Chandler），通读过初稿全文，本书也按照他的建议做了大量修改。

在我的研究期间，我和许多学者进行过讨论，他们都贡献了非常有价值的建议。这些学者包括彼得·沙宾斯基（Peter Shapinsky）——他对有关荷兰东印度公司的海上劫掠活动这一节，提供了非常尖锐的意见——赖尼尔·赫塞林克（Reinier Hesselink）、彼得·博尔施伯格（Peter Borschberg）、马丁·范伊特叙（Martine van Ittersum）、罗恩·托比（Ron Toby）、白蒂（Patrizia Carioti）、蒂蒙·斯克瑞奇（Timon Screech）、史蒂芬·特恩布尔（Stephen Turnbull）、凯特·纳街（Kate Nakai）、罗伯特·赫利尔（Robert Hellyer）、何大鹏（Daphon Ho）、荒野泰典（Arano Yasunori）等人。卫思韩（John Wills）[1] 对荷兰东印度公司的外交活动有开创性研究，他阅读过本书部分章节的草稿，对于欧洲在亚洲扩张的广博知识总是乐于同我分享。我们每次见面，都会有一些新想法，以及一长串新史料清单要考察。《日本研

[1]　即小约翰·威尔斯（John E.Wills Jr.），著名历史学家和汉学家，也有学者译为魏而思、魏思韩等。——译者注

究》(*Japanese Studies*),《葡—日研究通讯》(*Bulletin of Portuguese-Japanese Studies*),以及《旅行指南》(*Itinerario*)等杂志原已发表过本书的部分内容，感谢这些编辑慷慨地允许我将其放入本书中。

我要特别感谢亚当·麦基翁(Adam McKeown)，从最初想法到最后出版，他一直在为这项课题保驾护航。第一次遇见亚当，是2001年，当时我还住在日本，很高兴得知他之后将搬到哥伦比亚大学。我对全球史的兴趣要归因于他，我的著作受他的建议和见解影响而形成。他鼓励我将本书纳入全球史系列丛书中，而且在不同阶段一直提供指导。我也要感谢安娜·鲁东(Anna Routon)，她是出版社里孜孜不倦的编辑；惠特尼·约翰逊(Whitney Johnson)，他不仅提出尖锐的评论，还提供了非常有价值的修改意见。欧阳泰(Tonio Andrade)放弃了匿名权，不断为我提供有帮助的建议，让最后的手稿大为增色。他的学术研究，尤其是关于荷兰东印度公司对中国台湾的殖民和最近的关于荷兰丧失了在中国台湾统治的军事战役这两本大部头著作，深刻影响了我的研究，同时也为这种类型的历史——迷人的、具有启发性和挑战性却总是以细致的研究作为基础——提供了一个范本，这也正是我想要(如果不是以他对成功的估量来看)撰写的历史。

妻子安娜(Anna)年复一年地陪伴着我，并以各种方式支持着我。我要把最大的感激献给我的父母，他们的关爱、支持和鼓励一直支撑着我。多年来，他们容许最小的三儿子在日本、美国、澳大利亚，不在他们身边，还非常乐意学术生活将我带往遥远的地方。若没有他们为我所做的一切，本书将不可能完成，谨以此书献给他们。

档案史料

荷兰东印度公司档案（De archieven van de Verenigde Oostindische Compagnie）现藏于海地的荷兰国家档案馆。标明 VOC 的史料出自这批档案，可使用档案号 1.04.02 进行检索。我也广泛利用了在日本的荷兰东印度公司工厂的档案（Archief van de Nederlandse Factorij in Japan te Hirado en te Deshima），现藏于荷兰国家档案馆。标明 NFJ 的史料出自这批档案，可使用档案号 1.04.21 进行检索。除非有特别注明，所有的译文均出自本人。只要有可能，我尽力补充引文的页码或者标出其未标明的页码。这一时期的荷兰人名有多种拼法。在正文中，我使用最常见的拼法，但当它们出现在注释的原始文件中时，仍保留了其他拼法。

参考文献

Abeyasekere, Susan. *Jakarta: A History*. New York: Oxford University Press, 1987.

Adams, Julia. *The Familial State: Ruling Families and Merchant Capitalism in Early Modern Europe*. Ithaca, NY: Cornell University Press, 2005.

Aitchison, C. U. *A Collection of Treaties, Engagements and Sunnuds Relating to India and Neighbouring Countries*. 7 vols. Calcutta: Savielle and Cranenburgh, 1862–1864.

Alexandrowicz, C. H. *An Introduction to the History of the Law of Nations in the East Indies*. London: Oxford University Press, 1967.

Anand, Ram Prakash. "Maritime Practice in Southeast Asia Until 1600 A.D. and the Modern Law of the Sea." *International and Comparative Law Quarterly* 30, no. 2 (1981): 440–54.

———. *Origin and Development of the Law of the Sea: History of International Law*. The Hague: Martinus Nijhoff, 1983.

Anderson, M. S. *The Rise of Modern Diplomacy, 1450–1919*. London: Longman, 1993.

Andrade, Tonio. "Political Spectacle and Colonial Rule: The *Landdag* on Dutch Taiwan, 1629–1648." *Itinerario* 21, no. 3 (1997): 57–93.

———. "The Company's Chinese Pirates: How the Dutch East India Company Tried to Lead a Coalition of Pirates to War against China, 1621–1662." *Journal of World History* 15, no. 4 (2004): 415–44.

———. "Pirates, Pelts, and Promises: The Sino-Dutch Colony of Seventeenth-century Taiwan and the Aboriginal Village of Favorolang." *Journal of Asian Studies* 64, no. 2 (2005): 295–320.

———. "The Rise and Fall of Dutch Taiwan, 1624–1662: Cooperative Colonization and the Statist Model of European Expansion." *Journal of World History* 17, no. 4 (2006): 429–50.

———. *How Taiwan Became Chinese: Dutch, Spanish, and Han Colonization in the Seventeenth Century*. New York: Columbia University Press. 2008.

———. "Beyond Guns, Germs and Steel: European Expansion and Maritime Asia, 1400–1750," *Journal of Early Modern History* 14 (2010): 165–86.

———. *Lost Colony: The Untold Story of China's First Great Victory Over the West*. Princeton: Princeton University Press, 2011.

Anghie, Antony. "Francisco de Vitoria and the Colonial Origins of International Law." *Social and Legal Studies* 5, no. 3 (1996): 321–36.

———. *Imperialism, Sovereignty, and the Making of International Law*. Cambridge: Cambridge University Press, 2005.

Anthonisz, Richard. *The Dutch in Ceylon*. New Delhi: Asian Educational Services, 2003.

Arano, Yasunori. "Nihongata kai chitsujo no keisei." In *Nihon no shakaishi 1: Rettō naigai no kōtsu to kokka*. Ed. Asao Naohiro, Amino Yoshihiko, Yamaguchi Keiji and Yoshida Takashi. Tokyo: Iwanami Shoten, 1987.

———. *Kinsei Nihon to Higashi Ajia*. Tokyo: Tokyo Daigaku Shuppankai, 1988.

———. "Nagasaki guchi no keisei." In *Bakuhansei kokka to iiki, ikoku*. Ed. Katō Eiichi, Katajima Manji, Fukaya Katsumi. Tokyo: Azekura Shobō, 1989.

———, ed. *Edo Bakufu to higashi Ajia*. Tokyo: Yoshikawa Kōbunkan, 2003.

———. "The Formation of a Japanocentric World Order." *International Journal of Asian Studies* 2, no. 2 (2005): 185–216.

Arasaratnam, Sinnapah. *Dutch Power in Ceylon, 1658–1687*. Amsterdam: Djambatan, 1958.

———, ed. *Francois Valentijn's Description of Ceylon*. London: Hakluyt Society, 1978.

Asao, Naohiro. "Sakokusei no seiritsu." In *Kōza Nihon shi, 4: Bakuhansei Shakai*, 59–94. Ed. Arano Yasunori. Tokyo: Tokyo Daigaku Shuppankai, 1973.

Barbour, Richmond. "Power and Distant Display: Early English 'Ambassadors' in Moghul India." *Huntington Library Quarterly* 61, nos. 3/4 (1998): 343–68.

———. *Before Orientalism: London's Theatre of the East, 1576–1626*. Cambridge: Cambridge University Press, 2003.

Barendse, Rene. *The Arabian Seas, 1640–1700*. Leiden: CNWS, 1998.

Bassett, D. K. "The 'Amboyna massacre' of 1623." *Journal of Southeast Asia* 1, no. 2 (1960): 1–19.

Bataviaasch Genootschap van Kunsten en Wetenschappen, ed. *Realia: Register op de Generale Resolutiën van het Kasteel Batavia, 1632–1805*. 3 vols. Leiden: G. Kolff, 1882–1886.

Batten, Bruce. "Frontiers and Boundaries of PreModern Japan." *Journal of Historical Geography* 25, no. 2 (1999): 166–82.

——— *To the Ends of Japan: Premodern Frontiers, Boundaries, and Interactions*. Honolulu: University of Hawai'i Press, 2003.

Beekman, E. M. *Troubled Pleasures: Dutch Colonial Literature from the East Indies 1600–1950*. Oxford: Clarendon, 1996.

Benton, Lauren. *Law and Colonial Cultures: Legal Regimes in World History, 1400–1900*. Cambridge: Cambridge University Press, 2000.

———. "The Legal Regime of the South Atlantic World: Jurisdictional Politics as Institutional Order." *Journal of World History* 11, no. 1 (2000): 27–56.

———. "Legal Spaces of Empire: Piracy and the Origins of Ocean Regionalism." *Comparative Studies in Society and History* 47, no. 4 (2005): 700–24.

———. *The Search for Sovereignty: Law and Geography in European Empires, 1400–1900*. Cambridge: Cambridge University Press, 2010.

Benton, Lauren, and Benjamin Straumann. "Acquiring Empire by Law: From Roman Doctrine to Early Modern European Practice." *Law and History Review* 28, no. 1 (2010): 1–38.

Berger, Louis. "The Overseas Chinese Community in Seventeenth Century Nagasaki." Ph.D. dissertation, Harvard University, 2003.

Berry, Elizabeth. *Hideyoshi*. Cambridge: Harvard University Press, 1982.

———. "Public Peace and Private Attachment: The Goals and Conduct of Power in Early Modern Japan." *Journal of Japanese Studies* 12, no. 2 (1986): 237–71.

———. "Was Early Modern Japan Culturally Integrated?" *Modern Asian Studies* 31, no. 3 (1997): 547–81.

———. *Japan in Print: Information and Nation in the Early Modern Period*. Berkeley: University of California Press, 2006.

Biedermann, Zoltán. "Portuguese Diplomacy in Asia in the Sixteenth Century. A Preliminary Overview." *Itinerario* 29, no. 2 (2005): 13–37.

Blair, Emma, and James Robertson, eds. *The Philippine Islands, 1493–1803*. 55 vols. Cleveland: A. H. Clark, 1902–9.

Blussé, Leonard. "The Dutch Occupation of the Pescadores (1622–1624)," *Transactions of the International Conference of Orientalists in Japan* 18 (1973): 28–43.

———. "Japanese Historiography and European Sources." In *Reappraisals in Overseas History*. Ed. P.C. Emmer and H.L. Wesseling. Leiden: Leiden University Press, 1979.

———. "The VOC as Sorceror's Apprentice: Stereotypes and Social Engineering on the China Coast." In *Leyden Studies in Sinology*. Ed. W. L. Idema. Leiden: E. J. Brill, 1981.

———. "Dutch Protestant Missionaries as Protagonists of the Territorial Expansion of the VOC on Formosa." In *Conversion, Competition, and Conflict: Essays on the Role of Religion in Asia*. Ed. Dick Kooiman, Otto van den Muizenberg and Peter van der Veer. Amsterdam: Free University Press, 1984.

———. *Strange Company: Chinese Settlers, Mestizo Women and the Dutch in VOC Batavia*. Dordrecht, Holland and Riverton, NJ: Foris Publications, 1986.

———. "Minnan-jen or Cosmopolitan? The Rise of Cheng Chih-lung alias Nicolas Iquan." In *Development and Decline of Fukien Province in the 17th and 18th Centuries*. Ed. E.B. Vermeer. Leiden: Brill, 1990.

———. "No Boats to China: The Dutch East India Company and the Changing Pattern of the China Sea Trade, 1635–1690," *Modern Asian Studies* 30, no. 1. (Feb 1996): 51–76.

———. "Queen among kings: Diplomatic Ritual at Batavia." In *Jakarta-Batavia*. Ed. Kees Grijns and Peter Nas. Leiden: KITLV Press, 2000.

———. "Amongst Feigned Friends and Declared Enemies." In *Making Sense of Global History: The Nineteenth International Congress of the Historical Sciences Oslo 2000 Commemorative Volume*. Ed. Sølvi Sogner. Oslo: Universitetsforlaget, 2001.

———. "Bull in a China Shop: Pieter Nuyts in China and Japan (1627–1636)." In *Around and About Formosa, Essays in honor of Professor Ts'ao Yung-ho*. Ed. Leonard Blussé. Taipei: SMC, 2003.

———. "The Grand Inquisitor Inoue Chikugono Kami Masashige, Spin Doctor of the Tokugawa Bakufu." *Bulletin of Portuguese/Japanese Studies* 7 (2003): 22–43.

———. *Visible Cities: Canton, Nagasaki, and Batavia and the Coming of the Americans*. Cambridge: Harvard University Press, 2008.

Blussé, Leonard, Natalie Everts, and Evelien Frech, eds. *The Formosan Encounter: Notes on Formosa's Aboriginal Society: A Selection of Documents from Dutch Archival Sources*. 4 vols. Taipei: Shung Ye Museum of Formosan Aborigines, 1998–.

Blussé, Leonard, Nathalie Everts, W. E. Milde, and Yung-ho Ts'ao, eds. *De Dagregisters van het Kasteel Zeelandia, Taiwan, 1629–1662*. 4 vols. The Hague: Instituut voor Nederlandse Geschiedenis, 1986–2001.

Blussé, Leonard, Willem Remmelink, and Ivo Smits, eds. *Bridging the Divide: 1600–2000. Four Hundred Years, the Netherlands–Japan*. Leiden: Hotei, 2000.

Bolitho, Harold. *Treasures Among Men: The Fudai Daimyo in Tokugawa Japan*. New Haven: Yale University Press, 1974.

Bolling, Frederik. "Friderici Bollingii Oost-Indisch reisboek." Trans. J. Visscher. *Bijdragen tot de Taal-, Land- en Volkenkunde van Nederlandsch Indië* 68 (1913): 289–382.

Boot, W. J. "Maxims of Foreign Policy." In *Shifting Communities and Identity Formation in Early Modern Asia*, 7–23. Ed. Leonard Blussé and Felipe Fernández-Armesto. Leiden: CNWS, 2003.

Borao Mateo, José Eugenio, ed. *Spaniards in Taiwan: Documents*. 2 vols. Taipei: SMC, 2001–2.

Borschberg, Peter. "The Seizure of the *Sta. Catarina* Revisited: The Portuguese Empire in Asia, VOC Politics, and the Origins of the Dutch-Johor Alliance (1602–ca. 1616)." *Journal of Southeast Asian Studies* 33, no. 1 (2002): 31–62.

———. *The Singapore and Melaka Straits: Violence, Security, and Diplomacy in the Seventeenth Century*. Singapore : NUS, 2010.

———. "From Self-Defence to an Instrument of War: Dutch Privateering Around the Malay Peninsula in the Early Seventeenth Century." *Journal of Early Modern History* 17 (2013): 35–52.

Botsman, Dani. *Punishment and Power in the Making of Modern Japan*. Princeton: Princeton University Press, 2005.

Boxer, C. R. "The Swan-Song of the Portuguese in Japan, 1635–39." *Transactions and Proceedings of the Japan Society of London* 27 (1930): 3–11.

———, ed. *A True Description of the Mighty Kingdoms of Japan & Siam*. London: Argonaut, 1935.

———. *The Christian Century in Japan, 1549–1650*. Berkeley: University of California Press, 1951.

———. *South China in the Sixteenth Century*. London: Hakluyt Society, 1953.

———. *The Great Ship from Amacon: Annals of Macao and the Old Japan Trade, 1555–1640*. Lisbon: CEHU, 1959.
———. *Four Centuries of Portuguese Expansion, 1415–1825: A Succinct Survey*. Johannesburg: Witwatersrand University Press, 1961.
———. *The Dutch Seaborne Empire, 1600–1800*. London: Hutchinson, 1965.
———. *Jan Compagnie in War and Peace, 1602–1799*. Hong Kong: Heinemann Asia, 1980.
———. "When the Twain First Met: European Conceptions and Misconceptions of Japan, Sixteenth-Eighteenth Centuries." *Modern Asian Studies* 18, no. 4 (1984): 531–40.
———. *Portuguese Merchants and Missionaries in Feudal Japan, 1543–1640*. London: Variorum Reprints, 1986.
Boyajian, James. *Portuguese Trade in Asia Under the Hapsburgs*. Baltimore: Johns Hopkins University Press, 1993.
Breckenridge, Carol. "The Aesthetics and Politics of Colonial Collecting: India at World Fairs." *Comparative Studies in Society and History* 31, no. 2 (2011): 195–216.
Brown, Philip. *Central Authority and Local Autonomy in the Formation of Early Modern Japan: The Case of Kaga Domain*. Stanford: Stanford University Press, 1993.
Bruce, John. *Annals of the Honourable East-India Company, from their Establishment by the Charter of Queen Elizabeth, 1600, to the Union of the London and English East India Companies, 1707–08*. London: Black, Parry and Kingsbury, 1810.
Bugge, Henriette. "Silk to Japan: Sino-Dutch Competition in the Silk Trade to Japan, 1633–1685." *Itinerario* 13, no. 2 (1989): 25–44.
Campbell, William, ed. *Formosa Under the Dutch: Described from Contemporary Sources*. London: Kegan Paul, Trench, Trubner, 1903.
Carioti, Patrizia. "Hirado During the First Half of the Seventeenth Century: From a Commercial Outpost for Sino-Japanese Maritime Activities to an International Crossroads of Far Eastern Routes." In *A Passion for China: Essays in Honour of Paolo Santangelo, for His Sixtieth Birthday*. Ed. Ling-Yeong Chiu and Donatella Guida. Leiden: Brill, 2006.
Caron, Francois, and Justus Schouten. *A True description of the Mighty Kingdoms of Japan and Siam*. Trans. Roger Manley. London, 1663.
Casale, Giancarlo. *The Ottoman Age of Exploration*. Oxford: Oxford University Press, 2010.
Chaiklin, Martha. *Cultural Commerce and Dutch Commercial Culture. The Influence of European Material Culture on Japan, 1700–1850*. Leiden: Research School CNWS, 2005
Chancey, Karen. "The Amboyna Massacre in English Politics, 1624–1632." *Albion* 30, no. 4 (1998): 583–98.
Chaudhuri, K. N. *The Trading World of Asia and the English East India Company: 1660–1760*. London: Cambridge University Press, 1978.
Cheng, Shaogang. *De VOC en Formosa 1624–1662: Een vergeten geschiedenis*. Amsterdam: Bataafsche Leeuw, 1997.
Chiu, Hsin-hui. *The colonial "civilizing process" in Dutch Formosa, 1624–1662*. Leiden and Boston: Brill, 2008.

Chung, Sungil. "The Volume of Early Modern Korea-Japan Trade: A Comparison with the Japan-Holland Trade." *Acta Koreana* 7, no. 1 (January 2004): 69–85.

Cieslik, Hubert. "The Great Martyrdom in Edo 1623. Its Causes, Course, Consequences." *Monumenta Nipponica* 10, no. 1/2 (1954): 1–44.

Cipolla, Carlo. *Guns, Sails, and Empire: Technological Innovation and the Early Phases of European Expansion, 1400–1700*. New York: Minerva, 1965.

Clark, M. N., and W. J. M. Eysinga. *The Colonial Conferences Between England and the Netherlands in 1613 and 1615*. 2 vols. Leiden: Brill, 1940–1951.

Clulow, Adam. "Unjust, Cruel, and Barbarous Proceedings: Japanese Mercenaries and the Amboyna Incident of 1623." *Itinerario* 31, no. 1 (2007): 15–34.

———. "European Maritime Violence and Territorial States in Early Modern Asia, 1600–1650." *Itinerario* 33, no. 3 (2009): 72–94.

———. "A Fake Embassy, the Lord of Taiwan and Tokugawa Japan." *Japanese Studies* 30, no. 1 (May 2010): 23–41.

———. "From Global Entrepôt to Early Modern Domain: Hirado, 1609–1641." *Monumenta Nipponica* 61, no. 1 (Spring 2010): 1–35.

———. "Like Lambs in Japan and Devils Outside Their Land: Diplomacy, Violence, and Japanese Merchants in Southeast Asia." *Journal of World History* 24, no. 2 (2013): 335–58.

Coaldrake, William. *Architecture and Authority in Japan*. London: RoutledgeCurzon, 1996.

Cocks, Richard. *Diary Kept by the Head of the English Factory in Japan: Diary of Richard Cocks, 1615–1622*. Ed. University of Tokyo Historiographical Institute. 3 vols. Tokyo: University of Tokyo, 1978–1980.

Cohn, Bernard. *Colonialism and Its Forms of Knowledge: The British in India*. Princeton: Princeton University Press, 1996.

Colenbrander, H. T., ed. *Jan Pietersz. Coen, bescheiden omtrent zijn bedrijf in Indie*. 7 vols. The Hague: Martinus Nijhoff, 1919–23.

Colley, Linda. *Captives: Britain, Empire and the World, 1600–1850*. New York: Pantheon, 2002.

Coolhaas, W. Ph. "Aanteekeningen en Opmerkingen over den zoogenaamdem Ambonschen Moord." *Bijdragen tot de Taal-, Land- en Volkenkunde van Nederlandsch-Indie* 101 (1942): 49–93.

———. "Een Indisch verslag uit 1631, van de hand van Antonio van Diemen." *Bijdragen en Mededelingen van het Historisch Genootschap* 65 (1947): 1–237.

———. "Een lastig heerschap tegenover een lastig volk." *Bijdragen en Mededelingen van het Historisch Genootschap* 69 (1955): 17–42.

———, ed. *Generale Missiven van Gouverneurs-generaal en Raden aan heren XVII der Verenigde Oostindische Compagnie*. 9 vols. The Hague: Martinus Nijhoff, 1960– .

———. *Pieter van den Broecke in Azie*. The Hague: Martinus Nijhoff, 1962–63.

Cooper, Michael, ed., *They Came to Japan: An Anthology of European Reports on Japan, 1543–1640*. Berkeley: University of California Press, 1965.

Commelin, Isaac. *Begin ende Voortgangh van de Vereenighde Nederlantsche Geoctroyeerde Oost-Indische Compagnie*. 4 vols. Amsterdam: Facsimile Uitgaven Nederland, 1969.

Costa, João Paulo Oliveira. "A Route Under Pressure. Communication Between Nagasaki and Macao (1597–1617)." *Bulletin of Portuguese-Japanese Studies* 1 (2000): 75–95.
Craig, Albert. *Civilization and Enlightenment: The Early Thought of Fukuzawa Yukichi*. Cambridge: Harvard University Press, 2009.
Curvelo, Alexandra. "Nagasaki/Deshima after the Portuguese in Dutch Accounts of the Seventeenth Century." *Bulletin of Portuguese/Japanese Studies* 6 (2003): 147–157.
Danvers, F. C., and W. Foster, *Letters Received by the East India Company from Its Servants in the East*. 6 vols. London: S. Low, Marston, 1896–1902.
Das Gupta, Ashin. "Indian Merchants and the Western Indian Ocean: The Early Seventeenth Century." *Modern Asian Studies* 19, no. 3. (1985): 481–99.
———. "The Indian Ocean in the Eighteenth Century." In *India and the Indian Ocean*, 131–61. Ed. Ashin das Gupta and M. N. Pearson. Calcutta: Oxford University Press, 1987.
De Certeau, Michel. *The Writing of History*. Trans. T. Conley. New York: Columbia University Press, 1988.
De Jonge, J. K., and M. L. van Deventer, eds. *De opkomst van het Nederlandsch gezag in Oost Indië*. 13 vols. The Hague: Martinus Nijhoff, 1862–1909.
De Lange, William. *Pars Japonica: The First Dutch Expedition to Reach the Shores of Japan*. Warren, CT: Floating World, 2006.
De Vries, Jan, and Ad van der Woude. *The First Modern Economy: Success, Failure, and Perseverance of the Dutch Economy, 1500–1815*. New York: Cambridge University Press, 1997.
Disney, A. R. *A History of Portugal and the Portuguese Empire: From Beginnings to 1807*. 2 vols. New York: Cambridge University Press, 2009.
Doeff, Hendrik. *Recollections of Japan*. Trans. Annick Doeff. Victoria: Trafford, 2003.
Doi, Tadao, ed. *Nippo jisho. Vocabvlario da lingoa de Iapam*. Tokyo: Iwanami Shoten, 1960.
Earns, Lane. "The Development of Bureaucratic Rule in Early Modern Japan: The Nagasaki Bugyô in the Seventeenth Century." Ph.D. dissertation, University of Hawai'i, 1987.
———. "The Nagasaki Bugyō and the Development of Bureaucratic Rule in Seventeenth-Century Japan." *Asian Culture Quarterly* 22, no. 2 (1994): 63–73.
Edmundson, George. "Frederick Henry, Prince of Orange." *The English Historical Review* 5, no. 17 (1890): 41–64.
———. *Anglo-Dutch rivalry during the first half of the seventeenth century, being the Ford lectures delivered at Oxford in 1910*. Oxford: Clarendon, 1911.
Edwards, William. *Reminiscences of Bengal Civilian*. London: S. Elder, 1866.
Elliott, J. H. "The Spanish Conquest and settlement of America." In *Colonial Latin America*, 149–206. Ed. Leslie Bethell. Cambridge: Cambridge University Press, 1984.
Elison, George. *Deus Destroyed: The Image of Christianity in Early Modern Japan*. Cambridge: Harvard University Press, 1973.
Elisonas, Jurgis. "The Inseparable Trinity: Japan's Relations with China and Korea." In *Early Modern Japan*, vol. 4: *The Cambridge History of Japan*. Ed. John W. Hall and James McClain. Cambridge: Cambridge University Press, 1991.

Enthoven, Victor. *Zeeland en de opkomst van Republiek. Handel en strijd in de Scheldedelta c. 1550–1621*. Leiden: Proefschrift, 1996.
Eskildsen, Robert. "Of Civilization and Savages: The Mimetic Imperialism of Japan's 1874 Expedition to Taiwan." *American Historical Review* 107, no. 2 (2002): 388–418.
Fairbank, John. *The Chinese World Order: Traditional China's Foreign Relations*. Cambridge: Harvard University Press, 1968.
Farrington, Anthony. *The English Factory in Japan, 1613–1623*. 2 vols. London: British Library, 1991.
Ferguson, Donald. *The Earliest Dutch Visits to Ceylon*. New Delhi: Asian Educational Services, 1998.
Fernández-Armesto, Felipe. *Civilizations : Culture, Ambition, and the Transformation of Nature*. New York: Free Press, 2001.
Ferrell, Raleigh. *Taiwan Aboriginal Groups: Problems in Cultural and Linguistic Classification*. Taipei: Institute of Ethnology, Academia Sinica, 1969.
Flynn, Dennis O., and Arturo Giraldez. "Silk for Silver: Manila-Macao Trade in the Seventeenth Century." *Philippine Studies* 44 (1996): 52–68.
———. "Cycles of Silver: Global Economic Unity through the Mid-Eighteenth Century." *Journal of World History* 13, no. 2 (2002): 391–427.
Foster, William. *Early Travels in India*. London: Oxford University Press, 1921.
Frank, Andre Gunder. *ReOrient: Global Economy in the Asian Age*. Berkeley: University of California Press, 1998.
Frick, Christoph. *A relation of two several voyages made into the East-Indies by Christopher Fryke and Christopher Schewitzer*. London, 1700.
Frijhoff, Willem. "The Princely Court at The Hague: A National and European Perspective." In *Dutch Culture in a European Perspective: 1650, Hard-won Unity*. Ed. Willem Frijhoff and Marijke Spies. New York: Palgrave Macmillan, 2004.
Frijhoff, Willem, and Marijke Spies. *Dutch Culture in a European Perspective: 1650, Hard-won Unity*. New York: Palgrave Macmillan, 2004.
Fryer, John. *A New Account of East-India and Persia, in eight letters*. London, 1698.
Fujii, Jōji. "Junana seiki no Nihon: buke no kokka no keisei." In *Iwanami kōza Nihon tsūshi* 12. Ed. Asao Naohiro, et al. Tokyo: Iwanami Shoten, 1993–.
Fujiki, Hisashi. *Toyotomi heiwarei to sengoku shakai*. Tokyo: Tokyo daigaku shuppankai, 1985.
Fulton, Thomas Wemyss. *The Sovereignty of the Sea*. Edinburgh: Blackwood, 1911.
Furber, Holden. "Asia and the West as Partners Before Empire and After." *Journal of Asian Studies* 28, no. 4 (1969): 711–21.
———. *Rival empires of trade in the Orient, 1600–1800*. Minneapolis: University of Minnesota Press, 1976.
Gaastra, Femme. *The Dutch East India Company: Expansion and Decline*. Zutpen: Walburg Pers, 2003.
Geerts, A.J.C. "The Arima Rebellion and the Conduct of Koeckebacker." *Transactions of the Asiatic Society of Japan* 11 (1883): 51–117.
Gerhart, Karen. *The Eyes of Power: Art and Early Tokugawa Authority*. Honolulu: University of Hawai'i Press, 1999.

Glete, Jan. *War and the State in Early Modern Europe: Spain, the Dutch Republic, and Sweden as Fiscal-Military States, 1500–1660*. London: Routledge, 2002.

Gokhale, B. G. *Surat in the Seventeenth Century*. Malmo: Scandinavian Institute of Asian Studies, 1979.

Goodman, Grant. *The Dutch Impact on Japan, 1640–1853*. Leiden: Brill, 1967.

———. *Japan: the Dutch Experience*. London: Athlone, 1986.

———. *Japan and the Dutch, 1600–1853*. Surrey: Curzon, 2000.

Goonewardena, K. W. *The Foundation of Dutch Power in Ceylon, 1638–1658*. Amsterdam: Djambatan, 1958.

Greenblatt, Stephen, *Marvelous Possessions: The Wonder of the New* World. Chicago: University of Chicago Press, 1991.

Groeneveldt, W. P. *De Nederlanders in China, 1601–1624*. The Hague: Martinus Nijhoff, 1898.

Groenveld, Simon. "The King-Stadholder: William III as Stadholder: Prince or Minister?" In *Redefining William III: The Impact of the King-Stadholder in International Context* 17–37. Ed. Esther Mijers and David Onnekink. Aldershot: Ashgate, 2007.

Grotius, Hugo. *Hugo Grotius Mari libero et P. Merula De maribus*. Leiden, 1633.

———. *The Rights of War and Peace, Including the Law of Nature and of Nations*. Trans. A. C. Campbell. New York: M. W. Dunne, 1901.

———. *The Freedom of the Seas; or, the Right Which Belongs to the Dutch to Take Part in the East Indian Trade*. Trans. Ralph Van Deman Magoffin. New York: Oxford University Press, 1916.

———. *The Rights of War and Peace*. Ed. Richard Tuck. Indianapolis: Liberty Fund, 2005.

———. *Commentary on the Law of Prize and Booty*. Ed. Martine Julia van Ittersum. Indianapolis: Liberty Fund, 2006.

Haan, F. de. *Oud Batavia*. Bandoeng: A. C. Nix, 1935.

Halikowski-Smith, Stefan. "'The Friendship of Kings was in the Ambassadors': Portuguese Diplomatic Embassies in Asia and Africa During the Sixteenth and Seventeenth Centuries," *Portuguese Studies* 22, no. 1 (2006): 101–34.

Hall, John, ed. *The Cambridge History of Japan: Early Modern Japan*. Cambridge: Cambridge University Press, 1991.

Hang, Xing. "Between Trade and Legitimacy, Maritime and Continent: The Zheng Organization in Seventeenth-Century East Asia." PhD dissertation, University of California, Berkeley, 2010.

Hanna, William. *Indonesian Banda: Colonialism and Its Aftermath in the Nutmeg Islands*. Philadelphia: Institute for the Study of Human Issues, 1978.

Hasan, Farhat. "Conflict and Co-operation in Anglo-Mughal Trade Relations During the Reign of Aurangzeb." *Journal of the Economic and Social History of the Orient* 34, no. 4 (1991): 351–60.

Hauser, William. "Osaka Castle and Tokugawa Authority in Western Japan." In *The Bakufu In Japanese History*, 153–72. Ed. Jeffrey P. Mass and William B. Hauser. Stanford: Stanford University Press, 1985.

Hawks, Francis. *Narrative of the Expedition of an American Squadron to the China Seas and Japan*. New York: Appleton, 1856.

Hayashi, Fukusai, ed. *Tsūkō ichiran*. 8 vols. Tokyo: Kokusho Kankōkai, 1912–1913.
Heeres, J. E., and F. W. Stapel, eds. *Corpus Diplomaticum Neerlando-Indicum*, 6 vols. The Hague: Martinus Nijhoff, 1907–1955.
Hellyer, Robert. *Defining Engagement: Japan and Global Contexts, 1640–1868*. Cambridge: Harvard University Asia Center, 2009.
Hesselink, Reinier. *Prisoners from Nambu: Reality and Make-Believe in Seventeenth-Century Japanese Diplomacy*. Honolulu: University of Hawai'i Press, 2002.
Howell, David. "Ainu Ethnicity and the Boundaries of the Early Modern Japanese State." *Past & Present* 142 (1994): 64–93.
———. "The Prehistory of the Japanese Nation State: Status, Ethnicity and Boundaries." *Early Modern Japan* 5, no. 2 (1995): 19–24.
———. *Geographies of Identity in Nineteenth-century Japan*. Berkeley: University of California Press, 2005.
Hunter, William Wilson. *A History of British India*. New York: AMS, 1966.
Ikegami, Eiko. *The Taming of the Samurai: Honorific Individualism and the Making of Modern Japan*. Cambridge: Harvard University Press, 1995.
Ijzerman, J. W. ed. *Cornelis Buijsero te Bantam, 1616–1618*. The Hague: Martinus Nijhoff, 1923.
Innes, Robert Leroy. "The Door Ajar: Japan's Foreign Trade in the Seventeenth Century." Ph.D. dissertation, University of Michigan, 1980.
Israel, Jonathan. *Dutch Primacy in World Trade, 1585–1740*. Oxford: Clarendon Press, 1989.
———. *The Dutch Republic: Its Rise, Greatness, and Fall, 1477–1806*. Oxford: Clarendon Press, 1995.
Iwao, Seiichi. "Matsukura Shigemasa no Ruzonto ensei keikaku." *Shigaku zasshi* 45, no. 9 (1934): 9081–9109.
———. *Nanyō Nihon machi no kenkyū*. Tokyo: Minami Ajiya Bunka Kenkyūjo, 1941.
———. *Early Japanese Settlers in the Philippines*. Tokyo: Foreign Affairs Association of Japan, 1943.
———. "Kinsei nisshi bōeki ni kansuru sūryōteki kōsatsu." *Shigaku zasshi* 62, no. 11 (1953): 1–40.
———. *Jan Joosten: The Forerunner of the Dutch-Japanese Relation*. Tokyo: Tokyo News Service, 1958.
———. "Li Tan, Chief of the Chinese Residents at Hirado, Japan, in the Last Days of the Ming Dynasty." *Memoirs of the Research Department of the Toyo Bunko* 17 (1958): 27–83.
———. *Shuinsen to Nihon-machi*. Tokyo: Shibundō, 1962.
———. "Reopening the Diplomatic and Commercial Relations Between Japan and Siam During the Tokugawa Period." *Acta Asiatica* 4 (1963): 1–31.
———. *Sakoku*. Tokyo: Chuō Kōronsha, 1966.
———. "Japanese Emigrants in Batavia During the Seventeenth Century." *Acta Asiatica* 18 (1970): 1–25.
———. "Japanese Foreign Trade in the Sixteenth and Seventeenth Centuries." *Acta Asiatica* 30 (1976): 1–18.

———. *Shuinsen bōekishi no kenkyū*. Rev. ed. Tokyo: Yoshikawa kōbunkan, 1985.
———. *Zoku nanyō Nihon machi no kenkyū*. Tokyo: Iwanami Shoten, 1987.
Jacobs, Els M. *Merchant in Asia: The Trade of the Dutch East India Company During the Eighteenth Century*. Leiden: CNWS, 2006.
Jansen, Marius, and Gilbert Rozman, eds. *Japan in Transition: From Tokugawa to Meiji*. Princeton: Princeton University Press, 1986.
Kaempfer, Engelbert. *The History of Japan*. Trans. J. G. Scheucher. London, 1727.
———. *Kaempfer's Japan: Tokugawa Culture Observed*. Ed. and trans. Beatrice Bodart-Bailey. Honolulu: University of Hawai'i Press, 1999.
Kanai, Madoka. *Nichiran kōshōshi no kenkyū*. Kyoto: Shibunkaku, 1986.
Kang, Etsuko Hae-Jin. *Diplomacy and Ideology in Japanese-Korean Relations: From the Fifteenth to the Eighteenth Century*. London: Macmillan, 1997.
Katagiri, Kazuo. *Edo no Orandajin: Kapitan no Edo sanpu*. Tokyo: Chūō Kōron Shinsha. 2000.
Katō, Eiichi. "Development of Japanese Studies on Sakoku (Closing the Country): A Survey." *Acta Asiatica* 22 (1972): 84–107.
———. "The Japanese-Dutch Trade in the Formative Period of the Seclusion Policy: Particularly on the Raw Silk Trade by the Dutch Factory at Hirado, 1620–1640." *Acta Asiatica* 30 (1976): 34–84.
———. "Unification and Adaptation, the Early Shogunate and Dutch Trade Policies." In *Companies and Trade: Comparative Studies in Overseas History*, 3:207–29. Ed. Leonard Blussé and Femme Gaastra. The Hague: Martinus Nijhoff, for Leiden University Press, 1981.
———. "Hirado Oranda Shokan no Nihonjin koyōsha ni tsuite." In *Nihon Kinseishi Ronsō*. Ed. Bitō Masahide Sensei Kanreki-kinenkai. Tokyo: Yoshikawa Kōbunkan, 1984.
———. "Rengō Oranda Higashi-Indo Kaisha no senryaku kyoten toshite no Hirado shōkan." In *Nihon zenkindai no kokka to taigai kankei*. Ed. Tanaka Takeo. Tokyo: Yoshikawa Kōbunkan, 1987.
———. *Bakuhansei kokka no keisei to gaikoku bōeki*. Tokyo: Azekura Shobō, 1993.
———. "Research Trends in the Study of the History of Japanese Foreign Relations at the Start of the Early Modern Period: On the Reexamination of 'National Seclusionism,' from the 1970s and 1990s." *Acta Asiatica* 67 (1994): 1–29.
———. *Bakuhansei kokka no seiritsu to taigai kankei*. Kyoto: Shibunkaku Shuppan, 1998.
Katō, Hidetoshi. "The Significance of the Period of National Seclusion Reconsidered." *Journal of Japanese Studies* 7, no. 1 (Winter 1981): 85–109.
Keblusek, Marika, and Jori Zijlmans, eds. *Princely Display: The Court of Frederik Hendrik of Orange and Amalia van Solms*. Zwolle: Waanders, 1997.
Keene, Donald. *The Japanese Discovery of Europe, 1720–1820*. Stanford: Stanford University Press, 1969.
Keene, Edward. *Beyond the Anarchical Society: Grotius, Colonialism, and Order in World Politics*. Cambridge: Cambridge University Press, 2002.
Keith, Matthew. "The Logistics of Power: The Tokugawa Response to the Shimabara Rebellion and Power Projection in Seventeenth-Century Japan." Ph.D. dissertation, Ohio State University, 2006.

Kim, Key-Hiuk. *The Last Phase of the East Asian World Order: Korea, Japan, and the Chinese Empire, 1860–1882*. Berkeley: University of California Press, 1979.

Kimura, Naoki. *Bakuhansei kokka to Higashi Ajia sekai*. Tokyo: Yoshikawa Kōbunkan, 2009.

Klekar, Cynthia. "Prisoners in Silken Bonds: Obligation, Trade and Diplomacy in English Voyages to Japan and China." *Journal for Early Modern Cultural Studies* 6, no. 1 (2006): 84–105.

Kling, Blair, and M. N. Pearson, eds. *The Age of Partnership: Europeans in Asia Before Domination*. Honolulu: University Press of Hawai'i, 1979.

Kōda, Shigetomo. "Taiwan ni okeru Nichiran shōtotsu: Suetsugu Heizō to Pieter Nuyts." In *Kōda Shigetomo chosaku shu 4*. Tokyo: Chūō Kōronsha, 1971–1974.

Komiya, Kiyora. "Kaizoku no ekken—Iemitsu seiken ni ni okeru Makao to shisetsu to Oranda shisetsu no shogun omemie." In *Hachi-jūnana seiki no higashi ajia chiiki ni okeru hito mono jōhō no kōryū: kaiiki to kōshi no keisei, minzoku, chiikikan no sōgo ninshiki o chūshin ni*. Ed. Murai Shōsuke. Tokyo: Tokyo daigaku daigakuin jinbun shakai-kei kenkyūka, 2004.

———. *Edo Bakufu no nikki to girei shiryō*. Tokyo: Yoshikawa Kōbunkan, 2006.

Konchiin, Sūden. *Ikoku nikki shō*. Ed. Murakami Naojirō. Tokyo: Sankūsha, 1911.

Kondō, Morishige. *Gaiban tsūsho*. In *Kaitei shiseki shūran*. Kyoto: Rinsen Shoten, 1983–1984.

Kops, Henriette Rahusen-De Bruyn. "Not Such an 'Unpromising Beginning': The First Dutch Trade Embassy to China, 1655–1657." *Modern Asian Studies* 36, no. 3 (August 2002): 535–78.

Kuno, Yoshi. *Japanese Expansion on the Asiatic Continent: A Study in the History of Japan with Special Reference to Her International Relations with China, Korea and Russia*. 3 vols. Berkeley: University of California Press, 1937–1940.

Kuroita, Katsumi, ed. "Tokugawa Jikki." In *Shintei zōho Kokushi taikei*. Tokyo: Yoshikawa Kōbunkan, 1998–1999.

Lach, Donald, and Edwin van Kley. *Asia in the Making of Europe*. 3 vols. Chicago: University of Chicago Press, 1965–93.

Landes, David. *The Wealth and Poverty of Nations: Why Are Some So Rich and Others So Poor?* New York: Norton, 1998.

———. "Why Europe and the West? Why Not China?" *Journal of Economic Perspectives* 20, no. 2 (2006): 3–22.

Landwehr, John. *VOC: A Bibliography of Publications Relating to the Dutch East India Company, 1602–1800*. Utrecht: HES, 1991.

Laver, Michael. *Japan's Economy by Proxy in the Seventeenth Century: China the Netherlands, and the Bakufu*. Amherst, NY: Cambria, 2008.

———. *The Sakoku Edicts and the Politics of Tokugawa Hegemony*. Amherst, NY: Cambria, 2011.

Lee, Jeong Mi. "Cultural Expressions of Tokugawa Japan and Chosŏn Korea: An Analysis of the Korean Embassies in the Eighteenth Century." Ph.D. dissertation, University of Toronto, 2008.

Lee, John. "Trade and Economy in Preindustrial East Asia, ca. 1500–ca. 1800: East Asia in the Age of Global Integration." *Journal of Asian Studies* 58, no. 1 (1999): 2–26.

Leue, H. J. "Legal Expansion in the Age of Companies: Aspects of the Administration of Justice in the English and Dutch Settlements of Maritime Asia, ca. 1600–1750." In *European Expansion and Law: The Encounter of European and Indigenous Law in Nineteenth and Twentieth-Century Africa and Asia*, 129–58. Ed. W. J. Mommsen and J. A. de Moor. Oxford: Berg, 1992.

Leupe, P. A. "Stukken betrekkelijk Pieter Nuyts, gouverneur van Taqueran, 1631–1634." *Kroniek van het Historisch Genootschap gevestigd te Utrecht* (1853): 184–216.

Lewis, James. *Frontier Contact between* Choson *Korea and Tokugawa Japan*. London: RoutledgeCurzon, 2003.

Lidin, Olof. *Tanegashima: The Arrival of Europe in Japan*. Copenhagen: NIAS, 2002.

Lieberman, Victor. "An Age of Commerce in Southeast Asia? Problems of Regional Coherence. A Review Article." *Journal of Asian Studies* 54, no. 3 (1995): 796–807.

———. "Transcending East-West Dichotomies: State and Culture Formation in Six Ostensibly Disparate Areas." *Modern Asian Studies* 31, no. 3 (1997): 463–546.

Linschoten, Jan Huygen van. *Iohn Huighen van Linschoten. his discours of voyages into ye Easte & West Indies*. Trans. John Wolfe. London: 1598.

———. *Itinerario. Voyage ofte schipvaert van Jan Huygen van Linschoten naer Oost ofte Portugaels Indien, 1579–1592*. The Hague: Martinus Nijhoff, 1939.

Liu, Lydia. *Tokens of Exchange: The Problem of Translation in Global Circulations*. Durham, NC: Duke University Press, 1999.

Lorge, Peter. *The Asian Military Revolution: From Gunpowder to the Bomb*. New York: Cambridge University Press, 2008.

Loth, Vincent. "Armed Incidents and Unpaid Bills: Anglo-Dutch rivalry in the Banda Islands in the Seventeenth Century." *Modern Asian Studies* 29, no. 4 (1995): 705–40.

Lu, David. *Japan: A Documentary History*, 2 vols. Armonk, NY: Sharpe, 1996.

Lucassen, Jan. "A Multinational and its Labor Force: The Dutch East India Company, 1595–1795." *International Labor and Working-Class History* 66 (2004): 12–39.

Lunsford, Virginia West. *Piracy and Privateering in the Golden Age Netherlands*. New York: Palgrave Macmillan. 2005.

Lunsingh Scheurleer, Th. H. "Koperen kronen en waskaarsen voor Japan." *Oud Holland* 93 (1979): 69–74.

Macleod, N. *De Oost Indische Compagnie als Zeemogendheid in Azie*. 2 vols. Rijswijk: Blankwaardt & Schoonhoven, 1927.

Macmillan, Ken. *Sovereignty and Possession in the English New World: The Legal Foundations of Empire, 1576–1640*. Cambridge: Cambridge University Press, 2006.

Major, Richard. *Select Letters of Christopher Columbus by Christopher Columbus*. London: Hakluyt Society, 1847.

Mancke, Elizabeth. "Early Modern Expansion and the Politicization of Oceanic Space." *Geographical Review* 89, no. 2 (1999): 225–36

Markham, Albert, ed. *The Voyages and Works of John Davis*. London: Hakluyt Society, 1880.

Markham, Clements, ed. *The Voyages of Sir James Lancaster, Kt., to the East Indies: With Abstracts of Journals of Voyages to the East Indies During the Seventeenth Century, Preserved in the India Office*. London: Printed for the Hakluyt Society, 1877.

———. *The Journal of Christopher Columbus (During His First Voyage, 1492–93)*. London: Hakluyt Society, 1893.

Markley, Robert. "Riches, Power, Trade, and Religion: the Far East and the English Imagination, 1600–1720." *Renaissance Studies* 17, no. 3 (2003): 494–516.

———. "Gulliver and the Japanese: The Limits of the Postcolonial Past." *Modern Language Quarterly* 65, no. 3 (2004): 457–79.

———.*The Far East and the English Imagination, 1600–1730*. Cambridge: Cambridge University Press, 2006.

Massarella, Derek. "The Early Career of Richard Cocks (1566–1624), Head of the English East India Company's Factory in Japan (1613–1623). *Transactions of the Asiatic Society of Japan* 3, no. 20 (1985): 1–46.

———. *A World Elsewhere: Europe's Encounter with Japan in the Sixteenth and Seventeenth Centuries*. New Haven: Yale University Press, 1990.

Masselman, George. *The Cradle of Colonialism*. New Haven: Yale University Press, 1963.

Mathes, Michael. "A Quarter Century of trans-Pacific Diplomacy: New Spain and Japan, 1592–1617." In *Japan and the Pacific, 1540–1920, Threat and Opportunity*, 57–86. Ed. Mark Caprio and Matsuda Koichiro. Aldershot and Burlington: Ashgate/Variorum, 2006.

Matsukata, Fuyuko. *Oranda fūsetsugaki to kinsei Nihon*. Tokyo: Tokyo Daigaku Shuppankai, 2007.

Matthee, Rudi, " Negotiating Across Cultures: The Dutch Van Leene Mission to the Iranian Court of Shah Sulayman, 1689–1692." *Eurasian Studies* 3, no. 1 (2004): 35–63.

Mazumdar, Sucheta. *Sugar and Society in China: Peasants, Technology, and the World Market*. Cambridge: Harvard University Asia Center, 1998.

McCune, George M. "The Exchange of Envoys Between Korea and Japan During the Tokugawa Period." *Far Eastern Quarterly* 5, no. 3 (May 1946): 308–25.

Meijlan, G. F. *Geschiedkundig overzigt van den handel der Europezen op Japan*. Batavia: Bataviaasch Genootschap van Kunsten en Wetenschappen, 1833.

Meilink-Roelofsz, M. A. P. *Asian Trade and European Influence in the Indonesian Archipelago Between 1500 and About 1630*. The Hague: Martinus Nijhoff, 1962.

Mijer, P. *Verzameling van Instructiën, Ordonnanciën en Reglementen voor de Regering van Nederlandsch Indië*. Batavia, 1848.

Mizuno, Norihito. "China in Tokugawa Foreign Relations: The Tokugawa Bakufu's Perception of and Attitudes Toward Ming-Qing China." *Sino-Japanese Studies* 15 (2003): 108–44.

———. "Japan and Its East Asian Neighbors: Japan's Perception of China and Korea and the Making of Foreign Policy from the Seventeenth to the Nineteenth Century." Ph.D. dissertation, Ohio State University, 2004.

Mochizuki, Mia. "Deciphering the Dutch in Deshima." In *The Boundaries of the Netherlands. Real and Imagined*, 63–94. Ed. Marybeth Carlson, Laura Cruz, and Benjamin J. Kaplan. Leiden: Brill, 2009.

———. "Idolatry and Western-Inspired Painting in Japan." In *Idols in the Age of Art. Objects, Devotions and the Early Modern World*, 239–66. Ed. Michael Cole and Rebecca Zorach. Aldershot: Ashgate, 2009.

Montanus, Arnoldus. *Atlas Japanensis: Being Remarkable Addresses by Way of Embassy from the East-India Company of the United Provinces to the Emperor of Japan*. Trans. John Ogilby. London, 1670.

Morris-Suzuki, Tessa. *Re-inventing Japan: Time, Space, Nation*. New York: Sharpe, 1998.

Morrison, Samuel, ed. *Journals and Other Documents on the Life and Voyages of Christopher Columbus*. Boston: Heritage, 1964.

Mulder, W. Z. *Hollanders in Hirado, 1597–1641*. Haarlem: Fibula-Van Dishoeck, 1984.

Murai, Shōsuke. *Chūsei wajin den*. Tokyo: Iwanami Shoten, 1993.

———. *Kokkyō o koete: Higashi Ajia kaiiki sekai no chūsei*. Tokyo: Azekura Shobō, 1997.

Murdoch, James. *A History of Japan with Maps By Isoh Yamagata*. 3 vols. London: K. Paul, Trench, Trubner, 1925–1926.

Murakami, Naojiro. "The Japanese at Batavia in the Seventeenth Century." *Monumenta Nipponica* 2, no. 2 (July 1939): 355–73.

Nachod, Oskar. *Die Beziehungen der Niederlaendischen Ost-Indischen Compagnie zu Japan im 17en Jahrhundert*. Leipzig: R. Friese, 1897.

———. *Jūshichiseiki nichiran kōshōshi*. Trans. Tominaga Mikata. Tenri: Yōtokusha, 1956.

Nagazumi, Akira. "Japan en de Nederlanden rond 1632: Terugblik op een keerpunt." *De Gids* 145, no. 1 (1982): 26–38.

Nagazumi, Yōko. "Hirado-han to Oranda boeki." *Nihon Rekishi* 286, no. 3 (1972): 1–19.

———. "Japan's Isolationist Policy as Seen Through Dutch Source Materials." *Acta Asiatica* 22 (1972): 18–35.

———. "Orandajin no hogosha to shite no Inoue Chikugo no kami Masashige." *Nihon Rekishi* 327 (1975): 1–17.

———. *Kinsei shoki no gaikō*. Tokyo: Sōbunsha, 1990.

———. "Hirado ni dentatsu sareta Nihonjin baibai buki yushutsu kinshirei." *Nihon rekishi* 611 (1999): 67–81.

———. "Ayutthaya and Japan: Embassies and Trade in the Seventeenth Century." In *From Japan to Arabia: Ayutthaya's Maritime Relations with Asia*, 79–103. Ed. Kennon Breazeale. Bangkok: Printing House of Thammasat University, 1999.

———. "Orandajin no uketa goon to hōkō." In "*Sakoku*" *o hiraku*, 24–34. Ed. Kawakatsu Heita. Tokyo: Dōbunkan, 2000.

———. *Shuinsen*. Tokyo: Yoshikawa Kōbunkan, 2001.

———. "The Japanese *Go-shuinjo* (Vermilion Seal) Maritime Trade in Taiwan." In *Around and About Formosa: Essays in Honor of Professor Ts'ao Yung-ho*. Ed. Leonard Blussé. Taipei: SMC, 2003.

Nagazumi, Yōko, and Mariko Takeda. *Hirado Oranda shōkan, Igirisu shōkan nikki: hekigan no mita kinsei no Nihon to sakoku e no michi*. Tokyo: Soshiete, 1981.

Nagtegaal, Luc. *Riding the Dutch Tiger: The Dutch East Indies Company and the Northeast Coast of Java, 1680–1743*. Leiden: KITLV, 1996.

Najita, Tetsuo. *Japan: The Intellectual Foundations of Modern Japanese Politics*. Chicago: University of Chicago Press, 1980.

Nakada, Yasunao, ed. *Kinsei Nihon taigai kankei bunken mokuroku*. Tokyo: Tosui Shobō, 1999.

Narushima, Motonao, *Tokugawa Jikki*, 7 vols. Tokyo: Keizai Zasshisha, 1904–1907.

Nieuhof, Johannes. *An Embassy from the East India Company of the United Provinces to the Grand Tartar Cham Emperor of China deliver'd by their excellencies, Peter de Goyer and Jacob de Keyzer, at his imperial city of Peking*. London, 1673.

Ogborn, Miles. *Indian Ink: Script and Print in the Making of the English East India Company*. Chicago: University of Chicago Press, 2007.

Oka, Mihoko, "A Great Merchant in Nagasaki in the Seventeenth Century: Suetsugu Heizo II and the System of *Respondência*," *Bulletin of Portuguese/Japanese Studies* 2 (2001): 37–56.

Onuma, Yasuaki. "When Was the Law of International Society Born: An Inquiry of the History of International Law from an Intercivilizational Perspective." *Journal of the History of International Law* 2 (2000): 1–66.

Ooms, Herman. *Tokugawa Ideology: Early Constructs, 1570–1680*. Princeton: Princeton University Press, 1985.

Oosterhoff, J.L. "Zeelandia: A Dutch Colonial City on Formosa (1624–1662)." In *Colonial Cities: Essays on Urbanism in a Colonial Context*. Ed. Robert Ross and Gerard J. Telkamp. Dordrecht: Martinus Nijhoff, 1985.

Opstall, M.E. van, ed. *De Reis van de Vloot van Pieter Willemsz Verhoeff naar Azië, 1607–1612*. 2 vols. The Hague: Martinus Nijhoff, 1972.

Pagden, Anthony. *Lords of all the World: Ideologies of Empire in Spain, Britain, and France c. 1500–c. 1800*. New Haven: Yale University Press, 1995.

Panikkar, K.M. *Asia and Western Dominance: A Survey of the Vasco Da Gama Epoch of Asian History, 1498–1945*. London: George Allen & Unwin, 1953.

Parker, Charles, and Jerry Bentley, eds. *Between the Middle Ages and Modernity*. Lanham, MD: Rowman & Littefield, 2007.

Parker, Geoffrey. *The Military Revolution: Military Innovation and the Rise of the West, 1500–1800*. Cambridge: Cambridge University Press, 1988.

Pearson, Michael. "Merchants and States." In *The Political Economy of Merchant Empires: State Power and World Trade, 1350–1750*. Ed. James Tracy. Cambridge: Cambridge University Press, 1991.

———. *The Indian Ocean*. London: Routledge, 2003.

Pombejra, Dhiravat Na. "The Dutch-Siamese Conflict of 1663–1664: A Reassessment." In *Around and About Formosa, Essays in Honor of Professor Ts'ao Yung-ho*, 291–306. Ed. Leonard Blussé. Taipei: SMC, 2003.

Pomeranz, Kenneth. *The Great Divergence*. Princeton: Princeton University Press, 2000.

Pompe van Meerdervoort, J.L.C. *Doctor on Desima: Selected Chapters from J. L. C. Pompe van Meerdervoort's Vijf jaren in Japan*, Trans. Elizabeth Wittermans and John Bowers. Tokyo: Sophia University, 1970.

Prakash, Om. *European Commercial Enterprise in Pre-Colonial India*. New York: Cambridge University Press, 1998.

———. "European Corporate Enterprises and the Politics of Trade in India, 1600–1800." In *Politics and Trade in the Indian Ocean World: Essays in Honour of Ashin Das Gupta*. Ed. Rudrangshu Mukherjee and Lakshmi Subramanian. Delhi: Oxford University Press, 1998.

———. "The Mughal Empire and the Dutch East India Company in the Seventeenth Century." In *Hof en Handel, Aziatische Vorsten en de VOC, 1620–1720*, 183–200. Ed. E. Locher-Scholten and P. Rietbergen. Leiden: KITLV, 2004.

Prange, Sebastian. "A Trade of No Dishonor: Piracy, Commerce, and Community in the Western Indian Ocean, Twelfth to Sixteenth Century." *American Historical Review* 116, no. 5 (2011): 1269–93.

Purchas, Samuel, *Purchas his Pilgrimes*. 5 vols. London: William Stansby, 1625.

———. *Hakluytus posthumus, or, Purchas his Pilgrimes: contayning a history of the world in sea voyages and lande travells by Englishmen and others*. 20 vols. Glasgow: J. MacLehose, 1905–1907.

Raben, Remco. "Het Aziatisch Legion: Huurlingen, bondgenoten en reservisten in het geweer voor de Verenigde Oost-Indische Compagnie," In *De Verenigde Oost-Indische Compagnie tussen Oorlog and diplomatie*. Ed. Gerrit Knaap and Ger Teitler. Leiden: KITLV, 2002.

Radwan, Ann. *The Dutch in Western India, 1601–1632: A Study of Mutual Accommodation*. Columbia, MO: South Asia, 1978.

Ravenstein, E. G., ed. *The Journal of the First Voyage of Vasco da Gama, 1497–99*. London: Hakluyt Society, 1898.

Ravina, Mark. "State-building and Political Economy in Early-modern Japan." *Journal of Asian Studies* 54, no. 4 (1995): 997–1022.

———. *Land and Lordship in Early Modern Japan*. Stanford: Stanford University Press, 1999.

Reid, Anthony. *Southeast Asia in the Age of Commerce 1450–1680:* vol. 2: *Expansion and Crisis*. New Haven: Yale University Press. 1993.

———. "Pluralism and Progress in Seventeenth-Century Makassar," *Bijdragen tot de Taal-, Land- en Volkenkunde* 156, no. 3 (2000): 433–49.

Reischauer, Edwin. "Japanese Feudalism." In *Feudalism in History*, 26–48. Ed. Rushton Coulborn. Princeton: Princeton University Press, 1956.

———. *The Japanese*. Cambridge: Harvard University Press, 1977.

Ribeiro, Madalena. "The Japanese Diaspora in the Seventeenth century according to Jesuit sources." *Bulletin of Portuguese-Japanese Studies* 3 (2001): 53–83.

Ricklefs, M.C. *A History of Modern Indonesia Since c. 1200*. Stanford: Stanford University Press, 2001.

Rietbergen, Pieter. *Japan verwoord: Nihon door Nederlandse ogen, 1600–1799*. Amsterdam: KIT, 2003.

Roberts, Luke. *Performing the Great Peace: Political Space and Open Secrets in Tokugawa Japan*. Honolulu: University of Hawai'i Press, 2012.

Robinson, Kenneth R. "Centering the King of Choson: Aspects of Korean Maritime Diplomacy, 1392–1592." *Journal of Asian Studies* 59, no. 1 (February 2000): 109–25.

Roe, Thomas. *The Embassy of Sir Thomas Roe to India, 1615–19*. Ed. W. Foster. London: Hakluyt Society, 1899.
Rouffaer, G. P., and J. W. Ijzerman. *De eerste schipvaart der Nederlanders naar Oost-Indië onder Cornelis de Houtman, 1595–1597*. The Hague: Martinus Nijhoff, 1915.
Rowen, Herbert. *The Princes of Orange: The Stadholders in the Dutch Republic*. Cambridge: Cambridge University Press, 1988.
Ruangsilp, Bhawan. *Dutch East India Company Merchants at the Court of Ayutthaya: Dutch Perceptions of the Thai Kingdom, c. 1604–1765*. Leiden: Brill, 2007.
———. "Dutch Interaction with Siamese law and the City Rules of Ayutthaya in the Seventeenth and Eighteenth Centuries." In *Asian Port Cities, 1600–1800: Local and Foreign Cultural Interactions*, 139–61. Ed. Haneda Masashi. Singapore: NUS Press, 2009.
Said, Edward. *Orientalism*. New York: Vintage, 1979.
Sainsbury, W. N., ed. *Calendar of State Papers Colonial, East Indies, China and Japan*, vol. 3: *1617–1621*. London: HMSO, 1870.
———. *Calendar of State Papers, Colonial, East Indies, China and Persia*, vol. 6: *1625–1629*. London: HMSO, 1884.
———, ed. *Calendar of State Papers Colonial, East Indies and Persia*, vol. 8: *1630–1634*. London: HMSO, 1892.
Satow, Ernest. "Notes on the Intercourse Between Japan and Siam in the Seventeenth Century." *Transactions of the Asiatic Society of Japan* 13 (1884): 189–210.
———, ed. *The Voyage of Captain John Saris to Japan*. London: Hakluyt Society, 1900.
Scammell, G. V. "The Pillars of Empire: Indigenous Assistance and the Survival of the 'Estado da India' c. 1600–1700," *Modern Asian Studies* 22, no. 3 (1988): 473–89.
Schmidt, Benjamin. *Innocence Abroad: The Dutch Imagination and the New World, 1570–1670*. Cambridge: Cambridge University Press, 2001.
Schnurmann, Claudia. "'Wherever profit leads us, to every sea and shore . . . ': The VOC, the WIC, and Dutch Methods of Globalization in the Seventeenth Century." *Renaissance Studies* 17, no. 3 (September 2003): 474–93.
Schouten, Justus. "Justus Schouten en de Japanse Gijzeling." In *Nederlands Historische Bronnen*. Ed. Leonard Blussé. The Hague: Martinus Nijhoff, 1985.
Schouwenburg, K. L. van. "Het personeel op de schepen van de Kamer Delft van de VOC in de eerste helft van de achttiende eeuw." *Tijdschrift voor Zeegeschiedenis* 7 (1988): 76–93.
———. "Het personeel op de schepen van de Kamer Delft van de VOC in de tweede helft van de achttiende eeuw." *Tijdschrift voor Zeegeschiedenis* 8 (1989): 179–186.
Schurz, William. *The Manila Galleon*. New York: Dutton, 1939.
Seed, Patricia. "Taking Possession and Reading Texts: Establishing the Authority of Overseas Empires." *William and Mary Quarterly* 49, no. 2 (1992): 183–209.
———. *Ceremonies of Possession: Europe's Conquest of the New World, 1492–1640*. Cambridge: Cambridge University Press, 1995.
———. "Caliban and Native Title: 'This Island's Mine.'" In *The Tempest and Its Travels*, 201–11. Ed. Peter Hulme and William H. Sherman. Philadelphia: University of Pennsylvania Press, 2002.

Sen, Sudipta. *Distant Sovereignty: National Imperialism and the Origins of British India*. New York: Routledge, 2002.

Shapinsky, Peter. "With the Sea as Their Domain: Pirates and Maritime Lordship in Medieval Japan." Paper presented at the Seascapes, Littoral Cultures, and Trans-Oceanic Exchanges Conference, Library of Congress, Washington, DC, 12–15 February 2003.

———. "Lords of the Sea: Pirates, Violence, and Exchange in Medieval Japan." Ph.D dissertation, University of Michigan, 2005.

———. "Predators, Protectors, and Purveyors: Pirates and Commerce in Late Medieval Japan." *Monumenta Nipponica* 64, no. 2 (2009): 273–313.

Shepherd, John. *Statecraft and Political Economy on the Taiwan Frontier, 1600–1800*. Stanford: Stanford University Press, 1993.

Shimada, Ryuto. *The Intra-Asian Trade in Japanese Copper by the Dutch East India Company During the Eighteenth Century*. Leiden: Brill, 2006.

Singh, Jyotsna. *Colonial Narratives/Cultural Dialogues: "Discoveries" of India in the Language of Colonialism*. London: Routledge, 1996.

Skinner, John. *A true Relation of the Uniust, Cruell, and Barbarous Proceedings against the English at Amboyna in the East-Indies, by the Neatherlandish Gouernour and Councel There*. London: H. Lownes for Nathanael Newberry, 1624.

Smail, John. "On the Possibility of an Autonomous History of Modern Southeast Asia," *Journal of Southeast Asian History* 2, no. 12 (1961): 72–102.

Smits, Gregory. *Visions of Ryukyu: Identity and Ideology in Early-Modern Thought and Politics*. Honolulu: University of Hawai'i Press, 1999.

So, Kwan-wai. *Japanese Piracy in Ming China During the Sixteenth Century*. East Lansing: Michigan State University Press, 1975.

Somers, Jan A. *De VOC als Volkenrechtelijke Actor*. Deventer: Kluwer, 2001.

St. Aldegonde, Marnix van. *A pithie, and most earnest exhortation, concerning the estate of Christiandome together with the meanes to preserue and defend the same; dedicated to al christian kings princes and potentates, with all other the estates of Christiandome: by a Germaine gentleman, a louer of his countrey*. London, 1583.

Stapel, F. W. "De Ambonsche 'Moord' (9 Maart 1623)." *Tijdschrift voor Indische Taal-Land- en Volkenkunde* 62 (1923): 209–26.

———. "Bijdragen tot de geschiedenis der rechtspraak bij de Vereenigde Oostindische Compagnie." *Bijdragen tot de taal-, land- en volkenkunde van Nederlandsch-Indië* 89 (1932): 41–70.

———. *Cornelis Janszoon Speelman*. The Hague: Martinus Nijhoff, 1936.

Steensgard, Niels. *The Asian Trade Revolution of the 17th Century: The East India Companies and the Decline of the Caravan Trade*. Chicago: University of Chicago Press, 1974.

———. "The Dutch East India Company as an Institutional Innovation." In *Dutch Capitalism and World Capitalism*, 235–57. Ed. M. Aymard. Cambridge: Cambridge University Press, 1982.

Steinberg, Philip. *The Social Construction of the Ocean*. Cambridge: Cambridge University Press, 2001.

Stern, Philip. "'A Politie of Civill & Military Power': Political Thought and the Late Seventeenth-Century Foundations of the East India Company-State." *Journal of British Studies* 47, no. 2 (April 2008): 253–83.

———. *The Company-State: Corporate Sovereignty and the Early Modern Foundation of the British Empire in India*. New York: Oxford University Press, 2011.

Subrahmanyam, Sanjay. "The 'Pulicat Enterprise': Luso-Dutch Conflict in South-Eastern India, 1610–1640." *South Asia: Journal of South Asian Studies* 9, no. 2 (1986): 17–36.

———. *The Political Economy of Commerce: Southern India, 1500–1650*. New York: Cambridge University Press, 1990.

———. "Of Imârat and Tijârat: Asian Merchants and State Power in the Western Indian Ocean, 1400 to 1750." *Comparative Studies in Society and History*, 37, no. 4 (1995): 750–80.

———. "Dutch Tribulations in Seventeenth-Century Mrauk-U." *Journal of Early Modern History* 1, no. 3 (1997): 201–53.

———. "Frank Submissions: The Company and the Mughals Between Sir Thomas Roe and Sir William Norris." In *The Worlds of the East Indian Company*, 69–96. Ed. H. V. Bowen, Margarette Lincoln, and Nigel Rigby. Woodbridge, Suffolk: Boydell, 2002.

———. "Forcing the Doors of Heathendom: Ethnography, Violence, and the Dutch East India Company." In *Between the Middle Ages and Modernity*, 131–53. Ed. Charles Parker and Jerry Bentley. Lanham, MD: Rowman & Littlefield, 2007.

Suganuma, Teifū. *Dai Nihon shōgyōshi: tsuketari Hirado bōekishi*. Tokyo: Yatsuo shoten, 1902.

Sun, Laichen. "Military Technology Transfers from Ming China and the Emergence of Northern Mainland Southeast Asia (c. 1390–1527)." *Journal of Southeast Asia Studies* 34, no. 3 (2003): 495–517.

Suzuki, Shogo. "Japan's Socialization Into Janus-Faced European International Society." *European Journal of International Relations* 11, no. 1 (2005): 137–64.

———. *Civilization and Empire: China and Japan's Encounter with European International Society*. New York: Routledge, 2009.

Suzuki, Yasuko. *Nagasaki bugyō no kenkyū*. Tokyo: Shibunkaku Shuppan, 2007.

Swift, Jonathan. *Gulliver's Travels*. New York: Penguin, 2010.

Swope, Kenneth. "Crouching Tigers, Secret Weapons: Military Technology Employed During the SinoJapaneseKorean War, 1592–1598." *Journal of Military History* 69, no. 1 (2005): 11–41.

Tai, Emily Sohmer Tai, "Marking Water: Piracy and Property in the Pre-Modern West." Paper presented at Seascapes, Littoral Cultures, and Trans-Oceanic Exchanges, Library of Congress, Washington DC, 12–15 February 2003. http://www.history cooperative.org/proceedings/ seascapes/tai.html (accessed 10 September 2012).

Takeda, Mariko. *Sakoku to kokkyō no seiritsu*. Tokyo: Doseisha, 2005.

Takeuchi, Makoto. *Tokugawa Bakufu jiten*. Tokyo: Tokyodō Shuppan, 2003.

Tashiro, Kazui, "Foreign Relations During the Tokugawa Period: *Sakoku* Reexamined." *Journal of Japanese Studies* 8, no. 2 (1982): 283–306.

Tavernier, John Baptista. *A collection of several relations & treatises singular and curious of John Baptista Tavernier*. London, 1680.

Telscher, Kate. *India Inscribed: European and British Writing on India, 1600–1800*. New Delhi: Oxford University Press, 1995.

Temple, William. *The Works of Sir William Temple*. London: F. C. and J. Rivington, 1814.

Teng, Emma. *Taiwan's Imagined Geography: Chinese Colonial Travel Writing and Pictures*. Cambridge: Harvard University Press, 2004.

Theeravit, Khien. "Japanese-Siamese Relations 1606–1629." In *Thai-Japanese Relations in Historical Perspective*, 17–44. Ed. Chaiwat Khamchoo and E. Bruce Reynolds. Bangkok: Innomedia, 1988.

Thompson, Laurence. "The Earliest Chinese Eyewitness Accounts of the Formosan Aborigines." *Monumenta Serica: Journal of Oriental Studies* 23 (1964): 163–204.

Thompson, William. "The Military Superiority Thesis and the Ascendancy of Western Eurasia in the World System." *Journal of World History* 10, no. 1 (1999): 143–78.

Thomson, Janice. *Mercenaries, Pirates, and Sovereigns: State Building and Extraterritorial Violence in Early Modern Europe*. Princeton: Princeton University Press, 1994.

Tiele, P. A. and J. E. Heeres, eds. *Bouwstoffen voor de geschiedenis der Nederlanders in den Maleischen Archipel*, 3 vols. The Hague: Martinus Nijhoff, 1886–1895.

Titsingh, Isaac. *Illustrations of Japan*. London: R. Ackermann, 1822.

Toby, Ronald. "Reopening the Question of *Sakoku*: Diplomacy in the Legitimization of the Tokugawa Bakufu." *Journal of Japanese Studies* 3, no. 2 (1977): 323–63.

———. "Carnival of the Aliens: Korean Embassies in Edo-Period Art and Popular Culture." *Monumenta Nipponica* 41, no. 4 (1986): 415–56.

———. *State and Diplomacy in Early Modern Japan: Asia in the Development of the Tokugawa Bakufu*. Stanford: Stanford University Press, 1991.

———. "The 'Indianness' of Iberia and Changing Japanese Iconographies of Other." In *Implicit Understandings: Observing, Reporting, and Reflecting on the Encounters Between Europeans and Other Peoples in the Early Modern Era*, 323–51. Ed. Stuart B. Schwartz. Cambridge: Cambridge University Press, 1994.

———. "Kinsei-ki no 'Nihon zu' to 'Nihon' no kyōkai." In *Chizu to ezu no seiji bunkashi*, 79–102. Ed. Kuroda Hideo, Mary Elizabeth Berry, and Sugimoto Fumiko. Tokyo: Tokyo Daigaku Shuppankai, 2001.

———. "Rescuing the Nation from History: The State of the State in Early Modern Japan." *Monumenta Nipponica* 56, no. 2. (2001): 197–237.

Tojo, Natalia. "The Anxiety of the Silent Traders: Dutch Perception on the Portuguese Banishment from Japan." *Bulletin of Portuguese Japanese Studies* 1 (2000): 111–28.

Tokyo daigaku shiryō hensanjo, ed. *Dagregisters gehouden door de Opperhoofden van de Nederlandse Faktorij in Japan*. Tokyo: University of Tokyo Press, 1974–.

———. *Dai Nihon kinsei shiryō. Tōtsūji kaisho nichiroku*. Tokyo: University of Tokyo Press, 1984.

———. *Dai Nihon shiryō*. Tokyo Daigaku Shuppankai, 1901–.

Totman, Conrad. *Politics in the Tokugawa Bakufu, 1600–1843*. Cambridge: Harvard University Press, 1967.

———. *Early Modern Japan*. Berkeley: University of California Press, 1995.

Toyama, Mikio, *Matsura-shi to Hirado bōeki*. Tokyo: Kokusho Kankōkai, 1987.

Tracy, James, ed. *The Political Economy of Merchant Empires*. New York: Cambridge University Press, 1991.

———. "Asian Despotism? Mughal Government as seen from the Dutch East India Company Factory in Surat." *Journal of Early Modern History* 3, no. 3 (1999): 256–80.

Troost, Wouter. *William III the Stadholder-king: A Political Biography*. Burlington, VT: Ashgate, 2005.

Tsukahira, Toshio. *Feudal Control in Tokugawa Japan: The Sankin Kotai System*. Cambridge: Harvard University Press, 1966.

Tuán, Hoang Anh. *Silk for Silver: Dutch-Vietnamese Relations, 1637–1700*. Leiden: Brill, 2007.

Turnbull, Stephen. "Onward, Christian Samurai! The Japanese Expeditions to Taiwan in 1609 and 1616." *Japanese Studies* 30, no. 1 (2010): 3–21.

Unger, W. S., ed. *De oudste reizen van de Zeeuwen naar Oost-Indië, 1598–1604*. The Hague: Martinus Nijhoff, 1948.

Valentijn, François. *François Valentijn's oud en nieuw Oost-Indien*. The Hague: H. C. Susan, 1856–1858.

Valentijn, François. *Oud en Nieuw Oost-Indien*. Dordrecht: Joannes van Braam and Gerard onder de Linden, 1724–1726.

Van Dam, Pieter. *Beschrijvinge van de Oostindische Compagnie*. Edited by F. W. Stapel. 7 vols. The Hague: Martinus Nijhoff, 1927–1954.

Van der Chijs, J. A. *Geschiedenis der stichting van de Vereenigde O.I. Compagnie*. Leiden: P. Engels, 1857.

Van der Chijs, J. A., H. T. Colenbrander, and J. de Hullu, eds. *Dagh-register gehouden int Casteel Batavia vant passerende daer ter plaetse als over geheel Nederlandts-India*. 31 vols. Batavia, The Hague: Landsdrukkerij/Martinus Nijhoff, 1887–1931.

———. *Nederlandsch Indisch plakaatboek, 1602–1811*. Batavia; The Hague: Landsdrukkerij/Martinus Nijhoff, 1885–1900.

Van der Cruysse, Dirk. *Siam and the West: 1500–1700*. Chiang Mai: Silkworm, 2002.

Van Foreest, H. A., and A. de Booy, eds. *De Vierde schipvaart der Nederlanders naar Oost-Indië onder Jacob Wilkens en Jacob van Neck, 1599–1604*. The Hague: Martinus Nijhoff, 1981.

Van Gelderen, Martin. *The Political Thought of the Dutch Revolt, 1555–1590*. New York: Cambridge University Press, 1992.

Van Goor, Jurrien. "A Hybrid State: The Dutch Economic and Political Network in Asia." In *From the Mediterranean to the China Sea*. Ed. Claude Guillot, Denys Lombard and Roderich Ptak. Wiesbaden: Harrassowitz, 1998.

———. *Prelude to Colonialism: the Dutch in Asia*. Hilversum: Verloren, 2004.

Van Ittersum, Martine Julia. *Profit and Principle: Hugo Grotius, Natural Rights Theories and the Rise of Dutch Power in the East Indies, 1595–1615*. Leiden: Brill, 2006.

———. "The Long Goodbye : Hugo Grotius' Justification of Dutch Expansion Overseas, 1615–1645." *History of European Ideas* 36, no. 4 (2010): 386–411.

Van Santen, H. W. "Trade Between Mughal India and the Middle East, and Mughal Monetary Policy, c. 1600–1660." In *Asian Trade Routes*. Ed. Karl Haellquist. London: Curzon Press, 1991.

Vaporis, Constantine. "Lordly Pageantry: The Daimyo Procession and Political Authority." *Japan Review* (2005): 3–54.

———. *Tour of Duty : Samurai, Military Service in Edo, and the Culture of Early Modern Japan*. Honolulu: University of Hawai'i Press, 2008

Viallé, Cynthia. "In Aid of Trade: Dutch Gift-Giving in Tokugawa Japan." *Tokyo Daigaku Shiryō Hensanjo kenkyū Kiyō* 16 (2006): 57–78.

Viallé, Cynthia, and Leonard Blussé, eds. *The Deshima Dagregisters, Volume 11, 1641–1650*. Leiden: Intercontinenta No. 23, Universiteit Leiden, 2001.

———. *The Deshima Dagregisters, Volume 12, 1650–1660*. Leiden: Intercontinenta No. 25, Universiteit Leiden, 2005.

———. *The Deshima Dagregisters, Volume 13, 1660–1670*. Leiden: Intercontinenta No. 27, Universiteit Leiden, 2010.

Vink, M. P. M. "Mare Liberum and Dominium Maris: Legal Arguments and Implications of the Luso-Dutch Struggle for Control Over Asian Waters, ca. 1600–1663." In *Studies in Maritime History*. Ed. K. S. Mathew, 35–68. Pondicherry: Mission, 1990.

———. "Between Profit and Power: The Dutch East India Company and Institutional Early Modernities in the 'Age of Mercantilism.'" In *Between the Middle Ages and Modernity*, 285–306. Ed. Charles Parker and Jerry Bentley. Lanham, MD: Rowman & Littlefield, 2007.

———. "Indian Ocean Studies and the New Thalassology." *Journal of Global History* 2 (2007): 41–62.

———. *Mission to Madurai: Dutch Embassies to the Nayaka Court of Madurai in the Seventeenth Century*. New Delhi: Manohar, 2012.

Vlekke. Bernard. *Nusantara: A History of Indonesia*. Chicago: Quadrangle, 1960.

Vogel, J. Ph. *Journaal van J. J. Ketelaar's hofreis naar den Groot Mogol te Lahore: 1711–1713*. The Hague: Martinus Nijhoff, 1937.

Vos, Reinout. *Gentle Janus, Merchant Prince: The VOC and the Tightrope of Diplomacy in the Malay World, 1740–1800*. Leiden: KITLV, 1993.

Wap, Jan J.F. *Het Gezantschap van den Sultan van Achin*. Rotterdam: H. Nijgh, 1862.

Ward, Kerry. *Networks of Empire: Forced Migration in the Dutch East India Company*. Cambridge: Cambridge University Press, 2008.

Wassing-visser, Rita. *Royal Gifts from Indonesia: Historical Bonds with the House of Orange-Nassau (1600–1938)*. Zwolle: Waanders, 1995.

Watson, Bruce. "Fortifications and the 'Idea' of Force in Early English East India Company Relations with India." *Past and Present* 88 (1980): 70–87.

Weider, F. C. *De Reis van Mahu en De Cordes door de Straat van Magalhães naar Zuid-America en Japan, 1598–1600*. 3 vols. The Hague: Martinus Nijhoff, 1923.

White, James. "State Growth and Popular Protest in Tokugawa Japan," *Journal of Japanese Studies* 14, no. 1 (Winter 1988): 1–25.

Widjojo, Muridan Satrio. *The revolt of Prince Nuku: Cross-cultural Alliance-Making in Maluku, c. 1780–1810*. Leiden: Brill, 2009.

Wigen, Kären. "Mapping Early Modernity: Geographical Meditations on a Comparative Concept." *Early Modern Japan: An Interdisciplinary Journal* 5, no. 2 (December 1995): 1–13.

———. "Japanese Perspectives on the Time/Space of 'Early Modernity." Paper presented at the XIX International Congress of Historical Sciences, Oslo, August 2007.

Wills, John E. Jr. "Ch'ing Relations with the Dutch, 1662–1690." In *The Chinese World Order*. Ed. John. K. Fairbank. Cambridge: Harvard University Press, 1968.

———. *Pepper, Guns, and Parleys: The Dutch East India Company and China, 1622–1681*. Cambridge: Harvard University Press, 1974.

———. *Embassies and Illusions: Dutch and Portuguese Envoys to K'ang-hsi, 1666–1687*. Cambridge: Harvard University Press, 1984.

Wilson, Charles. *The Early Annals of the English in Bengal, Being the Bengal Public Consultations for the First Half of the Eighteenth Century*. London: W. Thacker. 1895.

Wilson, Eric. *The Savage Republic: 'De Indis' of Hugo Grotius, Republicanism, and Dutch Hegemony Within the Early Modern World-System (c. 1600 -1619)*. Leiden: Martinus Nijhoff, 2008.

Winichakul, Thongchai. *Siam Mapped: A History of the Geo-body of a Nation*. Honolulu: University of Hawai'i Press, 1994.

Winius, George, and Markus Vink. *The Merchant-Warrior Pacified: The VOC and its Changing Political Economy in India*. Delhi: Oxford University Press, 1991.

———. "South India and the China Seas: How the V.O.C. Shifted Its Weight from China and Japan to India Around A.D. 1636." In *Studies on Portuguese Asia, 1495–1689*, 125–40. Ed. George D. Winius. Aldershot, VT: Ashgate, 2001.

Wong, R. Bin. *China Transformed: Historical Change and the Limits of European Experience*. Ithaca, NY: Cornell University Press.

Wyatt, David. *Thailand: A Short History*. New Haven: Yale University Press, 2003.

Yamamoto, Hirofumi. *Kanei jidai*. Tokyo: Yoshikawa Kōbunkan, 1989.

———. *Sakoku to kaikin no jidai*. Tokyo: Yoshikawa Kōbunkan, 1996.

Yonemoto, Marcia. "Maps and Metaphors of Japan's 'Small Eastern Sea' in Tokugawa Japan (1603–1868)." *Geographical Review* 89, no. 2 (April 1999): 169–87.

———. "The 'Spatial Vernacular' in Tokugawa Maps." *Journal of Asian Studies* 53, no. 3 (August 2000): 647–66.

———. *Mapping Early Modern Japan: Space, Place, and Culture in the Tokugawa Period, 1603–1868*. Berkeley: University of California Press, 2003.

———. "Silence Without Secrecy? What is Left Unsaid in Early Modern Japanese Maps." *Early Modern Japan: An Interdisciplinary Journal* 14 (2006): 27–39.

Zandvliet, Kees, ed. *The Dutch Encounter with Asia, 1600–1950*. Zwolle: Waanders, 2002.

Zhang, Tingyu, ed. *Mingshi*. Beijing: Zhonghua shuju, 1974.

索 引

（索引页码为原书页码，即本书边码）

D

E

F

G

H

I

J

K

L

M

N

O

P

Q

R

S

T

U

V

W

Z

译后记

记得三年前译完《欧洲形成中的亚洲》(第三卷第四册)以后，曾暗下决心：在修炼好内功(语言能力、知识水平、翻译经验等)之前，不再轻易参加翻译工作。不料这像极了胡适当年“二十年不谈政治”的发愿，不到三年的时间，我又接手了《公司与将军》的翻译。倒不是真的已修炼好内功，而是本书所讨论的议题涉及早期近代时期的东南亚、日本和中国，与《欧洲形成中的亚洲》在时段和内容上较为接近。因此不论多么微不足道，多多少少算是有些前期积累。正是这种盲目的自信，连带着对学问和翻译的敬畏，让我们可以用相当严谨细致的态度，甚至从容冷静的心态完成本书的翻译。

本书除导言和结论外，共分七章。其中导言、第一到第四章由我负责，第五到第七章和结论由董丽琼负责。最初翻译本书时，丽琼尚在美国得克萨斯大学奥斯汀分校访学。考虑到接下来各自的研究计划，我在邮件中提出这种分工方案。丽琼一向勤勉诚恳，加上我们以前也曾合作无间，她对我提出的方案毫无异议，并很快发来部分试译稿。在合作翻译中，信任和宽容能带来最大的力量，激发彼此对知识和思想的渴望，鞭策彼此对准确和古雅的渴求，这为本书的翻译奠定了良好的基础。因此虽然彼此各有分工，但实际工作往往相互交叠；虽然我承担了更大部分的翻译，但丽琼承担的任务绝不轻松。就在回国后的第一个月，我们就在厦门面对面校对过初稿，留下的许多难点和疑点催促我们继续分头查找资料，并在三个月后在福州再次进行面对面校对……因此最后呈现在这里的译稿已远非初稿模样。

交代本书的翻译过程，绝非要表明我们对译稿的满意——只有真正从事过翻译才能真切体会译者时而吹毛求疵，时而焦躁不安，当然也时而沾沾自喜的心情。本书作者亚当·克卢洛先后毕业于南非夸祖鲁-纳塔尔大学和日本新潟大学，后又获得美国哥伦比亚大学东亚系博士学位。作者在本书中以其扎实的文献功底和高超的语言能力，行走在欧洲和亚洲的历史夹缝中，游刃于日语和荷兰语的语言沟壑里，甚至不时进入汉语的文化领域中，其间所运用到的相当生僻的地方性和专门性知识，往往超乎译者的识见能力。查找这些资料（专有名词）的过程，耗费了超过梳理译稿本身的时间。虽然我们已经保证了绝大部分专有名词的翻译，但仍有若干游离在我们的翻译能力之外。本着谦逊和敬畏，同时为方便读者阅读和查证，我们已在译文中尽量保留了原文。

翻译始终是在可能和不可能之间进行，所幸我和丽琼作为译者，虽然学识和性格各有所长（实也各有所短）而恰能互补，特别是她的细心和耐心，保证了我们能有始有终地完成本书的翻译。即使正值撰写博士论文的关键时期，丽琼对承担这份翻译也毫无怨言，这让我感激也让我感动！在翻译本书时，我们曾得到厦门大学历史系张侃老师和刘永华老师的关心鼓励，也曾得到陈永福老师的帮助，同时我们还曾求助于中国科学院自然科学史研究所石路遥、纽约市立大学白根晴治（Seiji Shirane）、东莞理工学院唐逸轩（Tiago Burgess）等师友，在此谨致谢忱！

最后还要说明的是，正如瞿秋白所言，翻译的一个重要作用“就是帮助我们创造出新的中国的现代言语”。这大约与今人所谓翻译对中文的要求高于对英文的要求同一道理。因此我们也知道：不论如何修炼内功，不论如何细致谨慎，我们的中文和英文水平终究有限，书中错误在所难免。所有错误概由译者负责，恳请读者见谅，也恳请读者批评指正！

朱新屋

2017年3月21日于福州五凤山下

图书在版编目（CIP）数据

公司与将军：荷兰人与德川时代日本的相遇 /(英)
亚当·克卢洛著；朱新屋，董丽琼译. -- 北京：中信
出版社，2019.7

书名原文：The Company and the Shogun: The
Dutch Encounter with Tokugawa Japan

ISBN 978-7-5217-0130-2

Ⅰ. ①公… Ⅱ. ①亚… ②朱… ③董… Ⅲ. ①东印度
公司(英国)—经济史—荷兰 ②日本—中世纪史—江户时代
Ⅳ. ①F755.619 ②K313.36

中国版本图书馆CIP数据核字（2019）第034578号

公司与将军：荷兰人与德川时代日本的相遇

著　　者：［英］亚当 · 克卢洛
译　　者：朱新屋　董丽琼
出版发行：中信出版集团股份有限公司
（北京市朝阳区惠新东街甲4号富盛大厦2座　邮编　100029）
承 印 者：北京通州皇家印刷厂

开　　本：787mm × 1092mm　1/16　　印　　张：22.5　　字　　数：360千字
版　　次：2019年7月第1版　　印　　次：2019年7月第1次印刷
京权图字：01-2018-3387　　广告经营许可证：京朝工商广字第8087号
书　　号：ISBN 978-7-5217-0130-2
定　　价：68.00元